三友量順

仏教文化と福祉

普遍思想の視点から

「立正大学石橋湛山記念基金」よる助成出版

大法輪閣

発刊のことば

本書の著者は、これまで多くの善知識（カリヤーナ・ミトラ）に支えられてきた。学問上の恩師として個人的に尊敬申し上げている方々は大勢おられる。特に、中村元博士、平川彰博士、玉城康四郎博士、早島鏡正博士ほか、筆者が研究科在籍いらいの歴代の主任教授の方々。更に、北京大学の季羨林博士、インド国立デリー大学で指導を受けたR. C. パンディーヤ博士、台湾の釈聖厳博士、同じく台湾の葉阿月博士ほかの方々である。しかしここに列挙させていただいた方々は、みな既にご他界された。諸先生から受けた学恩を報ずることなく今日に至っている我が姿を、恥ずかしくかえりみるばかりである。

同時に、現在こうしていることに、こころからの感謝の気持ちで一杯である。学問研究というよりも勉強という表現の方がわたしには相応しい。その事には、多少のこだわりがあった。自分自身の向上のために、そして社会に役立つものであるための考察でなければ、というものである。振り返ってみると、中村元博士が仰った「善意・よきこころ」という普遍的命題（真理）を、わたしは自分の、小軀の身の丈なりに尋ねて来たのだという事を改めて実感している。

限られた知識や研究によって発表したこれまでのわたしの論文や報告は、改めて一冊に纏める段になると、自分自身をいよいよハンブルにする他はない。研究者の一人として、非力ながらひろく仏教文化に含まれる領域の発表をこれまでさせていただいた。それらのなかには、わたしが是非、多くの方々に知っていただきたい、こころを届けたいと思っているものも含まれている。拙論を散在させておくことに、これまでは特別なおもいは無かった。一方で、今日の社会で言う前期高齢者の歳になり、伝えたいものを纏めることが出来ればという僅かな気持ちも動いてきた。

そうしたなかで、畏兄・三友健容博士から、表題の内容におさまるものを著者の自選論文集として出版してみてはという助言があった。その助言を受けて、このたび、「大法輪閣」編集部・谷村英治氏に相談をし、そのはからいで、本書を出版する運びとなった。まさに拙い論文や報告である。本書をとおして、仏教文化のもつ普遍性と人類社会の本当の福祉（ヒタ、しあわせ）の実現に、より読者がこころを向けてくだされればと願っている。

また出版に際しては、30年を超えて奉職する立正大学学園から石橋湛山記念基金の出版助成をいただいた。更にわたしの知己であった故・丸山勝巳氏の家族からも厚志のあったことをここに記して、あわせて感謝の意を表したい。

本書の刊行に際しては、谷村英治氏および立正大学大学院社会福祉学研究科・吉村彰史氏の手を煩わしたことに、あわせて感謝の意を表します。

平成23（2011）年2月15日

三友　量順　識

本書の構成

本書は、著者の自選論文集として、『仏教文化と福祉』という表題を掲げ、さらに「普遍思想の視点から」という副題を付して一冊に纏めたものである。論文集としての性格上、内容は多岐にわたるが、福祉をその原義にかえり、仏教的な思惟からアプローチすることで一貫性をもたせているつもりである。本書で普遍思想（Universal Thought）というのは、時代や社会、国家や民族、或いは宗教やイデオロギィー等の差異を超えて、人類社会の福祉に向かう思想を総称するものである。共生のための平和な社会を築き上げることを目的とした思想と言ってもよい。こうした普遍的な思惟および思想にかんする研究は、すでに中村元博士（1912 ～ 1999）によって大著『普遍思想』（1999 年、春秋社）として出版されている。その大著から本書の著者も多大な教示を受けた。中村博士の普遍的思考が、本書の著者にも大きな影響をあたえている。博士の願った相互理解と、寛容と宥和な世界の実現に向かって、本書が何がしかの報恩の一分になればと願っている。

本書の内容は、1. 研究篇（仏教文化・福祉）、2. 報告篇、3. 英文論考の 3 部よりなっている。著者が研究科修了以来、立正大学短期大学部、社会福祉学部・大学院社会福祉学研究科に専任教員として奉職以来、今日に至るまでの発表のうちから、本書のタイトルに添って論文・報告を選び集録した。集録順は必ずしも、発表年毎ではない。集録した論文等は、原著論文の内容をほぼその儘いかし、注記などに多少修正などの手を加えたものもある。その分類と配列は谷村氏に委ねた。集録論文の據本は巻末に纏めて表示しておいた。

英文論考は、限られた範囲のものであるが、研究成果（邦文）を英訳したものと英文のみの発表も含めて、これまでに各種の刊行物に載せさせていただいたものを収録してみた。本書には、「マザー・テレサ女史からのメッセージ」ほか海外の視察・現地報告なども含まれる。中国やネパールの訪問視察報告などは、これからの変わり行くであろう世界の動向のうちにあって、普遍的・理想的な姿を捜すてがかりとなる事を期待している。

目　次

発刊のことば ………………………………………………………… 1
本書の構成 ………………………………………………………… 3

《研究篇》（仏教文化）
薬王菩薩と「燃身」 ……………………………………………… 9
『ボーディチャルヤーヴァターラ』と『イミタチオネ・クリスティ』
—東西の宗教書に見られる共通点— ……………………… 25
仏典における懺悔の形態と意義……………………………………… 41
生死観か死生観か—普遍思想の視点から—………………………… 61
『招提（チャートゥ・ディサ）』万人への愛情
〔鑑真の渡航と故郷——仏教文化の視点から〕 ………………… 79
仏教文化の視点から見た民話
—ジャータカと遠野物語—……………………………………… 97
森尚謙の宥和思想
—現代的意義と四方他宗批判への解釈—………………………… 119
日持上人の海外伝道
—宣化出土遺品とその科学的年代測定—………………………… 135
帰化僧となった高麗人—高麗日延と高麗日遙—………………… 153
日蓮会・江川櫻堂の宗教的芸術観………………………………… 165
昭和初期における日蓮主義団体
〔日蓮会—死なう団—〕………………………………………… 181

《研究篇》（福祉）

マザー・テレサ女史よりのメッセージ……………………………… 209
法華経における hita の語—仏教福祉の視点から— ……………… 223
仏教福祉研究への現代的アプローチ—普遍思想と仏教福祉—………… 245
福祉社会における母性的愛情と父性的愛情
—仏教文化と福祉の視点から—……………………………… 267
マターナル・アフェクション（母性的愛）と
パターナル・アフェクション（父性的愛）—社会福祉における愛情
〔プロジェクト研究テーマの提案をかねて〕— ……………… 287
社会福祉と感性—仏教文化と福祉の視点から—……………………… 307
仏教文化と感性—「かなしみ」と「よろこび」への共感—………… 325
『福祉』ということば—仏教福祉からのアプローチ— ……………… 343
仏教福祉と病人看護—日遠『千代見草』を通して— ……………… 361

《報告篇》

［報告］ネパール仏教徒の祭りと儀礼 ……………………………… 383
ネパールの古都パタン滞在報告 ……………………………………… 401
中国、天台山・普陀山への訪問 ……………………………………… 423
敦煌・ウルムチ・カシュガルへ（仏教文化の旅から） ……………… 443
雲南省、麗江・大理訪問レポート（仏教文化の視点から） ………… 463
［ベトナム文化調査］大乗仏教文化圏としてのベトナム
（仏教文化の視点から） …………………………………… 485
［ベトナム文化調査］ベトナム、フエ訪問レポート
（仏教文化の視点から） …………………………………… 509

《英文論考》

THE PROBLEM OF ENTRUSTING THE DHARMA
IN THE *SADDHARMAPUṆḌARĪKASŪTRA* ······················ 535
Developmental Aspect of Dharmaśarīra ································ 555
Buddhas of All Directions
— Concept of Direction in Mahāyāna Buddhism — ················· 571
The Worship of the Buddha in Mahāyāna Buddhism ······················ 581
THE DESCRIPTION OF FOUR HOLY PLACES AND
CAITYA-WORSHIP IN THE *SADDHRMAPUṆḌARĪKSŪTRA* ········ 597
The *Saddhamapuṇḍarīka-sūtra* quoted in the *Da-zhi-du-lun* ················ 607
AN ASPECT OF BODHISATTVA-THOUGHT ························ 621

初出一覧 ··· 631

薬王菩薩と「燃身」

大乗仏教のなかで、特異な信仰形態を形作った燃身供養は、『法華経』中に記される薬王菩薩の前生の故事に基づいている。「燃身」はしばしば「焼身」と混同される。中国仏教の註疏家の用いた成語以来、一般にそれは混同されて理解されてきた。本稿では、これまで見過ごされていたそうした点を採り上げ、更に燃身供養の思想的背景には、初期大乗経典に特徴的なプスタカ（pustaka 経本）崇拝によせた信仰のあることを指摘したい。

I

かつてベトナムで、仏教僧が身体に火を放って政治に対する抗議自殺を行ったことが幾度か報道されたことがあった。ベトナムも大乗仏教の信仰を受け継ぐ仏教国である。近くでは、昨年（1993年11月）も南アジアの仏教国で、僧侶が同じような抗議自殺を行ったことが、新聞の片隅に小さく報ぜられていた。そうした行為の是非を論ずることが本稿の主題ではないが、それが『法華経』薬王菩薩本事品に述べられる、薬王菩薩の前世の故事と結びつけた捉え方をされることもあった。

大乗経典には、菩薩の行う行為が難行であることがしばしば述べられている。それらは宗教的に意義あるものとして称賛されている。さとりのための「不惜身命」の行為が讃えられることは、原始仏典以来一貫している。身命をとしての難行は、さとりの得難さをより強調することになる。同時に、信仰による救済と超自然的な力を強調する大乗経典では、難行の行為の背景に、大乗独自の思想が展開されていることが判る。その一つが経本（プスタカ）重視の思想である。

薬王菩薩の前世の行為も、応報思想に基づいた大乗的な物語である。そこには、大乗の菩薩としての捨施が描かれている。その故事の思想的背景を明らかにすることは、現代に生きる仏教信仰を把握するためにも不可欠である。

以下に、先ず薬王菩薩品の当該の物語を紹介して、後に、内包されている問題を論じることにする。〔以下の概要は、サンスクリット本法華経に基づく。(1)〈　〉内は、漢訳に無い部分。人物などの固有名詞は概ね羅什訳『妙法華経』の訳語に依る。〕

宿王華（Nakṣatrarājasaṃkusumitābhijña）菩薩の懇請に対して、世尊は、薬王（Bhaiṣajya-rāja）菩薩がこのサハー（娑婆）世界に遊行する因縁を説明した。かつてガンガー河の砂の数にも等しい遠い過去世に、日月浄明徳（Candrasūryavimalaprabhāsaśrī, Candravimalasūryaprabhāsaśrī〔Kash.MS〕）(2)如来が世間に出現した。この如来は、一切衆生喜見（Sarvasattva-priyadarśana）菩薩たちのために『サッダルマ・プンダリーカ（正しい教えの白蓮）』という法門を説きあかした。〈日月浄明徳如来の寿命は四万二千カルパであり、菩薩たちや偉大な声聞（仏弟子）たちも同じ長さの寿命であった〉。

一切衆生喜見菩薩は、かの如来のもとで難行を行った。一万二千年のあいだヨーガに専念したかの菩薩は「現一切色身（sarvarūpasaṃdarśana）」と名付ける三昧（サマーディ）を得た。かの菩薩は歓喜し、その三昧を得ることができた日月浄明徳如来と『サッダルマ・プンダリーカ』という法門に供養（プージャー）を行おうと考えた。

そこでかの菩薩は、三昧に入って神通力による奇瑞を起こして供養を行った。しかしそれで満足しえず、自らの身体（ātmabhāva）を放棄することを考えた。かの菩薩は、香木や香油を服しつづけて十二年が過ぎた。そこで、かの菩薩は、自らの身体を天界の衣で包み、香油に浸して自ら（svakam）決意（abhiṣṭhāna）を下した。如来と法門を供養するために、かの菩薩は自らの身体（kāya）を燃やした（pra $\sqrt{}$ jval）。かの菩薩の身体（kāya）のともしびの光り（pradīpa-prabhā）と炎（jvāla）によって、八十のガンガー河の砂に等しい世界が照らしだされた。それらの世界の仏陀たちは、彼を褒め称えた。仏陀たちは、身体（ātmabhāva）を捨施する（pratityāga）ことは、最高の法供養（dharmapūjā）であると彼（良家の子息　kulaputra）に語った。かの菩薩の身体（ātmabhāva）は千二百年のあいだ燃えつづけて（dīpyata）やがて消えた。この一切衆生喜見菩薩は、供養を終えた後に、先の日月浄名徳如来の説法のもとに、浄徳（vimaladatta）王の家に再生（prādurbhūta）した。

生まれると直ぐに、かの菩薩は自らの母と父（sva-mātā-pitṛ）に、ここが、彼のチャンクラマ（経行処）であり、いとしい身体（ātmabhāva）を捨施したことを語った。そして、かの菩薩が如来の供養によって、一切の音声に精通するというダーラニー（陀羅尼）を得たことを両親に語り、再び日月浄名徳如来に供養を行うことを告げた。かの菩薩は、神変を現じて世尊のもとに近づき、礼拝をして、〈七回右遶を行い〉合掌して世尊を讃えた。日月浄名徳如来は、かの菩薩に、般涅槃に入る時がきたことを告げ、寝床（mañca）を整えさせた。世尊は、この菩薩に法を委嘱し、弟子なども全て委嘱した。そして般涅槃の後の遺骨（dhātu）も委嘱をし、その遺骨に盛大な供養を行い、遺骨を流布させて、多くのストゥーパを建てるべきことを告げた。

これらの委嘱を終えて、世尊は無余依涅槃に入った。一切衆生喜見菩薩は、香木を薪として積んで、世尊の身体（ātmabhāva）を燃やした（saṃprajvālayāmasa）。如来の身体が燃え尽き、その遺骨（dhātu）を集めて、かの菩薩は泣き悲しんだ。彼は、八万四千の七宝の瓶（kumbha）を作らせて、その中に如来の遺骨を納めた。そして、八万四千の七宝のストゥーパを建てて、更に、それより勝れた如来の遺骨供養をしようと考えた。

一切衆生喜見菩薩は、大勢の集団に、世尊の遺骨供養を行う決心を勧めると、遺骨のストゥーパの前で、百の福相で飾られた自らの腕（bāhu）を灯した（ādīpya）。

八万二千年のあいだ灯しつづけてストゥーパ供養を行った。かの菩薩はその間にも、集会の声聞（仏弟子）たちを教化し、それによって菩薩たちは現一切色身三昧を獲得した。集会の人々は、かの菩薩が不具（aṅgahīna）となったのを見て嘆き悲しんだ。そこで、一切衆生喜見菩薩は、十方の諸仏を証人として、真実の誓い（satyādhiṣṭhāna）をたてた。その真実語（satyavacana）によって、誓い通りに三千大千世界は六種に震動し、天子たちは華の雨をふらし、腕はもとどおりに還復した。

こうして、世尊はこの時の一切衆生喜見菩薩こそが、薬王菩薩であることを宿王華菩薩に告げた。そして、世尊は、宿王華菩薩に対して、菩薩の乗り物（bodhisattva-yāna）によって出で立った善男子や善女人たちに、多くの福徳を生ずる捨施を告げた。それは、無上のさとりを求めてかれらが、如来のチャイティヤのある所で（tathāgata-caityeṣu）、足の親指、手の指、足の指の一本でも、或いは一本の手足でも燃やすとすれば（ādīpyayed）、その福徳は、王国や愛する息子や娘や妻を捨施することよりも多いという。

しかし、かれらがどのような布施（dāna）をしようと、『サッダルマ・プンダリーカ』という法門の四句偈を一つでも受持するほどには福徳は生じないと言う。すべての世界を七宝で満たして、全ての仏陀や、菩薩や、声聞、独覚たちに布施をしても、それは及ばないと世尊は告げた。

以上が、薬王菩薩の過去世の物語である。薬王菩薩の前世でもある一切衆生喜見菩薩が、「現一切色身（sarvarūpa-saṃdarśana あらゆる形を現し出す）」という三昧を得たことによって、欠けた身体がもとどおりに直るということも一つのテーマとなっている。こうした物語は、大乗の不惜身命の信仰に基づいて生まれたとされるが、そこに内在する重要なテーマは、経本崇拝の思想である。加えて、大乗の法門に対する絶対帰依と、サティヤ・ヴァチャナ（真実語）による神秘的な力の強調が描かれている。

物語を通して気づくことは、一切衆生喜見菩薩の二度に及ぶ捨施の行為が描かれている点である。初めは、身体を尽くして再生をしている。そして次には、失われた腕が還復している。そうした描写のなかに、史上の釈尊の涅槃の様子と、その後の対応などが重ね合わさっている。理法の委嘱の問題も、大乗仏教では、重要なテーマの一つである。『法華経』には見宝塔品以来、このテーマが論じられている。(3)

一切衆生喜見菩薩の二度目の捨施では、如来の遺骨を納めたストゥーパ（stūpa）の前で燃身が行われた。ところが、最初に世尊が人々に勧めるところでは如来のチャイティヤ（caitya）の前に於いての捨施である。初期大乗経典では、ストゥーパとチャイティヤは、遺骨と経本（pustaka）との関係に対応する。『小品般若経』以来、この関係は初期大乗経典に特徴的なものとなっている。

舍利（śarīra 単数は身体の意、複数は遺骨の意）をおさめるストゥーパ（卒塔婆）に対して、経本（プスタカ）を安置するチャイティヤ（制底・支提）との関連は、初期大乗仏教では明らかに区別されている。こうした対応関係は、文字に書写された経典を重視する大乗仏教と密接な関係をもっている。初期『般若経』に於ける経本崇拝は、それまでの舎利崇拝に代わるものとして登場している。有限な舎利に対して、書写することによって限り無く経本は生ずる。そこに、有限なものから無限なものへという空の立場からの価値観の転換が認められよう。

漢訳の初期大乗経典ではストゥーパとチャイティヤ(4)との関係は明瞭ではない。ともに「塔(寺)」と訳されることがしばしばある。しかしサンスクリットテキストには、この関係は非常に明瞭である。やがて旧訳の時代を過ぎると漢訳者たちの留意するところとなり、両者の相違は訳語上にも表われてくる。

『法華経』では舎利に対応するストゥーパ崇拝が、やがて経本に対応するチャイティヤ崇拝へと発展的かつ融合的な展開をしている。法（ダルマ）を仏陀釈尊と同一視する思想が、やがて法を書き表わした経本と如来との同一視となっている。この点を踏まえると、チャイティヤには経本が納められ、それは如来のストゥーパと同様なものであるという法華経の解釈に、大乗仏教の歴史的な背景があると考えられる。

一切衆生喜見菩薩の身体の捨施は、再生と還復（復活）の信仰からも捉えることができよう。それはストゥーパ崇拝（遺骨崇拝）からチャイティヤ崇拝(経本崇拝)への価値観の転換が、失われた腕が還復するという物語の中で、経本に寄せた仏陀の身体（アートマ・ヴァーバ）の復活を暗示するものと考えられるからである。但し、言うまでもなくこの物語の主題は、身体を燃やすことよりも、法門の受持の功徳が優れたことを述べようとしている点にある。

一切衆生喜見菩薩は、初め、自らのカーヤ（身体）を燃やしたと記されている。ところが、千二百年のあいだ灯しつづけたかの菩薩の身体はアートマ・バーヴァであり、涅槃に入った日月明徳如来の身体も、同じくアートマ・バーヴァである。アートマ・ヴァーバはウパニシャッドの哲学では「生命（我）の恒久的存在」をいう。『法華経』寿量品〔5・9偈〕では、滅度した世尊の「身体」

を見て、遺骨（dhātu）に供養を行い、世尊が涅槃に入ってしまったと思って苦悩する衆生たちに、「身体」をすぐには現すことをしないと述べる時も、その「身体」はアートマ・バーヴァである。

一切衆生喜見菩薩は、自らのカーヤを燃やし、それによって多くの世界が照らしだされた。それは最高の法供養であると讃えられた。つづいてかの菩薩は、如来の遺骨供養のために腕を燃やした。中国の註疏家たちは概ね、それを「焼身」「焼臂」として扱った。筆者は、殊更、薬王菩薩の故事を「焼身」ではなく、「燃身」ということばを使っている。

次項では、漢訳語との関連などを通してこのことに触れたい。

Ⅱ

薬王菩薩の二度に及ぶ燃身（臂）の箇所の記述が、①『正法華経』、②『妙法蓮華経』（『妙法華経』）のそれぞれには次のように記されている。

【初めの燃身】

①「而して誓願を立て、身を以て燈と為し、一切の為の故に、即ち其の身を然して諸仏を供養す。精誠を以ての故に、其の光り、八十江河沙の諸仏の世界を遍く照らす（而立誓願以身為燈　為一切故　即然其身供養諸仏　以精誠故　其光遍照八十江河沙諸仏世界）」〔大正9巻125b〕。

②「神通力の願を以て、而して自ら身を然す。光明は遍く八十億恒河沙の世界を照らしたもう（以神通力願　而自然身光明遍照八十億恒河沙世界）」〔53b〕。

【後の燃身】

①「塔寺の前に於いて、形像の百福徳相を建立し、無数の燈を然し、香を焼き華を散じ、道法を光顕して、七萬二千歳を供養し奉事し、供養訖んぬ（於塔寺前　建立形像百福徳相然無数燈焼香散華　光顕道法　供養奉事七萬二千歳　供養訖竟）〔126a〕。

②「我、今、日月浄明徳仏の舎利を供養せん。是の語を作し已って、即ち八萬四千の塔の前に於いて、百福荘厳の臂を然し、七萬二千歳、而して以て供養す（我今供養日月浄明徳仏舎利　作為語已　即於八萬四千塔前　然百福荘厳臂　七萬二千歳　而以供養）〔53c〕。

二度の燃身（臂）〔1・2〕と、その後のチャイティヤの前での捨施を勧める箇所〔3〕は、両漢訳経典の当該箇所を対照すると次のようになる。

	〔『妙法華経』〕	〔『正法華経』〕
1	自然身	然其身
2	然百福荘厳臂	然無数燈
3	燃手指乃至足一指	(於如来前) 然一足指

此処で明らかなように、羅什訳『妙法華経』、法護訳『正法華経』いずれも、「焼身」という訳語はない。但し、『妙法華経』でも日月浄明徳如来の涅槃では「之焼」という訳語を用い、一切衆生喜見菩薩が臂を灯す箇所では「焼臂」という訳語が登場する。

「燃(然)」と「焼」とには、漢字の意味上からはそれほどの異なりはないように思える。燃は解字によると、会意兼形声文字で、「(熱を出して) もえる、もやす」意であり、焼は、「火+尭(高い)」の会意文字で、「炎や煙を高くあげてやく」の意である。因みに、「然」とするのも「燃」と同様で、動詞では「もえる」の意となる。但し古訓では、燃は「ともす、もゆ」で、燃燭(ともしびをともす)という成語もある。焼の古訓は「やく、もゆ」で、漢字には焼燈という成語もある。

仏伝には有名な「燃燈仏(Dīpaṃkara)」が登場する。釈尊の前生であるバラモンの青年に、さとりのともしびをともす仏陀とされるが、この場合は一般的には焼燈ではなく燃燈である。チベット語訳『法華経』も、今日のサンクリットテキストと同じく、一切衆生喜見菩薩の燃身を「火を燃やす (mi ḥbar bar)」として、「身体を焼く (sku bsreg pa)」ことと区別している。(5) 漢訳両『法華経』いずれにも「燃(然)」とされながら、薬王菩薩の捨施を焼身と理解されているのは、以下によって、中国の註疏家の理解や解釈によるものであることが判る。

先ず、天台の側では、

・智顗(538 ~ 597)は『法華文句』〔大正34巻〕において「焼身」「焼臂」「然一指」とする。『仏説観薬王薬上二菩薩経』(6)〔大正20巻660 ~〕を挙げて、薬王菩薩の捨施を「人軽法重」「軽生重法」(143a,b)として捉え、「又観若身若火能供所供皆是実相、誰焼誰然能供所供皆不可得故名真法也(また若しは身、若しは火、能供所供は皆これ実相にして、誰か焼き、誰か然えん、能供所供は皆不可得なりと観ず、故に真法と名づくなり）」（143b）と『法華経』の「是名真法」の文を解釈する。

・湛然（710 〜 782）は『法華文句記』において「焼身」「焼臂」「焼指」とする。「焼」と「然」との相違を、「焼とは、能焼の火なり。然とは所焼の身体なり（焼者能焼火也。然者所然身也）」（354b,c）として捉え、先の『文句』の「誰焼誰然能供所供皆不可得」（143b）の記述に基づいて説明する。湛然は、「焼身」は律制によれば偸蘭遮（sthūlātyaya, thullaccaya）にあたり、「焼指」は突吉羅（duṣkṛta, dukkata）にあたるのでは、(7) という問難に対して、大乗・小乗の戒制が不同であることを『梵網経』を引いて答えている。

これに先行するものとしては、

・梁代の光宅寺法雲（467 〜 529）は、『法華義記』〔大正33巻〕に於いて、「焼身」〔676c〕、「焚身」「焼臂」（677a）とする。

智顗と同時代のものとしては、

・三論宗の吉蔵（549 〜 622）は、『法華義疏』〔大正34巻〕に於いて「焼身」「焼臂」「焼指」（620c）とする。吉蔵は、焼身が律蔵の「偸蘭遮」にあたることと、焼臂が、「突吉羅」にあたるとの問難を挙げ、大乗の在家菩薩の立場からそれらが犯戒の例には該当しないと答えている。時代的には後の湛然も、同様の問題を呈示しているが、捨施を出家の菩薩の行為として捉えている点で解釈には相違がある。

玄奘門下の法相宗では、

・窺基（631 〜 682）は、『法華玄賛』〔大正34巻〕に於いて、「焼身・焼臂」（843c）としているが、「焼身・燃臂」（844a）ともする。窺基は、「舎利あるをば名づけて塔婆とし、舎利なきをば説いて支提と為す（有舎利者名為塔婆　無舎利者説為支提）」（844b）という『摩訶僧祇律』の説明などを引用している。わが国の明一の『法華略析』〔大正56巻〕にも「焼身・燃臂」（142c）は踏襲されている。

以上、中国の註疏家たちの、薬王菩薩の捨施供養の該当部分を挙げてみたが、漢訳『法華経』に見られた燃身は『玄賛』の「焼身・燃身」の両用を除いて「焼身」となっている。湛然の「焼」と「燃」との区別は、智顗の『文句』の解釈からなされたもので、本論の主題とは離れる。燃身の語を挙げている『玄賛』も、恐らく羅什の訳語に賛ずるためのものと思われるが、但し、燃臂はそのままである。これは智顗の「然一指」も同様である。智顗や窺基は、この間のなにがしかの区別を考えていたとすると、仏典の漢訳語を改めて考える必要があろう。

前項で述べたように、薬王菩薩の前生である一切衆生喜見菩薩の捨施供養は、身体やともしびの光り（pradīpa-prabhā）と炎（jvāla）によって、八十のガンガー河の砂に等しい世界が照らしだされた。そして転生した菩薩は、百の福相で飾られた自らの腕（bāhu）を八万二千年のあいだ灯しつづけて（ādīpya）、ストゥーパ供養を行っている。殊更、漢字に古訓をあてることも必要ないが、「ともす」と「やく」は現代語でも区別される。そこで、漢訳法華経に基づいて、筆者は、薬王菩薩の故事は「焼身」ではなく「燃身」として扱うべきであると考えている。

薬王菩薩の故事につづいて、『法華経』同品では、経本を書写し種々の香で焼香供養する功徳が無量であることが述べられている。経本（プスタカ）供養の功徳が無量であることは、薬王菩薩品に先行する「分別功徳品」（Puṇyaparyāya-parivarta）49・50偈にも述べられている。経本に対して「香（gandha）や油（taila）で充たされた燈（dīpa）を灯える」〔50偈〕という大乗独自の経本崇拝の情景のなかに、薬王菩薩の燃身供養の故事が展開されているのである。また「薬王菩薩本事品」は阿弥陀仏信仰を説く点で注目される。女性が同品を聴聞して受持すれば、再び女性として生まれることはなく、女性がこの経典を聞き、如説に修行すれば、命終の後に阿弥陀仏の世界に赴くとしている。

中国の註疏家たち（胡吉蔵も含めて）は、燃した臂が還復するという記述には、深い関心を寄せていないように思える。かれらはむしろそれを避けて、難行の行為を讃える方向で薬王菩薩の故事を扱っている。そこにかれらのthis worldly 的な思惟が働いていると捉えてもよいであろう。これは、聖徳太子の『法華義疏』（大正56巻64 ～ 128）にも言えることである。薬王菩薩の故事を大乗仏教の菩薩の行為であるとして、仏制に違背しないとする点に、現実の社会秩序を崩さない範囲で、仏教を受容するというかれらの解釈の特徴を認めることができよう。(8)

一切衆生喜見菩薩は、遺骨供養の目的のために、如来のストゥーパの前で燃臂を行い、自らの誓願によって失われた腕がもとどおりに還復している。そして後に世尊が人々に勧めるのはチャイティヤの前に於ける燃指であった。火葬によって肉体は失われて遺骨となっても、アートマ・バーヴァは恒久であり、再び衆生たちに姿を現ずることのあることは、『法華経』「寿量品」（Tathāgatāyuṣpramāṇa-parivarta）に述べられていた。

『法華経』「法師品」（Dharmabhānaka-parivarta）では、チャイティヤには、舎利を安置する必要はなく、経本が安置されるそこには如来の全身が安置されているという。それを如来のストゥーパにたいするような供養をすべきであるとする。[9] ストゥーパ崇拝から、やがて経本を仏陀と同一視することによって新たに意義づけがなされたチャイティヤ崇拝に展開するところに、初期大乗仏教の思想的特徴が認められる。それを、大乗仏教に於ける仏陀の復活の信仰として捉えれば、薬王菩薩の故事は、まさに一切衆生喜見菩薩に寄せて再生と復活の信仰を描いていると言えよう。いかなる苦行よりも、どのような神変よりも為し難いことは、法華経の受持であることは「見宝塔品」（Stūpasaṃdarśana-parivarta）に述べられている。「薬王菩薩本事品」にも、燃臂よりも、法門受持の功徳が優れていることを説く。燃身・燃臂がいかに難行ではあっても、それは先に述べたように法華経の主要テーマではない。

復活の信仰は、キリスト教では重要な教義となっている。初めは霊体の復活であったものが、やがて手足を見せたというような具体的な記述となって展開しているという。[10] 世界史的に復活の信仰を捉えると興味深い。大乗仏教にも薬王菩薩の故事のなかにそれが認められると思われるからである。

ウパニシャッド哲学では、純粋精神としてのアートマンは、真実（satya）と苦行（tapas）、そして絶えざる清浄行（brahmacarya）とによって体得されるという〔*Muṇḍ.Up.*III.1,5〕。薬王菩薩の故事も、そうしたインドの伝統的な解釈を踏まえていると言える。真実を語ることや、父母や師を神として扱うべきこともウパニシャッド〔*Tait.*I.2,1〕以来、インド人の精神文化を支えている。真実であるならば、灼熱した斧をつかんでも手を焼くことがないことは、古ウパニシャッド〔*Chān.Up.*6.16,1-2〕にも伝えられている。[11] インド二大叙事詩『ラーマーヤナ』〔第6巻 Yuddha-kāṇḍa〕で、シーターが火中に身体を投じて焼かれずにすむのも、身の潔白が真実であったからである。[12]

しかし、そうしたものからは、失われた実際の身体の一部が還復するという発想は現れ難いようにも思える。具体的な捨施供養は、それが意義のある正しい供養であるならば、その応報も人々が願うものでなければならない。薬王菩薩の故事も、捨施した身体が再びもとどおりになることも人々が願う応報の姿である。不具(aṅga-hīna)となったのを見て嘆き悲しむ人々に対して、かの菩薩は、真実語によって誓いどおりに腕を還復した。この記述は、大乗の人々が、仏陀の入滅に対して懐く深い悲嘆と、仏陀復活の願いが秘められていると受け取ることができる。如来滅後の初期大乗の人々が、仏陀と同一視し如来の如く尊崇したものは、かれらの願いから生まれた大乗のプスタカ(経本)であった。そのプスタカを納めるチャイティヤの前に於ける燃指を勧める箇所を、『正法華経』は「於如来前然一足指(如来のみまえに於いて一足指を然す)」と訳している。大乗の経本を納めたチャイティヤを、かれらは如来と見なしているのである。

ジャータカのシビ王本生〔499話〕[13]は、捨施された王の眼は還復するが、それは肉眼のままの還復ではない。実際に捨施された身体の復活ではなく、超人的(amānusa)な意味での眼の還復である。薬王菩薩の燃臂も同様に受け取られるべきものであろう。熱烈な信仰を表わすbhaktiの語は、まだ『法華経』には登場しない。しかし、漢訳『法華経』に登場する薬王菩薩の故事については、その後の中国仏教や漢字文化圏の国々に於いて仏教僧が実際に行った捨施の行為として記録が留められている。[14] しかもそれは過去のものではない。韓国の尼僧たちは、薬王菩薩の行為に大乗仏教僧の篤い信仰的行為を感じ、自らの指を燃して供養を行った。[15] 中国仏教(台湾)の僧尼がいまも前頭部に行う戒疤は、やはり『法華経』の薬王菩薩の故事が基になっていると考えられる。[16] 筆者は、そうした行為を忖度し、是非を云々することはできない。それを純粋な宗教的行為として受け取り、自ら実践する出家の僧尼がいることが事実であるからである。

『大智度論』には、菩薩には大菩薩と小菩薩の別のあることを記している。[17] 初期大乗仏教をさらに原始大乗と初期大乗とに分ける区分によれば、後者の初期大乗に特徴的な菩薩は信仰の対象としての理想の大菩薩である。こうした大菩薩たちの登場は、イランの宗教からの影響が認められるとする意見もある。[18]『法華経』には、そうした大菩薩たちが登場する。かれら大菩薩たちの信仰が顕著になると、その誓願や本事が具体的に描かれるようになる。それらが『法華経』のなかに編入されていくのである。

衆生済度のために身体を様々に化作するという、理想の大菩薩の登場は、法身の菩薩の登場でもある。大菩薩たちは、もともと仏陀世尊にそなわった種々の特性を神格化したものとする見解もある。この大菩薩たちの故事（本事）は、釈尊の本生話ジャータカが、当時の民間説話や信仰を採り入れながら、仏教的な統一をはかっているものと似ている。

薬王菩薩は、他の大菩薩に比して、『法華経』中では法身としての大菩薩の姿を充分にそなえたものとはなっていない。むしろ菩薩としては次第に信仰の対象としての地位を得る過程にあると言えよう。それに対して観世音菩薩や普賢菩薩などは、大菩薩としての誓願と信仰のみが強調されている。薬王菩薩の故事は、それ故、一般の人々にも出来えるものとなっているが、その本事は、仏陀供養・法供養のために身命を顧みない行為となっている。この点からも、理想的な行為（衆生救済）のために身命を惜しまないジャータカの物語と共通する。衆生済度は菩薩の実践として大乗仏教に継承されながら、仏陀や法（ダルマ）に対する供養として捨施を強調するところに大乗仏教の特徴がある。

結　語

いかなる難行よりも法門受持の功徳がすぐれていることが、一切衆生喜見（Sarvasattvapriyadarśana）菩薩の燃身・燃臂の物語をとおして述べられていた。身体が欠けた菩薩の姿を見て嘆き悲しむ人々に、「人々の眼を喜ばせる身体を持つ（一切衆生喜見）菩薩」は真実の誓願（satyādhiṣṭhāna）をたてて身体の還復を起こした。それは「如来寿量品」の医子喩に通じるものである。法華経の法門を聴聞し随喜する功徳によって、人々の眼を喜ばせる（priyadarśana）姿が獲得されることは「随喜功徳品」（anumodanā-puṇya-nirdeśa-parivarta）13偈にも述べられている。

わが国の精神文化が、漢訳の仏典から受けた影響は大きい。代表的な翻訳家によって訳出された経典は、その後のアジアの漢字文化圏の人々の仏教理解に多大な影響を与えてきた。大乗仏教に特異な信仰形態を形作った燃身供養もその一つである。『法華経』「薬王菩薩本事品」に登場する薬王菩薩の前世物語を大乗独自の経本崇拝からみる時、そこにはプスタカ（経本）に寄せた再生と還復（復活）の信仰が認められる。「燃身」はしばしば「焼身」と混同されるが、漢訳『法華経』の訳語からもそれは「燃身」とされるべきものであろう。

〔現代の韓国仏教の尼僧たちのなかに、『法華経』の故事に基づいた捨施（燃指）が実際にあったことを知り筆者は驚きを禁じえなかった。「薬王菩薩本事品」には阿弥陀仏信仰とともに女性の救済が述べられている。その尼僧たちの行為が、世界平和、南北朝鮮の統一への熱い祈りからのものであることを知ると、やはり身体や指を「やく（焼）」のではなくあかりを「ともす（燃）」という感を強くするのである。〕

注

(1) *Saddharmapuṇḍarīka*, ed. by H.Kern and B.Nanjio (Bibliotheca Buddhica.X). pp.404,1.9-415,1.9; SP Romanized Text. by U.Wogiwara and C.Tsuchida. pp.339,1.11-347,1.1.『妙法華経』大正９巻53a ～ 54a。『正法華経』125a ～126a。

(2) カシュガル本『法華経』の同箇所は欠損が著しいが、Candravimalasūryaprabhāsaśrrī とある。『梵文法華経写本集成』第11巻102 ～ 244頁参照。
cf. TODA's Central Asian Romanized Text,pp.191-199.

(3) 『法華経』における法の委嘱の問題について筆者の拙論がある。
'The Ploblem of Entrusting the Dharma in the Saddharmapuṇḍarīkasūtra.
『仏教学論集』中村瑞隆博士古稀記念論集・昭和60年２月、春秋社。

(4) 「法華経に見られる四処の変化」（『印仏研究』54)、「法華経における caitya の出現」（『印仏研究』60)。'The Description of four Holly Places and Caitya-worship in the Saddharmapuṇḍarīka'. Bulletin of Rissho Junior College, No.21,1986.
仏塔崇拝の成立と基盤に関しては、杉本卓洲『インド仏塔の研究』〔1984年、平楽寺書店〕がある。古代インドの葬送墓制や仏塔の起源などに言及し、ストゥーパとチャイティヤの歴史的な事相も詳細に述べられている。

(5) 『西蔵大蔵経』第30巻〔№781,22〕Sman-gyi rgyal-poḥi sṅon-gyi sbyor-ba（薬王菩薩本事品)。蔵訳法華経では、一切衆生喜見ボサツが「自らの身体に火を燃やした (bdag gi lus la mi ḥbar bar byas so, p.172b,1.3) としている。日月浄明徳如来の身体（sku）を荼毘にふす際には bsregs te（焼いた p.174b,1.4）とするが、現在形の sreg pa には dahati（燃える、焼く）の意もある。

燃臂の箇所では、手（lag pa）を燃やす（ḥbar bar,p.175a,1.4）とする。

如来の塔（mchod rten）での燃指でも ḥbar bar (p.176a,1.6) とある。

(6) 宋代の畺良耶舎訳『仏説観薬王薬上二菩薩経』〔大正20巻〕では、法華経「妙荘厳王本事品」に登場する薬王・薬上の二菩薩への信仰を説いている。妙荘厳王本事品で王の二人（薬王・薬上の前生）の子息が、神変（pratihārya）を現じて父王を教化するということも、法華経「薬王菩薩品」の故事に内容的に関連させている。

この薬王薬上二菩薩では薬王菩薩は大菩薩としての信仰を得ている。薬王菩薩の名字を一心に礼拝すれば、禍にも横死をすることもないという。「若能称是薬王菩薩名字一心礼拝不遇禍対　終不横死」(663a)。

(7) 偸蘭遮（sthūlātyaya, thullaccaya）は「粗悪な罪」をいい、突吉羅（duṣkṛta, dukkata）は「悪作」の意で罪としては最も軽い。『パーリ律』や部派の『律蔵』には、不浄観を修するあまり身体を厭い自殺をしてしまった修行者たちのいたことは触れられているが、燃身・燃指に関する規制は筆者が調べた範囲では見当たらない。それは伝統的な部派仏教の出家僧の行うものではなく、大乗の菩薩の行為として位置づけられるからである。

(8) 『シナ人の思惟方法』〔中村元選集決定版・第2巻、1988年、春秋社〕168～187頁参照。

(9) BB,pp.231,1.7-232,1.3（Romanized Text,p.201,11.13-24）『妙法華経』31ｂｃ。

(10) 赤司道雄『聖書これをいかに読むか』〔中公新書105〕

(11) 中村元博士の『ウパニシャッドの思想』〔中村元選集決定版・第9巻、1990年、春秋社〕には、ヴェーダに付属するウパニシャッド文献が詳細に検討され、思想的な特色が論じられている。〔付〕文献一覧には、邦訳『ウパニシャッド全集』〔高楠順次郎監修・全9巻、1922～1924年、再版、19801年、東方出版〕の全リストの対照があげられており、検出に便宜が図られている。

(12) 『ラーマーヤナ』（*Rāmāyana*）は『マハー・バーラタ』（*Mahābhārata*）と並ぶインドの二大叙事詩。ラーマの英雄的な行為と理想の貞女としてのシーターの姿はインドのあらゆる階層の人々から親しまれ愛されてきた。邦訳では岩本裕『ラーマーヤナ』〔東洋文庫、平凡社〕がある。〔東洋文庫367〕には伝本、刊本、翻訳・研究などの紹介が収められている。

(13) *The Jātaka*, vol.IV,pp.410-412.（published for the Pāli Text Society, 1963）

捨施したシヴィ王（Sivi）の両眼は再び生じるが、それは自然の（pakatika, prakṛtaka）眼ではなく、「真実の完成の眼」（saccapāramitācakkhu）であったと述べる。

(14) 釈聖厳「中国仏教以《法華経》為基礎的修行方法」〔中国仏学学報・中華民国83(1994)年7月、10頁〕には、『法華持験記』（卍蔵経134）に載る修行の事蹟を紹介している。

『法華持験記』は清の周克復纂のものであるが、当時、焚身や手足の指をもやし、或いは投江等の捨身供養者が六人あるという。

『法華持験記』に収められる228人の修行事蹟は重複するものもあるが、釈聖厳博士はそれらの統計を挙げている。それらは当時の法華信仰を知るうえでも興味深いので、論文の掲載通りに以下にあげておく。

①受持読誦《法華経》者160人。

②誦《法華経》而得感応神異象者100人。

③講説《法華経》者44人。

④修行法華三昧者26人。

⑤書写《法華経》者25人。

⑥精研《法華経》者23人。

⑦修習禅定者23人。

⑧撰者《法華経》注疏及通録者14人。

⑨修《法華三昧懺儀》者12人。

⑩焚身、爇手指、投江等捨身供佛者6人。

⑪其中尚有頂礼《法華経》全部、一字一拝者3人。以及宣唱《妙法蓮華経》五字経題者、亦有3人。

(15) 『実相妙法蓮華経全七巻』が「法供養経」として、1972年8月に発行された。発行処は韓国慶尚南道晋陽郡の凝石寺。東方学院講師の金漢益〔現・釈悟震〕博士より、韓国の尼僧が法供養のために燃指をした事例のあることを窺った。この法供養経は有縁のひとびとに初版3500部が配られたという。経典には、凝石寺の比丘尼6名が燃指をしたことと、その願文がハングルで記されている。今、釈師の好意で、その部分を翻訳してもらったので、紹介したい。

「この法華経が、漢文からハングル語に最上の翻訳がなされ、唯、ひたすら全世界に広宣流布され、御経の功徳によって、南北統一と世界平和が成就されんために、燃指した人々、

凝石寺	文　法蔵	指4本	燃指
〃	朴　道義	指3本	燃指
〃	李　應真	指2本	燃指
〃	林　円真	指4本	燃指
〃	襄碧玉羅	指1本	燃指
〃	呉ウンヨン	指1本	燃指

(16) 「小菩薩」は『大智度論』(大正25巻127b)に「諸の小菩薩は怖難未だ除かず」とする。『大智度論』では、薬王ボサツの燃身を「以身為燈供養」(682b)とする。拙論「『大智度論』に引用された法華経」(『印仏研究』34・2、1986年)参照。

(17) 台湾の有力な仏教寺院の僧尼に、筆者が薬王菩薩の故事と戒疤との関連を訊ねる

と彼女は首肯していた。台湾仏光山〔高雄県大樹郷〕からの立正大学留学生の尼僧によると、戒疤は受戒の際に前頭部に3点行い、その後も修行の目的で実行する僧尼がいるという。

(18) 大乗仏教とゾロアスター教に関しては、梶山雄一『「さとり」と「廻向」大乗仏教の成立』〔講談社現代新書420、1983年〕の中で、A・L・バシャム氏の論文（The Evolution of the Concept of the Bodhisattva 1981）を紹介し、ゾロアスター教が西北インドの人々に与えた思想影響を挙げている。

『ボーディチャルヤーヴァターラ』と『イミタチオネ・クリスティ』
―東西の宗教書に見られる共通点―

東西の宗教書の説く実践倫理には教理や世界観の相違をこえた共通点を見出すことができる。それらを具体的にパラレルとしてあげてみると、それぞれの宗教のもつ特徴がより明瞭となり、同時に東西の宗教書に述べられる普遍思想を認めうる。この報告では、7〜8世紀にかけてインドで活躍をした大乗の学僧シャーンティ・デーヴァの著作と、ヨーロッパ中世のキリスト教修道士の信仰書との両書にみられる類似した幾つかの点を比較思想論の立場から取り上げて考察してみたい。(1)

一　両書の著者と背景

『ボーディチャルヤーヴァターラ』〔*Bodhicaryāvatāra*「さとりの行への趣向」の意。ここでは『さとりへの実践』と訳すことにする〕の著者シャーンティ・デーヴァ〔Śāntideva〕は、7世紀後半に生まれ8世紀の初めに活躍をした学僧である。彼はインドのカーティアワール地方の南方の国の王子として生まれたが、父王の死後、文殊師利菩薩の夢告をえて、自身の王としての不適性を感じてナーランダにおもむき、そこで出家をして僧侶となったと伝えられている。(2)

本書には10世紀の漢訳『菩提行経』ほか多くのチベット語訳やサンスクリットの注釈書が現存し、その流布の広さがうかがわれる。サンスクリット詩で書かれたこの『さとりへの実践』はチベット語訳では表題の「さとりの行」〔bodhi-caryā〕が「ボサツの行」〔byaṅ-chub-sems-dpaḥi spyod-pa=bodhisattva-caryā〕となっている。「さとりの行」と「ボサツの行」とに意味上の相違があるとすれば、bodhi-caryā はいわば大乗・小乗を問わず仏道修行者が行うべき「さとりへの実践」の意になり、bodhisattva-caryā ということになるとボサツとしての自覚に基づいた「さとりへの実践」の意味が強くなる。このボサツとしての自覚に基づく自己表明は部派仏教にはなく大乗になって登場してくる。さとりという完全性の追及・実践には本来、大小乗の別はないと考えれば、チベット語訳よりもサンスクリット本の「さとりの行」という表題の方が著者の仏教観を的確に表しているかもしれない。[3]

シャーンティ・デーヴァの活躍をした7～8世紀は、インドでは後期大乗の時代を迎えている。インド南海諸国をめぐり『南海寄帰内法伝』を著した中国唐代の義浄（695年に洛陽に帰る）もほぼ同時代の人物である。このシャーンティ・デーヴァには大乗仏教の修行者の学ぶべき要文集として、別の著作『学処要集』〔*Śikṣāsamuccaya* 漢訳『大乗集菩薩学論』〕もあるが、『さとりへの実践』は深い懺悔反省に基づく信仰告白と仏道修行者としての信念の堅固さが全編を貫いている。本書は全体が10章からなり、さとりの心の讃歌〔一〕・三宝の帰依[4]と懺悔〔二〕・さとりの心への誓い〔三〕・さとりの心の努力〔四〕・正しい智慧を護ること〔五〕と続き、大乗の徳目である六波羅蜜のうちの布施と持戒をのぞいた四波羅蜜を説いて最後に廻向の第10章で終えられている〔このうち最後の章は後人の編入とみなされている〕。サンスクリット本からの邦訳としては金倉円照博士による『悟りへの道』〔サーラ叢書9〕があり、原文サンスクリット詩からの格調高い和訳である。

『イミタチオネ・クリスティ』（*De Imitatione Christi*）の著者に関しては異説があり、一般にドイツのキリスト教思想家トマス・ア・ケンピス（Thomas a Kempis　1380？～1471）であるといわれている。しかし、『日本キリスト教歴史大辞典』（1988、教文館）を見ると、はじめに起草をしたのは共住生修士会を創設したフローテ・G（Groote, Geert　1340～1384）で、その後、後継者やトマスが増補改訂したものとみなされている。[5]「新しい信心」（Devotio moderna）を唱え本書を起草したとされるフローテは44歳で亡くなり、トマスは約70年間をアウグスティヌス会修道院で過ごしている。この頃のヨーロッパの宗教界を見ると、13世紀にはトマス・アキナス（Thomas Aquinas）によるカトリック神学の集大成がなされ、14世紀になると神秘思想家エックハルト（Eckhart, J. M）が登場する。ルター（Luther, M）のプロテスタント（抗議）に基づく宗教改革（1517）がそれに続いている。また学問・芸術の分野ではイタリアに興りやがて全ヨーロッパに及んだルネッサンスもトマスの生きた時代に含まれる。

「キリストの倣び」と訳されるラテン語の題名は、本書の第1巻第1章の章名に基づくものであるが、使徒（Apos-toli）・殉教者（Martyires）ほかキリストの足跡に従おうと努めた人々はキリストに倣ねた生きた模範であるとしている〔*Imi.*, I, 18-1. 2〕。キリスト（我）に従え」（Imitatio Christi）という言葉はもともとキリストに随行せよという意味と、精神的な意味での模倣との両者の意味がある。(6) パウロをはじめクレメンスやキリスト教の信奉者にとって宗教的理念の実現とキリストの生き方に模倣することとは密接な関係にあった。本書はヨーロッパ中世のキリスト教文学の白眉として聖書に次いで愛読され、ラテン語原文だけでも300以上の書写本があるといわれている。印刷本も2000以上に及び、15世紀以来ヨーロッパ諸言語に翻訳されてきた。(7) わが国ではすでに慶長元年（1596）に天草コレジヨ刊の邦訳ローマ字本『コンテンツス・ムンヂ』（*Contemptvs Mundi*）が出ている。イエズス会による和訳事業はそれ以前から行われ、1586年に洗礼をうけた細川ガラシヤの愛読も伝えられており、(8) 現在までの邦訳はラテン語や英訳などからのものを含めると10種以上にも及んでいる。

両書をこの報告で採り上げるのは、実践倫理面の共通点だけではなくそれぞれの表題に基づく類似点が認められることにもよっている。ボーディチャルヤーというさとりへの実践は、ゴータマ・ブッダ（釈尊）によって実現された人格完成者（Tathāgata　如来）(9) への到達を目指し、その実践は大乗ではさとりを求めるボサツとしての生き方に倣るということになる。この場合の釈尊の前生としてのボサツの姿は『ジャータカ』をはじめとした仏伝文学の中に生き生きと描かれている。大乗仏教は阿羅漢や辟支仏のいわゆる二乗とボサツの相違を、一切衆生の救済という大願・大慈大悲があるか無いかという点に置いている。[10] 一切衆生の救済のためには自らは仏陀とならずにすすんで悪処に堕し、衆生と事を同じくしてかれらの利益するボサツの姿は理想の大ボサツ[11]として大乗の人々の信仰を得、この大ボサツに対する小ボサツ[12]は自らの姿を反省的に顧みた凡夫のボサツでもある。ボサツはまた仏子（Buddha-putra）としての自覚[13]にも結びつくものであった。

他方、イミタチオネ・クリスティは神の子イエスス・キリストの生涯とその行為とに倣うということであり、霊性の進歩と永遠の心の平安をえるために心身を整え、さらに謙遜と忍耐をもってキリストに倣ね、愛の行為を実践することが勧められている。人格完成者到達のために、さとりを求めるボサツであった釈尊の行為に倣ねるという意味でのボーディチャルヤーと、平安を得、愛の行為実践のためのキリストの行為への倣ねび（イミタチオネ・クリスティ）とは、宗教的実践面からは相違のないものとなる。両書が、とくに自己の内面に向かっての問いかけ（反省・懺悔）の部分に、それを読む者の共感をえるのは、世界観や教理の違いを超えた、宗教者としての真摯な姿がこの東西の宗教書の根底にあるからであろう。

二　両書に見られる共通点の指摘

以下の引用では、『さとりへの実践』についてはサンスクリット原文とその拙訳を、『キリストの倣び』ではラテン語の原文と当該箇所を英訳を参照して訳した拙訳をあげた。

A　体現的読書の勧め

『さとりへの実践』

「わたしはただ身体によって（経文を）読もう。言葉を読むことが何になるのか。治療法を朗読するだけならば、病めるものにとって何の役にたつのか。

Kāyenaiva paṭhiṣyāmi vāk-pāṭhena tu kiṃ bhavet ／

cikitsā-pāṭhamātreṇa rogiṇaḥ kiṃ bhaviṣyati // 〔*Bodhi.,* V, 109〕

『キリストの倣び』

「結局、審判のその日がやってきたときに、我々が審問されるのは何を読んだかではなく、何をなしたかであり、名文句をいかにうまく言い表したかではなく、いかに誠実に生きたかということである。

Certe adveniente die judieii non quaeretur a nobis, quid legimus, sed quid fecimus ; nec quam bene diximus,sed quam religiose vixumus. 〔*Imi.,* I, 3-5〕

「友よりも一層博学であり賢いということを示そうとして読んではならない。倣うべきは自身の罪を滅ぼす方法であり、それは数多くの厄介な問題を知ることよりも益のあるものである。」

Numquam ad hoc legas verbum, ut doctior aut sapicntior possis videri.Stude mortificationi vitio-rum, quia hoc amplius tibi proderit, quam notitia multarum difficilium quaestionum. 〔*Imi.,* III, 43-1〕

仏教史の上では、経典の読誦や書写による功徳は大乗仏教にいたって強調されている。それは経典の流布と結びつき、大乗独自の経巻（pustaka）崇拝となって初期大乗経典（『般若経』や『法華経』）を特色づけるものとなっている。聖典は流布により､その教えを人々が知ることになる。しかし教えを知っているというだけでは知識としての意味しかない。教えは我々の身体や心による行為のいずれかに積極的に具現されなければならない。いわば単なる知識や博学に対して反省を促すための体現的読書への主張が両書に見られる。『法華経』に基づく実践的信仰を表明した鎌倉期の日蓮（1222 ～ 1282）もそうした読書（読誦）を色読（身体による読誦）[14]として強調した。この両書の主張も、一方はボサツ行という大乗仏教の教理と関わり、他方は最後の審判や罪というキリスト教の教理と結びついて述べられている。

B　苦と熱意

①『さとりへの実践』

「この世の苦はそれほどではなく、将来におおいなる利益となる。この生涯に於いて世界の苦を取り去る苦をこそ喜ぶべきである。

na cedaṃ tādṛśaṃ duḥkhaṃ mahārthaṃ ca kariṣyati ／
jagad-duḥkhahare duḥkhe prītir evātra yujyate ／／　〔*Bodhi,* VI-75〕

『キリストの倣び』

「もしあなたが真に賢明で、あるがままにものを見るならば、決して試練に不幸を感じたり気落ちしてはいけない。そうではなく、むしろそうした試練に対して喜び感謝すべきであり、悲しみで苦しめることをことのほか喜びとすべきである。」

Si recte sapis et in veritate aspicis, numquam debes propter adversa tam dejecte contristari, sed magis gaudere et gretias agere, imo hoc unicum reputare gaudium, quod affligens te doloribus non parco tibi.　〔*Imi.,* III, 30-6〕

②『さとりへの実践』

「それ故に、わたしは誓願したとおりに努力を遂行しなければならない。もしも今日、尽力しなければ、わたしは底から底へとおちるであろう。」

tasmād yathā pratijñātaṃ sādhanīyaṃ mayādarāt ／
nādya cet kriyate yatnas talenāsmi talaṃ gataḥ ／／　〔*Bodhi.,* IV-12〕

『キリストの倣び』

「もしあなたが今後の歳月よりも、死について考えるならば、必ず自分の生活を改めようと熱意をもつであろう。そしてまた来世の地獄や煉獄の責め苦を真剣に考えれば困難や苦しみにも堪えられ、あなたを怯ませるいかなる苦労もないとわたしは思う。」

Si frequentius de morte tua, quam de longitudine vitae cogitares, non dubium, quin ferventius te emendares. Si etiam futuras inferni sive purgatorii poenas cordialiter perpenderes, credo, quod libenter laborem et dolorem sustineres, et nihil rigoris formidares.　〔*Imi.,* I, 21-5〕

③『さとりへの実践』

「目的なしに長く生きるのなら、むしろ今日死を選ぼう。命を永らえても、死の苦しみはわたしに於いては全く同様であるから。」

varam adyaiva me mṛtyur na mithyā-jīvitaṃ ciram ／

yasmāc ciram api sthitvā mṛtyu-duḥkhaṃ tadaiva me ／／〔*Bodhi.,* VI-56〕

『キリストの倣び』

「もし悔い改めることがそのように少なければ、長命もなんの要があろうか。ああ……、不幸にも人は長く生きれば生きるほど罪を重ねてしまう。もしこの世で一日だけでも真によく過ごすことができたなら……。」

Quid prodest diu vivere, quando tam parum emendamur? Ah, longa vita non semper emendat, sed saepe culpam magis auget. Utinam per unam diem bene essemus conversati in hoc mundo! 〔*Imi.*, I, 23-2〕

原始仏典には、身体の不浄視をはじめ厭世観が色濃く表されている。しかしそれは生の放棄ではない。死を凝視することは自我の執着を離れ、理想の人格形成を目指して現実を生きるためのものであるとすれば、ここに宗教と現実社会との積極的な結びつきが生まれる。この世での苦しみを喜ぶべきであるとするのは、大乗仏教では世界に充満する苦悩を除くためのボサツが喜んで受けるべき苦であり、この世での苦しみが将来のおおいなる利益(mahārtha)に結びつく。苦を喜びとすべき点は『キリストの倣び』でも同様に説くが、苦難は神から送られた試練〔*Imi.,* III, 30-5〕[15] であるという捉えかたは本来の仏教の業報観にはない。しかし大乗経典になると宗教上の忍耐とさとりの実践に向かうボサツの生き方とが密接な関連をもってくる。特に、日蓮は業報の意識とともに「三類の怨敵」[16] といった宗教上の試練に似た観念を強く懐いている。

『さとりへの実践』では、現在こそが善を為するにもっとも適しており〔*Bodhi.,* IV-18〕、ボサツの誓願の達成に向かって努力するのは今日をおいて他にないということを説き、『キリストの倣び』では、現世の生活のみに心を奪われ来世の備えをなおざりにすることの虚しさを述べ〔*Imi.,* I, 1-4〕、死を考えることは、自身の生き方への反省を促すことになると説く。現世はよりよい来世のための準備であるという、来世主義的 (other worldly) な思想はインドの宗教や西洋中世の思想に共通している。[17]

C　慈悲と愛

①『さとりへの実践』

「もし衆生が存在しないとしたら、憐愍は誰のためにあるのか、というなら、それは許されたる誤謬（= 世間の道理）をもって思惟せられた（衆生を救うという）なさるべき目的のためにある。」

yadi sattvo na vidyeta kasyopari kṛpeti cet ／

kāryātham abhyupetena yo mohene prakalpitaḥ ／／　〔*Bodhi.,* IX-76〕

『キリストの倣び』

「もし我々すべてが完全であるのならば、隣人の何を神のために忍ぶべきであろうか。」(18)

Si essent omnes perfecti, quid tunc haberemus ab aliis pro Deo pati?

〔*Imi.,* I, 16-3〕

②『さとりへの実践』

「他のものによって為された罪業さえも、このものの頭に落ちさせよ。このものの罪業は僅かなりとも偉大なる聖者の前に顕示せよ。」

anyenāpi kṛtaṃ doṣaṃ pātayāsyaiva mastake ／

alpam apy asya doṣaṃ ca prakāśaya mahāmuneḥ ／／〔*Bodhi.,* VIII-162〕

『キリスト倣び』

「神のものは神に返し（マタイオスによる福音22・21）、自分のものはあなた自身に帰しなさい。それは、神にはその恩恵を感謝し、罪と罰とはあなた一人に帰すということを真に理解せよということである。」

Da Deo, quod Dei est, et tibi adscribe, quod tuum est ; hoc est : Deo gratias pro gratia tibue, tibi autem soli culpam et dignam poenam pro culpa deberi sentias.　〔*Imi.,* II, 10-3〕

③『さとりへの実践』

「このように他のものの利益を為しても、傲りも高慢もあらわれない。ましてや自分を楽しませているのであるから、果報の期待も生じない。」

「それゆえ、苦痛や苦悩から自分を護ろうと願うように、そのように保護心と哀愍心とを世界に対して専心すべきである。」

evemṃ parārthamṃ kṛtvāpi na mado na ca vismayaḥ ／
ātmānamṃ bhojayitvaiva phalāśā na ca jāyate ／／ 〔*Bodhi.*, VIII-116〕
tasmād yathārtiśokāder ātmānamṃ goptum icccchasi ／
rakṣā-cittamṃ dayā-cittamṃ jagaty abhyasyatāmṃ tathā ／／ 〔VIII-117〕

『キリストの倣び』

「崇高な愛の実践は仕事を為したことになる。よく為することは崇高に為することである。社会の幸福のために行動し、自利のためではいけない。それゆえよく為すというのである。」

Multum facit, qui multum diligit. Multum facit, qui rem bene facit. Bene facit, qui communitati magis quam suae voluntati servit. 〔*Imi.* I, 15-2〕

ボサツの慈悲の対象は一切の衆生であり、さとりへの実践は衆生という救済の対象があって可能となる。一切衆生を利益することを成就するためには身体（ātmabhāva）も財産（bhoga）も三世に於けるすべての浄業（śubha）も捨離し〔*Bodhi.*, III-10〕、他者の罪業までも自身の頭上におちることを願う。しかし大乗の空の立場からみれば本来救うものも救われるものもない。『さとりへの実践』の引用（C－①）は智慧（般若）の完成という空思想に立脚した衆生観から述べられている。『キリストの倣び』では、この世の作られたものはすべて自身にとって永遠を映す鏡であり、神聖な金言を教える書物である〔*Imi.*, II, 4-1〕とする。そして罪と罰とを自分のみに帰すようにせよという。我々の誇りとすべきものは、現世の富みや取り巻きではなくむしろ我々の望むすべてを与え、とりわけ自身を与えようとした神の親愛である〔*Imit.*, I, 7-2〕と説く。我々が不完全であるからこそ完全性へと向かう努力に意義があり、隣人も不完全であればこそことさら神のために忍び愛することになる。そして愛の行為は社会への奉仕へと結びつく。

仏教のボサツ行に基づく慈悲の実践は自らの罪業のみならず他者の罪業までも進んで受けるというものである。もともとインドの業報説では、罪業（苦）

はすべて自己の行為より招きだしたものとして捉え、それは他者のいかなる責任に帰せられるものでもなく、自分個人が受くべきものである。しかし大乗仏教にいたると、願生(願って悪趣に生まれ)思想とともに、他者の罪業(苦)をも進んで忍び受けるというボサツ行が強調された。キリスト教では業報観は原罪の観念(19)と結びつく。パウロから発し、アウグスティヌスにいたってより明確化された原罪の観念を、人間としての罪（苦）の斉等性という意味で捉えれば、罪（苦）は本来互いに忍ぶべきものとなる。仏教の業報説からは実践的な「個」の論理が導きだせる。但しキリストは神の子としてその斉等性をもつ原罪を一人で背負ったということになると、大乗仏教のボサツ思想との類似性を指摘しうる。

D　自己反省・浄罪

①『さとりへの実践』

「わたしに加害者が現れたのは、わたしの業にまねかれたためである。それによって、そのものたちは地獄に赴くであろう。（そうなれば）わたしによってかれらが傷つけられたことになるのではないか。」

mat karmacoditā eva jātā mayy apakāriṇaḥ ／
yena yāsyanti narakān mayaivāmī hatā nanu ∥　〔*Bodhi.,* VI-47〕

『キリストの倣び』

「わたしの生涯を正しく省みるならば、未だかつていかなるものもわたしに危害を加えたものはない。それゆえ、わたしはあなたに不平を懐くべきではない。しかしわたしがいかにしばしば、いかに嘆かわしくあなたに罪を犯したかを悟れば、すべての創造物がわたしに武器をとるのは当然である。」

Domine, in caecitate sumus et vanitate cito seducimur. Si recte me inspicio, numquan mihi facta est injuria ab aliqua creature, unde nec juste habeo conqueri adversum te. Quia autem frequenter et graviter peccavi tibi, merito armatur contra me omnis creatura.　〔*Imi.,* III, 41-2〕

②『さとりへの実践』

「かれらによって忍耐を行うわたしには、多くの罪業が消滅する。しかし、わたしによってかれらは地獄に行き、長時の苦痛をうける。」

etān āśritya me pāpam kśīyate kṣamato bahu ／

mām āśitya tu yānty ete narakān dīrghavedanān ／／ 〔*Bodhi.,* VI-48〕

「わたしはかれらの加害者にほかならず、かれらはわたしの恩人である。粗き心よ、何故に誤った考えを起こして怒るのか。」

aham evāpakāryeṣāṃ mamaite copakāriṇaḥ ／

kasmād viparyayaṃ kṛtvā khalacetaḥ prakupyasi ／／ 〔*Bodhi.,* VI-49〕

『キリストの倣び』

「もし浄罪を求めるのならば、忍耐強い人になるほど重要で役に立つものはない。濡れ衣を着せられれば、不当な処置よりも彼の犯した罪を悲しみ、常に敵のために祈り、心から侮辱を許し、素早く他者の許しを乞う。そのような人は怒るより容易に憐れむことが理解されよう。

Habet magnum et salubre purgatorium patiens homo, qui suscipiens injurias, plus dolet de alterius malitia, quam de sua injuria ; qui pro contrariantibus sibi libenter orat et ex corde culpas indulget ; qui veniam ab aliis petere non retardat ; qui facilius miseretur, quam irascitur ; 〔*Imi.,* I, 24-2〕

大乗仏教にいたると信仰による救済が説かれるが、インドの宗教を特色づける業報観は、仏道修行者にとっては深い自己反省（懺悔 deśanā）と結びつき、新たなる精励への誓いとなる〔*Bodhi.,* V-47〕。害を加えられることも過去の業であり、堪え忍ぶことによって罪悪が消え失せる。敵対する者は努力なしで得た財宝（nidhi）のごとくであり、さとりの実践の補助者（bodhacaryā-sahāyatva）〔*Bodhi.,* VI-107〕であり、堪え忍ぶことによって得た果報も自分と彼との双方によって受け取られるべきである〔VI-108〕とする。『キリストの倣び』では、人は逆境のなかで祈りに向かう〔*Imi.,* I, 12-2〕ことを述べ、同時に創造者が自分に敵対するのは神に対して罪を犯した当然の報いであるとする自己反省的な業報観が見られる。忍耐によって罪を浄めるという点には『さとりへの実践』との類似性がある。しかし忍耐によって被害者としての個人の罪が浄められても、加害者側の罪が直接浄められることはない。むしろ罪の浄化という点では、加害者こそ恩恵者であり、被害者こそが加害者となりえる。慈悲の実践や忍耐が常に全き善でありえるかどうかという問題をシャーンティ・デーヴァは提起する。『キリストの倣び』では敵のために祈り、彼の許しを神に乞い、憐れむとし、仏教で説く我と汝との立場の転換[20]という考え方はここには見られない。

結　び

以上、東西の信仰書に現れるいくつかの実践倫理面の共通点を具体的に指摘をしてみた。この他にも細部にわたって検討すると類似点が認められる。両書を単純に比べると『さとりへの実践』が自己の内面に向かっての問い掛けによって全体が構成されていることが判る。他方、『キリストの倣び』は他者を励ます文体（具体的には Imperativa）のものもある。それは前者の著者シャーンティ・デーヴァが、他人の為ではなく「自己の心を薫じるために（vāsayituṃ）作った」〔*Bodhi.,* I-1. 2〕ことを述べ、後者はその時折に信仰を共にする兄弟たちに説き勧めたものが含まれていると考えれば頷けよう。

深い自己反省（懺悔）と感謝に基づいた宗教実践は、社会に於いて共に喜び、共に苦しむという道徳的な同情（sympathia moralis）と無関係ではない。[21] 原罪の観念に基づく人間の罪（苦）の斉等性は苦楽の斉等性でもあり、この斉等性が信仰共同体から世界共同体へと広がるところに、民族宗教から普遍宗教への道がある。仏教の業報説は実践主体としての「個」の論理と結びつくが、その「個」は閉鎖的・独善的なものではなく世界のなかでの個という意味をもつ。このことをシャーンティ・デーヴァは「全世界の人々が苦楽を共にしている」〔*Bodhi.,* VIII-91〕と述べている。

ゴータマ・ブッダは理想の人格完成のために妨げとなっている当時の因襲や宗教の呪縛からの解放を唱えた。[22] イエスス・キリストの教えもまた新時代の大胆な挑戦であった。[23] 原始仏教では道徳的な行為の主体としての自己

(ātman) を認め、『キリストの倣び』でも、自分自身が行為の主であり支配者であり、行為の奴隷や雇人となってはならず、神によって選ばれた真のヘブル人 (Hebraeus) となるべきである〔*Imi.*, III, 38-1〕という。

異質な諸思想（宗教）がともに人倫的完全性へと結びつくのはそこに共通した普遍的な主張が要請される。カントは感情に基づく判断力を反省的判断としたが、批判にはそうした感情的なものも含まれえるとすれば、古来から親しまれている東西の信仰書にみられる心情的な類似点に眼を向けることも普遍思想史の完成に繋がりを持つものといえよう。

注

(1) 『さとりへの実践』(*Bodhicaryāvatāra*) のテキスト紹介に関しては、金倉円照博士の和訳〔『さとりへの道』1958年初版・1969年第３版。サーラ叢書９、平楽寺書店〕の解題を参照。筆者の利用した手元にあるテキストは *Bodhicaryāvatāra* (Bibiliotheca Indica), edited by V. Bahattacharya, The Asiatic Society Calcutta 1960. と1980年にミナーエフ (Minayeff) によってロシアで校訂出版されたテキストの２種。ビブリオテカ・インディカ本は金倉博士の解題には入っていないが、サンスクリット原典とチベット語訳が対照された便利なもので、論中の引用はこれに基づいた。また翻訳に関しては博士の解題の紹介以外にもマリオン・L・マティクス (Marion L. Matics) による英訳 (*Entering the Path of Enlightenment* : The Bodhicaryāvatāra of the Buddhist poet Śāntideva, The Macmillan Company, London. 1970) がある。『キリストの倣び』に関しては、ラテン語原典は筆者の手元にある Ejusdem Librarie から1888年に出版された *Imitatione Christi* を利用し、論中に引用した和訳は概ね次の英訳を参照した。*The Imitation of Christ,* translated by Ronald Knox and Miichael Oakley, New York. 1959. 原典からの和訳としては岩波文庫本 (28) があるが現在は入手し難い。邦訳のなかで新しいものとしては、池谷敏雄氏の『キリストにならいて』〔1987年、新教出版社〕がある。氏の翻訳は初版以来19版を重ねて改訂を加えたもので格調の高い和訳である。

(2) 金倉『前掲書』解題「著者」の項参照。

(3) シャーンティ・デーヴァ自らが大乗と小乗ということについても、「劣小 (= 小乗) と殊勝 (= 大乗) の法に (hinotkṛṣṭeṣu dharmeṣu) 等しく恭敬をせよ」(*Bodhi.*, V-89) と述べている。

(4) 一般に「三宝」帰依というときはその対象は仏・法・僧 (saṃgha) をいうが、シャンティ・デーヴァは大乗の立場から仏 (Buddha)・法 (dharma)・ボサツ聚 (bodhisattva-gaṇa) に帰命すると述べている〔*Bodhi.*, II-26〕。

(5) 『日本キリスト教歴史大辞典』〔1988年、教文館〕136頁「イミタティオ・クリスティ」の項目参照。

(6) 『カトリック大辞典』〔1977年、冨山房、第9刷〕「キリストの模倣」の項目参照。

(7) 『同』第1巻204頁「イミタチオ・クリスティ」の項目参照。

(8) 前掲『日本キリスト教歴史大辞典』同項目参照。

(9) 『仏教語大辞典』〔中村元著、東京書籍〕には「如来」Tathāgata を「修行を完成した人」「人格完成者」と訳す。この場合の人格完成者は人間とその上に位置する「神」とを対比した人格ではない。仏陀の10の称号には「如来」の他にも「天人師」śāstā devānāṃ manuṣyāṇām という別称がある。それは「神々と人間を教え導く人」の意であり、ここで人格完成者としたのはこうした意味を含む。

(10) 『大智度論』〔大正25巻〕195c ～ 196a 参照。

(11) 『同』317b・344a。拙論「大智度論の菩薩観――菩薩観の種々相」〔『インド学仏教学論集』高崎直道博士還暦記念論集（1985年）所載〕で様々なボサツ観を述べたことがある。

(12) 大ボサツに対する「小菩薩」の語は『大智度論』127b に見える。

(13) 仏子としての自覚は、大乗経典の『法華経』では二乗作仏の問題と関連して、声聞たちの告白の形となって述べられている。『さとりへの実践』では、第1章9偈・第3章25偈などで「仏子」に言及している。特に第3章25偈ではシャーンティ・デーヴァ自らが自分の生が実を結び、仏陀の家（Buddha-kula）に生まれ、現に仏子（Buddha-putra）であると宣言している。

(14) 「色読」の語は、日蓮遺文の「如説修行鈔」〔文永10年（1273）5月に佐渡の一谷に於いて撰述〕などに見られる。中村元『東洋のこころ』NHK市民大学（1984年7～9月）67～68頁にはシャーンティ・デーヴァと日蓮の「色読」の類似を採り上げている。

(15) その他にも『キリストの倣び』では試練と苦難とは神のみ心〔*Imi.,* III, 29-1〕であるとし、労苦や苦痛・非難などが徳に進むための信者の試練〔*Imi.,* III, 35-2〕であるとする。

(16) 『法華経』「勧持品」に記される修行者に怨をなす3種の敵人をいう。日蓮は「当世法華の三類の強敵なくば、誰か仏説を信受せん。日蓮なくば誰をか法華経の行者として仏語をたすけん。」〔『開目抄』・昭和定本560頁〕として、法華経の行者であれば必ず三類の怨敵が出現すると述べている。

(17) 中村元選集〔決定版〕第2巻『シナ人の思惟方法』〔1988年12月、春秋社〕181頁参照。

(18) この部分を前掲書の英訳では次のように意訳している。「もし我々すべてが完全であるのならば、互いに忍ぶべき苦難を与えあうことはない。それは神の望まれていることではないからである。」（If we are all perfect, we should give one another no

crosses to bear, and that is not what God wants.〔tr., P. 36〕)

⒆　原罪の史的概観や教理に関しては前掲『カトリック大辞典』の当該項目を参照。

⒇　シャーンティ・デーヴァは自他の転換（parātmaparivartana）を最高の秘密（paramaṃ guhyaṃ）であるとしている〔*Bodhi.,* VIII-102〕。

(21)　カント（Kant, I）『倫理学の原理論』第２部・第１章第１節 §34参照。『世界の名著・カント』23〔1972年、中央公論社〕622頁。

(22)　初期仏教の経典のなかで『スッタニパータ』*Suttanipāta* は最古の仏教の姿を伝えているといわれる。いまその中からこの点に関連するものを幾つか挙げておきたい。尚、訳文は中村元博士訳の『ブッダのことば』〔岩波文庫〕を引用した。

師はいった。「瑞兆の占い、天変地異の占い、夢占い、相の占いを完全にやめ、吉凶の判断をともにすてた修行者は、世の中に正しく遍歴するであろう。〔360〕

生まれを問うことなかれ。行いを問え。火は実にあらゆる薪から生ずる。賤しい家に生まれた人でも、聖者として道心堅固であり、慚愧の心で慎むならば、高貴の人となる。〔462〕

わが徒は、アタルヴァ・ヴェーダの呪法と夢占いと観相と星占いとを行ってはならない。鳥獣の声を占ったり、懐妊術や医術を行ってはならぬ。〔927〕

(927偈にいう懐妊術や医術というのは当時の怪しげなものをいうのであろう。)

(23)　H・キュンク（Hans Küng）『ゆるぎない権威？』真生シリーズ２〔1973年、新教出版社〕「序言」13頁参照。ローマ教皇の無謬性を一カトリック神父として問題提起をした本書は単なる教皇庁批判ではなく、権威や伝統の盲従からのキリストの精神に基づいた解放を訴えている。

仏典における懺悔の形態と意義

仏教教団では月に二度、満月と新月の日に同一地域の修行者たちが集まって自らの行いを反省し罪を告白懺悔する布薩（posatha, uposatha）の集会が開かれた。もともとヴェーダのソーマ祭の準備（upavasatha）に端を発する布薩は、宗教的な実践・行事として釈尊在世当時には広く行われていたようである。仏教では布薩を教団の定期的な集会として採り入れ、教団（僧伽）構成員の出家者たちはこれによって自らの行いを反省し、罪過（āpatti）があればそれを発露した。かれらの反省の基準は出家者の守るべき制された戒律であった。違背した罪によっては教団追放（pārājika 波羅夷）というもっとも厳しい掟があった。贖罪法も犯した罪過の程度の如何によって異なっていた。

一方、時代を隔てて登場する大乗仏教では、菩薩の自覚を持つものは深く自己を振り返り、現に犯したものばかりではなく過去世にも犯したであろう罪をも十方諸仏に対して懺悔した。大乗仏教では歴史的存在としての仏陀は究極の存在（法身）と見なされ、無量劫以来の罪業の告白を聞き摂受できえるものとなった。仏典における告白懺悔の形態をみると、それは布薩や自恣という特定の場面だけに限らない。特に原始仏教以来の在家者の側からの懺悔が、後の大乗仏教に深く結びついていることが判る。懺悔が以後の自制に繋がり、その姿勢が社会に正しく反映されるということになれば現代にも大切な問題である。以下には告白懺悔の形態と意義を、特にインド仏教に於ける出家と在家の立場を通して考察してみたい。(1)

I

仏典の懺悔という語は一般に「懺」がサンスクリット語のクシャマ（kṣama・khama(p)）の音を表わし、「悔」はその意味を表わす梵漢併挙の語と見なされている。クシャマの語は「忍耐する」「怒りを抑える」という意味の動詞 kṣam からできており、六波羅蜜の一つ「忍辱」（kṣānti）もこの動詞の過去受動分詞から造られたものである。使役形ではこの語が「ゆるしを乞う」という意味となり、罪の許しを乞うことが懺悔という言葉の意味とされている。因みにクシャマの語は今日、北インドの殆んどの言語に生きている。ベンガル語ではクシャマはコーマとなり、非常に悪いことをして詫びる時にごめんなさいという意味で「コーマ　コールベン」khoma korben という。一方、漢訳仏典にしばしば登場する懺悔の語はその原語がクシャマではなく殆んどが deśanā (desanā(p))、prati-deśanā (paṭidesanā)、pāpa-deśanā (desanā) などである。[(2)] deśanā (提舎那) は「所説・宣説」などとも漢訳される言葉で、語根の diś には「示す・提示する」という意味があり、「告白」confession という意も有する。7世紀にインド南海諸国の戒律の実情を見聞してきた義浄 (635 ～ 713) は懺摩と提舎那の両者の相違を指摘している。[(3)] すなわち懺悔は恕を請う意で、提舎那は自己陳罪であるから懺摩を追悔とするのは「由来罕なるに似たり」という。罕は「まれ」の意で、語の由来からも問題があるとしている。すでに4世紀末には漢訳仏典に懺悔の語が登場し、鳩摩羅什の訳した『大智度論』(405年) にも懺悔の語がしばしば用いられている。[(4)] それらの原語もクシャマではなくデーシャナーと関連したものと思われる。のちに中国仏教では道宣 (596 ～ 667) などによって「懺」はクシャマ (懺摩) の略とされた。藤堂明保教授の『漢和大辞典』を見ると懺という漢字には解字からみて「心を小さく切り刻む」という意味があり、「つらいのをがまんして自分の心にメスを入れる」ことだという。[(5)] 懺悔が一般に Confession of sins (Sündenbekenntnis) の意味で用いられていることと考え合わせると解字には通じるものがある。

『律蔵』マハーヴァッガの「布薩犍度」Uposatha-kkhandhaka には、仏教教団が布薩を出家僧伽の定期的集会として採り入れた事情を伝えている。[(6)] 伝説としてどれほど事実を反映しているかは明らかではないが、それによれば当時の仏教以外の宗派では説法のための集会としても布薩が行われていたらしい。そこでマガダ国王ビンビサーラの勧めを受けて仏教教団でも集会がもたれるようになったという。仏教の出家の比丘たちは初め集会を開いても人々が期待するような説法をすることなく沈黙のうちに坐していたと記されている。この記述にはダンマ (理法) に対する初期の仏教徒たちの実践的な態度が示されていて興味深い。ダンマ（理法）が言語表現を超えていることをエピソードの中で述べている。[7] やがて比丘・比丘尼など出家者たちのために定められた学処（sikkhāpada）すなわち律の条文・波羅提木叉（paṭimokkha）が布薩の集会で誦されるようになり、罪のある者は発露し、罪なきものは黙するという出家者たちの告白がなされるようになった。かれらは発露することによって安穏（phāsu）を得、清浄となることができた。波羅提木叉は語源的には幾つかの解釈があるが「別解脱」とも訳され、[8] 一つ一つの戒律を守ることが解説や涅槃に通じると考えられていた。出家の比丘や比丘尼たちは満月と新月との毎月２回布薩の召集があった。在家仏教信者たちには月に４回（或いは６回）行われ、かれらは在家者としての斎戒を守り、僧尼から説法を聞き、飲食の供養をした。出家者たちの告白懺悔は布薩だけではなく、3か月に及ぶ雨期の間の共同生活をともなう定住（夏安居）を解散する自恣（pavāranā）の儀式でも互いに行われた。[9]

『クッダカ・ニカーヤ』（khuddaka-nikāya）に含まれる『テーラ・ガーター』Thera-gāthā『テーリー・ガーター』Therī-gāthā などに述べられる実際の仏陀釈尊の弟子たちの述懐の中には、釈尊のもとで出家をし、反省的に自らの過去世を振り返り、やがてこころが解脱をするまでの姿を述べているものがある。[10] こうした述懐は布薩での告白とは異なるが、仏典に於ける出家者の告白の一形態として捉えることができよう。しばしば仏典のエピソードの題材として扱われている尼僧パターチャーラーの出家にいたる因縁などは、過去世に犯した業報の恐ろしさをまざまざと教える。[11] そこにはインドの宗教に顕著な業や輪廻という思想が大きな影響を与えている。仏典としての性格もあるが、こうした仏弟子たちの告白は、かれらが出家をし解脱にいたるまでのものであり、出家以降に犯した罪の告白ではない。あるものは過去世の姿が応報思想の中で反省的に捉えられて述懐されている。過去世を知る力は宿命智（pūrva-nivāsa-jñāna）として仏教では三明や六通の一つに数えられ、大乗仏教に於いても重視された。『無量寿経』Sukhāvatī-vyūha では極楽に往生する者たちに宿命智を得させたいという誓いが弥陀の48願の第５願「宿命智通願」（サンスクリット・テキストでは第６願）となっている。[12] 大乗の告白懺悔を説く『舎利弗悔過経』[13] や『金光明経』[14] などでも告白懺悔が過去の出来事を知ることに関連して説かれているのは、原始仏教以来の宿命通と解脱という関係を継承していると考えられる。

仏陀釈尊も亡くなり、長老たちも世を去ってしまった時代になると修行僧たちの振る舞いも、内部から批判を呼び起こさせるに余りあるものがあったようである。『テーラ・ガーター』の「20ずつの詩句の集成」visatinipāto の最後の部分〔パーラーパリヤ長老の偈（pārāpariya-tthera-gāthā）〕に当時の出家修行者に厳しい反省を促す言葉がある。現代の宗教家たちにも啓蒙的なものなので、今それを中村元博士訳『仏弟子の告白』〔岩波文庫〕から4偈ほど引用する。(15)

「かれらは、腹がふくれるほどに食べて、背を下にして臥している。目がさめると雑談をしている。――雑談をするのは、師の禁ぜられたことであるのに。」〔*Thera.*, 935〕

「かれらは、塗料、油、粉抹、水、座具、食物を、世俗の在家者たちに贈って、（返礼として）ますます多くを得ようと望んでいる。」〔*Thera.*, 937〕

「医薬に関しては医師のように、為すべきことと為すべかからざることに関しては在家者のように、粧い飾ることに関しては遊女のように、権威に関しては王族のように〔ふるまう。〕」（*Thera.*, 939）

「かれらは会議を開催するが、それは（わざわざ）業務をつくり出すためであり、真理を実現するためではない。かれらは他人に法を説くが、それは（自分たちの）利得のためであり、（実践の）目的を達成するためではない。」（*Thera.*, 942）

当時の出家者の中には、家なき出家の生活に入りながら世俗者にも劣る生活をし、外見は出家の姿を装いながら慚愧の心や恥じる気持ちのない者もいた。釈尊滅後の修行僧の振る舞いは、一部ではあっても理想の出家者としての姿からは離れていたようである。これは出家者内部からの批判であって、自らの罪過を発露するという告白ではない。この時代に告白懺悔の布薩が仏教僧伽でどのような位置を占めていたかは不明であるが、やがて布薩に於ける告白も形骸化されていったであろうことは想像に難くない。

旧来の伝統的な出家仏教に於いて生じたこうした問題は大乗仏教の人々も

やがて直面する問題であったようである。大乗の菩薩にもやがてかれらの生活上の相違から出家と在家との別が生まれた。菩薩たちにもやがて内部から反省すべき点が指摘されるようになっていく。『護国尊者所問経』[16]には末法に於いて菩薩乗の教えを求める人々に生ずる劣等な性質（doṣa）を挙げている。そこで非難されているのは怠惰で偽りが多く、利得のみを求めている者たちである。かれらはまた「罪の告白（atyaya-deśanā）をすることさえしないであろう」と述べられている。この告白がどのような形態を指しているのかは明らかではないが、菩薩の集団は従前の出家の僧伽（saṃgha）に対してガナ（gaṇa）と呼ばれ、大乗のこの時代には出家菩薩たちには厳しい生き方が要請されていた。これに対して大乗での在家の布薩は『大智度論』13に「今日誠心に懺悔し、身清浄・口清浄・意清浄にして八斎戒を受行す。是れ則ち布薩なり」[17]と述べているように、斎戒を実践するという点で原始仏教以来の在家者の立場が継承されている。『ボーディチャルヤーヴァターラ』に対するプラジュニャーカラマティの注釈〔第2章29偈〕[18]には、罪過（āpatti）を告白する（deśayāmi）というのは、明白にする（prakāśayāmi）ことであり、公にする（uttānīkaromi）ことであり、隠蔽しない（na pracchādayāmi）ことであるという。大乗の立場からのこの解釈は原始仏教以来の自恣や布薩の告白に通じている。仏典で罪を表わす言葉としてはāpattiやatyaya（Skt）, accaya（p）が多く用いられる。この内、前者は道徳的に堕落することをいい布薩の告白懺悔に於ける罪すなわち破戒による罪などがそれに相当する。後者は「あまりに過ぎる」意で出家在家を問わずに罪全般を示すと見なされている。西洋の宗教の罪（sin, Sünde）に相当する適当なサンスクリット語は見出し難いようである。[19]

真実（satya）はブラーフマナ文献以来インド思想で重んじられ、真実を語ること（satya-vacana）はウパニシャッドでも強調されてきた。サティヤカーマの物語は、師に自らの出生の真実を語り、それによって真のバラモンとして入門が許されるという話である。[20]『八千頌般若経』[21]などに述べられるsatya-vacana〔真実を語ること〕が神秘的な力を有すると考えられているように、大乗仏教に於いても真実を語ることが重視された。ギリシャ語の「真実」という原義も「隠されていないこと」という意味であるという。告白によって自らの罪を明らかにすることは隠している覆いを取り去ることになる。その意味では真実を明かすことになる。それが大衆に公に発露されるということになれば、これ以上明白なものはない。

公に発露するという視点から悔恨の表白を見ると、自らの悔恨の気持ちを公にした具体的な例をアショーカ王（在位・前268～前232年）の法勅（Rock Edict. XIII）に見ることができる。[22] アショーカ王は即位8年に於けるカリンガでの悲惨な戦争行為に対する悔恨（anuṣaya, 別の法勅には anusocana「悲嘆」とある。）[23] の気持ちを銘文の中に残した。戦争によって人々が被る不幸はアショーカ王にとって悲痛なものであった。アショーカ王は全ての有情（sava-bhūta）が傷害なく、かれらがそれぞれ自制し公正であり柔和であることを願った。武力による征服ではなく「法による勝利」（dhaṃma-vijaya）こそが最上の征服であり、その果報は現世と来世とに関係するものであることを銘文に残した。帝国の王としてのこの悔恨の告白は領土の人民のみならず600ヨージャナに及ぶ隣邦人に対してもなされたものであった。王はすべての宗派を尊重し、種々の供養や布施を行ったが、理法（ダンマ）の政策実現に於いて仏教教団とは特に密接な関係があったと見なされている。仏典には暴悪なアショーカ王（caṇḍāśoka）がやがて理想の聖王となったことが伝えられている。アショーカ王の政治理念は有情に対して義務を履行する「債務の返還」（Rock Edict, VI）にあった。王の悔恨の言葉は王子や子孫たちが再び同様な過ちを犯すことのないように銘刻された。岩石に銘刻された理由は、法勅を永久に存続せしめる目的があったことも刻まれている。アショーカ王の悔恨の言葉を一つの告白懺悔として捉えれば、大衆に露にし以後の自制を誓うという点で、僧伽という共同体に対して自らの過失を露にする布薩とも通じるところがある。アショーカ王の時代にはすでに布薩が仏教教団で行われていた。

アショーカ王の悔恨の表白はインドの応報思想と深く関わっている。すでに『リグ・ヴェーダ』〔*Ṛ V.* VII, 86,5〕には祖先の行った悪行の報いが子孫に現れるという考えが示されており、それは後のウパニシャッドで業説となって展開した。但しヴェーダの時代の人々は戦争を悪とは考えていなかった。アショーカ王の悔恨は、理法としてのダンマを施行するという政策への転換となった。大衆への悔恨の表白が大衆への義務の遂行となっている。後の大乗仏教の告白懺悔は、悪趣への輪廻を恐れるという点で原始仏教以来の在家の立場があるということが指摘されている。それはこのアショーカ王の悔恨やアジャータサットゥ王の悔恨などにも結び付く。長部経典 Dīgha-nikāya の『沙門果経』*Sāmaññaphala-sutta*[24]には布薩の日に釈尊のもとを訪れたアジャータサットゥ王が釈尊に対して将来に必ず自制することを誓って懺悔し、その摂受を願い、自らの罪（accaya）を告白する場面がある。彼は父王のビンビサーラを幽閉して亡きものにし自ら王位についた王として仏典には名を留めている。アジャータサットゥ王は十五日の布薩の日に、耆婆 Jīvaka の所有するマンゴー園に住していた世尊のもとに赴いて説法を聴聞して懺悔し罪を告白した。アジャータサットゥ王は、罪を罪として認めて懺悔（paṭikarosi）し、終生、三宝帰依を行う優婆塞（upāsaka ＝在家信徒・仕える人の意）となることを申し出て自らの罪の摂受を願っている。この場合の懺悔 paṭi-kṛ には「償い・返報」の意味がある。摂受（paṭi-grah）は「受け入れる」意である。王は優婆塞となることの摂受を世尊に求めている。あるいはすでに有神論的な描写の萌芽をそこに見出すことが出来るかもしれない。これに対してアショーカ王の悔恨の表白には、罪の摂受を願ったり絶対者に恩寵を期待するような言葉はない。そこには出家と在家とのあらゆる宗派を尊重した〔Rock Edict, Ⅻ〕帝王としての威厳があったのかもしれない。しかし業報という面からみれば、悪を離れて善因を行えば将来には善果が期待せられる。業の考えそれ自身に特に有神論的な観念が無くともよいわけである。法勅の言葉からみる限りではアショーカ王はその善果を期待して理法を政策にいかした。

懺悔を悔恨の自己表白とすれば、それを摂受する側がどのような存在かによって懺悔の内容も形態も異なる。原始仏教の時代にはそれが人間としての釈尊であったこともあるであろう。[25] 教団が成立し布薩が出家者たちの告白のために定められると罪過の告白は自らが属する僧伽に対してなされた。しかしそれは共同体の成員として戒律を犯したことに対するもので深い自己反省から出たものとは言い難い。律蔵の規定では教団追放は四重罪（淫・盗・殺人・大妄語）を犯した場合に限られたが、僧伽の教えに従わずその和合を破する者も懲罰として追放された。アショーカ王の法勅の中にはサールナート法勅のように、僧伽を破る者は白衣を着せられて（還俗を意味する）出家者の住処である精舎から追放すべきことを刻すものがある。[26] 一度出家をした者が再び俗服を身に纏うことは最も恥ずべきことであった。アショーカ王の悔恨の表白が現世と来世に於ける業報と結びついているのは、優婆塞（在家の男性信徒・cf. Southern minor Rock Edict, I.）としては当然のことであろう。これに対して再生をする場としての来世は、輪廻からの解脱を求める修行者たちには関心事ではなかった。一方、懺悔が無始以来の重罪という人間存在の本質的なものに関わってくると、それを摂受できえるものとして人間を超えた存在が要請される。大乗の十方の諸仏はまさにその摂受の出来える存在である。現在の十方諸仏の観念も大乗仏教を特色づけるものであるが、十方諸仏は化作身であって中心となる釈迦一仏に統合されるという考えは初期大乗の経典にすでに表明されている。[27]

Ⅱ

出家以降の聖果を得た仏弟子たちには告白すべき過ちがあったとするのが大乗の立場である。『法華経』「五百弟子授記品」には聖者の位を得ていた阿羅漢たちが自らの過ちを世尊に懺悔をするという場面が登場する。これは大乗・小乗という対立関係を止揚した一仏乗の立場を仏弟子の側からの自己反省という形の中で説いている。仏弟子である阿羅漢たちが未来成仏の予言を聞いて歓喜し、自らの過ちを告白する。かれら仏弟子（声聞）たちは、自らを菩薩とは無縁で仏陀となるとは思ってもいなかったというのである。

> 「世尊よ、我々は過ち（atyaya）を告白いたします（deśayāmaḥ, 1st.Pl.）。実に世尊よ、我々は常に『これが我々の涅槃であって、我々は最終的に解脱した』と思惟していました。世尊よ、それは我々が明晰でなく（avyakta）、不善で（akuśala）、道理を知らなかった（avidhi-jña）からです。それはなぜかというと、世尊よ、如来の知（tathāgata-jñāna）に於いてさとるべき我々が、このような限られた知で（parittena jñānena）満足をしていたからなのです。」[28]

漢訳『妙法華経』『正法華経』ともにこの初めの部分を「悔過自責」（過を悔いて自ら責む）と訳している。かれらの悔過は究極の如来の知（tathāgatajñāna）を求めずに劣った知（小乗の知）で満足していたことに対するものである。その告白懺悔に続いて「法華七喩」の一つ衣珠の比喩が説かれている。阿羅漢たちのこの告白は同経「譬喩品」に於ける舎利弗の述懐とも結びついている。伝統的な部派仏教では菩薩という成仏のための理想の段階も三阿僧祇劫の修行を経て、更に百劫の妙相業を修めた後に得られるという、言わばかれらの到達できえない境地と考えていた。『法華経』ではその立場を踏まえて、阿羅漢たちは自らが成仏の予言を受けるような菩薩とは別の存在であると考えていたとする。成仏とは無関係な小乗の法によってかれらが教化されたと思っていたのは実はそうではなかった。今までそれが理解できなかったのは世尊による過失（aparādha）ではなく、自らの過失であったことに気づいたというのである。勿論、これは大乗経典に於ける仏弟子たちの告白であるから、歴史的な事実に基づいているわけではない。しかしこのような大乗経典に於ける仏弟子たちの告白も仏典に於ける出家者の告白懺悔の一つの形態として捉えることができよう。

初期大乗経典に先行する原始大乗として扱われることのある『舎利弗悔過経』では、無量劫以来の三業によって造られた身三・口四・意三の十悪を懺悔（悔過）することが勧められている。懺悔は阿羅漢・辟支仏のいわゆる二乗や仏道を求める者に、そして過去世の出来事を知りたいと欲する者にとっては不可欠であるとする。[29] ここでは大乗・小乗の別なく懺悔が勧められている。

「それがし等、諸の作るところの過殃、願わくば十方の諸仏に従いて哀を求めて悔過す。それがし等をして今世に此の過殃を犯さざらしめ、それがし等をして後世にもまだ此の過殃を被らざらしめたまえ。十方の諸仏に哀を求める所以はいかん。仏、よく洞視し徹聴したまえり。敢て仏前に於いて欺かず。それがし等の過悪あるを敢て覆蔵せず。今より以後、皆敢て復た犯さざらん。」

『舎利弗悔過経』に見られるこの告白懺悔の言葉も、十方諸仏に対して憐れみを求めるという点で大乗仏教の特徴となっている。過去に犯した過ちを隠すことなく悔過し、再び過ちを犯すことのないように加護を乞いかつ自制を誓っている。真に懺悔をすれば神が人間の犯した罪過を恕してくれるということはすでに『リグ・ヴェーダ』〔*ṚV*. IV, 12, 4〕に述べられているが、まだこの時代ではそれは例外的であるという。ウパニシャッドの時代になると有神論的な恩寵の思想が現れてくる〔*Bṛhad. Up*, I. 3, 28〕。[30] 大乗に於ける究極絶対の存在としての仏陀は、総てを見通し、徹聴する。仏前に於いては人は非力であり、何人も犯した過ちを隠しとおすことはできない。そこに業報の観念が入ると来世に悪道に堕ちることを欲しない者ばかりではなく、様々な来世に対する願望の成就のためには懺悔が必要とされた。[31]

懺悔をさとりを得るための実践、すなわち菩薩行との関連の中で位置づけたのが大乗仏教である。大乗の菩薩たちの学ぶべき教説を集めたシャーンティ・デーヴァの『大乗集菩薩学論』*Śikṣāsamuccaya* 巻21には、昼夜それぞれ3回、清浄な衣（śuci-vastra）を着て、三聚経（Triskandhaka-pravartana）を誦ずることを『最上問（郁伽長者所問）経』*Ugradatta-paripṛcchā* を引用して述べている。[32] この『三聚経』が初期大乗仏教で重要視されていた『三品経』であると見なされている。『三品経』の三品が懺悔・随喜・勧請の3種であることを静谷教授がすでに論じられ、そしてその具体的な内容が『舎利弗悔過経』の如きものであったであろうと推定された。[33]『大乗集菩薩学論』には三聚を「悪業の懺悔」pāpa-deśanā、「福徳への随喜」puṇyānumodanā、「（諸）仏への勧請」buddhādhyeṣaṇā であるとそれぞれの原語を記している。[34] この部分の漢訳には現在のサンスクリット・テキストにはない「頭面接足して諸仏を礼敬すれば、則ち能く一切の罪垢を懺除す」という『三聚経』の文句が訳されている。この箇所での「罪垢」の原語は明らかではないが罪を垢として捉えるところは、沐浴によって罪が洗い除かれるとするのと同様、罪を物質の一つの如くに見なしているインド的な発想に共通しているものがある。『文殊師利発願経』には、自ら造った一切の悪行を悔過し、一切衆生の福徳や声聞・縁覚・菩薩・諸仏の功徳を随喜し、十方の一切の仏陀に転法輪（説法）を勧請し、自らの集まれる功徳を衆生に廻向するという懺悔（悔過）・随喜・勧請に廻向を加えた4種の菩薩の実践法を述べている。[35] こうした4種の実践法は菩薩行のために殊に重要視された。『十住毘婆沙論』巻第5ではそれらを阿惟越致（不退転）を得るための一つの手段とみている。[36]

深い宗教的な反省が真実の自己実現となり、それが社会性をもって慈悲の実践に結びつくところに大乗の懺悔があるといえる。自らを罪業深重の人間であるとする自己表白は我が国では親鸞にも『法華経』をもとに信仰による社会改革を目指した日蓮にも見られた。自らの姿を反省的に捉えて罪業深重の人間であるとしか表現できえないところに絶対帰依の気持ちが深まっている。仏弟子たちが宿命智によって自らの過去の姿を反省したのは、業報の立場からのものであった。大乗で過去世からの悪業の罪を発露懺悔するのは、やはり業報の立場を基にしている。但し大乗では自らの過去世を知る能力のあるなしにかかわらず懺悔するところに阿羅漢との相違がある。さらに従前の出家者たちは輪廻再生をしないというところに修行の目標があった。

他方、大乗の菩薩は輪廻の生存を離れたものではないという。初期大乗経典の中でもその教説が注目されている『迦葉品』Kāśyapa-parivarta には菩薩に具わった真の徳の一つに、「彼の意向（āśaya）は涅槃に向かっているが、しかもなお、その修行（prayoga）は輪廻に留まるものである」(37) と記している。大乗に登場する大菩薩たちは涅槃に入ることなくあらゆる姿を現じて衆生済度にあたる信仰の対象としての大菩薩である。『大智度論』によれば仏陀と同様な特性をもった大菩薩たちは人間以外のいかなる悪趣にも赴いて衆生を教化するという。(38) しかし菩薩の自覚に立つ一般の者たちにとっては悪趣への転生は菩薩行実践の妨げとなってしまう。人間界での生存があって初めて理想の人格を形成するための慈悲の実践が可能になる。大乗の懺悔では悪趣への輪廻を恐れているのもそこに一つの理由がある。仏教の慈悲の特徴は人間を含むあらゆる生類（prāṇin, sattva, etc）に別け隔てなく注がれるところにある。しかしその実践主体は釈尊の前生物語を見てもいわゆる「人」がそこに投影されている。

輪廻の存在が人間としての生を受け、仏陀の教えに会うことは極めて稀であることを「盲亀浮木」の喩えをもって大乗の経典や論書では力説する。(39) 大乗の学僧シャーンティ・デーヴァはもし人間（manuṣya）としての生を受けることがなければ善を生ずることはないという〔*Bodhi*., p. 43, verse. IV-17〕。得難い人身を得たにも関わらず善を修めなければ、それにまさる欺瞞も愚かさもないとする。

「この刹那の幸運（人生）はきわめて得難い。これを得て人間の目的が達成される。もしここで福善を認識しなければ、どうして再び出会いが巡りこよう。」

kṣaṇa-saṃpad iyaṃ sudurlabhā pratilabdhā puruṣārtha-sādhanī / yadi nātra vicintyate hi taṃ punar apy eṣa samāgamaḥ kutaḥ // 4 // 〔verse. I-4〕[40]

シャーンティ・デーヴァは『ボーディチャルヤーヴァターラ』第1章で、人間としての生を受けることは刹那の幸運であるという。そして次章では菩薩行の実践に際して無量劫以来の自らの罪（atyaya）を告白懺悔し、以後の自制を誓っている。

中国・日本の仏教で、一般に略懺悔と称するものが『四十華厳』「普賢行願品」に述べられる「我昔所造諸悪業　皆由無始貪瞋癡　従身語意之所生　一切我今皆懺悔」[41] という偈頌である。懺悔の文言として詩偈は誦する場合に適している。但し、散文であっても簡潔でしかも大乗の特徴を具えた懺悔の言葉がある。『大智度論』には菩薩の法として三事を挙げる。その第1には清旦・中暮・夜に「偏に右肩を袒わにし合掌して十方の仏を礼して言う」として次の懺悔の文句を載せる。

「我、某甲、若しくは今世、若しくは過去世、無量劫の身口意の悪業の罪を、十方現在の仏前に於いて懺悔す。願わくば滅除して、復た更に作さざらしめんことを。」[42]

無始以来の過去世からの身口意の三業によって為された自らの悪業の罪を十方諸仏に懺悔し、その罪業の滅除と、再び悪業を作ることのないことを願っている。ここには大乗の懺悔経類に見られる懺悔文の要旨が簡潔に述べられているといえよう。さらに三事の第2は「十方三世諸仏の所行の功徳、及び弟子衆の所有の功徳を念じて随喜勧助す」、第3は現在十方の諸仏に初転法輪を勧請し、及び諸仏の世間に久しく住し無量劫に一切を度脱するを請う」として懺悔・随喜・勧請を菩薩の法としている。

懺悔が大乗仏教の中で位置づけられると、悪趣への輪廻を恐れる衆生の側へ、信仰による救済が深く関わってくる。来世に及ぶ業報との関わり方の深さに、それまでの出家仏教の立場とは異なったものがある。阿弥陀仏の信仰が、「普賢行願讃」はじめ懺悔を説く経論の中でしばしば説かれているのも、懺悔が来世の応報と結びついているとする理解があるからである。信仰の強調も大乗仏教を特徴づける一つである。やがて懺悔文をしるす経典の読誦や書写等の功徳も強調された。『華厳経』「普賢行願品」には十種広大行願を説く経典を受持・読誦乃至一偈でも書写することによって一切の悪業がことごとく消除されるという。[43] この10大願は、1には礼敬諸仏、2には称讃如来、3には修供養、4には懺悔業障、5には随喜功徳、6には請転法輪、7には請仏住世、8には常随仏学、9には恒順衆生、10には普皆廻向をいう。さらに菩薩による「代受苦」の思想も同品（846b）で説かれている。悔恨の表白としての懺悔が、やがて懺悔をする者たちの罪ばかりでなく、懺悔を記す経典の読誦や書写によっても罪業が滅するとされていった。

業報思想に基づけば罪過はその報いを自ら受けなければならない。原始仏教の時代に於いては仏弟子が自らの過去世を反省的に振り返る悔恨の述懐があったが、かれらは償いとしては現にその報いを受けていたことになる。布薩に於ける告白では教団追放の波羅夷罪の他は、かれらの告白懺悔によってやがて教団員としての地位を回復した。布薩に於ける懺悔も、罪に応じた償いとしての報いは受けることになる。アショーカ王の悔恨の表白や、アジャータサットゥ王の懺悔などはいずれも在家の立場からのものであるが、かれらは優婆塞の為政者としてその悔恨が政策に積極的にいかされたと考えられよう。こうした施政も償いの一つと見なすことはできる。償いが後に善果を産む因となっている。やがて大乗仏教の時代になると悔恨の告白が十方の諸仏に対して行われた。かれらは無量劫よりの罪を悉く懺悔して菩薩としての自覚をもった。他方、菩薩行を実践する人々の発する告白懺悔ばかりではなく、大菩薩たちの誓願としての懺悔滅罪の観念も大乗に登場している。初期の大乗仏教で重んじられた『三品経』の懺悔・随喜・勧請の３種は後に廻向が加わって四法となり、更に「発願」が加わって５法となった。大乗仏教の実践法として懺悔等の行法はやがて『四十華厳』の「十種広大行願」へと展開していく。ものの真実相を知ることが解脱であるとするのと同様に、大乗では空の観察も懺悔に結びついていった。『八十華厳』第48巻の巻末には空の立場から業を知ることが真実の懺悔であり、一切の悪業は悉く清浄となることを述べている。[44] こうした空の観察が真実の懺悔であるとする懺悔観が説かれると、やがて『観普賢菩薩行法経』に見られるような無罪相懺悔という懺悔観も現れた。同経では、「是の如き法相は生ぜず、没せず。何者か是れ罪、何者か是れ福。我が心自ずから空なれば罪・福も主なし」[45] という空の立場から「罪福無主」として業報を捉えている。

応報思想に基づけば犯した罪の報いを受けることは避けられない。ところがシャーンティ・デーヴァは報いを受けることだけでは解脱を得られないという。報いを受けている間にも他の新しい罪悪（pāpam）を生じてしまうからである〔verse. IV-22〕。そこで伝統的な仏教の修行僧たちは出家者として自制しつつ再生をしない解脱の境地を求めた。かれらにとっては懺悔することはそれ以上悪（pāpaṃ）を増大させない（na vaḍḍhati）ことであった。[46] しかし原始仏教聖典以来、一切の生きとし生けるものに対する慈悲の実践は勧められていた。大乗では慈悲の実践のためにはことさら輪廻の世界に赴き衆生済度にあたるのが大菩薩であると考えられた。大乗的な考えに立てば慈悲の実践なしには解脱は有りえない。無始以来の罪業の懺悔は大乗の菩薩にとってはさとりへの実践を行うために不可欠のものとされた。『大智度論』では「菩薩この三事（懺悔・随喜・勧請）を行ずれば功徳無量に転じて仏を得るに近づく」[47] と述べている。

シャーンティ・デーヴァは自らを勝者（jinebhyaḥ Pl. Dative）とその子息たち（ātmajebhyaḥ）とに捧げ、その摂受（parigraha）を願い、敬愛（bhakti）をもってかれらの奴僕（dāsatva）とならんと述べている〔verse. II-8〕。そしてかれらの摂受があれば、畏怖無く（nirbhī）輪廻の世界に於いて衆生の安寧を行えると言う〔verse. II-9〕。懺悔に基づく彼の全身全霊の帰命は、やがてすべての有情（sarva-dehin）に対しても別け隔てない献身となって展開している。一切の有情に対して燈（dīpa）を求めるものには燈となり、寝床（śayyā）を求めるものには寝床となり、奴僕を求めるものには奴僕となりたいと願っている〔verse. III-18〕。大乗の菩薩たちはさとりへの心（菩提心）をおこしても、業の障りによっては退転することもある。無始以来の罪業の懺悔と以降の自制の誓いが摂受されることによって、菩薩としての誓願は障りなく実現できることになる。逆に言えば再び過悪を繰り返しさとりへの実践が妨げられれば、罪業の摂受も真実の懺悔もなされていないということになるのかもしれない。告白懺悔は深い宗教的反省である。その反省が自己の行為ならびに社会に反映されるところに宗教が現実を正しく生きる教えとなる。大乗の菩薩たちは、過去世からの悪業を余すところなく告白懺悔することによって絶対帰命を行った。かれらの退転することのないさとりへの実践こそが、諸仏・諸大菩薩たちによる懺悔の摂受を確信しえるものになるのであろう。

注

(1) 仏典の懺悔に関しては優れた論文がすでに数多くある。懺悔の原語については平川彰博士の「悔儀とクシャマ」〔立正大学『法華文化研究』第2号、1976年〕に詳しく述べられている。『望月仏教大辞典』の「懺悔」の項目〔第2巻、1493～95頁〕は関連する資料を多く載せ有益である。インド仏教の立場から参考にすべきものとして、山口益「懺悔について」〔『仏教学セミナー』第9号・2、1969年〕・釈舎幸紀「懺悔について」〔龍谷大学『仏教文化研究紀要』第9集、1970年〕・同「懺悔滅罪について」〔龍谷大学仏教学会『仏教学研究』第30号、1973年〕・同「僧伽の統制について」〔『日本仏教学会年報』第39号、1974年〕・土屋秀高「懺悔と治罰〔龍谷大学『仏教文化研究紀要』第11集、1972年〕・壬生台舜「仏教における懺悔の語義」〔『大正大学研究紀要』61、1975年〕・沢田謙照「仏教における懺悔の思想について」〔浄土宗教学院研究所『仏教文化研究』第22号、1976年〕・同「仏教における懺悔の種々相と善導大師」〔『善導大師研究』山喜房仏書林、1980年〕などがある。

(2) 平川博士「前掲論文」12～13頁では、「クシャマ」を懺悔と訳した例が1例だけ見られるという。参考・『四分律』巻44〔大正22巻893b〕、Vinaya-piṭaka, vol. II, p. 18〔『南伝大蔵経』第4巻25頁〕。

(3) 『南海寄帰内法伝』巻第2、大正54巻217c。

(4) 『大智度論』〔羅什 Kumārajīva 訳・405年〕巻第7、大正25巻109c、110a 他。

(5) 『漢和大辞典』〔学習研究社(第26刷)、1989年〕500頁。

(6) *Vinaya-piṭaka* (PTS), vol. I, pp. 101-136.『南伝大蔵経』第3巻180～244頁。

(7) これは大乗の経典にも「黙然無言」として受け継がれている。『維摩経』〔羅什訳『維摩詰所説経』「入不二法門品」〕大正14巻551c。

(8) 平川彰『律蔵の研究』〔山喜房仏書林、昭和35年〕第4章「波羅提木叉の研究」417～420頁参照。

(9) *Vinaya-piṭaka* (PTS), vol. I, pp. 157-178.『南伝大蔵経』第3巻281～316頁。

(10) テキストはH. Oldenberg and R. Davidsによる *The Thera and Therī-gāthā* (PTS), 1883.と、K. R. Norman and L. Alsdorfによる2nd edition with appendices (PTS), London, Luzac, 1966.がある。和訳は中村元博士訳『仏弟子の告白』『尼僧の告白』〔岩波文庫、1982年〕を参照。個々の詩偈が詠まれた年代は、『テーラ・ガーター』が西紀前5世紀末から前3世紀中葉、『テーリー・ガーター』もほぼそれに順ずるが、若干の詩偈は少しそれよりも遅いと見なされている。

(11) パターチャーラーの出家の因縁は『賢愚経』〔慧覚等訳・445年〕第3巻の16話に詳しく述べられている。『仏教説話大系』11「比喩と因縁（3）」〔すずき出版、1983年〕にある筆者分担の同部分参照。

(12) 『浄土三部経』〔岩波文庫〕上巻25頁。『大乗仏典』6〔中央公論社、「浄土三部経」〕23頁参照。

(13) 『舎利弗悔過経』註〔29〕参照。本経は後漢・安世高（2世紀）訳となっているが、『仏書解説大辞典』〔改定版・1965年〕第4巻374頁には西晋の竺法護訳と見なされている。

(14) 『金光明経』〔曇無讖訳・5世紀初〕巻第1、大正16巻336c。*Suvarṇa-prabhāsa-sūtra*（Buddhist Sanskrit Text, No. 8）ed.by S. Bagchi, Published by The Mithila Institute, 1967. p. 12, II. 9-12.

jāti-smarāḥ sattva bhavantu sarve jātiśatā jāti-sahasra-koṭyoḥ / anusmarantaḥ satataṃ munīndraṃ śṛṇvantu tesāṃ vacanaṃ hy udāram // 11 //

〔すべての衆生は、幾百千コーティの生をとおして前世を想起するものであれ。常に大賢（仏陀）たちを念じ、かれらの実に妙なる言葉を聞け。〕

「亦令衆生　得知宿命　百生千生　千万億生　令心正念　諸仏世尊　亦聞無上　微妙之声」

サンスクリット・テキストからの和訳では、『大乗経典』（2）仏教聖典選―第4巻―読売新聞社、1975年〕にある岩本裕博士による現代語訳がわかりやすい。

(15) 『仏弟子の告白』〔前掲書〕180～181頁。

(16) *Rāṣṭrapāla-paripṛcchā* (Vibliotheca Buddhica), par L. Finot, St. Pétersbourg, 1901. p. 34, *ll.* 11-12.「彼等尚無懺悔之心」。『大宝積経』第18章「護国菩薩会」〔闍那崛多訳・6世紀〕大正11巻464b。和訳は『大乗仏典』9「宝積部経典」〔中央公論社、昭和55年（新訂版）〕を参照。

(17) 『大智度論』大正25巻159b。

(18) Prajñākarmati-kṛtā *Bodhicaryāvatāra-pañjikā* (Bibl.Ind), ed by L. de la Vallée Poussin Calcutta, 1902, p. 59, *ll.*10-11.

(19) 平川「前掲論文」4頁参照。

(20) サティヤカーマの物語は『チャーンドーギヤ・ウパニシャッド』*Chāndogya-Upaniṣad*, III. 4, 4. に述べられる。中村元選集〔決定版〕第9巻『ウパニシャッドの思想』〔春秋社、1990年〕160～162頁参照。

(21) *Aṣṭasāhasrikā-prajñāpāramitā* (Buddhist Sanskrit Text. No. 4), edited by P. L. Vaidya, 1960, p. 198, *ll.* 16.「実語力」『小品般若経』〔羅什訳〕大正8巻570a・『仏母出世般若経』〔宋・施護訳〕同651b。和訳は『大乗仏典』〔中央公論社、昭和55年（新訂版）〕2・3『八千頌般若経』I・IIがある。

(22) アショーカ法勅に関しては数多くの内外の研究があるが、塚本啓祥博士『アショーカ王』〔サーラ叢書、1973年〕・『アショーカ王碑文』〔レグルス文庫54、1976年〕が手頃なものとして挙げられよう。

「天愛喜見王の　灌頂八年に、カリンガが征服された。十五万の人びとがそこから移送され、十万〔の人びと〕がそこで殺害され、また幾倍か〔の人びと〕が死亡した。それ以来、カリンガが征服された今、天愛の熱心な法の実習、法にたいする愛慕、および法の教誡が〔行われた〕。これはカリンガを征服した時の、天愛の悔恨である。なぜならば、征服されたことのない〔国が〕征服されれば、そこに人民の殺害、または死亡、または移送があり、これは天愛にとって、ひどく苦悩と感じ、悲痛と思われるからである。」〔塚本啓祥訳『アショーカ王碑文』14章摩崖法勅・第13章、102頁〕

悔恨（anuṣaya）は仏典には「随眠」と訳されて煩悩と見なされている。説一切有部では九十八随眠を数える。

(23) A. C. Woolner : *Aśoka Text and Glossary*, Panjab University Oriental Publication, 1924; reprinted 1982, D. K. Publications' Distributors, New Delhi, pp. 24-25.

(24) *The Dīgha Nikāya* (PTS), vol. I, London, 1889, pp. 47-86.『南伝大蔵経』第6巻73～103頁。

(25)『サンユッタ・ニカーヤ』*Saṃyrtta-nikāy*a　第Ⅰ編（sagātha-vagga）、第4章第5節には「咎め立てする神々」Ujjhhānasaññika devatāyo がかれらの罪過（accaya）を告白し、その摂受を釈尊に願っている。この時、釈尊は「微笑まれた」（Atha kho Bhagavā sitaṃ pātvākāsi）と記されている。伝説ではあっても、釈尊の摂受がどのようなものであったかを窺うことができよう。cf. *Saṃyutta-nikāya*, Part I, ed. by M Léon Feer, London, 1884, p. 24. 中村元訳『神々との対話』サンユッタ・ニカーヤⅠ〔岩波文庫、1986年〕57～60頁参照。

(26) Heinz Bechert 教授はアショーカ王の宗教政策を史上初の国家権力によるサンガへの介入と捉えている。『東方』第6号〔1990年〕所収、*Buddhistic Modernism* : It's History and Present Tresent Trends, by H.Bechert (Göttingen) 参照。

(27) 拙論 Buddhas of All Directions－Concept of Direction in Mahāyāna Buddhism.『東方』第4号（1988年）参照。

(28) *Saddharma-puṇḍarīka* (Bibl. Bud., X), edited by H. Kern & B. Nanjio, 1970, p. 210, *ll.* 1-4.『法華経』〔竺法護訳・276年、羅什訳・406年〕大正9巻29a、97a。

中央アジア本の法華経には初めの部分が「過ちを過ちとして告白いたします」という仏典に定型の告白懺悔となっている。atyayam atyayato vayaṃ bhagavan deśayāma. atyayam atyayato vayaṃ sugata deśayāma.『梵文法華経写本集成』第6巻〔1979年〕、140頁。cf. *Central Asian Manuscripts-Romanized* Text, ed. By H. Toda, 1981. p. 103.（199b, *ll.* 2-3）.

(29)「若し、善男子、善女人有りて、阿羅漢の道を求めんと欲する者、辟支仏の道を求めんと欲する者、仏道を求めんとする者、去来の事を知らんと欲する者は、平旦・

日中・日入・入定・夜半・鶏鳴の時をもって（身体を）澡い漱ぎ衣服を整え、叉手して十方を礼拝せよ。自在に向かう所に、当に悔過して言うべし〔大正24巻1090a〕

(30) 中村元選集（決定版）『ヴェーダの思想』（1989年）第３章・２・（３）「神々と人間との関係」294 ～ 300頁参照。同『ウパニシャッドの思想』第９章・８・（１）「有神論的特徴」575 ～ 577頁参照。

(31) 『舎利弗悔過経』大正24巻1090b。泥犁（naraka 地獄）・禽獣・薜茘（preta 餓鬼）などに入ることを欲しないものや、辺知・無仏処、或いは障害者や貧家に生まれることを欲しないもの、その他、女人が男子を求めんと欲する時も悔過すべしとする。『菩薩蔵経』〔大正24巻1086c ～ 1089c〕も懺悔による滅罪を説いている。懺悔を説くその経典を受持し菩提心をおこすことによって天女（『三聚懺悔経』では女人）が女性の身体から丈夫（男性）の身体に転じたということも記されている。

(32) *Śiksāsamuccaya*（Bibl.Bud), ed.by C. Bendall, St. Pétersburg, 1902, p. 290, *ll*, 1-2.『大乗集菩薩学論』〔法護訳・12世紀初〕大正32巻130b。

(33) 静谷正雄「三品経と舎利弗悔過経―原始大乗における悔過法の一資料」〔『印仏研究』第19巻・１、77 ～ 80頁。同『初期大乗仏教の成立過程』〔百華苑（２刷）、1987年〕第３章第３節「舎利弗悔過経」118 ～ 147頁参照。

(34) 『文殊師利発願経』〔東晋・仏陀跋陀羅（350 ～ 420）訳〕大正10巻878c ～ 879a。

(35) 『十住毘婆沙論』〔羅什訳・５世紀初〕大正26巻45a。

(36) 日蓮の『開目鈔』下には、自らの過去の重罪が実経（法華経）を行じたために大難として現れたと述べている。

(37) *Kāśyapaparivarta*, by Baron A, von Steäl-Holstein, Shanghai, 1926, p. 35. (16). nirvāṇa-gataś cāsyāśayaḥ saṃsāra-gataś ca prayogaḥ

和訳には『大乗仏典』９「宝積部経典」〔前掲〕がある。

(38) 『大智度論』大正25巻344a。畜生道の中でも阿那婆達（Anavatapta）龍王や沙喝羅（Sāgara）龍王は菩薩道を体得しており、鬼神道のなかでは夜叉・鬼子母などは見道を得た大菩薩であるとしている。

(39) 『法華経』「妙荘厳王本事品」大正９巻60b, c に出る。「一眼之亀浮木孔」。中村元著『仏教語大辞典』にはその他に『瑜伽論』95巻・大正30巻844c を出す。「世尊説無墜人身甚為難得　復引盲亀以況其事」。

(40) *Bodhicaryāvatāra* (Bibl.Ind), ed. by V. Bhattacharya, calcutta, 1960, p. 2.

(41) Yac ca kṛtaṃ mayi pāpu bhavetta rāgatu dveṣatu mohavaśena
kāyatu vāca manena tathaiva taṃ pratideśayamī ahu sarvam // 8 //
Gaṇḍavyūhasūtra (BST), edited by P. L. Vaidya, 1960. p. 429, *ll*. 19-22.

(42) 『大智度論』大正25巻110a。

(43) 『大方広仏華厳経〔般若 Prajñā 訳・８世紀〕・大正10巻846b。

(44) 『八十華厳』〔実叉難陀 Sikṣānanda 訳・７世紀末〕大正10巻256c。

(45) 『観普賢菩薩行法経』〔宋・元嘉年・曇無蜜多訳〕大正9巻392c。

本経はインド撰述に疑問が投げられているが菩薩戒・利利居士の懺悔法を説く経典として古来より中国・日本では重視されてきた。「一切の業障海は、皆妄想より生ず。若し懺悔せんと欲せば、端坐して実相を思え。衆罪は相露の如く、慧日よく消除す。この故にまさに至心に六情根を懺悔すべし」というこの偈頌がこの経典の懺悔観を端的に表しているとされている。

(46) *Milindapañha* には、「我は悪業を為した」と後悔をするのは悪を増大させないためであるという。apuññaṃ kho mahārāja karonto vippaṭisārī hoti : pāpakammaṃ mayā katam ti; tena pāpaṃ na vaḍḍhati

cf. *The Milindapañho* (PTS), ed. by V. Trenckner, London, 1962, pp. 83-84.

『那先比丘経』〔大正32巻・東晋代（317～420）失訳〕「人家作悪日日自悔過、是故其過日小」（702b）。

(47) 『大智度論』大正25巻110a。

生死観か死生観か
—普遍思想の視点から—

はじめに

「生死（ショウジ）」は、仏教受容以降に漢訳経典などをつうじて一般に我が国に定着したことばである。これに対する「死生」の語は中国の古典にしばしば登場する。一方、現在、日本の大学では、その多くに「死生学」と名付けられた講義が開講されている。それは近年のデス・スタディー（Death Studies）もしくはサナトロジー（Thanatology）を意味するものとされる。(1)「死生」の表現はこの死生学のみならず、明治以降、人生観を意味することばとして死生観というようにも用いられてきた。

ところが、近年にいたるまで、仏教（学）者の著したものをみるとその用例はおおむね「生死観」であって、死生観ではない。ちなみに、我が国の信頼の於ける和英辞典を見ると、「生死」も「死生」も英文表記はいずれも life and death（生と死）の順である。(2) 本稿は「生死」と「死生」という言語表現を、あらためて筆者の専門領域でもある仏教文化と普遍思想の面から明らかにしようと試みるものである。生死ではなく死生として、死を前面に表記することにどのような理解や思惟傾向が係わっているのであろうか。こうした点にも注目しつつ以下に言及してみたい。

Ⅰ　仏教の「生死」観と「死生」

仏教で説く四苦八苦という時の「四苦」は、周知のとおり「生・老・病・死」の４種の苦しみ（duḥkha）をいう。生と死とはいのちあるものの一生である。但し、生と死とを循環的に捉えようとする古代インドの哲学以来、仏教文化に於ける生死は直線上にはないということも言えるだろう。死を終着（ターミナル）と捉えてはいないことになるのである。輪廻（saṃsāra）思想に代表されるインド仏教の循環的な観察は、生と死との間に人生に生ずる老いと病との苦しみを加えた。

我が国で用いられている生死のことばは、仏教語としては生まれかわり死にかわりして輪廻する意であるが、一般的には生まれることと死ぬこと（いきしに）、いわゆる一生・生涯を意味する〔『日本国語大辞典』小学館、第２版、2001年７月〕。本学にゆかりの鎌倉時代の日蓮聖人（1222～1282）の遺文には『生死一大事血脈抄』（日蓮51歳）の一文がある。[3] この場合の生死も、今世に生を受けた人間の一生の一大事〔羅什訳『法華経』に「一大事因縁故出現於世（一大事の因縁をもっての故に世に出現したもう）」の文句がある〕の意味である。

同時代の道元禅師（1200～1253）の『正法眼蔵』には「生死」の巻（年号不記）が収められている。[4]「この生死は、すなはち仏の御いのちなり、これをいとひすてんとすれば、すなはち仏の御いのちをうしなはんとするなり。これにとどまりて、生死に著すれば、これも仏の御いのちをうしなふなり。」と、そこでは述べている。かつて鈴木大拙師が指摘されたように、我が国中世の特に鎌倉時代以降に、日本人に真剣な生死観が現れてきたと考えられている。[5]

無明（avidyā 無知）からはじまる十二縁起（支）説の最後も「生（jāti）・老死（jarā-maraṇa）」である。生がなければ、老死の存在はない。仏典の「生」の原語ジャーティには「誕生・存在」などの他に、生まれながらの階級を意味するカーストを表わすこともある。漢語では「生」はしばしば動詞（いきる・きかす・うむ・うまれる・はえる）に用いられるが、限りある人生（生涯）を意味することもある〔『荘子』には「吾生也有涯（吾が生はかぎりあり）」という〕。

仏教語の「生」は一般的にはセイではなくショウと呉音で発音する。漢訳仏典には以下のような意味でも用いられることがある。

生有　（upapatti-bhava）→４有（生・本・死・中。生死の循環の過程を４種に分ける）の１つ。どこかに生まれる―刹那。

生縁→縁起（pratītya-samutpāda）。ものが生ずるためのさまざまな原因。

生起→生ずること（utpāda）。

生苦→託胎から出生までの苦しみ（四苦の１つ）。

生空→衆生空（人空）、衆生は五蘊仮和合であり実体がないという意。

アビダルマ文献『倶舎論』に説明されている「四生」は４種の分類による生まれ方、すなわち卵生・胎生・湿生・化生をいう。「いきしに」を意味する仏教語としての生死は輪廻（saṃsāra）と同じように、迷いの世界・苦しみの世界を意味する。輪廻はしばしば渦巻く波濤にも譬えられ、その輪廻からの解脱が、古代インドの宗教家たちの理想の境地であった。但し、大乗仏教ではことさら輪廻の世界に生を受けて衆生を救済するという願生（ガンショウ）思想が顕著になっている。(6)

仏典に「生死」と漢訳されているそれらの原語をみると、それらは「苦しみ（duḥkha）」「輪廻（saṃsāra）」「誕生・生（bhava）」「再生（punar-bhava）」などである〔以下、典拠は中村元博士『仏教語大辞典』東京書籍に基づく〕。(7)
しかし成語のように用いられてきた生き死にを表わす「生死」は、原語の生（ジャーティ）と死（マラナ）とがコンパウンドになる用例はみあたらないようである。

生死海〔duḥkha-ārnava　苦しみの海（波立つ海）、*Buddhacarita*、『仏所行讃』〕

生死大海〔saṃsāra-ārnava 輪廻の海、*Abhi-Kośʹ*、『倶舎論』〕

生死流〔saṃsāra　輪廻、*Buddhacarita*、『仏所行讃』〕→輪廻の意。

生死苦〔bhava-bhiru　誕生（再生）を恐れる、*Buddhacarita*、『仏所行讃』〕

生死取捨〔saṃsāra-ādāna-tyaga　輪廻の取と捨、*MV*（*Madhyāntavibhāga-bhāṣya*）〕

生死習〔punarbhava 再生、*MPS*、『遊行経』〕→輪廻の存在。

生死涅槃〔saṃsāra-nirvāṇa 輪廻と涅槃、*MSA*（*Mahāyāna-sūtrālaṃkāra*）〕→生死（まよい）とさとりの意。

これに対して「死生」の用例はどうかというと、仏典には以下の用例をみることができる。

死生（cyuta-udbhava 死んだり生まれたりすること、*Abhi-Kośʹ*、『倶舎論』）

死生智（死生に関する智『倶舎論』）

死生智作證明（cyuta-upapatti-jñāna-vidyā　有情の死時と次の生を明らかに

知る智、『集異門論』）

死生智證明（同上の意、『倶舎論』）

死生智通（死生を知ることのできる神通力、『瑜伽論』）

仏教では、修行によって獲得できる６種の超人的な力（六神通）のうち、宿命通・天眼通・漏尽通の３種を「三明」とする。このうちの宿命通（pūrva-nivāsa-jñāna）は過去のできごとを知る智で、天眼通（divyam cakṣus）は死後の世界を見通す超自然的な眼をいう。先の「死生智作證明」は、この三明のうちの宿命通や天眼通とも関連する。仏教語としての死生は循環的な輪廻思想に基づいたもの、すなわち死んでまた生まれるという意味に捉えられることができるだろう。

仏教思想は漢訳仏典をとおして我が国の仏教者たちや文学作品にも大きな影響をあたえ、生死（人生・生涯）を苦しみと捉えた表現が数おおく見られる。

生死の苦海（『明慧遺訓』）　／　生死苦源（空海『三教指帰』）／

生死苦縛（道元〔懐奘〕『随聞記』）　／　生死解脱（慈雲『短編法語』）／

生死罪（法然『往生要集』）　／生死長夜（謡曲『隅田川』）　／

生死即涅槃（『一遍語録』『正信偈』）　／　生死長遠（慈雲『法語』）／

生死転変（『一遍語録』）　／　生死人（『四教儀註』）→輪廻のうちにある凡夫。　／　生死無常（『妻鏡』）　／　生死無常の理（『一遍語録』）／　生死の闇（『玉かがみ』）

我が国では『平家物語』に登場する「生者必滅会者定離」の名句にあるように、仏教受容以降は生と死（繁栄と滅亡）とは避けられないものであるという認識が定着した。生死をこの世に生をうけた人間の一生・生涯と捉えるが、仏教思想では生死は苦しみの多い輪廻の世界であり同時に厭うべきものと見なされていた。

死苦・死畏ともいうように生を得たものには死もまた苦しみでありおそれでもある。とくに、死後の世界を支配するという意味で閻魔（Yama）王を「死王（mṛtyu-rāja）」とも呼んでいる。仏典では「人・有生（ウジョウ）」とも訳される原語マルティア（martya）は、英語の a mortal（ドイツ語の Mensch）とも語源は同じで、「死すべきもの（人間）」を意味する。[(8)] インドの論書（『瑜伽論』*Yogācāra-bhūmi*）には、死を悪魔（māra）と見なすこともある。人間の死を定める魔という意味で「死魔（maraṇa-māra）」が４種の魔の１つに数えられている。

仏教的にみれば生も１つの存在体（生有）であり、同様に死も一つの存在体（死有）である。人間の一生のそれぞれの存在体には苦しみがあり、そうした苦しみからの解脱（mokṣa）が古代インドの宗教家たちの理想の境地であった。生も死も超越した理想の境地は、再生をしない境地であると考えられた。初期仏典にもそうした境地を願う傾向が顕著である。しかし、ゴータマ・ブッダ（釈尊）は、生きとし生けるものへのアルタ（利益）・ヒタ（福祉）・スカ（安楽）の目的のために宗教家は遊行（人生を送る）すべきことを仏弟子たちに説いた。世界の福祉と世界をあわれむ（ローカ・ヒタ・アヌカンパー）ために仏教者は生きた。その精神はやがて出家や在家を一貫した大乗仏教の「利他（para-hita）」の実践として展開するのである。

仏教的にみれば死はターミナルでも無活動の状態でもない。今日のデス・エデュケーションに於いても、仏教思想との解釈の相違に留意し各自の思想信条に相応しい説明の仕方が必要であろう。

もともと漢語としての「生死」の語句はその使用は限られている。いま、諸橋『大漢和辞典』には生死もしくは生死を冠する語句として挙げられているものはわずか5例である。[9] そのうち仏教の論書からのものが２例ある〔「生死海」『摩訶止観』・「生死流転」『順正理論』〕。その他は「生死肉骨（死者を生かし白骨に肉づける＝恩を施す）」〔『春秋左氏伝』〕を除くと、『韓非子』〔紀元前３世紀頃・「必生死命也（生死は天明である）」〕や『孔子家語』〔成立年代不詳・「夫礼生死存亡体」〕などに生死を「生きることと死ぬこと」の意として挙げる。

これに対して、「死生」の用例は諸橋辞典には14例を挙げている。[10] それは「死ぬことと生きること」の意味のほかには「死と生の境目」としての意味がある。それら全てを載せることは省くが、中国の古典でよく知られているものとして、『易』繋辞上に「死生之説（死することと生きることの道理）」や、『論語』『荘子』などに登場する「死と生とは天命である」という意味での「死生有命」「死生命也」などがある。死も生も天命と捉えるのは中国的な人生観に基づいている。「死生（生死）の境目」として用いられているものには、「死生之際（生死の際）」「死生之地（生死の分かれ目）」などである。

生から始まり死に到り、また新たな生が始まるという循環的な思惟が輪廻思想として仏教を受容した国々には広く定着した。生死も死生も人間の一生のうちの出来事である。漢語的表現としての生死や死生はすべてを天命と捉える思惟線上での表現にみられる。但し諸橋辞典に採り上げられているものをみれば、言語表現としては「死生」の用例が圧倒的に多い。道理や秩序を乱さずまもることによって人間が社会に生きていくことが出来るというのが『易』に言う「死生之説」のもとの意味である。天命としての視点から人間の生涯をみれば、死生を気にしない自由闊達なこころもまた古代中国人たちの求めるところであった。『荘子』天運には「死生不入於心（死生をこころに入れず）」と言う。

死生は一身上の大事件でもある〔『荘子』田子方「死生亦大矣（死生はまた大なり）」〕。この場合の死生も死と生という意味をこえて「死か生か」という大事件、すなわち生きるということよりはむしろ死が強調されていると考えられよう。仏教的にみれば運命と宿命とは本来別であるが、古代インドに於ける極端な宿命論者たちは人間の努力や社会倫理にも否定的であった。一方、儒学では「未だ生を知らず、焉んぞ死を知らんや」というように、生も死も天命であると見る捉え方は、中国的な思惟傾向のなかで積極的な人生観を生み出した。

そこで人間は死ぬまで努め励み、やがて死ぬことによってやめる〔『論語』泰伯「死而後已（死して後にやむ）」〕ことになる。仏教的にみれば死はターミナルではないとはじめに述べた。循環的な思考と直線的な思考はしばしば対比されるが、中国的な思惟から生まれた人生観は「一回起的（einmalig）」である。そうした思惟は、人生が死によって終焉を告げる。

「死か生か」「生か死か」という択一的な表現では「死」が差し迫ったものとして強調されている。仏教的な「生死」の場合はどうだろうか。同等もしくは同系統のものを列挙する場合には、最後に位置されたものに重きが置かれるのは、インド的な思惟から表われたものである。四苦の生老病死の場合も「死苦」を人生に於いてもっともいちじるしい苦と見なしていると見ることができる。急所（マルマ）に触れる（maruma-ccheda 断末魔）ことによって激しい痛みを起こし必ず人間は死ぬと考えられていた。

記紀の神話以来、我が国では死を忌み避ける傾向がある。原初的な信仰形態にはいずれも死を美化することはない。「死霊（死者の霊）」は、死者の怨霊がたたりをすると考えてつくられた日本的漢語であり、「死学」も同様に、役に立たない学問を意味する日本的漢語である〔諸橋辞典参照〕。死霊などの思想は古代日本の権力者の巨大石墳とも結び付けることもできるかもしれない。古代中国では主君が死ぬと臣下が殉死し、主君の死体をとりまいて埋められた。殉死の「殉」は、死後の世界に於いても臣下が主君をとりまいて奉仕をする姿を表わしたものである。「死」の解字は左部分（歹ガチ）と右（人）を合わせたもので、人が死んで骨に分解された姿を示す。[11] 中国的な思惟から表われた語句をみると、死はそこからいなくなる（亡）ことである。節義のための死（死節）もあった。「死友」は死んでも背くことのない親しい友を意味する。こうした表現にも古代の中国的な死に対する価値観が見られるのである。

Ⅱ　近代の「死生」観—文献での用例をとおして—

歴史は人間のみならず、培われた文化にも様々な生と死・栄枯盛衰がくり返されるていることを我々に伝えている。それまでの国家の宗教としての保護を受けていた仏教は、明治維新後、新政府によって布達された神仏分離令（明治元、1868年）によって変革を余儀なくされた。我が国の伝統ある古寺名刹の維持運営にも大きな打撃をあたえた。奈良の名高い古寺に於いては、仏像や寺宝などを国に手放すことによって、ようやく寺僧たちの糊口を凌ぐというほどの悲惨な状態もおきた。布達を契機としておこった仏教排撃運動（廃仏毀釈）は、各地の市井の仏教信仰にまで被害をおよぼすことになる。そうしたことも人々の記憶から忘れ去られようとしている。

日本の精神文化は確かに仏教の受容によって成熟・発展してきたと言っても過言ではない。やがて新時代幕開けの政策は、国家神道体制のなかでその後の軍部主導による世界大戦への道のりへと着実に結びついていく。敗戦によって生じたその歴史の反省が、内部からの自然発生的なものでなかったことに、明治維新後のいまだ清算されていない我が国の大きな過失がある感が筆者にはしている。

現代社会に於いても生死観は大きく変化した。生死を人間の生涯や一生として見る人生観から、死を前面に据えた死生観へと、言語表現上に於いても変化をとげている。そうしたなかで継承すべき普遍的精神をあらたに問いかける必要性が生じている。破壊や暴力、自殺やその幇助、そして怨恨をも否定拒否する普遍性を有する仏教精神の再認識が、日本のみならず世界平和実現のためにも重要なことである。

近代の死生観をこの項で述べるに際して、仏教受容以降、我が国の伝統文化に培われた怨親平等の思想に一言触れておきたい〔『過去現在因果経』大正3巻621aに「怨親悉平等」の句が出る〕。旧東海道の箱根を三島から小田原に向かうと、上り路の途中に山中城跡がある。そこには戦国時代に戦いで亡くなった武将や兵士たちを敵味方の差別なくまつる記念碑が建っている。こうした供養碑は全国に見られる。亡くなれば、怨親の差異を離れ平等に弔い供養をすることが、我が国に伝わる仏教精神文化にはあった。それは先の第二次大戦でも、本土に於いて亡くなった米兵に対して、ある一部の地方では人々が同様にあわれみのこころをもって供養を行っていたことがテレビでも放映されていた。

神仏分離令が布達された翌年（明治2）6月に東京招魂社が創立された。後の靖国神社である〔明治12年に別格官幣社として改称〕。招魂社にまつられたみたまは、新時代への戦争で亡くなった忠魂である。但しそこには官軍のみがまつられた。いのちを投げうって戦い亡くなった者たちには敵味方の差別はないはずである。しかし、天皇・朝廷・政府側にくみする者以外をまつることはなかった。これも今日、普遍思想的な面から、仏教国としての我が国に育まれた怨親平等の精神を再評価するためにも等閑視してはならないことである。(12)

新時代の訪れは、一方では禁制であった宗教も次第に自由な活動が認められるようになった。それまでの宗教の禁制は封建体制の社会秩序を侵すおそれがあったからである。このような時代背景のなかで、外国公使からの抗議はキリスト教政策にも及ぶ。日蓮法華宗の１派でもあった不受不施派に対する再興の許可が下りたのは明治9（1876）年4月のことであった。

新時代の幕開けは、それまで固く閉ざされていた文化財の開放にも結びついた。岡倉天心（1863～1913）やフェノロサ（1853～1908）などによる奈良の秘仏の公開も我が国の精神文化が客観的に評価される機会をつくることに貢献した。(13) 日清（1894）・日露戦争（1904）などを経て日本の知識人たちは世界のなかの日本人としての自覚をいよいよ増すことになった。こうした時代背景のなかで、当代の雄弁家として聞こえた加藤咄堂（1870～1949）氏による『大死生観』が著されたのが明治41（1908）年のことである。加藤氏の様々な著作に序をよせている学者の名前を見ると、当時いかに思想界に影響をあたえた雄弁著述家であったかが判る。

いま試みに、「井洌堂発売書目」に載る加藤氏の著作に「序」が明記されている3点をみると、当時のいわば代表的知識人とも言える方々の名前が列挙されている。

『増補　死生観』全1冊「文学博士　村上専精先生序・大内青巒先生跋」

『増補　運命観』全1冊「文学博士　前田慧雲師序・文学博士　南條文雄師跋」

『女性観』全1冊「文学博士　井上圓了師序」

本項では、まず氏の『大死生観』をとおして生死と死生を見ることにしたい。本稿で採り上げる『大死生観』は立正大学の大崎キャンパス図書館に所蔵されているものを利用した（立正大学情報センターの当該図書IDはBB04126208）。内容は第1篇「西洋における死生観の変遷」、第2篇「東洋における死生観の変遷」、第3篇「近代日本における死生観」などに分けられている。著者の広学博識は西洋の部門に於いても世界の様々な神話から、中世の哲学・文学、近世の宗教改革者・文豪・近世哲学の死生観に及んでいる。第2篇は本稿の筆者の専門領域をふくむが、そこに於いても論述は印度・原始仏教・ヒンドゥー教・中国の宋儒など広範囲に及ぶ。先に挙げた『増補・死生観』には発行所による簡単な紹介文が載せられている。それを見ると、本書がどのような著作として当時紹介されていたのかを知ることができる。

「死生は人生の一大事にして千古未解の問題たり、本書は古来哲人の精致なる思索と英雄豪傑が決死の覚悟とに照らし学説と事実との両方面よりこの問題を解決したるものにして議論穏健文章明晰、大いに江湖の喝采を博し……」

本書に論述されている各部分は、現在の研究者の細分化された専門分野から見たときには、恐らく広学博覧の印象をいでるものではないかもしれない。しかし、当時、内外の様々な文献類を駆使引用しつつ生死（死生）観を論じた著述として、今日に於いても先行の著作としての価値は十分高い。

加藤氏は『大死生観』の緒言で、ショーペンハウエルの「死後は万事にして虚無なり」を挙げている。本書で著者は人類にとって死が生きる目的を定める動機因と見ている。

「もし人生に死がなければ人は何の為に食ひ何の為に励むべき。死は実に人類をして天地の化育を助けしむるの一大動機なり」（p. 2）

現代の我が国の研究者が「死生学」〔例えば東大出版会『死生学』 1、2008年〕を説明するにあたり「死生観」の用例の典拠として挙げているのが、加藤氏の『大死生観』である。(14) そこで、氏が自著のなかで、どのような視点から生死と死生を区別しているのかを見てみると、巻初で著者は「人に生死の事実あって初めて其妙を究むべし」（p. 2）として、いわゆる従来の一般的用語としての「生死」の語句を挙げる。ところが、自明とも思えるほど突然に「死生は人生の根本問題なり」（p. 3）と「死生」を掲げる。氏のこの部分では「生死」と「死生」との概念の違いには触れていない。

しかし内容の展開から、氏は人生の根本問題としてのあつかいを「死生」とし、生まれて死ぬという生涯の流れとしての「生死」との相違を強調したと考えられる。本書ではその後は、仏教を述べる箇所に於いても、引用文、或いは生まれて死ぬという意味で「生死」を用いる他は、例えば「原始仏教の死生観」というようにやはり「死」を先に挙げる（p. 259）。これは神道の記述箇所も同様である。こうした一貫した「死生観」という表記には、死を見据えた積極的な人生観がうったえられていると考えられるだろう。加藤氏は人生の根本問題を３種に帰結している。

１　如何にして生まれ来たりしか　／　２　如何にして生くべきか　／
３　死後如何に成り行くべきか

そこで、「死は永久の疑問にして又刻下の疑問なり。千古未だ解せられずして人は日々其答えを求む」（p. 5）と述べているように、「死」がこれまで解明されていない永久の疑問であると捉えている。しかし我々は「知るべからざるの生前を忖度し、計るべからざるの死後を想像する」ほかはないと言う。但し、死が重大な疑問であっても、生を得た人間として人は死をみすえて如何に生きるべきかという問題を投げかけている。

積極的な人生観に於いては、死はあくまで生きたという証を経た死でなければならないはずである。生きているというその存在は、仏教では、実は「生」を用いない。仏教では「有（bhava)」が存在を意味し、生まれてから死ぬまでの存在は「本有（pūrva-kāla-bhava 往昔からの存在）」という。生有ではない。生有は、どこかに輪廻して生まれる―刹那をアビダルマでは意味する。仏教のアビダルマの四有は生・本・死・中の順である。「生有（どこかに生まれる一刹那）」・「本有（生まれてから死ぬまでの存在）」・「死有（死ぬ最後の一刹那）」・「中有（死んでから生まれ変わる間の中間の存在）」の順に循環している。四有は衆生（いのちあるもの）の輪廻を4段階に分けて説明するものであるが、実際に人間として生きている、すなわち実存とも言うべきものが「本有」なのである。

今あらためて加藤氏の著作をみると、「原始仏教の死生観」を述べる際に、「人類生死の状態を四期に分かちて」としてこのアビダルマの四生に触れている。興味深いことにそこでは「本有」・「死有」・「中有」・「生有」の順に表記されている。我が国では、本有（ホンヌ）・本覚（『大乗起信論』にいう本覚は究極のさとりの意味であった）などに付せられる「本」は「本来の」「本当の」という意味でも使用された。鎌倉時代の日蓮聖人は、「本有の尊形（本質としての聖なる姿）」〔『日本御前御返事』56歳〕というようにも用いている。[15]

すでに記したように、もともと「本有」は生まれてから死ぬまでの存在の意味であった。それを本当（真実）の存在と解釈するところに、仏教思想の日本的展開があった。氏がこうした点を承知した上で、四有のはじめに「本有」を挙げていると受け取れば、本項とは別の機会に、筆者はあらためて氏の見解を検討したいと考えている。生まれてから死ぬまでどう生きるのか、それは古今の宗教・哲学書の欠くことのできないテーマである。加藤氏が生死ではなく死生の用語を用いた背景には、氏の幼年時代に於ける儒学の素養と丹波亀岡の武家に生を受けたことなどもあるだろう。

つぎに、生死と死生との表現上の用例の中から時代や社会背景との関連をみてみたい。いま手元に戦中の昭和19（1943）年に出版された『日本精神と生死観』（西田長男編、有精堂）の１冊がある。太平洋戦争の勃発が昭和16年（1941）年であるから、本書はまさに生死をかける時代に日本精神の認識を目的としたものとも考えられるが、内容的には仏教者側からは鈴木大拙・古田紹欽博士なども寄稿している。

そこで本書に載る論文タイトルと著者名を紹介してみたい。それを見ると、「生死」と「死生」の用語の使用が、仏教学者とこの時代の「皇軍」「皇道」を説く論者との間にハッキリとした違いのあることがわかる。

『日本精神と生死観』　目次

死滅を考えざりし日本人	……国民精神文化研究所々員・文学博士	紀平　正美
生死と国家	……国民精神文化研究所々員	佐藤　通次
現代死生観私見	……九州帝国大学助教授	田中　晃
我が国固有の生死観	……国民精神文化研究所々長 国学院大学・建國大学講師	鈴木　重雄
皇道に生きる―死生超越の道	……大日本報徳社副社長	佐々井信太郎
皇軍の死生観	……総力戦学会々長・陸軍少将	中柴　末純
日本人における生死観の発展	……大谷大学教授・文学博士	鈴木　大拙
我が国上代の生死観光 ―聖徳太子誕生の天壽国―	……大倉精神文化研究所々員	秋山　大
日本禅僧の生死観 ―白隠を通じて見る―	……大倉精神文化研究所々員	古田　紹欽
志士の生死観 ―「西山尚義遺書を通路として」―	国学院大学教授 国民精神文化研究所嘱託	西田　長男

これらのタイトルは当時の時代背景を如実に映し出している。そのなかで、仏教者（研究者）側が「生死観」の用語を用い、加えて編著者を含んだ国学院大学に所属する二人の著者（学者）も同じく「生死観」を用いている。それに比して皇道・皇軍を説く論者（正確には学者とは言えない）が「死生（観）」を用いてることは興味深い〔1943年の「軍隊内務令」には「死生苦楽を共に

する軍人の家庭にして」云々とある〕。総力をあげて死もいとわずに報徳するという戦時下の緊迫した雰囲気が伝わる。

この中で仏教学者としての古田紹欽博士は、江戸期の禅僧白隠や鈴木正三の「生死事大」「大死一番」などをとおして「無生死を以て悟りとする」禅の教えを論じている。さらに鍋島藩に於ける特殊な武士道『葉隠』の生死観「武士道とは死ぬことと見つけたり」(16) にも禅僧正三からの影響があることをかつて指摘したことを述べる。鈴木大拙・古田博士たちはいずれも当時の時代背景への対応をふまえて仏教の側からの生死観を論じている。(17)

いま立正大学図書館所蔵の最近の出版物の書誌事項を調べると、『死生観―国学・本居宣長とその周辺』〔ぺりかん社、1994〕・『いのちの選択―死生観と臓器移植』〔同朋社、1988〕などに見られるように、仏教学者が用いる用語が一般的に「生死観」であるのと対比される〔仏教学者の著したものを含めて「生死」を冠するおもだった幾つかの著作を註末に挙げておいた〕。前項で確認したように、生死も死生も、その用例は中国の古典や仏典にも典拠が見られた。しかし、生死の用例が仏教の典籍には圧倒的に多いことも認められた。

やがて「生死」ではなく死を意識した人生観を表現する「死生観」がおおむね仏教者以外の著述家たちによって用いられるようになった。近年は仏教書もしくは従来の生死の用語をあえて用いている出版物以外には「日本人(的)」と銘打った書物のタイトルは殆んどが「死生観」となっている。その代表的なものが『日本人の死生観』〔加藤周一ほか著、岩波新書、1977年〕である。その他には自然科学（医療）関係の出版や発表ではおおむね「死生（観）」とするのは、そうした近・現代的な日本語としての使用用語が背景にあるからである。

明治初年（1868）から本年（2008）でちょうど140年目となる。明治維新が新時代への歴史の節目であり、つづいて先の敗戦が第二の節目となった。但しこうした節目に於いて、我が国に育まれてきた精神文化を真剣に問いなおしたことがあったかどうかは自問されなければならない。近代化・欧米化促進のなかに脱亜という意識をも含まれた第一の節目の時代。戦後の東西対立の冷戦のなかで民主主義・自由社会を標榜した第二の節目の時代。とくに第二の節目の時代は、経済優先・市場原理に翻弄されている現代が続く。その間に影をひそめてしまった他者を思いやる心は、仏教文化とともに我が国の精神文化には育まれてきたはずである。教育面に於いて或いは実社会に於いてそれをどのように回復するのかが、今後の日本のみならず世界の平和とも緊密に絡んでくるだろう。

まとめに

明治以降、我が国の知識人たちは、しばしば漢語を用いてある時には中国的語法とはべつに欧米の言語を日本語に翻訳した。哲学や科学或いは商業・工業、相対・絶対、理性・感性などのいわゆる翻訳和製漢語が、漢字の本国でもある中国や今日の漢字文化圏に於いて共通認識を得て使用されている用例は多い。特に社会科学や自然科学の領域では現代中国に於いて学術用語の７割が和製漢語であるという〔日本経済新聞「明解要解」2008. 8. 20付け〕。近年ではデス・スタディーからの訳語として用いられている「死生学」も和製の翻訳漢語の１つとみてよいであろう。ただし現代台湾ではデス・エデュケーションを「死亡教育」、デス・スタディーは興味深いことに「生死学」と表記していることをみると、(18) 漢字文化圏に於ける共通語となるかどうかは疑問である。

我が国に於いては仏教受容以降に定着した「生死」の用語が、儒教的ともいえる死を前面にだした「死生」へと表現上にも変わっていく。「死」を強調する表現を、近世以降の我が国にその背景をたずねれば、朱子学（宋儒）のみならず恐らく『葉隠』などに代表される武士道と「死」との結びつきも推測されるであろう。それはさらに近世から中世（鎌倉時代）にまで遡ってもよい〔14世紀の『太平記』にも「死生」の語がある〕。当時の武士階級に受け入れられた禅のおしえが、近世の武士道にまで大きな影響を与えたこともその理由の一つである。柳生但馬守に対する沢庵宗彭（1573 ～ 1646）の『不動智神妙録』にもあるように禅と剣道の一体や、明治天皇の侍従もつとめたことのある山岡鉄舟（1836 ～ 1888）と禅のように、仏教思想のうち特に中国的に展開した禅のおしえは我が国の知識人たちに大きな影響を与えた。やがて、死をもおそれない不屈の精神の鼓舞は先の大戦の時代での皇道や皇軍の「死生観」として展開されたこともあった。

本稿の筆者は、仏教文化論のうえから「生死」という言語表現に多少のこだわりがあった。しかし、言語表現に捉われて本質を見失ってしまう危険性は、すでに大乗経典『法華経 *Saddharma-puṇḍarīka*』「五百弟子授記品」のサンスクリット・テキストに指摘されているとおりである。[19] 言語表現も時代とともに移り変わる。一つの表現に固執する必要はないと考えている。但し、その言語表現にいたる過程や歴史にかくれた、すなわち普遍思想的な価値判断からみて批判されるべきものがあれば、それはたださなくてはならないだろう。仏教の目指したものは、破壊や暴力そして怨恨・報復を否定拒否する平和な社会の実現であったからである。

その上で、「生死」と「死生」の用語を日本人の人生観としてみたばあいに、それぞれの意味あいがあってよいと考える。それぞれに特性（ヴィシェーシャ、仏典で「差別」と漢訳された原語）がある。どちらか一方に与する必要はない。自らが選択し用いるべきである。かつてヘレティクス（本来は選択をする者の意。異端者）として迫害をうけた時代の再来を普遍思想は願うことはない。

『葉隠』にも影響を及ぼしたと見なされている禅僧鈴木正三はかつて関が原の戦いにも出陣したことのある武士であった。[20] 彼の生死観にはそうした体験もあることであろう。武術の本来の目的が止揚されて精神面の修練として用いられるためには、一定以上の文化的成熟がなくてはならない。仏教思想がそうした精神面の向上成熟に寄与してきた。禅に説く「無生死（生死の超越）」にも、日本的に展開された「本覚」思想にも他者を思いやるこころがなくてはならない。『正法眼蔵随聞記』 6に述べられている「南泉斬猫」の故事〔『碧巌録』63－64〕がある。[21] 仏性の有無の論争をいましめるために南泉普願は猫を斬った。この故事に対して道元禅師は、「南泉和尚は猫を一刀両断することは知っていたが、一刀一断（斬らずにいかすこと＝アヒンサー、不傷害）のできることを知らなかった」「もしわたしが南泉であれば猫の児を放してあげているだろう」と述べている。普遍性のある日本の精神文化もしくは禅と武道に関心をいだく者たちが忘れてはならない故事である。仏教は生きとし生けるものが正しい理法（ダルマ）にいかされ、やすらかにいのちを全うすることのできることを誓願（プラニダーナ）とするからである。

注

⑴　1970年代からの欧米でのホスピス運動に端を発して、我が国では仏教徒によるヴィハーラ活動など、死を見取る実践が注目を浴びてきた。これにともなってThanatology（死の科学）・Death Studies（死に関する研究）の領域が深められ、Death Education（死の教育）として近年は教育の分野に発展し今日に至っている。現在我が国ではこうした学問や研究を総称して「死生学」としているが、台湾ではそれを「死亡学・生死学・死亡教育」などに翻訳している。すでに島薗教授によって指摘されているように本来は「死デス」としての学問に「生」を加えて「死生」とするところに東洋的な思惟傾向があると言えるが、それをあえて日本的と言うことも出来るかもしれない。島薗進「死生学とは何か―日本での形成過程を顧みて―」『死生学』〔1〕東京大学出版会、pp. 9-30、2008年5月参照。

⑵　『新和英大辞典』Kenkyusha's *New Japanese-English Dictionary*, 第33刷、1994年、参照。

⑶　「生死一大事血脈抄」『昭和定本・日蓮聖人遺文』1巻、pp. 522-524.

⑷　『正法眼蔵』第92には「生死」の巻を収める。道元禅師は生も滅も「ひとときのくらゐ」であると言う。生から死に移るのではく、生そのものがすでに「不生」であり、生死即涅槃とこころえれば生死を厭うことも涅槃（さとり）を希求することもないとする。

⑸　鈴木大拙「日本人における生死観の発展」『日本精神と生死観』有精堂、1943.10、pp. 255-262.

⑹　『法華経』第10章「法師品（Dharmabhāṇaka-parivarta）」には、大乗仏教に顕著な願生思想が明確に表われている。以下にその箇所を和訳しておきたい。

「その高貴な（ブッダの）家系に属する子息（kula-putra）・子女（kula-duhitṛ）は、この上ない正しいさとりに於いて完成されたと理解されるべきであり、如来にひとしいものであって、世界の福祉を願い世界をあわれみ、誓願の力によって（praṇidhāna-vāśena）このジャンブ洲の人間たちのあいだに、この真理の詩節（dharma-paryāya）を顕示するために（samprakāśanatāya）生まれてきたのである。」〔*Saddharma-puṇḍarīka-sūtra*（WT）, chap.X, p.197, II.22-26.〕。

⑺　中村元『仏教語大辞典』東京書籍、1975年2月、参照。

⑻　Manfred Mayrhofer, *KurzgefaBtes etymologishes Worterbuch des Altindichen, A Conscise Etymological Sanskrit Dictionary*, Heidelberg 1963.

⑼　諸橋轍次『大漢和辞典』修訂第2版、第7巻、p. 1032.　参照。

⑽　同上、第7巻、p. 736.　参照。

⑾　藤堂明保編『新漢和大辞典』〔普及版〕学習研究社、2005年5月、p. 692.

(12) 靖国神社（かつての東京招魂社）は、幕末以来の特に戊辰戦争やその後の戦争で国のためにいのちを捧げた天皇・朝廷・政府側にたつ諸霊（当初は忠霊・忠魂とされたが後に日露戦争後には英霊とされる）をまつる。今日の靖国神社問題もその始点から問いなおすべきであろう。『仏典のことば―現代に呼びかける知―』岩波書店、1998年、pp. 120-122に、中村元博士がこの点を指摘している。

(13) 中村元『聖徳太子―地球思考的視点から』東京書籍、1990年9月、pp. 42-45. 参照。

(14) 加藤咄堂『大死生観』（初期版）は現在は蔵書として保管されているもの以外は入手が困難であるが、近年、島薗進教授が解説を付した『死生観―史的諸相と武士道の立場』〔書肆心水、2006（加藤咄堂著）〕が刊行されている。著者紹介によれば、難解な思想や古典を平易に説く加藤氏は年間200回以上の講演を行い出版書籍も200点以上に及んでいるという。加藤氏の著作には『維摩経講話』〔史籍出版、1983年12月〕をはじめとして仏教関係のものも多く仏教にも造詣の深かったことが判る。

なお、本稿の筆者は、島薗進教授による解説を未見のままでこの論文の本文を書き上げているが、解説中に本稿と同じテーマが載っている事を併せて紹介しておきたい。

(15) 「日女御前御返事」『昭和定本・日蓮聖人遺文』２巻、P. 1375.

(16) 『葉隠』は奈良本辰也編集、日本の名著17、中央公論社、1984年１月が解題を含めて参考となる。

(17) 西田長男編『日本精神と生死観』有精堂、1943年。当時の戦時下で仏教研究者のみならず、神道学者の側も「生死観」を用いている事は留意しておくべきである。かつて神仏習合の時代には鎌倉八幡宮をはじめ仏教僧が神社の別当職をつとめていた。神仏（仏神）の習合（融合）は仏教の宥和的な思想がもとになっている。政府や軍部による強権が我が国の仏教文化に育まれた伝統や文化にどれほどの疵を残したかを政治にたずさわる者たちはこころに銘じておかなければならないだろう。

(18) Death Studies もしくは Thanatology に関する台湾の現在の学術関係の資料の情報収集では、現代中国語・台湾語に精通している本学職員・翁美恵氏の協力を得た。

(19) 『法華経』「五百弟子授記品」*Saddharma-puṇḍarīka-sūtra*（WT）, chap. VIII, p. 186, 9-13. 同章には声聞たちの懺悔のことばが出る。かれらが完全な涅槃を得たと考えていたものが誤りであった事を述懐している。「涅槃であると思っていたものは、真理を説示するために語られたことばによるもの（dharma-deśanā-abhilāpena）である」ということに気づいた。言語表現を超えたところに真実があることを言うのである。

(20) 禅僧正三に関するものは、鈴木鉄心編『鈴木正三道人全集』山喜房仏書林、1962年がある。正三は『万民徳用』で「武士なくして、世治まるべからず」と言う。

(21) 『禅学大辞典』大修館書店、1978年６月。「南泉斬猫」の項目参照。随聞記には和訳として水野弥穂子『正法眼蔵随聞記』ちくま学芸文庫、1992年10月がある。また講話として鎌田茂雄博士による『正法眼蔵随聞記講話』講談社学術文庫、2003年２月（第

28刷）がある。本稿の筆者は鎌田博士が南泉斬猫の故事（随聞記第１の６）をどう解釈されているのかを知りたく思ったが残念ながらこの部分は採り上げておられないようである。

なお、本稿のタイトルの英文表記では死生学デス・スタディーに対する生死学をライフ・スタディ Life Studies にあててみた。

参考補記

「生死」を冠する主だった近年の仏教関係の著作〔以下に紹介するものは立正大学学術情報センター総合図書館に所蔵されている〕。

『死後はどうなる？／日蓮聖人の生死観』高橋智遍著、信人社、1957. 1.

『生きがいのあかし／仏教の生死観』早島鏡正著、佼成出版社、1968. 1〔人生と仏教・第3〕。

『日本人の生死観』宗教思想研究会編、大蔵出版、1972. 1〔大蔵選書９〕。

『生死をこえて／老人と仏教』藤居實應著、ミネルヴァ書房、1980. 10.

『禅僧の生死』古田紹欽著、講談社、1981. 7〔古田紹欽著作集６〕。

『仏教における生死の問題』日本仏教学会編、平楽寺書店、1981. 10.

『生と死／迷いと人生』安居香山ほか著、大正大学出版部、1987. 3〔大正大学選書13〕。

『親鸞の生と死・デス・エデュケーションの立場から』田代俊孝著、1989. 9.

『日本人の生死観／医師のみた生と死」川上武ほか著、勁草書房、1993. 11〔勁草．医療・福祉シリーズ54〕。

『人間学的宗教論・宗教とは生死の道である』舘熈道著、山喜房仏書林、1994. 9.

『生死をこえて』奈良康明、NHK ビデオ、釈迦とその弟子たち、第12巻。

『生死観と仏教／人の死とは何か』池田英俊ほか編、平凡社、2000. 2〔現代日本と仏教・第１巻〕。

『生死自在／在家（ウパーサカ）仏教』河口慧海著、うしお書房、2002. 2〔河口慧海著作集・第３巻〕。

『生死と仏教学／名僧の生涯に学ぶ「生きる意味」』瓜生中著、佼成出版社、2007. 3.

『生死の仏教学／「人間の尊厳」とその応用』木村文輝著、法蔵館、2007. 4.

『招提（チャートゥ・ディサ）』万人への愛情
〔鑑真の渡航と故郷 ── 仏教文化の視点から〕

はじめに

奈良唐招提寺開山堂には聖武上皇をはじめ400余の人々に菩薩戒を授けた中国僧・鑑真和上（687～763）の乾漆像が安置されている。今年（2001年1月27日～3月25日）、東京都美術館には金堂の平成大修理にともないその乾漆像が展観された。第10次遣唐使船（733）で唐に渡った留学僧・栄叡、普照たちの懇請をうけた鑑真和上は、幾たびもの渡航の失敗から盲目となりながらもついにその志を成就した（753）。結跏趺坐、右の掌を左手の上に置いた伝統的な座法、ゆったりと瞑想する和上の像はまったくの自然体でありながら、その指先や、端正な顔つきに不屈の精神が感じられる。

その像は和上の弟子・忍基が、講堂の梁が崩れる夢をみて、師の姿を伝えるべく像を作製したと伝えられている。閉じられた眼には、鑑真のこころを示すかの如く睫毛までもが繊細になぞられている。俳人芭蕉（1644～1694）は鑑真の像の瞼に雫を感じた。「若葉して　おんめの雫　拭はばや」〔『笈の小文』〕。雫は、閉じたままの鑑真の瞼を拭わんとする芭蕉自身の涙でもあろうか。歌人、会津八一（1881～1956）は、昭和初期の時代の濁乱を見て和上が嘆かれるであろうことを気づかった。「とこしへに　ねむりておはせ　おほてらの　いまのすがたに　うちなかむよは」〔『南京新唱』〕。

仏教僧は、布教伝道のためには四方何処にも赴いた。釈尊ゴータマ・ブッダは、比丘（出家修行僧）たちに遊行伝道を勧めたからである。理法（ダルマ）を伝えることが「生きとし生けるもの」たちへのアルタ（artha 利益）・ヒタ（hita 福祉）・スカ（sukha 安楽）となると考えられていた。この「四方」を表わすことばがチャートゥ・デイサ cātuddisa（Skt：チャートゥル・ディシャ cāturdiśa）である。漢訳には「招提」とも音写された。「四方」は生きとし生けるもののすむ場所であり、同時にそれは仏教では生きとし生けるもの（万人）への愛情をも意味する。「招提」はまたコスモポリタンの理想とも通じる。この理想は古代インドの諸宗教では仏教のみに表明されたという（中村元博士著『普遍思想』792頁参照）。

鑑真が生まれた揚子江陽県（江蘇省）は揚子江（長江）下流域につづく水郷地帯にある。三国（魏・呉・蜀）の領土をめぐる争いは、この肥沃な大地の覇権にあった。緑水あふるる大地は生類にやさしい。そこに育まれる思想（宗教）が寛容であることも風土環境が人々の思惟傾向に大きく影響するからである。現代中国に於いても上海以南の沿岸部には、仏教信仰があつく息づいていることも、それを物語っている。江蘇省・浙江省などが中国で最も豊かな省であることを現代中国人たちは知っている。

本稿は、仏教文化の視点から捉えた鑑真の渡航、「招提」と理法（ダルマ）、並びに南京を含めた彼の故郷・揚州訪問のレポートである。その中で、仏教の説く理法（ダルマ）が実定法としての「法」とどのような関係にあるのかも考えてみたい。訪問リポートは前回同様、楽しく読んでもらえるものと思っている。

Ⅰ　遣唐使船と鑑真の渡航

和国の教主とも称される聖徳太子（576～622）が、当時の大陸の進んだ文化を受容すべく隋に使節団を派遣したのは7世紀初頭（607）のことである。前後4回におよぶ遣隋使の派遣は、隋の滅後、長安に都した唐朝（618年に李淵［高祖］により興る）には遣唐使として12回（任命は18回。そのうち後に派遣が中止されたもの3回。ほかは、百済に漂着したもの、唐朝の使節を送るためのもの、我が国の使節団を迎えるためのものがあった）におよぶ文化使節団の派遣となった。かつての遣隋留学僧であった慧光や慧日たちは帰国後（623）、中国の文化律令のすぐれたことを報告すると、舒明天皇は第1次遣唐使節団を派遣（630）することとなった。以降、奈良時代から9世紀の平安時代にいたる（630～894）、260年あまりの長期にわたって遣唐使は続いた。

当時、大陸への海路交通路はいくつかのルートがあった。遣唐使船の航路は、初期・中期・後期におおむね３分される。初期（7世紀）は朝鮮半島の沿岸部からの北路で、１～２艘に総勢100～200人ほどが乗り込んでいた。九州から対馬をへて朝鮮半島と遼東半島の沿岸沿いに上陸、陸路で長安に至る。数十日を要した。日本と新羅との関係悪化から新しいルートが開拓されることになる。中期（8世紀）になると遣唐使最盛期で、４艘に総勢5～600人ほどが乗船し、南方諸島をめぐる南島路が大陸への航路であった。種子島・屋久島・奄美諸島をへた航路で明州（浙江省寧波）に至る。後期（8～9世紀）は五島列島から東シナ海を横断する航路で、最短で10日ほどで目的地に着いたという。しかし、唐朝の衰退とともに使節団の規模や留学僧の滞在も縮小短縮されていった時期でもある。

鑑真の来朝は帰国（753）する第10次遣唐使船でのことであった。その時、すでに彼は66歳となっていた。この帰国する４艘のうち第２艘船に鑑真は正式の出国許可のないまま渡航を企てた。東洋的な理解からは運命と宿命とは異なるという。運命は自らの努力によって切り開かれる〔『比較思想辞典』「運命論」の項（筆者担当）を参照〕。この第12次遣唐使帰国船の第１艘船には安倍仲麻呂（698～770）が乗船していた。717年の遣唐使に加わった仲麻呂は、その時わずか19歳であった。玄宗皇帝の時代、彼は科挙の進士に優秀な成績で合格し唐朝の戸籍も得た（中国名は朝衡または晁衡）。玄宗の信頼を得た仲麻呂はその後も粛宗・代宗と３代の皇帝におよそ40年間使え故国に帰ることなく唐土で生涯を閉じた。

50歳を過ぎた仲麻呂は望郷の念止みがたく皇帝の許可を得て帰国することになった。同じ、遣唐使船でありながら、中国側の護送使の身分として正式の許可を得た仲麻呂は第１艘船に。いわば密出国でもあった鑑真の乗った船は第２艘船であった。明暗が分かたれた。藤原清河を大使とする遣唐使第１艘船だけが暴風雨のために、日本に到着することなく消息を絶った。やがて船は安南（ベトナム）に漂着し、土民の襲撃などからかろうじて生き延びた大使清河や仲麻呂を含む10数名のみが755年6月に長安にたどり着いたという。

「天の原　ふりさけ見れば　春日なる　三笠の山に　出でし月かも」。遣唐使船の停泊する蘇州黄泗浦に、36年振りの帰国に際して到着した仲麻呂が望郷を詠んだ和歌は、鎮江市の北固山の山腹に歌碑となって1990年に建てられている。彼は唐代の著名な詩人・王維や李白とも親交があった〔王暁秋著（木田知生訳）『中日交流史話』3−5章、26−60頁参照〕。

安倍仲麻呂は鑑真和上とともに「中日友好の使者」として、現代中国では小学校3〜4年次生の歴史教科書で人々はその名を知るという。勿論、友好の使者の中には先の大戦後、両国の国交回復に貢献した田中角栄前総理大臣も含まれる。彼の名は誰でも知っているという。隋唐以降の日中の文化交流史をみても、日本側から文化をかの地に伝えようとした者が皆無であったわけではない。たとえば『往生要集』を著した源信（942〜1017）、それに日蓮（1222〜82）の本弟子6人の1人・日持（1250〜？）がいる。源信は自らの著作を唐土を往き来する商人に頼んで宋代にかの地にもたらそうとした（986）。日持は師・日蓮の「一天四海　皆帰妙法」の教えを実践すべく、日蓮の13回忌の法要をすますと松前を経て単身海外布教に旅たった。それとは別に、栂尾の明慧（1173〜1232）以外にも、はるか彼方の仏教の故郷天竺へと思いをいたす者たちもいた。

揚子江の江南では今日でも稲作が盛んである。中国の新石器時代の遺跡のうち、稲粒が出土した遺構は140箇所あまりを数えるという。その殆んどが長江（揚子江）の中、下流域に集中している。浙江省の遺跡は7000年以上の歴史を遡る。江南の古代人たちは米を主食とし、高度の農耕技術をもっていた。今日、稲の品種からも、日本の稲作農耕が江南ルートから伝えられたと見なされている〔毛昭晰「稲作の東伝と江南ルート」;『浙江と日本』1−12頁参照〕。この舟山群島からの航路は遣唐使最盛期にも利用されたが、その航海が決して安全なものではなかったことは鑑真の幾度もの渡航の失敗がそれを物語っている。734年の使節団の帰国では、4艘のうち種子島に漂着したのは第1艘船のみであった。

遣唐使船には大使・副使ほか判官や使臣、録事・通訳・医師・画師などの随員、工匠や船員に、若干の優秀な留学生（僧）たちが加わった〔第1船には大使、第2・3船には副使または判官、第4船には判官が坐乗した〕。州府から到着の報をうけると唐朝は遣唐使たちを長安に迎え入れ手厚くもてなした。かれらは長安を中心に1年ほど滞在し文化や工芸等の技術も学んだ。

大宝律令の制定ほか唐制に基づいて我が国の男女の衣服が定められるのもこの頃である。

我が国への仏教の公伝は、6世紀前半である。仏教は、その後、護国の宗教として展開する。平安2宗の祖、空海（774 ～ 835）も最澄（767 ～ 822）も遣唐使船で唐にわたり当時の新しい仏教文化を吸収し我が国に紹介した。一方、それに先立つ鑑真の来朝以前の白鳳時代には仏教の隆盛にはんして綱紀の面からも問題が生じはじめていた。朝廷は仏教界を統治する方向へと傾いていった。やがて大宝元年（701）には「僧尼令」が定められた。鑑真が14歳で出家をした年でもある。「僧尼令27条」第18条には僧尼が「私に園宅財物を蓄へ」たりそれらを売ったり出息（利息）を取ることができないと定めている〔辻善之助『日本仏教史』第1巻、第2章第3節参照〕。当時すでにそうした問題が生じていた。出家となるための得度（度牒）の取り締まりは、我が国では中国（747）より早く養老4年（720）には公験として制定されている。

南都6宗は天平19年（747）から天平勝宝3年（751）までに成立した奈良時代の6宗（学派）をいうが、そのうちの律は天武天皇の6年（678）に入唐僧・道光が戒律を学び伝えている。その後、聖武天王の天平8年（736）に唐僧の道璿の来朝にともなって律が講じられた。そして孝謙天皇の天平5年（753）に入唐副使・大伴古麻呂の帰朝にともない太宰府に到着したのが鑑真である。彼の来朝によって初めて授戒を行う戒壇がきずかれ、天皇・皇后らに大乗の菩薩戒が授けられた。この鑑真をもって我が国の律宗の祖と仰いでいる。

我が国では古くから、正式な具足戒を受ける時には3師7証（最澄『山家学生式』に出る。3人の師〔戒和尚・羯磨師・戒儀師〕と7人の立ち会い人となる高僧）を必要とするとされている。当時、我が国では正式の授戒がなされぬままに僧尼が年毎に増え、かれらは租税や課役を免れた。それは律令国家の基礎を揺るがすことにもなりかねない。こうした問題は為政者を悩ませていた。そうしたなかで元興寺の僧隆尊は伝戒の師を招聘することを舎人親王をとおして上奏した。隆尊の信任あつい興福寺の栄叡と普照はこうして733年の第10次遣唐使節団に加わった。同年8月、船は蘇州に到着した〔4月3日に難波津から出航しているので約4ヶ月を要している〕。遣唐使の到着は唐朝に届いた。唐の都は長安であったが、実質的には前年の天候不順による食料不安のために玄宗の行幸した洛陽が中心的な役割を果していた。遣唐使一行は洛陽に向かい、翌734年の4月に到着した〔735年には遣唐使の大使・多治比広成たちは先に洛陽の福先寺の律僧・道璿を伴って日本に帰っている。この帰路の航海でも大使の乗る第1船が暴風のために越州に漂着後、辛うじて戻っている〕。736年、玄宗は久しく在った洛陽から長安に戻った。この時、随行した栄叡と普照は勅命によって毎年絹25匹を賜っている。やがて長安大安国寺の道抗の取り次ぎで、宰相・李林甫の計らいを得た栄叡と普照は揚州の大明寺に至った。すでに入唐から9年の歳月がたっていた。かれらは鑑真に接足の礼をして本意を告げた。「仏法は東に流れて日本国に至りました。しかし、仏の教法はあっても法を伝える人がございません。我が本国ではむかし聖徳太子が、200年の後に聖教が日本に興る、と申されております。今ようやくその時運がめぐって参りました。どうぞ、和上さまには東遊して教化を興してくださいますよう。（仏法東流至日本国　雖有其法而無伝法人　日本国昔有聖徳太子　曰二百年後聖教興於日本　今鍾是運　願大和上東遊興化）」〔『東征伝』仏教全書史伝部11、24頁中〕。鑑真は自ら伝戒の師として日本に赴くことを承諾した。この時、21名の高弟たちも師とともに随行することを申し出たという。

宰相の助言にしたがい、天台山国清寺に於いて僧侶たちに供養をするという名目で鑑真ほか栄叡と普照たちは渡航のための食料を整え準備をした。そうしたなかで随行の一員ともくされていた朝鮮僧・如海の密訴によって第1回目の鑑真の渡航計画（743年4月）は失敗に終わった。当時、海賊による被害が多発しており一行のなかに海賊と通牒している者がいるという密訴であった。捕らえられた栄叡たちはやがて放免されたが、この事件を切っ掛けに随行を申し出た幾人かは去ってしまった。

官送を受けることなく渡航をすることは難しい。鑑真は再度の東征の懇請を受けた。80貫の銭を用意すると軍舟を買い入れ船員を雇い、743年12月、揚子江を下った。この第2回目の渡航計画も、暴風雨の難を耐えて大海原に出たがついに座礁して救助されることになる。明州の太守は一行を鄮県の阿育王寺に留めた。やがて越州の僧たちの密告から、日本への密航が明るみに出ると首謀者と見なされた栄叡は捕らわれの身となった。しかし、枷をつけられて都へ連れられる途中の杭州に於いて栄叡は病を得て治療を願った。一策をめぐらし病死ということで、恐らく護送使の計らいもあったのであろう、栄叡は阿育王寺の鑑真のもとへ戻ることができた。第３回目の渡航計画もこうして挫折してしまった。

第４回目の渡航は福州からの渡航が計画（744～5）された。先に僧法進ほか２名を遣わして船や食料などの準備をさせた。天台山への巡礼という名目で鑑真一行30余人は天台山・国清寺をへて、先発のまつ福州に向かった。しかし、この渡航計画も、揚州龍興寺にいた鑑真の高弟・霊祐が師を思う気持ちから渡航阻止が官に願い出されたために挫折することになる。鑑真たちは本寺のある揚州へと送還された。

748年、鑑真はすでに61歳となっていた。同安群にいた栄叡と普照は揚州に至り、崇福寺にいた鑑真とともに第５回目の渡航に挑むことになった。同年6月、新河（運河）を利用してかれらは出航した。大海に出たかれらの船は強風に遭遇し、停泊や漂流をつづけ、やがて11月には遥かかなた海南島の南端に漂着することになった。振州の別駕・馮崇債に迎えられた鑑真一行は、ここで1年間の滞在を余儀なくされた。やがて彼の住した大雲寺の再興もおえ、馮崇債は護衛兵とともに鑑真を送り、栄叡・普照たちは船で海路から崖州に行きそこで鑑真たちと落ち合った。崖州でも鑑真は罹災した寺院の再建をはたしている。3日をかけて本土となる対岸の雷州にわたった鑑真一行は、羅州から更に西江岸の藤州をへて梧州から船で桂州へと向かった。およそ1年間の滞在をおえて再び桂州から桂江を下って広州への途中、端州・龍興寺に於いて栄叡は病のために生涯を閉じた（749）。

栄叡を弔った後、鑑真一行は広州へ至った。広州には当時バラモンの寺が３ヶ所あり、梵僧（インド僧）がそこに居住していたという。広州大雲寺に留まった後、かれらは揚州に向かった。北江をのぼり韶州開元寺に移った頃から、鑑真の視力は弱まりついに胡人による治療の甲斐なく失明してしまう。『続日本紀』には栄叡の死を悼むあまり悲泣して失明したとも伝えている。鑑真の63歳（750）のことであった。普照は揚州に戻ることなく、そこから明州の阿育王寺に移り、帰朝の機運の訪れることをまつことになった。

752年の春、藤原清河を大使とする10回目の遣唐使船４艘が、明州に到着した。その際、普照は大使に面会し、鑑真和上の渡日を皇帝・玄宗にとりなすことを請じたのではと『鑑真大和上伝の研究』の著者・安藤更生氏は述べている〔『同』267−268頁註20〕。鑑真ほか持律の弟子5人の招聘には唐朝から条件が出された。それは玄宗が篤く奉じていた道教の僧（道士）の帯同であった。その申し出を断るために、大使は春桃源等の4名を留めて道教を学ばせることにして鑑真の名を引き下げてしまった。

このために公の招聘許可のないままの密出国のほかに鑑真を渡日させる手段がなかった。大使・藤原清河一行は、753年10月、揚州延光寺にいた鑑真を訪れ、鑑真に方便（手段）をめぐらして渡日するように懇請している。鑑真はその懇請に応えた。師に随う者は総勢24人であった。鑑真たちは揚州を出て、遣唐使船のまつ蘇州・黄泗浦に向かった。ところがここで、大使清河は使節団長として、外交上の問題が生ずるのを恐れ、かれらを下船させてしまった。11月10日の夜、副使・大伴古麻呂は独断でかれらを自らの船に乗せ、13日には報告を得て駆けつけた普照を副使吉備の船に乗せた。こうして鑑真は栄叡・普照らの懇請を受け、渡航を企てること5回、12年の歳月の後、第6回目に伝戒の本懐を遂げた。大使・藤原清河がはたして第2艘船に乗った鑑真のことを知らなかったかどうかは疑問が残る。いずれにせよ、副使としての大伴古麻呂の船に乗ったことで外交上の問題が回避され、伝律の高僧の招聘が成就された。

Ⅱ 「招提」と理法（ダルマ）

鑑真伝のまとまった研究としては安藤更生・元早大教授の学位請求論文『鑑真大和上伝の研究』（平凡社、初版第1刷1960年．第3刷1994年）がある。長期にわたって中国滞在の経歴をもつ氏の研究は関連文献を網羅しつくした感のあるすぐれたものである。本稿前項でも鑑真の渡航の経緯についいてはおおむねその研究に基づいている。作家・井上靖の小説『天平の甍』（岩波書店）によって広く鑑真の渡日が知られるようになった。近年には共同研究を含め日中文化史に関する書籍が出版されている。当然ながらその中には必ず鑑真が扱われている。我が国の仏教文化は遣隋・遣唐の文化交流抜きには語れない。仏教文化（仏教福祉）をテーマとしてあつかうときに、鑑真の渡日は重要なエポック・メーキングとなる。

渡日の後、鑑真は754年3月には勅命により授戒伝律を任されることになった。その年の4月、東大寺で、聖武上皇・孝謙天皇、光明皇太后ほか400余人に菩薩戒を授けている。同5月には東大寺に戒壇（授戒のための壇）が建てられた。もともと仏教徒になるためには仏・法・僧の三宝に帰依を誓うだけでよい。伝統的な仏教では正式の出家（比丘）となるためには完備した戒律（具足戒）を受けなければならない。その年は満20歳と定められていた。一方、出家・在家を一貫した大乗仏教では菩薩戒を受けた。初め鑑真は18歳で菩薩戒を受けている。具足戒は諸伝には景龍2年（708）とされている。鑑真の21歳の時とされるが、それは数え年でのことである。

757年、孝謙天皇は備前の国の水田100町を下賜し、鑑真はそれをもって各地から集まってくる十方の僧たちの修行学問のために伽藍の建立を発願した。やがて平城京内の1親王の旧宅地が下賜された。普照たちは鑑真と協議し、「持戒の力を以て国家を守備」するためにも伽藍を建立することを決めた。唐招提寺創建は「聖武天王」の御霊供養の目的もあった〔『元亨釈書』巻22、『本朝高僧伝』巻57〕。鑑真は758年に淳仁天王より「大和尚（上）」の称号を賜った。この時に、鑑真は大僧都職（756年に任命）から免職されている。それは「政事を躁煩にして敢えて老を労せず」という天皇の鑑真に対する思いやりからであった。

来朝から10年、763年5月6日、鑑真は76歳の生涯を静かに閉じた。彼には入寂に際する覚悟があった。「我れ若し終に亡ぜんときには、願はくば、坐して死なん」。頭陀（ドゥータ dhūta）は出家僧の修行の規範である。12頭陀のなかには「常坐不臥」が含まれる。ほぼ史実を伝えると見なされている鑑真の伝記『唐大和上東征伝』が淡海三船によって著されたのは779年のことである。

鑑真に始まる我が国に於ける戒律の復興は諸方面に大きな影響を与えた。平安時代の最澄も彼の教書から影響を受け、鎌倉時代の忍性は『東征伝絵巻』5巻（1298）をまとめている。17世紀の江戸時代になると将軍綱吉は金堂や仏像の修理を行い、母・桂昌院も唐招提寺に700両の黄金を寄進している。金堂は明治（1899）にも大修理が行われた。その後、和上の坐像が中国揚州に里帰りしたのは1980年のことである。1998年には唐招提寺の伽藍が世界文化遺産に登録されている。

鑑真の来朝によってもたらされたものは伝戒のみではない。日本文化の発展に寄与したもののなかには薬学・医学・建築・芸術（仏像仏画）などが含まれている。鑑真の第2回目の渡航に際して、日本に将来しようとしたものが『東征伝』に記されている。食料品・仏像・経・蔬・仏具などの他に、薬品・香料として「麝香、沈香、甲香、甘松香、龍脳香、安息香、桟香、零陵香、青木香、薫陸香、畢香、呵梨勒、胡椒、阿魏、石蜜、蔗糖、蜂蜜、甘蔗」などがあった〔安藤更生『前掲書』124−125頁参照〕。

鑑真の渡日に唐朝側の意図があったのではという見方もある。当時の半島を含む情勢に唐朝が我が国への監視の目的で彼を送ったのではという推測である〔鈴木治『白村江—敗戦始末記と薬師寺の謎—』学生社、1972年〕。それによれば我が国からの招請も鑑真の渡航にかける強い意思も（彼が盲目となったことさえ）すべてなにがしかの意図があったということになってしまう。その推測に対しては王勇氏の論文「鑑真渡日の動機について—鑑真スパイ説と思託作為説への批判を兼ねて—」〔『浙江と日本』関西大学出版部、1997年。13−41頁〕に詳しくとりあげられ批判が加えられている。

また現代中国では1978年以来、鑑真は奈良旧仏教界から白眼視され攻撃をうけたとする見解が一部の学者によって発表された。これに対して、王金林氏は論文「鑑真と「奈良旧教団」—王向栄氏への質問状」〔『中国人の見た中国・日本関係史（唐代から現代まで）』21−40頁〕で、日本側資料の精査に基づいて「在日10年間を通じ、鑑真は朝廷から冷遇されたことはなく、また相対立する教団も形成されておらず、奈良旧教団による排撃や排斥もなかった」と結論づけている。鑑真の普遍思想的な側面を考慮する時に先ずあげられるのが、理法（ダルマ）のために身命を惜しまなかったということである。仏教の「理法（ダルマ）」が人のためをはかるものであることはこれまでにも筆者は述べてきた。中村元博士は、「人間を最高目的に達成せしめるもの」「その原理は、人間のためをはかり、人間を高貴ならしめるものでなければならない」と言う〔『原始仏教』NHKブックス、昭和56年、第34刷、17頁〕。仏教文化には、釈尊ゴータマ・ブッダ以来の根本精神、それは生きとし生けるものたちへの「アルタ（利益）・ヒタ（福祉）・スカ（安楽）」を願うという誓願（プラニダーナ praṇidhāna）として一貫している。仏教美術（芸術）が人のこころを宗教的に感動せしめるのは、その精神の具現をそれらが目指しているからである。仏教の「招提」もまさに、そこに根ざしている。鑑真が幾度もの失敗にめげずに遂に伝戒の志をはたしたその不屈の精神は讃えられるべきものである。同時に、鑑真を促し、その渡航を成就させた者たちがいたことも忘れてはならない。かれらもまた「不惜身命」の精神をもっていたからである。

理法（ダルマ）は人間がいかなるときにも、何処にあっても遵守すべき永遠の理法でもある。それは必ずしも今日の社会に於ける法律とは合致しない。しかしその社会で暮らす我々は、その社会で定められた実定法を守らなければならない。実定法はその時代、その国（社会）に於いて適法性や妥当性がある。それ故に実定法を絶対視することは危険である。やや遅れて登場する仏教の経典には「国の俗法に随い、是とするなかれ、非とするなかれと」〔『中阿含経』第43巻『拘楼瘦無諍経』第8、大正1巻703a〕という。実定法を超えた普遍的な理法（ダルマ）を仏教徒たちは重んじた。もしそうした理解がなければ、玄奘にせよ、鑑真にせよ、かれらは正式の許可のないいわば密出国者である。

玄奘は帰朝に際しては高昌国から上表をもたせて長安に遣わせており、敦煌でも再び皇帝に上表を差し出して帰還の許可を得ている〔拙著『玄奘』清水書院、1994年、169-174頁参照〕。かれらはいずれも理法（ダルマ）のためにやむなく当時の社会の実定法を犯した。或いは正式の許可を待つことができなかったのかという意見もあるかもしれない。もしそうしたことが可能であったなら、恐らく玄奘も鑑真もそうしたことであろう。人の一生は限りがある。理法のために生きることが出来るのも、その限りある一生の間である。理法（ダルマ）に生きることはひとを生かすことでもある。勿論、理想は現実との狭間で修正を余儀なくされることがある。原始仏教の時代には明確でなかった宗教的反省（懺悔）が大乗仏教には色濃く表われている。人間は生類を傷つけ、はなはだしくは命を奪って生きている。多くの命を救うためには1つの命を奪うという「一殺多生」の思想もやがて大乗には登場する。仏教思想を実践論として考え捉える時に、「不殺生（アヒンサー）」を実現する上でそうした思想がどのように受け入れられるのかは、倫理的・論理的にも仏教者が真剣に考えなければならない。理法（ダルマ）を重んずることと実定法をどのように捉えるかという点では、今日の世界情勢が重要な示唆を与えているといえよう。

Ⅲ　鑑真の故郷・揚州への訪問

報告者は、今年（2001）6月、中国アジア文化研究会（会長・丸山勝己）のメンバーたちと揚州を訪れた。江蘇省には揚子江（長江）に沿った水郷地帯を東に下るように順に南京、揚州、鎮江、無錫、そして上海が位置する。それらが今回の我々の訪問の道程である。6月22日（金）、成田発13時50分のNU-524便が上海に着いたのは現地時間の16時45分であった。上海から南京へは中型バスで約4時間、道なりで約270キロの旅である。上海からの現地旅行社のガイド施氏は45歳、彼は日本にも来たことがあるという。その施氏が東京で強く感じた日本の印象を語ってくれた。彼が驚いたその3つの印象は次のようなものである。①10分の娯楽のために2時間も並んでいる（近年、浦安に出来た大型遊園地でのことであろう。中国人なら10分で列を乱してしまうと彼は言う）。②歩行者が信号を守っている。③地下鉄が時間どおりにピタッと来る。日本人ならどれも殊更取り上げることもないようであるが、施氏にとっては驚きであったのだうろ。

小雨の中を当日の宿舎となっている南京のホテル（南京恰花仮日飯店）に到着した。途中、街並みにそって古い家並みや建設中の建物が見られる。参加したメンバーの一人君嶋廣幸氏は建築関係にくわしい。彼が「造っているのか壊しているのか判らない」と微笑みながらつぶやくのを聞いて、なるほどと頷いた。翌日の南京の現地ガイドは周氏（42歳）である。関西弁でダジャレ好きの氏の案内で中山陵の観光に向かった。南京は夏期には最高気温が44度にも達する。市内中心部の街路樹にはプラタナスの並木が続いている。街路樹の下では気温が5度も低くなるという。蔣介石夫人の宋美齢（1901～）氏は100歳を超えて現在もアメリカで健在であるが、彼女がその並木を植えさせたということをガイド氏が話してくれた。南京錠の城壁（20m）の漆喰にはもち米や石灰などが用いられたという。農耕地帯の豊かな土壌があってこそそうした城壁が出来たのである。俗に南京の「食い倒れ」と周氏が面白可笑しく話してくれた。関西にも長らく滞在したことのある彼が大阪にちなんでそう感じたのであろう。確かに到着早々、皆少々過食の感がある。今日の南京料理は総じて薄味の感がする。彼によると上海は「着倒れ」だそうである。「じゃ東京は？」メンバーの1人が尋ねた。すると彼は「東京は買い倒れ」と答えた。現代中国人の眼からはそう写るのであろう。

南京には中山陵や明孝陵（明太祖）がある。中山陵は辛亥革命（1912）により国民党を結成した孫文（1866～1926）の陵墓である。参道正面の「博愛」の扁額の文字は孫文の筆になる。キリスト教では博愛（philanthropy）を説く。アメリカでの生活体験もある孫文がキリスト教を信奉していたということを知る現代中国人は少ない。博愛と同じ意味で、中国には古く墨子（前5世紀）が「兼愛」という言葉を用いている。

中山陵の392段の階段は当時の中国の総人口3億9千2百万から採ったという。同行のガイド氏たちにかれらの宗教観を尋ねた。施氏は儒教や仏教を信じているという。周氏は特にこれといった信仰はないと答えた。最近は、3教（儒教・仏教〔チベット仏教も含む〕・道教）のうち一般の中国人のなかには道教の信徒も増えつつあるという。同時に都会の若い世代にはキリスト教の教会に行く人々が増えているという。かれらの殆んどがキリスト教がどういうものかよく知ってはおらず、ファッションの1つとして行っているようだとも語ってくれた。

因みに南京大学と立正大学とは本年、本学国際交流委員・矢野光治教授（文学部）の多年にわたる交流が活かされ協定校となったことを記しておきたい。

中国には古来から83王朝521名の皇帝がいたと周氏が説明した。明孝陵は明の太祖（1368～1398）の陵墓である。「治隆唐宋」としたためられた石碑にもあるように明代に於いても、「唐代・宋代」は中国に於ける理想政治が行われていた時代と考えられていた。南京は地理的・風土的環境が人々の生活に適していた。水郷地帯の豊かな土壌、そして市城区にある玄武湖、取り巻く水路、それらはいやが上にも人々をいざなう。すでに西紀前5世紀に、越王勾践が都城を築いて以来、都はしばしば戦火にみまわれた。近代には1937年12月の日本軍による南京陥落ではその後の40日あまりの間に、一般市民も含めて30万人が殺害されたと言われている。いわゆる「南京大虐殺」が実際にあったのかどうかということについては、日本側の一部から疑問視されている。インターネット上でもその見解が取り上げられている。当時南京にいた我が国の文化人たちがその事件を全く知らなかったということも、その根拠の１つとしてあげられている。

「南京大虐殺」は中国人たちにとっては決して忘れられない出来事であるとガイド氏たちは語った。徐志耕著『南京大虐殺』〔1994年第１版、2001年第１版２次印刷、北京・外文出版社〕は邦訳がある。当時の被害者たちの聞き取り調査を、単なるでっち上げと一蹴することは出来ない。南京事件に対する今日の中国の政治的、或いは教育的意図はともかく、忌憚なく私見を述べれば、「同胞として恥ずかしいことであるが、当時の日本の軍隊の中には、恐らくそうした蛮行を行う者たちがいたであろう」、としか言いようがない。日本人ならやりかねないという意味ではなく、どの国の軍隊でもやりかねないという意味も含めてである。靖国神社問題では、戦争犯罪の責任を負うべき者たちが同等に祭祠されているということに中国側が怒っている。老子には「怨に報ゆるに徳をもってす（報怨以徳）」ということばがあり、仏教にも同様な釈尊ゴータマ・ブッダのことばがある。南京市内に新しく建てられた追悼メモリアル・ホールには「日本の侵略者たちによる南京大虐殺の犠牲者のためのメモリアル・ホール The Memorial Hall of the victims in Nanjing Massacre by Japanese invaders」と銘打たれている。ホール内では30分ほどのビデオを鑑賞する。現地を訪れた日本の高校生たちからの千羽鶴がおくられていた。ホール敷地屋内のゆるやかな斜面には、累々と横たわる犠牲者たちの白骨の一部がそのままに保存されている。犠牲者たちに対する深い哀悼の気持ちが自然に沸き出て来た。

日本が中国をはじめ戦禍をうけたアジア諸国から侵略者（invaders）として非難されている。当時の日本やアジアを取り巻く世界の情勢が、我が国を戦争へと突入させたとしても、わたくしたちは、その非難を素直に受けなければならない。戦後半世紀を過ぎた今、次の世代にも戦争の悲惨さを語り継がなければいけない。同様に、幾年かの後には、中国もチベット等に対する自治区化の問題にも絡んで、同じように「侵略者」と自らを自己批判しなければならない時代がやってくるかもしれない。

揚子江（長江）の南側に位置する南京から、東方東方向へ向かった揚子江の北側が現在の揚州である。南京大橋からは90キロほどで揚州に入る。車では約2時間の距離である。緑と水の豊かな農村風景は、同じ中国でも昨年中央アジアを訪問した印象とは別世界の感がある〔報告者レポート「敦煌・ウルムチ・カシュガルへ（仏教文化の視点から）」:『人間の福祉』№9、191-205頁、2001年参照〕。舗装された幹線道路沿いの農村部の家屋に立派な建物が多いのが印象的である。それだけ農家が豊かになっていることを示しているのだろうか。現在の中国経済も人々が流入した都市部では多くの失業者が生まれていることも事実である。周氏によれば、南京ではすでに30万人ほどの失業者がいるという。また農村部では嫁不足が深刻で、人身売買事件があったという。200人ほどの女性（20代の女性は日本円で7～10万円ほどで売られたという）が売買され、首謀者3人は捕らえられて死罪となったと話してくれた。今日では結婚適齢期が男性28歳、女性26歳であるという。自家用車の増加によって交通事故も増えた。年間で11万人もの死亡事故が全土ではあるという。一般市民の生活を知るには、物価を記しておくことも参考になるかもしれない。たとえば車はおよそ10万元（日本円で150～160万円）する。自家用車が増えたということは、筆者の推測するところでは、車の価格とほぼ同じ年収を購入層たちが得ているということになる。そこで、南京のみやげ物を扱う大型店舗に勤めている日本語を解する50歳代の男性にたずねてみた。月収（一般には約1000元）に役職や能力・売り上げやボーナス等がプラスされて10～15倍の収入となるという。しかし彼の場合は月収が5000元ということであるから、×15倍なら自家用車を購入することも不可能ではない。因みに、現在のガソリン価格は1ℓあたり2.5～3元であるという。

1980年に初めて北京を訪問した筆者には、その当時と比べると現在の北京や上海などは隔世の感がある。恐らく筆者と同じ感を懐く方々も多いだろう。そのことを施氏に話すと、「10年は昔、20年は大昔」ということばが返ってきた。1980年に北京訪問の際にみた文革後の寺院の荒廃、ほとんど人民色一色の衣服などは、かれらにとってもう「大昔」のことなのであろう。

現在の揚州は賑やかな街である。その街の一角にある我々が滞在したホテル「揚州賓館」は痩西湖に近く水路に隣接して建つ。ホテルには土曜の夜になるとダンスに興じる若い人々が集まってくる。翌日（24日）は日曜日のためもあってか湖には舟遊びをする家族連れの人々で賑わっている。鑑真が住したという大明寺もやはりこの痩西湖の近くに位置する。大明寺の小高い場所に隣接して烈士を記念する場所がある。歴史を伝える静かな佇まいを感じさせる大明寺の境内と、広大な参道をもつ新しい烈士の記念公園とは対照的であった。現在の揚州から往時の鑑真を偲ぶことができるとすれば、やはり、その風土であろう。周知のように歴史ある寺院なども1980年以降にほとんどが修復されている。唐招提寺・開山堂の鑑真和上像の複製を安置する、現在の大明寺の境内から鑑真を偲ぶ以上に、揚子江の水郷地帯の風土は、今回の訪問では印象的であった。仏教の「諸行無常」の法印（真理の旗印）にある如く１刹那づつ形あるものは移り変わり滅びていく。後に一行が訪問した無錫の寄暢園には乾隆皇帝が来遊した時の碑（1751）がある。そこには「十六春秋一刹那」の１句が見られる。「16年はまさに１刹那であった」という清朝の皇帝の感慨は、時を隔てて、我々のこころを打つ。風土もまた「無常」である。幸いにして、鑑真を育んだ江蘇省・揚州の自然風土は、現在にそのすがたを伝えているように思われた。ひとの気質や思惟傾向が風土と密接な繋がりがあるとすれば、まさに江蘇省の自然豊かな風土は、南北に長い形状をもつ日本とは季節感での差異はあっても日本によく似ている。鑑真和上への思慕が、我が国に於いて文学に於いても宗教芸術に於いても優れた花を開かせたのも、そこに理由があるかもしれない。余談ではあるが、揚州料理は南京に比して多少濃い味付けであった。湯葉が名物であるというのも嬉しい。

訪問団一行は、揚州の訪問をおえて鎮江に向かった。鎮江市は河南になる。長江が南に膨らむ鎮江湾の河岸には西には金山公園、東には北固山公園がある。市内には六朝時代の古城遺址もある。鎮江は「天下第一江山」として名高い。南京から上海に至る揚子江沿いの景観にはおよそ山と呼べるものは少ない。唐代の詩人たちにうたわれた金山の名称は『華厳経』にある「香水海」の「七金山」に由来しているという。かつて明代には我が国の雪舟がこの地を遊覧してその風景を描いている〔『綺麗的金山』南京大学出版社、1990年、

6頁参照〕。中国の『白蛇伝』の故事を伝える「白龍洞」もこの金山にある。金山江天禅寺の壁の「東晋古刹」の書は趙樸初氏の筆である。

境内の堂宇の屋根に『般若心境』の1句「度一切苦厄」の文字があった。現代の中国人たちの仏典に対する理解を知る上で興味深いので記すと、ガイドの施氏が般若心経を説明するにあたり「こころで唱える経」と解釈した。正しくは「般若（智慧）の完成（波羅蜜）prajñāpāramitā」を説く「重要な（hṛdaya心臓の意）経」の意味であることを彼に告げておいた。北固山もやはり小高い岡というべきところであろうか。曹操と玄徳とが岩を割って誓ったという故事を伝える庭園もある。山頂にいたる場所には11世紀に建てられた鉄製の仏塔がある。趙樸初氏の筆になる「望月望郷」の心境をうたった阿倍仲麻呂の歌碑が建てられたのは1990年のことである。

無錫市へは鎮江から車で1時間強ほどで着く。巨大な淡水湖・太湖の北岸の街である。平均水深2.5mの太湖では淡水真珠の養殖を行っている。物産店では観光客のために30cmはあろうかと思われる大きなカラス貝のような淡水真珠貝を割ってみせている。すると中から大小様々な淡水真珠が「数10」もゾロゾロと出てきて驚かされた。遊覧船に乗ると彼方の湖面の島（仙山）には大きな老子像や仏頭ほかの影像が遠景に望める。近郊の人々が信仰を寄せているという。「江南第一山」と称されている南朝古刹の恵山には名園・寄暢園がある。『錫恵勝景』〔陝西省旅游出版社、1996年〕には六朝以来の詩人たちの漢詩100選を紹介している。中国では纏足を「金蓮」に譬える。筆者は実際の金蓮が咲いているのを園内の金蓮池で初めて見た。直径5cmほどの金色の蓮華（睡蓮）である。1980年から毎年北京を訪れる機会があったが、当時、天安門広場を家族に支えられて観光する、纏足の年老いた女性に会ったことがある。南京での日本兵による暴挙の際にも、纏足をした女性たちが逃げられなかったという。どの国にも弱者が虐げられてきた痛ましい歴史がある。

すでに規定されている紙面を超えてしまったので、本リポートはここで閉じるが、仏教文化は社会福祉と密接な関連を有してきたことをこのリポートを通じても紹介したつもりである。『人間の福祉』第7号（2000年2月）・第9号（2001年2月）には筆者が仏教文化の視点から報告した中国訪問リポート

「天台山・普陀山への訪問」「敦煌・ウルムチ・カシュガルへ」があるので参照していただきたい。

〔参考文献〕

・中村元著『普遍思想』中村元選集決定版・別巻『世界思想史』２、春秋社、1998年。
・中村元著『原始仏教』NHKブックス、昭和56年第34刷。
・安藤更生著『鑑真大和上伝の研究』平凡社、初版第１刷1960年、第３刷1994年。
・『中国人の見た中国・日本関係史（唐代から現代まで）』東方出版、1992年初版第１刷、1995年第２刷。
・『大日本仏教全書』第72巻史伝部11「唐大和上東征伝」。
・『比較思想辞典』東京書籍、2000年。
・『国史体系』第２巻『続日本紀』、吉川弘文館、1966年。
・毛昭晰著「稲作の東伝と江南ルート」；『浙江と日本』関西大学東西学術研究所・国際共同研究シリーズ　１、関西大学出版部、1997年。
・王暁秋著（木田知生訳）『中日交流史話』日本エディタースクール出版部、2000年。
・鈴木治『白村江―敗戦始末記と薬師寺の謎―』学生社、1972年。
・『浙江と日本』関西大学出版部、1997年。
・徐志耕著『南京大虐殺』北京・外文出版社、1994年第１版、2001年第１版２次印刷。
・『綺麗的金山』南京大学出版社、1990年。
・『錫恵勝景』陝西省旅游出版社、1996年。
・『大正新脩大蔵経』第１巻「中阿含経」第43巻『拘楼瘦無諍経』。
・吉田迪雄『辞世の句と日本人のこころ』東洋館出版社、2000年。
・拙著『玄奘』清水書院、1994年。
・拙論「日持―宣化出土遺品とその科学的年代測定に関連して―」；『東方』第５号、６-22頁、1989年。

仏教文化の視点から見た民話
—ジャータカと遠野物語—

はじめに

イソップをはじめ世界の物語に影響を与えたと言われ、説話の宝庫とも称されているジャータカ（*Jātaka*、ブッダの過去世物語）は、南伝パーリ文のクッダカニカーヤ（*Khuddaka-nikāya*、小部経典）に収録されている547話を主に指す。[(1)] しかし、その他にも「大乗のジャータカ」と称せられるべきブッダの過去世物語は、大乗経典中にしばしば認められる。いずれもその行為主体はボサツと称された。ボサツはさとりを得てブッダとなる以前の人格のことである。仏教のボサツ観は、大ボサツとしては信仰の対象として、或いは理想的な人間の姿として仏教文化圏のみならず西洋にも大きな影響を与えてきた〔キリスト教の聖者の一人ヨサファート（St, Josaphat）は仏教のボサツ（Bodhisattva）からきたものであることは指摘されている〕。[(2)] 大乗のボサツは、自らの身命を顧みず利他（パラ・ヒタ para-hita）のために生きる。たとえ相手が虎（ヴィヤーギリー vyāghrī）であっても、かれらの飢えを癒すために身体を投じたサッタ太子の「飼虎捨身」の物語は法隆寺・玉虫厨子にも描かれた。[(3)]

これに対して、我が国の民間に伝わる物語には、明治期に民俗学者・柳田国男氏（以下は本論中での人名の敬称は略す）によって集録された『遠野物語』[(4)]を例にとって見ると、仏教説話とは趣を異にしている。そこには殺生を忌む風習も、憐れみをもって生類を助けるという物語の展開も見られない。勿論すべての日本の民話がそうであると言うことではないし、慈悲温情の精神がかれらに無いと言うことでもない。我が国の文化は複合的要素を持っている。生類を憐れむという思想は、仏教の受容とともに、我が国の精神文化に大きな影響を与えた。聖徳太子の十七条憲法、或いは聖武天皇以来、仏教は日本の為政者や僧侶・聖などをとおして広くその精神が浸透して行った。慈悲の精神が、我が国の民間説話に深く定着するのは、仏教思想の民間レベルへの浸透とも密接な関連があった。同時に、業と応報の思想、或いは輪廻の思想も、仏教受容以降の我が国の文学に大きな影響を与えた。

人間に悪さをすると信じられた鬼や妖怪、或いは異類の生類を退治駆逐するという昔話や民間説話を、日本人のもつ排外的な側面として見る事も出来るだろう。遠野物語を見るかぎりに於いては、異邦人（？）や未知のものに対する拒否感は大変顕著である。それは大陸や半島と隔離された地勢からのみ産まれたものではない。山道の上り下りの境を意味する、国字でもある「峠」の語に示されるように、我が国特有の文化を産みだした風土がそこにある。或いは山々に囲まれた盆地に暮らす人々の性向に、何らかの共通する特徴が見られるように、ひとが暮らす風土環境は思惟傾向に大きな影響を与えていたはずである。本稿の筆者は、説話文学や民俗学が専門ではない。しかし、仏教文化と普遍思想を研究テーマとするこれまでのアプローチに、我が国の文学や伝承にも、ある時には普遍思想的な眼をもって接する必要があるだろう。そこで、仏教文化の視点から表題のテーマを採り上げ、日本文化の進むべき将来の方向性を含めて、普遍思想史を構築するための一助となればと考えている。

I　ジャータカに見られる倫理的な行為主体

仏教では「五戒」を説く。不殺生・不偸盗・不邪淫・不妄語・不飲酒がそれである。面白いことにジャータカには、仏教では禁じられていたはずの飲酒に関する物語もある。そこでは酒を飲む際に塩を添えて出す酒屋が登場する〔*J* 47話〕。ジャータカは仏教の広まっていった時代（紀元前３世紀頃）にガンジス河（ガンガー Gaṅgā）流域に伝えられていた説話や寓話が、仏教的に潤色されて収録されたものと見なされている。そこで、本来ならば仏教では禁じられていた飲酒までも、民間の話題として登場している。こうした、当時の習俗を窺ううえでも興味深い物語がジャータカには収録されている。

ジャータカの主人公は人間に限らない。ある時にはジャッカルさえ物語の主役である。かれらの生きる風土環境に起きた身近な出来事に、物語の作者・

伝承者たちの繊細な観察が及んでいる。象の屍肉を漁るやせ細ったジャッカルが、かつてのボサツの姿であったというジャータカ〔*J* 148話〕さえある。こうした物語は、後の大乗仏教での信仰の対象となった偉大なブッダの過去世物語と見る必要はない。むしろ物語の内容そのものが現実味をもって民衆の心に深く印象付けられ、そこにかれらは教訓的な意味を学び得た。

仏教の布施の精神がジャータカを特色づけるものとしては、相手の要求に応じて、求められるがままに財産のみならず妻子までも施してしまう太子の物語がある。「ベッサンタラ・ジャータカ」〔*J* 547話〕がそれである。或いは、自らの眼や肉体を請われるままに施してしまうシビ王物語〔*J* 499話〕もジャータカには登場する。そうした物語は、布施の極致とも言えるものである。もともとインド的思惟には、極致を賛美する傾向があった。苦行（タパス tapas）もその一例である。その対局の快楽や愛欲（カーマ kāma）はどうかと言うと、それらは古来からインド人たちの人生の４大目的〔catur-varga, dharma（法）・artha（実利）・kāma（愛欲）・mokṣa（解脱）〕の１つとも目せられた。デカン高原にあるカジュラホのかつてのヒンドゥー寺院などは、周囲を飾る夥しい性愛を描写する彫刻群が訪れた者たちを驚かせる。しかし、人生の中には利益（アルタ artha）も愛欲（カーマ kāma）も宗教（ダルマ dharma）も何１つ無意義なものはない、というかれらの人生観を知れば、むしろ現実的で素朴であることに気付く。

もともと両極端を離れた「中道」が仏教の説く人々が採るべき態度であった。ジャータカには、先に述べたように妻子や肉体まで施してしまうという物語や、漢訳仏典（『弥勒所問本願経』大宝積経、巻第111〕などには今日的な骨髄移植を想起させる物語を伝える。しかしそれはブッダのさとりの得難さを強調し、精神的な気高さを讃える物語であり、他者にそれを強要しようとするものではない。本稿のテーマとは直接の関連は無いが、仏教には殉死や殉教は是認されていない。釈尊にもブッダの教団にも、日本仏教の祖師たちの生涯に関わるものであっても、いずれもそうした出来事は起きていない。大乗経典、特に『法華経』に登場する「不惜身命」の精神（それは理法を求めるために身命を惜しまないという意味）は後に熱烈な信仰のように解釈され、中国や朝鮮半島、そして我が国にも類似行為が行われたこともある。しかしそうした行為は、経典の記述を絶対視したことから現れたもので、普遍思想の視点からはそうした絶対視は批判されなければならないだろう。但し、普遍思想的批判は絶対的な拒絶や非難のことではない。それをとおして相互に気付き合い、よりよいものを構築していくと言う意味の批判である。すでに江戸時代の盤珪（1622 ～ 1693）禅師が「批判」の語を用いていた。

仏教の説いた理法（ダルマ）は、もともとひとがたもつべきものを意味し、教えはそれに気付かせるための手段（方便、ウパーヤ upāya）に他ならなかった。経典の記述にも仏教の歴史的・思想的背景が顧慮されなければならない。例えば、『法華経』薬王菩薩本事品に登場する「燃身・燃指」の記述では、元の如く失われた身体が還復することがそのテーマである。それらは大乗仏教で特に強調された、ブッダにも同一視された経本（プスタカ pustaka）が、その出現に絡んで、ブッダの死とその再生と復活の信仰のなかに比喩的に描かれたものである。(5)

捨身と、殉教は異なる。前者は、雪山童子の物語（『大般涅槃経』大正１巻204）では理法を聴聞するためのものであり、先の燃身は、ブッダの入滅や火葬といった歴史的事柄を踏まえて、プスタカの登場によって再生（復活）をはかるという物語のなかの行為である。殉死の「殉」は、その解字には死後の世界に於いても主君に奉仕をするという意味がある〔藤堂明保『漢和大辞典』〕。殉死・殉教には封建社会下での主従関係の色合いが濃い。仏教は、ブッダとしての権威はダルマ（理法）に基づくと見なした。ブッダ（＝さとれる者）と人間との間に於いて、主従関係に見られる絶対服従はない。そこで、「依法不依人（法に依り人に依らず）〔『大智度論』大正25巻122a〕を説いた。仏典には、習俗として言及することはあっても、自己犠牲を讃えるような殉死や殉教はない。

現代インドで「宗教」を意味するダルマの語は、もともと「ひととしてたもつべきもの」をいう。「義」とも同義である。ダルマのためとは、大乗仏教では他者のしあわせ（利他）のために他ならなかった。但し「利他 para-hita」は自分自身を投げうってでも実現しなければならないような悲壮な決意を含むものではない。インドの戯曲には、悲劇がないことはすでに指摘されている。(6)
同様に、それは説話にも言える。仏教の業と業による応報思想も、その報いを自分が受けるという側面からだけではなく、善いことをすれば、必ず楽果があると結び付けることに楽観的なかれらの人生観があったと言えるのである。

加えて、仏教には日本の神話には見られない輪廻（サンサーラ saṃsāra 生存の循環）の思想がある〔我が国には「車児」(7)という素朴な信仰のあることも伝えられている。生まれてすぐ亡くなった子供のいる家庭に翌年新しい命が授かるというような信仰である。車の輪のようにクルクル回るというのも仏教の輪廻思想との関連を認めてもよいだろう〕。ひとは行為（業、カルマ karma）の如何によって様々な境涯に生まれる。古代のインド哲学には、動物が善行を行うとは考えられていなかった〔*Chānd. Up.* 6.9.3〕。あくまで、倫理的な行為主体は「人間（マヌシュヤ manuṣya）」であった。人間だけが輪廻をすると考えられていた。やがて、動物に人間の姿が投影されて考えられるようになると、動物も道徳的な行為主体となって登場してくる。ジャータカはまさにそうした種類の物語が含まれている。ジャータカの主人公である動物たちは、みなかれらの生活に馴染み深いものばかりである。ジャータカには神（主に帝釈天、サッカ Sakka = Śakra）がひとの姿を借りて、主人公の志のまことを確かめるという物語がある。先の「ベッサンタラ・ジャータカ」などもその１つである。それに対して遠野物語では、神がひとの志を確かめるという話は登場しない。ジャータカに登場する動物たちは、それぞれの性向が色濃く反映されている。群れをなして移動する象の姿は、白象が盲目の母象を養うという物語の題材となり〔*J* 455話〕、悪さをする猿は、仙人の姿に化けたひとを騙す猿の物語〔*J* 250話〕として登場している。

慈悲・温情は、仏教の基本精神であるが、それはどの民俗や文化圏にも存在しているはずである。但し、国家や共同体、或いは民族を超えた普遍的なものとなると、世界宗教の中では仏教がそれを顕著に有していた。我が国に於いても、分け隔てない慈悲・温情の精神は仏教によって涵養されたと言って過言ではない。慈悲の精神は、他者に対する施与の形を採ることにもなる。施与（布施、ダーナ dāna）の道徳はインドの宗教には顕著である。古代インドでは都市社会の発達と流通経済の進展にともなって余剰な生産物は、生産に携わらない宗教家や思想家を受け入れることを可能にした。当時の新しい思想や哲学の支持層は主として都会の人々であった。ブッダ釈尊の時代は、そうした時代背景があった。仏教がやがて北方へと広がると、寒冷地の風土の様子なども漢訳の律蔵には伝えられるが、[8] ジャータカに登場する自然は、決して人間に厳しいものではない。極寒や極暑のない自然は実り豊かである。自然界の植物は人間の名にもなった。釈尊の父シュッドーダナ（浄飯王 Śuddhodana）には「白米のご飯」の意味があり、初期仏典に登場する遊女アンバパーリー（後にサンガに入団して比丘尼になっている）は、マンゴー（アンバ amba、アームラ āmra）の守護者（パーリー pali 女性名詞）という意味である。

ジャータカに登場する主人公のボサツは、ブッダの過去世の姿とされるが、かれらはおおむね専門の宗教家ではない。そこに、主人公のボサツが民衆のこころを打ち親しまれた理由がある。後の大乗仏教に登場する、大乗独自のボサツ観に見られ2種のボサツ（大ボサツと小ボサツ。この別は『大智度論』〔大正25巻112a, 127b 他〕[9] に出る）の内の、「誰でも（凡夫）のボサツ＝小ボサツ」は、ジャータカの影響と見るのが妥当な見解であろう。施与はまた分配の道徳にも繋がる。富む者が、貧しい者に施しをするのみならず、たとえ物質的には乏しくても、豊かなこころを持ってかれらは施しをした。施与（贈与）は、物質的なものだけではない。精神的なものや無形のものも含まれる。後にそれらは「無財の七施」〔大正4巻479a〕として纏められた。[10] 他者に施与することに、深い喜びがあることを初期仏典では説いている〔*Sn*. 263〕。

「四摂法（施与・愛語・利行・同事）」の1つとされている施しは、大乗仏教では施す者も、施しを受ける者も、施物その物も、すべて「空（シューニャ Sūnya）」であるとする。それは「三輪清浄」と称される。与える者も、それを受ける者も、施された物もすべて空であるということは普遍性を有する「平等（サマター samatā）」の思想にも通じる。こうした思惟は、西洋の思想や宗教には無いことが指摘されている。[11] 初期大乗以来〔例えば、『迦葉品』〔*Kāś*. 186, 130に〕、功徳（プンニャ puṇya）果報を求めて行う行為は糞便に堕ちるようなものであるとするのは、利他の行為に対する応報を期待するここを戒めたものである。

様々な意識をもって施与をすることは、古代インド人の思惟の基本であった〔*Tait. Up*, 1, Ⅱ〕。「誠実、自制、施与、忍耐」はこの世に於いて最も優れた徳目であるとブッダ釈尊は説いた〔*Sn.* 189〕。それらはインドの古ウパニシャッド（*Chānd. Upa*, Ⅲ, 17）や叙事詩（*Mh.B*, Ⅻ, 12）にも述べられていることが指摘されている〔中村元『ブッダのことば―スッタニパタ―』189注記参照〕。特に忍耐（クシャーンティ kṣānti）の徳は宗教家の最大の徳目とされた。大乗経典『法華経（*Saddharma-puṇḍarīka*）』に登場する「常不軽ボサツ（サダーパリブータ Sadāparibhūta）」はひとから侮蔑されてもなお、かれらが仏たりえる資質のあることを礼拝した。かのボサツは釈尊の過去世の姿であったと言う。その物語には経典成立時代の背景が投影されていると解釈されているが、内容は宗教家の徳目としての忍耐を讃えた大乗のジャータカとも言える物語である。この種の大乗のジャータカでは、生類に対する慈悲・温情の実現というよりも、分け隔てない人間そのものに対する尊厳がテーマとなっている。

Ⅱ　遠野物語に見られる行為主体

『遠野物語』は、著者自身が記した前文にあるように、当時24～25歳の佐々木鏡石から直接聞いた話を集録したものである。その話の多くに、それらがまだ当時、人々が体験した真新しい出来事であったことも言及されている。遠野物語全体を通じて、仏教的な慈悲・温情をストーリーの展開から窺えるものは無い。ただし恕すという点では、自分を殺傷した倅に恨みを懐かずにゆるして亡くなった母親の物語〔第11話〕がある。母子家庭にとついだ嫁と姑との折り合いから、倅が母親を憎み鎌で切り付けるという事件が背景にある。その物語も子を不憫に思う母ごころと解せば、ことさら仏教思想に結び付けることはないだろう。凶行を行った息子は狂人として放免される〔狂人の犯した罪は罰せられない事は仏教の『律蔵』にある〕。しかし、彼が凶行を行った原因が嫁と姑との諍いであった。必ず何らかの原因があり、その原因を除けば安らぎがあることは「縁起法頌」[12]として伝えられてきた初期仏教以来の教えである。この物語を一般的な仏教の因果応報思想と結び付けることはないが、一面で教訓的要素を読み取ることが出来よう。

遠野物語には、殺生に関する応報は伝えない。第20話では蛇を、第28話では猟師が妖怪を、或いは白鹿を撃つ（第32話）、馬に懸想された娘と父親がその馬を桑の木につり下げて殺す話（第69話）、妻に化けた狐を刺し殺す（第100話）、同じく死者に憑いた狐を棒で打ち殺す（第101話）、熱湯をかけて山姥を殺し（第116話）、娘を取って食う山姥を馬から引きずり下ろして殺す（第117話）。わずか119話の中にこれだけの物語を伝えるが、殺生に基づく応報は語らない。応報思想は仏教的であるからと言うことより、そこには自然とともに生きる人々の逞しさが感じられる。三島由紀夫は「無数の死がそっけなく語られている」ところに、遠野物語の不思議な個性を感じていた。[13]

素朴な信仰も語られている。第21話では孫左衛門の稲荷がご利益のある事を、第62話には魔除けのサンズ縄、火伏せや子供の頭痛に霊験「御利生」のあるゴンゲサマ（第110話）などがそれである。第61話には祟りや魔障の仕業が、第69話では呪いに長じた老女、ここだけは地震がないと云われているジョウズカ森と塚を掘る事の祟り（第113話）なども語られている。

どの民話も、それを産みだした人々の生きる風土環境がある。遠野を取り巻く奥州の風土は物語に遺憾なく表わされている。田植えの時期には、かれらは子供たちの手も必要としたであろう。「オクナイサマ」は田植えを手助けする小僧として登場する（第15話）。12～13歳の児童（男女とも）の姿で現れる「ザシキワラシ（座敷童衆）」が宿った家は富貴が自在であると語り伝えられている（第17話）。ザシキワラシは住む家の衰運を暗示するかのように他家に移り住む（第18話）と言う。童神としてのザシキワラシやオクナイサマは実在の童ではない。しかし児童は家族或いは地域共同体に於いて繁栄と発展の象徴である。同時に生まれた子供たちが悉く無事に成長することはなかった。天明の大飢饉を体験した廻国行道の木喰上人（1718～1810）が、子供をやさしく懐く地蔵尊を彫り残しているのも、幼くして世を去ったかれらの鎮魂の気持ちがあったからであろう。[14] はじめ柳田自身を農政学に進ませたものも飢饉の惨状を伝える、地蔵堂に奉納された絵馬（間引き図）を少年時代に見た強い衝撃からであった。[15]

宗教的な影響と見なくとも、共同体での生活の中では強欲の者は嫌われる。欲深い人間が散々な目に会うという物語は様々な形で伝わっている。そこで無欲の者が報われるという話が登場することになる。第63話での愚鈍な妻が川から拾い上げた赤い碗とマヨイガ（山中の不思議な家。葛西の残党による隠里とのかかわりを推定する説もある）[16]の物語がそれに該当する。この物語には賢愚の相違を超えた無欲の者が主人公である。ジャータカには施与の道徳が説かれていた。遠野物語では仏教的な施与物語は無い。トトとガガが一人娘を置いて町に行くと、留守にヤマハハ（山姥）がやって来て飯を喰うという物語がある（第116話）。ヤマハハは娘に飯を炊いて食わせろと催促する。その間に娘は逃げ出すが、ヤマハハが追ってくる。最後は唐櫃に入って寝てしまったヤマハハに熱湯を注いで殺してしまう。この物語は、見知らぬ来訪者が来ても決して家には入れぬなという教訓に絡んだ恐ろしいヤマハハを退治する内容である。この話を仏教的な施与物語と単純に比較できないが、古代インドでは食を乞うものたちには、宗教家であろうと乞食・犬であろうと、施しの対象としてはかれらに相違はなかった。

妖怪に餅の代わりに焼いた白石を食わせて殺してしまう話（第28話）がある。登場人物は猟師である。山の中腹に建てた仮小屋に「大なる坊主」がやって来て、猟師の焼く餅を嬉しげに食べてしまう。翌日も来るだろうと、猟師が炉の上で白石を火のように熱く焼いて載せておくと、その坊主が口に入れて熱さのあまり小屋から飛び出して行く。後に、その坊主の死骸が谷底にあったという物語である。餅と白い焼き石、人間と妖怪のちえ（智慧）比べとも云うべき話となっている。了解を得ずに侵入する外部者が妖怪であれば、かれらを退治することに躊躇いは無い。もし妖怪ではなくても、悪さをすると言い伝えられているものを懲らしめ殺傷することに拘りは見られない。

妹思いの姉が、芋（馬鈴薯と注記）を掘って焼き、柔らかな部分を選んで妹に与えた。ところが、彼女は姉がおいしい部分を独り占めにしたものと思い込んで包丁で殺してしまうという哀しい話を遠野物語は伝える。姉はたちまちカッコウ鳥になり「ガンコ、ガンコ（「堅い」の方言と注記）」と啼いて飛び立った。妹はそれを知って深く後悔し、やがて彼女も「ホウチョウカケタ（包丁欠けた）」と啼くホトトギスになったと言う（第53話）。妹思いの姉と、姉の心のうちを気付かず猜疑心から彼女を殺してしまう妹の物語も教訓的である。自らの犯した罪のおもさに苦しむ話は大乗経典『観無量寿経』〔大正12巻340-346〕に見られた。父王を幽閉して亡き者にし王位を継いだアジャセ

(Ajātaśatru) 王の物語では、彼の悔恨と信仰による救済がテーマとして描かれている。

ひとを化かす狐の話は各地に点在する。身近なことに及ぶが、本稿の筆者の生まれた地域は、多摩川の河口や羽田の海にもさほど遠くない。かつては農業(兼業)や海苔の養殖を生業としていた人々が多く住んだ。筆者の母親(大正9年生まれ)が小学生の頃には、田植えの季節になると生徒たちが臨時に時間を設けて大人たちに協力したと言う。その頃、青々と育った田に、大の男が、海の水をかき分けるように、「おお深い、おお深い」と言って歩き回っていたという話を母親から聞いている。彼が狐につまれたというのが専らの噂で、当時は幾らでもそうした話があったと語っていた。

自然と共存する際に、人間の側は食料を得るために狩猟採集を行い農耕地を拓く。そうした生活の歴史も自然界の生類から見れば、かれらの生活圏が侵されることになる。地域共同体の成員が少なければ、狩猟採集も最小限にすませることが出来る。人為的に増殖をはかる以前には、かれらには必要以上のものは採らないという生活のちえがあった。アイヌ民族の人々は、鮭を採るときにも河川に遡上して産卵を終えたものだけにしていたと聞く。その方が鮭も油が抜けて、干乾しにした際にも日持ちがすることを経験から知っていた。生きる糧を絶やさない配慮があった。かれらが鮭のどの部分もすべて無駄なく利用したことは知られている。アイヌの人々は、狩猟で得た動物たちへの感謝と鎮魂の祈りを欠かすことはない。[17] 食料とされた生類への感謝と鎮魂の気持ちも、それを育むためには一定以上の精神的所産としての文化的成熟が必要であろう。かれらの文化に仏教との直接的な影響はないというのが一般的な見解のようである。

ひとと鳥獣との関係は、仏教文化の成熟とともに様々に描写された。我が国では、動物たちは或る時には、「鳥獣戯画」[18] のようにユーモア溢れる存在として描かれることもあった。仏教思想が社会に浸透してくると、「禍福はあざなえる縄」という不可避的発想から「因果応報」の思想へと転換する。台湾の素食 (菜食) レストランには、仏教の因果物語を紹介する小さな施本が置かれている。生類の命を奪う職業や生業にたずさわったとされる近世の人々の因果物語が多い。その内容は、明らかに大乗仏教の慈悲温情の精神が基礎となったものである。「放生」の思想は、中国仏教のいわゆる漢字文化圏のみならずタイのような東南アジアの仏教国でも見受ける。生類のいのちを憐れむ傾向は大乗では一層深化して行った。それは一方で、元禄期（17世紀）における綱吉の「生類憐れみの令」（複数の禁止令を総称）のように、混乱を生ぜしめるような極端な保護政策〔そこには政治的意図もあった〕が現れて来る要因ともなった。

我が国では商いや調理にさずさわる者が食材とされた生類の慰霊をしばしば行う。現在の我が国でも野山での狩猟が一定の場所で期間を限って認められている。増えすぎた鳥獣が農作物などに及ぼす被害もある。そこで一定の範囲で捕獲を行い人為的な調整が行われる。応報思想は、むしろ活計のための狩猟とは別のところに息づいてきた。これも身近に仄聞したことであるが、趣味で行う猟で狙った獲物が、憐れみをこうような態度を示したにもかかわらず、それを無視して仕留めてしまった。獲物は身ごもっていた。その応報が生まれてきた彼の愛する子供に現れたというものである。恐らく、そうした類の話はいたるところにあるであろう。因果関係がそこにあるのかどうかは合理的には説明出来ない。しかし、仏教では自身にとっても最大の苦しみに他ならない「死苦」を他に及ぼさないということに、「自他の転換（para-ātma-parivarta）」に基づいた理に合した（合理的な）解釈をしていた。

応報思想の浸透は、我が国では浄土教の普及とも関連する。もともと中国人たちには地獄（ナーラカ nāraka）の観念は無かった。そこで「奈落・那落迦」と音写された。やがて、その観念が定着すると、地獄の様子が具体的に描写されるようになる。詳細に描かれたその世界は、当時の人々を戦慄させるに十分であった。こうした善因楽果・悪因苦果を結ぶ仏教的な思惟は、浄土教では善因とされるアミダ仏信仰を誘うとともに、民衆が悪因を避ける方面に貢献してきた。

後の大乗仏教の思想とは異なり、ジャータカには信仰による神秘的な救済の物語は無い。例えば、シビ王が施した後に得た眼はアマーヌシャ・チャック（超人的な眼）であって、肉眼が還復したとは伝えない。如何に宗教的に崇高な行為であっても、一度失った人間の肉眼が元通りになるとは考えていなかった。その意味では現実的である。仏教思想でも、信仰による神秘的な救済を説くのは大乗になってからである。その意味からはジャータカは、ブッダの過去世物語〔ジャータカの成立過程や内容から見れば、固有名詞としてのブッダ釈尊ではなく、一般名詞としてのブッダの過去世物語と見るべきであろう〕というストーリーの纏め以外には、いわゆる不思議な体験の物語ではない。遠野物語に共通するものは、信仰によって救われたという物語の展開が無いことである。山道で路に迷う、彼もしくは彼女は不思議な体験をして戻ることが出来た。遠野物語でのこうした不思議な体験（談）は、地域に生きる者たちの多くが体験し伝えていたものであるとすれば、その内容にも現代的・合理的な説明が可能である。

周囲を海で囲まれた我が国には、宣教師以外にも海難などで漂着したであろう異邦人もいたはずである。かれらは奥州の民たちよりははるかに身体も大きく、赤ら顔（色白）で、瞳の色も異なっていたはずである。そのかれらが人目を避けて山中で暮らしていたとしたら、偶然遭遇した人々の驚きは想像に難くない。遠野物語に登場する山男や山姥の姿は、一読した者は、恐らくそうした異邦人を思い描くであろう。実際にかれらではなかったとしても、異邦人の姿が投影されていることは確かである。

遠野物語自身にも異邦人の存在を伝えるものがある。それは第84～85話である。嘉永（17世紀）のころ、舟越の半島に西洋人が住んでおり、耶蘇教が密かに信奉され、遠野郷でも禁制宗教を奉じて磔刑に処せられた者がいたと言う。海岸地方には混血児も多いと物語は伝えている。柳田自身も、山人に関しては異人説から先住民説にまで及んでいる〔南方熊楠との往復書簡(19)（明治44年4月16日付け）には、山男を「現在も稀々日本に生息する原始人種なるべし」と述べていることもある〕。先に未確認生類と述べたような存在の多くは、地域社会が受け入れを拒んだ人々であった可能性はある。これまでにもそうした説はあった。

遠野物語には山々の奥に住む山人が身の丈の大きな男女であったり（第3話）、山男・山女に山中で出会う話（第5話）が興味深く集録されている。それらは、自然界の領域での不思議な体験談である。栗拾いに行ったまま行方不明になった娘を浚った山中の男は、「丈きわめて高く」「眼の色少しちがえり」と言う。同じ様な人間が4～5人、1市の間に1～2度寄り合って話をするとも言う。明らかに、地域社会に溶け込まず人知れず山中で生活をする一部の、それも異邦人の存在を想起させる。自然界の多くの領域は、人の侵入を拒む神聖な場所でもあった。其処は社会から逃避して暮らす人々にとって恰好の住処であったに違いない。

Ⅲ　民話と複合的な文化要素

『竹取物語』の内容テーマが仏典の『月上女経』〔大正14巻615-624〕に由来していることは指摘されている。[20] 仏教説話が我が国の文学や芸術に及ぼした影響は大きい。のみならず、日本の神話の中にも、インドの習俗との類似が認められるものもある。例えば禊ぎとインドの沐浴の習俗などがそれである。罪や穢を物質のように見なさなければ水による浄化の発想は生まれない。ラーマーヤナ（*Rāmāyana*）の物語と我が国の神話との関連を指摘するものもある。[21] ラーマーヤナは東南〜南アジア全体を通して親しまれている。中国への仏教伝来には海路を経たルートが陸路よりも早かったことが、近年海岸地方に点在する仏教遺跡などによっても確認されつつある。こうしたことからも、我が国には、知識人たちが当時、漢訳仏典から知り得た情報以外にも、市井に伝えられた話や言語をとおして人々が受容したインド起源のものがあることは想像がつく。

『仏教語源散策』〔中村元編著、東書選書〕には、我が国に伝わった仏教語源のことばが紹介されている。サンスクリット語ではヴリーヒ（vrīhi）は「米」を意味する。もち米に対して粘りけの少ない普通の米が我が国では「うるち」と称されてきたことは周知の通りである。両者には音の上からも関連が想像出来る。因みに、日本語の「せわ」もインド起源であることを付け加えておきたい。サンスクリット語での sevā（セワ）は現在のネパールでも、同様の意味で用いられている。来日したばかりの若いネパールの学者が、日本でネパール語が使われていると驚いた言葉がこの「せわ」である。

賢治がエスペラントに関心があったことは知られている。理想郷とされるイーハトゥヴは岩手をエスペラント風にした呼び名であると言う。賢治は『法華経』をはじめとする大乗仏教の主だった経典のみならず、論書（アビダルマ *Abhidharma*）にも関心が深かった。彼の作品中に名前が記されているものだけでも、『大智度論』『倶舎論』『婆沙論』などの重要な論書が登場している。筑摩書房の『宮沢賢治全集』には、賢治の小説作品群を「童話」としての分類の中に纏めている。ところが、賢治自身は「童話」と「少年小説」を区分していた。仏教のアビダルマでは人間の生まれてからの発達段階を年齢順に区分する。それを「胎外の五位」(22) と言う。嬰妓・童子・少年・盛年・老年がそれである。「童子」は７歳から15歳、「少年」は16歳から30歳までを言う。賢治はそれを熟知しているのである。

遠野物語（第２話）に登場する山の神は女神である。自然界の大地は古代インドでは女性名詞形（pṛthivī）で表わされた。仏教は、それまでのアーリヤ系の家父長・男子社会とは別の母系社会の影響下に現れたと見なされている。定住農耕文化の担い手であった原住民たちの文化がそれである。今日のヒンドゥー教を中心としたインド社会ではすでに複合的な要素を持っている。我が国の文化も複合的要素を持つ。自然大地の存在に神霊を感じる文化に見られる特徴の１つが、かれらの宗教形態に於いて「多神教」を採ることは確かであろう。多くの自然界の神霊は古代インドでは女性名詞形（devatā）によって表わされた。

物語という性格上、それは人々に語り継がれる。その内容に地理的もしくは文化的な特徴を有する要素が認められたとしても、それがそのまま物語が伝わる実際の舞台であるとは限らない。遠野の町も諸方から売買の品物があつめられ、その市では「馬千匹、人千人」もの賑わいだったという（第２話）。そこに参集する人々はそれぞれの地域から売買の物品のみならず、不思議な体験談や伝聞する民話なども持ち寄った事であろう。そうした風土環境を有する遠野は優れた伝承文学の宝庫であった。

民話は複合的な文化要素を持つ。狩猟・採集民文化としての特徴は遠野物語には猟に出た際の山奥での体験談としてしばしば語られている。現在は絶滅したとされる日本狼と、遠野物語（第36～40話）に登場する狼が同種のものであるかどうかは詳らかではないが、狼も物語の重要な主役である。かれらの群れが馬７頭を噛み殺す話や、襲われた鹿の脇腹にまだ湯気が立ち登っているという描写、或いは腕骨を噛み砕かれたという物語などは、現代人も追体験したような感覚に襲われる。狩猟民にとって力の強い獣はまさに喰うか食われるかの関係である。その視点から物語に登場する殺生の場面も考える必要があるだろう。突然、前触れもなく襲われた猛獣に自らの身体を喜んで施与するという物語はジャータにも存在しない。初めに述べたサッタ太子の「飼虎捨身」の物語は、飢えの余りひとを襲う気力も無くした雌虎であった。そこで太子は自らの身体を傷つけて血を流し、高所から飛び下りて捨身をしている。

我が国に伝わる河童伝説を、あらゆる資料を検討して詳細に考察した『河童の日本史』〔日本エディタースクール出版部、1996年〕(23)を著されたのが、本学の中村禎里名誉教授である。すでに15世紀の書物には「獺老いて河童となる」と伝えられ、17世紀に刊行された物語聞き書きには水殺された死霊としてのクワッパが登場すると言う。それらに非農民・漂泊民としてのイメージが投影されたり、非人・河原者と称された人々がモデルとして存在したという説などが紹介されている。更に、16世紀に著されたフロイスの『日本史』には外国人が妖怪視された事実が記載されていると言う。遠野物語にも見られるように、禁制時代に日本に残留した宣教師が山中に身を隠した事実にも触れられている。中村教授は、河童キリシタン説と水との関係には、キリシタンの洗礼の他に、殉教者たちの死骸を幕府が海や河川・井戸に捨てる風習があったことを述べている。イエズス会宣教師（頭頂のトンスラ）と河童の類似の指摘にもこの書物には言及されている。我が国に於ける宗教弾圧はキリシタンに限らなかった。日蓮法華宗関係では不受不施派に対する弾圧、薩摩では門徒の宗徒も弾圧を受けた。封建社会の秩序を固守するための当時の為政者の強権発動とも言うべきものである。複合的な要素はカッパ伝説1つを採ってもあったであろう。仏教文化と普遍思想の視点から言えることは、伝説の背後の歴史に刻まれた残忍な行為に無反省であってはならないということである。

まとめに

民話や物語類は、楽しく、ある時には追体験をしたような緊張感をともなって読むことの出来るものである。そこに教訓的な示唆が無ければ無いほど、民話の中に生きる人々の素朴な息づかいが感じられよう。一方で、日本を母国とする現代人にとって、我が国の民話や伝承に普遍思想的な考察を加えることも大事なことである。それによってこれからの日本文化の進むべき方向性や、我々の採るべき姿勢が明らかになるからである。

『遠野物語』をとおして見られる人々の固有の特性には、古来からの神道でいう「なお（直）」によっても表現されるような純朴で素直な気質が窺える。日本の民話や芸能には、しばしば明るく無邪気なおかしさに誘われることがある。しかし「民話」を理解する上に、それを一般民衆の説話とするのか、或いは特定の民族の説話とするのかによって解釈と扱いは異なるだろう。ベネディクトの『菊と刀』に対しての柳田氏の批評、すなわち日本を「恥の文化」とする意見に対する反論をみても、[24] 彼のもつ自国文化意識は強いことが判る。柳田氏は「民間伝承論」が学問であることを提唱し、天皇をも含む「常民」の概念を設定した。自国の文化を愛する気持ちは大切である。その意味での民話として、『遠野物語』にはこれまで述べてきたような幾つかの特色となるものが挙げられるだろう。

日本人には尚武の傾向が顕著であることはすでに指摘されている。倭建命の熊襲退治の神話以来それを認める事が出来る。一方、古代チベット人も武勇で聞こえた。かつてはアジアで最も強大な軍隊を有したこともある。サムイエー寺院での中国禅僧との宗論（８世紀）以降、チベットは中国寄りではなく後期インド仏教の伝統を継承することになる。[25] 一方、中国では禅と念仏の、言わば現実を肯定し、信仰による救済を認める潮流へと進展した。我が国に伝わった仏教にも漢字文化圏を一貫したその特色がある。日本では仏教の受容を通して今日に至るまで、やはり尚武の傾向は続いている。沢庵禅師（1573～1645）の『不動智神妙録』のように仏教の禅と剣術とが融合されることもあった。尚武の傾向は神話のみならず民話にも影響を与えている。世界にも類まれな刀剣類の生産をはじめ、生類の殺傷にさほどの罪悪感が無い事もそれと無関係ではないかもしれない。

『記紀』の神話以来、『平家物語』にせよ、『今昔物語』『栄華物語』『大鏡』にせよ、我が国の物語集には何らかの編集の意図があった。その意図は政治的な意味合いを含む事もあり、宗教・思想信条的なものにも及ぶ。『遠野物語』に於いてもそれは認められる。柳田氏を終生の師と仰いだ折口信夫（釈超空）

は、彼の学問は「神」を目的としていると述べた。[26] 但し、その神はそれまでの神道家の懐く既成のものではなく、日本古来の原初的な神（精神）を尋ねようとしたのであろう。

前述のように、我が国の文化は、すでに複合的な要素をもって現在に至っている。仏教文化論的な見解かも知れないが、我が国の文化として世界に誇り得るものは、「仏教と融合した日本文化」である。どのような文化もそれを進化し発展させるためには内的（因）・外的（縁）な要因が必要となる。この内的・外的ということばを「精神的」「社会・環境的」という表現に置き換えてもよいだろう。その両面に於いて、日本は世界に誇りえる文化を構築して来た。世界の仏教国の中でも、仏教が最も成熟したと言える国は、大乗仏教国としての我が国に他ならないからである。

特定の民族や共同体という枠を超えて、本来のひととしての有るべき姿を考える、そうした普遍性を有する思惟や思想を、本稿の筆者は「普遍思想（Universal Thought）」と呼んでいる。外来の思想や文化に対しても普遍思想的な理解と思惟をもって、自国の文化の向上に努めなければならない。「自他の転換（para-ātma-parivarta）」[27] に基づく相互理解と反省なくしては精神文化の向上は無いからである。普遍思想的な理解を仏教から採り入れたことによって、外来の文化にも価値を見出すことの出来る寛容で豊かなこころを日本人たちは持ちえていたと思う。

日本固有の精神文化を見直そうとする動きがある。「武道」が具体的な教育要領として中高教育の中にも採り入れられるようである。それ自体は結構なことだと思う。但し、日本固有の文化を、ことさら仏教色を排除した中に求めてはならないだろう。固有の文化に注目しようとする点では、能楽（それ自体は仏教文化無くしては存在しえないものであるが）や古典にも造詣の深い白洲正子氏の著述にもそれは窺える。[28] 精神文化を見直そうとする姿勢は評価できよう。しかしすでに我が国の文化には複合的な要素が含まれている。たとえその中から純粋な固有の文化が抽出出来たとしても、その固有の文化を絶対視してよいのかどうか、無批判であってよいかどうかは問われなければならないだろう。

『遠野物語』と宮澤賢治の作品とは共に奥州の大地が産みだした。賢治の登場によって日本の物語（文学）が普遍思想的に深化した事は確かである。賢治の作品にも、動物たちとの交わりが様々な形で登場している。ある時には人間の姿が投影されている。彼の短編に「よだかの星」がある。人間を含み生類が生きていく上には、知らずに他者を傷つけ、いのちを奪っていることへの深い反省がその中心テーマとなっている。それを回避するには、よだかは、大空に舞い上がる他は術がなかった。最後に、よだかが夜空に輝く星になること以外には、賢治は理想的なアヒンサーを描くことは出来なかった。理想を追い求めた賢治は、信仰にも、自らの生き方にも純粋であった。但しその純粋性は、排外的なものではない。特定の宗教・民俗意識を超えて、自然とともに奥州の大地に生きた宮澤賢治の童話や少年小説は、生類のいのちの輝きが満ちている事を感じるのである。

略字記号

Chānd. Up : Chāndogya-Upaniṣad『チャーンドーギャ・ウパニシャド』/ *J* : Jātaka『ジャータカ』/ *Kś* : Kāśyapa-parivarta 『迦葉品』/ *Mh. B* : Mahābhārata『マハー・バーラタ』/ *Sn* : Suttanipāta『スッタニパータ』/ *Tait. Up* : Taittirīya-Upaniṣad『タイティリーヤ・ウパニシャド』/ 大正 :『大正新脩大蔵経』

注

⑴ 邦訳としては中村元博士監修・補註の『ジャータカ全集』全10巻〔春秋社、1991年〕が、注記や解説も含めて学術的に信頼のおけるものとして挙げられる。

⑵ キリスト教の聖人の一人ヨサファート伝説はシッダールタ太子のそれに近似している。彼は実在の人物ではなく、ボサツ（bodhisattva）という言葉から造られた聖人であることが西洋の学者によって指摘されている。何れの文化圏に於いても理想の人格の姿は共感を呼び、宗教の差異を超えて普遍性があったことの証明でもある。『インドと西洋の思想交流』中村元選集・第19巻（春秋社、1998年）p. 353参照。

⑶ 「飼虎捨身」の物語は、我が国では「鎮護国家の三部経」の１つ『金光明最勝王経（*Suvarṇa-prabhāsa-uttama-sūtra*）』〔大正16巻335 − 457〕「捨身品」に描かれるものが「玉虫厨子」の構図になっている。

⑷ 『定本・柳田國男集』全31巻、別巻５巻〔筑摩書房、昭和42年〕所収のものと『遠野物語』〔集英社文庫、2004年〕を利用した。集英社本には長谷川政春氏の解説を付す。

⑸ 拙論「薬王菩薩と燃身」〔『勝呂信静博士古稀記念論文集』平成８年、pp. 391 − 406

でこの点を論じた。

(6) 前掲『インドと西洋の思想交流』p. 529。インドの戯曲にはギリシャのそれと異なって悲劇がないと言う。

(7) 柳田「車児」〔前掲定本・別巻第3、pp. 227 − 228〕参照。

(8) 拙著『毘尼母経』新国訳大蔵経・律部10巻〔大蔵出版、2005年〕p. 181には寒時に於ける洗足や防寒のために皮革を敷くこと等に触れている (p. 143)。仏教がやがて北方へと伝わる過程で風土環境に適応すべく僧たちが依拠すべき戒律にも変化が生じてきたことが判る。

(9) 『大品般若経』を逐条解釈（初品以外は抄訳）したとされる龍樹 (Nāgārjuna) の『大智度論 (*Mahāprajñāpāramitā-śāstra*)』は、大乗の論書として注目すべきものである。漢訳のみが伝わる本論はベルギーの神父職でもあった仏教学者 E.Lamotte 教授によるフランス語訳注がある。cf. *Le Traité de la Grande Vertu de Sagasse de Nāgārjuna*, 3 vols, Louvain 1944, 1949, 1970.

(10) 無財七施（大正4巻479a）は、眼施・和顔悦色施・言施・身施・心施・床座施・房舎施の7種を言う。

(11) 拙著『玄奘』〔清水書院、人と思想 (106)、1994年〕pp. 37 − 43参照。

(12) 『社会福祉研究』第80号 (2001. 4) に掲載されている「社会福祉研究・実践の歩みを語る―座談会―」で阿部志郎教授が述べている (p. 167)。

(13) 三島由紀夫「遠野物語」〔読売新聞名著再発見 (1870. 6. 12) に掲載されたものが『柳田國男研究』神島二郎編、筑摩書房、1973年〕に再録。p. 198a.b 参照。

(14) 木喰上人は柳宗悦氏によって紹介（全集第9巻、春秋社、1955年.）されて以来、短歌に残された仏教僧としての自在無碍な行き方のみならず、残された多くの仏像に漂う微笑みは、現代人の心を捉え今日に至っている。宗派を超えた木喰上人の信行の足跡には、故郷に近い身延山久遠寺の参拝もある。その時の朱印帖が身延町の「木喰の里微笑館」に展観されている (2007年9月現在)。

(15) 『遠野物語』〔集英社文庫〕の長谷川政春氏の解説 (pp. 228 − 229) 参照。農民は何故貧しいのか・飢饉を絶滅しなければという気持ちが柳田氏を学問に駆り立て、農商務省に入らせる動機となった。

(16) 竹村洋子「『遠野物語拾遺』における「事実」の構成」〔『民衆文化の構成と展開』、研究叢書5、中央大学出版部 (1989年)〕pp. 29 − 50. 注意(11)。

(17) 佐々木利和『アイヌ文化誌ノート』、歴史文化ライブラリー (2001年)。かれらは用が済んで止むなく捨てる場合でも、役に立ってくれたお礼を丁寧に述べ、丁重な儀礼をもってかれらの霊魂が帰るべき世界へ送ったと言う (p. 203)。天地のあらゆるものすべてに霊魂が宿っているという意識は、ひとの手で作ったものにも及んでいると言う。

(18) 鳥獣戯画（鳥獣人物戯画絵巻、京都・高山寺蔵）は、平安末から鎌倉期にかけて鳥羽僧正覚猷によって描かれたものとされる。当時の社会風刺画とも言われている。

(19) 『柳田国男・南方熊楠　往復書簡集』上・下〔平凡社ライブラリー、1994年〕を見ると、南方の仏教に対する博識が印象的である。南方自身が自らを癇癪持ちであると率直に告白するのも面白い。南方は、日本人にはideaが無いと言われていることに憤慨し、「小生は主として頭から洋語洋想で洋人と議論すること」に努めていると語っている（p 289, a）。語学に堪能であった南方にして出来た事であろう。

(20) 日本文学・仏教文学を専攻された今成元昭博士による『立正大学のしるべ』〔立正大学橘父兄会発行、平成13年〕の第1章に『竹取物語』と『月上女経』との関係が判りやすく紹介されている。

(21) 山下太郎『日本神話の原点―比較思想の立場から―』〔天下堂書店、昭和57年〕には古事記とラーマーヤナとの関連が述べられている（pp. 25－46）。

(22) 「胎外五位」は『倶舎論』（大正15巻16c）に述べられる。嬰孩は1～6歳、童子は7～15歳、少年は16～30歳、盛年は31～40歳、老年は41歳以上。今日の発達心理学などでの年齢区分と比較対照してみることも面白い。

(23) 中村禎里『河童の日本史』〔日本エディタースクール出版部、1995年〕第6章「河童伝承における動物的・人間的要素」pp. 301－313参照。

(24) 鶴見和子「国際比較における個別性と普遍性」〔前掲『柳田國男研究』所載〕に、柳田氏による『菊と刀』に対する批評（定本・第30巻「罪の文化と恥の文化」昭和42年、pp. 103－120.）を紹介している。「恥は戦国時代から武家社会での、しかも武士階級に限られた規範」であり、罪という言葉の方が遙かに長く民衆の日常生活の中で使われ、仏教の罪業観によって更に強化されたとする。

(25) 『チベット人・韓国人の思惟方法』〔中村元選集決定版、第4巻、春秋社、1989年〕は、チベット人の思惟傾向の特色が、仏教受容以降の歴史とともに詳述されている。韓国曹渓宗の師家でもある釋悟震（金漢益）博士が、中村博士の同著の「韓国人の思惟方法」の著述に助言をされている事を付け加えておきたい。

(26) 『遠野物語』〔集英社文庫〕の長谷川政春氏の解説（p. 230）参照。

鶴見俊輔「柳田國男の学風」〔前掲『柳田國男研究』所載〕には、新しい国学として日本民俗学を位置づけようとした柳田氏の思いに触れている（p.156）。農政学者や官僚としての前身をもつ柳田氏は、父は漢学の素養のある村医師であった。父操は平田篤胤の系統の国学の影響を受け、地域の神社の神官も務めていた。そうした背景も彼の思想形成に影響を及ぼしたことだろう〔川田稔『柳田国男―その生涯と思想』、歴史文化ライブラリー、吉川弘文館（1997年）参照〕。

(27) 7世紀の大乗の学僧シャーンティデーヴァ（Śāntideva）は、「自他の転換 para-ātma-parivarta」を仏教の最高の秘奥であると言う。cf. *Bodhicaryāvatāra*（Bibliotheca Indika), V. Battacarya（ed), The Asiatic Society, Calcutta 1960, Ⅷ－120.

(28) 白洲正子『古典の細道』、講談社・文芸文庫（1994年）にもそれが窺える。有識者たちの「民」に対する認識は近代日本の思想や文学に様々な影を落としている。もともと「民」の解字は眼に針を指して盲目にした奴隷の意味があると言う（藤堂明保『漢和辞典』）。白洲氏の「西国巡礼の祖」に「天皇（花山院）としては失敗だったが、只人としては純粋無垢な修行僧として、民衆の無智ではあるが、敏感な魂に、深く訴えるものがあったと思う」（前掲書 p. 113）と述べる。民衆を無知（智）と見るのは、対局の主観としての自身を有識者とする前提がある。かれら民衆が産みだした芸術や文学には個性ある文化が継承されており、むしろ逞しく生きる智慧に溢れていた。柳宗悦氏の提唱した「民芸」はその意味のものであり、柳田氏の言う「常民」の概念には天皇も含まれていた。ちなみに般若（paññā、prajñā）とも音訳された仏教語の「智慧（ちえ prajñā、wisdom）」は知識（vijñāna、kowledge）の事ではない。柳田氏は「車児」の中で、「無学の知恵」というものが日本人の底にあると言う。

森尚謙の宥和思想
―現代的意義と四方他宗批判への解釈―

はじめに

森尚謙（1653 ～ 1721）は『護法資治論』に於いて、独自の「儒仏不二論」や「神仏一理論」を展開しつつ、諸教は互いに補い合いながら政教に資すべきであることを論じた。漢文体の論書に於ける彼の学識の淵博は、叡山の正覚院大僧正、慈門観國をも驚嘆せしめた。彼は儒者の系統を継ぎながらも、思想的にはいずれの党派にも偏ることのない無偏無党の立場をとった。『法華経』譬喩品の「愛無偏党」を拠とした彼の思想は、宥和思想としても現代にあらためてその評価がなされるべきものであろう。筆者は、これまでにも尚謙の思想を採り上げた。[1]

尚謙の宥和思想のなかでの『法華経』の依拠は数多い。本稿では、はじめに彼の思想を「正篇」「補遺」のなかから概観し、その現代的意義を述べ、続いていわゆる「四箇格言」〔四方他宗批判〕に対する尚謙の見解をみることにしたい。

〔以下には、まず尚謙の友人、安積覺撰の「墓碑銘」の書き下し文を挙げておくことにする。墓碑銘は故人を歎ずるものであるが、尚謙の人となりと生涯を知る上でも大切な資料と思われるからである。〕

故儼塾森君之墓碑銘（故人となった儼塾〔水戸大町の邸内に造営された講堂・義公によって命名。尚謙自らが号としても用いる〕森君の墓碑銘）儒〔者〕にして毉（醫の異体字）を習う。毉にして文を能くす。苟に資質は人を邁には非ず。未だ能くすること易からずや。蓋し毉とは済民の術なり。文とは載道の器なり。而して武とは禁暴の道なり。豈に少くして得べき耶。余、平生に識る所を以て之を験す。儼塾、君は能く此の三者を兼ねる。亦、能い難し者なり。君、諱は尚謙、字は利渉。大孝（亡き祖父）は松本助持、雅楽助と称す。紀伊の人、佐々木氏の庶孽（妾の子・庶子）なり。天正〔年〕中に大和の大納言、豊臣秀長に事う。後に壱岐守、生駒高俊に事う。武事を以て聞こゆ。寛永〔年〕中に没す。阿波の人、志摩村春女を娶り、孝（亡き父）を生む。諱は清以。其の次の息は外氏（母の生家）を冒す。亦、姓は源なり。〔亡くなった父は〕毉は驢菴、平井瑞壽に学び、壽菴を號とす。嘗て薩摩中納言、源家久に事え、又、日向守、永井直清に事う。妣（亡き母）森田氏、二子を生む。長〔男〕は夭し、君はその次なり。承応二年六月十九日、摂津の高槻に生まる。家世（家がら）は毉を業とす。亦、驢菴瑞壽を師とす。而して儒に志ありて福住道祐、及び松長昌易に受学す。業すでに成れり。義公〔光圀〕これを聞き潘邸に召してともに大日本史を修するは、實に貞享元年九月なり。尋で俸貮百石を賜う。元禄十年、命を蒙り居を水戸に移し、府（みやこ）下の子弟を教授す。義公その堂を名づけて儼塾と曰う。矢田氏を配とするに子（男子）なし。四女を生み、長女は加藤宗博に適ぐ。〔男〕子、尚意を生む。君、養いて嗣とす。蚤く没し、更に藤田氏の〔男〕子、本生を子とす。名を尚生と改め、善くその業を継ぐ。〔尚謙の〕第二女を以てこれを妻とす。次女（尚謙の第三女）は渡邊正次に嫁ぎ、次女（第四女）は肅公夫人の侍女と為る。君の喪いて怙とするところ也。妣は祝髪（髪を短く切る）して尼となり、知性と曰う。賢にして母儀（人の母たる手本）あり。君の成り立ち慈訓（母の教訓）多し。君は晩年、中風を患う。肅公、優しく命じて致仕（官職をやめる）せしむ。全て其の俸を尚生に賜う。享保六年三月十三日、君、疾暴発して逝きぬ。春秋六十九。尚生、禮をもって府下の神崎教寺に葬る。君は孝、謹みて淳篤、慷慨（意気の盛んさ）は気節（意気と節操）を尚え、博く群籍に渉り、易を治めて大義に通ず。兼ねて佛教を習い、義学（公共のために尽くす学問）を精研（詳しく研究する）す。文章を砥礪（とぎみがく）し、論述するところ多し。旁く武伎（＝技）を攻める。兵書を講肄（学び習う）し、撃劔（剣術）を善くす。識者これを可とす。蓋し世に謂うところの直指（真っ直ぐに指す）流の者なり。好みて古今を議論し、成敗（勝ち負け）を商較（はかり比べる）す。後進を誘掖（脇から助け）し、亹々（一心に努めるさま）として倦まず。

義（すじみち）、まさに為すべき所は、毅然として回避するところなし。眉を攢（よ）せて世を憂う。人の迂（うとし）と為すものに造詣これ深く、未だ窺測（きそく）（うかがい測る）すること易からず。余と交わるに最も熟し、毎（つねづね）、相い箴規（しんき）（いましめただす）す。而して今は亡き。夫れ世の囂々（ごうごう）（騒がしいさま）は毀誉愛憎に出ず。臧否（そうひ）（物事の善悪）は権衡（けんこう）（はかりの重りとさお）を失い、果は孰して得るに孰して失う。君の如きは今、多く得べからず。豈に人の能（よ）くし難き所の者を兼ねるに非ずや。輒（すなわ）ち、これが為に銘文に曰く、「菅晏（かんあん）（斉の宰相、菅仲と晏嬰）は世を済（すく）い、軒岐（医学の祖、軒轅と岐伯）は命を制す。唯だ此れは満腔（胸いっぱい）の惻隠（いたわしく思う）の心のみ。即ち是れ民生（人間の本性）、秉彝（へいい）（天から授けられた正しい道を守る）の性なり。無偏無党、物と競うこと無し。君は能く此の理に達せり。亦、以て政に従う可し。胡為（なんすれぞ）、瓢然として去りぬや。丈夫（ますらお）、棺を蓋するに事定まりぬ。　　友人安積覺撰

孝子尚生　建

一　尚謙の思想と現代的意義

尚謙は当時の思想宗教界に於ける相互の偏見や諍論は、すべて不智に基づくものであるとみた。儒家も仏家も互いに争いを止めて無偏無党の立場にたてば、仏教の正法は儒教によって護られ、儒教の政治は仏教によって資けられるとした。彼の『護法資治論』の論名の由来はそこから出たものである。官許の学問として、一方では儒教が立てられ、仏教は当時、国教としての地位を得ていたとはいえ相互の軋轢は識者の憂いを増していた。仏教内部でも「諸宗互いに怨悪し、同胞あい睥睨（横目で睨む）す」〔題辞〕というありさまであった。尚謙は、幼少の頃よりそうした様相に疑問を懐いていた。齢50を越えて、それまで研鑽してきた儒仏の理を述べることによって儒仏諸宗が「諍を止め謗を息め、治世安民の大業を助けん」〔題辞〕ことを願った。

仏教は、釈尊当時の思想宗教界に於ける論争を超えたところに、新しい思想的意義をもっていた。我々が体験し学習できるものは真理のほんの一部分でしかない、ということを原始仏典は「摸象の比喩」(2)を用いて説いた。生まれながらに眼の不自由な人々が、象に触れてみるというこの比喩は、ジャ

イナ経典にも登場し、大乗仏典にも「衆盲摸象」として継承されている。

「中正をたもち偏頗無きが如くを欲する」〔論序〕とする尚謙は、そうした思想宗教界の誤謬を正すべく、『涅槃経』の「衆盲摸象」の比喩に基づき諸宗が争いを止めるべきことを説いた。彼の儒仏不二論は『法華経』に大きく基づいている。尚謙は自ら「不染居士」と称した。言うまでもなく、それは『法華経』従地涌出品に説かれる「不染世間法　如蓮華在水」[3]から採ったものである。穢悪の充満する娑婆世界に於いて、理法実現のために努力する菩薩たちを、泥に染まることのない蓮華（パドマ）に譬えたものである。

史臣として『大日本史』の紀伝編集にもたずさわった尚謙は、義公光圀、粛公綱条の信頼を得ていた。彼の中正の思想は、開三顕一を説く宥和の精神を代表する大乗経典『法華経』の影響を受けた。譬喩品には「今この幼童は皆これ吾が子なり。愛するに偏党なし（愛無偏党）[4]」ということばがある。偏党は中正を失う。無偏無党の立場にたつ尚謙は、当時の様相に嘆息してこの論を創したという〔本論・凡例〕。

儒仏がそれぞれ偏見をもって争っている一方で、民衆はますます愚昧し、風俗は頽廃し、邪法邪術が忽然として興っている世相を、尚謙は憂えている。偏党⇨愚昧⇨風俗の頽廃⇨邪法邪術の流行〔凡例〕、尚謙の憂いは現今の世相にも重なる。『護法資治論』正篇49章に続いて、尚謙は「学校為教本論」の一論を設けている。「学校を以て教えの大本と為し、政の第一とす」と尚謙は捉えていた。その目的は、「礼儀を先に啓（ひら）き、人をして是非邪正を知らしめる、都てこれ正法を護る為、政治を資ける為なり」（p. 204, *ll*. 4-5）とみていた。戦後50年を経た今、宗教・道徳教育の軽視が様々な問題を生ぜしめたことが有識者たちによって指摘されている。[5]邦に学校を興すことは仏法を助けることである（邦興学校　即是所以助仏法也）と尚謙は捉えた。「昔は神儒仏の三教有って、以て邦家を治めるのみ」（p. 203, *ll*. 6-7）。彼は、健全な道徳は宗教によって伝えられると考えていた。

尚謙は、「題辞」にこう述べている。

> 「無心にして真如に帰し、争いを止めて黙然に在る。願わくば我が百歳の後、人有りてこの篇を読まん。正に帰して邪議を除き、党無くまた偏無からんことを。」

尚謙は、自らの所論が当時の思想宗教界にそのまま受け入れられるとは思っていなかった。彼は、自らの死後100年の先を見据えていた。中国古典の「百年、河清を俟つ」〔左伝〕ということばは、黄河の流れの澄むことを幾年も待つことの意である。それは望んでも実現できないことの例えでもある。すでに尚謙没後230年余りが過ぎた。尚謙の無偏無党の理想は実現できないものなのであろうか。滅後100年（明治5年、1872）には、奇しくも我が国では義務教育制が実施されている。福澤諭吉『学問ノスヽメ』の著された年でもある。

仏教が、中国をはじめ東アジアの国々に受容される際に、それぞれの国の固有の思想や文化との軋轢があった。しかし、仏教はかれらの固有の文化や宗教を破壊することはなかった、むしろ仏教のもつ宥和思想によって、受容された国々に於いても、固有の文化や宗教との融合という形態をとって展開していった。その時代の社会を否定することなく、むしろそうした社会背景を踏まえて生きる人々にとって、８万４千ともいわれる仏教の教説（法蔵）には、現実を生きる教えとして充分に活かせるものがあった。

尚謙の生きた時代は封建社会であり、また武士社会でもあった。そうした社会を尚謙は否定していない。但し、彼は人身には頭が尊く足が卑しいということはないとして、「邦に在っても亦然なり。人君は最尊、土民は最卑と、若し其の最尊を誇り、其の最卑を捨てるべきや」（p. 174, *ll*, 2-3）と、封建社会に於ける偏見を難じている。[6] 彼は、『維摩経』に述べられる維摩居士の生き方を理想の生き方と捉えた。[7] 大乗経典に登場する維摩居士は在家の菩薩である。尚謙は、出家修行者としての生き方と、在家としての生き方は並びゆくものであって相いもとることはない（出世間法興世間法　並行而不相悖也　p. 92, *ll*. 8-10）と考えていた。

『法華経』法師功徳品の「俗間経書資生業等　皆順正法　皆与実相不相違背」[8] の文を引用して、尚謙は「経世の政、資生の術、即ちこれ、実相と異なること無からん」（p. 29, *ll*. 1-2）として現実の処世と理法との関係を捉え、「実相とは即ちこれ道徳なり（実相即是道徳）」（p. 69, *ll*. 1-2）と断じた。

尚謙の批判は、朱子学者にもおよんでいる。かれらは「揀異（異をえらぶこと）に偏するが故に哲人を貶る（偏于揀異　故貶哲人）」（p. 42, *l*. 13）と難じている。その他、『朱子文集』の語類には古人を評駁することがはなはだ多いことを挙げ、小儒は評語を喜ぶが、評駁が大いに過ぎれば、己の徳行を損なうことは釈氏も同様であるとしている〔巻之８・付録、【評駁損己】〕。

彼の大小乗への理解には注目すべきものがある。たとえば、維摩居士が小乗を弾呵したが、それはその偏執を呵したものであって、声聞・縁覚の法を廃棄したものではないという。「今、大乗に偏執すれば、則ちまた病を成ず。維摩に呵せらるるは必なり（今偏執大乗　則亦成病　為維摩所呵必矣」（p. 317, *l.* 9）と述べている。たとえ大乗と雖も、その教えに偏執すれば、維摩に弾呵せられるというのである。そこで、成実論宗は必ずしも小乗の教えではないとし、学仏の徒はこの論の講習を廃すべきではないとした〔【成実論宗】〕。

尚謙は天台の五時教判を用いて、釈迦の一代の蔵経は、「畢竟して、衆生をして正覚を得せしめんと欲するが故に多くの言辞・方便を施許す」（p. 175, *ll.* 12-13）と捉えていた。しばしば仏教の教えには整合性がないと言われる。それは、教えが対機説法であり、それぞれの相応しい教えが説かれたためである。そうした理解に基づき、彼は釈尊の教えの大意として『法華経』方便品の四仏知見（開・示・悟・入）の箇所をあげ、それが四声・四方・四時・四徳などと同様な自然の配当であるとみた。開示悟入こそが仏教の本意であり、一代経の要領はこれに過ぎたるはないと論じた〔巻之５・第44章〕。

『護法資治論』正篇49章（前５巻）は宝永4年（1707）に著されている。その後、続いて補遺（後５巻）が著された。補遺の序論には次のように述べられている。「（正篇には）未だ尽きざるもの有り。……諸宗の諍い亦、なお鷸(しぎ)と蚌(どぶがい)相持し、漁人に捕らえられるが如し」。『戦国策』燕にでる「漁夫の利」は鷸とどぶ貝が争っている間に、共に漁師に捕らえられてしまうという故事である。正篇に論ぜられた彼の儒仏合一論に対する批判も、補遺造論の理由ではなかったかと思われる。[9]

「もとより夫れ、我が朝、仏法伝来よりこのかた、弘安中に至るまで、諸師、一宗を興立する者、未だ嘗て儒を拒むの語を作らず。」（p. 229, *ll.* 5-7）。爾来、天平の末から慶長の初めにかけて宋儒が学ばれはじめてから破仏の説が起きたことを尚謙は憂えた。彼は儒仏不二の立場から、末世の僧徒は本来の儒教を知らずに儒を破しており、儒家もまた仏教を知らずに仏教を破していると非難した〔【宋儒高言】〕。

当時の宗教界の諸相、特に仏教者に対する彼の批判は、人天の師としての僧の責任の重さを問いかけている（補遺【僧俗各短】【梁武帝亦僧所畏】〔巻之6〕）。仏教者は、彼のことばに謙虚に耳を傾けるべきであろう。[10]

世法は一つに帰すべきであるのに、独り釈氏だけが諸宗それぞれが固く拒んで相い入れない〔【釈氏殊途】〕と、尚謙は諸宗の偏党を難じた。釈氏たちが戒を捨て、禅定を廃し、智慧はいったい何処で得るのかという状況では、末世の釈氏たちが儒者から軽蔑されるのはあたりまえであるとして〔【戒生定定生慧】〕、釈氏が戒定慧の三学を捨てていることを難じている。彼は「戒律は金口の遺言にして、釈氏の先務なり」（p. 315, *l*. 8）と捉えた。

尚謙の一理論は本地垂迹に基づいて神仏にも及んだ〔【神仏一理】[11]〕。尚謙は、我が日本にあっては神道が主法であり儒仏が客法であるとしながらも、三教一致を唱えた〔【主法客法】【三教一致】〕。彼は、はじめ神道は老子（道家）に近いとみていた。そこで、古来から我が国で老子の道家を立てないのは神道の教えがあるからであるとも捉えていた。やがて、彼は後漢の明帝が仏教を信奉するようになった五獄の道士と西域の梵僧との証験争いの故事を述べる段では、釈氏の証験の多いことを挙げ、我が国では道士の教えが立たなかったのはおおいなる幸いであると論じている〔【道釈角士】〕。

儒者の立場から、当時の思想宗教界を眺めた尚謙は、神道、儒教、仏教がそれぞれ相互理解をすべきであるし〔【不識病源薬靡功】〕、「儒教を隆し、神道を崇び、釈氏の弊を正して、世に法難無く、民は智慧を生じ、太平雍熙の化を助成す」（p. 300, *l*. 7）ということを願った。論争を超越するところに平安な境地のあることは原始仏典にも説かれている。争いを止めることを願った尚謙の宥和思想は、現代社会に於いてもあらためて評価されるべきものであろう。彼の所論は、宗教者に対しては深い内省と相互理解を促し、思想家に対しては言語表現を超えた真理探求への精励を促している。

二　「四方他宗」批判に対する尚謙の見解

無偏無党の宥和思想を提唱した尚謙に、念仏、禅、真言、律宗への批判、いわゆる日蓮の「四箇格言」はどのように映っているのであろうか。周知のごとく日蓮自身が、それを「四箇格言」と名付けたものではない。[12] 当時の有力な諸宗の名を挙げ、かれらの所説の偏執に対する批判として指摘したものが、日蓮の根本的な他宗批判であると受け取られている傾きがある。仏教では、教えを筏に譬えた。[13] 筏は対岸に人を渡す手段（方便）である。渡り終えた際には、その筏も捨てなければならない。教化手段としての教えは、時代背景、思惟傾向、機根などによっても異なる。手段としての教えを絶対視してはならないことを筏の比喩を用いて説明するのである。

尚謙は、我が国に伝来した諸宗として、当時世に行われているものとして台・密・禅・律の４家を挙げ、すでに頽んでしまったものとして三論・法相・華厳・倶舎・成実の５宗を挙げている〔【七宗互相呰】〕。南都六宗に天台法華・真言を加えた８宗を区分するが、仏法には総じて顕・密・禅の３つがあることを『宋高僧伝』を引いて述べている。

『護法資治論』には最澄、空海、栄西など具体的な仏家の名を出しているが、日蓮も、そして法然、親鸞も、道元も、いわば中世の仏教宗派を代表する祖師たちの名を具体的には挙げていない。尚謙は、当然ながら「四箇格言」という名称も挙げてはいない。しかし「四方他宗」に対する批判としてそれに言及している箇所がある〔【方便大言利害相半】〕。徳川家の信仰としての天台・浄土の２宗を考えると、浄家（浄土門）と聖道門とに関する論述に、彼の仏教理解が最も端的に表明されていると思われるので、以下には尚謙の論ずるところをみることにしたい。

【其人命終入阿鼻獄】（pp. 336, *l.* 7-338, *l.* 7）の章に於いて、尚謙は、念仏するものは阿鼻獄に堕するという僧の説法に対して問答形式によって次のように答えている。

> 「天下の人、至心に念仏する、其れ幾千万を知らず。彼は敢て法華を謗せず。外道の徒の謗法の如くには非ず。況や亦、観経中に『大乗を読誦し妙法を演説するは、純に甚深第一義諦を説く。其の為に広く諸法実相を説く』[14] の語有り。今、あまねく天下の念仏の人を斥（しりぞ）き、以て謗法堕獄の者とするは是の理有ること無し。若し夫れ念仏往生の教えを恃（たの）み、悪逆を造り、或いは悪覚・偏邪見を起こして正法を謗ずるは、其れ堕獄

は必然なり。故に往生極楽は、唯、五逆と正法を誹謗するをば除くとあり〔観経〕[15]。是れ浄家（= 念仏門）第一の誡なり。」(p. 337, *ll*. 2-6)

尚謙は、念仏も大乗の所説であるとし、諸経には念仏・念法・念僧を説き、念仏とはいわゆる「執持名号」〔阿弥陀経〕であり、念法は「受持法華名者」〔陀羅尼品〕であるとした。そこで、念法を以て念仏を折伏したり、念仏を以て念法を捨抛したりすべきではないと論じた。一向専念の法（念仏）を勧めることも善巧方便であり、末世の弊は、多く専修易行に就いて一乗の大経を疎んじている。そのために有る師（= 日蓮）は憤激して、念仏門を折伏して持経門を興したが、それもまた、一つの方便の説であるとした。もし一方に偏り正しい法を謗れば堕獄は必然であると捉えた。

「然れば則ち、或いは聖教を捨抛して一心に念仏す、或いは念仏門を破して一心に持経す。共に是れ遞に方便を設けて、下機を勧誘し仏道に入らしむる。其の志の発するところ、悪心有るに非ず。何者か念仏・持経なるや。皆、是れ合掌作礼す、仏法中の人なり。大いに外道邪見の経像を破毀するには異なり、亦、闡提無智の教法を廃置するとも異なれり。」(p. 338, *ll*. 1-3)。

念仏門も持経門も、皆、仏法の中のことであり、いずれも衆生を勧誘し仏道に入らしむる一つの手段（方便）であるという。それは外道邪見の謗法とは異なり、悪心に基づいたものではないという。彼は、言語表現を超えたところに真実の理法があることをはっきりと認識していた。

「夫れ、説法方便は権なり。修行得益は実なり。諸の言辞、諸の相貌は権なり。不可得・不死説は実なり。権実不二の境に至りて開会円融すれば、則ち諍無く、亦、論無し。」(p. 338, *ll*. 6-7)

尚謙は、禅家に関しては【顕密禅】に『宋高僧伝』を引いて、仏法には三教〔顕教・密教・心教（禅法）〕、三輪〔法輪・教令輪・心輪〕、三祖〔摩謄・金剛智・菩提達磨〕の別のあることを述べ、「此の三教は固より鼎足の如し、一つとして闕く可からず（此三教　固如鼎足　不可闕一矣）」(p. 318, *l*. 12) としている。

さらに、【禅林広化】に於いて唐宋以来の禅宗の盛行について、禅家と教家との相違を述べている。禅家では心が無住・無著であるとみることを述べ、教家が固く我宗を立てて、諍論をしている様子を難じている。禅林はその門が広大であるのに比して、教寺では、一法を執し、一隅を守り、他教を容れないとする。そして「諸の教家に知識と称するが如き者は、多くは諍論の弊を免れず」(p. 326, *ll.* 12-13) と難じている。

彼は、禅が仏教の大本であり (夫禅者　仏教之大本也　p. 331, *l.* 7)、仏陀は四禅を根本と為している (仏於四禅為根本　p. 333, *l.* 2) と捉えていた。禅定は小乗声聞の修行ではなく、『法華経』中にもしばしば禅定力を讃じており、末世の桑門の、機根が劣り志の小さなものが禅定を修することもできずにかえってそれを謗っているありさまを難じている〔【法華経中屢讃定力】pp. 333, *l.* 3-334, *l.* 2〕。

彼は禅定こそが神通の本であると捉えた。「夫れ釈氏の教、戒・定・慧の三学を要とす。若し定無くんば、則ち猶、衣有り室有りて座無きが如し」(p. 335, *l.* 5) と「法師品」の三軌に基づいて論じた。

禅が魔波旬の説であるという批判に対して、彼は次の如く述べている。

> 「末世の一等の教者、間に禅家を斥きて魔波旬の説と為す。若し其れ未了の禅人、未だ得ざるを得たりと謂い、未だ證せざるを證せりと謂う。是を魔波旬と名づく。而るに、正禅悟徹の人有りて、一向に名づけて未了と為して、而も之を廃棄せず。今、教家、未だ曽て禅書を見ずして泛然として禅宗を斥破す。」(p. 328, *ll.* 2-4)

彼は、さとりを得てもいないのに得ているという増上慢の者こそが魔波旬であると述べるが、決してそればかりではなく正禅悟徹の人もいることを述べている。そして白俗無智なるものが、固くその説 (= 禅魔説) を信じて禅を指して魔であるとするのは、著しき昏迷であると難じている (正禅不可破 p. 323, *ll.* 1-13)。

彼は、【無生之教仏法綱要】に於いて「無生の教、是の法は仏の一大綱要なり」(p. 323, *l.* 11) と述べている。尚謙は、無生の教えを、一切の語言の道の断えたものである (安楽行品) と捉えた。それは荊渓の曰う、「即ち言思の絶えるたるを相空の相と為す也 (荊渓曰　即絶言思　為相空之相也)」ということであって、禅家のいう「語言同断」を教家が貶称して「禅家は魔説」であるとするのは「何ぞ、其の麁浅これ甚だし (何其麁浅之甚) (p. 324, *l.* 15) と難じている。

また真言に関しては、【真言密法】で真言が邪法・邪術ではないかという非難に対して、尚謙は「然らず（不然）」とし、「夫、真言宗は、法身毘盧遮那を以て本主と為す。法身とはこれ諸仏の本、不生不滅なり」（p. 319, *ll.* 3-4）と述べている。密法は空海によって伝えられ、最澄、円仁、円珍も密法を学んで還り、師資相承されて日本に於いて最も隆盛をみたが、唐にはその後継承者がいないことも記している。『朱子語類』『大日経』『底哩三昧耶経』などを引用して真言の所説を述べ、真言に対する誤解を解くためには、『毘盧遮那経（大日経）』『善無畏一行疏』を看れば、暁然であるとする。世の儒者や仏教者などが、「未だかって目を密門に一遊もせずして、濫りに謗を致すは理に非ず」（p. 320, *ll.* 12-13）と難ずる。但し、彼は「我、偏りて真言を讃ぜず、偏りて台教を執せず、況や、禅家に党するをや。天下の公平の論に依りて云うのみ（我不偏讃真言　不偏執台教　況党禅家乎　依天下公平論云爾）」（p. 325, *ll.* 4-5）と述べている。

尚謙は、【神通幻術異】に於いて神通と幻術とが大いに異なることを『大智度論』を引用して述べている。幻術は虚法であり、神通は実法であるとし、「世に咒法あり、智者の用を以て助道行と為す。謂うところの咒禁術は群生を饒益す」（p. 325, *ll.* 12-13）と捉えた。尚謙の次のことばは、咒法に対する合理的な見解として注目すべきであろう。

> 「而るに愚昧多欲多怒の者には、慎んで之を伝えること勿れ。却って罪（つみ）尤（とが）増すのみ。凡そ咒法とは、かならず固く信じて疑わざるに在り。[16] 其の信固ければ、則ち誤咒と雖もまた験有り」（p. 325, *ll.* 13-14）。

新学の僧尼や修験の徒に於いても、その効応を得るものは「皆、専心の致すところに由る。専心は必ず感動を得る（皆由専心所致　専心必得感動）」（p. 326, *l.* 4）とした。さらに、近世の明朝の医道に於ける13科のうちには祝由科を設け、咒法によって百疾を治したことを挙げ、「若し其の術、虚妄にして不実ならば、明朝、豈に此の一科を設けるや」と述べている。

戒律に関しては、尚謙は『遺教経』に「戒を以て師と為よ（以戒為師）」（p. 326, *l.* 4）と述べたことを挙げ、歴代の大祖師、高僧、信士はいずれも戒によらないことがないと捉えた。ところが末世の機根が劣り器の小さなものどもは、戒定慧を欠き、たまたま持戒の人がいても、彼の心は驕慢であると難じている〔【戒為師】巻之８〕。

彼は、戒は禅定を生じ禅定は智慧を生ずる（戒生定定生慧）とし、戒定慧の三学は中道円教に合すると捉えた（p. 315, *ll.* 4-5）。ところが、末法になって仏家は戒を捨て、禅定を廃し、智慧は何処で得るのかという状況では、儒家の徒から釈氏が軽蔑されるのは当然で、それは釈氏が自ら招いたものであると批判した。しかし破壊僧と雖も外道に勝っているという〔【破戒僧猶勝外道】巻之８〕。

以上、「四方他宗」に関連する尚謙の見解を概観したが、無偏無党の立場を標榜する尚謙の所説が、日蓮の主張を援助するものではないかという反論があったことも知られる。

彼は、他宗をはなはだ嫌忌するが如きものは聖王が駆除すべきではないのかという、暗に特定の宗を示唆するような問いに対して、そうでない（不然）と答えている。「力量師ありて深く謀りて以て謂う。痛く他を拒むには非ず。一乗を興さず。但し世に教法に依らざる者有りて、聖道門を捨てる者有り。乳酪醍醐を混雑する者有り。是に於いて奮然として一法を建立し、大方便を設けり。」（p. 338, *ll.* 13-14）と彼は述べた。同じくこの【知其美知其弊可始與言道】に於いて、「或るが曰く、子（＝尚謙）の説は彼の偏人を救うに似たり」という論難に対して、尚謙はこう答えている。

> 「彼の信力行力、未だ円満ならざるが故に、折伏を以て鳴る。若し円満を得れば則ち鳴らざる也。譬えば一器に水を盛るが如し。[17] 満れば則ち鳴らず。満てざれば則ち鳴る。昔人は堅白（潔白）を以て鳴る〔荘子を見よ〕、道徳未だ満てざるが也。今は宗旨を以て鳴る、円意未だ満てざるが也。若し其の信行円満なれば、決定深信し、純一無二なるが故に、我他の相を見ず。八風に動ぜられず〔八風とは毀誉利哀称譏苦楽なり〕。豈に他を忌み他を破し、弁争多言有りや」（p. 339, *ll.* 9-12）。

はたして日蓮の信行が円満であるかないかは識者の判断に委ねたいが、その諸説を「大方便」であると捉えたことには大いに賛じたい。尚謙は、『法華経』の不軽菩薩の行を敬っていた。「若し人有り、来たりて難ずれば、時に争い有ること靡（な）し。黙然として言わず。脇比丘の馬鳴を待つが如し。則ち他人、自然に感化す。」(p. 339, *ll.* 12-13) ということが彼の理想であった。折伏も多く過ぎれば必ず大難を招くことを、彼は『百論』の提婆の例を挙げて論じた (p. 375, *ll.* 2-11)。

以上、「四方他宗」批判に対する彼の見解をみてみた。日蓮の他宗批判は、当時の仏教界の大勢であった仏教各派の誤謬を指摘したものである。それは律宗の良観に対するが如く、特定の仏者に対する批判をも含まれていた。(18)ひとりの宗教家の一つの所説が、彼の思想信条のすべてを物語るものではない。摂受も折伏も、寛容も厳格もひとりの宗教家の一側面である。その所説は教化手段であり、対機説法であることは仏教経典の諸説と同様である。その意味では、尚謙の批判も、その時代の思想宗教家に対する教説手段(方便)であることには変わらない。

尚謙の所論が歎ぜられる点は、その淵博な学識のみにあるのではなく、淵博な知識に基づきつつ、仏教の根本精神でもある寛容と宥和の思想と方便思想とを過つことなく捉えているところにあると思うのである。

結　語

尚謙の宥和思想は『法華経』の一乗思想に大きく基づいている。仏教のあらゆる教説には存在価値があり、仏陀が人々を導くために手段 (方便) として説いたものであるというこの思想こそが、真の宥和思想ともいうべきものである。今、彼の所論をみると当時の時代、社会背景に制約されたものとはいえ (それは彼の物理的な世界観に対する知識も含む)、現今の思想宗教界にとっても啓蒙的なものであろう。無偏無党の立場を主張した彼の態度は、儒教のみならず仏教の様々な教説に於いても偏見をもたない。

彼は異端と邪法とを分けて捉えた。異端は聖道とその端を異にすることから名付けられたものであり、邪法は愚民を誘化し過乱の基を作るとした。そしてかれらは徒党を結び政典に従わないと難じた。その中には西洋の天守教も挙げている (巻之7【異端與邪法不同】)。これも当時の社会背景に基づいた所論といえよう。しかし、彼が邪法であると難じたのは、当時の我が邦に於ける反社会性と過乱の基を作るといった点にあった。封建社会とはいえ、当時の社会の秩序と安定を損なう思想・宗教に対しては厳しく批判の矛先を向けた。[19] 尚謙は、鬼の存在も認め仏教の因果の理も信じていた。[20] 当時の思想宗教界に対する彼の批判は、かれらの誤謬を正し論争を止めさせ、治世安民をたすけるためのものであった。

当時の仏教界諸宗に対する日蓮の批判は、批判されるべき状況のなかで発せられたものであったであろうし、その時代に生きた教えであったといえる。その意味では尚謙の批判も同様である。彼は、日蓮の他宗批判を「大方便」と捉えた。教化手段としてその意義を大いに認めていた。そうした批判が現代に生きたものとなるかどうかは各宗個々の内省に委ねられるべきものである。教えは手段であり、それを絶対視してはならない。むしろ時代や説く対象に対して相応しくなければ、それを用いないことも大切であろう。真実の理法にいたれば「方便」が捨てられることは、「筏の比喩」に説かれる如くである。

「偏見はもと不智に因る。故に智を発するを要す。是、大旨なり。」〔本論・凡例〕という彼のことばは、相互理解と宥和のための指針ともなるものであろう。

注

(1) 『護法資治論』10巻は、鷲尾順敬編 『日本思想闘諍史料』第2巻〔名著刊行会、昭和45年〕に収められている。本稿にのせる頁数はこれに基づく。森尚謙および『護法資治論』に対するこれまでの研究等は、拙論「仏教の政治論―森尚謙『護法資治論』における治世の理念―」(『東方』第7号、1991年)の注記(p. 28)に挙げておいた。

(2) 「摸象の比喩」は「衆盲摸象」として『大般涅槃経』巻27「師子吼菩薩品」(大正12巻556a)に述べられている。原始経典では同様の比喩が *Udāna*, VI, 4 (*Pathamananatitthīya-sutta*) に述べられる。『南伝大蔵経』第23「小部」(pp. 196-198) 参照。

(3) 羅什訳『法華経』従地涌出品第15に「不染世間法　如蓮華在水」(大正9巻42a)という有名なことばがでる。サンスクリット本法華経には「蓮華 (padma) が水に汚されないように、かれら(地涌の菩薩たち)は(汚れがなく)、大地を裂いて、今、ここにやって来た」*SP*., Chap. XIV, verse 46 とある。

(4) この訳語は『法華経』譬喩品第三(大正9巻12c)にでる。サンスクリット本のこの箇所は「これらすべての子供たちは私の息子であり、すべて私にとって愛すべきもの、意にかなったものである。」sarva evaite kumārakā mamaiva putrāḥ sarve ca me priyā mānapāḥ. *SP* (WT)., p. 315, *ll*. 21-22 とある。

(5)　昨今の世相を騒然とさせた仏教の名を借りた凶悪犯罪に対して、中村元博士は「戦後、道徳を重んじた伝統教育が否定され、その結果としての教育の荒廃が問題の根本である」と論じ、宗教の本質を活かす教育の必要性をうったえている（『産経新聞』1995年6月13日夕刊「宗教・こころ」欄）。

(6)　尚謙は巻之4【至仁不殺章第三十二】に於いて、物には軽重があるように天地の間には人が最も重く、鳥獣虫魚と次第に軽くなることを述べ、重い中では人君（君主）が最も重いという。本章では、彼は応報説とともに「一殺多生」を論じている。

　拙論「森尚謙『護法資治論』正篇概要」〔『大倉山文化会議研究年報』第3号（1991年）所載 pp. 248, *l*. 10-249, *l*. 9〕参照。

(7)　拙論「近世における儒仏不二論—森尚謙『護法資治論』〔補遺〕概要（一）〔『立正短大紀要』第31号、平成4年12月所載〕に尚謙の『維摩経』の引用として挙げているものを載せた（p. 15）。

(8)　この箇所〔大正9巻50a〕は、サンスクリット本では次のように記されている。「通俗的な世間の振る舞いにせよ、呪文（マントラ）にせよ、何が語られても、それらのすべてを法に導くことに一致せしめるであろう。」*SP* (BB. X)p. 372, *ll*. 4-5 ; (WT) p. 315, *ll*. 21-22.

(9)　補遺上・巻之6【僧俗各短】に於いて、僧徒は悟りや諦を口にするが、「衣食を求め、居処を構え、弟子を聚め、檀越に対（むか）うに至る。その処置は宜きを失う。或いは争いを起こして訟を致す。為す所は卑拙なり」（p. 236, *ll*. 8-9）と述べている。

(10)　補遺下・巻之7【儒釈跡異仁同】には、尚謙の著した正篇に対する批判がすでにこの時にあったことが窺える。

　拙論「〔補遺〕概要（一）」（前掲論文　p. 9）参照。

(11)　拙論「森尚謙の神仏一理論」（『東方』第9号、1993年所載〕は、1993年8月に開催された「鎌倉夏期宗教講座」に於ける「神道と仏教との対話」の講演要旨である。それは『大倉山文化会議研究年報』第4号（1992年）に収められている拙論「森尚謙『護法資治論』補遺に見られる神仏一理論」に紹介したものに基づいている。

(12)　「四箇格言」は『日蓮宗事典』日蓮宗宗務院、昭和56年、当該項目 p. 143参照。

(13)　筏の比喩は *Majjhimanikāya* I『中阿含経』（PTS. pp. 134-135）に登場する。

(14)　『観普賢菩薩行法経』（大正9巻394a）「作五逆罪　謗方等経　具十悪業　是大悪報応堕悪道」。

(15)　『観普賢菩薩行法経』（大正9巻394a）「亦当供給供養持大乗者　不必礼拝　応当憶念　甚深経法第一義空」。

(16)　『新約聖書』マルコ伝（5－34）には、多年病気で苦しんでいた女性がイエスの服に触れて病が癒されたことを伝えている。イエスは彼女に対して、「あなたの信仰があなたを救った。安心して行きなさい。」と励ましている。マルコ伝は福音書のなかでも最も古い形態を伝えているものである。それは尚謙の呪法と信仰に対する解釈と通じるものがある。

⒄ *Suttanipāta* 720, 721には同様の譬えが登場する。賢者は水の満ちた池の如くであり、愚者は半ば水を盛った瓶の如くであるという。しかし尚謙のこの比喩を、そのままこの原始経典の教説に合致させる必要はないと考える。

⒅ 拙論「日蓮の慈悲」(『日本仏教』第56・57合併号　昭和58年4月所載)で、極楽寺良観に対する日蓮の批判に触れた。

⒆ 幕府によるキリシタン弾圧は、「神に対する信仰を強調するあまり、君父に対する義務の実行を等閑視される恐れがあった」ためであった。薩摩藩では、浄土真宗の信者を見つけ次第死刑に処したという(『日本人の思惟方法』中村元選集・決定版、春秋社、1989年、p. 138)参照。

⒇ 正篇【遊魂為変章第十八】にこのことを触れている。拙論「森尚謙の神仏一理論」(前掲論文　p. 13)参照。

日持上人の海外伝道
—宣化出土遺品とその科学的年代測定—

蓮華阿闍梨日持上人（1250～？）の海外伝道の伝説に、中国・宣化に於ける遺物発見というセンセーショナルな出来事が出現したのは昭和11年のことであった。鎌倉時代に師・日蓮聖人の志を受け継ぎ、松前を経て大陸に渡ったとされる伝説がもし正しければ、日持上人は我が国海外伝道の始祖としてばかりではなく、仏教に基づくとはいえ、我が国の精神文化を海外に伝えた初めての人物となり、文化史上に特筆すべきものとなる。終戦後、引き上げにさいして持ち帰られた遺品にかんする研究や批判は、昭和30年代以降に現れた。しかし、前嶋信次博士を除く大方の内外の学者の意見は、それらの遺物が日持上人のものであるということに懐疑的であった。その後、身延山・宝物館に納められた上人の所持と目される遺品を間近に観た筆者は、上人が描いたとみなされる日蓮聖人の絵像に、心うたれた。おそらく晩年の聖人の姿であろう。水鏡の祖師とは似ながら、偉大な宗教家としての聖人ではなく、むしろ人間・日蓮の姿を身近に感ずるものであった。

筆者が、前嶋博士のいう「宣化文書」に、化学的年代測定への道を模索し始めたのはこの頃であった。畏友・川添良幸東北大学教授に年代測定の意義を語ると、氏は彼の知己であり現在第一線で活躍中の学者たちを紹介してくれた。こうして、共同研究者として、大橋英雄（東大宇宙科学研究所）氏・小林紘一（東大原子力研究総合センター助教授・当時）氏らの協力が得られることになった。ここに、中村元博士を代表とする仏教資料年代測定研究グループが発足した。大橋・小林両氏によれば、炭素測定によって年代を測るための資料は、紙の厚さのものでおよそ1cm^2のものでよいということであった。

当時の身延山・望月一靖総務は、筆者の申し出に快い同意をくださった。資料として利用するものが僅かな断片であっても原形を損なってはならない。こうした配慮から、「袱紗」が二度にわたって年代測定をする資料となった。年代測定は、東大イオン加速器研究所に於いて、同時進行の研究と交えて行われた。自然科学の研究に立ち合った筆者も、ただ傍観するだけであったが、昼夜を分かたず多方面の研究の合間に行われた測定が、同研究所のスタッフ全員の協力によって為しえたことに深い感謝と敬意の念をいだいている。いまはじめに、年代測定実施共同研究スタッフをここに紹介することにしたい。

なお、共同研究者の所属は、当時（1989年）のものである。

大橋　英雄〔おおはし・ひでお　東京大学宇宙線研究所〕
小林　紘一〔こばやし・こういち　東京大学原子力研究総合センター〕
吉田　邦夫〔よしだ・くにお　東京大学理学部〕
佐藤奈穂子〔さとう・なおこ　明電舎・日本大学文理学部〕
今村　峯雄〔いまむら・みねお　東京大学原子核研究所〕
永井　尚生〔ながい・ひさお　日本大学理学部〕
吉川　英樹〔よしかわ・ひでき　共立薬科大学〕
斎藤　　努〔さいとう・つとむ　国立歴史民俗博物館〕
川添　良幸〔かわぞえ・よしゆき　東北大学情報処理教育センター〕
三友　量順〔みとも・りょうじゅん　立正大学短期大学部〕

〔『東方』第5号掲載の順〕

測定の結果、袱紗資料は、西暦1310年±270年というものであった。その袱紗には外円のなかに「大徳六年壬寅十月吉日　供養　信女弟子余門李氏」の書き入れがある。「大徳六年」は西暦の1302年のことである。

この年代測定の結果は、すでに『東方』第5号（1989年）に「日持—宣化出土遺品とその科学的年代測定に関連して—」と題して寄稿した。共同研究グループの科学的年代測定についても大橋氏によって「AMSによる仏教資料の年代測定」として同誌に掲載されている。筆者としては、その紹介で充分であると考えるが、研究誌の性格上、その被見の範囲が或いは限定されることも合わせて、今回、大崎学報の記念号に、再び、『東方』に論じた所見をおおむねそのまま寄せたい。今後の日持上人研究に、宣化出土遺品も含めて識者の参考になればと願うものである。

一　日持伝とその史実生

伝説に基づく個人の事蹟は時代の経過とともに潤色されることがある。その推移のなかでの時代や社会背景、或いは登場人物によせる期待感などもそうした彩色に多大な影響を及ぼすことは言をまたない。しかしまた伝説は単なる誇張やつくり話ではなく、しばしば史実として確認されることのあることも今日の考古学上の成果によって示されている如くである。蓮華阿闍梨日持の事蹟にかんしてはこれまでに数多く言及されており、あるものは空想的なロマンのもとに日持を蘇らせている。[(1)] 日持の大陸渡航の問題を含んだまとまった近年の研究としては、前嶋信次氏の『日持上人の大陸渡航—宣化出土遺物を中心として—』。[(2)]〔1983年。この書は前嶋氏の没後に改訂版として出版されたもので、すでに1955年には慶応大学の「史学」に学術的に掲載され、1971年には『東西文化交流の諸相』として収録出版されている〕、高橋智遍氏の『日持上人研究』[(3)]〔1975年。前嶋氏の論文に対する批判的な考察を含む〕などが主だったものとしてあげられよう。また最近では佐々木馨氏の「日持伝の史的考察」[(4)]〔1985年〕があり、上述の研究をふまえて、日持伝にみられる事蹟が史実としての可能性があるかどうかという問題を地域史の面から諸種の文献に基づいて論及している。はじめにこれらの研究などを参照し、史実に基づいた日持伝を簡単に振り返ることとする。

弘安5（1282）年10月8日、日蓮（1222～82）は池上の地で自身の臨終の近きを知り、本弟子6人を定めた。後の富士門流の祖・日興（1246～1333）によって記された記録[(5)]には蓮華阿闍梨（房）日持はその本弟子（6老僧）の初めに名をとどめている。これは入門の先後の順によったものと見なされており、日持が6老僧のうちでもっとも入門の遅いことを示している。日持はもと日興とともに当時天台宗の蒲原四十九院の学僧であった。[(6)] 所伝では日蓮は『立正安国論』の製作のために一切経を通覧すべく隣接する岩本実相寺に入るが、その時に門下となったのが日興であった。日持は日蓮門下では日興の法弟ということになるが、日興側の文献に「松野甲斐公日持者、日興最初弟子」[(7)] と記しているように、日蓮に帰依するようになったのはこの日興の感化に負うものが大きかったようである。後に日持が奥州方面から北海道へと布教伝道の旅に出で立つのは、身延の後継問題にからむ法兄日興と日持を含む他５人との乖離も一つの大きな要因とみる説もある。[8] 日持の生年は伝えられている通り建長2（1250）年であるとすると、法兄日興とはわずか４歳の年齢差となり、日蓮滅時は日持が32歳〔以下、満年齢を記す〕の時である。

日持を日蓮の檀越・松野六郎左衛門行易の次男と見みなす伝説がある。駿河松野の領主であった行易にかんする日蓮側の消息類は10種を超えて伝えられ、彼の息女（上野兵衛七郎の妻）に宛てた日蓮の書簡も伝わっている。高橋智遍氏は、今日国宝に指定されている池上本門寺の日蓮像の台座に記している願主の名〔侍従公日浄・蓮華阿闍梨日持〕と日付〔正応元（1288）年6月8日〕から、この伝説を確かなもの推定する。[9] それは大正年間にかつての松野氏の屋敷跡（現在の円応山法華寺）の一隅から発見された古塔に、法号とともに命日が刻まれ、父と刻される松野六郎左衛門行易とおぼしきものが「父　法号　法華尊儀　弘安3（1280）年庚辰6月8日寂」となっていたことによるものであった。高橋氏は日蓮の７回忌の忌年にあたる正応元年に日持・日浄によって奉安された日蓮像の台座の日付が、何故6月8日であるのかという疑問が、石塔に刻まれる日持の父親と考えられるその命日と一致していることで解けたと述べている。

日持はまた文質の才に恵まれ、録内御書の一つに数えられる師日蓮の『持妙法華問答鈔』は日持作、日蓮の印可と伝えられている。但し、文献的にはこの説は日重（1549 〜 1623）の『見聞愚案記』や室町期の「当家諸門流継図之事」〔宗学全書・第18巻〕などに記される。本鈔はその文章の流麗さもさることながら、「須く心を一にして南無妙法蓮華経と我も唱え、他をも勧めんのみこそ、今生人界の思出なるべき」〔昭和定本遺文・第１巻、285頁〕、「いかにも信じて次の生の仏前を期すべき也」〔同279頁〕と述べるように、穏やかな口調のなかに確固とした法華信仰を懐いて述べているところがその特徴である。『本化別頭仏祖統紀』[10]（1731）には日持の入門が文永7（1270）年、彼が20歳の時となっている。『問答鈔』が入門後まもない日持の手によるものであるとしても、「文質彬彬トシテ書法ヲ得タリ」と伝えられ、かつまた天台法華を修学してきた日持には難しいことではなかったであろう。

日蓮は入滅に先立って６人の弟子たちに形見分けをしている。[11] 日持に分け与えられたものは「御馬一疋・小袖一・手鉾」の３点であった。馬は他に、日興と日向のほか、筑前公・大夫公にも与えられているが手鉾は日持のみに与えられた。宗教家にとって手鉾がどのような意味をもっていたかは推測でしかないが、宗教上の法具として使用したとも考えられるし、日蓮が弘法の生涯において体験した、まさに九死に一生を得た東条法難（1264）などを考えると或いは護身のために携帯していたのかもしれない。もし後者に結びつければ、ことさら日持に対して与えたことはその後の海外伝道の伝説に興味深い意義づけとなる。[12]

日蓮の葬列は日興の記録[13]によれば、輿〔＝棺〕の前陣（先頭１、左右各４名）には日昭・日興が配置されている。やがて日蓮の百日忌に定められた６老僧による身延の輪番守護はその後困難となり、はじめ日興が身延の荒廃を嘆いて地頭の南部実長の了承を得て住持として滞在した。その後、実長は信仰上の指導をめぐって厳格派の日興から離れ、当時身延山の守塔のために登山していた寛容派の日向に傾いた。こうしたことが契機となって日蓮の７年忌にあたる正応元（1288）年12月に日興は身延を去るのである。[14]この日興と他の５老僧との意見の対立を生ぜしめやがて教団の分裂にいたるのであるが、丁度この年の６月に日持は日浄とともに願主となって池上に中老僧日法（1258～1341）の作になる祖始像を奉安している。日持の足跡を記す確実な資料としては、この日蓮像の銘文が最後となり、その後の足跡は日持伝をまつことになる。資料的には約１世紀前後の後に、６老僧の１人として以外に、わずかながらも日持の事蹟に言及する日親（1409～88）の著した『伝灯鈔』である。しかしまだそこでは「他門ノ四老僧ノ中ニ日持ノ御返事ハ是非ヲ不辨」[15]と記すのみである。

日蓮は、日本のみならず漢土・月氏、さらには一閻浮提（全世界）に唱題が広まることを願った。末法の時代には我が国の仏法が西に流布されるであろうことを太陽の運行に例え、「日本の仏法、月氏へ帰るべき瑞相なり」〔『諫暁八幡抄』定本・第２巻、1850頁〕と考えていた。日蓮遺文からみるかぎり、師日蓮の意志を受け継ぎ、遠く外地の布教を志した弟子がいたとしても何ら不思議はない。ここに正応元年を境に足跡が途絶えた日持と海外伝道が浮かび上がることになる。

室町期から近世・近代にかけての様々な日持伝の成立に対して宗門内外の様々な文献の考証を踏まえて歴史的な変遷を論及したのは佐々木馨氏である。氏の論及はこれまでの日持伝の研究のなかでは最も整理され示唆に富んだものと思われる。佐々木氏は初めに、「日持の北辺布教の可能性と必然性」を、富士門流の東北地方への進出、北辺地域への宗門内外の動向、津軽を領有していた真言宗を奉ずる安藤氏の存在などを挙げて論ずる。そして日持の北辺布教は、旅立ちを決意させた当時の教団内部の状況がその必然的な条件であるとしたうえで、日持の津軽までの弘通は史実としての可能性が高いことを述べて、日持の終焉の地は安藤氏の冷遇のうちに島渡りした蝦夷の地であろうと推測する。

続いて佐々木氏は「日持伝の成立」を室町期から江戸期、更には近代にかけて歴史的変遷の跡を追う。以下にはその要点を列挙してみる。

〔室町期〕 ⑴終息の絶えた日持が約1世紀半前後〔『伝灯鈔』にいたるまで〕、人の注目を集めることがなかったのは中央教団内部に於いて日持への関心が希薄であったためで、1520年代になって中央教団の地方発展の波に乗じて日持が注目を集めだした。〔永正16（1519）年には京都本満寺の日脩[16]が、その後、日持を追慕する日尋（？～1573または1548）が津軽をへて渡道している〕。⑵室町時代の日持伝を観察する上で有益なものは日尋の動向である。彼によって日持が「宗門の義経」として描かれていく。

佐々木氏の論及によると日尋は本満寺に於いてなにがしかの咎を犯し、渡道時の心境には教団に対する負い目があったとする。これが日持への自己投影となり、「日尋は日持の奥州のみならず蝦夷地への布教を史実化させた人物である」とする。こうした日尋の動向が危機となって宗門の中央教団も次第に終息の絶えた後の日持伝を異国の伝道者として復活させていったとみる。

〔江戸期〕 ⑴この時代になると中世には見られなかった日持伝が出現する。〔日求（1576～1655）の『童朦懐覧集』では日持が高麗国への弘法者とされる〕。⑵水戸光圀や新井白石などの幕閣までもやがて日持の高麗国への足跡を探査する虜となり、謎を秘めた日持の足跡探査が近世に於いて一種のブームとなる。⑶反面、日潮の『本化別頭仏祖統紀』〔『仏祖統紀』〕のような文献的な探査に基づく画期的な伝記が編まれ、今日の日持伝の骨子となる。

佐々木氏は日潮、日達（1691 ～ 1772）、日通（1702 ～ 76）、日順、日諦・日耆（？～ 1779）などの文献や俗伝にそった近世に於ける日持伝も紹介し、さらに日持にかんする江戸期の資料をあげつつ、「宗門を中心にした多くの人々は、あるいは文献・俗伝に拠りながら日持の奥州→蝦夷地弘法を確信し、同時に朝鮮→中国への海外伝道者という具合に、日持伝を創り挙げて行ったのである」と結論する。

〔明治・大正・昭和期〕 ⑴近代帝国主義が大陸進出のなかに露骨に表面化したのを機に、日持伝が蘇ってくる。〔『北海道寺院沿革誌』（1894）では日持と義経の血脈を結びつけ、日持を千島から樺太を経由して中国入りをしたと記す〕。⑵日持の足跡追求が一層リアルになりやがて近代日蓮主義の台頭や宗門の半島への布教が実現されると、日持の海外伝道が脚光を浴び、中里右吉郎『日持上人大陸踏破事蹟』[17] などによって宗門内外の関心を集めるようになった。

佐々木氏は以上のように様々な日持伝を考察検証した後、前嶋氏によって日持の遺品とされた「宣化文書」に関しても、それらが「明治30年にかの地で開業された山本写真館に伝持されたものであることに思いを寄せるだけでも、如上の日持伝の変遷に照らす時、その文書は鎌倉時代の日持を遙かに隔てた、日持の海外伝道に篤い偲を奉じた近代人によって、宣化に偽作・偽造的に持ち込まれたと推断せざるを得ない。この文書に見える日持の筆跡・花押に至っては、なお一層高橋氏と同一の思いを強くする」[18] と述べている。

このように日持伝の変遷が佐々木氏によって整理追跡された。現存の文献から見る限りでは日持伝には歴史的な変遷の跡が窺え、氏の論及は説得力のあるものである。しかし伝説や伝承は後代のものが必ずしも前代に記されたものから影響を受けるとは限らない。甚だしき誇張はむしろ後代のものによって修正されることのあることは、先の『仏祖統紀』に見られる如くである。享保年間（1716 ～ 36）に著述されたこの『仏祖統紀』には、日蓮の13回忌をいとなみ、翌永仁3年に弘教の旅に出で立つまでの日持を伝えながら、「諱ハ日持、蓮華阿闍梨ト呼バル、駿州庵原郡松野邑ノ人也、未ダ姓氏ヲ詳ラカニセズ」として日持の姓を不明のままにしている。伝記や伝承は文献に記録された時点をもって始まるのではなく、文献に現される以前の語り継がれていた時代を経てやがて記される。中央教団が触れていない時代やその後にも、伝道に旅立った日持の伝説が人々に語り継がれ記憶の中に生きていたと考えることもできよう。

宣化出土の遺品に対して否定的な見解をもつ高橋氏も、「函館・松前までを日持上人の歴史として認めるべき」としたうえで、日持の大陸伝道にかんしては確証がないが何かが「匂う」[19]としている。佐々木氏の論考に対しては萩原淳平氏の批判的な見解もある。[20]萩原氏は、義経と日持の伝説を踏まえ「現在までこの二人の死亡を確認できる根拠が見あたらない限り、北方から大陸に渡った可能性は否定できない」「北方から大陸に渡る方法は比較的容易で今日のようなことはなかった。ただ東北アジアでは漢人・日本人など文字で記録を残す文化はそれほど育たなかった。したがって大陸へ渡れば、よほどの事跡がない限り、日本人の事跡は風化し、埋没されたと考えられる」と述べている。更に氏は「大陸に渡ったとすれば、布教はあくまで名目であって、その目的は外にあったと思う。結論から先に言えば蒙古事情の偵察、すなわち情報収集者として潜入した可能性がある」と、これまでにない新しい推測を出している。また氏は筆跡や花押の鑑定には往々にして主観がともなうことから、日持遺品の科学鑑定の要を提言している。但し氏は「前嶋説が有力になったとしても、歴史家としては、あまりに空白が大きすぎることが気にかかる」と率直な懸念を述べたうえで、日持の大陸上陸の地点とされる歴史的にも深い意味をもつ黒龍河口に近いニコライエフスクの学術調査が望まれると述べている。

二　日持遺物と「袱紗」の科学判定にいたる経緯

ここでは宣化出土の「日持遺物」９点を前嶋氏の研究等に基づいて簡単に紹介し、続いて科学判定に「袱紗」が選ばれた経緯等を述べておきたい。

先に（1987年7月）『日持聖人　宣化出土御遺物図録』が三洋石油の広報室から出版された。監修には身延山短期大学の宮崎英修氏と横浜商科大学の大沢一雄氏があたり、前嶋氏の研究に依拠した各遺物の簡単な紹介を含んでいる。巻頭には身延への山納を志した三洋石油の笠井麗資氏[21]とその労をとられた及川真学師の言葉が、巻末には前嶋氏・浜田本悠氏等の「由緒書」が載せられている。「日持遺物」出土にかんするその概要は前嶋氏の報告やこの『図録』に記される由来等によると次の如くである。

北京の王府井にあった山本写真館（明治30年頃に山本讃七郎氏が創設）は岩田秀則氏によって２代目が受け継がれた。昭和11（1936）年の正月、中村某は東安市場で見つけた鍍銀の盒を買い取って古物収集に興味を懐く岩田氏のもとに持ち込んだ。錆びついた盒の中には褐色の三枚の文書が収められていた。これが前嶋氏によって「宣化文書」と名付けられたもので、麝香鹿のなめし皮に裏打ちされたそれらの文書には日蓮の肖像や題目などが描かれていた。驚いた岩田氏はその入手径路を尋ね、それが北京西北部にある宣化城内の古塔から持ち出された副葬品であることをつきとめ、数年を要して関連した遺物計14点[22]を蒐集した。昭和16年、中国人某に依頼して遺物の出土した場所を調査せしめ、高齢の僧侶から聞くことのできた遺物の出土した立化寺に纏わる故事来歴はおよそ次の如くであった。「昔、そこに高徳の僧が住んでいた。天寿が尽きその僧は正座をしたまま入寂した。信徒によって遺骸が荼毘にふされると、紅蓮の炎のなかにその高僧は立ち上がった。人々は驚愕してその僧を『立化祖師』と呼んでその不思議を讃えた。今にその寺を立化寺というのはこの因縁によっている。」

終戦後の昭和23（1948）年、引き上げに際して厳重な荷物検査のなかで岩田氏は当時蒐集した遺物のうち９点を持ち帰った。その後、これらの遺物を『遺物目録』の順に挙げると次のようなものである。

⑴日蓮筆題目（正面）と日持の念記（背面）〔麝香鹿なめし皮に表装・縦28.5cm、横15cm（⑴〜⑶はほぼ同寸）。背面左下部には日持の花押とともに、日蓮によって授与された題目が年を経て破損してしまうのを恐れて、宣花（＝化？）で麝香鹿の皮を得て表装したことを漢文で記す。〕

⑵日蓮肖像〔日持写〕（正面）と日持の漢詩（背面）〔日蓮の13回忌の法会を勤めた後、永仁乙未（＝３年。1295）元旦に「東部環球」の巡錫に旅立ったことと（正面）、大徳5（1301）年9月には病に伏したことを記す、85歳の老信徒（鄭日昌）の西華文字の詩を載せる（背面）。〕

⑶日持筆題目に漢詩（正面）と巡錫7年目を記す漢詩（背面）〔正面には永仁乙未（＝3年）元旦に独り巡錫に出で立ったことを述べ、背面には永仁辛丑（＝9年。我が国では永仁5年6月にこの元号は終わり、翌年には正安となっている）と元の大徳5（1301）年と並記して、弘教が7年に及んだことを詩に歌う。〕

⑷鍍銀盒〔銅器に鍍金？　上盒直径10.2cm、厚さ0.9cm。下盒直径10.2cm、厚さ1.4cm。蓋には大徳甲辰（＝8年。1304）に八壽八紀（88歳）を祝して鄭日昌が日持に敬贈したことを記す。〕

⑸西夏文経典（華厳経）の一部分〔縦35.4cm、幅一紙79cm・二紙70cm。一紙右隅に題目とともに訳文一冊1080部を発刊し戊戌（＝大徳2年。1297）正月16日に頒布したことを記す。左隅には位牌図のなかに年号日付（「大徳2年正月16日」）と「法華安国堂」「弘通日持」の署名が朱墨で記される。〕

⑹壺型薫香入〔全高9.8cm（蓋高3.5cm・壺高7.5cm）、最大径9.4cm。内部周囲に横書きの題目と日持の署名ならびに「薫香入十六文」の書き入れ。〕

⑺印籠〔縦8.5cm、幅5.4cm、最大厚2.0cm、5段の黒漆塗りで真綿の紐、龍と虎の図。表には「一天四海唯是□深義」裏には「為日持師餞之　於久遠寺日□」の書き込みがある。〕

⑻香盒〔外径4.8cm、内径4.3cm、上盒厚0.9cm、下盒厚1.1cm。黒漆塗り内部には「龍□□甲年春」と朱書き。〕

⑼袱紗〔直径約40cm。2羽の鳳凰と牡丹の刺繍のある絹地に更紗の裏打ちが施されている。裏打ちには二重の同円心が描かれ、内円には中心に縦書きの題目、外出中には「大徳六年壬寅（1302）10月吉日　供養　信女弟子余門李氏」の書き入れがある。〕

これら9点について前嶋氏の検討やそれに対する高橋氏の意見を纏めると次のようになる。

【宣化文書】 ⑴⇨前嶋氏は正面の題目は、弘安4（1281）年5月15日に「諸天昼夜、法の為の故に日本国を衛護す」と記した日蓮の曼荼羅（「衛護本尊」）の題目と同じものであり、日蓮がその晩年の身延に於いて日持に与えたものと推測する。これに呈して高橋氏は大正元年に発見された「衛護本尊」は日蓮の真筆としては真偽未定のものであり、日蓮の真筆には加えられないことを指摘した上で、今日宗学会で公認されている日蓮の「一篇首題」と比較をして、「不動・愛染」の両明王の梵字が記されていない・花押が「衛護本尊」のものと同様で、これまでその種例が絶無であること等を挙げて批判的な意見を述べる。その他、高橋氏の意見で注目すべきものとしては、「日蓮を呼ぶ場合に『御聖師』というのは類例がない」「動物の皮革をもって表装することは仏教者らしからぬ行為」「日持の花押が本門寺の日蓮像のそれと比較して異なっている」「書体が700年前のものとは異なる、むしろ明治から大正にかけてのもの」などがあげられる。⑵⇨前嶋氏は正面の日蓮肖像を星野武男氏の著書〔『現代人の日蓮聖人伝』昭和10年、東京・文松堂〕に載る影像や画像の写真と比較して､その肖像が池上本門寺の木像と酷似しているとする。さらに「東部還球巡錫」の一句に対して、前嶋氏は専門の東洋史の立場からアラブの地理学の東方伝来によって、すでにマガリヤエンス（マゼラン）の船隊がはじめて世界一周をなし遂げて大地が球形であることを実証（1522）した時よりも200数10年前にすでにこのことを知っていたのだとする。シャマールッ・ディーン（扎馬魯丁）が中国で地球儀を造ってから29年目が日持の巡教の門出の年（1295）であるが、日持は日浄（もと天台の学匠）などから大陸の新知識を得たものと推定する。大陸球形の新知識が当時の限られた範囲の知識人には伝わっていたとみる。また前嶋氏は背面に記される日持の特記に、鄭老人が日蓮の肖像を「遼の聖祖に似ている」としている点について、その聖祖は「英主聖宗」（在位983 ～ 1031）のことであろうと推定する。しかし遼が滅んでから（1125）成吉思汗が宣徳府を占領する（1213）までの期間この地域を支配していた「金朝」のことが無視されていることと、「遼」というのは「西夏」のことで鄭老人が西夏（1227年に蒙古軍によって滅ぶ）の遺民であるとすると、西夏の聖祖が誰であるのか、なにゆえに日持が「遼」とかいているのかは解しかねるとの疑問も提示する。これに対して高橋氏は⑵に見られる日持の書き込みに、前述の論点或いは次のような難点から批判を出す。「一篇首題を曼荼羅とは言わない・肖像は『波木井の御影』の模写であるが、先師の残した記録にはこの御影にかんする記述がない」など。

⑶⇨高橋氏は正面の日付に続いて「於蓮永書房」とあることと、漢詩に添え

て「沙門日持沐浹書」と記されていることに対して、「蓮永」という名称が当時すでに公称されていたかどうかを疑問視し、また住居「書房」なる名称を用いることにも疑いを懐く。また出発にあたってのものならば「沙門日持」ではなく「蓮華阿闍梨日持」とあるべきとする。更に「宣化文書」(1)〜(3)が7ヵ年の歳月を感じさせる書体の変化がないことも指摘。

【西夏文経典】 (5)⇨前嶋氏は「西夏文経典」〔『大方広仏華厳経』41巻の「十定品」27之2の最後に近い部分〕の前後の書き込みの書体が、他の文書と全く同様なことから遺物中でもっとも年代の古い日持の遺品とする。しかし、我が国に現存している後世の石版刷りの同経典の部分と全く同様なものであるという経典の原本となったものと同種のものか、或いはそれに基づいて作成された可能性があるとしている〔前掲書「解題」231頁参照〕。また「宣府沙門日持」とある点にかんして「宣徳府」を「宣府」と称するのは明の洪武3(1370)年以降であることについても、氏は用例を挙げてすでに元代から宣徳府を略して宣府と呼ぶことも行われていたと推定。高橋氏はこの遺物に対して、日持が罪業消滅のために、信仰する『法華経』ではなく余経である『華厳経』を頒布するのは理に合わないことを指摘する。[23]

【印籠】 (7)⇨前嶋氏は文献的には印籠は足利期の『北山行幸期』(1408年の行幸の記録)に載るものが初見の記録であることを示しつつも、これが現存最古の印籠の一例となし得るとする。高橋氏はこれに対して鎌倉時代に印籠があったかどうかを疑問視し、さらに日蓮遺文などに例を見ない「一天四海唯是□深義」という成語が当時一般的に使用されていたかにも疑いを懐く。また当時は先輩や法友を呼ぶのに「日持師」とはいわず「蓮華阿闍梨」「蓮華阿闍梨御房」「日持阿闍梨房」等と呼ぶべきことを挙げ、日持の法友や後輩の書いたものとは思えないとする。

前嶋氏は日持遺品にかんする種々の疑問や研究による指摘等を学問的態度をもって明示しながら、結論の中で「種々の解釈不充分な点を残しながら、わたくしは立化寺から持ち出され、岩田翁の苦心によってわずかに亡滅から救われたこれらの品々をことごとく日持上人の遺品と信ずるものである。不明な諸点も今後の研究によって徐々に解消して行くことと思い、かつそれを熱望しいてる。」[24] と述べている。前嶋氏のこれらの見解に対して、その科学的な態度に敬意を表しながらも高橋氏は、宣化文書を日蓮の直筆でもなければ日持のそれでもないとした上で、次のように推定する。

「一、それは大正元年以後であること。「衛護本尊」が発見されてから後でなければ、宣化文書の「一篇首題」はつくられない。宣化文書の第一（表）の題目は、完全に衛護本尊の首題の模写である。二、宣化文書李書体は、明治・大正のもので、それ以前の書体ではない。三、漢詩・漢文のつくれる人で、しかも元史や西夏文字の教養がある人。四、日蓮教学に一往通じている人であるが、専門家ではない。五、北支方面に旅行したり、ある期間、居住したことのある人。」以上のような推定の後に、高橋氏はその人物を「ふと、私の頭のなかを機庵・中里右吉郎氏の名前が影をおとしますが、ただ、想像のみで何等の確証がありません」[25] とする。

日蓮遺物の９点の中で、日持の名や署名のないものは⑻香盒と⑼袱紗のみである。この内「袱紗」は記された年代や題目などから宣化出土の一連の遺物とみなすことができよう。上掲のように、これらの遺物にかんする検討や批判はそのいずれも、真偽を確定的なものにするものではない。前嶋氏によって名付けられた「宣化文書」には何故前例を見ない点が多数指摘されるのであろうか。高橋氏の推測の如く、日蓮教学に一応通じていても専門家でない者たちがそれを造作したからであろうか。筆者は、日蓮の曼荼羅が、その心得のある者にはさほど模写することは難しさがあるものでないことを知っている。[26] 意図的なものであるとすれば数多く現存する日蓮の曼荼羅こそが模写の対象として利用されるべきであり、「衛護本尊」に見られる如く特殊な「経」の書体や問題を残すような日蓮の花押を記す必要があるのであろうか。また宣化文書に記される内容は決して日持の大陸布教を讃え誇張したものではない。むしろ病に伏し、望郷の念を偲ばせ、そして現存の遺物からみる限りでは、大徳8年の日持が54歳の時のものが事蹟としての最後のものである。前嶋氏も、「またさらに百歩を譲って、何人か華北在住の日本人で日持の事蹟に興味を抱き、その遺物を偽作したならば、それはおそらく中里説によって絢爛たる活躍を示すものだったろうと思われる」[27] としている。また高橋氏も認めるように日持遺物発見の経緯はまったく自然で作為的なものが無い。前嶋氏はその付記で、数10回にわたって会談した岩田氏の人柄に触れ、氏の臨終の前の面会では、前嶋氏に謝意を述べるとともに岩田氏将来の遺物が偽作であるという意見には激しい怒りの言葉を発したということを記している。(28)

現在までに確認された歴史的資料だけが当時のすべてを物語るものではないとすれば、前例を見ない新出土の遺物もその歴史性を完全に否定できえるものではない。筆者は直接日持遺物も目にしてその歴史の重さに心打たれた。(29) 遺物にかんする科学的な年代測定ということが日持研究にとってなにがしかの貢献となるのではないかということを考え、中村元東方学院院長に相談をし、積極的な賛同と助言を得られた。そこで1988年の5月、身延山総務・望月一靖師に遺物の年代測定について意見を窺った。学際的な研究に造詣の深い師の快い同意と、身延の役職方の了承のもので同年10月、筆者ならびに宝物館主任立ち合いの中で遺物の内の「袱紗」〔この時には袱紗裏打ちの更紗の部分〕と「宣化文書」１種の断片を入手することが出来た。測定グループが必要とする炭素を得るための資料は、紙の厚さのものでおよそ1cm²のものであった。筆者は測定グループに、「100年前か、700年前かのおよその年代が測定できればよい」という、こうした年代測定に伴う誤差を熟知した望月師の言葉を伝えた。すぐさまイオン加速器測定法による炭素14の年代測定が開始された。ここで特に付け加えなければならないのは当時東大の研究所の加速器の状態が不安定でスタンダードの時代測定が揺れていたことである。このために「袱紗」の年代の数値が約1000年前という大まかなものが得られた。資料のもう一方「宣化文書」麝香鹿皮の断片は残念ながら不純物の処理中に大部分が溶解し、炭素を得ても測定に要する１mgに至らず、測定途中で消滅してしまうほどのものであった。「袱紗」がかなり古いものであるという一応の結論が出たところで、筆者は再び望月師に、資料が再入手できえるかどうかを窺った。師の同意を得て前回同様、身延山を訪れ、今度は「袱紗」の刺繍のある絹地断片を得た〔「宣化文書」についてはあらたな資料を得るには原型を破損する恐れがあるために入手を断念した〕。その科学的な測定にかんしては『東方』第５号に掲載されている大橋氏の報告を参照していただきたい。

年代測定の結果は翌年（1989）５月29日、東方学院に於ける記者会見の席上で発表された。袱紗資料は西暦1310±280年というこの測定としては驚くほどの精密な値を得ることができた。前回もその回も年代測定に利用できえた資料が「袱紗」だけであったということで、その選定にはなんら作為的なものはない。それと同時に、筆者は測定実験担当グループには、資料がとある寺院に保存されている「袱紗の断片」であるということの他は、そこに年代（「大徳6（＝1302）年」）が記されていることなども一切明らかにしていなかったことも付け加えなければならない。この実験によって、袱紗の刺繍部分の絹地も裏打ちの更紗の部分も決して明治・大正はおろか近世のものでもないという結論がでた〔測定によって炭素は消失してしまうために更紗の精密な年代は再度確認ができなかったが、当初のスタンダードを得るための予備実験からみて「更紗も絹地もほぼ同年代のものとみて間違いない」と大橋氏は語っている〕。今後も袱紗以外の遺物の年代測定が可能ならば、測定グループの研究対象として取り組むことは吝かでない。学問的態度としてはそれをまって議論されるべきである。しかしこれまで係わった者からみて、資料の再入手の可能性にかんして今のところ何とも言えないとなると、「袱紗」の年代測定結果が今後の日持研究の大きなはずみとなることを期待したい。前嶋氏の前掲書には、昭和23年に行われたベルギー人ウィレム・グロータース師による宣化の学術調査に触れているが、今後、そうした現地調査によって不明な点が明らかとなり日持研究が一層進展することと思う。

結　び

日持遺物の科学的年代測定によって遺物の１点が、記されていた年代と近似する値が得られた。これによってすべての日持遺物がすぐさま本物であるという即断は出来ないが、日持の海外伝道の伝説がその史実性を帯びてきたことは確かである。明治・大正から昭和初期にかけての帝国主義の台頭や日蓮主義も中国に於ける日持遺物の発見とまったく無関係であるとは言い切れない面もあろう。[30] 岩田翁が数年をかけて捜し出した遺物の中には、或いは偽作の混入した可能性があるかもしれない。しかし題目と寄進者の名、それに年号を記す「袱紗」一点だけが確かな日持遺物に帰らせるということもないであろう。少なくとも遺物発見の契機となった「宣化文書」はあらためて吟味する必要がある。[31] もし宣化文書に記されていることが事実であるとすれば、永仁2年9月13日に日蓮の13回忌の法会を松野で厳修し、日蓮の命日に身延に詣で、翌3年正月朔日に、後事を弟子に託して「我救済異国　奉身命仏祖」と言い残し、45歳にして「孤身絶侶」挈錫の旅に出で立ち、「遂趣異域、不知終処」と述べる日潮の『仏祖統紀』（1731）に伝える伝説はほぼ史実を伝えていることになる。[32]

宣化出土の遺物によって知られる日持の事蹟は、故国を発って9年目の、渡銀盒に記される大徳8年2月10日の日付が最後となる。この時日持はすでに54歳となっている。師日蓮の遺志を受け継ぎ、異国救済のために単身海外伝道の旅に出で立ったという伝説上の日持の弘教の姿は、700年近くを経た今日、宣化出土の遺物をとおして窺い知るのみである。「星霜七歳一眠中　巡錫無涯西又東　鴻雁月啼何処去　願飛千里故山通」〔宣化文書⑶背面〕。

注

⑴　たとえば中里右吉郎氏による『蓮華阿闍梨日持上人大陸踏破事蹟』〔静岡・蓮華寺刊、大正15年〕は前嶋氏の後述の著書に於いて「中里氏は多くの史料や遺跡を見た如く述べているけれども、それらはことごとく遠慮なくいえば信用できぬものである」〔134頁〕と批評され、高橋氏も「全篇ことごとく想像と推測の累加であり、一大長編小説である」〔76頁〕としている。

⑵　高橋智遍『日持上人の大陸渡航』〔東京・誠文堂新光社、1983年。1987年第2刷〕

⑶　高橋智遍『日持上人研究』〔鎌倉・獅子王学会出版部、昭和50年〕

⑷　佐々木馨「日持伝の史的考察」〔同氏編『日本海地域史研究』（1985年刊）所収〕。その他、筆者の手元にある主な日持関係の著書や論文には次のようなものがある。影山尭雄『海外伝道の始祖　日持上人伝』〔みのぶ教学財団、昭和26年〕・中村又衛「持妙法華問答鈔を讀みて日持上人を憶ふ」〔『法華』24巻6、昭和12年6月〕。なお、「日蓮宗新聞」昭和63年1月1日号にも日持の足跡が簡単に紹介されている。

⑸　「宗祖御遷化記録」〔『日蓮宗宗学全書』（山喜房仏書林、昭和43年第2刷）第2巻・興尊全集・興門集〕101～102頁参照。

⑹　「四十九院申状」〔『同』第2巻〕93～94頁参照。

⑺　「日蓮弟子分與申御筆御本尊目録事」〔『同』第2巻〕112頁。或いは「日興上人御伝草案」には「日持蓮華阿闍梨ハ本トハ興上御弟子」〔『同』第2巻、251頁〕と記される。

⑻　佐々木氏「前掲論文」480頁中～481頁上。

⑼　高橋氏『前掲書』16～18。

⑽　日潮『本化別頭仏祖統紀』〔京都・本満寺、昭和48年〕
⑾　「御遺物配分事」〔前掲『宗学全書』第２巻〕107～108頁。
⑿　高橋氏『前掲書』28頁でも、護身用の武器を海外布教の開拓者である日持に与えたとしている。
⒀　注⑸に同じ。102～105頁。
⒁　『日蓮宗事典』（日蓮宗宗務院、昭和56年）「日興」〔宮崎英修氏分担〕の項参照。
⒂　『伝灯鈔』〔前掲『宗学全書』第18巻〕53頁。
⒃　佐々木氏の前掲論文には校正上未修正と思われる□字が幾つかあり〔この部分も日□となっている〕、いまここで日脩としたのは本満寺11世〔寂年永正17（1520）年〕としてみたが氏の原稿をたしかめたものではないので、訂正の要があるかもしれない。
⒄　注⑴参照。
⒅　佐々木氏「前掲論文」488頁上。
⒆　高橋氏『前掲書』123頁。
⒇　萩原淳平「日蒙関係の一側面―謎の「宗門の義経」日持上人と関連して」〔『フォーラム』1988 Spring. 立正大学報15。50～57～64頁〕
㉑　「中外日報」昭和63年10月20日付け第⑼面に「日持上人遺品を身延山に里帰りさせた」笠井麗資氏が紹介されている。
㉒　前嶋氏『前掲書』62～64頁によると、はじめ古塔から持ち出された副葬品は28点に及び、岩田氏の蒐集した14点の遺物のなかには、他に青銅の仏像１体・「永仁五年冬刻」との銘のある１尺ほどの日蓮像・磨滅した木魚等があったという。
㉓　出立して３年後の西夏文の経典を頒布したとすれば、日持が西夏文字を充分に理解しえたとは考えられず、むしろ『法華経』fâ-huā-jīng と『華厳経』huā-yán-jīng とを錯謬したと考えた方が理に合っているのではなかろうか。
㉔　前嶋氏『前掲書』191頁。
㉕　高橋氏『前掲書』122～123頁。
㉖　「死のう団」事件で有名な近代の日蓮主義宗教家・江川櫻堂氏（昭和13年34歳亡）の書写曼荼羅が氏の実姉宅（東京都大田区在住・北村真弥氏）にある。それは花押をはじめ、筆跡や筆勢も日蓮直筆のものと見間違えるほど精巧な模写である。なお、死のう団事件に関しては保阪正康氏の『死なう団事件』〔現代史出版会、昭和50年。1973年には「れんが書房」からも出版されている〕がある。
㉗　前嶋氏『前掲書』140頁。
㉘　前嶋氏『前掲書』207頁附記参照。
㉙　これまでの日持遺物にかんする研究者の論議は、前嶋氏を除いて直接それらを眼にした上でのものではないと思われる。筆者は遺物のすべて〔注㉒を含む〕に批判的でないわけではないが、実際に９点の遺物を目にして心打たれた。もしそれらの

遺物すべてが偽作であるとしたら係わったものに畏敬の念をおぼえる。

(30) 昭和10年に発行された『大亜細亜人』〔明治38年9月創刊〕2月号（通算343号）には博多の元寇記念館に「護国大本尊」（＝衛護本尊）が遷座されたことを伝え、その中に「衛護本尊」ならびに宣化文書(2)に描かれる日蓮像と同様な肖像が掲載されている。これなども問題を提起するが、もしそれが宣化文書の発見を予期した意図的なものであれば、前嶋氏の言うように、遺物によって示される日持の事蹟はより華やかなものとなっていたはずである。なお、日蓮宗新聞社の西城氏から日持にかんする未見の近代日蓮主義の資料を入手できたことを謝したい。

(31) 宣化文書に記される漢文〔宣化文書(2)の背面・(5)の右端〕が、「腹の立つほど稚拙」で「ボロボロで拙悪」〔高橋氏『前掲書』108、117頁参照〕なものであるかどうかは主観のともなうところであるが、筆者の友人でもある北京大学の于栄勝氏は、「それらの漢文は古典にたいするなにがしかの教養があれば現代中国人でも充分理解できるものであり、中国人ならこのような漢文は書かないという意味での稚拙では決してない」と述べている。

(32) 筆者の「宣化訪問」（1990）は立正大学短期大学部紀要第29号（平成4年1月）に寄せた。

帰化僧となった高麗人
—高麗日延と高麗日遙—

我が国と隣国の半島との文化交流の歴史は古い。上代以来の日本の仏教文化の歴史も、半島から渡来した僧たちの活躍ぬきには論じられない。我が国の中世が幕を閉じる頃、当時の両国間の緊張した社会状勢のなかで、齢いくばくもない児童や少年たちが日本に連れてこられた。かれらのその後の人生はどのようなものであったのか。そうした少年たちのなかで、やがて帰化僧として得度をし、日本仏教の宗門史に名を留めた二人がいた。その一人は李朝王子・臨海君の子であった当時4歳の男児、もう一人は当時13歳になる少年である。いずれも、加藤清正の朝鮮遠征の際に日本に連れてこられた。その後、高麗日延・高麗日遙[(1)]と称されたかれらは、当時の宗門〔日蓮宗という宗名は明治以降のもので、それまでは日蓮法華宗とも称されていた〕に於いて人々の尊崇をうけるほどの高僧となっている。日延は大本山・小湊誕生寺の18世、日遙は肥後本妙寺の3世である。

日延は、他宗他門に対する日蓮宗門の厳格な姿勢、すなわち不受不施義をめぐる宗門内部からおきた公場対論により、不受七聖の一人として誕生寺を去り、筑前に下った。そのためもあってか、彼の著作は記録されながらも伝わらず、[(2)]これまでの研究や資料はごく少ない。誕生寺にも僅かに什物として彼の筆になる1幅の本尊と棟札[(3)]が保管されているのみである。

一方日遙には、生き別れとなって30年近くを経て、初めて一人息子の生存を知った彼の父との書簡が残されている。父子の情は、読む者のこころを打ち、改めて戦争によって壊された家族の悲痛さを知らされる。本稿では、初めに確認できうる資料を通し、これまでの研究報告等に基づきながらかれらの生涯を簡略に述べ、次節では日遙と彼の父との書簡を試みに書き下してみた。真蹟は、他のいかなる資料にも勝って、歴史的人物の声を我々に伝えてくれるからである。

〔Ⅰ〕

日延（1589～1665）が、李王宣祖の長子・臨海君の子であるという記載が、近年発刊された『日蓮宗事典』[4]の当該箇所にも述べられている。その出典が、小湊・誕生寺所蔵の『龍潜寺過去帳』であるとの報告が、かつて高崎慈郎氏「可観院日延の研究」〔『大崎学報』117号、1963年〕によってなされた。[5]龍潜寺は慶長11年（1606）、誕生寺15世・日然によって建立された里見義康（法諡・龍潜院殿）の菩提所である。初め本山の隠居所として建立されたこの寺は、日延の代に市川山龍潜寺と称するようになった。

筆者は、今回、誕生寺貫首・片桐日泉猊下のご好意によって日延の筆になる曼荼羅本尊と棟札を調査しえたが、『龍潜寺過去帳』は残念ながらその存在を確認できなかった。[6]研究者としては、実際の資料にあたって論ずべきであるが、いまその所在の確認が出来ない状況下であるので、以下に高崎氏の所論等に基づいて日延の生涯を眺めることにする。

文禄元年（1592）、朝鮮征討の発令をうけた加藤清正（1562～1611）は先鋒として従軍し、7月24日、会寧に於いて李王宣祖（1552～1608）の二王子〔臨海君・順和君〕を捕らえた。この時、李王は明国に退出しており、当時、流罪人の居所でもあった会寧では、王子に敵対する人々が、かれらを引き渡して日頃の鬱憤を晴らそうとしていたらしい。[7]清正は翌年晋州城を攻略するが、この年の明との講和条件によって、二王子を京城に送還した。捕らえられた二王子たちが清正によって礼遇されたことが、主計頭（清正）に対する王子たちの連判の礼書によっても知られる。[8]万暦21年（1593）6月2日に寄せられた、この礼書には、「釜山浦に到り還りて京城に放還を許す、其の慈悲は仏の如く、真に箇れ日本中の好人なり（到釜山浦還　許放京城　其慈悲如仏　真箇日本中好人也）」と記されている。

高崎氏の引用する『龍潜寺過去帳』には、この時、清正は臨海君の御子、男子一人、女子一人の姉弟を秀吉に献ずるために連れ来たり、密かにわが子と称して成育したという。その男子が当時4歳〔数え歳〕の日延であり、当時6歳の姉は後に戸川逵安の室となった本樹院であるとしている。[9]

高崎氏の諸寺の記録や書状に基づいた報告によると、日延は文禄2年

(1593) に我が国に渡り、博多法性寺13世・日教について剃髪している。幼名は「大応 (或いは台雄)」といった。その後、慶長9年 (1604) に彼は京都本圀寺の求法檀林に3年の間学び、次いで千葉・飯高檀林に移り慶長末期まで修学している。日延の小湊入山はこの後と見なされている。清正と安房守・里見義康との補助を得て、誕生寺18世を継いだのは未だ20代後半の若さであった。但し、『龍潜寺過去帳』の入山「補助」という記載であるが、義康は慶長8年 (1603) には亡くなっており、その後の安房守は義康の子・忠義である。慶長9年に求法檀林に学びだしたことが事実であるとすると、当然、日延の入山は義康の没後のこととなる。高崎氏の引用する『過去帳』の部分は、「既為誕生寺貫依之清正国主里見義康公頼法務補助 (既に誕生寺の貫と為るは、之れ清正と国主里見義康公が法に頼み補助を務めるに依る)」とある。清正と同様、義康も朝鮮の役に出陣しており、両人がかねがね日延の小湊入山に力添えをしていたと考えられよう。

小湊18代の貫首として日延は、祖師堂の建立をはじめ龍潜寺〔明治期に八幡に移転・祇園山龍潜寺〕、覚林寺〔白金〕・円真寺〔二本榎〕などを開創している。誕生寺什物の願主日延による「棟札」は「于時寛永五戊辰暦八月吉日」と記されている。願文には「即此地四處道場之最初一宗尊崇之霊地也　依之欲令創于一宇而勧進催於遠郷迹里助力請貴賤男女建立 (即ち此の地は四處道場之最初、一宗の尊崇之霊地なり。之に依りて一宇を創せしめんと欲して勧進して、遠郷を催し里の助力を迹(たず)ね、貴賤男女に請いて建立す)」とある。宗門第一の聖地に堂宇を建立せんとする日延の願文には、その功徳が「當山一結の諸霊」に施されんことを願っている。そして、願文の最後には「慈父高延悲母妙延佛道増進乃至六道四生抜苦與樂 (慈父高延・悲母妙延が佛道増進、乃至、六道四生、苦しみを抜き樂を與えんことを)」とあり、ここに高延・妙延として日延の父母の名が記されている。

寛永5年 (1628) は日延の40歳の時である。高延・妙延は日延による両親への法諡である。幼くして故国を離れた彼の思親の情は、これによって窺えるのみである。日蓮もまた思親の念は深かった。日延のこの棟札は曼荼羅の首題の下部に、「日蓮大菩薩」の文字を挟み両脇に妙日聖人・妙蓮聖人の名が記されている。妙日・妙蓮は日蓮の両親の法諡である。信仰の対象としての曼荼羅にそうした名が記されていることによっても、この棟札が明らかに誕生寺にゆかりのある堂宇のものであることが判る。[10]

誕生寺は、日蓮の門弟・日家によって日蓮誕生の地に創建された霊跡寺院である。初めは高光山日蓮誕生寺と称された。その後、明応8年（1499）と元禄16年（1703）の2度にわたって地震や津波によって被災している。特に、元禄の大津波では伽藍がことごとく海中に没してしまった。後に光圀の外護を受け、今日の地に改めて再興したのは26世の日孝（入山・元禄14年（1701））である。この時から小湊山誕生寺と改称された。後、宝暦8年（1758）の大火で仁王門を除いた諸堂は灰燼に帰した。現在の祖師堂は49世・日闡（入山・天保3年（1832））の代による再建である。[11]

元禄年間の大津波によって堂宇が海中に没したとすると、日延の「棟札」はその以前の誕生寺の建築に関わる貴重な資料である。

明との講和によって清正によって捕らえられた臨海・順和の両王子は解放されたが、その後、日延の父・臨海君は後継者問題の争いから流罪となり、ついには惨殺されている。李朝期の党派の争いのなかで、臨海君の御子たちが、日本へと連れてこられたことが、かえてかれらの身の安全となったと高崎氏も指摘する。[12] 我が国の朝鮮への遠征は慶長の役（1597）を過ぎ、翌年に秀吉が亡くなると、慶長7年（1602）には家康が朝鮮との修交を計画している。

日延は、寛永7年（1630）の身延と池上とのいわゆる身池対論[13]の結果、不受不施七聖の一人として配流を申しつけられた。この対論には日延は欠席していた。それは不受不施義と誕生寺の寺領問題の煩があったためである。対論は2月21日、江戸城に於いて行われた。幕府はその裁決に苦慮したが、池上本門寺日樹らを諸国に配流し、池上などの関東の諸山を身延の支配下においた。初め幕府は身延側の主張した日延の処罰を採り上げなかったが、対論に欠席をした日延も自ら追放の一人に加わった。

筑前は日延の得度の博多の地でもあり、かの地は姉・本樹院の住む所でもあった。日延は黒田藩主の帰依を得て寛永9年（1632）には香正寺を開創し、更に万治3年（1660）には海福山妙安寺を創建し、宗祖以来の不受不施義の法を宣揚しつつ、この妙安寺に於いて寛文5年（1665）1月26日、77歳をもって示寂した。晩年、日延は故国の見える地に居住したい旨を黒田忠之に伝え、寺地を賜って妙安寺を建立したという。

日遙（1581～1659）は、日延と同じく文禄の役の戦火の際に捕らえられた。その時、彼は13歳であった。日遙の本名は余大男（好仁）、慶尚道・河東に居していた余寿禧（天甲）の一人子であった。[(14)] 文禄2年（1593）7月、双渓洞・普賢庵に於いて彼は捕らえられた。彼はその時に、「独上寒山石逕斜　白雲生処有人家」〔晩唐・杜牧「山行」遠上寒山石逕斜　白雲生処有人家〕の2句を示した。すると清正が彼が庸常の子ではないことを知り、自らの衣食の際に於いても傍らに置いて愛護した。日遙の書簡をみると、清正は、彼を先に肥後の地に送っている。その少年は寂照日乾に託されて仏門に入り、慶長12年（1607）まで求法檀林に学んでいる。この時に日延もこの檀林に学んでいたとすれば、日遙は彼を知りえたはずであるが、日遙側の記録には日延との交流は述べられていない。その後、飯高檀林にも学んだ後に日遙は肥後（熊本）本妙寺に帰り、やがて清正の1周忌をすぎて本妙寺の3世を継いだ。本妙寺はその後、火災によって熊本城内から中尾山に移された。やがて国主であった開基檀越の加藤家の断絶に及び、日遙は朝廷や将軍家に働きかけ、新しい国主・細川家による外護を得て本妙寺は相続されることになった。慶安4年（1651）には、肥前島原の領主・松平摂津守の室の追福のために護国寺を開創している。日遙は能書家としても知られた。

慶長12年（1607）5月6日、朝鮮より通信使が来訪し幕府に国書を贈っている。慶長7年（1602）の家康の朝鮮修交を受けて平和復旧のために訪れたものである。この一行の中に河東の官人がいた。彼は日遙に逢い、父の姓などを知って、帰還後に日遙の父・余寿禧にそれを伝えた。26年ぶりに、わが子の消息を父母は知りえた。その喜びと恨みにも似た日遙の父からの書簡が伝わっている。それに対して日遙は、返書を送り、更にその返書に対する彼の父からの書簡が現存している。日遙の書簡が何故に、本妙寺に伝わったかは明らかでない。もし父のもとへ届けられたものならば、元に戻されているのは頷けない。恐らく「草之(これ)を上(たてまつ)る」とある如く、それとは別の書簡が送られたのであろう。いずれにしても、父の書状も一再ではないことが知られる。日遙の書簡を踏まえた内容の返書が彼の父から届いていることから見れば、父・余寿禧に届いた書状が、現存する日遙の書簡とほぼ同様のものであることが判る。

次節では、それら往復書簡を書き下してあげることにする。漢文体の書簡であるが、固有名詞ほか筆者の知識では解読しがたい部分もあり、試みに書き下したことを記しておきたい。[(15)] 父子の往復書簡は、ありのままの両人の気持ちが述べられている。日遙は「此の国に於いては心を知るの友無し」と父・余寿禧に心の内を訴えている。当時、珍重されていた朝鮮の鷹を対馬島主や肥後の守に父が「贐り物」として奉れば、或いは帰国が叶うのではともとれる内容の追伸も添えられている。それに対して余寿禧は「国法は極めて厳しく法を犯すこと畏るべし。切と雖も奈何(いかん)せん」と、何とかしてはやりたいが、国法を破ることができないと答えている。そして、父の書信を子に伝え、子の答書を父に伝えてくれた倭（日本人）に対して、彼の「粉骨は忘れ難し」と礼を述べている。今、父子の私信を紹介することによって、たとえ高麗遙師として尊崇されている日遙のイメージが傷つくことがあっても、それは当時の彼の真実の訴えである。そうした点も含めて、本稿では筆者は、書簡の内容に踏み込んだ私見を避けて、ただ資料として呈示するのみにしたい。

〔Ⅱ〕

【日遙父書状】

九州肥後の國、熊本・本妙寺の學淵・日遙聖人。

朝鮮國、河東に居す父・余天甲、送〔＝迷？〕子・余大男に傳う。

汝、癸巳の歳（1593）七月、雙渓洞・普賢庵、族僧・燈邃の処にあり。擄えられて後、未だ汝の生死を知らず。汝の母と日夜に號泣せり。去る丁未の年（1607）、我が國の通信使、日本國に入るの時、我が河東の官人、路に汝に逢い、汝が姓名を問う。則ち汝、答えて曰く、吾が姓名は余大男、父の名は余天甲と云々。其の人、還帰して我に傳う。始めて知る。汝、日本京中の五山の内に生存すと云うことを。汝が母は我と悲痛・相い泣いて曰く、他人の朝鮮に逃げ還る者相い継いで出来するに、而るに吾が子・大男は獨り出で来らず。必ずや是れ父母の生存を知らざるが故也。常に書を汝に通ぜんと欲するも、便りとして達すべきもの無し。往年の秋、汝が友人・河終男、始めて朝鮮に還りて我に言って曰く、余大男は擄えられて日本に僧と為れり。曽て日本の京中に在りしが、九州肥後の國、熊本法華寺内の本妙寺に下居し、称して本行院日遙上人と名づくと云う。或いは称して金法寺學淵と云々。汝が好在せる消息を聞きて歓喜踴躍す。而れども却って汝、父母の生育の恩を忘れ、異地に安居し、久しく出で来たらざるを恨むるなり。自ら衣食を日本に於いて足りて還らずや。僧と為りて海外に逸居して還らざるや。汝、審らかに之を思え。我、年方に五十八、汝が母は亦、六十。兵火を経ると雖も、家業は稍く實り、奴婢も亦多し。人皆、我が富居を羨む。而るに只だ短きは我れ子を失えることなり。汝が年は今方に四十、且つ學習を識ると云う。愛父母の常情を知りて、帰りて老父母の生存を見るべし、云々。則ち亦、孝ならずや、亦、幸いならずや。父母に相い逢うて、郷國に好居するも亦、榮ならざらんや。奴婢を使喚し、世業を安享するも亦、樂しからずや。況や我、及び汝が母は、年既に衰老す。汝、之を熟思せよ、々。急いで汝が主、鎮大将軍の前に告げ、且つ汝が大師の前に道き、力て思帰の情を陳べ、舟に乗り海に浮かびて無事生還し、復た天日を見んことを。父子、一處に相い逢うて共に餘年を享ければ、則ち其の樂しみ如何と為さん哉。庚申（1620）五月初七日、父・余天甲、則ち児名（氏族の名）にして、官名（おおやけの名）は則ち余壽禧、三賠〔＝悟？〕。

【日遙書状】

「遙師、故国の父母に答えるの書翰〔外題〕
父母主前に百拜し答書を上る。
朝鮮國慶尚道河東余壽禧氏宅に上の事を傳えん。迷子好仁謹んで封ずる。」〔上書き〕

千萬に意外、伏して受く親滋なる手書。審を憑す。

父母主、両體は舊に依りて恙を免れ、今に迄まで平を保ち、年いまだ衰老せず。琴の調べ瑟の和音、緘を開きて讀まんとすれば感涙先づ零つ。此れ乃ち天の眷る所なる耶。抑、亦、神の助ける所なる乎。緲として其の由る所を知らず。惟えば手（＝年？）を祝い感賀の至りに勝えず。迷子好仁〔＝日遙〕、家世の積善の餘慶を特に蒙る。更には嚴堂に頼りて勸學これ早く、其の擄えらるるの日、霜刃の翻えるを畏れずに、只だ「獨上寒山石逕斜　白雲生處有人家（獨り寒山に上がれば、石逕斜めなり。白雲生ずるの處に人家有り）」[16]の二句を書き之を上る。則ち清正公将軍の曰く、「此れ庸常の子には非ざる也」と。招して席の側に置き、而して衣を解くも我とし、食を退くも我とす。是の如き愛護、数月の後、先に此の國の肥後の地に送る。命じて髪を削り僧となさしむ。而して其の初めより今に至るまで、只だ法華妙經を誦すること歴朝・過夕なるも、寒さを忘れ、飢えを免るること難し。然りと雖も初めて彼に擒えられし日より今に至る二十八年。而して二十八年の中に毎に手を與して香を焚き、朝日に向いては之を祝り、夕には佛を拜して之に告げて曰く、吾が家、祖宗の代（初代から先代まで）、別して不善の殃を積むこと無かりしが、哀れ我、孤僧となれり。何の罪辜ありて之をして久しく無何の域に落としめる乎と。是の如く號き告ぐるは一朝一夕に非ず。而るに今、望外の書を受く。

則ち、子の私情、竊に以爲えらく、二十八年の祈禱の應なり。大抵、子の本情（真情）は則ち切なり。今、傳信の人に附せんと欲す。奔走し、往きて両堂の堂下に拜し、如意に積年の爵陶〔陶鬱（心がはればれとしない）？〕の懐を布き告げれば、而して其れ當日の夕に於いては命を委ねる（自分の命をさし出す）と雖も悔やまず。最も恨むべきは別して他故無し。子、乃ち今に迄ぶまで、主の食を食し、主の衣を衣る者なるが故に、此の如く嚴刑の國なれば、夫れ、何ぞ能く其の心を以て心を爲さんや。伏して乞う。

嚴慈氏〔＝弥勒菩薩〕、少し両胸を寛したまえ。四五年の間に子が内意を如何にかせん。徐に将に書を下さんとす。呼、泣き哀しんで國の将、及び州の守の前に陳ぶ。誠に二・三年を以て限りと爲せ、と。之を哀請すれば、則ち、彼も皆父母の子也。而して豈に回情・激感の理なからんや。若し早く脱るれば天道（天の道理）は好環し、更に帰國の慶びを得ん。則ち両體は子無くして而も子有り。迷子、亦、親を失うに而も親を得ん。大概の吉凶・榮辱は倶に天道に待つ。亦、幸いにならざらんか。今より以後、子、書を下さん。常に晨昏（早朝と晩）これを具と為す也。伏して煩わす。

父母主、亦、此を子の書を以て、擬えて雛の玩（愛らしい品物）を弄ぶと作さば幸甚千萬。但し、下されし書に曰く、汝、父母が生育の恩を忘れり、異地に安居し、亦、自ら食衣に足る上に、久しく出で来らずと云々。則ち、垂れる所の語、子、甘受すべし。少して明を發するの冤〔究？〕あり。[17] 若し大平の時に於いては、子、獨り逃げて身は親を離れ、友を棄てて不窮の域に潜入せば、則ち子が不幸は無雙の罪なり。必ずや三千五刑の外に溢れん。當年（その時）の禍は而を口に道う可からず。而るに、大王の子擒えられ、縉紳（身分の高い人）の女は辱かしめられぬ。[18] 則ち、子、他邦に来たりて爲に以て榮となさんや。以て願と爲さんや。伏して乞う。附して已むを得ざる。冤 を察せよ。而して忘恩の咎を郷黨（郷里）の中に繙くこと勿ければ幸甚千萬なり。且つ煩わす。祖父・得麟氏の安否、及び族師・邃方丈の生死、何ぞ細示せざらんや。夢に想い魂思（もやもやと思う）の至りに勝えず。且つ通に於いて、子、之を奇しむ。河東の官屬、及び友人の河終男、ここは両前人に 〔懇〕に感謝の情を傳えん。企みて仰がん。情は窮り無しと雖も只だ行使慇（外来客の接待役）の忙難に拘われ、大綱（要点）を挙げて小目は具にせず。伏して尊鑑（父のいましめ）を惟い、向に是の事を教とす。頓首百拜。

庚申（1620）十月初三日

　迷子・余好仁、日本國熊本本妙寺に在りて草（下書き？）之を上る。

追って曰く、下される書は則ち九月盡日（末日）に傳え受く。且つ此の國に於いては心を知るの友無し。只だ居昌の李希尹、晋州の郤逖、密陽の下斯循、山陰の洪雲海、株安の金汝英、光陽の李莅等の五六人と朝夕に故國の事を談話せしのみ。且つ恐らく重ねて思うは、迷子、則ち此の國は朝鮮の鷹を珍重す。若し来使有れば、則ち好き鷹二坐を送るべし。而して対馬島主及び肥後の大守の前に各、贐り物を上り、以て迷子に賭ければ、幸甚ゝゝ。

【日遙父書状】

日本國九州肥後の國、本妙寺日遙の前に。

前年六月、答書を此の倭（日本人）に傳う。前には書信（たより）を釜山往復の人に因せて傳送すること、一に非ず一再に非ず。而して未だ汝の答書を見ず。晝夜に歔泣せしに、此の倭が信有り。簡を汝が處に傳う。汝が答簡を亦、持ち来たり、我をして汝が手の滋すを見ることを獲せしむ。此の倭、彼此に相い通ずるの情あり。粉骨は忘れ難し。切に躬ら晉みて釜山に致り、此の倭に謝せんと欲するに、適、傷寒（腸チフス）に遭いて未だ意の如く和まず。乃ち、族人をして、余、此の倭に謝せしむれば、見ること無きを得る。亦、傳えて書信を送る。且、汝と離れて三十年、茲に始めて汝が書を得んとす。緘を開き三四を讀めば宛も汝が音容(すがたかたち)顔色を見る。歓喜踴躍し、悲喜おのずから禁らず。常に汝が今に迄まで生存を念ぜり。苟も肥後國王を得るに非ずんば以て之を生かす無し。其れ、國王の恩徳の軽重・大小の爲め、宜く如何が報ぜんや。父は時に年六十、母は時に六十有五なり。則ち其の餘年は何幾ぞ。夜には必ず香を焚き、以て帝者（天帝・神）に奏するは豈、他の爲なる哉。只だ願うは、生前に汝が音容を一たび見んことに足れりとす。今、汝が書を見れば、則ち汝が親を思うの至情、おのずからまさに已むべからざることを此に見る可し。汝が情、窮り無しと雖も、身は自ら存すること能わず。國王の前にて萬端（あらゆるしゅだん）哀乞して曰く、「年老いたる雙親には他に子女無し。唯一の俘虜の息は遠く絶域に在り」と。天を指し地に畫きて、言は愈遻切にせば、則ち至誠は神に感ず。况や人に感ずるをや。幸いに脱れ、復た天日を見ることを得れ、我をして生きて逢わしむれば、則ち三十年の蓄恨は一朝にして氷釋するなり。汝が大孝は豈に此に於いて加うる有らん哉。汝、須く旃れ勉めよ。且つ、汝が書に祖父主の安否、及び族師・邃方丈の生死を曰う有り。何ぞ細示せざるや。看來雙流に勝えず。此に見る所の汝の深情、天理藹然たり。祖父主、越えて癸巳（1593）七月十二日、倭に傷せられて世を捐る。邃方丈は丁巳(1617)八月十八日、天年を以て終わる。邃方丈の姪・辛喜も亦、化去せり。汝が書に鷹子二坐を両處に贈れと曰う有り。以て迷子に賭けよと云う。我、豈に心力を盡さんと欲せざらんや。而るに之を異國人の処に送るにも、私に自ら贈ること能わざる物なり。國法は極めて嚴しく法を犯すこと畏るべし。切と雖も奈何せん。且つ、姜堂の長女の子等の事、金壽生、姨は皆、我に切親なり。今、〔汝の〕生存を示すを見て、其の喜び可斗か。壽生等は主なく空閑（＝閨？）なり。汝、出で来らんの時、某、條を率いて来たらば幸甚なり。姜堂の長子、天樞越は癸巳に擄えられ、辛丑（1601）に逃げ反れり。其の他、示す所の人は、處業（職務）に已り、之に通ず。且つ、李苣の兄、李蕙は三年前に死せり。金緯・金灌兄弟は生存せり。且つ亦、寸弟の金光礼、同生の弟・明礼、子の秀男等の三人も亦、同じく俘えられる。汝、幸いにも見聞を得れば、まさに勢を率いるに勉め図(はかる)ことを為しては如何。汝、異國に處して戦兢（恐れ慎み）として自ら持(たも)ちて無事に出で来れ。

壬戌（1662）七月初八日、父・余壽禧〈嘉〉此の簡を余大男に傳う。

注

元寇による襲来の如く、我が国も他国からの脅威の体験を持ちながら、隣国に対する侵逼という時代があった。今日、両国の真の友好関係が目指される時に、覆い隠すことなく明らかにされねばならない歴史もあるであろう。我々は事実は事実として受け取り、深い反省がなされなければならない。将来への展望を考える時に、歴史を過ぎ去ったものとして等閑視してはならない。歴史を振り返り、歴史の証言のなかに、両国に於ける精神的交流が確認できれば、時代を超えて新しい友好関係を構築することができるはずである。

⑴　高麗は新羅に代わって半島を統一（918 ～ 1392）した国名であるが、我が国では一般に高句麗とともに朝鮮を称することばとされているので、ここではそれに従った。

⑵　日延の著としては『浄土宗問答記録』１巻、寛永19年、『善学院再答』１巻、万治４年春の２冊が記録されているが、刊行も写本の所在も明らかではない。参照：『日蓮宗宗学章疏目録―改訂版―』立正大学日蓮教学研究所、東方出版、昭和54年１月。

⑶　日延の曼荼羅本尊（34.5 × 16.5cm）は寛永21年8月5日の日付がある。宗祖を「法主日蓮大菩薩」と記している。この曼荼羅は二本榎円真寺より昭和15年に納められたもの。『誕生寺文書』〔誕生寺発行、平成４年5月6日〕27頁参照。

棟札（下部横幅22.4cm、上部は広がり頭部89.2cm、底部87.7cm。厚さ2.5cm）は寛永5年8月吉日の日付で、最後に「工匠鶴屋佐右衛門尉・瓦大工伊藤作右衛門尉」と施工の工匠たちの名が記されている。

⑷　『日蓮宗事典』〔日蓮宗宗務院、昭和56年10月13日〕当該項目参照。

⑸　高崎氏の所論は諸寺の古文書等が利用されており、『日蓮宗事典』等もその論述を踏まえた解説となっている。今後、資料の調査によって日延に関する新しい見解が発表されることを期待したい。

⑹　誕生寺・橋本宏信師の協力を得て『龍潜寺過去帳』の存在確認をしていただいたが所在は不明であった。現片桐貫首（82世）の代になって、学術的な什物の調査報告などが行われたが、誕生寺の近代史を考えると、それ以前のものでは散逸したものもあるのかもしれない。

⑺　『加藤清正伝』〔熊本・青潮社、昭和54年9月1日発行〕「加藤公伝」（清正朝鮮の

都に着給ふ事王子兄弟生捕の事）97頁参照。

『日蓮宗教団全史』上〔平楽寺書店、昭和39年11月〕第4章「豊臣秀吉時代の教団」第5節には武将の外護として加藤清正が紹介されている。その他、清正に関する資料として『清正勲績考』〔本妙寺宝物館発行、昭和55年3月1日〕等がある。

⑻　『本妙寺歴史資料調査報告書・古文書篇』〔熊本県立図書館編集、肥後本妙寺発行、昭和56年3月31日〕に「中世55・朝鮮国王子等連署書状」として写真で実物が紹介されている。「加藤公伝」（朝鮮王子帰京の事王子より主計頭へ礼書の事）112－113頁にも載る。

⑼　高崎氏論文には、日延の姉は来朝後、戸川逵安の室となったが、その子孫が黒田藩に仕え博多妙安寺の大檀越として現存するという。

⑽　日延のこの棟札は、「願主当山十八祖日延」とあるので、恐らく誕生寺・祖師堂のものであろう。祖師堂建立の発願は成就しえたであろうが、その2年後には身池対論が行われ、自ら追放の一人に加わっている。誕生寺史を考えるときに、その棟札が、現存のもっとも古い誕生寺の建築に係わる資料であるとすると、宗門人の一人として感慨深い。

⑾　『日蓮宗事典』当該項目参照。

⑿　高崎氏論文108頁上段。

⒀　宮崎英修博士『不受不施派の源流と展開』〔平楽寺書店、昭和44年、同51年3月1日、第3刷〕第7章に身池対論が詳解されている。博士による「可観院日延上人の発揮」が誕生寺『こみなと誌』に収められている。

⒁　日遙父子の往復書簡による。

⒂　以下の書き下し文については、金漢益博士〔現、釈悟震・東方学院講師〕が、筆者の草稿を訂正・補筆してくださったことに、感謝の念を表する次第である。

⒃　金漢益〔現・釈悟震〕博士は、この句が晩唐・杜牧「山行」からものであることを指摘して下さった。「遠上寒山石逕斜　白雲生処有人家　停車坐愛楓林晩　霜葉紅於二月花（遠く寒山に上がれば、石逕斜めなり、白雲生ずるの処に人家有り、車を停めてそぞろに愛す楓林の晩、霜葉二月の花より紅なり）」

⒄　『資料調査報告書』40頁下段によると「少有発相之寃」としているが、原文は「少有発明之寃〔或いは究〕」と読める。

⒅　当時緊迫した状況のなかで、この種のおぞましいことも起こったであろう。「清正記」には美女を槍でいも刺しにし、明国の勅使がそれを見ておじ恐れて彼を鬼上官と風説したことが記されている。一方、その風説に対して「加藤公伝」の「朝鮮国の美女殺害相違事」（167頁）では、それを否定し、「罪なき女人をかろがろしく、自身槍にてつく事思ひもよらざる事也」と記している。「況や大明国の勅使が、此小勇を見ておそるべき事、曾以これあるべからず」と、その風説が間違いであるとし、もしそうしたことが事実であれば「誠に本朝の恥辱たるべき事也」と結んでいる。

日蓮会・江川櫻堂の宗教的芸術観

はじめに

本稿の筆者は、先に、昭和初期の日蓮主義団体「日蓮会」盟主・江川櫻堂（以下本文中では個人の敬称を略す）を取り巻く資料を扱った。[1] 彼の自筆の資料を調べるうちに、宗教に深い関心を懐きやがて日蓮主義に傾倒してゆく櫻堂の宗教的芸術観をとりあげてみたいと考えるようになった。それは官憲からの弾圧に対して徹底抗戦を企てた晩年の櫻堂とは全く別の、宗教的情熱を懐いて教化活動に邁進しようとする若き宗教的指導者としての類まれな姿をかいま見ることが出来るからである。筆者は、彼が主幹となる教団が脱会者の続出などによって動揺した時期に続く、特高の不法行為に対する抗争などにはさほどこころを動かされていない。むしろ、それ以前の彼自身の純粋な宗教観や芸術論に感心を寄せている。今回とりあげる資料は、櫻堂の自筆のノート（B5版25枚）などに述べられている宗教的芸術観に関する部分である。和紙の表裏に細かく記した教化の際の「心得」には、芸術的な感性を賦与された櫻堂の熱い息吹が伝わる。その資料には、後に血判を押して団結を誓う若き信仰の道連れたちの悲痛な雰囲気はない。その意味では時代の激流に翻弄されることのない櫻堂の宗教観を現代的な視点から客観的に捉えることが出来ると思っている。本稿では彼の宗教的芸術観を、筆者の研究テーマでもある普遍的思想に照らしつつとりあげてみたい。以下に述べる項目の中で、櫻堂の生涯及び人物像では筆者が直接得た情報の他は保阪正康氏の著書『死なう団事件—軍事主義下の狂信と弾圧』〔れんが書房、1972年。角川文庫本、1990年ではサブタイトルが「軍国主義下のカルト教団」となる〕におおむねよったものである。

Ⅰ．櫻堂と日蓮主義団体・日蓮会

江川櫻堂（本名は忠治。明治38～昭和13年、1905～1938）が生きた明治末から昭和初期にかけては、世界規模の大きな潮流の中で日本が進むべき方向と自らのアイデンティティー（独自性・自己認識）が問われた時代でもあった。櫻堂の生涯と活動に関しては保阪氏の前掲著書に詳しく紹介されている。今、そのうちで略年譜をとおして主だったものを概観してみることにする。彼が糀谷尋常小学校（現東京都大田区）に入学した翌年（1911）には辛亥革命がおこり、その3年後には第1次世界大戦が勃発している。〔ちなみに櫻堂の出身小学校の前身でもあった寺子屋（現・法性庵）は筆者が生まれた小庵であり、境内地に隣接する墓所は彼の一族の内墓であった。その墓地には現在櫻堂一門の供養碑が建立されている。〕その後の国際連盟の成立は大正9年（1920）のことであった。これからの激動を予感させる時代に、170センチ半ばの身長の櫻堂は、工科学校時代に級友とともに本田日生・清水龍山らの開いた統一閣にかよい、日蓮主義の研鑽に深く関心を寄せるようになった。櫻堂は神田にあった東京工科学校建築科を卒業すると、東京市の電気局に勤めた。国際連盟の成立はその前年である。電気局勤務も勤めた翌年には辞している。工科学校時代に関心をよせた日蓮主義研究をもとにその後、独自の仏教研鑽を加えた櫻堂は虚弱のため兵役免除となった年（1925）の秋には弱冠20歳で街頭布教を開始した。櫻堂の宗教観には、法華経と日蓮主義という狭義の仏教学を想像しがちであるが、現在の江川家の当主である江川克人氏宅（克人氏の父、儀七郎は櫻堂の従弟）に保存されている茶櫃数個の遺品となった書籍類を見ると、彼が広範な仏教及び宗教に関心をよせていたことがうかがわれる。[(2)]

日蓮会の正式な発足は昭和3年（1928）櫻堂23歳のことである。同年に実家の協力を得て日蓮会館が設立されている。機関誌『二陣三陣』12号（毎月1回10日に発行・第12号昭和4年10月発行に載る新入会員は48名。会員の範囲も羽田・蒲田・六郷・大井・大森・芝・下谷・本所・日本橋・川崎・横浜・北海道へと広がっている）には、若き宗教家櫻堂が『イソップ』ほか巧みに譬喩をもちいて教説を述べている（その機関誌は第22号までは無料配付されていた)。この頃から忠治を改めて「櫻堂」と名乗っている。髪をオールバックにした当時の櫻堂の写真の眼光は鋭い。虚弱のための兵役免除はあったにしても、痩躯長身の櫻堂は生来の芸術的才能と人を魅了する資質にめぐまれていた。当時の彼を知る女性たちは、文机に肘を寄りかけて思索する彼の姿が女性から見ても「ウットリするほど美しい」と語り合っていたほどであった。[3]

発足当時の会員はわずか20人ほどであったというが、翌年には会員も200人ほどと10倍にも増えている。共産党の全国一斉検挙が起きたのは創設の年である。翌昭和4年 (1929) には川崎に支部が設立された。この年には同市公会堂で開催された救世軍本部の創設記念行事に一部の会員が乱入妨害を企てた。それは野外演説を終えて帰る途中の会員たちが公開状をもって「主張を交える」ことを望んだことが真相であったようである。山室軍平は裏口から逃れたと会員たちの記録には記されている。この時に行動を共にした会員は次のように述べている。「救世軍といへば軍だと自分で言ってゐる位である。それがこちらの正当の弁論を以って対峙してゐるのに、商人の様にもみ手中腰で然も盛んに、米つきバッタの様に頭をさげて、おすがりしているんだから情けない。己の力が如何に貧弱だかを証明してゐるといふものだ。吾等の意気は益々挙がる。」〔田仲櫻樹「軍平膺懲記」〕。

同年10月にニューヨークでの株の暴落に端を発した世界恐慌が始まっている。やがて会員数も500人を超えた。井上日召の血盟団事件 (2月)、続いて5・15事件 (5月) が起こったのは昭和7年 (1932) である。

第1次世界対戦 (1914)、そして関東大震災 (大正12年、1923)、金融恐慌や失業者の増加などによる社会不安、そうした中でマルキシズムに傾倒する者や宗教的情熱に生き甲斐を求める者たちが増えた。一方、明治以降の国家神道体制のなかで、既成の公認宗教以外の当時の新しい宗教活動や団体は類似宗教という俗称で呼ばれた。やがて昭和3年頃から用いられた新興宗教という呼称に代表される様々な宗教活動に対しては、既成教団からの反感も根強かった。櫻堂日蓮会の特に日蓮宗僧侶に対する憎悪とも思える感情は、当時のそうした保守権威主義的な既成教団への反発とも言えるものである。川崎支部が発足した年 (1929) には櫻堂は肋膜で倒れてはいるが、日蓮会自体は会員数も増えその活動も周辺地域の注目を浴びてきた。櫻堂の法華経や日蓮遺文講義などを通じて、熱心な会員たちは彼を今日蓮と称することもあった。こうした順風満帆とも思える日蓮会に暗雲が立ち込めたのは昭和7年(1932) 頃のことである。この頃、櫻堂のスキャンダルによせた教団に対する執拗な嫌がらせがあり、脱会者が相次いだ。女性関係に起因するこのスキャンダルが事実であったかどうかは定かでない。名誉毀損の告訴を主張する会員たちを抑えて、櫻堂自身は事の真偽に何ら言及することがなかったという。筆者は、櫻堂がとった態度と、釈尊ゴータマ・ブッダがこの種のスキャンダルに対して自らは身の潔白を主張することなく、やがて刻がたって真実が暴露されたというエピソードと重ね合わせて見ることもある。(4)

日蓮会青年部が結成されたのは昭和8年 (1933) 1月のことであった。翌月には青年部を「日蓮会殉教衆青年党」と改名している。殉教千里行とかれらが呼んだ布教行脚に対して神奈川県警特高課による全員逮捕事件が同7月に起こった。当時の不穏な社会情勢のなかで、県警の勇み足もその事件に拍車をかけた。特高の不法監禁に対する告訴に始まる官憲との抗争、昭和10年 (1935) には監禁取り調べによって著しく精神に異常をきたした党員斉藤栄子の自殺未遂 (後に亡くなる)、帝国議会では特高の不法行為の暴挙に政友会・久山知之の質問などが続いた。控訴院が抗告を棄却したことを不服として、翌昭和11年 (1936) には党員たちがとった死を覚悟の「餓死殉教の旅」と銘打った対抗措置。続く翌昭和12年2月には団員たちによる「切腹自決請願」が櫻堂に出された。盟主櫻堂は、この時、はやる党員たちを抑えやむなく疑似切腹をすることを主張している。同17日に、党員たちが国会議事堂ほか5箇所で、「死なう！」と口々に叫び切腹自殺をはかり、第2の血盟団事件として世間を震撼させた。

盟主櫻堂は昭和13年 (1938) 3月20日に34歳を一期として寂した。盟主の危篤に党員今井千代が青酸カリ自殺をしている。続いて櫻堂の死を悲しみ党員たちが数人 (青酸カリ・服毒、定期船から入水) 自決をはたしている。盟主の死によって日蓮会は名目上終止符を打った。社会に復帰した他の団員たちは、その後、ほとんど会におけるかつての活動や信仰を語ることなく静かにに生涯を送って行った。

時代の混迷のなかに疾風のように過ぎ去った若き宗教家・櫻堂と信仰の仲間たち。かれらに対する筆者の哀悼の念は深い。櫻堂の純粋な法華・日蓮信仰は周囲の人々に感化を及ぼした。当時、彼の説法を聴き感銘を受けた人々は多い。会員に対する信仰生活への助言が、かれらの日常生活の隅々までに影響を与え勇気づけたことも筆者は、身近に知っている。櫻堂が仰いだ日蓮は「信仰強盛」を説いた。この「強盛」を筆者は、信仰を懐いて積極的に生きることと捉えている。信仰を拠り所として強く前向きに生きることは普遍宗教の教えである。今日のカルト教団と一般に呼ばれている宗教団体の教祖とは異なり、櫻堂自身は何ら私欲を求めることなく、生涯独身をとおし食事や日常生活に於いても質素を旨とした。その活動を近年のカルト教団との類似を指摘する向きがあるが、筆者は、そう思っていない。彼の一番の外護者でありよき理解者たちは彼のすべてを知る家族や親族であったことも、彼が決して無軌道な教団の指導者ではなかったことを物語っている。経典や日蓮遺文をとおして得た櫻堂の信仰の核心は、長所・短所を含め、まさにこれまで日蓮主義と称された思想や学問を、偏向はあったにしてもある意味で具現化したものではなかったのかと筆者は思っている。鎌倉期の仏教僧日蓮がそうであったように櫻堂も説法の「教・機・時」を重んじた。手段としての教説には、それぞれの時代や社会が反映され、そしてそれを求める側の理解によっても対応が異なる。手段として教説はいずれも意義を認めながら、それを絶対視してはならないということが仏教の大前提である。櫻堂の布教活動は、確かに当時の時代背景を抜きには語れない。彼が主張した宗教観には少なくとも、安易な折衷（中）はない。指導した会員（団員）たちへの彼の言動には、激動の時代のなかでの日本のアイデンティティーを求め、国を愛し、憲法を遵守してゆこうとする熱い姿勢があった。

日蓮の「四箇格言」とされている当時の有力な諸宗派に対する攻撃を、現代にそのまま実行したとすればどうなるだろうか。鎌倉時代当時、いかに権力に迎合した宗教界であったとしても、かれら僧たちの首を「実際」に由比の浜にすてよと日蓮は門下を激語しているわけではない（『光日房御書』ほか）。それほどの純粋な法華信仰を懐くことを勧めたのである。当時の宗教界に対して猛省を促したものが日蓮の四箇格言であった。こうした理解は、仏教が巧みな手段（方便）としての教説を絶対視しないということを知ることなしには生まれない。日蓮会の熱烈な会員のうち、櫻堂が破門をした者がいた。彼は日蓮の「念仏無間（念仏は無間地獄に堕する）」の格言（教説）を絶対視し、櫻堂の制止を無視して芝・増上寺（徳川家の菩提寺の1つ。浄土宗）の焼き討ちを試みようとして捕らえられた。櫻堂のとった1会員に対する毅然とした態度には、一部の巷に囁かれた狂信的な宗教家のイメージが全くない。これは、はやる団員たちを抑えて、実際に切腹自殺は演じて見せても決して死んではならないことを主張し説き伏せた櫻堂の態度にも通じている。

Ⅱ．櫻堂の宗教観に対する普遍思想的な分析

昭和初期に興った市井の日蓮主義者・江川櫻堂の日蓮会。筆者が、櫻堂の日蓮会をそう称するのにはわけがある。櫻堂自身は、確かに専門の宗教（仏教）研究を当時の最高学府で修めたわけではない。一部には、会員たちも含めて、専門の学問や知識を持ち合わせていない社会の基部を支える労働者たちによって会が組織されていたと見なされている。櫻堂の尊崇する鎌倉期の日蓮も、当時の宗教界に於いては言わば今日のことばでのキャリア組ではなかった。自らはインドの最下層の出身にも等しいとして「旃陀羅（チャダーラ）」の生まれであると明言した（『佐渡御勘気鈔』『佐渡御書』）。それだけに一般庶民の痛みや苦しみを実感できた。当時、世間から「生身の如来」とまで称されていた良観忍性（1217～1303）に対して、彼の慈善社会事業を批判した理由もそこにあった。社会事業に強制的に労役としてかかわる人々の嘆きや徴税の跳ね返りに苦しむ人々の姿を日蓮は見ていたからである。(5)

市井の熱烈な日蓮主義者ではあったが、櫻堂の主張は現代にも普遍性をもって問いかけている。江戸時代に『護法資治論』を著した儒医・森尚謙（1653～1721）は、一党一派に偏することのない無偏無党の立場を主張した。彼の依拠したものも『法華経』であった。尚謙は『法華経』の「愛無偏党（愛するに偏党なし）」のことばに感銘を受け、神儒仏の三教一致を広博な学識から論じた。(6) 櫻堂も、「真の日蓮主義に派などといふものは無し。派に属する者は日蓮教徒に非ず。」と主張した。彼の主張は、日蓮自身の「日蓮は何れの宗の元祖にもあらず。また末枝にもあらず」と述べたことばに依ったものであっ

た。櫻堂はしばしば「本統の妙法蓮花(華)経宗」と称した。

櫻堂日蓮会が「死なう団」と呼ばれたのは昭和8年(1933)に青年部が結成され、「死なう宣言」が作成された以降のことであった。『法華経』の経文でもある「不惜身命」を掲げた弘法の精神を櫻堂は「死なう!」ということばで表現した。それは「命がけで信仰し、命がけで法を弘める」ことであると櫻堂は言う。『法華経』「勧持品」には「我身命を愛せず、但、無上道を惜しむ(我不愛身命　但惜無上道)」とあり、「如来寿量品」には「一心に仏を見たてまつらんと欲して自ら身命を惜しまず(一心欲見仏　不自惜身命)」とある。櫻堂は、不惜身命の生きかたをけっして日蓮会のみの信仰的な専有とは見なしていない。「不惜身命を身に読んだ人々は過去の本化の僧俗信徒に幾蔵となくある。」(『日蓮聖人と法華経(假)其他』著述年代不明)とも述べている。身体で読むことを日蓮は「色読」と称した。体現的読書と筆者は解釈している。日蓮と同様な考えは7世紀の大乗の学僧シャーンティ・デーヴァも懐いていた。

櫻堂の信仰の核心は日蓮の御書(遺文)に裏付けされていた。権力に迎合することのなかった江戸初期の不受不施派の強固な信仰も櫻堂に影響を与えたが、全面的に傾倒するまでには至っていなかった。櫻堂は日蓮会の会員を「日蓮聖人の日蓮会の同志」と称している。彼は日蓮会の総裁は釈尊、会長は日蓮聖人であるとした〔保阪氏のれんが書房版には「会長は釈尊、教祖は日蓮聖人」となっているが、文庫本では改められている。〕日蓮は教を弘めるための時を重視したが、櫻堂は日蓮会が興ったのはまさに「今」という「正しい時だ!」とも言っている。当時の日蓮宗門人たちに対する櫻堂の批判は厳しい。「御書を忘れし偽法華僧俗」「宗派に蠢く糞溜めの蛆虫共」「運動の大義を知らぬ偽法華」(『真日蓮主義の興隆』昭和9年)などと蔑みのことばを投げかけた。

> まなこを開いて現代の日本、現代の世界を見れば平和は遠い、幸福ははるかだ。斯の如き秋に当たって、宝珠を中に懐いたる日蓮聖人門下たるものゝ、徒らに腕をこまねき、無為徒食してベン〜としてゐていゝだろうか。もういゝかげんに起ってもいゝだろうと思う。(『日蓮聖人と法華経(假)其他』)

当時の危機感をよそに人々がジャズに狂騒している有り様や旧態依然とし

た宗教界を憂い、「檄文」によって青年たちを鼓舞したのは櫻堂28歳の時のことである〔文中〔　〕内は本稿筆者による訂正〕。

青年よ冷静に姿し偏〔遍〕く祖国上下の現状を観、更に世界を難航する日本の将来を念え。霜を踏むまで尚ほ且つ堅氷の至るを知らざる者は愚人である。烈火山上祖国日本の危うき此の秋、……大衆は一体何處で何をしてゐるのだ？　蹇でないものは起て！（省略）然るを我れ関せず、無為にして徒食し、ヂャズと狂騒を共にする製糞器、腐敗せる政界、沈滞せる学会、堕落する宗教界に、吾人は最早愛想をつかした。（「檄文」昭和8年）

櫻堂は既成宗門の僧俗に対して、かれらが「但惜無上道」「不自惜身命」の精神を忘れている姿を次のように批判している。

妙法蓮華経宗の僧侶として、又信者としてこの昭ゝたる金文を忘れ、宣伝をおこたり寺の巣守り吊りや墓場の主（下線部分は線で消してある）あるに止まるならば余宗はしらず、世界統一の名教を奉ずる身であり乍らベン〜としてゐるようでは骨なしである、ぬけがらである。今の宗門は是れだ。（『日蓮聖人と法華経（假）其他』）

櫻堂は、大切な人生を五欲の奴隷となって無駄に費やしてしまうことのないようにと主張した。まこと（妙法）のために命を捧げるほどの「不自惜身命」の精神を鼓舞し、それを櫻堂は「清涼剤」とも述べている。

櫻堂日蓮会の言う「死なう！」は、しばしば過激な行動指標のように見なされている。しかし、櫻堂はそれを「日本国民に対する最高の指導精神である」と言う（『殉教要録』昭和11年）。死は誰もが避けられない事実であり、その「死」を一言で解決したことばが「死なう！」であるという。そこで、櫻堂は次のように述べている〔櫻堂の感嘆符（！）はすべて三重（!!!）になっているが、本稿では略す〕。

死なう！　は、一切の悪事を止どめ、大善を奨励するのに外ならぬのだ。此の死なう！　に共鳴すれば、総ての迷ひの目が醒めて、悪いことが一切出来なくなる。此の死なう！　が本当に判れば、悪い人殺しも出来なくなる。生活苦の自殺や厭世苦の自殺も出来なくなって、我が祖国の為めに我が主義のために我が宗教の為めに、立派に死なう！　と改心して立ち上がらずにはゐられないのだ。此の死なう！　こそ、此の世に最も必用な善き刺激であり、日本国民に対する最高の指導精神であるのだ。

日蓮は、「先ず臨終のことを習うて後に他事を習うべし」と言った。自らが死を深く意識することによって初めて正しい生きかたが誘われる、というように捉えることが出来よう。櫻堂にとって死は単なる観念や形而上の問題ではなく、深刻に迫り来るものであった。大正12年（1923）、櫻堂が18歳になる春に記した「求道抄（未定稿と朱書き）」には表紙に「真理を求めて」「余す命ハ七日ぞや」と記されている。生来の虚弱な体質と芸術的な感性は彼にいのちの限りあることを実感させていた。「人は何故に生まれたるや」「宇宙は何の為に存在せるか」「この真理を明かせる宗教、哲学ありや」という疑問が、青年・江川忠治（櫻堂）を仏教へと向けさせ、やがて法華経・日蓮聖人への信仰へと傾倒していった様子が窺われる。

救世軍に対して論難を挑んだ日蓮会の一部の会員たちの行動は勿論、櫻堂の思想見解に基づいたものであった。櫻堂の初期の原稿等が綴じたバインダーの表紙に記されている題目や経文等には、これから櫻堂が進もうとしている信仰的な生きかたが暗示されている。本尊の曼荼羅の配置によせた題目の左右には「若人有病　得聞此経」「病即消滅　不老不死」の法華経の経文、その下方には「禁断謗法　正法宣伝　広宣流布」「八宗撲滅　耶蘇退治　折伏修行」と記している。明治以降、キリスト教に傾倒した知識人たちが、日本の精神文化を忘れて拝外主義に堕している有り様を櫻堂は厳しく批判した。

人々よ、世間には偽宗教の多きを知れ。教は心の依り所であるから、宗教は精神生活の基本であるから、迷信、盲信、雑信の愚昧さを、心に染みて思わねばならない。偽宗教の害毒を鴆毒よりも恐れなければならぬ。

　宗教と云へば読んで字の如く最も勝れた教である。すでに教と云ふ以上は、教えなければ宗教とは云へない。それもに拘らずよくあるやつで、但だ信ぜよといふ。（『眞日蓮主義の復活（講説・日蓮聖人の宗教に帰せよ）』作成年代不明）

墨書の原稿を仮綴した『国防問題と日蓮主義』（櫻堂撰、田仲櫻樹筆、著作年代不明）には、日蓮の「日本國ハ月氏・漢土、八万の国をも超へたる国ぞかし」という遺文を引用して日本が世界に超勝した国であることを力説している。そこにはビハーリ・ボースが神田の青年会議所において述べた「スエズ以東・東方に独立国なし。日本人は自分の国を独立国だと思っているかもしれないが、我々の目よりしてこれを見る時は断じて独立国に非ず。」という講演主旨が盛んに拍手をおくられたことを採り上げて非難している。櫻堂は、「亡国の民から公然と罵られて嬉しがっている」今の日本人は「何という情けない国民だ。」「吾等がかくの如く街頭に出でゝ血の叫を挙げなければならぬ所以はこゝに在る。」と言う。櫻堂は国防は軍国主義ではないことも述べている。

櫻堂は日蓮会同志のために『組合規則』（昭和7年）を制している。一致団結し己をむなしくして日蓮に同じ、参じ、殉ずることを直参と称した。櫻堂の著述には「殉教」の語が数多く登場する。「殉」は死後の世界に於いても臣下が主君をとりまいて奉仕する姿を表わす形声文字である。死をも共にしようとした日蓮の檀越・四条金吾の信仰強盛の姿が、櫻堂のこころに強く刻まれていた。筆者は、但し殉教（殉死）は仏教には本来ないことを強調しておきたい。仏典には習俗としての殉死を伝えるが、『大智度論』や『倶舎論』他インド撰述の経論には筆者の知るかぎりは「殉死」や「殉教」の語は登場しない。少なくとも、中国の訳経家たちはそれらの語が仏教思想に合致するとは見なしていなかったのではと考えている。近年の田村芳朗博士による「殉教の如来使・日蓮」[7]の用法以来、法華信仰と「殉教」とは何ら問われることがなかった。しかし、仏教では如何なる場合でも殉教や殉死を勧めていないことを明らかにしておかなければならないだろう。

実際に、ゴータマ仏陀が入滅した際にも、鎌倉期の日蓮が入寂した際にも、殉死は起きていない。仏教の教説は現実を逃避することなく正しく生きる教えであるという意味に於いても普遍的な思想である。『涅槃経』の捨身羅刹偈も、理法を知るためには我が身も惜しまないという求法の精神がテーマであり、『金光明経』「捨身品」の「飼虎捨身」の物語は身体を施しても生類を救うボサツの物語である。キリストの足跡に従い倣ねるという意味の「殉教」を、ブッダのさとりを求める者（ボサツ）としての生きかたに倣ねるという意味のボサツ行（ボーディサットヴァ・チャリヤー）とを結びつけることが出来るかどうかは慎重に吟味されなければならない。[8]

『眞日蓮主義・運動の大義と實行表』〔ペン書き原稿、作成年不明〕には「直参」とは何かを説明している。内容ともに日蓮会の行範を理解する上で重要なものである。会員たちには「仁譲であれ、下品ならざれ、卑劣であるな。」「如説に修行せよ。行の本を忘るな。給仕の徳を積めよ。」と訓戒し、「直参」について次のように述べている。

直参とは、真に己れを空しくして、日蓮聖人に同ずるなり、殉ずるなり、参ずるなり。われ、日蓮聖人に、真に、同じ参じ殉ずるならば、我れなるもの無きなり。

『組合規則』〔昭和7年〕には、

夫レ直参一聖トハ異体同心ナリ。異体同心トハ敬順師長ナリ。敬順師長トハ中心統一ナリ。中心統一トハ一致団結ナリ。是ノ中ノ何レヲ欠クモ真日蓮主義ニ非ザル也。

異体同心も敬順師長も日蓮が強調したところである、櫻堂がこのんで用いた「殉教」の語は仏教語でないとしても、「死」を真剣に受け止めて積極的に生きるという意味に於いて普遍性が保てることになる。一方、『殉教遺書』〔昭和11年〕には「若シクハ暴力ニテ闖入スル者、有リ次第、直チニ自決ス」と死を覚悟した抗議文がある。櫻堂の草稿によるこの日蓮会殉教衆青年党の遺書にはなみなみならぬ決意のほどが窺われる。しかし実際には闖入も殉教も起こらなかった。前述のように切腹による会員たちの抗議行動でも、櫻堂は彼らを説得している。しかし残念ながら櫻堂の死による殉死が実際に起こってしまった。盟主亡き後の教団を門下にしかるべく託す間もなく、櫻堂の死はやってきた。本来ならば日頃の教説に於いても、かれらが師を慕い思って行うことが予想される過激な行動をせぬよう櫻堂は諭しておくべきであったと筆者は思っている。それまで死を覚悟で行動を共にしてきた一部の会員たちには深い絶望感や厭世感が生じたことであろう。盟主櫻堂と死を同じくすることが、かれらの師によせる絶大なる帰依の証であったのかもしれない。

Ⅲ．櫻堂の宗教的芸術観

日蓮会の事業および心得・種目等を細部にわたって述べている櫻堂の草稿が残されている。教化手段としての心得は多岐にわたる。年代は不明であるが、その内容から比較的教団初期の草稿であると思われる。この中で「芸術種目」として「一般芸術」に「荘厳、法楽、文学、歌詠、音楽、舞踊、美術、擬読、演劇、武術」の10種を挙げている。芸術心得には次のように述べている。

理性智慧に相応して真理を説き、従ひて、情意感情に対して芸術を無視す可からず。芸術は、高遠に躅することなく乾燥に偏せず情操を豊かに潤はしむ。理にて解らぬ事柄が芸術の力にて易々と了解し得る場合、甚だ多し。又法楽の意味もあるなり。法を思ふ者、此の意味に於て、芸術を軽視すべからず。〔『野外・運動・講演・例會奉行・藝術・廣告・法會・講座・文書・朗讀・外護等の心得』ペン書き原稿〕

いわゆる大乗仏教とそれ以前の伝統的な部派仏教との相違は、芸術を教化手段として採り入れたかどうかという点にある。音楽に関して言えば今日のミュージック・セラピーを大乗は採用したということになる。大乗仏教はひとの感情を重んじた。櫻堂の芸術論は『法華経』「如来寿量品」の「衆生所遊楽　諸天撃天鼓」等の偈に基づいている。そして日蓮が延命の法楽を興行したことを『地引御書』をあげて述べ、日法（1258 ～ 1341）の彫刻などには人を感ぜしめることがあることを論じている。芸術は「法のため」になされなければならないとした。

但し、芸術の為めの芸術は、本化の芸術に非ず。吾等の芸術は必ず法の為めなるべし。されば徹頭徹尾、中心より周囲へ、周囲より亦外周へ亘るべく、飽く迄も本立ちて末生ずるとこそ弁へよ。本末顚倒すれば大義の乱れぞ。芸を要せずば肯かしむる事の能はざるが如き中心運動ならば、芸を用ひて愈々不可なりと知れ。芸術大事なり。然も即ちどこまでも、運動の大義を践むべき也。

本化は、遠い過去世から久遠のいのちを有する釈尊から教えを受けてきたことを言う。日本古来の芸能の源流が、一方では遠くブッダ釈尊の故郷から興り、他方では神代の時代から伝わっているという理解は、『花伝書』〔世阿弥編〕にも見える。特に室町・江戸時代以降、法華・日蓮信仰を懐いて活躍した我が国の芸術家は多い。櫻堂は芸術に「法楽」としての意義以外に教化手段として重視していることは注目すべきである。櫻堂自身も、自ら書画をよくした。櫻堂の実姉・北村スワ家（現在の当主は北村眞彌氏）にある曼荼羅本尊は、日蓮の直筆の本尊を彼が書写したものである。そのあまりの精巧さに筆者は初め日蓮直筆の本尊とばかり思ったほどである。そしていま筆者の手元にある櫻堂自筆の資料からも、その書体等から彼が優れた文芸的資質を付与されていたほどが窺われる。櫻堂は芸術種目を10種に区分した。それらは簡潔なものであるのでいまその全文を以下に紹介することにする〔文中〔　〕内は本稿筆者による加筆〕。

一般芸術味

調和・対照・位置・等の一般に・亘る観念、及び事実は、よく其の人其の家其の圀を表はすものぞ。則ち品性の顕現なり。趣味心性の内容と一なる形式如何なれば、心すべき也。

一、荘厳

荘厳の反対は拙劣野卑なり。形式に溺れぬやう、精神主義にて然かも荘厳を心掛けよ。

二、法楽

楽太鼓、ショウ〔笙〕、シチリキ、笛、木鍾、鍾其他、端正供養の意味に於ける諸の楽也。

三、文学

散文・詩歌・文藻等、文学と称すべき一切に、妙法正義の電流を通じて、世に弘むべし。

四、歌詠

仏教に素より歌唄あり、世間の歌詠も多く夫れより出づ。歌法を弘む亦よからずや。

五、音楽（未行）

法楽より以外、また歌に配して用ふ等、内外の音楽大いに用ひて、以って妙法中に生かすべし。

六、舞踊（未行）

仏家に延年等あり、我国に古来より神楽舞あり舞楽あり、大いに温故又知新、舞踊を開演せよ。

七、美術

朔〔塑〕像・彫刻・絵・仏具・建築等に亘りて、神聖高尚の美術を中心に活用し、法益を挙ぐべき也。

八、擬読

弦ひなくして高尚簡易、弁舌の健康を兼ねて、擬音を用ひば猶ほ更ら、法益大なるべし。

九、演劇

よき脚本と、適当なる人ある場合等、演劇の効果大なり。中心に叶ひて運動の統一に従ひ奉行せよ。

十、武術

聖人乃直弟子に於て剛健心の用意ありしを思へ。芸術は凡そ好き嫌ひのあるものなり、然れども総ては護法の為めぞかし。

櫻堂の芸術論には古来からの伝統を重んじる他に、「未だ行ぜず（未行）」となってはいるが、彼が音楽や舞踊に深い関心を寄せていたことが判る。「内外の音楽（邦楽・洋楽）」や「演劇」を教化手段として用いることを勧めるように、当時としては斬新な企画発想を懐いていた。日蓮宗門に古くから伝わる高座説教は今日の講談などの諸芸能に影響を与えている。櫻堂の芸術種目の「擬読（擬音）」もそうした高座説教を彷彿させるものである。宗教学者オットー（R. Otto）のいう宗教体験としてのヌミノーゼ（numinose）は壮大さや畏怖を含め神秘性を多く含む。ここで強調しなければならないのは、櫻堂日蓮会は新たに興った宗教団体に必ずと言ってよいほど見られる信仰による神秘的な救済を掲げていなかったということである。もちろん日蓮会の法会のなかには、「祈祷式」〔櫻堂は「正祈祷に依って願人を救ふ」と説明している〕は含まれているが、それは伝統教団に於いて今日でも普通に行われている程度のものとみて差し支えない。この意味からも近代的・合理的な宗教観をもっていたことが判る。

櫻堂のノートには、日蓮会の運動が挙げられている。それは、「1、正法運動。2、個人教化。3、同行勧誡（互いに善知識となって励まし会う）。4、家庭教化。5、団体教化。6、教育事業（未開）。7、社会運動（未開）。8、政治運動（未開）。9、国家諫暁。10、三成運動（三大秘法を法界的に成就する）。」の10種である。このうち6～8は未開となっているが7番目の「社会運動」では櫻堂は「正法（を）以って社会事業に携わる」と記している。政治活動を含め、櫻堂の宗教活動の構想には社会事業があった。

櫻堂は「芸術用意（用心）」のなかで「巧拙等は第二第三なり」という。そして「貫いて大事なるは信心なり大道心なり。清く正しく強き信仰の顕れなるを以って最なるとす。」と述べる。正法運動を中心とする芸術の用意として５種を挙げている。

一　作用意、製作が元なり。よき作を豊富にせよ。

二　人用意、強信の行人を養成して、よく奉行せよ。

三　練用意、練習を充分に、中心統一あって習ふべきなり。

四　時用意、感応の一味なり。その時心してよく奉行せよ。

五　処用意、内外を能く調査し処をよく知る亦大事也。

櫻堂は芸術用意の最後に、「法華を識る者は世法を得べきも、巧拙を末節と為す上、専門にならぬ丈け、透徹せる智慧と実現力と、平常の心掛け大切也。」と結んでいる。

日蓮会の事業は櫻堂の芸術心得などに基づく正法運動に於いてもその構想は実現をみることなく、盟主の死とともに幕を閉じた。「もしも彼が今」という仮定も戦後64年という歴史の流れの中に声を潜め、日蓮会の存在すら忘れ去られようとしている。櫻堂は「文書心得」の中で時間・空間を論じた。経典や御書をとおして、文書はその齢あるかぎり時空を超えて繙く人々に説き続けるということを櫻堂は実感していた。筆者は櫻堂の手書きのノートを読みつつ、それらが文書として新たな息吹を得ることを念いつつ、本稿の最後に彼の文書論の一部を引用したい。漢詩にも似た格調の高さは、筆者が彼の芸術的感性を紹介しようとした所以である。

> 雷声遠く響け共、千里に渉らず。肉声大なりといふ共、一里に及ばず。此の嘆を補ふて余りある者は、夫れ文書ならずや。千里遠からず万里猶ほ近し。故郷の親に送り、異邦の共に恵み、広く大衆に分布して、法益を挙ぐべき也。〔「文書心得」空間〕
>
> 声は虹の如し、惜むとも忽ちにして消ゆ。文は宝石の如し、幾度聞くとも依然として殊たり。経典を繙きて本仏の御声に接し、御書を披いて聖人の師子吼を聞く。三千年も古へならず。七百年の昔も唯今なり。未来また以ってその如く、聞く人毎に呼びかけむ。文書の齢ある限り。繙く

人々に説かむ哉。〔「文書心得」時間〕

注

本稿に於ける聖人遺文の引用は、江川櫻堂・日蓮会関係のものは資料に記されているものはそのまま挙げておいた。

(1) 拙論「昭和初期における日蓮主義団体〔日蓮会・死なう団〕」〔渡邊寶陽博士古稀記念論文集『日蓮教学教団史論叢』平楽寺書店、平成15年3月〕、pp.623-654参照。本稿では先行の拙論に述べた固有名詞（人物）の表記の誤りに訂正を加えた。

(2) 法性庵隣接墓地は現在の当主・江戸克人家の代々の一族の内墓であった。戦後に江川家から宗教法人・法性庵（戦後、寺院とは別の教会の称となったが「法性庵」の名称は300年の歴史を有し「寮の寺」「隠居寺」とも称されて、地域の教育機関・寺子屋としての機能を果たしていた）に墓地が法的に名義と共に譲渡された。現在は江川克人家をはじめ法性庵墓地に残る7軒ほどの江川家は、近年それまでの近隣在住の江川家一族の菩提寺であった蒲田・妙安寺から離檀して法性庵の檀家となっている。

(3) 昭和初期から墓所を法性庵に有する宮本家の故人・宮本富美子氏長女の黒岩安紀子氏が母から聞いた話として。宮本富美子氏も日蓮会の篤信であった。故人は生前法号を江川櫻堂・日蓮会から授与されている。彼が授与した家族や篤信への幾つかの法号を当時の日蓮宗僧侶が檀信徒に授与したものと比べると、法号には所謂、社会的差別はなく、それまでの権威主義に安住していた既成教団に対する挑戦のようにも思える。

(4) 釈尊ゴータマ・ブッダへのこの種のスキャンダルは伝説では皆、外道の者たちがブッダを陥れるために企んだとされている。釈尊は、そうした非難中傷に対しては弁明することはなかった。非難の声が永くは続かない事や、7日を過ぎればやがて消え失せる事を仏典（Udāna,IV,8）は伝える。中村元博士『ゴーダマ・ブッダ―釈尊の生涯―』〔選集11巻、春秋社、昭和54年〕、pp.391-394参照。

(5) 拙論「日蓮の慈悲」〔『日本仏教』第56・57合併号、昭和58年4月〕、pp.27-35参照。

(6) 拙論「仏教の政治論―森　尚謙『護法資治論』における治世の理念―」〔『東方』第7号、平成3年2月〕、pp.15-30参照。

(7) 田村芳朗博士著『日蓮―殉教の如来使』日本放送出版協会、1975年。田村博士のこの書以来、日蓮と「殉教」とが当然のように思われているが、キリスト教的な殉教は仏教には本来無いということを確認しなければならないだろう。

(8) 拙論「ボーディチャリヤーヴァターラとイミタチオネ・クリスティ―東西の宗教書に見られる共通点―」〔『大倉山文化会議研究年報』第1号、平成元年10月〕、pp.53-70にシャーンティ・デーヴァの思想をキリスト教との比較に於いて触れた。

昭和初期における日蓮主義団体
〔日蓮会―死なう団―〕

はじめに

本稿の筆者が生を受けた東京の小庵（糀谷・法性庵）には、江戸期から当地に移り住む旧家の一つ、江川家（現在の当主は第10代・江川克人氏）の墓所がある。その墓所には、昭和初期に世間を驚愕させた所謂、死なう団事件の『日蓮会』盟主・江川櫻堂（1905～1938）一門の供養塔も建っている（物故者の敬称は略す）。現在の当主・克人氏の父・儀七郎（昭和39年11月23日没、47歳）は櫻堂の実兄であり、母・満壽子（平成元年8月3日没、71歳）は櫻堂の姉・北村スワの娘にあたる。儀七郎と満壽子は従兄妹どうしの結婚である。

当時、第2の血盟団事件とも騒がれたかれら日蓮会有志（日蓮会殉教衆青年党）の行動は、軍国主義政局下での人権蹂躙弾圧に対するやむにやまれぬ抵抗であったことは考慮されても、その信仰団体の性格が「戦闘的」であり、加えて信徒たちは「熱狂（狂信）的」であったという一般の評価は変わっていない。こうした点に、現今のカルト集団との類似を指摘するむきがあるが、はたしてそうだったのだろうか。

筆者の悲母（華光院）が亡くなる（平成6年）何年前であったろうか、ある方々が日蓮会の資料と称するものをもって来庵した。応対した筆者は、かれらの姿に、日蓮会関係の主だった資料を、江川氏と縁のある寺院におさめることへの安堵とともに、盟主の教学的主張を誰かに正しく世に知らせてもらいたいというような祈りにも似た気持ちのあることを感じ取っていた。それより先に、筆者は昭和47年に『死なう団事件―軍国主義下の狂信と弾圧』（れんが書房）を著した保阪正康氏の同著に、江川満壽子が書き込み訂正を加えたものを受け取っていた。

その後、筆者は日蓮会の資料を現代の仏教学・宗教学のレヴェルで公正に紹介しなければという責務をかんじていた。本日（平成13年7月22日）江川克人氏の母堂・満壽子（蓮華院妙芳日壽大姉・日蓮会による生前法号授与）の13回忌法要が法性庵でいとなまれた。法要には克人氏の姉弟ほか、北村家（現在の当主は北村サワの長男・眞弥氏）の方々も列席した。旧日蓮会の会員も一部を除いてそのほとんどが亡くなってしまった現在、残された資料以外には、かれらが父母から得た情報や記憶は重要な証言である。筆者は、今回、日蓮会に関する幾つかを学術書に紹介するつもりであることを読経後の法話の際にかれらに語った。

以前、北村サワ家に彼岸会の回向にうかがった時のことである。当時、新築された家の仏壇に、30×59センチほどであったろうか、日蓮聖人の大曼荼羅本尊が掲げられていた。まさに聖人の顕した直筆の本尊の写しであるとばかり思っていた。ところがよく観ると印刷ではない。確かに墨跡が認められる。北村サワ氏に尋ねた。予想どおり、それは日蓮会盟主・江川櫻堂の認めたものであった。櫻堂は絵画などをよくし芸術的才能に恵まれていた。

歴史は、その記録や報告も史実の一面でしかない。いずれも編纂者側の意図にそって捉えられている。ある時には、権威によって史実が歪曲され主張は黙殺（抹殺）される。当時、日蓮会関係者への入念な取材とかれらの残した豊富な資料によって、江川櫻堂とその周辺の事跡を漏らすことなく著したとも思える保阪氏の著書に、作家・松本清張は次のように推薦のことばを述べている。「いま、われわれがたっている地点を見定めるうえに、この時代はたいへん重要だ。この「死なう団事件」は、五・一五や二・二六事件の陰であまり目立たないけれど、非常に興味ある事件であり、戦前の警察国家の下で、一般民衆がどんな不安を抱いていたかをまざまざと示している。」〔れんが書房新刊案内No.2「死なう団事件」〕

日蓮会関係の豊富な資料には、会の創設期以来の信行記録（例えば川崎支部に於ける幹部の演説要旨「思想問題と日蓮主義」の原稿には盟主自らが評を加えている）も残されている。その他、盟主・櫻堂に傾倒した会員たちが、当時の報道やそれに対する会側の主張などを克明に記録整理したものもある。創設以来のわずかな入信の年月が、そのような情熱をかれらに与えたことは驚きという他はない。「不自惜身命　但惜無上道」の法華信仰が促したものであろうか。

保阪氏の著作は、角川文庫本〔『死なう団事件（軍国主義下のカルト集団）』平成12年9月〕に新刊として収録された。昭和史（昭和前期の現代史）の視点からは「死なう団事件」は消し去られることなく、今後も語り継がれることであろう。かれら日蓮会の教義や信条も当時の時代背景を抜きにしては語れない。しかし、宗教学や日蓮教学の立場からかれらが取り上げられるためには、吟味すべき資料が公刊される必要がある。

保阪氏は「あとがき」に述べている。氏はこの事件を調べるにあたり、まず日蓮宗について書かれた書物を読みあさったという。氏は宗教的観点はできるだけ避けたともいう。取材の過程で会った宗教関係者や昭和8年以前に櫻堂のもとを去った信者たちが、「櫻堂氏の初期の考えには共鳴する点もある。後の奇妙な行動については納得しがたいが、」と語っていることに興味を覚えたことを記している。保阪氏が述べるように、本書で「日蓮会の教義や信条に深く踏み込まなかった」のは、社会部新聞記者・編集部員という体験を経た彼の著述家として、客観性を堅持しようとする姿勢の表われかもしれない。同時に、それはこれまで、日蓮会の行動のみが奇異の眼で見られ、盟主・櫻堂の教義解釈等が専門家によって吟味評価されることなく等閑にされていたことをも物語っている。人々が共鳴した櫻堂「日蓮会」の初期の思想は、盟主・櫻堂が本多日生、清水梁山らの「統一閣」から離れて、独自の研鑽を究めた日蓮教学を通じての宗教（仏教）理解に他ならない。その後に展開された櫻堂の行動も含めて、彼が学びえた日蓮教学に対する理解を知るときに、はたして単純に彼を異端として排斥できるだろうか。

本稿の筆者は、今後、幾つかの機会にわけて、日蓮会の思想の展開をその萌芽から展望してみたいと考えている。専門領域のインド学・仏教学の視点から、あらためて現代的な眼で昭和初期におきた市井の日蓮主義者の宗教観を批評してみたい。

勿論、異論もあろうが、江戸初期の「不受不施派」の強固な姿勢が宗祖・日蓮聖人の「信仰強盛」の範であると、遺憾ながら筆者は見なしていない。明治期の我が国のキリスト者たちが讃える日蓮像には、一神教に顕著な「殉教」の思想にかれらの共感があったとしたら、かれらの賛嘆をそのまま是とすることはできない。34歳で夭折した盟主・櫻堂の著作には「殉教」(1)のことばが数多く登場する。死をも共にしようとした、日蓮の檀越・四条金吾の信仰強盛な姿勢が、櫻堂の心に深く刻まれていた。キリスト教では「使徒」ほか「殉教者」たちは、キリストに倣ねて生きた人々であると讃える。(2)「殉」は死後の世界に於いても臣下が主君をとりまいて奉仕する姿を表わす形声文字である。

盟主・櫻堂一門の言動に過ぎたるものがあれば、それは現代に於いても糾さなければならない。そのためにも櫻堂が理解し体現した彼の仏教理解・日蓮教学そのものがどのようなものであったかを知らなくてはならない。正しい批判はそこから生まれる。先に述べた法要のおり、克人氏の姉から、一部の資料が法性庵におさめられた頃、同様な纏まった資料は国立国会図書館にも保存を依頼しておさめたということを聞いた。現在、江川克人氏宅には、茶櫃ほどの大きさの二箱に「日蓮会」櫻堂関連の未整理の資料が保管されている。その一箱は櫻堂の愛読した書籍類(仏典をはじめ仏教関係領域に広範な関心のあったことを窺わせる)、もう一箱には門下の人々の遺書や数点の写真類をふくむ櫻堂自筆の資料、門弟櫻智による盟主の法華経講義の筆記などがある。

本論文では、主として日蓮会関係資料のうち、筆者の手元にあるもの(法性庵におさめれられたもの)を紹介しておきたい。それらの幾点かには手書きのものもあり、内容的には、櫻堂日蓮会の研究にあたってその全文を紹介すべきものも含まれている。公正な批判がそれによって可能となるからである。全文を紹介すべき資料は、今後、筆者周辺のしかるべき部門への寄稿にまわしたい。

一　日蓮会関係資料(法性庵におさめれられたもの)

以下に、法性庵におさめられた日蓮会関係資料を明らかにしておく。今後、かれらの教義や行動に関心を懐く研究者たちの参考になればと考えている。前述の通り、それらは関連資料の一部である。保阪氏によれば、当時彼が利用参照した多くの資料が彼の手元にまだ残されているという。引用文中の語句は原文のまま（新旧漢字ともに）とした。また文中の特色は感嘆符（！）がすべて三重（!!!）となっているが引用では略した。

①『告訴告發取下運動経過覺書』〔一冊、「貳百参拾貳頁」。青木満壽吉複写（手書き）。昭和9年10月2日（結了）〕

死なう団事件に関する所轄署などからのあらゆる通知・報告および日蓮会側の対応などが順に整理されて記されている。

②日櫻（櫻堂）著『日蓮會法戦記録・眞日蓮主義の顯現』〔総頁数六百十頁・手書き。「昭和九年五月□日」の奥書あり〕

死なう団事件の真相として「死なうのあだ名」の緒言に始まり、一・日蓮会と青年部、二・検挙当時の騒動、三・悪辣極まる発表、四・日本第一の悪人、五・悪行非道の証拠、六・不法無法の監禁、七・先づ事実の判明、八・当局の責任奈何、九・失態の隠蔽欺瞞、十・遂に策謀の露見、十一・其の後の死なう団、十二・告訴告発状提出、十三・告訴事件の進展、十四・取下運動の経過、十五・顕現日蓮主義（この項目では「可秘」となっているだけ）などが当時のマスコミ報道に載る記事とともに記されている。巻末では東京下谷にあった浜野病院（東京市下谷区上野桜木街33）から昭和11年1月11日付けで、単独行動をとった斉藤榮子が櫻堂盟主に送った血判を印した遺言状・公開状（何れも写し）がおさめられている。

③『死なう！』〔日蓮会青年部機関紙・第1号（昭和8年5月の日付を載せる櫻堂の序文）・総頁数120頁・手書き。当時発禁図書扱いにされるかどうかで揺れ動いた〕

一綴りになったこの手書きの機関紙には、巻頭に昭和8年4月28日付（注・日蓮聖人立教開宗の日）の日蓮会青年部による檄（盟主・櫻堂草）がおさめられている。当時28歳の盟主の檄文は、作家・三島由紀夫のそれを凌ぐ力強さを感じさせる。以下、引用文中の〔　〕内は本稿筆者による訂正・加筆および註

「　檄　　盟主　櫻堂　草

死なう！　満天下の青年に告ぐ、人生朝露の如し、無常は迅速である。同じくは假りにも、正義の為に命を捨てろ！　爆弾は冷たい、熱血児は冷静だ。青年よ冷静に姿し偏〔遍〕ねく祖国上下の現状を観、更に世界

を難航する日本の将来を念へ。霜を踏む〔ま〕で尚ほ且つ堅氷至るを知らざる者は愚人である。烈火山上祖國日本の危き此の秋、…………大衆は一体何處で、何をしてゐるのだ？　蹇でないものは起て！
内外を挙げて今日は、実に重大な時期である。非常時であると言われてゐる。否々、眞の非常時は是からだぞ。然るを我れ関せず……無為にして徒食し、ヂャズと狂騒を共にする製糞器、腐敗せる政界、沈滞せる学会、堕落せる宗教界に、吾人は最早愛想をつかした。
維新三万の犠牲の血を流して、一朝にして国家を泰山の安きに置いた、あの情熱、あの氣魄、あの實行力、あの戰闘力が、今の青年には全く無いのか？　否、あるだろう、あると云え、現にある茲にある、吾等を見よ。青年よ心ある者よ、憂国の士よ、我等と行を共にせよ！
太陽は常に新しく、しかも悠々久々たる古き存在だ。空腹にして高心、徒に新奇を衒い、専ら流行思想を追ふ輕佻なる青年となる勿れ。左傾の次に来るものは左倒である。既にして、パンと云ひ經済と云ひ、國家社会の革正と謂ふ。革正可なり、更に可ならんと慾せば、人生最高意義に目覺めよ！
宇宙は最も古くして同時に最も新しい存在である。半死の翁媼に伍して、骨董政治屋の走狗となり、架空の神に諛らひ、空想の佛に酔ふ、陳腐なる青年と為る勿れ、右傾して右に倒れて嗤はれるな。金権政治の末路を正視し、亡び行く既成宗門の弔鐘を聴け、えゝ面倒だ、葬れ！
偏見人種、白人の魔手より、亜細亜を救へ。東洋の守護神、祖國日本を守れ！　赤き狂犬、共産党を撲滅せよ。天皇の赤子を、餓死線上より救へ！　吸血鬼、金権政治党を、踏み潰せ。皇道政治、神聖なる議會を、樹立せよ！　やってくれ、青年よ、進撃だ、死を賭して、戰へ！
迷信邪教、偽宗教を、粉砕しろ。日本憲法、第二十八條を、擁護せよ！
　偽佛教と、偽法華を速やかに亡ぼせ。眞宗教、眞日蓮主義を、認識實行せよ！　わが祖國の為めに、わが主義の為めに、わが宗教の為めに！
　血を流せ、戰って、死ぬ事だ！　やらう、同志よ、是非、死なう！
満天下の有為なる青年よ、光陰流水に似て生涯は夢の如しだ。徒に明かし暮らして、畳の上でむだに腐るな！　死なう！　死なう！　死なう！

昭和八年四月廿八日　日蓮會青年部

この機関紙には「日蓮会青年部鉄則」20条ほか櫻堂自作の「爆弾の歌」が載せられている。次に、「吾等に来たれ」（昭和8年春）と題する文を挙げておきたい。これは江川櫻堂（作？）と記されているものが日蓮会青年部と改められている。

「あっても執しない――　／　金も名誉もいらぬ！　／　唯だ聖人の為めに死に度い……　／　是非！　死なう！　／　といふ者は、吾等に来たれ。／　あっても着しない――　／　酒も異性もイラヌ！　／唯だ主義のために死に度い……　／　是非！　死なう！　／　といふ者は、吾等に来たれ。／　あってもいゝが――　／　親も妻子もいらぬ！　／　唯だ妙法の為めに死に度い……　／　是非！　死なう！／　といふ者は、吾等に来たれ。／　あっても関はぬ――　／　財も職業もイラヌ！　／　唯だ同志の為めに死にたい……　／是非！　死なう！　／　といふ者は、吾等に来たれ。／　あっても実は――／　命も何もいらぬ！　／唯だ盟主の為めに死に度い……　／　是非！　死なう！　／　といふ者は、吾等に来たれ。／（何も、彼も、イラヌ！　何が何でも、是非、死なう！　命よりも、何よりも、大きなもの丶為めに――　）昭和八年、春、」

巻末には櫻堂自身の記した「注意」書を載せる。

「　　　注意〔朱書き〕・・・　櫻堂　記　・・・

わが青年部は、實行の為めの結果、それも突撃して死なう！　といふ同志團結ゆへに、理論を取るか実行を取るかといふ場合、一切理論や理窟を抜きにして、唯だ死なう！　だ。だから、気が向けば喋言りもするが、気が向かなければ無言でよい事になっている。説明も不要、問答も無用、寧ろ理窟を有害なりとする。たゞ死なう！　の実行以外に何者も無い。それでいゝ。それ丈である、それに限るのである。

口先きで、吾々に兎に角あって、あたら口に風を引かせぬやう。御理窟御無用と御注意して置く。願はくば実行を以って、吾々実行者と語って欲しいものである。御理窟や御批判を贈る向きには、日蓮會の方へ願ひ度い。日蓮會は、素より何でも引き受けるし、青年部の母体であるから、如何やうの御相手をも辞せぬとの事である。日蓮會は機を盡す　だから、吾々は責任を以って以上の如くお断りする次第である。

—— 昭和八年五月□日 ——　」

④『検挙ヨリ釈放マデ』〔総頁数572頁、昭和8年7月3日付の『都新聞（全国版）』の記事に始まり連日のように報道された報道記事を克明に記録。昭和10年1月13日（日）付の『東京朝日新聞（神奈川版）』朝刊の記事まで収録〕

昭和8年12月24日（日）付『東京朝日新聞（神奈川版）』朝刊にのる「帝大病院の鑑定　拷問を裏書」の報道他、佐藤櫻人による増上寺焼き討ち未遂事件の報道（昭和8年10月7・8日付）、池田警部補の失踪（昭和9年9月7日）・自殺事件の顚末を記す。巻末には斉藤榮子が上野の浜野病院から盟主にあてた書留の写しを載せる。

⑤『日蓮聖人と法華経（假）其他』〔総頁数122頁、和紙に筆書。3月10日の日付のみで年号は記されていない〕

内容は、日蓮遺文・法華経等を引用しつつ信仰を論じている。聖人の法難（竜口）の下り等には高座説教風の趣がある。文中には盟主の日蓮観ほか檄に似たものが含まれている。以下には、その内の幾つかを挙げておきたい。

「日蓮聖人の御教は、政治・経済・教育・科学・社会国家、世界其他あらゆるものを解決する唯一の鍵であることを知らねばならない。」

「まなこを開いて現代の日本、現代の世界を見れば平和は遠い、幸福ははるかだ。斯の如き秋に当って、宝珠を中に懐いたる日蓮聖人の門下たるものゝ、徒らに腕をこまねき、無為徒食してベン〜としてゐていゝだろうか。もういゝかげんに起ってもいゝだろうと思う。

日蓮聖人の教だから信じてもよいといふのではない。信じた方がよいといふのでもない。何が何でも必ず信ぜねばならないといふ宗教なのだ。」

「〔文中では、由比が浜の日朗の下りを説明した後にイエスを裏切ったユダの事も挙げる〕諸君、かくの如く崇高なる場面が又と世界のどこにあらうか！　それにつけても日蓮聖人の御人格・御佛格がいかに尊いものであるかうかゞひ知ることが出来るではないか！

ヤソをいさゝかの銀が賣り渡したのはそのヤソ自身の門弟ではないか。鶏の鳴く迄に三度まで「我キリストを知らず」と役人につげたものは、ヤソの最も愛した第一の弟子だったではないか　—　世界第一を誇るヤソの人格すらどの位の程度であったか知ることが出来よう。然るにもかゝわらず、かくの如く偉大なる日蓮聖人が未だ世界が知らないとは、実に実に情けない次第である！」

巻末には、「日蓮聖人のみ教えのその信仰には第一の条件として、不自惜身命といふことが必ずなければならない」という。それは、「即、命がけで信仰し、命がけで法を弘める」ことであるとする。「いのちがけといふことは笑談では出来ない。必ずやそれは厳粛である」「然もその心は、いやだけれども……といふやせ我慢から来るのではない。よろこんで法の為めに命をかけるのである。夫は自分は幸福であるといふ歓びに充ち満ちたものである。」と述べている。

既成宗門への批判や社会批判にも櫻堂の矛先は向けられている。

「法華経迹門の（勧持品）にハ　我不愛身命　但惜無上道（……）とあり又

法華経本門の（寿量品）にハ　一心欲見佛　不自惜身命（……）とある。妙法蓮華経宗の僧侶として、又信者としてこの昭ゝたる金文を忘れ、宣傳をおこたり寺の巣守り吊や墓場の主（傍線部分は線で消している）〔？〕あるに止まるならば余宗はしらず、世界統一の名教を奉ずる身であり乍らベン〜としてゐるようでは骨なしである、ぬけがらである、今の宗門は是だ。……いかにも命は尊い、尊いけれども夫は法華経を信ずることが出来る人生だからこそ尊いのだ。それを抜いて了ったら意義はない。価値はない。

法華経が一切衆生に取って何物よりも尊いものであることが明かに自覚出来れば、此の妙法の為めにハ身命を惜しまぬといふ本統の妙法蓮花経宗の信心が明かに理解出来るのである。こゝに心を置いてこそ始めて、甘んじて難を受け、迫害を忍受して少しも相手を怨まない、法花経の為めならハ身命すら惜しまない、よろこんで身命すら供養するといふ境地に立至り得るのである。」

「然るに悲しいかな、今の世はかくの如く尊く美しく清いものが忘れ去られようとしている。それ程今の僧侶信徒といふものが堕落し、日本人でも知らないものが九分通りだからましてや迚も聖人の理想のように世界の妙化常寂光の真世界建立はこのまゝにくず〜してゐたら近い将来にハおぼつかない。この根本を忘れて枝末の問題たる生活改善、ゴケン運動、社会主義、軍備縮小、国際聯盟、そのようなものが何になろう！
不自惜身命を身に読んだ人々は過去の本化の僧俗信徒に幾蔵となくある。早く珍宝を明室に輝せたいものである。私達はこの清涼済〔剤〕を揣〔掬〕し、又聖人の無限の大慈大悲に感じて大いに自覚して起たねばならない。大切なる人生を五欲の奴となって無駄に費やして仕舞ひたくない。」

⑥『眞日蓮主義の興隆』〔江川櫻堂述・日蓮會発行、昭和9年5月12日発行、総頁数42頁、印刷製本〕

(目次・頁) 一、日本第一の智者と為し給へ……一　／　二、二十年に亘る組織的研究……五　／　三、一代佛教の淵底を極めたり………九　／　四、諸宗の迷妄を奈可にせん……十三　／　五、我身は如何にとも為るべし……十七　／　六、斯の人ぞ衆生の闇を滅す……二十一　／　七、御書を忘れし偽法華僧俗……二十五　／　八、宗派に蠢く糞溜の蛆蟲共……二十九　／　九、運動の大義を知らぬ偽法華　／　十、日蓮聖人の日蓮會の同志……三十七。

本書では日蓮聖人の一代記を述べながら日蓮主義を宣揚する一方、現代の宗門人が聖人の御書を忘れ真の弘通が行われていないことを難じている。加えて宗門人が各々の宗派に拠り、宗派心に捉われて来たことを批判して、「眞の日蓮主義に派などゝいふものは無し。派に属する者は日蓮教徒に非ず。派という糞溜から這い出せよ。」と日蓮遺文の「日蓮は何れの宗の元祖にもあらず、又末枝にもあらず、日蓮が如くにし候へ」ということばを引用する。日蓮会が興ったのはまさに「今」という「正しく時だ！」(32頁) という。櫻堂の日蓮観および、当時の宗門人たちの批判を含む本書は、彼の教義理解や信仰を知る上で興味深い。

⑦『二陣三陣』〔毎月1回10日に発行された日蓮会機関誌のうち第12号 (昭和4年10月発行)～第33号 (昭和7年6月) までの一綴り。印刷製本〕

日蓮会の発足は昭和3年 (1928年、櫻堂23歳) のことである。初期の日蓮会の活動、櫻堂の思想を知る上の資料として興味深い。機関誌には毎号、新入会者名を載せている。第12号には弱冠24歳の盟主が、『イソップ』ほか巧みに譬喩を用いて教説を述べている。譬喩を巧みに用いて人々を誘引する点には、東西の宗教書にも共通するところがある。第12号～21号までは編輯人は田仲櫻樹（日蓮会川崎部主任）、発行人は長瀧櫻智（羽田部主任）の名を載せる。両名は機関誌への寄稿も含め、日蓮会を名実ともにサポートしていた。第22号には機関誌がそれまで無料配付されていたが、誌面の充実をはかるために今号から誌友を募ることを告げる（1部3銭、1年分40銭含郵税）。

第12号に載る新入会員は48名。会員の範囲も羽田、蒲田、六郷、大井、大森、芝、下谷、本所、日本橋、川崎、横浜、北海道にわたる。

⑧『眞日蓮主義の復活（講説・日蓮聖人の宗教に帰せよ）』〔自筆の手書き原稿。江川櫻堂撰とされている表紙には同じ筆跡の鉛筆書きで「眞日蓮主義明暗録」と記されている。総頁数72頁。最後に「殉教の大願／　死なう団事件　／　殉教要録　／　切腹事件顚末記」などの文句が鉛筆書きで記されている〕

本文の10章に分けた項目は以下の通り。序　／　一、世に偽宗教のある事を知れ　／　二、宗教は何でも関はぬか何うか　／　三、宗教は必ずや撰ばねばならぬ　／　四、疑問に答へざるは偽宗教なり　／　五、日蓮聖人の宗教に帰せよかし　／　六、日蓮主義の宗教変遷の跡如何　／　七、大本尊を知らぬ当今の偽法華　／　八、眞の行法を知らぬ偽法華僧俗　／　九、〔空白〕／　十、当来に向ふて先駆者は蹶決す。

論中には櫻堂の「宗教」観が述べられいる。そのうちの幾つかを挙げておきたい。

「如何に誠しやかであっても、いかに感情的にいゝ気持になれても、如何に名前は宗教でも、それを以って眞の宗教なりと言ふ事は、勿論出来ない。断じて出来ない。眞の宗教は單なる理窟〔屈〕ではない。芝居でもない夢を語るに等しい空想でもないのだ。……

人々よ、世間には偽宗教の多きを知れ。教は心の依り所であるから、宗教は精神生活の基本であるから、迷信、盲信、雑信の愚昧さを、心に染みて思はねばならない。偽宗教の害毒を鴆毒よりも恐れねばならぬ。大聖釈尊が表象ニ親近ストモ、悪知識ニ親近セザレと誡め給ふたのは是れ

である。」(10～11頁)

「宗教は單なる学問ではない。衆生に蒙むる眞の宗教である。」(15頁)

「宗教の目的とする處は眞の救ひと云ふことである。名のみ宗教とは名乗っても、眞の救いを現はし得ぬものならば、宗教と云う名を假りただけの偽宗教だ。」(20頁)

「宗教と云へば讀んで字の如く最も勝れた教である。すでに教と云ふ以上は、教へなければ宗教とは云へない。それにも拘らずよくあるやつで、但だ信ぜよといふ。」(23頁)

⑨『信教制限問題検討(数を目安とすべからず)』〔江川櫻堂著。手書き原稿仮綴。総頁数30頁、15章からなる。著作年等を記していない〕

論中では、憲法に認める「信教の自由」が絶対的・無制限の自由ではないことを述べ、当局者の宗教上の取り締まりを批判している。文中に「吾人は、二十年の研究と十年の体験と、それを立証する多くの事例、及び山積する証據を握って、身を以て死を賭して天下に之を曝露し、糾弾せんとする者である。」と述べている。

⑩『国防問題と日蓮主義』〔江川櫻堂撰・田仲櫻樹筆。墨書仮綴。著作年等を記していない。11頁〕

「日蓮聖人曰ク、日本國ハ月氏・漢土、八萬の國をも超へたる國ぞかし」と巻頭に述べ、日本が世界に超勝した国であることを力説する。ビイハーリ・ボースが神田の青年会議所に於いて述べた「スエズ以東・東方に獨立國なし。日本人は自分の國を獨立國だと思ってゐるかも知れないが、我々の目よりしてこれを見る時は断じて獨立國には非ず。」という講演主旨が聴衆から盛んに拍手をおくられたことに対して批判を加えている。「亡国の民から公然と罵られて嬉しがって」いる今の日本人は、「何といふ情けない國民だ。」「吾等がかくの如く街頭に出でゝ血の叫を挙げなければならぬ所以はこゝに在る。」という。英国政府のシンガポール侵出は、世界の平和をかきみだし、なかんずく日本を脅かすこと甚大であると指摘する。国防は軍国主義ではないとも述べている。当時の日本を取り巻く世界情勢に対して櫻堂の主張が表明されている。

⑪『道徳の宗教』〔未完？　手書き仮綴。著作年等を記していない。総頁数

40頁〕

主人と客人との問答形式によって世法と仏法、道徳問題と宗教問題の別を対話のなかで論じている。ダイアローグ方式で信仰の核心を論ずるこの論文は日蓮聖人の『立正安国論』に依ったものであろう。

⑫『眞宗教と眞国家』〔「櫻堂認」と記された万年筆書きの演説原稿。巻頭には「諸君よ諸君！」の呼びかけ。記述年不明、総頁数4頁。〕

現代社会にみなぎる濁流から真の宗教・日蓮主義信仰へと誘う。

⑬『寳中寳』〔江川櫻堂撰、筆者による手書き講演（？）原稿。仮綴。総頁数4頁。昭和5年4月19日の日付〕

日蓮遺文の「蔵の寳よりは身の寳勝れたり、身の寳よりは心の寳第一なり」を引用し、日蓮会が日蓮聖人に直参する者であることを述べる。

⑭『思想問題と日蓮主義』〔日蓮会川崎支部による講演原稿。田仲櫻樹（日蓮会川崎部主任）によるものか。和紙に筆書、記述年不明〕

最後に鉛筆書で「評。大変よく出来てゐると思ひます。」という櫻堂（？）の書き込みあり。内容は『国防問題と日蓮主義』に依拠。

⑮『世界救世軍日本司令官少将　山室軍平　逃げ出しの眞相(一名軍平退治)』〔朱書きの巻頭部分（続く中間部分と同筆）には昭和4年7月5日付の公開状全文、続く櫻堂自筆（鉛筆書）の経過説明部分（同7月13日）、「軍平膺懲記」（田仲櫻樹著、この膺懲事件の顛末を記す）の3部1綴。総頁数22頁〕

救世軍本部創立記念日の7月5日、川崎市公会堂に於ける山室軍平の講演に際し、それを知った野外演説を終えて帰る途中の会員たちが、公開状をもって「主張を交える」ことをかれらに勧告。論戦を挑む日蓮会に対して救世軍側は警官隊数10の出動をもってそれを抑えた（「軍平の講演乱れてこそ〜コソコソと彼れ、裏口よりひそかに逃走」「慨りて救世軍といふ、軍にして戦わずして遁げ去る、吾等その可なる所以を知らざる也。」と会側は記録）。

田仲櫻樹による「軍平膺懲記」には、次のように述べている。「救世軍といへば軍だと自分で言ってゐる位である。それがこちらが正当の弁論を以って對峙してゐるのに、商人の様にもみ手中腰で然も盛に、米つきバッタの様に頭をさげて、おすがりしているんだから情けない。己の力が如何に貧弱だかを証明してゐるといふものだ。吾等の意氣は益々挙がる。」9日の夜には日蓮会側は同じ川崎市公会堂に於いて「耶蘇教撲滅・日蓮主義大講演会」を開催している。

「山室軍平逃げ出しの眞相」の巻頭部分の公開状には「日蓮聖人の日蓮会」「講主　江川櫻堂」となっている。

⑯『ブース膺懲の記』〔江川櫻堂撰、昭和4年11月□日。総頁数8頁、手書き謄写印刷、仮綴じ〕

救世軍米国総司令E・ブースの来日に、日蓮主義逆縁化導によって折伏逆化の慈鉞を下さんとする日蓮会の行動記録。11月10日、永井外務次官・丸山警視庁総監・徳富蘇峰・ブース・山室軍平その他4千数100の人々の集まるなかで、「ブース、山室、立往生！」との掛け声とともにビラ数1000枚を会場1～3階にわたってまき散らした。

「扨て、同じくやるからには、徹底的にやろうか。とすれば二た月や三月御書にいはゆる「牢に入れられ」と、色讀する程やるがよかろう。眞の救ひを蒙って今世も後生も輝いてゐる吾等だ。法の為めなら家も親子も、夫婦も何も、女々しく顧てゐる場合でない事、また聖人の仰せの如くである。」とする櫻堂のことばに30名ほどが行動をおこすことを名乗り出たという〔本記の最後に「猶ほ当日参加の芳名を録せば左の如し」として櫻堂を含む25名の名前が記されている。

⑰『眞日蓮主義･運動の大義と實行表(如説修行之行軌／御味方實行一覧)』〔ペン書原稿、表紙含み22枚。作成年不明〕

「直参」とは何かという説明に始まり、師長が後輩の名を挙げるべきこと・弟子が師匠の文書を用いる際の注意、文書を記す際の心得などが述べられている。師と弟子との関係には、原始仏典『シンガーラへの教え（六方礼経）』の説示を彷彿させる。櫻堂日蓮会の行軌を理解する上で重要なものである。いま幾つかを挙げておきたい。

> 「直参とは、眞に己れを空しくして、日蓮聖人に同ずるなり、殉ずるなり、参ずるなり。悟れ、日蓮聖人に、眞に、同じ参じ殉ずるならば、我れなるもの無きなり。之は本なり。末を云はゞ既にして日蓮聖人に直参す。直参とは、眞に己れを捨てゝ、聖人及一び直参の我れに、一切衆生を参ぜしむるなり、同ぜしむるなり、殉ぜしむるなり。」

「言語文書を、確実にせよ、神聖にせよ、尊重にせよ。之れ弟子の師長に対する道なり礼なり法にてあるなり。道に背いて礼をば乱し、法を蹂躙するは、自ら罪過を呼ぶ者に非ずや。互に互いを、破るな、壊すな、枯すな死すな。小盛に甘んじて正法を亡ぼすこと勿れ。文書乃至言語に於ても、飾ること勿れ。正憶念し福徳を積むに憶病ならざれ。」

「仁譲であれ、下品ならざれ、卑劣であるな、盗むなよ（んで）〔？〕。師長に対しては忠實であれ、質直であれ、信心堅固にして表裏あることなく、信状随従せよ。如説に修行せよ。行の本を忘るな、給仕の徳を積めよ。」

「言語等文書類に至るまで、若しそれ自身不消化にて、自分の血肉に非ざれば　□　若したゞ記憶し得たるのみなる時は、形全く相似なりとも、意に於て必ず異るものなり。異心にして偽同体の失、茲に始めて見る可し。是れで即ち異心にして異体、之れで偽分身に非ずや。」

⑱『巡回御講組合約則』（総頁数14頁）『二陣三陣の理解（日蓮会の同志の為めに、二陣三陣現状の解説）』（総頁数14頁）の１綴じ。〔『組合約則』の最後に昭和７年の年月を記す講師の「奉請」書式、集会での差定を記す。裏面に「謄寫原紙作製　　斉藤栄子」となっている。『二陣三陣の理解』（活字タイプ印刷）の最後には「昭和第六の春」と記されている。〕

『組合約則』では総則に先立って次のように記す。

「夫レ直参一聖トハ異体同心ナリ。異体同心トハ敬順師長ナリ。敬順師長トハ中心統一ナリ。中心統一トハ一致團結なり。此ノ中ノ何レヲ欠クモ眞日蓮主義ニ非ラザル也。各位、何レモ此ノ精神ヲ離レズ、我ヲ捨テテ聖訓ニ準ジ、本分ヲ知ッテ師長ニ敬順セン。各位何レモ驕慢アルコトナク、専ニ正理ノ前ニ質直ニ、三世同胞ノ契リヲ悟ラン。各位、自ラ易キヲ去ッテ難キニ就キ、勤メ難キヲ勤ムルノ佛道ヲ實行セン。」

「差定」は次のようになっている。

「差定　　　時間ハ季節ニ依リ適当

一、開會挨拶（七時）／　二、朗讀　／　三、演説　／　四、茶　／　五、講演（八時）／　六、茶　／　七、玄題講　／　八、修法勤行（九時）／　九、玄題講　／　十、閉會挨拶（十時）

司会者氏名　」

⑲『役員の心得』〔手書き謄写印刷、総頁20頁。「昭和第五の師走三日の夕べ　講主櫻堂　述」と記されている。総頁数22頁〕

(目次) 一、役員といふ意味　／　二、日蓮会の大事業　／　三、役員の各係部署　／　四、各部役員の心得　／五、廣宣流布の大願

「我れこそは、日蓮聖人の弟子壇那である、法の仕事を行ずる者である。御味方實行の者である。斯う銘を打って、力に叶い励げみをなして、事實、日蓮聖人の御味方をする。此の故に役員と云ふのである。……
されば、日蓮聖人の日蓮會の役員は自ら常に反省して、名目と實際に於て、相違なきやう力められたい。……
一心強盛に信心を勵まして、日蓮會に盡す事こそ、永遠の三世にまたがる眞の仕事をする人と云ふのである。役員といふのである。」
「寝て起きて食ふて暮らし、死ぬのを待つて居る斗りなる、世の人々を思ふと、不愍ではないか。今迄は人の事だと思ふたに、俺が死ぬとはこいつ勘らん、となってからでは間にあはない。日頃が大事だ、常が大事だ。今が大事だ。人の中でも日蓮會員日蓮會の中でも役員の人役員の中でも立派な役員ぞと、日蓮聖人も許し我も許し、人も許すやうでありたい。」〔「役員といふ意味」〕

日蓮会の事業を内外10種に分けている。内には修法学問・口座学問・文書整備・朗読教書・外護財施。外には野外演説・宣伝運動・屋内講演・芸術布教・告知広告。

「口先斗りで、一天四海と囀っても一向一天四海に弘まらぬのが當り前である。併し成る様にさへすれば、必ず皆歸妙法となる。日蓮聖人は夢を見て、空想を談じたのでは無いのだ。」と述べて、「今や、日蓮聖人の日蓮會が出現して、圓満に着々とやりつゝある。實行しつゝ近い将来本式に天下を席捲ぞと準備中なのであります。」という。

会を発展させるための必要事項として継続・精励・拡張の３点を挙げ、「日蓮會の一同は老若男女を選ばず、村より街より市より國中世界中に弘めるのである。」〔「日蓮会の大事業」〕としている。

「各部（世話）役員の心得」には会場の準備から服装、司会などが個別に述

べられ、野次に対する対応も記されている。

⑳『死なう団・切腹事件の眞相記』〔盟主　江川櫻堂　記、今井千世写、手書き。「昭和十二年二月二十日朝」の奥書。総頁数23頁〕

「某氏に送る書」と巻頭に記されている。各新聞などの報道が邪推や誤解・デマが多いことを憂い、事件の真相を語っている。櫻堂自からが切腹事件に関して某氏に送ったものである。今井千世による写しに、赤鉛筆で書き込み訂正が加えられている。事件の顚末が整理されており櫻堂の当時の心境を窺い知ることのできる資料である。

「精神的な骨は私が拾ひませう」「必ず善処しますよ」と語ってくれた某氏に謝意を表し「唯新聞の報導〔道〕が其のまゝ事實の眞相だとしたならば、誠に貴下の顔をつぶした行動で申訳無き次第でありますし、小生としても恩義を知らぬのみならず眞の宗教者とは云はれなくなる。然し乍ら小生が決して、作様に、冷静を欠く人物で無いといふ事は、余人は兎も角も貴下は知ってゐて下さると、其の点は心配致しませんでした。」と記している。

㉑『殉教要録』〔江川櫻堂　撰、日蓮會殉教衆青年黨。昭和11年5月8日の日付。1冊。謄写印刷製本、総頁数112頁〕

（目次）一、信教放任（一）信教自由問題（二）日蓮會の内容（三）信教放任政府　／　二、超大彈壓（一）不當彈圧（二）彈圧の失敗と詫状（三）彈圧の目的と効果　／　三、徹底彈壓（一）國賊の代表的人物（二）内務省不許可を回答（三）死なう！禁止問題　／　四、矛盾政府（一）われ等の立前（二）矛盾せる当局（三）矛盾せる政府　／五、類似死刑（一）類似死刑（二）新聞記事（三）死刑執行

「宗教原理と信行宣傳とは、事実上離して考える事の出来ぬ、二つにして一体のものである」という立場から「現在の法律及司法行政官は、信教の内容に対して、全く無智に等しく、盲目に等しい」として、始めに、信教自由問題を論じている。加えて「二、超大彈壓」では不当弾圧の暴状をつぶさに記し、弾圧の失敗と警察署の詫び状等の写しを載せる。

「三、徹底彈壓」では、始めに、日蓮会青年党の呼び名となっている「死なう！」について整理して説明をしている。世にいう「死なう！」が、かれらにとってどのような意味を持っているのかを把握することができる。以下に、

原文を挙げておきたい。

「死—これは誰人も避ける事の出来ない事実である。

死—これぞ日本國民の絶対に避けられない事実である。

死—全人類が必ず蒙らねばならない事実である。

その死—を一言で解決したのが、即ち「死なう！」である。

わが　祖國のために、死なう！　／　わが　主義の為めに、死なう！／

わが　宗教の為めに、死なう！　／　であるから、右は宣伝となって、日蓮會青年党の叫びとなってゐる。‥‥

死なう！　は、宣言の如く、わが祖國の為めに、わが主義の為めに、わが宗教の為めに、死なう！　と提唱実践されてゐるのだ。死なう！　の文字が、物を盗んで来た事もなければ、詐欺を働いて来た事もない。死なう！　の一句は何も悪い事をした事はないのだ、又する筈もないのである。何の為めの禁止か、何が故の彈圧か、全然理由が立たないのである。」

「死なう！　は、一切の悪事を止どめ、大善を奨励するものに外ならぬのだ。此の死なう！　に共鳴すれば、總ての迷ひの目が醒めて、悪い事が一切出来なくなる。此の死なう！　が本当に判れば、悪い人殺しも出来なくなる。生活苦の自殺や厭世苦の自殺も出来なくなって、我が祖国の為めに我が主義の為めに我が宗教の為めに、立派に死なう！　と改心して立ち上がらずにはゐられないのだ。此の死なう！　こそ、此の世に最も必要な善き刺激であり、日本國民に対する最善の指導精神であるのだ。」

「此の死なう！　は、古来より日本人の常識であるのだから、此の死なう！　を知らねば日本人としては非常識者なのだ。死なう！　の日本人でなければ、日本人の中の屑なのである。假りにも、此の死なう！　に反対する者があれば、其の者は全く非國民であり國賊であるのだ。目下のところ、さうした、非常識者であり、非國民であり、國賊であるのは、代表的に誰々か？　名乗れ！」

「苟も宗教の本領たる、生死解脱の道を明かすに、一句の中に死の一言があるのは、極めて当たり前の話ではないか。人類の宿命たる、死の問題を解決するに、死の一字が一言の中にあるからとて、当然でこそあれ何の不可かある？　人が、死を避けらるゝならば兎も角も、絶対に避けることの出来ぬ死の事実を、公明正大に最善の解決をした、それを假りにもいけない等と言ふ輩は、全く頭が何うかしてゐのるだ。」

本要録では、機関本『死なう！』が青年党の五大事業（一、機関本作製。二、八幡宮奏上。三、青年党発表。四、殉教護陣地。五、殉教千里行。）の第一にあることと、「表題は『死なう！』であるから、改悪する訳には絶対に行かない。」という。

更に、「國中の處に充満してゐる、宗教を職業とし営業としてゐる、一般のいはゆる宗教家ならば兎も角もである。日蓮會同志はさうではないのだ。食ふ為めではない、三世の命の為めである。言う迄もあるまい。食ふ為めに死なう！　なんどは、有り得る筈が無いではないか。日蓮會の者は、宗教を命よりも何よりも大切なものと為し、それを固く〳〵確信し切ってゐる上に、それを正直に眞剣に實践窮行するのである。」と述べている。

㉒『殉教遺書』〔盟主　櫻堂　卿、日蓮會殉教衆青年黨。昭和11年5月初旬の日付。総頁数30頁。上書き表題は墨書、謄写印刷〕

死なう団の違法取り調べから1年余りを過ぎた昭和11年5月、弾圧に抗議して餓死殉教の旅を実行する一党の決意を記している。検挙騒動・取り調べ・不法監禁などの弾圧に事件の真相を述べ抗議する。「草菴ハ五月八日ヲ限リトシテ、一切余人ヲ出入セシメズ、前庭ト雖モ、「誰人ト雖モ、許可ナクシテ、出入スルヲ禁ズ」という制札を建て、橋を切り落とし、路地を遮断し、戸や窓には五重七重に施錠し、「若シクハ暴力ニテ闖入スル者、有リ次第、直チニ自決ス。」と死を覚悟した決意のほどを述べている。

「既ニ短刀各一ヲ用意シ、刃鋭利ニ肌身離サズ。自決ハ先行十名ニ、次ニハ盟主ノ割腹後、介錯シテ首ト為シ、介錯二人ハ刺シ違ヘ、残ル二人ハ見届ケテ、同ジ直チニ自決スルモノナリ。」と自決の処置まで記す。不意の警備に大太鼓３面、その他警報合図の手筈を整え、「死ニ行ク身ニハ欲シキ物ナク、惜シキモノナシ、但シ他人ノ迷惑トナリ、若シクハ近隣ヲ損ゼザル為メ、火ノ用心ハ素ヨリナリ、草菴内ニ静粛ニシテ、修行勤行ヲ怠ラズ、大本尊に仕ヘマツリテ、盟主ヲ守リ同志互ニ助ケ合ヒ、朝々夕々時経ツヲ覚エズ。」とも述べる。

奥書には「日蓮會殉教衆青年黨」として盟主ほか14名が署名・血判（写し）を押し各人の歳を記す。

「盟主　江川櫻堂　行年三十二才（血判）／　盟士　長瀧櫻智　行年三十七才（血判）／　盟士　渡邊櫻誠　行年二十三才（血判）／　盟士山本櫻峰　行年二十九才（血判）／　盟士　田仲櫻史　行年二十七才（血判）／　盟士　白倉義子　行年二十五才（血判）／　盟士　今井千世　行年二十五才（血判）／　盟士　今井木和　行年二十三才（血判）／　盟士　石塚重子　行年二十三才（血判）／　盟士　三輪妙子　行年二十三才（血判）／　盟士　青木櫻花　行年二十一才（血判）／　盟士今井櫻山　行年二十一才（血判）／　盟士　鈴木櫻信　行年二十才（血判）／盟士　志津静江　行年十九才（血判）／　盟士　今井ミヨ　行年十八才（血判）」。

㉓「彈圧と抗戦・死なう團脱出記」〔盟主　江川櫻堂　手記、昭和12年2月28日の日付。謄写印刷、巻末の「参考」「追記」部分以下は鉛筆書。総頁数30頁〕

昭和8年の殉教千里行を行った全員が神奈川県警特高課に逮捕された、「死なう団事件」の取り調べ弾圧・『殉教要録』280冊を送付する次第から昭和12年2月16日付けの国会議事堂ほか5箇所で切腹自決をはかる（同2月17日午後0時35分頃）際の「誓約書」（写し）を載せる。

「　　誓約書

死なう！　盟主の御教誡に依って、吾等今回は自殺せず、切腹すると雖も必ず

自殺は仕らず候。茲に誓約して以って法益を祈請し奉る

　南無妙法蓮華経

昭和十二年二月十六日　長瀧櫻智　血判

渡邊櫻誠　血判

山本櫻峯　血判

田仲櫻史　血判〔後に鉛筆書で名前を加える〕

青木櫻花　血判

江川櫻堂　先生」

「〔追記〕いはゆる「死なう團事件」の砌りに、盟主は早速警視廳鎌田警察署へ任意出頭した。所が警視廳管内は冷静公平であったが一歩神奈川県内に入るや忽ち自由を拘束せられ、前後約七十余日に及んだのである。のみならず、其の間にあらゆる悪埒なる手段を講ぜられたる体験がある。羮に懲りて膾を吹くの顰みに習ふ訳でなく、今度また大分に悪傾向があるに依り、羮に懲りて羮を吹き、暫らく味った後に出頭する事にしたのである。

その間に何をしてゐたか、大きなお世話でせうと答へれば身も蓋も無くなる。先ず味方の人々と連絡を取ってゐた。それから斯うした書き物を色々した。要するに、我が同志の総意を代行してゐた。以上。之れ全く止む得ざるに出ずるものである。單に、出頭を故意に延引するのでは無い、それならば当局と当方と御互の不為めである。不為めなやうな事を敢てする、止むを得ざるに依ると云う所以である。

盟主の行方は果して不明か？　然り然らずである。行方を知る者に取っては、少しも行方不明ではない。行方在所共に明瞭である。唯だ当局の御都合のみを計って却って沸湯を飲まされた経験から今は当方の都合をも考へる事にした。盟主櫻堂は逃げも隠れもしない。行き度い所へ往き居たい処に居る迄の事である。また出頭して良い時期には出頭する。何もさうまで大童になって追求捜査をしなくともである。

最早や幾分用事が済んだから、今日明日の中には必ず出頭する。各方面に非道い御心配かけた事に就ては、甚だ恐縮に存じます。

昭和十二年二月二十八日　朝　櫻堂　花押

㉔『(教化手段でもある日蓮會事業としての) 野外・運動・講演・例會奉行・藝術・廣告・法會・講座・文書・朗讀・外護等の心得』〔ペン書き原稿、25枚の表裏に記している。著作年不明、櫻堂筆〕

日蓮会の事業および心得・種目等を細部にわたって述べている草稿。芸術種目として「一般藝術、荘厳、法楽、文学、歌詠、音楽、舞踊、美術、擬読、演劇、武術の10種をあげ、芸術心得には次のように述べている。

「理性智慧に相應（？）して眞理を説き、従ひて、情意感情に対して藝術を無視す可からず。藝術は、高遠に踊（躅？）することなく乾燥に偏せず情操を豊かに潤はしむ。理にて解らぬ事柄が藝術の力にて易々と了解し得る場合、甚だ多し。又法楽の意味も旺るなり。法を思ふ者、此の意味に於て、藝術を軽視すべからず。」

櫻堂の芸術論は『法華経』寿量品中の「諸天撃天鼓　衆生所遊楽」の句に基づいている。更に「日蓮聖人が延命の舞楽を興行し給へることは地引御書に見ゆ」として、日法（1258 ～ 1341）の彫刻などには人を感ぜしめることのあることを思うべきであるという。

「但し、藝術の為めの藝術は、本化の藝術に非ず。吾等の藝術は必ず法の為めなるべし。されは、徹頭徹尾、中心より周囲へ、周囲より亦外囲へ亘べく、飽く迄も本立ちて末生ずるとこそ弁へよ。本末顚倒すれば大義の乱れぞ。」

櫻堂の芸術論や文書論（「文書心得」のなかに、文字・効果・空間・時間の５種を解釈している）を見るとき、教化手段としての細部にわたる心得や各種目の解釈理解とともに、はたして当時、彼に論戦を張れるほどの学僧がいたかを疑うほどのものである。保阪氏は自著のなかで、盟主櫻堂をはじめ、日蓮会の会員たちの殆んどが、いわゆる専門の高等教育を受けていないことを指摘していた。それは専門的教育を受けることなしには仏教や日蓮教学に於いても、学問的かつ充分な教義理解が及ぶはずがない、というような意味が含まれているのかもしれない。今、その櫻堂の芸術論や文書心得・文書述成（この箇所は線で消し、「研究に回す。」としているが、筆作最用・読書通要・推敲玉成・文書理想・臨機文書の５種を説明している。）を見るとき、なにがしかの偏向はあったにせよ、卓越した理解と構想に驚嘆するばかりである。以下に、そのうちの幾つかを挙げておきたい。

「雷声遠く響け共、千里に渉らず。肉声大なりといふ共、一里に及ばず。此の嘆を補ふて余りある者は、夫れ文書ならずや。千里遠からず万里猶ほ近し。故郷の親に送り、異邦の友に恵み、広く大衆に分布して、法益を挙ぐべき也。」〔「文書心得」空間〕

「声は虹の如し、惜むとも忽ちにして消ゆ。文は宝石の如し、幾度聞くとも依然として殊たり。經典を繙きて本佛の御声に接し、御書を披いて聖人の師子吼を聞く。三千年も古へなさず、七百の昔も唯今なり。未来

また以ってその如く、開く人毎に呼びかけむ。文書の齢ある限り。繙く人々に説かむ哉。」〔同・時間〕

「法會心得」には「法會各式」をあげている。日蓮会の修法がどのようなものであったかを知ることができる。宗教的な通過儀礼として見るときに、非常に完備された次第となっている。また「懺悔式」を加えているのは、日蓮会が宗教（仏教）団体として自己反省的な性格をもっていたことを窺わせるものか。

（修法式會）

御講　（別に案内書あり会員の集会）
勤行　（教徒の朝夕に於ける勤行式）
祈禱式　（正祈禱に依って願人を救ふ）
開眼式　（未曾有の大本尊の御開眼式）
満月式　（生児が御經を頂戴申告の式）
結縁式　（小児が正法と縁を結ぶ法會）
帰正式　（邪信を捨てヽ正信に入る式）
結婚式　（教徒の結婚に際する信儀式）
紹念式
地鎮式
祝日式　（旗日乃至祝事に於ける修法）
弔日式　（忌日乃至弔事に於ける修法）
葬儀式　（亡者に対する回向追善執行）
追善式　（精靈に対する追善回向修福）
懺悔式

このうち、紹念式・地鎮式・懺悔式は鉛筆書きで加えている。

㉕『（立正安國と題目を表紙に墨書した紙製のバインダー１綴）原稿也』〔櫻堂自筆の原稿44頁分・謄写印刷「宣傳せよ」総頁数10頁・墨書「色讀の色讀」総頁数32頁、大正14年12月31日の日付あり・墨書「求道抄」大正葵亥（12年）春の日付、総頁数30頁、未定稿案と記された「稿案」６枚・墨書「日蓮主義」３枚・墨書で「眞佛教の入門」と記されたペン書きの原稿６枚〕

櫻堂自身の日蓮教学や仏教学に対する理解を窺わせる最初期の原稿（草稿）

等が１綴じとなっている。

「求道抄」は「未定稿」と朱書きされ、表面には「眞理を求めて」「余す命ハ七日ぞや（無常観）」と記されている。大正12年は櫻堂18歳である。彼の宗教観が無常観に大きく基づいていることが判る。阿闍世王の物語を仏典から引用し（『観無量寿経』？）、一切衆生はこれことごとく（死に囚われた）囚人である、という文句を載せる。

「人は何故に生れたるや」「宇宙は何の為めに存在せるか」「この眞理を明かせる宗教、哲学ありや」という疑問が、青年江川忠治（櫻堂）を仏教に傾倒させ、やがて法華経・日蓮聖人への信仰へといたる様子が述べられている。

一連の初期の原稿等を綴じたバインダーの表紙に記されている題目や経文等は、櫻堂が進む信仰体験が描かれているともとれる。

國安正立

八宗撲滅　耶蘇退治　折伏修行

病即消滅不老不死

信解増進

罪業消滅

福徳円満

即身成佛

南無妙法蓮華經

家内安全

國運隆昌

一天四海

皆歸妙法

若人有病得聞此經

禁断謗法　正法宣傳　廣宣流布

病之良薬・是好良薬

㉖日蓮会講堂内での「写真２葉」〔共に盟主の講話を会員たちが聴いている光景。１葉には「首途（「かどで」と仮名を振っている）」（蒲田街御園仲通・中川写真館）となった演題も写る〕

㉗『官報・號外、昭和十年二月三日』〔第67回帝國議会・衆議院議事速記録

第10號〕

久山和之議員による日蓮会会員に対する人権擁護の質問と小原直国務大臣の答弁などを載せる。

〔付　記〕

以上、27七点の資料を簡単に紹介したが、作成年代の不明なものもありおおむね筆者が当時あずかったままの順に記しておいた。櫻堂の初期の思想形成を知る上に、更には、彼の日蓮教学や仏教理解を知る上で重要な幾点かもその中には含まれている。これらは今後、関心を懐く此学の研究者たちによって客観的（学問的）に吟味される必要があろう。聖徳太子によって著されたとされる三経義疏以来、日本仏教の在家仏教的な性格が方向づけられたとされる。大乗のボサツには生活形態の相違からは在家・出家の別は生じても、「利他（パラ・ヒタ）」を願うその誓願には違いはない。日本仏教の出家は本来の「出家（家より出で遊行し法を伝える）」とは別に、まさに日本の風土や文化に根を下ろして独自に展開し今日に至っている。今日の職業としての僧職の登場には様々な議論があろう。櫻堂一門が憎悪ともとれる嫌悪感を職業人としての僧侶たち（特に本宗の）に懐いていたことも事実である。

筆者は、本稿で江川櫻堂「日蓮会」を採り上げたことに仏縁を感じている。かれら日蓮会にかつて属していた方々が、僧侶に対する不信感のあまり、かれら自身の葬儀に際してもし寄る辺がなければ、わたくしが是非法要を執り行ってあげたいと常々思っていた。しかし、当時の方々が存命であるかどうかも、戦後56年をへた今日知る由もなかった。本年（平成13年）11月12日、横浜に居住する田仲某氏より電話があった。電話の主とは面識はない。父親の田仲直一が96歳で亡くなり、彼の遺言には、「法性庵の三友量順師に葬儀一切をお願いしてある」という内容が記されていたことを伝えられた。まだ、筆者は思い起こせずにいた。通夜・告別式は新横浜の総合斎場で行われた。その時に、父親の遺言状に添えてあった筆者の名刺を見た。25年以上前に研究室の助手をしていた時の名刺であった。田仲氏によると、父親は戦後、宗教や信仰に関することは一切口にすることも無かったという。但し、寺院や僧侶の姿勢に対しては時に憤慨することもあったという。「田仲」という苗字は、日蓮会の「田仲櫻樹」の名を連想させた。そのことを訊ねてみた。すると父親直一は能筆家で文章もよくし、昔書いたものに確かに「櫻樹」のサインを見たことがあると語ってくれた。筆者の願いが叶えられた。田仲直一は田仲櫻樹その人であったのである。

25年以上も前に、法性庵を訪ねた当時70代の男性が、その折に、彼自らがかつての日蓮会の会員であったことを語ってくれたかどうかは定かではない。但し、「是非、あなたにわたくしの葬儀をお願いしたい」と言われたことは覚えている。「日蓮会」の資料に眼を通しつつ、僧職にある我々一人ひとりが自らの姿を振り返らなければと思っている。平成13（2001）年12月16日、「本法院信行日直居士（俗名・田仲直一、96歳。自誓法号）」の霊園での埋骨に先立って、故人の家族が法性庵に尽七日忌の法要のために来庵した。仏縁をおもいつつ読経を終えた。

『死なう団事件』の著者・保阪正康氏が昭和47年1月18日の日付で江川満壽子に謹呈した同書に、満壽子が〔北村サワに聞いて確認したものか〕鉛筆で書き込みを加えた箇所や疑問符（？）を付した部分、誤植を訂正したものがある。そのうちの幾つかには著者の取材記録に批判的なものも含まれる。本稿の最後に、主だったものを挙げておきたい（原文のまま）。

れんが書房刊

〔21頁6～7行目〕

本文「のぶは“江川の忠治は変わり者だ”という村での噂話を知っていたが、それは家族でさえ認めなければなるまいと思った。」

訂正「……を知っていたが、一面では変わり者と云われていたが一面ではしんが通っていたので家族も一もくおいていた」

〔27頁2行目〕

本文「忠治は兵役免除になったことに別に屈辱は感じなかった。いやむしろ自分には」

訂正「……………………なったことに無念さを感じたが、むしろそれ以上自分には」

〔29頁8～9行目〕

本文「彼らは協議の末「日蓮会」の会長は釈尊、教祖は日蓮聖人、」

訂正「…………………「日蓮会」の総さいは釈尊、会長は日蓮聖人、」

〔39頁8行目〕

本文「それは日蓮宗の一流派である不受不施派の純粋ないき方に共鳴を覚えたからでもある。」

訂正「〜……………………………… 不受不施派の純粋ないき方とともにていた。」

〔55頁5行目〕

本文「〜とその妨害工作を指令した。」

訂正「〜とその対論工作を指令した。」

〔222頁6行目〕

本文「桜堂は痩せ細り、針金のようになった。いつも布団の中で寝ていた。」

訂正「………………………………………………〜いつも書き物をしていた。」

〔234頁8行目〕

本文「いま日蓮会に殺人集団、犯罪集団の汚名は必要ではない。」

訂正「いま日蓮会に自殺集団、〜」

〔240頁1行目〕

本文「二人は人ごみにまぎれてそのまま姿を消した。」

訂正「丸の内署につかまったけどすぐにしゃくほうされた。」

注

この論文に用いた出版資料は保阪正康『死なう団事件（軍国主義下の狂信と弾圧）』れんが書房、1972年2月。文庫本・保阪正康『軍国主義下のカルト教団—死なう団事件』角川文庫、2000年9月。

(1)　「殉教」の語は梁僧祐（445〜518）の『弘明集』巻13（大正52巻87c）に見られる。「若乃守文而不通其変。殉教而不達教情（若し乃し守文にして其の変に通ぜず。教に殉じて教情に達せず。）

「殉死」は『一切経音義』巻62（大正54巻724b）に「以人従死曰殉古人皆殉死葬今人以泥木撲素形像以代之號曰盟器」と説明している。

『弘明集』巻9（59b）には「仲尼曰く」として「吾欲言死而有知　孝子軽生以殉死吾欲言死而無知　則不孝子棄而不葬　死而有知軽生以殉是也」と述べ「殉死」の語を出す。

・仏典には物語の中に「殉死」の語が僅かに認められるがそれは習俗としてのものである〔義浄訳『根本説一切有部毘奈耶雑事』巻30（大正24巻355a）には殉死の習俗を記す「准其国法以人殉死　王及妃后葬入陵中」〕。『大智度論』や『倶舎論』ほか主なインド撰述の経論では「殉教」や「殉死」の語は登場しない。筆者は寡聞にして仏教語としての「殉教」や「殉死」の用例を知らない。少なくとも中国の訳経家たちはそれらの言葉が仏教思想に合致するとは見なしていなかったのではなかろうか。

・近年では、田村芳朗博士による「殉教の如来使」〔『日蓮・殉教の如来使』NHKブックス240〕の用法以来、法華信仰と「殉教」とは何ら問われることがなかった。『金光明経』「捨身品」の「飼虎捨身」の物語は身体を施して生類を哀れむボサツの物語であり、『涅槃経』の捨身羅刹も理法を聴聞するため（求法）のものである。更に、『法華経』の一切衆生喜見ボサツの燃身供養が大乗のブッダの復活と再生の信仰が基になっていることは筆者がすでに論じた。

(2)　使徒（Apostoli）・殉教者（Martyres）ほかキリストの足跡に従おうと努めた人々はキリストに倣ねた生きた模範であるという。*Imitatione Christi*, Ejustem Librarie 1888. The Imitation of Chirst, translated by Ronald Knox and Micheal Oakley, New York. 1959. I, 18-1.2.

・キリストの足跡に従い倣ねるという意味の「殉教」を、ブッダのさとりを求める者（ボサツ）としての生きかたに倣ねるという意味のボサツ行とを結びつけることが出来るかどうかは慎重に吟味されなければならない。

・拙論「『ボーディチャルヤーヴァターラ』と『イミタチオネ・クリスティ』―東西の宗教書にみられる共通点―」大倉山文化会議研究年報・第1号、1989年、53～70頁には実践面からの両書の共通点を挙げた。

マザー・テレサ女史よりのメッセージ

A MESSAGE FROM MOTHER TERESA FOR STUDENTS OF THE FACULTY OF SOCIAL WELFARE, RISSHO UNIVERSITY

Acquiring of noble spirit is the fundamental teaching that the universal religions teach. The noble spirit in concrete forms emanate into the society from a person who possesses it. Mother Teresa's life of faith and service in India teaches us what the emanation of the noble spirit is all about.

It was in September 1995 that the present author could get an opportunity of meeting Mother Teresa for the first time at her mission in Calcutta in the Eastern part of India. Her small figure in humble sari uniform was shining in the devotion to the God, as if having a halo around her, which is unexplainable in words. Her deeply bent back was truly showing her untiring life of service. The present author can never forget her gentle voice welcoming the visitor from a distant nation, the touch of her soft and tender palms while shaking hands, and the sense of being enveloped in her lofty love.

This February, the present author could visit her mission once again. It was for wishing the first recovery of bed-ridden Mother, and for delivering a small amount of donation. One day, after returning from India, the present author received a message from her. Receiving a message for the students of newly founded Social Welfare Faculty from Mother Teresa was an intense desire of the present author for a long time. The wish was granted then.

This message from Mother Teresa is going to be the 'Message of Eternal Love' for the students of this faculty. The present author, as an instructor of the faculty, wishes our students to acquire the true spirit of Social Welfare reflected in the message, so that they can graduate from this school with it.

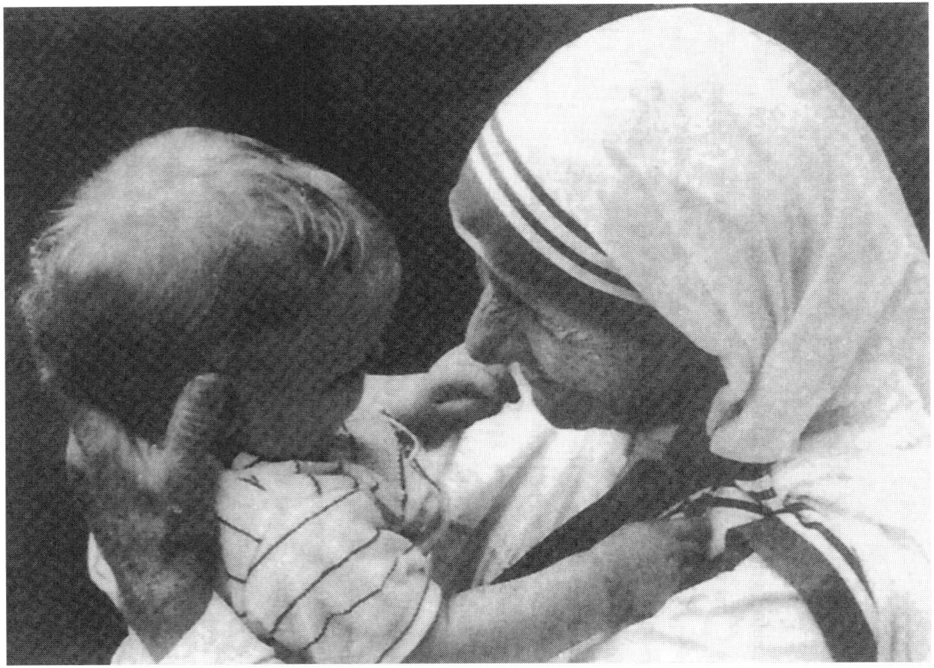

See! I will not forget
you . . . I have carved
you on the palm of My
Hand . . . I have called
you by your name . . .
You are mine . . . You
are precious to Me . . .
I love you.

Isaiah

+LDM

Calcutta
17 February 1997

Dear Students of Social Welfare, Rissho University,

Let us thank God for His tender and personal love for each one of us. We are precious to Him. And let us be carriers of God's love to all we meet by our happy smile, kind word and helping hand.

Remember that whatever you do for those in need, you do it to God for He has said, "Whatever you do to the least of My brothers, you do it to Me." Let us pray.

God bless you
M. Teresa mc

ノーベル平和賞（the Nobel Prize for Peace）を受賞したマザー・テレサ女史に関する書物は、翻訳本や訪日講演集・写真集などを含めると、これまでに我が国だけでも50冊近くのものが刊行されている。恐らく世界中では、その何倍かのものが出版されているはずである。しかし、彼女は、自身に関して述べられているいかなる書物もこれまで読んだことがないという。彼女にとって、それらの本を読むために費やす時間が、たとえ数時間であるとしても、なすべき「現実の業務（real work）」を疎かにしてしまうからである。[1] 崇高な精神は、普遍宗教の説く根本の教えである。その崇高な精神は、それを有する者によって現実の社会に具体的な形となって発露される。マザー・テレサ女史のこれまでのインドに於ける信仰と奉仕の生活は、崇高な精神の発露が如何なるものであるかを如実に物語ってきた。神の愛（agapē）に導かれ、神の愛に充たされ、社会に対して、人々に対して、自らが置かれた場所で、自らの出来る形で神に対する「奉仕」を、彼女は遂行してきた。

東インドのカルカッタで慈善ミッショナリー（Missionaries of Charity）としてひたすら神への奉仕につとめる女史に、筆者が初めて出会ったのは1995年9月のことであった。質素な修道着を身を纏った小さなその姿は、神への献身によって輝き、譬えようもないほど神々しいものであった。背や腰が深々とまがった彼女のその姿は、これまでの女史の弛まざる真摯な奉仕の生活を余すところなく告げていた。遠来の訪問者に優しく声をかけ、手を差し伸べてくれたマザーの、あたたかく柔らかな掌を握った時に、筆者がかつて、インド留学の時に感じた、母なる大地の感を再び呼び起こしてくれた。

筆者にとっての第二の故郷ともいうべきインドの大地で、神への献身にひたすらつとめるマザーの姿を拝して、あらためて彼女を讃えるいかなることばももはや無用である。いま、筆者と写真家・小林正典氏との共著になるかつて出版した書物から「母なる大地インド」の思いをここに引用してみたい。マザーの小さな、そして細い姿と、柔らかくあたたかな掌の温もりが、感動とともに母なる大地のイメージに重なるからである。

「インド、それはわが子の恙なき成長を願い、もてるすべてを捧げ尽くす母の胸のぬくもりに似た大地。永遠の時を今に伝え、そして生きる瞑想の大地。前後二ヵ年間のインド滞在は、わたくしに母なる大地（サンスクリット語ではプリティヴィー〔女性名詞〕）への思いを一層強くさせた。かつての中天竺の風土は、今日、決して豊かで潤いのあるものではない。痩せた土壌はわが母の細い姿に重なる。しかし街角の露天で買いもとめた野菜が、この土壌から滋養をうけ、そして成長したものだとあらためて知った時に、その野菜を食むことによって勉学を続けるわたくしは、大地のもつおおいなる慈しみを感じた。死後は肉体をこのインドの大地に返し、そして聖なる大河に流してほしいとまで願うようになった。」〔『ブッダの生涯』序文より・新潮社、トンボの本〕

神への奉仕、それは苦しみ悩んでいる一人ひとりのこころの内にいる神に奉仕をすることであると彼女は言う。筆者は、マザー・テレサ女史のその精神に、大乗仏教の重要な教理である「仏性（buddha-dhātu）」や「如来蔵（tathāgata-garbha）」[(2)]と共通した思想を感じるのである。カルカッタの旧市街は喧騒の大都会である。バングラディシュからの難民も流入し、貧しく、そして病む人々も多い。女性たちの更生や、子供たちへの救済、マザーの営む施設を訪問した者は、誰もが、彼女の活動に胸を打たれる。

筆者が留学中にカルカッタを訪問した時に、忘れることのできない光景をみた。それは、わずか十歳ほどの男の子が、ひとの行き交う道路に30センチほどの穴を掘り、その穴に自らの頭を埋めて土を被せ、通りすぎる人々からわずかの金銭を貰っている姿であった。足や手の萎えた子供たちも周囲にいた。旅行者は、その光景を目にしても、憐憫の感情と僅かの施しのみで行き過ぎる。しかし、マザーはそのカルカッタの地を生涯の神への奉仕の地としたのである。

ここに挙げたカルカッタの様子は、決してインドを哀れんで述べているのではない。健気に生きているインドの子供たち、かれらに対してむしろ筆者は世界のどの国も及ばない逞しさを感じるのである。21世紀を迎えようとしている今日に於いても、貧困や病気は、世界から根絶されていない。恐らくこれからも根絶されることはないであろう。それ故に、マザーの奉仕活動は、この世に生を受けたひととして為すべき永遠の業務となるのである。

マザーは、自らを「小さな鉛筆（a tiny pencil）」に譬えている。しかし、その鉛筆はたとえ不完全であっても、神が思し召しのままに美しく用いてくれるのだという。[3] マザー・テレサ女史とシスター達の生活は規則正しく、そして質素なものである。彼女たちは、午前4時40分には起床し直ちにチャペルでの礼拝が始まる。礼拝の後、シンプルなインドのパン、チャパティが彼女たちの朝食となる。午前8時から12時半までが、困窮者たちへの奉仕の時間である。昼食を終えると瞑想と礼拝の時間となる。そして午後7時30分まで再び奉仕活動を行う。夕べの祈りに続いて9時の夕食、就寝は9時45分である。[4]

マザー・テレサ女史との邂逅は、忘れがたい思い出である。筆者は、その前年に母を葬送したばかりであった。この時、女史のミッションの児童施設を訪問させてもらった。

清掃の行き届いた部屋には、ハンディキャップを持つ子供たちが収容されていた。手や足の萎えた小さな子供の姿は、かつてカルカッタの路上でみた子供の姿に重なった。

女史との出会いのあった翌年、筆者は、新設の社会福祉学部の専任教員として奉職することになった。一方、この頃、入院を余儀なくされた女史の病状の悪化が、しばしば新聞紙に伝えられた。その中に、筆者の胸を熱くする記事が載せられていた。医師たちの手厚い看護に対して、彼女は「インドの人々になされている以上の治療行為は、自分には施さないでほしい。」と断ったというのである。彼女のインドの人々に対する慈愛の深さが偲ばれた。

「どうしても、マザーのお見舞いに伺いたい。お会いできなくともいい。もし退院されお元気になられたら、できることならば、社会福祉学部の学生諸君に、マザーからの励ましのメッセージをいただきたい。きっと、そのメッセージは、学生諸君に永遠の愛の便りとなるはずである。」。筆者はその気持ちを、東方研究会〔中村元理事長〕の外国人研究員チトラ・アーチャリヤ博士に語った。アーチャリヤ博士は、幸いにもカルカッタの出身であった。マザー・テレサ女史の修道会にも友人がいるという。博士は、わざわざ実兄のアショク・アーチャリャ氏にも幾度となく足を運んでもらい、筆者の気持ちを修道会に伝えてくれたのである。

インド留学の体験のある筆者は、女史よりの（と言うより、悠久な「時間」の観念をいだくインドという国の事務手続きを通してのと言うべきであろう）アポイントメントが直ぐに貰えるとは考えていなかった。インドではこうした手続きに我々の想像以上の時間がかかることは、インド留学の体験を通して筆者はよく知っている。同時に、入試業務で多忙な時季の限られた時間のなかでは、これ以上、面会の承諾を待つことができない時期にきていた。インド大使館からビザを取得し、カルカッタ行きを2月15日、帰国は20日と決めた。

成田発午後12時50分のエアーインディア（AI）-309便で、一路カルカッタへ向かった。途中、バンコックでのトランジットを経て、カルカッタ空港には現地時間の18時30分に着いた。日本との時差は－3時間半である。予約をしていたヒンドゥスタン・インターナショナルホテルまではタクシーで1時間半ほどかかる。前回、筆者が滞在した宿も同じホテルであった。時節柄、ホテルでは結婚の披露宴が繰り広げられ、賑わいを呈していた。部屋に入って、早速、アショク・アーチャリヤ氏に電話で到着を告げた。氏は、翌日、ホテルに筆者を訪ねてくれることになった。2月16日（日）、約束の午前10時に、アーチャリヤ氏は筆者の部屋を訪ねた。バラモン・カーストの氏は、日本からの訪問者に伝統的なブーケを持って歓迎の気持ちを表し、終始穏やかに、わたくしの話に耳をかたむけてくれた。

氏は、マザーが、現在は退院し小康を得ているが、たまたま修道会の重要な会議の期間で、誰とも会うことができないということをわたくしに告げた。筆者は、氏に、厚くお礼を述べ、マザーに会えなくとも、僅かなドネーションをミッションに差し上げたいことと、筆者の持ってきた画文集『インド花巡礼』〔春秋社、1996年〕(5)の本を謹呈したいこと等を話した。氏は、それでよければと、マザー・テレサ女史の修道会へ、タクシーで一緒に訪問してくれることになった。午前11時を過ぎていた。

マザーのミッションへは車で15分ほどの所である。外国からの訪問者たちも遣って来ていた。かれらに混じって、筆者は、受け付けのシスターに訪問の目的を告げた。前回、筆者が訪問した際にマザーと撮った写真を、そのシスターに見せた。そこに居合わせたシスター達も集まり、写真の日付とマザーの元気な姿を見て微笑あっていた。訪問の目的を告げた、その物静かなシスターは、筆者のことを覚えてくれていた。彼女に、マザーに語るかのように、筆者のこれまでの熱い思いを全て語った。彼女は、期間中、マザーが誰とも面会できないことを申し訳なさそうに話し、こう告げてくれた。「必ず、マザーに、この写真とともに貴方の訪問を伝えましょう。そして社会福祉を学ぶ、立正大学の学生の皆さんに、マザーからの祝福のメッセージが届くようにはからいましょう。」

筆者は、シスターのことばにこころから感謝をした。「もし学生たちへのメッセージが、或いは何かの事情で届かなくとも、もういいのです。わたくしの訪問の目的は、もう全て達しました。お元気なうちにもう一度お会いしたいと思っておりましたが、シスターとお話をし、こころの内をすべて語りましたので、マザーにお会いしたも同然です。」。筆者は、帰路の車中でアーチャリヤ氏にそう告げた。

マザー・テレサ女史からのメッセージが、筆者のもとに届いた。3月19日のことである。女史は、2月17日、筆者の訪問した翌日に、そのメッセージを書いてくれていた。そして何と渡したはずの写真まで同封されており、「God bless you Lee Teresa mc」とサインが添えられていた。マザーのサインは、86歳という高齢のなかでの、これまでの生死にかかわる闘病を僅かではあるが感じさせる。それゆえ、マザーのサインが添えられたこの手紙はより重みを増している。深く感謝せずにはおれない。

恐らく、手紙は信頼のあついシスターの一人にタイプライティングさせたものであろう。手動式のタイプライターの文字のかすれは、これまでのマザーの公私に及ぶ多くの手紙や書類が、そのタイプライターで打たれたものであることを物語っている。筆者の感動と興奮は未だ消え去らない。「立正大学社会福祉学部に学ぶ学生諸君、マザーからのメッセージが届きました。」、筆者は、そう声を高らかにあげてかれらに伝えたい。

カルカッタ

1997年2月17日

親愛なる、立正大学の社会福祉学部に学ぶ皆様へ

わたくし達の、一人ひとりに向けられた、神の、思いやりのある

人としての愛に対して、感謝をいたしましょう。
神にとって、わたくし達は、かけがえのないものなのです。
ですから、わたくし達が出会うすべての人々に対して
「神の愛の運び手」となるように努力をしようではありませんか。
――わたくし達の嬉しそうな微笑みと、やさしいことばと、差し伸べる手で――。
困っている者に対して為す、あなたの、如何なる行為も、
それは神に対して為すものであるということを忘れてはなりません。
何故なら、神はこう述べておられるからです。
“あなたが、わたくしの兄弟たちの最少の者に対して為す
如何なる行為も、それはわたくし（神）に対して為すものなのです。”

あなた方に神のお恵みがありますように
リー・テレサ　mc

永遠の真理は言語表現を超えている。それを体現して生きた者をキリストと呼び、ある者は「ブッダ（Buddha）」或いは「如来（Tathāgata）」とも呼ぶ。永遠の真理、古代インドではそれをリタ（ṛta）と呼んだ。仏教では、ダルマ（dharma 理法）ともいう。キリスト教の「神（God）」もそれと同義であろうと筆者は考えている。ギリシヤ神学者のなかには、クレメンス（Clemens 2～3世紀）のように、こうした考えを持つ者がいたし、[6]中世のイスラーム神秘主義者スーフィー（Ṣūfī）達にも、それと共通した思想の者達がいた。[7]永遠なるもの、ひとがそれを内に求める時には哲学となり、すべてを帰投した時に、ひとは宗教に思いをいたす。

マザー・テレサ女史の言う「神」は、言語を借りて表現をした「永遠の真理の発動」のことであると筆者は捉えている。これは仏教であるとか、これはキリスト教であるとか、言語表現を超えたものに与えられた、「ことば」に捕らわれてはならない。[8]筆者は、立正大学が仏教系の大学であり、鎌倉時代の偉大な宗教家・日蓮（1221～1281）の生涯を貫く精神を建学の理想としていることは、面会をした修道会のシスターにも告げた。マザー・テレサ

女史は、そのことを承知している。真の宗教は、みな同じものを目指している。宗教共同体や民族という枠を超えて、人々の幸せを願い、ひとの為をはかるものであるということでは何ら相違はないのである。本学部の福祉の精神もまさにそこに基づいている。

本稿は立正大学社会福祉学部紀要『人間の福祉』第2号に掲載するものなので私的なものは避けるべきであるが、分け隔てない彼女のこころに触れていただければと思い、筆者宛の女史からの手紙を最後に紹介したい。簡潔な文章ながら、筆者は万斛の響きを感じている。

+LDM

Calcutta

Dear Mr. Mitomo,

I am sorry I was not able to meet you on your recent visit to Calcutta. God love you for your generous gift for our poor, and thank you for your book. My gratitude is my prayer for you.

GOD BLESS YOU

lle·Teresa mc

Lord, make me a channel of Thy peace that, where there is hatred, I may bring love; that where there is wrong, I may bring the spirit of forgiveness; that where there is discord, I may bring harmony; that, where there is error, I may bring truth; that, where there is doubt, I may bring faith; that, where there is despair, I may bring hope; that, where there are shadows, I may bring light; that where there is sadness, I may bring joy.

Lord, grant that I may seek rather to comfort than to be comforted, to understand than to be understood; to love than to be loved; for it is by forgetting self that one finds; it is by forgiving that one is forgiven; it is by dying that one awakens to eternal life.

Amen.

「親愛なる三友さんへ。先日のカルカッタへの訪問の際には、お会いできなくて申し訳ありませんでした。神は、わたくしたち貧しい者に対するあなたの寛大な贈り物を喜ばれていることでしょう。それと、あなたの本をいただき有り難うございました。わたくしの感謝の気持ちを、あなたへの祈りのことばに代えます。神のお恵みがありますように。リー・テレサ　mc」

「どうぞ、これからも、神の恵みのままに、愛のご奉仕をお続けくださいますように」、筆者は、こころからそう念じている。マザーは、カルカッタでは人々にベンガル語で語るという。ベンガル語は、マザーにとって大切なこころの疎通手段である。地球上のすべてのフランス語を母語として語る人々よりも、ベンガル語を語る人々の数は遥に多い。筆者も、いま、ベンガル語で、彼女がいつまでもお元気であられることを述べたい。「シャダー・シューシェステール・シャンゲー・アノンデー・タクン（Sada Susasther Saṅge Anande Thakun）」。そして、マザー・テレサ女史が、健康を回復され、やすらかに彼女の使命を全うされることを、ここに、筆者の最も身近ないのりのことばで祈念したい。「南無妙法蓮華経、三唱」合掌。

注

（1） *MOTHER TERESA*, The Authorized Biography, Navin Chawla 著。Element Books, Inc. マサチューセッツ1996年。Epiloge p.192参照。

マザー・テレサ女史は1910年8月26日、ユーゴスラヴィアのスコピエ（Skopje）に生まれた。洗礼を受けた幼名はAgnes。初めSacred Heart Churchで教育を受けるが、後にSerbo-Croatian語が義務として課せられる公立学校に移る。1924年、ベンガル地方を開教したYugoslav Jesuitsについての知識を得、感化を受ける。18歳の時に出家を決意。ベンガルのLoreto教会を希望するが、アイルランドのLoreto修道院で英語を学ぶことを義務づけられる。1928年11月、インドに向かって出発。7週間の旅の末カルカッタに到着。1929年1月16日、ダージリンのLoreto Novitiateにおいて沙弥尼の生活に入る。1931年3月24日、Loretoにおいて尼僧としてのpoverty, chastity, obedienceという最初の誓戒を受ける。後、シスター・テレサと呼ばれ、カルカッタ郊外のSt Mar's Schoolの教師となり、1937年から校長を務めている。1939年5月24日、ダージリンにおいて最終誓戒を受けMother Teresaとなる。1946年9月10日、「修道院を出て、貧者の中の最も貧しい者の姿をした神を愛せ」という神の啓示を受ける。翌1948年8月8日、バチカンがIndent of Exclaustrationをマザー・テレサに認めたことが伝達され、貧民の救済活動を開始する。

これまでのマザー・テレサ女史の受賞は数多い。彼女は、それらを自分自身のためではなく貧しい人々のために（not for herself but on behalf of the poor）受け、それによってこれまで以上の関心が、彼ら貧しい人々に注がれるようになった。

1971年：the Pope John XXIII Peace Prize

1971年：the John F. Kennedy International Award

1973年：the Templeton Award for Progress in Religion
1975年：the Albert Schweitzer International Prize
1979年：the Nobel Peace Pirze

(2) 仏性（buddha-dhātu, buddha-gotra）もしくは如来蔵（tathāgata-garbha）説は、仏教の平等思想に基づいている。平等思想に基づいて理想を追求し、その結果、得られた理論大系ともいえるものである。高崎直道『如来蔵思想の形成』〔春秋社・昭和50年4月第2刷〕参照。

(3) *MOTHER TERESA*, Faith and Compassion, The Life and Work of Mother Teresa, Raghu Rai & Navin Chawla 著。Element Books, Inc. 1996年。P.11

'I am nothing; I am but an instrument, a tiny pencil in the hands of Lord with which He writes what he likes. However imperfect we are, He writes beautifully.'

「わたくしは、何者でもありません。わたくしは、主のみ手のなかの小さな鉛筆にしかすぎないのです。主は、その鉛筆を思し召しのままに用いてくださるのです。わたくし達がどんなに不完全であっても、主は、この上もなく〔鉛筆を〕美しく用いてくださるのです。」

(4) *Mother Teresa*, Caroline Lazo 著。Dilion Press, New York 1993年。pp.41-42参照。
Dr. William Jay Jacobs によるカルカッタのマザーハウスの日課の紹介に基づく。

(5) 『インド花巡礼』〔中村元（監修）・石川響（絵）・三友量順（文）、春秋社1996年6月〕。石川画伯〔日本画家・日展評議員〕によって描かれた仏典に登場する華花75種の解説を含む画文集。本書に登場する仏典の華花は、大本山・小湊誕生寺の新本堂格天井に納められている。日本大学国際関係学部の『図書館ニュース』（通巻128号）の「新刊書紹介」に採り上げられた。

(6) アレクサンドリアのクレメンス（Clemens）は、ブッダ（サンスクリット Buddha, クレメンスは Boutta と書いている）のうちにも、キリスト教の真理としてのロゴスが顕現されているという。以下に、中村博士の著書『普遍思想』上〔春秋社、1978年〕に紹介されている彼のことばを引用しておく。

「哲学は偉大な有用な事柄として昔から異邦人のもとで栄え、異教徒を照らし、ついにギリシア人のもとに達した。……さてインド人の中には Boutta（ブッダ）の教示を遵法する人々がある。かれは（ブッダの）神聖性の優越のゆえに、あたかも神を崇拝するかのごとくに Boutta（ブッダ）を崇拝した。」p.221.

「あらゆる哲学々派は、神の真のことばの砕片である真理の断片を含有している。」p.169.

(7) 中村　元『近代インドの思想』〔中村元選集決定版31・春秋社、1996年〕第4章「イスラーム思想のインド的発展」pp.113-124. 参照。

(8) IARF（International Association for Religious Freedom）の日本チャプター事務局〔事務局長・三輪隆裕（清洲山王宮）日吉神社宮司〕のもとに会報の原稿として送付した

筆者の文章を以下に載せておきたい。

「中村元博士〔東方学院長、日本学士院会員〕は、普遍思想史の構築に向かって歩まれている。人が歩むことによって道は作られる。普遍思想への道は、人類にもとめられた道であり、真の寛容と宥和、共存と共生、そこに至る道が普遍思想である。その道を歩まれた人々を明らかにし、その精神を讃え、自らも歩むことによって普遍思想史は構築される。

ヒマラヤ山脈の中央部に位置するエヴェレスト（Everest）は、世界最高峰である。ヒマラヤは、サンスクリット語の「雪の住所〔雪山〕（Himālaya）の意であり、雪をいだく山の総称である。その最高峰エヴェレストは、イギリスの測地学者の名に因んで名づけられた。現在は中国のチベット自治区となっているチベットとネパールとの国境に、その最高峰は聳えている。

この峰をネパールではサガル・マタ〔サンスクリット語のサーガラ・マーター（Sāgara mātā）〕と呼ぶ。「母なる海」の意味である。かれらネパール人たちは、そこがかつて大海原であったことを体験から知っている。かの山からはアンモナイト等の海の化石が採れるのである。同じ、この峰をチベット人たちはチョモランマ Jo mo glaṅ ma と呼ぶ。

世界の諸宗教は、ヒマラヤ山脈に喩えることができよう。その山脈は最高峰を頂き、最高峰に連なる。この最高峰こそが、諸々の宗教を「宗教」たらしめるものであり、「根本のことわり」である。その最高峰は、様々なことばで表現される。峰を仰ぐそれぞれの人々が、かれらの歴史や体験をふまえて、もっとも親しい呼び名を付けたからである。

「根本のことわり」は「真理」とも同義語である。「ひとのためをはかるもの」、それが根本のことわりであると、中村博士は語る。民族や宗教共同体の枠をこえ、ひろくすべての人々のためをはかるところに、普遍宗教（思想）の道がある。

真理は言語表現を超えたものである。しかしまた、わたくし達は言語という手段によって、真理に気づかされている。真理に近づくための手段の相違、ことばの相違によって争ってはならない。仏教では真理に気づかせるための「教え」を「巧みな手段（upāya-kauśalya 方便）」と捉える。そして手段を絶対視してはならないと説く。

中村博士は、もしその教えが今日に相応しくなければ、相応しいように改めなければならないと言う。そして、もしその教えが不必要ならば、それを捨てるほどの勇気がなければならないと言う。ことばを超えた普遍的真理は、個別性（特殊性）をもって現実の社会に「発現」される。個別性（特殊性）をもったことばは、普遍的真理に気づくために発せられなければならない。」 〔1997年4月20日述〕

本稿の初校後、上智大学教授アンセルモ・マタイス博士より新刊『マザー・テレサ（「聖女」の真実）』〔現代書林、1997年6月〕を頂戴した。マザーの素顔ほか、新修道会の設立など感銘深い叙述にあふれている。マザーを知るための必読書として推薦したい。

メッセージが届いたその年(1997年)の9月5日にマザーは87歳の生涯をとじられた。

法華経におけるhitaの語
—仏教福祉の視点から—

はじめに

本稿の筆者は、先にサンスクリットもしくはパーリ語のhitaの語を「福祉」と邦訳することを提案した。[(1)] サンスクリット語の語彙を多く残している現代ベンガル語でも、社会福祉をSamajer hitārthe（社会の幸福のため〔の行為〕）という。ゴータマ・ブッダの伝道は生きとし生けるものへのアルタ（artha 利益）・ヒタ（hita 福祉）・スカ（sukha 安楽）のためであったことは『律蔵』ほかに伝えられている。大乗経典『法華経』では、それがさらに展開され、ブッダの出現も、説法も、そして涅槃を現ずることすら、衆生たちへのアルタ・ヒタ・スカのためであると述べられている。『法華経』は、原始仏教以来のこうした精神を踏襲し、その誓願をもつものを菩薩と位置づけた。

hitaを「福祉」と訳すことによって、仏教をより現代的に理解できるのではというのが筆者の意見である。そして仏教福祉の面から『法華経』のhitaを捉える時に、大乗仏教の展開の思想的な特徴を新たな面から捉えることができるのではと考えている。以下には、はじめに仏伝に基づく各章に於けるヒタ等の語をトレイスして、次にヒタ（福祉）のために、どのようなことが手段として認められるのかということを考えてみたい。

Ⅰ　『法華経』各章にあらわれるヒタ等の語

『律蔵』マハーヴァッガには、有名な「梵天勧請」のエピソードのほか、ブッダがビクたちに遊行伝道を勧めることばが伝えられている。そのなかには、アッタ（アルタ）・ヒタ・スカの語が定型のように登場する。すでに宮本正尊博士が『法華経の成立と展開』〔法華経研究Ⅲ・寄稿論文「大乗仏教思想よりみたる法華経」〕のなかに、ブッダの「伝道宣言」として『法華経』との関連のうえでそれを論じられた。[2] 但し、宮本博士は、「伝道」という面からこのパラレルの成句を捉え、「寿量品」に述べられているブッダの現涅槃の記述や、成立的には後分に属する各章でも、同様な表現がみられることについては触れておられない。大乗経典が、従前の仏伝を踏襲したうえで大乗的な展開をはかっていることは、拙論「仏伝（梵天勧請）の大乗的展開」のなかで筆者が述べたことがある。[3]

いわゆる、『律蔵』の「伝道宣言」の箇所では、ブッダが「多くの生類(bahu-jana)のヒタ（福祉）のために、多くの生類のスカ（安楽）のために、世界の憐れみ(lokānukampā)のために、神々や人間などの(devamanusānam)アッタ(attha 利益)のために、ヒタ（福祉）のために、スカ（安楽）のために」、と比丘たちに遊行を勧めている。

> caratha bhikkhave cārikaṃ bahujana-hitāya bahujana-sukhāya lokānukampāya atthāya hitāya sukhāya devamanusānam〔*Vinayapiṭaka, Mahāvagga,* I.11.1.Vol.I, p.12〕[4]

大乗の論書『大智度論』には「慈悲はこれ仏道の根本なり（慈悲是仏道之根本）」〔大正25巻256c〕とする。仏教語としての慈悲(maitrī;karuṇā)に相当することばとしてインド一般にはanukampāの語が用いられている。後の大乗仏教では、ブッダ釈尊の生涯にちなむ重要な出来事も慈悲の具現、すなわち衆生たちへのアルタ（利益）・ヒタ（福祉）・スカ（安楽）のためを思ってのことに他ならないと考えている。

パーリ文『律蔵』にみられたこの定型成句的な部分が、『法華経』には各章に散見できることが宮本博士によって指摘されている。宮本博士の前出の論文には、「伝道宣言」の箇所として、「方便品第二」に４ヶ処、「譬喩品第三」に１ヶ処、「化城喩品第七」に５ヶ処を挙げておられる。今、それらに加えて法華経諸章に散見できる同様な表現も挙げてみたい〔本稿でも章節の分類は『妙法華経』のそれに従っておく。和訳には松濤誠廉教授の『大乗仏典』(1976年、中央公論社刊）４、法華経Ⅰ・Ⅱを主に参照した。テキストとしては概ね荻原・土田本を利用した〕。

【方便品第二】

「またシャーリプトラよ、過去世（atīte 'dhvany）に於いても、量り知れず、数えきれない十方の世界に、正しいさとりを得た尊敬されるべき如来たちがおられて、多くの生類（bahu-jana）のヒタ（福祉）のために、多くの生類のスカ（安楽）のために、世界の憐れみ（lokānukampā）のために、あまたの衆生（mahato jana-kāya）や、神々や人間などの（devānāṃ camanuṣyāṇāṃ）のアルタ（利益）ために、ヒタ（福祉）のために、スカ（安楽）のために、出現しておられた（abhūvan）。」〔*WT*,p.37.*ll*.24-29〕

「方便品」では、この過去世の諸仏に続いて、未来世に於いても（anāgate 'dhvani）、無数の諸仏たちが、同様に「多くの生類（bahu-jana）のヒタ（福祉）のために、多くの生類のスカ（安楽）のために、世界の憐れみ（lokānukampā）のために、あまたの衆生（mahato jana-kāya）や、神々や人間などのアルタ（利益）のために、ヒタ（福祉）のために、スカ（安楽）のために、出現されるであろう（bhaviṣyanti）。」〔*WT*,p.38.*ll*.11-14〕とし、また現在の時節に於いても（pratyutpanne 'dhvani）、無数の諸仏たちが、同様な目的のために「法（ダルマ）を説いておられる（dharmaṃ cadeśayanti）。」〔*WT*,pp.38.*l*.27-39.*l*.1〕という。

そして、法華経を説きつつある世尊も、「私もまたシャーリプトラよ、正しいさとりを得た尊敬されるべき如来として、多くの生類（bahu-jana）のヒタ（福祉）のために、多くの生類のスカ（安楽）のために、世界の憐れみ（lokānukampā）のために、あまたの衆生（mahato jana-kāya）や、神々や人間などのアルタ（利益）のために、ヒタ（福祉）のために、スカ（安楽）のために、……種々の方便をもって（upāya-kauśalyair）法を説くのである。」〔*WT*,p.39,*ll*.14-19〕と述べている。

「方便品」には一仏乗という『法華経』の中心となる教説が説かれている。三世の諸仏も、法華経の「世尊」も衆生たちのアルタ・ヒタ・スカのために存在し、ダルマ（理法）を説いたということになる。これら散文（長行）の部分に述べられている、衆生たちへのスカ（安楽）をもたらす目的について、韻文（偈頌）では次のように述べられている。

「人間（nara）や神々に供養されて、あたかもガンガー河の砂の数ほどのブッダたちが十方の世界におられる。これらの（ブッダたち）もまた、すべての生きとし生けるものたち (sarva-prāṇinām) にスカ (sukha) を得させるために、この最高のさとり (agra-bodhi) を、この世に於いて (iha) 説いているのである。」verse.104〔*WT*,p.51.*ll*.22-25〕

「私もまた、いまやもろもろの勝利者の主 (jinendra) として、ブッダのさとりを幾千・コーティもの種々の能引 (abhinirhāra) によって私は示そう。」verse.108〔*WT*,p.52.*ll*.12-16〕

「方便品」104偈には prāṇin (呼吸をするもの。生きとし生けるもの) の語が用いられている。仏典に登場する「衆生」と漢訳される語のうち、プラーニン (パーニン) の用例は最も古く遡れることのできるものの1つであることが指摘されている。(5)「生きとし生けるものたち」に安楽をもたらすために (sukāpanārtham)、最高の菩提 (agra-bodhi) をこの世に於いて (iha) ブッダたちが説く (bhāṣanti) という。続く、108偈にはブッダたちは「衆生たちに (sattvāna) 安楽をもたらすために (sukhāpanārtham)、出現した (utpanna)」と述べている。ブッダの伝統宣言に結びつく定型句が、「方便品」の偈頌では更に敷衍されブッダたちの出現も、すべての生きとし生けるものたちへの安楽のためであるとされていることが判る。

【譬喩品第三】

「譬喩品」は、前章の「方便品」の内容を受け継ぎ、シャーリプトラは自らが「ダルマの相続者 (dharma-dāyāda)」であることを自覚し、世尊が彼にたいして未来成仏の予言 (授記) を授けている。ここに登場するシャーリプトラの成仏名とされている華光 (Padma-prabha) 如来の仏国土の説明では、「多くの男女の群れで満ちている (bahujana-nārī-gaṇākīrṇam)」(*WT*,p.64.*ll*.15-16) と述べられている。理想世界 (浄土) に女性がいると理解しているこの記述は注目されるべきであろう〔但し、偈頌では華光如来の仏国土の荘厳にかんしては触れているが、そこには多くの思慮深い菩薩たちがいるという。散文に述べられている「男女の群れ」は登場しない〕。そして、シャーリプトラが華光如来となるためには、多くのブッダたちの正法 (saddharma) をたもち、種々の供養 (pūjā) をなし、菩薩行 (bodhisattva-caryā) を完成して、とされている。同品13偈に述べられている「三十二相のある身体を有する時に、完全な涅槃を得る」とするのと同時に、部派仏教、特に有部で考えられていた伝統的な菩薩観がここでも採用されていることがわかる。

「譬喩品」のはじめの偈頌（7偈）には、ブッダ世尊に対してシャーリプトラが「世界の福祉を願って憐れみを垂れたもう（loka-hitānukampī）」と述べている。この表現も、『律蔵』以来踏襲されてきた定型句的表現を踏まえたものと言える。「三車火宅」の譬えを説明する部分では、牛車（go-ratha）すなわち大乗を求める衆生たちに言及している。そこにも定型句的な同様の表現が採用されている（*WT*,p.75.*ll*.17-25）。かれらは衆生たちの利益のために（arthāya）、福祉のため（hitāya）、安楽のために（sukhāya）、如来の教誡（thatāgata-śāsana）に専念しているという。かれらは、マハーヤーナ（mahā-yāna）を求めつつ、三界から逃げ出る故に、菩薩・摩訶薩（bodhisattvā mahāsattvā）と言われている、としている。これによって、ブッダの「伝道宣言」にみられた定型句が、『法華経』では菩薩の誓願として位置づけられていることが判る。

同品後半部分の偈頌（104偈）になると、真実の解脱（mokṣa）は最高のすぐれた菩提を得ることであり、それまでは、彼が解脱したとは言わないということを述べ、「これが私の願い（chanda）であって、私は法王（dharma-rāja）として（衆生たちを）安楽にするために（sukhāpanārthāya）、この世に（iha loki）生まれた（jātaḥ）」（*WT*,p.87.*ll*.10-13）としている。ここにも、ブッダの出現は衆生たちに安楽を得せしめるためであることが述べられている。

筆者は、先に前掲の論文で、『法華経』「方便品」では「梵天勧請」の仏伝を踏襲しつつ、理法の理解者を菩薩として位置づけていることを述べた。「譬喩品」が「方便品」のそうした点を踏まえていることは、同品の偈頌137～143偈にも表われている。それはこの経典を説くべき人々の姿のなかに、かれらは思慮深いパンディタ（paṇḍita）であり、過去にブッダに値遇して善根を植えた人々であると述べているからである（verses 137,138）。そしてかれらは、「身体も生命もなげうって長いあいだ慈しみ（maitrī）を実践する人々」（verse 139）であるという。かれらはまた、「すべての生きとし生けるものに（sarva-prāṇiṣu）憐れみ（kṛpā）を懐いている」（verse 143）とする。ここでは、ブッダの「伝道宣言」に見られた、生きとし生けるものたちのアッタ（アルタ)・ヒタ・スカのためにということが、大乗の菩薩の精神として更に敷衍され、慈しみのこころ(maitra-citta)をもつことも、哀れみ(kṛpā)を懐くことも、みな同様な意義づけがなされているといえる。

【薬草喩品第五】

如来の説法が、衆生たちの機根(indriya)や精進(vīrya)の差異を知って、それぞれ相応しい別の法門をあてがうということを、譬喩をもちいて説明するなかで、ヒタとスカの語が用いられている。それぞれに適した法の説話(dharma-kathā)は、衆生たちに喜びを与え(harṣaṇīyāṃ)、満足を与え(paritoṣaṇīyāṃ)、歓喜を生ぜしめ(prāmodya-karaṇīyāṃ)、そしてヒタ(福祉)とスカ(安楽)を増大せしめるためであるという(*WT*,p.115.*ll*.22-26)。ダルマに関する説話(dharma-kathā)も、ここでは衆生たちへのヒタ・スカのためであるということになる。但し、ここでは、如来によるダルマ・カターであることに留意すべきである。散文に於けるその趣意は同品38偈に次のように述べられている。

「常に(sadā)、世界の福祉をはかる(loka-hitāya)この理法たるもの(dharmatā)は、このあらゆる世間(loka)をダルマによって満ち足らしめる。満ち足りたすべての世間は、薬草(oṣadhi)のように華花(puṣpakāṇi)を咲かせる。」(*WT*,p.121.*ll*.25-28)

ここには、ダルマたるもの(dharmatā)が常に世界の福祉をはかるためのものであることが理解される。ダルマ(dharmat)は理法であると同時に、dhṛという語根からすれば「(ひととして)たもつもの」であり、[6]それは生きとし生けるものへのヒタに結びつくのもであるということになる。

「薬草喩品」の後半部分、いわゆる生盲(jāty-andha)の譬えが述べられている箇所は、漢訳『妙法華経』には訳出されていない。但し、『添品妙法華経』には、現今のサンスクリット・テキストと非常によく合致する訳出がなされている。訳語も『妙法華経』を十分踏まえ、羅什訳の趣を損なうことのない名訳と言っても過言ではない。サンスクリット・テキストやチベット語訳、そして『正法華経』にも『添品妙法華経』にも存在するこの箇所が、羅什訳法華経に訳出も編入もされていない理由は様々に推測がなされているが、羅什訳テキストにはこの部分がなかったと考える方が、ごく自然であろう。むしろ、現行の羅什訳法華経にみられるような提婆達多品や普門品偈頌の編入を考えると、今後、『法華経』の対訳（例えば岩波文庫本法華経のように漢訳とサンスクリット・テキストからの和訳を対照するというような場合）には、薬草喩品後半部分に関しては『添品妙法華経』からの引用を採用すべきであろう。それによって、これまであまり考慮されなかった『添品妙法華経』の評価が改めてなされることと思う。[7]

同品の後半部分の60偈には、一切智者（sarva-vid）である如来は、「かなしみを本質とする（karuṇātmaka）偉大な医師（mahā-vaidya）として現れた。」（*WT*,pp.128,*l*.23-129,*l*.1）と述べられている。「寿量品」の良医の譬喩を想起させる。韻文による語句の変更を考慮するとしても、すでに、慈（maitrī）・悲（karuṇā）、そしてアヌカンパー（anukanpā 憐れみ）やクリパー（kṛpā 哀れみ）の語が『法華経』サンスクリット・テキストには登場していることになる。この後半部分では、五神通のある人こそが、「一切智者（sarva-jña）」であるとし（verse71）、一切を知ることなしに「（真の）涅槃（nirvāṇa）はあり得ない」（verse75）という。

【化城喩品第七】

はかり知ることもできない過去世に出現したという大通智勝（Mahābhijñā-jñānābhibhū）如来と十六王子の故事を述べるなかに、「伝道宣言」とパラレルの句が登場する。十六王子たちが、如来に転法論を懇請する場面に次のように述べられている。

> 「世尊は、ダルマをお説きください。善逝（sugata）はダルマをお説きください。多くの生類のヒタ（福祉）のために、多くの生類のスカ（安楽）のために、世界の憐れみのために、神々や人間などあまたの生類のアルタ（利益）のために、ヒタ（福祉）のために、スカ（安楽）のために」（*WT*,p.146,*ll*.16-19）

続いて大ブラフマー神たちが王子たちの懇請の様子を見て、それらも如来に同様に説法を懇請している。かれら大ブラフマー神たちはそれぞれ世尊に、「わたくしたちに憐れみ（anukampā）をいだいて、これらのブラフマー神の天の乗り物（vimāna）を納受したまえ。」（*WT*,p.149,*ll*.10-11; 152,*ll*.2-3; pp.154,*l*.28-

155,*l*.1; pp.157,*l*.25-158,*l*.2）と、世尊に「憐れみ（anukampā）」によるヴィマーナ（妙法華訳では「宮殿」）の納受を願っている。

大ブラフマー神たちの懇請のことばには、定型となっている語句の前に「世尊は、ダルマの輪を転じてください。善逝は世界にダルマの輪を転じてください。世尊は、涅槃（nirvṛti）をお説きください（deśayatu）。世尊は、すべての衆生たちを（sattvāna）をお救いください（tārayatu）。」（*WT*,p.150,*ll*.4-6; p.153,*ll*.2-4; p.155,*ll*.21-22; p.159.*ll*.4-6）と述べられている。ここに、「涅槃」を説く（示す）ことも、生きとし生けるものたちへのアルタ・ヒタ・スカのためであると考えられていたことが判る。

更に、これまでの「伝道宣言」の定型句には見られない表現が大ブラフマー神たちの懇請のことばには登場する。

> 「世尊は、ダルマの輪を転じてください。善逝は世界にダルマの輪を転じてください。世尊は、涅槃（nirvṛti）をお説きください。世尊は、すべての衆生たちをお救いください。世尊はこの世界に恩恵を与えてください（anugṛhṇātu）。世尊は、神々をふくみ、マーラ（魔）をふくみ、ブラフマー神をふくむこの世界のために、また沙門とバラモンをふくみ、神々や人間、アスラ（阿修羅）をふくむ命あるものたちのために（prajāyāḥ）、ダルマをお説きください。それこそは、多くの生類のヒタ（福祉）のために、多くの生類のスカ（安楽）のために、世界の憐れみのために、神々や人間たち、あまたの衆生たちのアルタのためにヒタのためにスカのためになるでありましょう。」（*WT*,p.150.*ll*.4-11; p.153,*ll*.2-8; p.155.*ll*.21-27; p.159.*ll*.4-10）

大ブラフマー神たちの懇請のことばは、マーラ（魔）やアスラ（阿修羅）たちのアルタ・ヒタ・スカも含まれている。ブッダ世尊が願った「生きとし生けるもの」にはたとえ魔と雖も除かれているものはないということになる。原始仏典（『サンユッタ・ニカーヤ』vol. I）におさめられているMāra-saṃyuttaもそうした理解のうえで扱われるものであろう。

【受学無学人記品第九】

同品では、アーナンダ（阿難）ほかラーフラ（羅睺羅）、２千人の声聞たちへの授記がテーマとなっている。同品4偈には、アーナンダがブッダとなった山海慧自在通王仏も、「世界の福祉を願って憐れみを垂れる（loka-hitānukampakaḥ）」（verse4.*WT*,p.191.*ll*.6-9）と述べられている。この章の15偈には、Triṣṭubh との韻律の関係もあるが、声聞のサンガとせずに「声聞や菩薩たちのガナも同様である（amo gaṇaḥ śrāvaka-bodhisattvāḥ）」としている箇所は大乗的な展開として指摘されよう〔同様な表現は「見宝塔品第十一」の長行箇所にも見られる。そこでも「菩薩のガナ・声聞のガナ」としている。（cf. WT,p.213,ll.16-17）〕。

【法師品第十】

薬王菩薩が対告衆となって登場するこの章には「願生」の思想が明瞭に述べられている。過去に於いてブッダたちのもとで諸のプラニダーナ（praṇidhānās 請願）を立てた善男子・善女人たち（複数）は、衆生たちを憐れむために（sattvānām anukampārtham）このジャンブー州に於いて人々のあいだに（manuṣyeṣu）再生した（pratyājātā）と見なされるべきである、という（*WT*,p.196.*ll*.17-20）。こうした内容的な展開は「方便品」第50～51偈とも関連をもっている。プスタカ（経本）崇拝を説くこの章の編入は、法華経前半部分に於いても遅れた成立と見なされている。1偈の受持等の功徳によっても善男子（kulaputra 単数）・善女人（kuladuhitṛ 単数）が未来世に如来となる（*WT*,p.197.*ll*.10-13）という長行の部分は、「法師品」偈頌には「善男子・善女人」が登場しない。法華経全体をとおして見るかれらの位置づけには興味深いものがある。

これに続いて同様な願生の記述が見られる。但し、初めには複数で扱われていた善男子・善女人が単数扱いとなっている。その善男子・善女人（単数）は如来に等しいものであって、「世界の（lokasya）福祉を願い憐れみを垂れるものとしての（hitānukampakaḥ）請願（praṇidhāna）」のゆえに、ジャンブー州において人々のあいだに、この（asya）法門（dharmaparyāya）を説き明かすために生まれてきたと考えられるべきであるという（*WT*,p.197.*ll*.24-26）。彼は、「私（世尊）が涅槃に入った後に（mayi parinirvṛte）」、ブッダの国土（buddha-kṣetra）への生誕も捨てて、「衆生たちの福祉のために（sattvānāṃ hitārtham)、憐れみのために（anukampārthaṃ)」ここに生まれてきたと知られるべきである、とする。そしてかの善男子・善女人は「如来使（tathāgata-dūta)」であるという（*WT*,pp.197,*l*.26-198,*l*.3)。

同品には、「分別功徳品」にも見られるものと同様の記述がある。それは、法門を経本（pustaka）となして肩に担う（aṃsena pariharati）ものは、如来を肩に担うものである、とするところである（*WT*,p.198.*ll*.14-16;p.287.*ll*.3-4)。この「法師品」の第３・４偈には、重偈の形で如来使・願生を触れている。「衆生たちを憐れむために（sattvānām anukampārthaṃ)」この経典（sūtra）を説くものは、世間の保護者であるブッダによって遣わされたという。

次に同品では、「高原穿鑿の譬喩」に続いて、菩薩は「如来の室（tathāgata-layana)」に入り、「如来の衣（-cīvara)」を着、「如来の座（-āsana)」に坐してこの法門を説くべきであるとする（*WT*,p.203.*ll*.6-8)。「如来の室」を説明するにあたり、それはすべての衆生たちへの「慈悲のあり方（maitrī-vihāra)」であるという。そして「如来の衣」は「偉大な忍耐と柔和（mahākṣānti-sauratya)」、「如来の（法）座」は「あらゆる存在の空性（sarvadharma-śūnyatā）に悟入すること」であるとしている。

【見宝塔品第十一】

同品では多宝如来（Prabhūtaratna）のストゥーパが空中に住在し、かの如来がシャカムニ世尊の説いた法華経の法門の正しさを証明し、シャカムニ如来が四衆たちにサハー世界に於ける法華経の法門を委嘱することがテーマとなっている。同品16偈には、次のように述べられている。

「善男子たちよ、指導者たち（vināyakāḥ）は、すべての衆生たちを憐れむ故に、このきわめて困難な状態を耐えておられる（utsahanti）ことに思いをいたせ。」（*WT*,p.217.*ll*.17-18)

cintetha kulaputrā 'ho sarvasattvānukampayā /
suduṣkaram idaṃ sthānam utsahanti vināyakāḥ // 16 //

サハー（sahā 娑婆）世界は「能忍」とも訳される。語源的にはsah（耐え忍ぶ）の意味がある。法華経では、指導者たち（諸仏）が、衆生たちを憐れむ故に、このきわめて困難な状態（suduṣkaram idaṃ sthānam）を耐えている（ut=

sahanti）という。

なお、35偈には、この経典（idaṃ sūtraṃ）を受持するものは勝利者の身体（jina-vigraha、単数）をたもつものであるとし、経典をブッダのヴィグラハと見なしている。

【提婆達多品第十二】

過去世に法華経を尋ね求めて聖仙（ṛṣi）に仕え、修行を行った国王が今の世尊であり、その時の聖仙こそが提婆達多（Devadatta）であるというのが本章の前半部分のテーマとなっている。その時の国王は、身体のみならず「生命の施与者（jīvita-dātā）」であって物惜しみの心（ā=graha-citta）を抱いたことはなかったという（*WT*,p.220.*ll*.3-9）。そして王の誓願は衆生のためであって（sattva-hetor）自分自身のためではなかったことを同品45偈では述べている。提婆達多こそが善知識（kalyāna-mitra）であり、彼のおかげがあって、偉大な慈しみ（mahā-maitrī）・偉大な憐れみ（mahā-karuṇā）・偉大な喜び（mahā-muditā）・偉大な捨（mahā-upekṣā）〔＝四無量心（慈・悲・喜・捨）〕や四種の摂事（catvāri saṃgraha-vastūni）〔四摂法＝布施・愛語・利行・同事〕などを獲得できたという（*WT*,p.222,*ll*.13-18）。本章に述べられている提婆達多を、釈尊に敵対したと伝統的に理解されている史上の人物と捉えるか、或いは一般人称として捉えるかの判断は必要となるが、法華経の福祉思想を考察するうえで重要な章となろう。

龍女成仏がテーマとなっている本章後半部分には、サーガラ龍王の娘が、「微笑みを顔にうかべ（smita-mukhī）」「慈しみのこころをもち（maitra-cittā）」「憐れみ深いことば（karuṇāṃ ca vācaṃ）」を語るという（*WT*,p.226.*ll*,2-3）、「無財の七施」[8]を連想させる表現が述べられている。また龍女が差し出すマニ宝珠（maṇi）を世尊が「憐れみを示して（anukampām upādāya）」受け取ったという（*WT*,p.227.*ll*.5-6）。同様な表現は「観世音菩薩普門品」にも登場する（*WT*,p.336.*ll*.18-19）。

【安楽行品第十四】

薬王菩薩と大楽説菩薩が、従者である多くの菩薩たちとともに、仏滅後の弘教を誓う「勧持品第十三」は内容的には「従地涌出品第十五」へと続いている。本章では、文殊師利菩薩に世尊が、菩薩たちは仏滅後に4種のありかた（四安楽行）に自らを確立すべきことを述べている。特に出家菩薩としての生きかたには法華戒ともいうべき内容が含まれている。

42偈には「衆生たちを憐れむために（sattvānukampāya）、十方を遊歴する菩薩たちはすべて私の師たち（śāstāra）である」としてグル（師父）としての尊敬の念を懐くべきであるという。そしてこの法門をたもとうとする菩薩であるビク（比丘）は、在家や遊行者（出家 pravrajita）たちから離れて、慈しみの暮らし（maitrī-vihāra）を送るべきであるとし、すべての衆生たちに大悲心（kṛpā/ 松濤訳『法華経』注82参照）を懐くべきであると述べる（*WT*,p.245. *ll*.23-28）。衆生を慈しみ憐れむというこうした内容は45・46・51偈にも見られる。「常に慈しみの力（maitrī-bala）を発揮し、常に一切の衆生を憐れんで（kṛpāyamāṇaḥ）」このすぐれた経典（sūtra）を説くべきであるという（verse45. *WT*,p.248.*ll*.13-16）。ブッダである法王（dharma-rāja）は、「忍辱の力（kṣānti-bala）」をそなえ、「ヒタ（福祉）と憐れみを懐き（hitānukampī）」「慈悲のこころを懐き（karuṇāyamānaḥ）」、この世界をダルマによって統治するという（51偈）。また、この経典を受持するものは「いのちあるものたちの（prāṇinām）親族（bandhu）である」とも述べている（59偈）。

【従地涌出品第十五】

本章では、大地の割れ目から涌き出た無数の菩薩たちを、一体どのようにして世尊は僅かな間に成熟させることができえたのかという疑問を、弥勒（Maitreya）が発している。仏智の行の面をこの章では強調し、サハー（娑婆）世界の虚空界の下に暮らすかれら地涌の菩薩たちが「善男子」と称されている。弥勒が世尊に理由を尋ねる箇所に、菩薩乗（bodhisattva-yāna）に属する善男子・善女人たちが、未来に疑惑におちいらないようにとあるのは、「梵天勧請」のエピソードに基づく「方便品」の記述が背景にある。この内容は54偈で、菩薩たちが「悪い境涯（durgati）」におもむくことがないようにとなっている（*WT*,p.267.*ll*.7-10）。これも、衆生たちへのアルタ・ヒタ・スカとの関係で捉えるべきであろう。

【如来寿量品第十六】

古来から仏陀の久遠の生命をあかしているとされる本章には「良医の譬喩」を説いている。常に如来に遇うことによって衆生たちは善根（kuśala-mūla）を作らず、福徳（puṇya）を欠いてしまう。そこで如来には遇いがたいという思いを起こさせるために、巧みな方便（手段）によって、かれらに悲嘆のおもいを生ぜしめ、如来に遇うことを渇望させるという。

> 「如来を慕い渇仰することによって生ずる善根は、長い間にわたってかれらの利益のために福祉のために安楽のためになるであろうということを知って、衆生たちを教化する目的で、如来はまったき涅槃に入ることなく「まったき涅槃」に入ったと告げるのである。」
>
> teṣāṃ tāni tathāgtārambaṇa-manaskāra-kuśala-mūlāni dīrgha-rātram arthāya hitāya sukhāya ca bhaviṣyanty etam arthaṃ viditvā tathāgato 'parinirvāyann eva parinirvāṇam ārocayati sattvānāṃ vaineya-vaśam upādāya /（*WT*,p.272.*ll*.21-24）

この趣意を譬えによって示すのが「良医の譬喩」である。毒を飲んで苦しんでいる子供たちを覚醒させるために、父は他国に赴いて、死んでしまったと伝える。寄る辺のなくなった子供たちは、激しい悲嘆にくれ、たえず悲嘆することによって正常なこころに戻るという。漢訳『妙法華』にはこの箇所を「常懐悲感　心遂醒悟」とする。渇仰によってこころが正常になるということを、大乗の人々は如来の涅槃にたいする悲しみに重ね合わせている。同章５偈には、如来の滅度を見て人々が遺骨に（dhātūṣu）様々な供養を行い、如来を見ることができないために渇望（tṛṣṇā）を生じ、それによってかれらのこころが正常になると述べている。死というやるせない悲しみも、衆生たちへの利益・福祉・安楽のためであるということになる。

「如来寿量品」に続いて、「分別功徳品第十七」では「一念信解」の功徳（30偈）を、「随喜功徳品第十八」では随喜の功徳が説かれる。以下では、本稿のテーマにそった各章にみられるもののうち気づいたものを箇条的に挙げてみることにしたい。

【随喜功徳品第十八】

この法門を聞いた随喜（anumodanā 次いで起こる喜び）の功徳の大きいことは、ある人が、福徳を願い（puṇya-kāma）、福祉を願って（hita-kāma）80年もの間、様々な布施をしたとしても到底及ばないとする（*WT*,p.293.*ll*.11-19）。

【法師功徳品第十九】

同章では49偈には偉大なムニ（mahā-muni）であるスガタ（善逝）は、「（世界の）福祉を願い憐れみふかく（hitānukampaka）」ダルマを説いていることを述べる（*WT*,p.310.*ll*.12-15）。同様な loka-hitānukampaka（kā,pl）という表現は60偈にもみられる。

【如来神力品第二十一】

同章４偈では、仏陀たちが奇跡（prātihārya）や福徳（guṇa）示すことも世界の福祉と憐れみ（hitānukampakā）のためであることが理解される（*WT*,p.332.*ll*.2-5）。

【陀羅尼品第二十六】

本章は、章節の分類からはサンスクリット・テキスト等では前章の「如来神力品」に続く。大乗経典の陀羅尼（dhāraṇī）は、原始仏典以来のパリッタ（護呪）の系統を引いていると考えられている。大乗的にそれをどのように理解するのかということに関しては現代的な解釈が必要となるが、本章では、衆生たちのためにアルタ（利益）をなし、憐れみ（anukampā）を垂れてダーラニーの諸句を述べて説法者たちを守護することが述べられている。

世尊がダーラニーの呪句を唱えた薬王菩薩に次のように賛辞を送っている。

> 「よろしい、結構である。薬王よ、衆生たちのためにアルタ（利益）をなした。衆生たちに憐れみを垂れて、ダーラニーの諸句を説き、守護し、防御し、保護したのである。」
>
> sādhu sādhu bhaiṣajyarāja sattvānām arthaḥ kṛto dhāraṇī-padāni bhāṣitāni sattvānām anukampām upādāya / rakṣāvaraṇa-guptiḥ kṛtā //（*WT*,p.335.*ll*.15-17）

勇勢（Pradhānaśūra）菩薩に続いて、毘沙門（Vaiśravaṇa）天王も、世尊に次のように述べている。

「私もまた、世尊よ、かれら説法者たちの福祉のために安楽のために憐れみのために、守護のために、防御のために、保護のために、ダーラニーの諸句を説きましょう。」

aham api bhagavan dhāraṇī-padāni bāṣiṣye teṣāṃ dharma-bhāṇakānāṃ hitāya sukhāyānukampāyai rakṣāvaraṇa-guptaye /（*WT*,p.336.*ll*.2-4）

同様に、増長（Virūḍhaka）天王も、「多くの人々の福祉のために（bahujana-hitāya）」（*WT*,p.336,*l*.14）ダーラニーを説いている。そのなかで、毘沙門天王や鬼子母神（Hārītī）・十羅刹女たちが述べることばには、かれらをダーラニーの呪句によって守護することが、「幸運な進展（svastyayana）をはかる」（*WT*,p.336,*l*.9）ことであるとしている。

【観世音菩薩普門品第二十五】

観世音（Avalokiteśvara）菩薩などの大菩薩は法身の菩薩であると『大智度論』では述べている。(9) 大乗仏教の大菩薩信仰の登場は、初期大乗経典の成立の先後を分かつことも指摘されている。本章では観世音菩薩はサハー世界に「安全を与える者（施無畏者 abhayaṃ-dada）（*WT*,p.366,*l*.2）であるという。同章では、無尽意（Akṣayamati）菩薩が差し出した真珠の首飾りを、観世音菩薩は二分にして釈迦牟尼世尊と多宝如来のストゥーパに供えている。この時に観世音菩薩は、無尽意菩薩に「憐れみを垂れ（anukampām upādāya）」（*ll*.16-17）、その他四衆や神々や人間や人間以外のものたちにも憐れみを垂れて（*ll*.18-19）首飾りを受け取っている。

本章の20偈には「慈眼（maitrī-locana）」「憐れみの眼（kṛpa-locana）」を観世音菩薩はもっていると述べる（26偈では「一切衆生に対する憐れみと慈しみの眼（sarvasattva-kṛpa-maitra-locana）」をもつとする）。22偈では「慈しみのこころ（maitra-manā）」をもつ大雲（mahā-ghanā）に観世音菩薩は譬えられている。偈頌の部分27偈以下では『妙法華』を除いて阿弥陀仏信仰を説いている。30偈では理想世界である安養（極楽）世界 sukhāvatī を「安楽（aukha）の源泉（āhara）」であり「塵のない（virajā）」世界（loka-dhātu）であると説明をしている（*WT*,p.373.*ll*.2-5）。

【妙荘厳王本事品第二十六】

その昔、雲雷音宿王華智（Jaladharagarjita-ghoṣasusvara-nakṣatrarāja-saṃkuṣmitā=bhijña）如来が世に出現されていた時に、バラモン教を信奉していた妙荘厳（Śubhavyūha）という国王が、彼の２児（浄蔵・浄眼）の神通力によって教化されるという物語が本章のテーマとなっている。その時の如来も、衆生たちや妙荘厳王を憐れむために（anukampāyai）法華経という法門を説いたという（*WT*,pp.375,*l*.23-376,*l*.2）。

本章では二人の王子が、「奇蹟（prātihārya）」を現じることによって、父である妙荘厳王に「浄心（prasanna-citta）」を起こさしめている。その奇蹟も、「仏陀によって許されている（buddha-anujñātā）」奇蹟であると記されている（*WT*,pp.376,*l*.29-377,*l*.1）。

【普賢菩薩勧発品第二十七】

本章では普賢菩薩が、後の五百年の間に、法華経を受持する者たちを守護することを誓いダーラニーの呪文を説いている。それに対して釈尊はかの菩薩を次のように讃えている。

> 「よろしい。結構である。普賢よ、汝がこのように多くの人々の福祉のために、多くの人々の安楽のために、世界を憐れんで、あまたの衆生たちのアルタのためにヒタのためにスカのために行迹し（pratipanna）、このような思惟を超えた特性（dharma）をそなえ、大悲（mahā-karuṇā）を摂受する意向（adhyāśaya）と、思惟を超えた摂受をそなえた発心によって、汝は自ら、これらの説法者たちに加護をなすとは。」
>
> sādhu sādhu samantabhadra yatra hi nāma tvam evaṃ bahujana-hitāya bahujana-sukhāya lokānukampāyai mahato janakāyasyārthāya hitāya sukhāya pratipannaḥ evam acintya-dharma-samnvāgato 'si mahākaruṇā-saṃgṛhītenādhyā=śayenācintya-saṃgrhitena cittotpādena yas tvaṃ svayam eva teṣāṃ dharmabhāṇa=kānām adhiṣṭhānaṃ karoṣi / （*WT*,pp.388,*l*.25-389,*l*.2）

このように、釈迦牟尼世尊は、普賢菩薩のダーラニーもあまたの衆生たちの福祉・安楽・世界を憐れむために説法者たちに加護（adhiṣṭhāna）をなしたことになると賛じている。

Ⅱ　あまたの衆生たちへのヒタ

前節でのトレイスによって、原始仏典以来、定型句的に述べられてきたヒタ等の語句が、大乗経典とくに法華経にどのように用いられていたかが明確になった。ヒタを福祉と訳す場合に於いても留意すべき点である。たとえば「福祉」の語を国語辞典にみれば「幸い・幸福」とあるように、ヒタの語に於いても同様な意味合いをもついわゆる同義語を無視することはできないからである。その意味に於いて、今前節に於いて述べた法華経サンスクリット・テキストに表われるヒタとも関連をもつ語を挙げれば次のようになろう。

☆ hita（nt, ためになること・安寧）と関連を有するもの〔漢訳語は漢訳対照『梵和大辞典』を参照〕

		〔現代ヒンディー語での意〕
artha,m	（利益・義）義理・利楽などと漢訳。	meaning, import
sukha,m.nt	（安楽・幸福）安穏・快楽・喜楽などと漢訳。	happiness, pleasure
maitrī,f	（慈念・慈愍）慈心とも漢訳。	friendship
karuṇā,f	（愛憐・悲愍）大慈大悲・大悲・慈悲とも漢訳。	pity, compassion
kṛpā,f	（同情・憐憫）大慈大悲・大悲とも漢訳。	kindness, favour, grace
anukampā,f	（憐憫・同情）愍念・極哀・哀愍などと漢訳。	kindness, compassion
svasti,f	（福祉・幸運）吉・福・吉慶・吉祥などと漢訳。	well-being, prosperity

このうち、svasti は現代ヒンディー語でも well-being の意味がある。ヒンディー・イングリッシュ辞典として信頼が寄せられている Mahendra Chaturvedi と Dr. Bhola Nath Tiwaei による *Practical Hindi-English Dictionary*（1982. National Publishing House）には、hita には welfare, well-being, interest, gain, benefit などの意味があることを記している。コンパウンドとしての hita-kāra は beneficial, useful の意味となる。また、English-Hindi 辞典などには、welfare の語でひくと kalyāna, kuśala などを出している。[10] kalyāna には仏教語としては「善知識」と訳される kalyāna-mitra がある。また kuśala は、釈尊の出家の動機の一つとされる「kusalanuesi（善を求めて）」という言葉が原始仏典に登場し、[11]「善根（kuśala-mūla）」と訳される言葉もある。少なくとも、現代ヒンディー語では welfare（福祉）と「善（kalyāna もしくは kuśala）」とが密

接な関係をもっているということになる。[12]

現代ヒンディー語では「社会福祉」を jan-sevaye（人への奉仕）という。sevā（奉仕）の語は、７世紀の大乗の学僧 Śāntideva の *Bodhicaryāvatāra* にも登場するが、[13] 宗教的使命としての奉仕の必要性は、近代インドの宗教家たちが特に主張したところである。[14] 仏典に登場する sevā は大乗仏教の菩薩としての実践的生き方に結びつくものである。

法華経に見られたヒタ等の語句は、原始仏典以来見られた、生きとし生けるものたちへの慈愛の心から発せられている。定型句的に述べられたその表現を用いることによって、法華経ではゴータマ・ブッダ釈尊の精神を継承せんとする意図が窺えよう。いま法華経に述べられているこの定型句的表現は、

１. 三世の諸仏の出現。　２. 転法論（及び勧請）。　３. 願生。
４. 涅槃を現ずる。　５. 奇蹟を現ずる。　６. ダーラニーを説く。

などに用いられている。ブッダ釈尊の生涯にちなむ重要な出来事（生誕・転法輪・入涅槃）はみな生きとし生けるものたちへのヒタ（福祉）のためであったと大乗経典の法華経は理解している。「法師品」に見られた菩薩（如来使）の願生の思想も、そうした理解に基づくものであろう。「如来寿量品」では、ブッダの入涅槃を実際の死と結び付けずに、衆生たちの教化手段としてかれらのヒタ（福祉）のために仮に現じたとする。そして教化手段としてのダーラニー（陀羅尼）を説くことも、奇蹟（prātihārya）を現ずることも衆生たちの福祉のためであるとする。手段（方便）としての意義を認めながらも、それを絶対視しないとするのは仏教の基本的な姿勢である。教化手段をどのように捉えるのかという問題に対して、最も重要な答えがここにあると考えるのである。

結　語

ブッダの生涯にちなむ出来事は、みな生きとし生けるものたちへのアルタ・ヒタ・スカのためであるということを法華経は述べている。ブッダ釈尊が仏弟子たちに伝道遊行を勧めることばにもそれは見られた。法華経では、原始仏典以来の定型句的な表現を用い、さらにそれを敷衍しつつ、その誓願をもつものを菩薩と結びつけた。ヒタの語を「福祉」と現代語に訳すと、仏教の

根本精神には「世界の福祉を願い世界を憐れむ（loka-hitānukampā）」心が根底にあることになる。そしてそれは『大智度論』に述べられる「慈悲」の精神とも合致する。

特に法華経に於いて、生きとし生けるものたちへの福祉を願う心には「涅槃を現ずる」ことによる衆生たちの救済が含まれている。大乗の人々が受け取ったブッダ釈尊の「おおいなる死（マハー・パリニルヴァーナ）」に対する理解である。こうした解釈は、今日のデス・エデュケーションに於ける「死」の理解にも重要なことである。同時に、大乗経典に登場するダーラニーの位置づけを考える時に、法華経では呪文（呪句）や神変を現ずることが手段として認められているということが挙げられる。そしてそれも「世界の福祉を願い世界を憐れむ」心が根底になければならないことになるわけである。仏教のもつ普遍性は、福祉もしくは救済の対象を決して人間にのみ（或いは特定の共同体や民族・国家）に限定していないところにある。「薬草喩品」の偈頌にみられたように、ダルマたるもの（dharmatā）は、常に世界全体のヒタをはかるためのものであるからである。

その行為主体は、法華経では大菩薩の姿によせても描かれている。観世音菩薩は、「一切衆生に対する憐れみと慈しみの眼（sarvasattva-kṛpāmaitra-locana）」をもち、「慈しみのこころ（maitra-māna）」をもつとされている。「法師品」におけるボサツの室・衣・座、すなわち「慈悲のあり方（maitrī-vihāra）」「偉大な忍耐と柔和（mahākṣānti-sauratya）」「あらゆる存在の空性（sarvadharma-śūnyatā）に悟入すること」も同様に世界のヒタをはかるものたちのあるべき姿ということになるのである。

注

本稿で用いた法華経サンスクリット・テキストは *Saddharmapuṇḍarīka-sūtram*, Romanized and Revised Text of The Bibliotheca Buddhica Publication by consulting A Skt.MS.& Tibetan and Chinese translations by Prof.U.Wogihara and C.Tsuchida, Tokyo 1958,The Sankibo Buddhist Book Store,Hongo, Tokyo,Japan.

(1)　拙論「『福祉』ということば—仏教福祉からアプローチ—」〔『人間の福祉（*HUMAN WELL-BEING*）』第1号、1997年3月、立正大学社会福祉学部紀要〕47-59頁に東洋の言語における福祉と「福祉」の意味を有するサンスクリット語 hita に触れた。

他に、拙論では仏教福祉に関するものとして普遍思想の面から捉えた「仏教福祉研究への現代的アプローチ⑴」〔『立正大学社会福祉学部研究所年報』創刊号、1999年３月、17-33頁がある。

⑵　宮本正尊博士「大乗仏教思想よりみたる法華経」〔『法華経の成立と展開』〕〔法華経研究Ⅲ　平楽寺書店〕317-352頁。

⑶　拙論「仏伝（梵天勧請）の大乗的展開」〔『知の邂逅—仏教と科学—』佼成出版社、1993年3月〕567-582頁参照。

⑷　*The Vinaya Piṭakam,*ed by H.Oldenberg,vol.1. *The Mahāvagga,*London,Reprint,1960.

⑸　prāṇinの語はBrāhmaṇa文献に登場し、俗語形のpānaは仏典の最古層の韻文・Jaina聖典の最古層の韻文・アショーカ王法勅などに表われ、後にはbhūta, jantu,sattvaなどの語が圧倒的に有力になるという。また、古ウパニシャッド文献にはsattvaの語はないということも指摘されている。中村元博士『ウパニシャッド』〔選集決定版・第９巻、春秋社、1995年9月第２刷〕184-185頁参照。

⑹　インド哲学におけるdharmaの観念および宗教的意義に関しては、中村博士前掲書『ウパニシャッド』723-752頁参照。

⑺　「『添品妙法蓮華経』薬草喩品後半部分書き下し」〔『大倉山文化会議研究年報』1997年3月〕135-150頁

⑻　無財の七施（①眼施　②和顔脱色施　③言辞施　④身施　⑤心施　⑥床座施⑦房舎施）、大正４巻479a。

⑼　『大智度論』大正25巻134b, 309a。

⑽　*Aṃgrejī-Hīndi Kośa*（An English-Hindi Dictionary), Candra Eṇḍ Kampanī, Rāma Nagar, DILLI.

⑾　「スバッタよ、わたくしは29歳で善を求めて（kusalanuesi）出家をした」『大パニリッパーナ経（*Mahāparinibbāna-suttanta*）』*DN*.,vol.*ll*.p.151.

中村博士は『普遍思想』〔選集決定版・別巻２、1999年2月〕555頁のなかで、善を「義（artha）に合し、dharmaに従うこと」と捉えておられる。善と福祉との関連は、仏教福祉研究に於ける今後の重要なテーマの１つである。アルタに合し、ダルマに従うことは取りも直さず福祉に結びつくものであるからである。

⑿　この他にも漢訳仏典に「福利」と訳されたpuṇyaがある。「福徳・功徳」とも訳されるこの語のもとの意味は「徳（virtue）・善行（good work）」を表わす。この語は称賛に値する（meritorious）行為、即ち「道徳的（moral）或いは宗教的功績（religious merit）」を意味する。我が国の聖徳太子の福祉事業における２福田（敬田・悲田）の「福田」はpuṇya-kṣetra（功徳を生ずる田畑）の訳である。前掲拙論「『福祉』ということば」東洋の言語における福祉の項（50-51頁）参照。

⒀　*Bodhicaryāvatāra*（Bibliotheca Indica）,edited by V.Bhattacarya, The Asiatic Society, Calcutta 1960.chap.X,46. 金倉円照訳『悟りへの道』〔『サーラ叢書』９、平楽寺書店、

1969年11月〕221頁参照。

⒁ 現代インドの思想家Vivekānānda（1863～1902）は、それまでのインドの宗教で強調されていた智（jñāna）や信仰（bhakti）の実践に対して奉仕（sevā）を説いた。「これはインド思想史に於いて画期的なことである。」「西洋の宗教でも近代になると特に奉仕が強調されるようになったが、しかしまだ信仰と結びついていて、両者が渾然としている。」。中村元博士『現代インドの思想』〔選集決定版・第22巻、1997年6月〕54頁。現代インドでは *The Rāmakrishna Mission*（1897年にVivekānāndaによって創始）や *Ārya-samāj*（アーリヤ協会・1875年に創立）などは積極的な社会活動に関して名高い。

・Tulsidās（1532～1624）は、信愛（bhakti）を８つの徳に分ける〔１．maitrī（慈）２．karuṇā（悲）３．samatā（心の平静）４．saṃtoṣa（満足）５．yama（自制）６．śauca（清浄）７．asaṅga（無執着）８．śraddhā（信仰）〕。同『近代思想』〔別巻４、1999年７月〕248頁参照。

・奉仕という面から捉えると、『律蔵』に述べられている病人看護（「衆生僧たちよ、わたくしに仕えんと思う者は病者を看護すべし。」*Vinaya Mahāvagga*,8.26.3）も、他者に対する奉仕と捉えることができるが、その実践を仏教内部のみに限定しないところに大乗の菩薩の誓願がある。拙論「仏教福祉と病人看護―日遠『千代見草』をとおして―」〔『人間の福祉』第４号〕49-66頁参照。

・「ボランティア」と「奉仕」という言葉のニュアンスの相違を筆者の担当する１・３・４年次の演習で学生たちに尋ねたことがある。３・４年次生の多くは、奉仕には「たてまつり仕える」といった前時代的（或いは強制的）な印象を受けると答えた。ところが１年次生は「どちらも同じです」と殆んどが答えた。たしかにボランティアは「奉仕活動」と辞書には出ている。同様に「奉仕」も現代語では「他者のために仕事をする」ことであると記している。言語にはこれまでの歴史や文化がある。と同時に現代には現代的な理解が必要である。それもやがて次の時代の歴史や文化を形成するからである。もともと「奉仕」は「君主に仕える」ことを意味した。奉職ももとの意味は「官職に就くこと」である。戦前・戦中をすごした人々の多くが「滅私奉公」ということばからも受けるある種の拒否感を「奉仕」ということばに懐いていることも知っている。しかし、「奉」にはたてまつるという意味の他にも「恭しく」という意味がある。それは他者への尊敬の気持ちとも関係する。とすれば「奉仕」のみならず「奉職」ということばも現代語に活かすべきであろう。ボランティアは自発的行為ではあっても、相手を敬う気持ちを持っているかどうかまでは考慮されていないのではなかろうか。むしろ、ふたつの言葉は、どちらも相手に尊敬の念を懐き恭しく（誇りをもって）従事するということが必要であることを若い世代の人々に伝えるべきであろうというのが筆者の意見である。

仏教福祉研究への現代的アプローチ
—普遍思想と仏教福祉—

はじめに

仏教（社会）福祉研究には、今後どのような方法論が考えられるのであろうか。研究の対象として仏教を扱うことの現代的意義は何なのであろうか。こうした素朴でしかも大切な疑問をふまえて、本学の『社会福祉研究所年報』の発刊に際して、その(1)として「普遍思想と仏教福祉」という側面から、以下に概論的に私見を述べてみたい。

立正大学に新設された「社会福祉学部」も、平成11年度をもって、完成年度を迎えようとしている。それに先立って、「立正大学社会福祉研究所」が創設された。新学部の完成年度とともに、高度専門職・研究者養成機関としての新しい大学院の発足が待たれている。これから、専門的に仏教福祉を学ぼうとする若き学徒たちに、その研究へのアプローチとして、これまで仏教学（インド哲学）領域の研究に主としてたずさわってきた筆者なりの見解を示しておきたい。これからの学問研究の発表は、限定され専門化された分野のなかでのみ行われるものであってはならないと考えている。

「衆盲摸象」(1)の譬喩にあるように、何れの見解も、把握すべき真理全体のほんの一部分にしか過ぎない。しかし、一部分であっても、そこには必ず何らかの学問的意義があると考える。学問研究は、何時の時代も一つの論考を踏み台としてさらなる発展があるからである。

I　これからの仏教福祉研究

諸科学の研究成果は、それらが将来的な展望をもって人類社会の繁栄と発展に寄与されなければならない。諸分野にわたるインターディシプリネリーでかつ有機的な研究が今日求められていることも、そこに理由がある。本稿の筆者の専門領域である人文科学には哲学や宗教学がふくまれる。それらの研究成果は、社会科学や自然科学との学際的な連携と協力によって、実社会に正しく活かされることになる。

仏教（社会）福祉研究には、これまでにも諸先学のすぐれた業績が発表されている。[2] そうした業績をふまえて、これからの研究を行う際に、筆者は「福祉思想研究」の側面から2通りの方法論をたてている。方法論のその1つは、これまでの仏教福祉思想史を現代的にトレースすることである。それには仏教思想（精神）に基づく福祉（社会）活動の歴史や展開、そしてその実際を現代的に考察することも含まれる。これによって、将来のあるべき福祉への展望を明らかにすることになる。また、これまで仏教思想（精神）に基づいて社会福祉活動に貢献してきた人物を新たに掘り起こして紹介することも意義がある。思想（理念）に促されて実践は起こり、理念は体験（実践）によって更に深まっていく。それらが相互に連絡しあい、反省をふまえて、21世紀の社会福祉に寄与できると考えるのである。

2つ目は、仏教（福祉）思想を今日の研究成果をもとに、現代的に受容し紹介することである。それによって、仏教の役割とこれからの福祉の関係をより明確にすることになる。福祉思想（史）を現代的にトレースする際にも、或いは現代的に受容する際にも、「普遍思想」と「福祉」という関係に焦点をあてることを提案したい。学際的な研究に関心をよせる研究者たちは、その思想（精神）史に視点をあてる必要がある。今日、諸分野でも注目されているように、斯学の分野にも、思想（哲学）の重要性はますます高まると考えられるからである。これらのいずれの場合にも、文献研究が基礎的なものとして要請されてこよう。

仏教学領域の文献を扱うためには、テキストとなる仏典を正しく理解するための関連言語（サンスクリット語・パーリ語・チベット語など）のマネージが求められる。加えて、漢訳仏典や古典への理解も必要となる。これが今までの、仏教研究のいわば常套である〔この意味からは、これまでに培われた研究方法に基づいて仏教研究に携わってきた若き学徒たちが、新たに仏教福祉研究に目を向けることが期待されよう〕。但し、筆者は、仏教学（インド哲学）関連の研究者からは異議があるかもしれないが、次のことも述べておきたい。それは、これから広く仏教福祉を研究するためには、今日、様々な研究成果を合理的に利用しえるという点で、こうした言語の修得が必ずしも不可欠ではないということである〔それは仏教福祉研究を志すものたちの誰に対しても門戸が閉ざされてはいけない、という意味でもある。大乗仏教の精神が「普門（samanta-mukha）」であることを我々は銘記しておかなければならない〕。

明治以降、我が国に新しい研究方法がヨーロッパから紹介されると、それまでの漢訳仏典を中心とした仏教研究に新風がそそぎこまれた。仏教学関連領域の語学に関しても、次第に欧米の研究者とも伍し、またはそれをも凌ぐ専門家たちが出現した。

この時代のある研究者は、それまでの漢訳仏典をもとに構築された伝統的な解釈に対して厳しい批判を向けた。サンスクリット原典（テキスト）を扱わずに漢訳経典のみで仏典を論じるのは「弁慶がな、ぎなたを」と勝手に分解して、「ギナタ」とは何かを議論するようなものである、と。こうした批判に対して、それまではサンスクリット語の知識をもたない研究者たちは沈黙せざるを得なかった。また、他分野を専門領域とするある研究者が、大乗経典の一般的な解説書を出版すると、今度は彼に対して「サンスクリットも知らないのに」という陰口が囁かれた。

筆者が、先に、「仏教を今日の研究成果をもとに、現代的に受容する」と述べたのは、まさにこの点にある。そうした批判が正当なものかどうかという判断は個々の解釈にもよるが、当時の伝統的権威説に対する批判が、やがて次の時代の絶対的権威説となる恐れはないだろうか。仏教文化という広い見地からみれば、サンスクリット・テキストを絶対視することには問題を含む。ましてや、今日の刊本としてのサンスクリット・テキストを漢訳仏典の原典と見なすような発言が正鵠を得ているとは言い難い。〔少なくとも、現存のどのサンスクリット写本よりも、漢訳仏典の古訳［３～４世紀初頭に活躍した竺法護（Dharma-rakṣa）に代表される時代］の方が訳出年代は古い。この時代に中国で翻訳された仏典が純粋なサンスクリットではなく殆どが俗語を交えた言語で記されていたことも判ってきている。現存のサンスクリット諸写本でさえも、旧訳の時代［４～５世紀初頭に活躍した鳩摩羅什

(Kumārajīva）によって代表される時代］に於ける「原典」とは言えない。時代の経過とともに仏典は内容的にも様々な増広が加えられサンスクリット化していった。東アジアに受容され理解された仏教は、漢訳仏典をとおしてのものであるという、当たり前のことではあるがそのことに留意する必要がある。仏教の故郷インドとの文化や価値観・思惟傾向の相違があるからである。］「評駁もあまりに過ぎれば己が徳行を損なう」〔森尚謙『護法資治論』〕[(3)]と言う古人のことばもある。

仏教学関連領域の言語の知識は必要としても、その修得は、これから仏教福祉を研究しようとする者たちにとって必ずしも不可欠のものではない。このことをあえて述べておきたいのである。むしろ、扱う個々の仏教資料を、成立論的ないし文化論的な背景を正しく把握することが必要である、現代の仏教学の研究は、目覚ましいほどの成果をあげている。仏典も、今日では、サンスクリットやパーリ語、或いはチベット語訳、もしくは漢訳のみのテキストの主だったものは内外の専門の研究者たちによってすばらしい現代語訳がなされている。仏教福祉研究のためには、選択さえ誤らなければ、学問的にも信頼しうるそれらの翻訳を利用できるのである。それらを合理的に利用すれば仏教福祉思想（史）の研究は、さらに大きく普遍的な意義を展開することができる。但し、翻訳等の利用によってより関心が深まり、もとのテキストに直接あたりたいという要求も生ずるであろう。高度な専門研究としては当然のことである。その時には、講座を有する国立大学のほか、本学をはじめとして仏教系諸大学でも、そうした言語は履修できるし、開放講座をもつ研究機関〔例えば東方学院（中村元学院長）〕[(4)]では、誰でも履修のチャンスがある。

もともと「福祉」に、これが仏教であるとか、これがキリスト教であるとかという別を立てることに疑問の声もある。確かに、普遍思想としての位置づけからみた「福祉」は、特定の宗教団体の教義や実践という枠を超えており、宗教や宗派の別によって生ずる差異はないからである。しかし、研究対象として捉える場合には、それぞれの宗教のもつ思想的特色、そして歴史を正しく把握しなければならない。研究からは批判が生ずる。正しい研究態度に基づく批判は、攻撃や全面的な否定ではなく、現代的な新しい解釈と理解による受容を促す。それによって生まれる宥和と相互理解は、これからの世界にあるべき新しい普遍思想史を構築することになるのである。

Ⅱ　仏教福祉と普遍思想

実存哲学の創唱者ヤスパース（Jaspers, Karl. 1883 ～ 1969）の言う「軸の時代（Achsenzeit）」は、紀元前500年ころにあったとされる。それは人類の歴史に於ける最も輝かしい思想（宗教）家たちの出現の時期であったという。この時代のユーラシア大陸の東と西に生じた諸思想は、特定の民族や宗教共同体という枠をこえて普遍性を有していた。[5] ギリシャのソフィストたちもインドのシラマナ（沙門）たちも、中国の諸子百家たちも、それまでの保守的な伝統や権威に対して批判的であった。しかし、かれらの殆んどはそれまでの伝統や文化をすべて破壊しようとはしなかった。むしろ時代や社会を超えた普遍的な思想をもって、伝統的権威によって自由を拘束されていた真の人間性の解放を訴えたのである。

インドに生まれたゴータマ・ブッダ（Gotama Buddha, BC. 463 ～ 383）の教え（仏教）は、この「軸の時代」を代表するものである。ゴータマ・ブッダも当時のシラマナ（śramaṇa 沙門、励むひとの意）の一人である。この人類の思想史上に於ける重要な時期に登場したソークラテース（Sokrates, BC. 470 ～ 399）も当時のソフィストの一人であり、孔子（BC. 551 ～ 479）も当時の思想家の一人であった。この中で、ゴータマ・ブッダの教えは、時代的な変容を受けながらも世界宗教の一つとして、今日に、その影響を諸方面に与えている。仏教の「自由と寛容の精神」は、広く承認されているところであり、完全な寛容は仏教の有する根本教説であることが指摘されている。[6]

人々がたもつべきものがある。それを古来よりインドではダルマ（dharma）とよんだ。仏教以前のバラモン教（Brahmanism、ヴェーダの宗教）では、神話に基づく四姓の階級や聖典の教えを遵守することがかれらのダルマであった。しかし、仏教では、誰もが等しく、いつの世に於いても人としてたもつべきものをダルマとよんだ。ダルマ（理法）が時代や社会、そして民族を超えた普遍的なものとなったのである。ダルマ（理法）は真理（satya）と同義語と見なすこともできる。

インドでは古来から、宗教的な理想の境地を「解脱 (mokṣa)」と呼んでいた。解脱は叡知によって得られると考えられていた。叡知によってものの真実相を明らかに捉えることができる。苦 (duḥkha) の真実相を知ることによって、苦から離れることができると考えられたのである。叡知を得るというインド的な解脱観は、そのための種々の修行法を生み出した。そして解脱を得たものは、苦しみの充ちた輪廻 (saṃsāra) の生存から脱することができる (再生しない) と考えられていた。「無為」「無執着」が解脱を得たものの理想の姿と見なされた。

しかし、「無為」であるなら、解脱が実社会と積極的なかかわりをもつことはない。理想の境地は、自己中心的なものとなってしまう。仏教では、当時の人々が懐くそうした理想の境地を否定してはいない。むしろ、理想の境地を得るために、人としての正しい道を歩むことに意義を見出したのである。仏教のさとりの境地は「ニルヴァーナ (nirvāṇa 涅槃)」ともいう。それは煩悩の炎の消え去ったすがすがしい境地とされる。このニルヴァーナ (ニッバーナ) という用語は仏教独自のものではない。当時の諸宗教で用いられていたものである。最初期の仏典をみると、それはもっと平易なことばでも表現されている。「無上のやすらぎ (サンティム・ウッタマム)」「最高の安楽 (パラマム・スカム)」[(7)]などがそれである。

ゴータマ・ブッダ (釈尊) の滅後、500年ほどたった時代に、新しい仏教復興運動が興った。その頃、無上のやすらぎでもあるさとりを体得してブッダとなるのは、僧院仏教の出家修行僧たちにとっても手の届かない理想のものとなってしまっていた。かれらは「無上のやすらぎ (涅槃)」にかんする修道論や煩瑣な教理解釈に腐心していた。かれらの大部分は、仏教の根本精神である「慈悲」の実践を視野にいれることをしなかった。

ところが「利他 (para-hita)、他者への福祉)」のために道を歩むことが、無上のやすらぎを得る最高の手段であったことに人々は気づいたのである。かれらが大乗 (mahā-yāna) 仏教の人々である。大乗の論書『大智度論』には、仏教の根本精神は「慈悲」であると述べる。[(8)] 慈悲は常に他者とのかかわりのなかで実現される。この他者とのかかわりを「社会」ということばに置き換えれば、仏教福祉を「仏教社会福祉」と呼ぶのも同じである。かれら「利他」

に生きるものは、ゴータマ・ブッダの過去世物語（Jātaka）などによせて、その主人公と同じく「さとりを求めるもの（bodhi-sattva, 菩薩）」と称された。生きとし生けるものの「利益（artha）」「福祉（hita）」「安楽（sukha）」のために行動することが、ゴータマ・ブッダの本来の精神であったからである。

初期仏教の経典（原始仏典）は主としてパーリ語によって伝えられている。パーリ語は、西インドの海岸地方の一方言である。通商路によって広まった。仏教では、ダルマ（理法）に気づかせるための「教え」にも、それを伝える言語にもこだわりをもたない。言語表現を超えた真理を伝えるための障害となってはならないからである。理法を伝えるためには、人々が理解できることばで「教え」が説かれなければならない。知識人のみが理解できる言語をことさら用いることはないことも漢訳『毘尼母経』(9) は述べている。「教え」が真理に気づかせるための手段（＝方便、upāya-kauśalya 巧みな手段）であるなら、その「教え」を絶対視してはならない。現代社会には、相応しい教えや解釈が必要となるのである。

Ⅲ　仏教の無我説と行為主体としての自己（我）

他者に対する「福祉（hita）」は、様々な行為となって社会に実現される。その行為主体としての自己（ātman）が存在しなければならない。仏教では「無我（anātman）」を説くということが一般に承認されている。しかし、この場合の無我は、執着の基体としての無我であり、倫理的な行為主体としての自己（我）を否定するものではない。理想的な自己を積極的に仏教では承認するのである。「福祉」行為主体としての自己がこの場合に該当する。後の大乗仏教の『涅槃経』では、無我を「第一義諦（究極の真理）」としてではなく「方便説」と捉えた。

理想的・規範的な自己実現に向かって、仏教では自己を深く掘り下げてゆく。自身の「自己」を深く愛するが故に、他者の「自己」を傷つけることはないのである。(10) 7世紀の大乗の学僧シャーンティ・デーヴァが「他者と自己との置き換え（para-ātma-parivartana）」こそが、仏教の最高の秘奥である、(11) としたのも、ここに基づいている。

原始仏典の教説は、生き方に於いて在家の人々を遥かに遠ざけてしまう感がある。しかし、在家の人々に対する教説が無視されているわけではない。出家修行僧たちの生活を支えたのは在家の人々である。但し、ゴータマ・ブッダの教説が後に伝えられたのは、出家修行僧たちの記憶によってであった。かれら専門の修行僧たちが関心を懐くものが主として記憶され伝えられていったと言っても過言ではない。出家としての生き方が称賛されているのは、それまでの伝統的な宗教観や解脱観を踏まえているからである。生きとし生けるものの「利益（artha）」「福祉（hita）」「安楽（sukha）」のためには、家を出て家のない状態（出家・遊行）での生き方が最も相応しいと考えられていたのである。

出家をして、理想の境地を得るためにひたすら修行に努めるかれらの生き方は、往々にして独善的なものとなる恐れがある。もともとインドの宗教家たちは、人とのかかわりを避けて、沈黙の誓いを守り、ひたすら修行に生きることが理想とされていた。この場合にも、行乞（托鉢）によって糧を得、かれらの食事等の供養を受けて法を説くということによって、在家の人々とのかかわりはたもたれていた。やがて、経済的に自立しえる僧院仏教の時代になると、かれらは専ら自らの修行や教理の研鑽のみに打ち込むだけでよかった。

この時代の有力な伝統的な部派仏教である説一切有部（Sarvāsti-vādin）や犢子部が、大乗から小乗（hīna-yāna, 下劣な乗り物）と非難された。かれら有力な部派仏教教団は当時の権力者たちからの経済的・政治的な保護を受けていた。但し、すべての部派仏教が大乗から非難されたわけではない。部派仏教の中でも進歩的な部派では、大乗に似た思想を懐いている。しかし、かれらの多くが仏教本来の根本精神である「慈悲」の実践を等閑にしているというのが、(12) 大乗からの非難の主な理由である。新しい仏教復興運動は、インドの各地で興っている。自らを大乗と称するかれらの教義の特徴は、独自の菩薩観と十方諸仏の観念であった。(13) それまではブッダとなるもの以外は菩薩になれないと考えられていた。ブッダという理想の人格もその修行時代の人格も、手の届かないものとなっていたのである。

かれら大乗の担い手たちである、出家の菩薩や在家の菩薩は、説法師（dharma-bhāṇaka）なども中心となり、恐らく宗教的な霊感によるものも含まれるであろう文学的な大乗経典を陸続と生み出した。こうした新しい菩薩観と十方諸仏の観念は、それまでの限定された世界観を覆すほどの異文化との接触がなければならない。世界思想史上の「軸の時代」が都市国家の出現という、かれらを支える新しい社会基盤があったように、大乗としての明確な自覚をもつ新しい仏教の登場も、インドに於いてはクシャーナ王朝というマウリヤ王朝以来の一大帝国の出現と時代的に重なる。もともと中央アジアの遊牧民であったクシャーナ（Kuṣāṇa）族は、西北インドへの攻略の後、帝国を拡大する頃になるとインドの諸宗教を包容しつつ、当時の有力な部派仏教教団に保護を与えた。それは、異民族や異宗教を排斥しない仏教の普遍的な立場があったことにもよろう。この時代の有力な部派仏教教団が、大乗から批判されたのである。

もともと、かれら大乗の人々は自らを「仏乗（buddha-yāna）」「菩薩乗（bodhisattvayāna）」と称していた。そこには、伝統的な部派仏教に対する批判や非難はまだ明確ではない。むしろ深い自己反省（懺悔 deśanā）[14]と宗教的な喜び（随喜 anumodita）という、いわば仏教精神に基づいた自己認識と呼ぶに相応しいものであった。やがて、有力な部派仏教教団を「小乗」と貶称する頃になると、自らを大乗（Mahā-yāna）と称するようになった。しかし、その大乗は、大乗とはいっても小乗と大乗との対立の「大乗」である。仏教がゴータマ・ブッダの教えであるのなら、真理に気づかせるための手段としての教えは様々であっても、いわんとするものは一つでなければならない。

そこで、どの教えもただ一つのブッダの乗り物「一仏乗（eka-buddha-yāna）」に至るためのものである、ということを力説するようになった。二乗といわれた声聞・縁覚の教え（＝小乗）も、菩薩の教え（＝大乗）もみなそれぞれ意義があるというのである。相互に意義を認めあうところに寛容と宥和の精神が社会に実現する。ここに初めて、対立の大乗から宥和の大乗へと転換をするのである。一仏乗（一乗）を説く代表的な経典が、立正大学の建学の精神のもとにもなっている『法華経（*Saddharma-puṇḍarīka-sūtra*）』[15]である。

ゴータマ・ブッダの精神は、為政者のなかでは初めマウリヤ王朝のアショーカ（Aśoka, 在位、BC. 268 ～ 232）王によって、政治の理念に積極的に活かされ、社会に実現されるべく努力された。彼の祖父チャンドラ・グプタ

(Candragupta) は、王位を退いた後にジャイナ教によって出家をし、最後は入定して亡くなったとも伝えられている。[(16)] ジャイナ教 (Jainism) は仏教と同時代の宗教である。ともに正統バラモン教以外の二大宗教として、今日に伝わっている。但し、仏教は後に世界宗教となったが、ジャイナ教は、地域的な限定を余儀なくされた。それはジャイナ教の厳しい戒律によるものである。そのためにかれら出家の宗教家たちは、活躍範囲が制限された。

一方、仏教の修行僧はダルマを伝えるために四方に赴いた。「四方の人 (cātuddisa 招提)」の概念はすでに原始仏典に登場する。[(17)] それはギリシャのストアの哲人たちが理想としたコスモポリタンに通じるものである。普遍的なダルマ (理法) を説く宗教は、その伝道の過程においても、異文化や異宗教を破壊することはない。鑑真和上 (688 ~ 763) のために建てられた奈良の唐招提寺の「招提」も「四方の人 (cātuddisa)」の原音からの音訳語である。中国の唐代に、幾度もの渡航に失敗し、盲目となりながらも我が国にやって来た「四方の人」のために建てられた。

後に、ゴータマ・ブッダの教えが、内的・外的な要因から彼の布教の故郷インドからは姿を消していっても、その精神はひろく世界に伝えられている。現代社会に仏教のはたすべき役割は大きい。故インディラ・ガンディー首相は、「これからの世界を救うには仏教による他はない。」と明言している。[(18)] 思想 (精神) は、実社会に正しく活かされなければならない。そのためには、思想の現代的な解釈と受容が必要となるのである。

Ⅳ　仏教福祉思想と現代的受容

仏教思想を社会に実現すべき福祉思想として捉えることは、新しい大乗仏教が、「利他」への誓願を懐いて社会に仏教精神を実現しようとしたことにも通じる。その思想史の考察を更に深めるためには、仏教福祉研究の対象として、様々なキーワードを設定することも必要となる。サンスクリット語の知識のある者は、そのうちのヒタ (hita) 或いはアルタ (artha)・スカ (shkha) ということばを思想史的にトレースすることもよいかもしれない。[(19)] それは原始仏教から大乗仏教を一貫している。近代になって特に新しいインドの思想のなかで強調されたセーヴァー (sevā, 世話・奉仕) とともに、[(20)] 大乗の菩薩行（bodhisattva-daryā, 菩薩の実践）とは密接な関係があるからである。

大乗仏教には様々なブッダたちの理想世界が登場する。理想土とされる「浄土」がそれである。立正大学で博士号を取得した台湾在住の釈聖厳法師は、「人間浄土」を提唱し、具体的な理想社会の実現に向かって世界に呼び掛けをしている。[21] 大乗経典では、理想社会実現のための誓願（praṇidhāna）を菩薩たちが起こしている。それは宮沢賢治のいう「世界全体が幸せにならないうちは、個人の幸せはない」という理解によっても表明されるものである。

仏教の「中道」は両極端を離れることをいう。ゴータマ・ブッダの時代のインドでは、施与（布施）にしても修行にしても極致を讃美する傾向があった。もともとインドでは苦行（tapas）によって体内に熱力が蓄えられ、それが彼の解脱を誘うと考えられていた。当時の出家修行僧にならい、ゴータマ・ブッダも苦行を行った。しかし、彼は死をまねくほどの極端な苦行からは離れた。その時代のジャイナ教の称賛する苦行による死ではなく、苦行をとおして更に深まったあらたなる生をとったのである。生を選ぶことは、生を肯定することである。『律蔵』に、病を得た比丘に対して死を讃じたり、自殺せしめてはいけないと戒めているのも、[22] これに基づいている。

生を肯定することは、他者の生をも肯定する（手をさし伸べる）ことになる。「利他（パラ・ヒタ、他者への福祉）」の実践が大乗の菩薩の生き方として讃えられるのは、これに依っている。大乗経典では「利他」の語は『大日経』にも、「云何が人の心なるや、謂わく、利他を思念す」〔大正18巻2b〕として登場する。しかし、生を肯定する態度と、インド的な「極致を讃美」する姿勢とは自ずから隔たりが生ずる。その隔たりに現代的な正しい解釈がなされなければならない。それは仏典にも表われている。その一例として仏典に登場する施与（布施）の徳をあげることができる。施与・分配の道徳は、原始仏典以来強調されている。

分配の徳が強調されるのは、彼を取り巻く自然・社会環境ともかかわりをもっている。自然と闘い、かれらがわずかな糧を命がけで得ていた時代には、他者への分配の徳が広く讃ぜられることはない。自然を開墾し、農産物が豊かとなり、やがて豊富な物資の流通にともなって商工業が発達していく。交易や商工業の伸展は小都市を形成し、やがて大都市と変わる。流通経済にともなって貨幣経済が進展する。ゴータマ・ブッダの活躍をした時代は、そうした新しい都市型の社会であった。この時代の資産家たちはガハ・パティ(gaha-pati, Skt : gṛha-pati「居士」) と称された。こうした時代に、施与の道徳が一般民衆に対しても勧められたのである。

仏典には宗教的な施与として、彼の持てる財産のみならず、「身肉手足」「妻子」までをも施すという物語が登場する。現代医療の「角膜移植」や「皮膚移植」「骨髄移植」を想起させる釈尊の過去世物語もある。[23] これらはまさに施与の極致ともいうべきものである。「利他」のために、一般の人々がとうてい為しえないほどの行為が描かれている。勿論、そうした行為を讃美するのは、ゴータマ・ブッダの「さとり」の得難さを讃えているのであって、人々に同じ行為を強要するものではない。そう理解するのが現代的な仏教の解釈であり、正しい受容であると考えるのである。

大乗経典の『法華経』薬王菩薩本事品には、自らの身体を燃してブッダを供養したという一切衆生喜見菩薩（薬王菩薩の前生）の「燃身供養」の物語が登場する。この物語の真のテーマは、大乗経典の出現に寄せたブッダの再生と復活の信仰であることを、かつて筆者は指摘した。[24] かの菩薩の燃した身体はもとどおり還復したという。そして、燃身供養よりもなお優れた功徳が、経文の一偈をたもつことにあるということが経中に述べられているのである。ところが、実際に自らの身体を生きながらに焼いて供養した仏教僧たちが中国にも韓国や日本にもいた。

施与も自らを滅ぼしてしまうほどの極端なものであっては、その徳が実際の社会に正しく活かされない。施与の極致を讃美する物語も、「教説」の一つである。「教え」は真実に気づかせるための手段であって、それを絶対視してはならないことを仏教では説く。教えは、それが説かれる時代背景・人々の思惟傾向・理解力などによって異なる。現代社会には相応しい教えが必要となる。そのために、教えを現代的に正しく理解しなければならないのである。

アショーカ王は当時の様々な宗教教団を保護し、仏教教団に対して施与を幾たびも行った。そのために彼が亡くなる頃には、王家の財産である土地が寺院に寄進してしまったために殆んどなくなり、廷臣たちが王子と計って最後にアショーカ王に許された布施物は半阿摩勒果（āmra マンゴー）のみであったともいう。[25] 理想の帝王とされたアショーカ王を生み出したマウリヤ王朝の衰退も、或いはこれと無関係ではないかもしれない。理法を政治の理念として積極的に活かそうとした彼に於いても、インド的な「施与の道徳」の「極致」の思想が強く支配していたと言えるであろう。施与の徳を、仏教福祉の中に位置づけるためには、仏教思想の正しい理解がなされなければならない。ゴータマ・ブッダの教えは「中道」であった。同時に、極致を肯定する背景には、インドの「業」と業による「応報」の思想があることも忘れてはならない。

理法（ダルマ）がより積極的に社会に発現されるためには、行為主体としての人格とともに、それまでの保守伝統的な価値観の転換が必要となる。ゴータマ・ブッダを呼ぶ時の「釈迦牟尼世尊」という尊称に用いられている「牟尼（muni）」は、「沈黙の誓いをまもる行者」をいう。仏教も、それまでの伝統的な宗教家のイメージを重んじていることがこれによって判る。騒然とした現代社会にはむしろ「沈黙」が評価を高めている。ゴータマ・ブッダ当時の思想・宗教界は、その多くが自説を主張するためにある意味では騒然としていた。そのなかで、かれらとの論争に加わらないということが、ゴータマ・ブッダの採った態度であった。「黙然無言」という『維摩経』のことば[26]は特に中国や韓国・日本の禅宗では重んじられてきた。本来、言語表現を超えた真理をことばで表わすことには無理が生ずる。まさに「黙然無言」としか表わしえないものであるからである。

ゴータマ・ブッダの初めての説法を初転法輪という。ダルマが説かれることを法輪（ダルマ・チャクラ）の転ずることに喩えるのである。ゴータマ・ブッダは、初め理法を説くことを躊躇ったという。有名な梵天勧請のエピソードがここに生まれる。最高神ブラフマー（Brahmā 梵天）が、人間ゴータマ・ブッダに説法の懇請をするのである。三度に及ぶ梵天の懇請に、ゴータマ・ブッダは、説法を決意した。[27] ここに、沈黙が破られるのである。静（理）から動（事）へ、ブッダという人格をとおしてダルマ（理法）が発現をしていく。

理法の発現は、生きとし生けるものへの幸せ（スカ）を願って生きることであることが、原始仏典の中でも最も古くかつ重要な『スッタニパータ』によっても知られる。仏教福祉研究を志すものたちは、感動をもってそのことばに接することであろう。

「眼に見えるものであっても、同様に眼に見えないものであっても、遠くに、或いは近くに住むものであっても、現に存在するものであっても、或いはこれから生まれようとするものであっても、すべての生類は幸せであれ。」

ditthā vā yeva additthā, ye ca dūre vasanti avidūre /
bhūtā vā sambhavesī vā, sabbe sattā bhavantu sukhitattā //

(*Suttanipāta*, Metta-suttaṃ. Verse.5)[28]

それまでのバラモン教の哲学では、理法は自分の長男か信頼しえる弟子へと継承される「秘奥」であった。しかし、仏教では、理法（真理）は何ら秘すべきものではなく公開されることになった。その理法の発現がゴータマ・ブッダによってなされたのである。しかし、ブッダの滅後、紀元前後の時代の有力な保守伝統的な僧院仏教の修行僧たちは経済的な援助を得て、自らの修行研鑽に終始することになった。そうした中にも、ゴータマ・ブッダの教えを守り、布教伝道に赴く出家僧（四方の人）たちや、「慈悲」の精神を具現しようとする仏教徒たちはいたことであろう。大乗の担い手たちに、伝統的な仏教教理を充分に理解していた人々がいたことは、保守伝統的仏教教団の一部の比丘僧たちが共鳴参加をしていたのではないかということも窺わせる。大乗仏教の登場する前後は、キリストの使徒たちの布教伝道と初代教会の出現の歴史にも時代的に重なっている。

ダルマ（理法）が説かれるという、「沈黙」が破られたことによって、保守伝統的な価値観の転換が行われた。しかし、「沈黙」の意義そのものを否定するものではない。それは大乗仏教の菩薩観にも受け継がれている。大乗仏教に於いても、それまでの伝統的な「菩薩」の解釈を踏襲しつつ、新しい菩薩観を立てたのである。説一切有部で考えられていた「三阿僧祇劫」の歴劫修行の後の菩薩は、さとりを得てブッダとなることの得難いことを表わしている。同時に、大乗の菩薩の誓願も、世に、苦しみ救いを求めるものの存在する限り成満する（自らがブッダとなる）ことがないのである。

インド的な従来の価値観の転換は、仏教が東アジアに伝わるにつれてより明確となっていった。インドでは宗教家や出家修行者たちが、直接生産に携わることはなかった。「作務」のように出家修行僧たちの勤労の徳が強調されるのは中国に仏教が受容されて以降である。[29] これも、かれらを取り巻く社会環境や時代背景に影響を受けたものであり、中国的変容であると同時に、価値観の転換でもある。僧院での自給自足が行わなければならなくなると、かれらはむしろ積極的に働いた。ヨーロッパのキリスト教僧院では、中世の頃まで行われていた托鉢がやがて自給自足の生活をするようになってきたこととも対応する。

勤労を人々に勧めるだけではなく、自らも精励する、そうした生き方は、インドの出家主義的・保守的な仏教ではついに現れなかった。これも大乗仏教の出家・在家を一貫した菩薩の生き方に結びつく。大乗仏教の出家は、生活形態としての出家（比丘）であり、それまでの伝統的な部派仏教の修行僧のことではない。

7世紀の玄奘（602～664）の記録によれば、この頃インドでは、優婆塞（在家の仏教信徒）でありながら深い学殖を持ち、国王や学僧たちも彼のもとに法を聴聞に来るような人がいたことを伝えている。[30] 玄奘も彼に従って大乗仏教を学んでいる。「奉仕をする」という意味でのセーヴァー（世話・奉仕）の語は、7世紀のインドの大乗の出家僧（比丘僧）の書き残したものには登場する。しかし、彼自身は生活のために労働に従事することはなく、施食によって生活をする学僧であった。[31]

インドの宗教を特色づける「業（カルマ）」と業による「応報」の思想、それに来世主義的（other worldly）な傾向は、施与に於いても、その極致を肯定することになる。来世の果報（応報）を想定して、現世の行為を考えているからである。循環的な「輪廻」思想のなかで、人と他の生類とを同一視し、かれらすべての至福を大乗の出家僧たちは願った。これも、ゴータマ・ブッダの精神を継承するものである。

来世主義的な傾向は、東アジアの文化圏に仏教が受容されると、逆に現世主義的（this worldly）な見直しがされることになった。「無為」は宗教家や仏教徒たちの積極的な活動のうちに昇華され、社会とのかかわりのなかにかれらの評価が高められた。我が国では古くは法相宗や律宗の僧たちが、積極的に社会奉仕活動を展開したが、それも大乗の菩薩の精神の体現として現れたものである〔因みに行基（668 ～ 749）は自らを「沙弥（śrāmaṇera、見習い僧）と称しているだけである〕。

同時に、仏教は、それを受容する国々の文化や風土そして時代の価値観などによって様々な変容を受けた。具体的なその好い例は僧侶の着る着衣（袈裟）の変容である。[32] 但し、そうした変容のなかに於いても、インド仏教以来の精神を継承しようとする動きは中国や日本にもあった。社会とのかかわりをもっていく上には、その社会の否定態を生きることはできない。インドに於ける人々の尊敬の対象であった出家僧である比丘（乞食）は、日本ではもし現代社会に、同じ姿で同じ行為をすれば「コツジキ」とは見なされない。それは宗教者として、社会に何ら具体的な貢献（具体的活動を）していないという意味でのものである。

東アジア（特に現在のわが国）では、ゴータマ・ブッダの時代のインド的な宗教家（私有財産を持たず・住居を定めずに遍歴して理法を伝える人々）は、恐らく尊敬の対象とはならないかもしれない。それでは、立派な法衣を纏い見上げるほどの寺院・伽藍に住み、説法にも巧みな宗教家が尊敬されているのかと言えば、それも否であろう。現代中国では、一部では、出家仏教僧たちが「人生の落伍者」とみなされているという。[33] そうした批評をそのまま首肯することはできないとしても、これも彼を取り巻く社会の価値観を考慮しつつ、反省的に考察する必要がある。

大乗仏教の出家菩薩たち（例えばシャーンティ・デーヴァや玄奘）は、自らには厳しい生き方を課したが、他者に対しては寛容であった。原始仏教以来のその寛容な態度が仏教を世界宗教として発展させたのである。大乗の出家・在家の菩薩たちは、その誓願の実現に励んだ。社会に貢献し、社会活動に生きた仏教者（出家・在家）たちは我が国の思想（精神）史に深く刻まれたのである。かれらのうちの大部分は当時の社会の権力と結びついてはじめて、大きな社会事業を為しえたことも事実である。到底個人の力ではまかないえない社会事業への取り組みとして、この点は福祉思想史の中で現代的な評価が必要となる。但し、そこには一貫した普遍的な思想・精神があった。この意味でも、仏教思想を現代的に解釈・受容する意義は大きい。現代社会に於ける福祉行政・社会福祉事業に於いても、思想（哲学）の重要性はいよいよ増していくことであろう。

結　語

世界の思想史の中には、社会的に広く承認されることなく異端と見なされ忘れ去られようとしていたものもある。そうした諸思想を、これまでの伝統的・宗教的権威から開放して、普遍思想としての位置づけのなかで再評価しようとするこころみは、すでに中村元博士によって唱導され『普遍思想』となって著されている。普遍思想を、「いずれの時代にもいずれの社会（国家）にも、民族や宗教、或いは文化の相違を超えて、その実現が人々に希求せられる思想」と捉えれば、仏教福祉思想はまさに普遍思想に含まれよう。普遍思想は、人々がその実現に向かって歩むことによってこれからの新しい道のりが築かれていく。それは過去への反省によってより堅固なものとなっていく。普遍的な思想・理念にに基づく自覚と取り組みとが、やがてその影響を社会全体に及ぼすことになるはずである。これからの世界は、対立や抗争を超えて、新しい普遍思想史の構築に向かって歩まねばならない。

21世紀を間近に向かえようとしている今日、今世紀が「不信とすさまじい破壊の世紀（a century of incrediable and awful destruction）」であったと社会学者は指摘する。これまでの資本主義経済の内部矛盾から生じた無秩序状態が今後の3～50年は続くであろうとも予測されている。しかし、これからの世界をあるべき方向に変えてゆく努力は、過去500年の歴史のなかで今後の30年ほど、効率的な時代はないともI・ウォーラースティン教授は言う。[34] それ故、「我々は極めて良い時代に生きている。この時代に於いて我々の個々の努力が重要となるであろう。（we live in very good times - in times where our personal effort will matter）」と彼は述べる。これは経済社会の分野のみではない。そうした現代社会に対する時代認識と個々人の努力への明るい期待は、社会福祉に於いても求められるものであろう。

注

⑴　衆盲摸象喩（andha-gaja-nyāya 盲人と象のことわざ）は、ジャイナ経典にも仏典にも同様の譬喩が登場する。大乗『涅槃経（大般涅槃経）』巻27「師子吼菩薩品」（大正12巻556a）、原始仏典では同様の譬喩が *Udāna*, Ⅵ, 4（Paṭhamanānātitthiya-sutta）に述べられる。『南伝大蔵経』23巻「小部」（196-198頁）参照。

この譬喩を用いて、互いに睥睨している諸派が論争を止め相互理解をすべきことを力説したのは江戸時代の儒医・森尚謙（1653～1721）である。

⑵　仏教福祉関連の研究としては、森永松信著『社会福祉と仏教』〔誠信書房、昭和50年9月〕ほか、吉田久一著『日本近代仏教史研究』（吉田久一教授著作集4、川島書店、1992年9月）、『日本近代仏教社会史研究』上（同5、1991年11月）下（同6）、『社会福祉・宗教論集（同時代を語る）』（同7）などを挙げねばならない。

⑶　拙論「近世に於ける儒佛不二論」〔『立正短大紀要』第31号、平成4年12月〕1-19頁。この内の13頁上段【評駁損己】の項参照。

⑷　例えば、「東方学院」〔中村元学院長、東京都千代田区外神田2－17－2、Tel. 03-3251-4081〕では、サンスクリット語（初級・中級・上級）・パーリ語・チベット語などの開放講座が設けられている。学歴・年齢・職業・国籍・性別に関係なく、真に学びたい者たちへ学問の門戸が開かれている。

⑸　中村元『普遍思想』〔中村元選集決定版・別巻『世界思想史』2、春秋社、1998年12月〕第1章、8頁以下参照。輝かしい思想家たちの出現はその社会的基盤としての都市の出現があった。本稿の筆者は、中村博士の「普遍思想」の立言に啓発を受け、今後の福祉思想研究のテーマとして、「普遍思想」と「福祉」を採り上げることを提案した。

⑹　「インドでは、3000年の歴史を通じて国家の権力が何らかの宗教もしくは思想を圧迫することはなかった」という。Rhys Davids は、それを驚異的な思想の自由（marvellous freedom of thought）と呼んでいる。中村元『インドと西洋の思想交流』〔選集・第19巻、春秋社、1998年1月〕376頁参照。

⑺　「最上のやすらぎ（santim uttamaṃ）」ということばは、*Suttanipāta* 1067偈（Parāyana-vagga, 6-7）にも登場する。「最高の安楽（paramaṃ sukhaṃ）」は Dhammapada 203偈（Eka Upāsaka Vatthu）・204偈（Pasenadikosala Vatthu）などに出る。

⑻　「慈悲是仏道之根本（慈悲は是れ仏道の根本なり）」〔『大智度論』大正25巻256c〕。慈悲はサンスクリットでは、慈（maitrī）と悲（karuṇā）とに分けられるが、漢訳語の解字からみても興味深い。「慈」は「艸」冠に「絲」と「心」が付されている。春になると草が「絲」のように萌えいずる。その成長を温かく見守るという意味があるという。「悲」は鳥が両翼を胸を割るようにして開いた姿を表わす「非」に「心」が付せられている。「胸」が張り裂けるほどのこころの痛みを意味するという。仏教では慈悲をそれぞれ「父（慈父）」と「母（悲母）」とに配する。江戸後期の石塔には戒名（法号・

法名）の上に「慈父」「悲母」と刻まれているものがある。

⑼ 『毘尼母経』〔大正24巻822a〕には次のように伝えられている。「仏、比丘に告げたまわく、吾が仏法の中には、美言を与えるを是と為さず。但、義理をして失わざらしむ、是れ吾が意なり」。かれらの受悟すべき国々の言語にしたがって、法がとかれるべきであるとゴータマ・ブッダは述べたという。聖典語を規定しないというところに仏教の普遍的な思想が表明されていると言えよう。

⑽ *Samyutta-nikāya*. Ⅲ .1, 8. vol. Ⅰ, p.75. ここでは、有名なパセーナディ（波斯匿）王と王妃マッリカーの対論の形で、自己を愛することは他人を傷つけないことであることが述べられている。『南伝大蔵経』第12巻、相応部経典1、129-130頁参照。

⑾ *Bodhicaryāvatāra*（Bibliotheca Indica), edited by V. Battacharya, The Asiatic Society Calcutta 1960, Ⅷ-120。Śāntideva は parātma-parivartana を paramaṃ guhyan「最高の秘奥」であるという。金倉円照訳『悟りへの道』〔サーラ叢書9、平楽寺書店、1969年11月〕149頁参照。

⑿ 『大智度論』〔大正25巻345c〕には、小乗と称されたかれらは大願も大悲もなく悪趣（durgati）に赴くことを殊更恐れていると非難する。これに対して、大菩薩（法身の菩薩）たちは願って悪趣に赴き衆生を救済するという。

⒀ 拙論「ボサツの仏教」〔三友健容編著『現代に生きる仏教』『東書選書』139、東京書籍、1995年6月〕199-221頁参照。

⒁ 拙論「仏典における懺悔の形態と意義」〔『大倉山文化会議研究年報』第2号、1990年（発行1991年3月）〕107-128頁に、仏典に於ける宗教的反省（懺悔）に関して私見を述べておいた。

⒂ サンスクリット本『法華経』からの現代語訳としては、岩波文庫本『法華経』上・中・下の他、『大乗仏典4・5（法華経Ⅰ・Ⅱ）』（中央公論社）とが適当なものとして挙げられるが、特に、後者の翻訳を推薦したい。訳者の故・松涛誠廉教授（立正大学大学院教授も勤められた）の労作の一つとして、訳語の吟味やテキストの扱いの面に於いても学術的に高い評価を受けている。

⒃ 中村元『インド史』Ⅱ〔選集・第6巻、1997年9月〕第2章マウリア王朝、52-53頁参照。

⒄ 「四方の人」コスモポリタンの理想は古代インドの諸宗教のなかでは仏教のみに表明されたという。前掲『普遍思想』792頁参照。cātuddisa の語は Thera-gāthā の1057偈に出る。『仏弟子の告白（テーラガーター）』〔中村元訳、岩波文庫〕197頁。

⒅ インディラ・ガンディー首相は、「仏教と諸国民の文化についての第1回国際会議（First international Conference on Buddhism and National Culture）」を1984年10月に開催した。その挨拶の中で、「人類が生き残るためには、どうしたらよいか？　それは釈尊の教えにたよる以外にはないのではないか？」と発言している。それからまもなく、彼女がシク教徒凶信者の兇弾に倒れたのは周知の通りである。『近代インドの思想』

〔中村元選集・第31巻、1996年12月〕364-365頁参照。

(19) 現代インドの思想家 Vivekānanda（1863～1902）は、それまでのインドの宗教で特に強調されていた智（Jñāna）や信仰（bhakti）の実践に対して、奉仕（sevā）を説いた。「これはインド思想史に於いて画期的なことである。」「西洋の宗教でも近代になると特に奉仕が強調されるようになったが、しかしまだ信仰と結びついていて、両者が渾然としている」。中村元『現代インドの思想』〔選集・第32巻、1997年6月〕54頁。

(20) 拙論「『福祉』ということば」〔『人間の福祉』第1号、1997年3月〕47-59頁に、「福祉」の意味を有するサンスクリット語 hita について触れておいた。

(21) 釈聖厳博士が、母校立正大学に於いて講演をした時（1997年10月）に配付された資料がある。そこには、具体的な人間浄土社会実現の急務がさけばれている。

台湾省台北市の郊外の「法鼓山」総合仏教研究キャンパスに壮大なスケールの諸施設（国際会議場や学園などを含む）が建設中である。

(22) 「断人命戒」を部派仏教の律蔵は説いている。平川彰『二百五十戒の研究』I〔平川彰著作集・第14巻、春秋社、1993年2月〕259-264頁参照。

漢訳『毘尼母経』にも、「若し人病んで、求めて自殺せんと欲するに、比丘は若し自ら刀を与え、若しは人をして刀を与えしめ、若しは自ら薬を与え、若しは人をして薬を与えしめ、是くの如き等の方便を皆、重制と名づく。」〔大正28巻839c〕と述べる。

(23) 『法華経』序品には、「身肉手足」や「妻子」をも施すという布施の極致ともいうべき菩薩の行為が登場する。

「ある人々は、息子たちも、そして同様に娘たちも施し、愛すべき肉体さえ施す。この最高の菩提を求めつつあるものは、手や足をも請われるままに施す。」〔18偈〕

dadanti putrāṃs ca tathaiva putrīḥ priyāṇi māṃsāni dadanti kecit/
hastāṃś ca pādāṃś ca dadanti yācitāḥ paryeṣamāṇā imam agra-bodhim//18//

「ある人々は頭を、ある人々は眼を、ある人々は最も大切な自身の身体を施し、浄らかな心で施しを行って、人格者（tathāgata, 如来）たちのジュニャーナ（智）を求める。」〔19偈〕

śirāṃsi kecin nayanāni kecid dadanti kecit pravarātmabhāvān/
dattvā ca dānāni prasanna-cattāḥ prārthenti jñānaṃ hi tathāgatānām//19//

〔現在のサンスクリット・テキスト（18偈）にはいずれも「息子（putra）」たちや、「娘（putrī）たちとなっており、諸写本のヴァリアントをださないが、多くの写本には tathaiva putrīḥ に代わって bhāryā（妻）、duhitṛ（娘）の語を示している。それは漢訳『妙法蓮華経』（羅什訳）に見られる「妻子」の語と対応するものである。これなども、今日の刊本としてのサンスクリット・テキストを漢訳経典の原典として絶対視できない好い例である。拙論「法華経第1章覚え書」『印仏研究』28巻 No.2（March 1980）〕

妻子を施す話は『ヴェッサンタラ・ジャータカ〔布施太子物語〕』(Jātaka 547話)などに類似したものが認められる。その他は『シビ王本生』(Jātaka 499, Jātakamālā 2)などにも認められ、「骨髄移植」を想起させる物語については、『大宝積経』巻111に述べられている物語を、拙論「仏教福祉と病人看護」〔『人間の福祉』第4号、1998年9月〕〔註〕(14)に簡単に紹介しておいた。

(24) 拙論「薬王菩薩と「燃身」」〔『勝呂信静博士古稀記念論文集』、山喜房仏書林、平成8年2月〕391-406頁にこのことを論じている。一般に薬王菩薩の燃身は「焼身供養」とされているが、「焼身」ではなく「燃身」とすべきこともあげておいた。

(25) 前掲『普遍思想』943-944頁参照。『阿育王伝』大正50巻110b-111b。『阿育王経』同、147c-149b。

(26) 「黙然無言」〔『維摩経』大正14巻551c〕。

(27) 拙論「仏伝(梵天勧請)の大乗的展開」〔『知の邂逅』塚本啓祥教授還暦記念論集、佼成出版社・平成5年3月〕567-582頁参照。

(28) 「目に見えるものでも、見えないものでも、遠くに或いは近くに住むものでも、すでに生まれたものでも、これから生まれようと欲するものでも、一切の生きとし生けるものは幸福であれ。」〔『ブッダのことば(スッタニパータ)』147偈、中村元博士訳、岩波文庫〕。

(29) 「禅は世俗的なものを嫌悪したゆえに、山にこもったが、まさにそれ故に世俗的に自立せざるをえなくなった」。こうして始まった自給自足(世俗的な生産)が、人間を宗教的に完成させる実践的契機として把握されていることを中村元博士は指摘する。こうした禅に於ける生産と勤労の問題に関しては、『日本宗教の近代性』〔中村元選集・別巻8、1998年10月〕19頁以下に詳説されている。日本仏教では呪術的・儀礼的なものと結びつくことによって初めて禅が民衆と結びつくことができた〔前掲書、286頁参照〕。呪術・儀礼的な面が宗教と民衆との接点となるが、そのために却って世俗(俗信)化され、手段が絶対視されてしまう危険性がある。

(30) 拙著『玄奘』〔清水書院、1994年10月〕37-43頁参照。

(31) *Bodhicaryāvatāra*, chap. X, 46. 金倉円照訳『悟りへの道』〔『サーラ叢書』9、平楽寺書店、1969年11月〕221頁参照。

(32) 袈裟と漢訳されるカシャーヤ(kaṣāya)ということばは、もともと「壊色」としての黄赤色を意味した。その語がやがて仏教僧の着衣を表わすものとして用いられるようになった。かれらの粗末な衣はパームス・クーラ(pāṃsukūla, 糞掃衣)とも称された。やがて、仏教が北・東方へ伝わるにつれてかれらの着衣にも変化が及んだ。暑熱の風土と寒冷の風土では、身体をまもる衣にも差異が出てくる。袈裟の素材にも、それが及ぶ。僧侶の標識(シンボル)としての袈裟は着衣とは別に着けられるようになった。中国の唐代には、当時の社会での階級を表わす着衣の色(紫を最上とする)が僧服にも及び、かれらは俗服の上に標識としての袈裟を纏った。

(33) 藤井教公氏（現・北海道大学教授）が、このことを中国訪問の際に通訳が語ったエピソードとして挙げている「中国旅行社の通訳は中国ではエリート官僚で、国家の主義主張の忠実な実践者である。しかし、その点を割り引いたとしても、なお、若い世代が仏教を見る目として、この一件は象徴的である。」〔三友健容編著、前掲書57頁参照〕。現在の中国では、1980年以降、南アジア研究〔この研究所の所長であったのは季羡林博士である〕の一つとしてインド学・仏教学研究が盛んに行われるようになった。1999年には黄心川教授が中心となる「玄奘」の国際会議も、第2回目が北京で開催される。

(34) ニューヨーク州立大学の社会学者イマニュエル・ウォーラーステイン教授（Prof. Immanuel Wellerstein）との記者会見記事がThe Daily Yomiuri, Monday, January 4, 1999, p.1&5.（『読売新聞』同日付1-2面「日米と西欧　競争の時代」）に掲載されている。現在を「極めて良い時代（very good times）」であるとする受け取り方を、彼はoptimistic thing（楽観的な見方）ではあるが、としているが、そこに筆者は現実の社会を肯定的（悲観的ではないという意味で）に受け取り、積極的に個々人が社会に働きかけよき世界を築きあげていくという現代的な仏教思想の理解と類似したものを感じたのでここに引用した。

原始仏教の教説には「厭世観」が色濃く表われているということがしばしば指摘される。しかしインド戯曲には徹底した「悲劇」が無いように、原始仏教の教説に於いても、仏教の業や応報思想に於いても、ある意味では「楽観的（これも悲観的ではないという意味で）」なものがインド的（仏教的）要素として内包されていると捉えることができるかもしれない。

福祉社会における母性的愛情と父性的愛情
—仏教文化と福祉の視点から—

はじめに

当該プロジェクト研究に先立って、研究提案者として、本稿の筆者は社会福祉学部紀要『人間の福祉』第15号（Feb.2004）に小論を寄せた。[1] 是非それにも目を通していただきたい。そこで述べた、筆者のかぎられた観察に基づくある特別養護老人ホームでの光景は、その後、仏教の真理の旗印（四諦）の1つ「諸行無常」の法印の如く、利用者の衰え行く心身的機能にともなって、大きな変化が生じている。それは、筆者に、別の視野からの考察をも示唆するように思える。しかし現代社会の様々な分野に於いて、母性的・父性的と称した愛情（対処方）が、必ずや将来的展望をふまえて注目されるであろうことを確信している。

本稿では、はじめに佛教文化の母体となった古代インド社会に於ける母性・父性観を概観し、続いて今日的な社会的性差の意味を含むジェンダーを超えた普遍性に着目しつつ、我が国の文化に大きな影響を及ぼした仏教思想のうち特に大ボサツ信仰をとりあげてみたい。かつ、現代文学者の作品もその内容を紹介しながら、筆者の領域である「仏教文化と福祉」の視点から、母性・父性の普遍性にアプローチを試みるものである。なお、母性・父性として母性を先に記すのはインド仏教的な当時の社会で用いられていた順に従った。仏教の故郷でもあるインドの仏典では「両親」を「母（マーター、mātā）と父（ピトリ、pitṛ）の順で記した。

I　女性と母性、男性と父性、ジェンダーを超えた「ひと」

今日のインド文化の主導的な役割を担ってきたインド・アーリヤ人による古代インド社会では、かれらの家父長社会での影響もともなって、女性は男性に比して社会的な地位は決して高められていなかった。もちろん、現代のインド社会に於いては女性が社会に進出し、めざましい活躍をする姿は、故インディラ・ガーンディー首相の例を挙げるまでもない。かつてのヴェーダの宗教・哲学に基づくブラフマニズムは、やがて土着の母系社会の習俗や信仰と融合したヒンドゥイズムとなって今日にいたっている。ブラフマニズムに於けるそれまでのわずかな数の女神はヒンドゥイズムになると多くの女神への登場となって展開し、その役割や地位は格段に高められた。仏教はこうした母系父系が融合した社会の影響下に、従前のブラフマニズムの祭式至上主義に対して普遍的理法（ダルマ）を人々がたもつことによる真の人間性の発現を目指した。

「平等（サマター、samatā）」の精神は仏教思想とともに仏教が伝播された文化圏に影響を及ぼした。初期（原始）仏教の経典には、解脱（mokkha、mokṣa［Skt］）を得るのに、女性であることは何ら妨げとならないと述べる〔*Saṃyutta*., V,2.6〕。[(2)] 一方、出家の僧尼に対する規則を伝える『律蔵（ヴィナヤ・ピタカ）』を見ると、ビク（男性の出家僧）に対してビクニ（女性の出家僧）への対応は、けっして平等とはいえない。加えて、マハーパジャーパティー（釈尊の養母）を含む女性の出家によって、正法の存続期間が1000年から500年に減じられてしまったという伝説さえ生まれた。恐らく、ゴータマ仏陀（釈尊）の教説に於ける普遍的な平等性も、ブッダ滅後の教団（サンガ）では、次第に、当時の社会の影響〔それはブラフマニズムに基づく従前の家父長社会からのもの〕を受けて変容していったものであろう。

因みに部派仏教の多くの律蔵には、いわゆる心身に障害のあるもの、重大な犯罪を犯したものたちは、サンガ（僧伽）に入団して具足戒を受けて正式な出家僧となることは認められていない。身体的な障害をもつものが除かれたのは、仏陀の姿がやがて神話化の過程で超人視され、さとり（解脱）をもとめる修行僧には、円満な身体が求められたことによるものである。しかし釈尊在世当時には、いわゆる精神薄弱者とも解せられるチューラ・パンタカ（周梨槃特）、突発性ではあっても精神錯乱者ともいえる子供を失ったキサー・ゴータミー、多くの人をあやめたアングリー・マーラ[(3)]なども釈尊の許しを得てサンガに入り出家者となっている。

世の東西をとわず、当時のインド社会でも、先天・後天の別はあっても、心身に重度の障害のあるものたちが、今日的な意味での社会的弱者として扱われる環境が整っていたということは考えにくい。身体に重度の障害のあるものが具足戒をうけてサンガに入団したという記述やエピソードが伝えられていないこともそうした理由に基づくものであろう。しかし、釈尊の過去世物語『ジャータカ（本生話）』[4]のシビ王本生などには、眼ほか身体の一部さえ施すエピソードがある。そうしたことから考えれば、けっして身体的な障害を蔑視しているわけではない。むしろ障害を侮蔑することは出家者たちには厳しく戒められた。

この時代に於ける女性の社会的地位（スターナ、sthāna）も、ひとたび母性へと視点が移ると時代や社会を超えた普遍性が問われる。赤子の男女の別なく、かれらを生み慈愛をもって育んだのは母である。いかに男子が社会的に地位が高くとも、彼を生んだのは母であり女性である。このような理解は仏教文化圏としての我が国でも同様に見られる。江戸時代の禅僧・鈴木正三（1579 ～ 1659）は、さとりを得た釈尊をこの世に生まれいでしめたのはまさに母であり女性であるとして、女性の尊さを説き、当時の女性に対する社会的差別を批判した。[5]

平等（サマター、samatā）も差別（ヴィシェーシャ、viśaṣa）もともに仏教語である。もともと仏教語としての差別〔「しゃべつ」と読み慣わす〕には個性・特性という意味がある。個々の特性や個性が十分配慮されたうえで、平等が実現できるというのが仏教の考えである。差をつけてどちらか一方を優遇・差別するという意味でのディスクリミネーションでは本来ない。今日的なジェンダ・フリーの主張にある重大な問題点がここにある。ヴィシェーシャ（個性・差別）が尊重されず、個々の意見や特性が無視されるような「自由（フリー）」の主張は、名分を振りかざした、文化的環境（kulturelle Unwelt）に対するカタストローフェ（katastrophe）に他ならないからである。生まれや家柄、職業による貴賤はないと仏教では主張した。ひととしての正しい行いによって貴くもなり賤しくもなると原始仏典は述べている〔*Sutta.*,136〕。仏教的思惟では、すべて人間を「ひと（マヌシュヤ、manuṣya」として捉えるのみならず、「生きとし生けるもの（プラーニン、prāṇin）」のなかにあらゆる生類はおさめられたのである。

一方、「人間」はプラーニンの1つではあるが、古代インド哲学では、「人間」のみが輪廻し、他の境涯に赴くと考えられた〔*Chān. Up.*, 6,9.3〕。[6] 倫理的・道徳的な行為主体は「ひと」のみがなりえると考えられたためである。仏教のジャータカ物語に登場する様々な主人公の動物たちが、善行を行ってやがて釈尊となったというのは、理想的なひととしての姿がそこに投影されているからである。この点に留意しなければならない。男女論、母性・父性を論じる際にはまず「ひと」とは何であるのかが問われなければならないのである。

この問いに対して、大乗経典は原始仏教以来の伝統的理解を継承している。後期大乗仏教の経典『大日経』には「利他を思念する」〔大正18巻2b〕ことの出来るのが人間であるという。利他と訳された原語の1つはパラ・ヒタ（para-hita、他者のしあわせ）である。「ヒタ」は福祉と訳すことができる。筆者は、原始仏典以来、一貫して仏典にみられるこの hita の語を「福祉」と翻訳することを提案してきた。ひとは生物学上の性差という特性によっても個（individual）と見なされる。パラ（他）は、ひとであって、個でもある。自利（アートマ・ヒタ、ātma-hita）ではなく、他者のしあわせ（利他）をはかることは初期の大乗仏教の重要なテーマでもあった。やがて、仏教の空（シューニヤ、śūnya）の思想によって、自他平等（自他不二）として、行為主体である「われ（自）」と「汝（他）」間にさえ両者を隔てる障壁はなく、自他が相即になっていくのである。これを「縁起（よりて起こる・相互依存関係）」と捉えることも出来よう。彼によってわれが存在しうるからである。因みに、人間を表すサンスクリット語のマヌシュヤ（manuṣya）という言葉の語根マン（√man）には、「考える、尊敬する、信ずる」という意味がある。善悪の判断を理想的な人間の有する特性とみれば、そこに「正しく（samyak-、三藐）」という形容詞を添えてもよいであろう。「正しく考え、正しく（他者を）尊敬し、正しく信ずる」、それが出来るものを古代インドの人々は理想的な「ひと」と見みなしていた。

インド思想史上で、理想的帝王とされたアショーカ王（治世・前268〜232）は、領土内に建立した石柱法勅に「すべての人々は私の子（パジャー、pajā）である」〔『別岩石法勅』第2章〕[7] と宣言した。これは後の大乗経典『法華経』でブッダ釈尊が述べる「其の中の衆生は悉く是れ吾が子なり」〔譬喩品、87偈〕の句にも繋がる。この父子の関係は、仏典中の様々な譬喩に登場する。ここで、母子の関係をブッダと衆生とに対比しないのは、ブッダそのものが男性名詞であるばかりではなく、史上の釈尊がイメージされているからである。同様に、「子（プトラ）」も男性名詞であるが、これはブッダと衆生を父と実子（男子）との関係に見立てている理由によっている。

釈尊には一子ラーフラがいた。彼もその後、出家をしてサンガ（仏教僧団）に入団している。ラーフラの出家に関しても、エピソードが伝わっている。それは彼の祖父であり、釈尊の実父でもあるシュッドーダナ（浄飯王）が、サンガは子を放す親の悲しみを知って、出家は必ず親の許可を得てほしいというものであった。それ以降、未成年者が出家をする際には、父母の承諾を得なければならないと定められた。

Ⅱ　大ボサツ信仰と性差の超越

親（父）と子との関係は、やがて大乗仏教になって登場する大ボサツ信仰とともに、母と子との関係にも展開した。性差を超えた法身（dharma-kāya、ダルマ・カーヤ）が、衆生の希求に対してもっともかれらが望む姿を現出するというように考えられた。ブッダそのものも法身(真理を身体としている)であり、大ボサツも同様に法身であるとされた。大ボサツは信仰の対象として大乗仏教になって初めて登場する。もともとはブッダ釈尊の属性として付与されていたものが神格化されたものと考えられている。ダルマ・カーヤ（dharma-kāya、法身）は文法上は男性名詞であっても、本来、具体的な性別を有することがない。衆生がもとめる姿、それが男性であれば男性に、女性であれば女性に、或いは子供としても変化身として現れると信じられた。例えば観世音ボサツは33の身体を現じて衆生を救済すると信じられている。ヒンドゥイズムにおけるアヴァターラ（権化）の思想がこうした信仰に影響を与えたと考えられている。ボサツそのものは男性名詞である。伝統的な部派仏教の理解では、男性身とならなければボサツになれないと考えられた。それは実際の釈尊の修行時代を意味するボサツがそこに投影されているからである。『ジャータカ』の主人公のボサツもすべて男性身であることもそれによっている。

大ボサツは女性身を現ずることのあるエピソードが伝えられている。円仁(794 ～ 864)の『入唐求法巡礼行記』には、当時の中国・五台山の文殊師利（文殊）ボサツ信仰を伝えている。[8] 文殊ボサツも大乗独自の大ボサツである。原語のマンジュ・シリー（文殊師利）はマンジュ・ゴーシャともいう。釈尊が「深妙な(マンジュ　mañju)声(ゴーシャ　ghoṣa)」をいだしたというブッダの理想的な属性が神格化されたものと見なされている。円仁の伝えた記録によれば、当時、五台山は文殊信仰の篤い霊場であった。その霊場で、ある施主によって、求め訪れる人々に分け隔てなく食事を施す供養がもうけられた。そこに一人の女性が現れ、彼女は胎内の子供の分も含めた食事を施主に乞うた。施主は、彼女の言を信ぜず、それを拒否した。すると彼女はその場を去ると途端に、目も眩むばかりの光を発して文殊ボサツに変わった。群衆は呆然となり、かれらは悔い改めの声をあげて激しく泣いたが、文殊ボサツは再び戻ることはなかったという。この伝説は、大ボサツがある時には、懐妊した女性の姿を現じて、ひとの心のまことを確かめることがあるということを伝える。

我が国の行基(668 ～ 749)や忍性良観(1217 ～ 1303)[9] も、同じく篤い文殊信仰をいだいていた。『文殊師利般涅槃経』〔大正14巻481a-b〕には、かのボサツは貧窮・孤独・苦悩の衆生にさえ姿を変じて、人々（行者）に功徳を積ませると述べられている。ハンセン病者に対しても良観は、かれらが文殊の化身であるという思いがあったということになる。良観が社会福祉事業に精励しえた背景にはこうした仏教信仰に基づく揺るぎない信念があった。大ボサツが本来、法身であるならば、彼を信ずる、もしくは観る者によって女性とも男性とも現れえる。やがてターラーのように女性としての性差そのままの姿のボサツが後期大乗仏教の密教には登場する。

原始仏教聖典にはブッダのことばとして次のようなものを伝えている。

> 「あたかも、母がおのが独り子を身命をとしてもまもるように、そのように一切の生きとし生けるものどもに対して、無量の(慈しみの)こころを起こすべし。」〔*Sutta-Nipāta*, 149偈〕。[10]

一切衆生に対して慈しみのこころを懐くべきことを母と子との関係で述べ

るのである。ここで重要なことは、アショーカ王の法勅や大乗経典のブッダの教説に於ける「父子」の関係が、原始仏典には「母子」の関係でも捉えられていることである。わが子をまもるためには自分の身命をかえりみることのない母の姿は、大乗『涅槃経』〔大正12巻613c〕にも描かれた。ここには、母性の有する普遍的ともいうべき慈しみ深い姿が認められるのである。一方、父性の面からそれを見ると、今日一般に理解されるような母性とやさしさ・父性と厳しさという分類は仏典には特徴的ではない。むしろ、父性であっても母性的な面を合わせもっていると表現したほうがよいかもしれない。

母性・父性は生きとし生けるものに対する慈悲の実現という意味に於いて理想的なひととしての姿を仏典は述べている。しかし母と父はある時には、それぞれ「盲愛」と「慢心」とに比せられることもある〔*Dhamma-Pada*, 294偈〕。(11) それらは、出家者がほろぼすべきものであり、その両者をすてて、かれらは修行僧となった。今、本稿で取り上げる母性・父性は、理想的な姿を考えるという意味に於けるものであるが、理想的側面を正（＋）とすれば負（－）の側面のあることも仏典は教える。正の側面は、子供（衆生、生きとし生けるもの）を保護し育むものであり、負はそれに対して子供の成長を阻害するものと一般的にはみることもできるであろう。

しかし、実はその両者ともが正（＋）に作用するとみるのが仏教的な捉えかたである。まさにプラス思考（positive thinking）を仏教はとっているということになる。仏教で善友を意味する「善知識（カリヤーナ・ミトラ、kalyāna-mitra）」という言葉を、「人格の向上に向けて励ましてくれるもの」と現代的に訳すことが出来る。(12) 釈尊に敵対し、釈尊を傷つけ、命まで奪おうとした提婆達多（デーヴァダッタ）こそ、釈尊の善知識であると『法華経』提婆達多品には述べられている。こうした精神は我が国の日蓮聖人（1222～1282）にも継承された。日蓮の命をうばおうとした平の左衛門こそが成仏のかたうど（方人）であり善知識であるというのである〔『種種御振舞御書』平成新修遺文集 p.455〕。(13)

造形美術のなかでも母子像は、時代や民族を超えたやすらぎを人々に伝える。古代エジプト人も母に神聖をみていた。そうした姿は聖母子像の原型となったと考えられている。キリスト教のマリア崇拝とともに聖母子像は西洋の文化圏にひろく親しまれた。大乗の登場とキリスト教の出現は時代的に重なっている。大乗仏教に登場する大ボサツの姿にもやがて子供を抱く姿が現れる。子供を抱くハーリティー（鬼子母神）像なども、ガンダーラ美術の彫刻に残されている。特に我が国には近世に、子安観音・子安鬼子母神などの信仰があり、その影像も親しまれた。影像的にはこの時代になると聖母子像からの影響も考えられる。観音ボサツは大ボサツであるが、大乗の論書、龍樹（ナーガールジュナ）の『大智度論』には、龍王は畜生道（動物の境涯）に於ける大ボサツであり、鬼子母神（ハーリティー）も同じく鬼神道の衆生を救済する大ボサツとみている。

子供を抱くボサツ像のなかでも、木喰（1718 ～ 1810）作の地蔵ボサツ像には幼子を懐く姿がある。[14] 造像面から見ても、男性が赤子を懐く姿は印象的である。地蔵ボサツも同じく大ボサツである。釈尊滅後、未来世の弥勒仏の出現までの無仏の時代に、六道の衆生救済をになうと信じられている。大ボサツであるならば､いかようにもその姿を現じることが出来るわけであるが、地蔵ボサツは剃髪した比丘の姿を必ずとる。かのボサツは比丘形（男子の出家僧の姿）をしていると伝えられているからである。

地蔵ボサツは実際の父ではなくとも、ブッダと衆生を「父子」の関係に見なすわけであるから、まさにそれは「父子像」とも呼べるものである。母子像と父子像、その違いはあっても親の子に対する慈愛の気持ちがあふれている。木喰の時代は天明の大飢饉（木喰65歳）があった時代でもある。幼くして世を去る子供たちへの鎮魂の気持ちを含んだものであろう。

若い娘が父親の厳しい叱責から逃れるために、ねんごろになった青年との間に出来た子供を、父親の尊敬する禅僧の子であると嘘をついた話がある。駿河の国､原の松蔭寺の白隠慧鶴（1685 ～ 1768）禅師のエピソードである。[15]

嫌疑をかけられた白隠は、彼のもとに置き去りにされた生まれたばかりの赤子を、一言の言い訳もせずに大切に育てた。その姿はやがて娘の良心に激しく後悔を生ぜしめた。事の真実を知った父親は禅師に深く非礼を詫びた。やがてその子は実際の父母のもとに無事に戻されたのである。このエピソードを筆者は､本務校の『仏教学』の講義の際に紹介したことがある。その時に、一人の女子学生から、筆者の問いかけに対して「白隠禅師の姿には、父性も母性も共にそなわっている」という返事がかえってきた。父性・母性を超えたひととしての姿、そこにも仏教の「利他」の精神があることをこの物語は教えている。

パラ・ヒタ（利他）はあらゆる場面で要請されることが、仏教の『律蔵』の記述からもわかる。先に、仏典にはいわゆる一般的に考えられているような父性の厳しさというものは認められないのではと述べた。自らに厳しく他に対しては寛容な姿勢が仏教では求められたこともその理由であろう。他人を諫めるような際にも、諫める者は必ず五徳を心得なければならないという。その五徳として次のようなものを挙げている。

1,　時を知る。2,　実心にして虚偽心ならず。3,　利益のための故にして不利益のための故に諫めず。4,　柔軟の言辞にして、麁悪の語にて諫めるに非ず。5,　慈心の故に諫める。〔『毘尼母経』巻第3〕[16]

相手を諫め注意する時にも、①時をわきまえ、②まことの心で、③相手のためを思って、④荒々しい言葉ではなくおだやかに、⑤慈しみの心をもって、なすべきであるというのである。厳しくなおざりにしないことが一般には厳格を意味する。厳しい叱責ではなく、おだやかな言葉が却って相手にきつく響くことがあるだろう。他者に対していかなる手段（ウパーヤ・カウシャリヤ、巧みな手段＝方便）をもちいるべきかという判断が必要となる。その意味では一般的ないわゆる厳しさも除かれることはない。

『法華経』如来寿量品には法華七喩の1つ「良医の譬え」が説かれている。医師である父の不在中に子供たちが誤って毒薬を飲んでしまった。戻った父はそれを知って解毒剤を飲ませようとする。気持ちの確かな子供たちはそれを飲んだ。しかし、毒の苦しさのために本心を失ってしまった子供たちは、良薬を毒薬と思って飲もうとしない。このままではかれら（衆生たち）は死んでしまう。父親は、巧みな手段（方便、ウパーヤ・カウシャリヤ）をめぐらした。それは必ず子供たちが薬を飲んでくれるものでなければならない。父親は薬を留めて必ず飲むように言い残し、家を離れて彼方の国に赴いた。父親はそこで亡くなったと子供たちに告げさせた。寄る辺とも慕う父が、他国で亡くなったことを知ったかれらは、その悲しみのあまり、心がついに醒悟し〔「常懐悲感　心遂醒悟」〕自ら薬を服するのである。大乗仏教は、恋慕や悲哀といった人間の心情を大切にした。

人々を救済するために死を現ずるというこの譬喩も、かれらのヒタ（幸い）のために（hitāya）採った手段であると経典は述べる。もし、厳しさのみが父に求められるのであれば、強引にでも解毒剤を飲ませたことであろう。父（ブッダ）は強引な手段を用いなかった。彼ら自らに判断をゆだね、自己決定を促した。自らが納得し決断をすることを父は待ったことになる。彼に自己決定を促すことも、インドの宗教観である「忍耐（クシャーンティ、忍辱）」の徳に結びつくものである。作家、ヘルマン・ヘッセ（1877 ～ 1962）は小説『シッダールタ』のなかで、バラモンの青年シッダールタに「待つことができる」ことを彼の特性として語らせている。[17] 彼はインド哲学を熟知していた。

死を現ずることさえも、人々の「福祉（ヒタ）」のためである、というのが仏教の捉え方である。その死はブッダの「おおいなる死（マハー・パリニルヴァーナ、大般涅槃）」であるが、仏教文化に於ける死は、逃避すべきものではなく、静かに受け入れるべきものとして捉えている。古代インド哲学に於ける死は、あらたなる生への通過点であり、生と死とは生成展開の一局面である〔『カーカタ・ウパニシャッド』に出るナチケータスの物語〕。[18] 死は生の終着駅（ターミナル）ではない。

Ⅲ　現代文学作品に見られる母性・父性

「ぼくはかあさんのことを本当に好きでした。」〔サトウ・ハチロー詩〕。詩人は齢を重ねてもこうしたことばを素直に発している。父母それぞれを匂いにあてはめると子供にとってどのようなものが思い浮かぶのであろうか。彼は、自らの母を秋は「金木犀のにおい」、冬は「ひなたに干した布団のにおい」であるという。春夏秋冬に母の匂いがある。これに対して父の匂いも父性を偲ぶものにはあるのだろう。仏典には「六根清浄」になると、鼻根はあらゆる匂いをかぎ分けることができるという〔『法華経』法師功徳品第19〕。それは匂いに象徴されたそれぞれの個性や特性のことである。そうした個性や特性（ヴィシェーシャ）がひととしての平等性（サマター）に結びついている。

実際の生みの親でなければ、母性を実現することができないということではない。父性もそれは同様である。成犬（雌犬）の傍らに生まれたばかりの小犬を置くと、やがて乳腺が張って小犬に乳を与えるようになることがあるらしい。そうした映像があるテレビで放映されたことがあった。傍らに乳を求める小犬がいることによって脳のある部分が刺激され、母性としての体の変化を生ぜしめたということなのであろう。実際の母親でなくとも母性を実現できる、そうした物語りを、小説の世界にみることが出来る。小説は、すぐれた作家によってある時には、現実の出来事をしのぐ様々な人間の心理を描き出す。

山本周五郎の短編小説集『日本婦道記』のなかに「二十三年」がある。[19] 自分自身を無にし、主人（夫）や家をひたすら守るという、彼の小説のなかで共通した女性観に対して、「女性だけが不当な犠牲を払わされている」という非難もかつてあった。そうした批判に対して彼は、「夫が苦しむと同時に妻も夫と一緒になって苦難を乗り切っていく」という内容がすべてであって決して女性だけが不当な犠牲を払っているわけではないと自信をもって語った。こうした彼の作品に、封建社会に於ける君父に対する絶対服従のようなイメージを感ずる読者もいるが、本稿の筆者はそうは思っていない。女性として母として妻として、ある時には男性として父として夫として、かれらのかなしく痛々しいまでの姿を周五郎作品は読むものに伝える。どの時代に生きても、男子（女子）として、ひととしてなすべきこと・あるべき姿があるということをわたくしたちに伝えようとしている。まさに、鎌倉時代の明恵（1173 ～ 1232）上人のいう「阿留辺幾夜宇和（あるべきようは）」〔明恵上人遺訓〕に通じるものである。

その意味に於いて彼の作品は、仏教思想にも通ずるところがあると思っている。仏教は、それぞれの時代や社会に於ける実定法にあえて反旗をひるがえすことはなかった。他者を思いやり、ひととしてなすべきことを人々に気づかせようとした。ひとのこころの浄化による理想社会の実現を目指したのである。

小説「二十三年」では、会津蒲生家の家臣で食禄200石ほどの飯沼某に15の歳から婢として使えたかやが主人公である。以下に簡単にその内容を紹介したい。

　　飯沼の妻女みぎは生まれたばかりの次男・牧二郎を残して他界した。

長男も時疫でその一月ほど前に亡くなっていた。やがて嗣子の無いことから飯沼の仕える会津60万石は取り潰され、蒲生の血筋が伊予の国松山に20万石でかろうじて家系を繋ぐこととなった。飯沼は松山の蒲生家に仕えるべく旅立つことになった。ひとり幼子を残された飯沼には、かやの存在は欠くことのできないものであったが、彼女の将来を考えて、留まることを願ったかやに暇を出すことにした。ところがかやは実家へと戻る途中で坂から落ちて記憶を無くし、白痴同然の状態になってしまった。

飯沼は、白痴同然のかやがしきりに牧二郎をおぶろうとする様子を不憫に感じて、連れて松山へと旅立つのである。ことばも発することのできないかやではあったが牧二郎の世話をよくした。ところが仕官を待つ間に松山20万石も世子が無いという理由から取り潰しとなってしまった。絶望のあまり刀を手にしようする飯沼に、かやが悲痛な絶叫をあげて彼を引き止めたこともあった。苦節は9年ものあいだ続いた。やがて蒲生の後に封ぜられた隠岐の守・松平定行のもとにようやく飯沼は仕えることになった。平穏な日々のなかに牧二郎も無事に成長した。飯沼が53歳で亡くなると、牧二郎は相続して父の名を襲ぎ、やがて菅原某の娘いねを妻に迎えた。

祝言を終えた夜、牧二郎はかやに向かってこれまでの苦労にねぎらいのことばをかけた。実は、彼はかやが白痴でも唖者でもないことを7歳の子供の時から気づいていたのである。幼子を残して世を去らなければならない母親のつらい気持ち、世事に疎い主人を遺して死にゆく妻の心残り、女同志でなければ理解することのできないそうした思いをかやは全身で感じていた。「旦那さまと坊さまのことはおかやがおひきうけ申します」、かやはいまわの彼女にこころなかで固く誓った。暇を出された飯沼の家に留まるためには、気が触れた姿を演ずるより他にかやは術をしらなかったのである。

その時からすでに23年が経っていた。牧二郎に何かを語ろうとするかやは最早ことばを発することが出来なかった。長い年月がかやを真正の唖者にしてしまったのである。

短編であっても、この「二十三年」は読む者のこころを打つ。母親として、妻として、女性として、そしてひととしての姿を周五郎は女性たちの生きざまのなかに描いた。本稿の筆者は、この物語をたんなるフィクションとは見ていない。筆者に親しくしてくれた老僧がいた。彼は研究者を目指すほど学問に打ち込んでいた。その彼は思い立って、青年時代に、修行僧としての荒行を成満した。一心不乱に修行に打ち込み、ほとんど不眠不休で寒期の百日間を終えて出行した時には、手紙の文字すら書けなくなってしまっていたということを晩年懐かしそうに語ってくれたことがある。未婚でかつ出産の経験もない女性が、母親としての務めをはたすことは実際にあり得る。それは男性も同様であろう。

筆者は、自然均衡（natural balance）の1つとしても性差を考えている。最近の英字新聞〔*The Asahi Shinbun*, English Edition, No. 16, 431〕に、インドの都会のある医師が、胎児の性別をたずねる母親の巧みな質問〔それは「何色の服を準備したらいいか？」というようなものであるらしい〕には人道的な見地から答えないという記事が紹介されていた。男児を尊ぶ社会では、ある時にはしばしばアボーション（堕胎）という作為的な手段がとられる。人間の手によって、自然界に於ける様々な均衡が崩れると、人間を含む生類の存在は危うい。

アメリカのある州では、家畜（牛）の飼料として大量のトウモロコシを生産するために地下水を汲み上げ、今ではその枯渇が危惧されているという。トウモロコシは小麦に比して何倍もの水が必要とされる。穀物の単価も高く、家畜の生育に適しているからだという。出張先の海外のホテルでたまたま早朝にみたこの衛星テレビ放送は、人間のみが倫理的・道徳的な行為主体となるという古代インドの哲学説を思い起こさせた。その地下水は3千年という永い年月が育んだものであるという。その自然の恵みを近代農業はわずか数10年で使い切ってしまうかもしれないと言うのである。現代社会人のみの為（ヒタ）をはかる行為は、次の世代を育む正の遺産として残されることがない。大量の穀類が食料としてではなく人間の食する家畜の餌として生産され、現今を優先する現代人の嗜好を満足させている。新しい型の食物連鎖が、人類の未来への警鐘となって響いている。その是非はともかく、遺伝子操作による作物の生産も、人類のみならず生類に与える影響が不明のままに生産に拍車がかけられている。

ベトナムの混乱期に祖国に戻ることを拒まれ、現在もフランスを中心に平和活動を展開しているティック・ナット・ハーン師は、仏教の説く「不飲酒戒」を現代社会に提唱している。[20] その理由は、世界の飢餓に苦しむ子供たちがそれによってどれほど助かるかもしれない穀類が、穀物酒の醸造のためだけに生産され用いられているという点にあった。仏教では、原始（初期）仏教以来、飲酒を厳禁しているわけではない。病のための薬としてはその利用を認めている。それだけでは、自然均衡を壊すこともないであろう。肉食も、殊更、そのために屠ったものではなく、出家の比丘が托鉢で得たような場合には、食することが認められていた。その意味では人間の生に対して寛容であった。[21]

仏典には三世を述べる時には、過去（アティータ、過ぎ去ったもの）・未来（アナーガタ、未だ来たらざるもの）・現在（プラティウトパンナ）の順で記されている。現在を意味するプラティウトパンナ（pratyutpanna）は文法上では過去受動分詞形で、「現在生じた」の意である。未来（未だ来たらざるもの）は現在の創り出すものであり、それ故に現在との線上にある。時間が去る（カーラム・クリタ）ことは古代インド語では「死」を意味した。

自然均衡は、生物の世界ではしばしば自然淘汰となって表われる。普遍的観点からの正の遺産を考えることなく作為的に行われた人類の行為は、戦争や殺戮ばかりではない。偏向、それは男女論や今日的なジェンダー論に限らない。宗教・民族・国家、あるいはイデオロギー、経済、それらすべての偏向が、負の遺産を未来に残すということを真剣に考えなければならないであろう。

我が国の戦後の杉の植林の奨励が、その後の放置によって、花粉症を誘因させているという。都市郊外の山丘にも、無秩序に植えられた樹林はやがて枯れて、斜面崩壊などの災害を生ずる。生徒の学習指導にもそれはあてはまるだろう。その時にはそれが「よい」と考えられていたと、恐らく、いわゆる有識者と称されている者たちは応えるのだろう。トライアル＆エラー（試行錯誤）が繰り返され、反省を踏まえてよりよい社会が形成されていく、それも確かである。しかし現代社会は、科学技術の発達や情報化も含め、瞬時に、地球規模もしくは宇宙規模と言ってよいほどの大きな変化を生ぜしめている。エラーが再びトライアルの出来ない状態となっていることを暗示しているかのようである。

これからの長期的展望をはかるためには、必ず普遍性が問われなければならない。ここで言う普遍性は、筆者が「普遍思想」と言う時のそれである。時代や社会、国家や民族、宗教の差異を超えて、その実現を人々が希求しているという意味での普遍性である。自然の時間の経過のなかで生類は生かされて来た。時間をかけて成熟されるものがある。時が解決してくれるものもある。古代の中国社会では、自然のリズムを重んじた。春と夏には死刑を執行しなかった。万物が成長繁茂する時節を避け、秋と冬に刑が行われた。急かされ、ゆとりを失った社会への反動としての自然回帰的な動きも見直されつつある。古代インド哲学以来、仏教文化ではこころを統一し静慮する時間を大切にしてきた。

母性・父性というときには、必ずその対象として子供たちの存在がある。子供たちの将来を願う、それが母であり父である。日蓮聖人（1222～1282）は、「親の子をすてざるがごとく、子の母にはなれざるがごとく」〔『妙一尼御前御返事』昭和定本遺文 p. 1749〕と、信仰もそのようにあるべきであると説いた。一方、我々が男性・女性と呼ぶときには、それぞれ対する性あるいは社会がその対象となるのだろうか。日蓮聖人は、「おとこは羽のごとし、女はみ（身）のごとし。羽と身とべちべちになりては、何をもってか飛ぶべき」〔『千日尼御返事』昭和定本遺文 p. 1762〕と、相互理解と協力なくしては家庭も社会も正しく機能しないことを教え示している。多くの男女論・ジェンダー論にはエゴイズム（利己主義）はあっても、インディヴィジュアリズム（個人主義）はないように思える。本来の個人主義は、他者を尊敬し（認め）他者のいたみに敏感であることによって実現される。パラ・ヒタ（利他）を願う、その純粋な形が母性・父性にあった。仏典に見られる、父母と子との関係はそれに気づかせてくれるものである。それが、理想とするひとの姿でもあった。

まとめ

今日的なジェンダー論のために、ともすれば見失いがちな「理想的な人間像」に、本稿では普遍性をともなう母性的・父性的という表現をもって考察を試みてみた。社会や国家、或いは世界のためにという名分のために、個が犠牲にされてはならない。かつて戦争によって家族や愛する人々をなくした先人たちが導きえた結論である。何故、このようなことを言うかというと、男女共同、或いはジェンダー・フリーというような名分から、性差という個性・特性（ヴィシェーシャ）がしばしば軽視〔無視と表現した方がよいかも知れない〕されているからである。

身近に、生徒たちの起こしたショッキングな事件が続出している。被害者も加害者側も、かれらの両親が家にいないことが多いらしい。それだけが原因ではないが、もし誰かが家にいたら、と考えると気の毒でならない。よりよい生活、それは豊かで満たされた生活である、と誰しもが考えている。本学部の紀要『人間の福祉』第19号に、ベトナムの仏教文化をレポートの形で寄せてあるので見ていただきたい。言い古された言葉ではあるが、物の豊かさが、却ってこころの貧しさを生み出していることを実感している。「知足（足ることを知る）」の無い満足（満ち足りる）はない。中国の古典では「知足」〔『老子』「足知者富」〕を説いた。しかし、足りる限度は語らない。これに仏典では「少欲」を加えて、「少欲知足」とした。仏教文化は、「欲を少なく」してはじめて「足ることを知る」ことを教えている。

男女共同参画の実現と、母性・父性を実現することとは相反することではない。遺憾なくその力を発揮して、社会に貢献することに男女の別は無い。理想としての母性（女性）像も男性側からの一方的な女性観のみに縛られる必要はないであろう。男女共同参画実現への障壁が固定的な役割分担意識であると指摘する向きもある。しかし共同参画という名分によって省みられていない問題点は無いのだろうか。時代や社会、イデオロギーや宗教を超えた、父性・母性の役割というものもあるはずである。もちろん、父性・母性の個々人の個性という面からみれば一様ではない。ある環境に育った者たちは、そこでの体験をもって父性や母性を考えるであろう。ディスクリミネーションの意味を含む性差別と特性としての性差を混同してはならない。本稿では普遍性をもった父性・母性とは何かということを考えてみた。その結果、男女を超えた「ひと」としての理想的な姿が、父性や母性に反映されなければならないということに導かれた。

ひととしてなすべきことそれは「義」と呼ばれた。仏教文化では、それをダルマ（理法）と呼んだ。義は、しばしば閉鎖的・独善的な小規模な集団に於ける行動の指針としても用いられることがある。仏教の説くダルマは普遍的なものである。いつの時代でも、どの社会でも、ひととしてなすべきものを意味した。それは、自分のためではなく「（他者の）ためをはかる」ということに集約される。7世紀の大乗の学僧シャーンティ・デーヴァは、「自他の転換（パラ・アートマ・パリヴァルタ、parātma-parivarta）」〔*Bodhicaryāvatāra*, Ⅷ－102〕こそが仏教の秘奥であると述べた。非力なものへの一方的な同情や憐れみではない。行為主体としての人間の行いに対しては、個人（インディヴィジュアル）としての自覚と反省が常になければならない。

我が国で外国語からの翻訳として西周（1829～1897）が「福祉」の語を充てたその原語はハピィネスであった。福祉をハピィネス（幸せ）の実現ととらえれば、幸せとは何かが問われなければならないであろう。原始仏典は、「こよなき幸せ（マーハーマンガラ、mahāmaṅgala）」とは何かを教えている。互いに尊敬し合い、自らは遜り、性差を含む自らのヴィシェーシャ（個性・特性）に対する満足と感謝、そして時折、こころ静かに自分自身をふりかえる。今日の男女論・ジェンダー論にもそれが必要であると思う。

「尊敬と謙遜と、満足と感謝と、時折、教えに耳を傾けること、これがこよなき幸せ（マハーマンガラ）である。」〔*Sutta-nipāta*. 265偈〕

注

(1) 拙論「マターナル・アフェクション（母性的愛）とパターナル・アフェクション（父性的愛—福祉社会における愛情—」『人間の福祉』第15号、Feb. 2004, pp.205-219.

(2) *Samyutta-nikāya*, 中村元訳『神々との対話—サンユッタ・ニカーヤⅡ』岩波文庫、1986年、68頁参照。

(3) 吉元信行「ブッダによる犯罪者処遇—凶賊アングリマーラの場合—」桑原洋子教授

古稀記念『社会福祉の思想と制度・方法』永田文昌堂、平成14年3月、pp.19-27.

(4) 中村元博士監修・補註の『ジャータカ全集』（春秋社・全10巻）が、学術的にも最も信頼のおける邦訳である。「シビ王本生」は『ジャータカ・マーラー（*Jātaka-mālā*）』第2話にも出ている。P. L. Vaidya (ed.)；*Jātaka-Mālā* by Arya Sura, Darbhanga 1959. (Buddhist Sanskrit Texts No. 21.)。杉浦義朗訳『ジャータカ・マーラー（仏陀の過去世物語）』桂書房、平成2年がある。

(5) 『鈴木正三全集』山喜房仏書林、昭和63年（8版）、p. 57.「女人は是諸仏の母、全くそしるべからず」。

(6) 中村元『ウパニシャッドの思想』選集決定版、春秋社、1990年7月、pp.269-270.

(7) *Aśoka Text and Glossary* by Alfred C. Woolner, Reprint 1982, Delhi, p.21.

(8) エドウイン・O・ライシャワー著、田村完誓訳『円仁・唐代中国への旅』講談社学術文庫1379、講談社、1999年6月、pp.304-306. 参照。

(9) 本研究科を修了した小平隆志修士の『忍性再考―仏教福祉の視点から―』（平成17年7月）が自費出版されているので紹介しておきたい。

(10) *Sutta-nipāta*, 中村元訳『ブッダのことば―スッタニパータ―』岩波文庫（改訳1984年）、38頁参照。

(11) *Dhammapada*, 中村元訳『ブッダの真理のことば』岩波文庫、1978年、51頁参照。

(12) 拙論「『大智度論』に見られる善知識」木村清孝博士還暦記念論文集、春秋社、2002年、pp.479-497.

(13) 『平成新修・日蓮聖人遺文集』平成7年2月、星雲社。

(14) 『木喰仏』東方出版、2003年11月。

(15) 『禅門逸話集』中、禅文化研究所、昭和62年、pp.88-90. 参照。

(16) 三友量順校註『毘尼母経』新国訳大蔵経・律部10、2005年11月、大蔵出版、p.55.

(17) Hermann Hesse；*Siddhartha*, Eine indische Dichtung, 1922. 高橋健二訳『シッダールタ』新潮文庫、平成4年8月（41刷・改訂版）。

(18) 前掲『ウパニッドの思想』pp.57-60. 参照。

(19) 山本周五郎『小説・日本婦道記』新潮文庫440、平成8年（72刷）、解説参照。

(20) Thich Nhat Hanh；*BEING PEACE*, 1987. 棚橋一晃訳『ビーイング・ピース――枚の紙に雲を見る―』壮神社、1993年3月。

(21) 昨年（平成17年）、第22回庭野平和賞（Niwano Peace Prize）を受賞されたハンス・キュング（Hans Küng）博士は、1993年9月、シカゴで開催された「万国宗教者会議」の席上「地球倫理宣言（The Declaration Toward a Global Ethic）」を発表して採択された。その中には仏教の5戒が活かされているが、不飲酒戒は諸宗教間のコンセンサスは得られず宣言には含まれていない。「飲酒（surā-meraya-pāna）」はスラー酒（南伝のパーリ律によると穀物酒やその複合酒）やマイレーヤ酒（果実酒や甘薯・砂糖などの複合酒）を飲む意であるが、但し、これを英訳の様に I vow to abstain from taking intoxicants（私は酩酊の原因になるものをとらないことを誓います。）とすれば、本来の寛容な解釈が可能となろう。cf. Commemorative Address by Hans Küng, at 22nd Niwan Peace Prize, Tokyo, 11.05.'05.

マターナル・アフェクション（母性的愛）とパターナル・アフェクション（父性的愛）
―福祉社会における愛情〔プロジェクト研究テーマの提案をかねて〕―

はじめに

本稿の筆者には、年老いた叔母がいる。これまで、筆者が生まれ育った東京の小庵をひとり留守居してくれていた。彼女の夫はすでに他界している。子供も授かったが生まれてすぐに亡くなり他に身寄りもない。平成６年に姉（報告者の実母）も亡くなった。高齢者一般に見られるような体力の減少、身の回りのことにも次第に一人では覚束なくなった。３年ほど筆者は、職場での仕事を終えると彼女の在宅介護に専念することになった。社会福祉学部の学生と同様の実習体験である。入浴や食事の介助、或いは下の世話などでは、今思うと恥ずかしいことではあるが、彼女の粗相に腹立たしく感じたりすることもあった。同時に実母にできなかったことをさせてもらう喜びもあった。階下に背負って移動することも何ヵ月か続いた。そうこうするうちに筆者自身の腰痛も深刻になり始めた。福祉現場に従事する者がうったえる身体的な苦痛を多少なりとも体験した。短期間ではあったが介護保険を利用してヘルパーのお願いもした。これによっては制度が変わってもあたたかな人のこころは変わらないことを実感できた。友人のすすめもありいくつかの施設を尋ねるうちに、現在の特別養護老人ホームにお世話いただけることになった。施設に叔母がお世話になってやがて１年ほどになる（'03.８現在）。施設長はじめ職員の方々の親身な介護には本当に頭が下がる思いである。

出来るだけ週に１度は叔母の元気な顔を見ることにしている。後述するが、その施設で、改めて母性（女性）と父性（男性）の役割の重要性を感じた。社会に於いて、家庭に於いて、学校に於いて、或いは施設という擬似家庭内（こういう表現が適切かどうか疑問であるが）に於いてもそのバランスは必要であると思っている。やさしさと厳しさ、どちらか一方のみが母性であり、父性であるということはない。あわせ兼ね備えていることが理想であろう。本稿の筆者は、平成17年度に研究成果報告の予定となっている社会福祉研究所のプロジェクト研究のテーマ提案者の一人である。このレポートのタイトルでもあるマターナル・アフェクションとパターナル・アフェクションを現代の福祉社会との関わりをとおして、それぞれの専門領域からアプローチを試みることを提案した。そうした考察は、最近のジェンダー・フリーの問題も含め、恐らく各方面に反響を与えることになると思っている。本稿がプロジェクト研究提案者の私見として、何がしかの参考になればと考えている。筆者は、社会福祉学部紀要『人間の福祉』にこれまで隔号に海外訪問リポートを載せてきた。しかしこの春以来のSARS（重症急性呼吸器症候群）の影響で、今年は企画していた東南アジアの仏教文化の視察も中止せざるを得なくなった。本リポートは、その報告に代えるものであるが、趣旨はやはり肩を張らずに読んでもらいたいと考えている。

Ⅰ．やさしさときびしさ—東洋的思惟から

叔母がお世話になっている特養老人ホームを訪問した時のことである。テレビが置かれた談話コーナーの一角では、いつものように７～８人の利用者たちが、おもいおもいに刻を過ごしていた。殆んどが車椅子を利用している。するとテーブルを挟んで一人の口達者な老婦人が、こう相手に言葉を投げかけた。「あんた、そんなに髪をクチャクチャにしてないで、櫛ですいたらどうなのさ。櫛も無いのかね？　櫛なんか安いんだよ。買えばいいのにさ。どこだって売ってるよ。」「アッハハハ、なんだ禿げてて櫛を使うこともないんだ。こりゃ可笑しいや！」。一方の老婦人は終始無言のまま。言われたその婦人は悪口を言う彼女を無視して隣席の車椅子の女性に「ちっとあなた」と声を掛けた。すると今度は、再び口達者な彼女が「あんたなんて、馬鹿じゃないの？　ちゃんと名前があるんだよ、名前で呼べばいいじゃないか。あんたなんて名前なんかないんだよ！」。ここに紹介した対話（？）には誇張も脚色もない、報告者が見聞したままである。このやり取りをこの種の施設内の

ごく普通の言動とみて、特別視することはないという見方もあるかもしれない。もっともそれぐらい元気なら頼もしいと思うことさえ出来るだろう。

たまたまそこには施設の職員たちは居合わせていなかった。但し、居合わせていたとしても、はたしてその口達者な彼女にきちんと注意をする職員はいるだろうか。恐らく諭したり注意をしても、さほどの効果は期待出来ないだろう。むしろかえって事を荒立ててしまうこともあるかもしれない。しかし報告者自身、後で、何故その時に、「おばあちゃん、そんな風に言ってはいけませんよ」、とユーモアも忘れず、穏やかに注意をしなかったのだろうと悔やんだ。彼女の性格形成には、それまでの入所以前の環境も影響があるのだろう。或いは施設内における日頃の人間関係の鬱積があったのかもしれない。但し、彼女は、少なくともこれまで報告者が訪問して、その言動をとおして気づく限りでは、お世辞にも好まれる性格とは言えない。介助する若い女子職員に乱暴に怒鳴り、手を上げ、勝手気ままを通そうとする。その姿には、傲慢、我が儘な性格が、そのまま剥き出しになっているようにさえ感じることもある。勿論、痴呆も考慮されなければならない。本稿をお読みいただいている方々は、どう感じられたであろうか？　少なくともこうした言動が普通の家庭で放任されることはないであろう。注意の仕方は難しい。しかしたとえ痴呆等があったとしても注意をせずに放っておいては、本人にも周囲にも良くないと思うのは筆者だけであろうか。ノーマライゼイション（等生化：等しく生きる福祉環境作り）の理想からしても特別視〔この場合は放任しておくという意味に於いて〕することはいけないと思うのである。

この時に改めて、施設という環境を擬似家庭として捉えたときに、職員たちのケアーには母性と父性のバランスが必要ではなかろうかと感じた。いまそれを、英語でマターナル・ラヴ（maternal love）、パターナル・ラヴ（paternal love）と表現することも出来る。筆者は多少「愛」という表現を重視してラヴの代わりにアフェクション（affection）を使うことにしたい。やさしさときびしさ、それを女性と男性というゲシュレヒト（ジェンダー）に振り分けることも、或いは母性と父性に分けることも異論のあるところであろう。家庭や学校教育に於いても、女性が男性に比してきびしくないということもない。しかし男女のジェンダーの相違がそれぞれの時代や社会によって評価を異にしても、母性や父性として捉える時には古代社会に於いても現代に於いても、その期待された役割は普遍的である。

筆者はしばしば漢字の解字に関心を懐くことがある。すでに中村元博士によって論じられたように、具体的な事柄をとおして普遍的命題に近づくという思惟傾向が、東洋の漢字の文化圏には顕著であるからである。[1] 今年(2003年)6月、教育実習生の研究授業の参観に、県内の荒川中学校を訪問した。その際、校長室の黒板に「教」という漢字の解字が記されていた。学校長が漢字に造詣が深いことをその時に案内してくださった教頭からうかがった。「教」のツクリの右部分は「攴(ハク)」である。それは棒(笞)を手にとってポンと叩くさまを示したものである。「軽く鞭打つ」と黒板には書かれていた。学校長の教育方針として記されたものであろう。まさか青竹で叩いて教育せよということを奨励するわけではないだろうが、報告者の懐いている漢字の解字からみた教育観を持つ方がいらっしゃることを知って心強い限りであった。

因みに、教育の「育」も解字を紹介しておきたい。育の上部は「子」が逆さになっている姿である。下部「月」は肉づき。これは頭を下にしてやすらかに(正常に)生まれた子供が肥立ちがよいことを表わしている。教育は、機関としての学校内だけに限らない。家庭に於いても社会に於いても教育は必要である。筆者は、その教育を「ある時には手段として叩くことも否定せず、正常な人間として育む」という意味に捉えている。東洋的な理解からすれば、教育の本質は正常な人間に育むことである。今日の児童生徒による凶悪な犯罪を挙げるまでもない。そうした犯罪の背景には、現代の情報化社会の歪みも含めて勿論さまざまな要因があろう。しかしこれまでの教育が、正常な人間ではなく、むしろ異常な人間を多く育ててしまった傾きがあることを教育にたずさわるだれもが気づいているはずである。

何をもって正常な人間とするのかという問い掛けには、筆者は次のような答えを用意したい。「正常な人間」は、他者のいたみや悲しみを、そして喜びを分かち合えることの出来る人間であるということを。7世紀の大乗仏教の学僧シャーンティ・デーヴァは、それを「自他の転換(パラ・アートマ・パリヴァルタ)」という言葉で表現した。[2] 古代のインドでは人間(マヌシュヤ）は、「〔正しく〕考えることができ、尊敬することができ、信ずることができる」と考えられていた。マヌシュヤの語根√ man にはそういう意味がある。この場合の信ずる対象は、人がたもつべきものとしてのダルマ（理法）と捉えてよいであろう。

原始仏典には、理想のさとりの境地を実現した人の姿を、「柔和な人（やさしい人 sorato）」（*Sn.* 515）と称している。(3) 真の修行僧はやさしさの徳を具備し生きとし生けるものの命をいたずらに損なわないと考えられた。やさしく温順なことをサンスクリットではムリドゥ mṛdu ともいう。面白いことにこの語に激憤を意味するコーパ kopa を付けると、温和で容易に怒らないという意味となる。やさしさの対となるきびしさは、怒って激憤することではない。因みに厳（嚴キビシ）の解字にはどっしりとした意を含み、いかつく口やかましく取り締まるという意味がある。和語の「きびしさ」は漢字の解字の「厳」とまったく同一ではない。漢訳仏典には父母を慈父・悲母と呼ぶのに対して、儒教の『孝経』では父親を尊敬して「厳父」という。

仏教語の「慈悲」は慈（マイトリー）と悲（カルナー）とにそれぞれ原語は分けられる。慈は友人（ミトラ）とも語源は同じである。悲は憐愍を意味する。仏教ではしばしば慈悲それぞれが「与楽」と「抜苦」にあてられる。いま、それぞれの語を漢字の解字からみても興味深い。慈は艸かんむりに絲を付しその下にこころが付いている。春になると若芽が糸のように萌出る、その様子をあたたかく黙って見守るという意味があるという。まさに慈は父（性）に配されることに頷ける。悲の上部の非は鳥が両翼を胸を割くように広げた姿を表わす。その下にこころが付されている。その意味は胸が張り裂けるほどのかなしみをいう。母（性）の愛がこの悲に配される。慈悲それぞれが父母に配される理解は、漢字の文化圏での独自の解釈である。因みに、慈悲を意味することばはインド一般にはアヌカンパー（anukampā）である。それは他者の痛みや悲しみを見て身体が震えることをいう。

「孟母断機」（烈女伝）の故事があるように、母親が子供の教育によせる厳しさには、父親を凌ぐものがある。漢字の母（乳房のある女性を描いた象形文字）には子供を生み育てる意味がある。しかし、子供を実際に生んで育てなければ母性が実現できないというわけではない。同時に実際の父（手に石斧を持って打っている姿を示す）ではなくとも父性をもって人に接することは可能である。父子或いは母子家庭に於いて、父や母が、ある時には母性もしくは父性何れかを補って子供に接するということも実際にはあり得るであろう。すべてに於いて父子家庭には母性が欠乏し、母子家庭には父性が無いということではない。何らかの原因で片親である場合に、かれらが子供を教育する際には巧みにバランスをとりつつ子供に接している姿を筆者は幾例も知っている。但し、筆者が直接聞いた話であるが、考えさせられる事なので簡単に述べておきたい。母親（母子家庭・次男を懐妊中に夫は病気で他界）の愛情を受けて成長した長男がやがて恋愛のすえ結ばれた。その若い夫婦に子供（男児）が誕生した。ところが父親に接することなく育った彼は、父親としての振る舞いがどういうものか判らないのでは、ということを彼を取り巻く家庭を心配する母親から聞いた。これが特殊な例かどうかは筆者は判断できない。しかし家庭環境が子供の心身の発達に影響をあたえることは確かであろう。同様なことは父子家庭でもありえるかもしれない。

宗教学者Ｒ．コムストックは男性を中心とした家父長社会と遊牧・牧畜文化、母系社会と農耕文化との繋がりを指摘し、それぞれの宗教観にも触れている。天を父とする宗教に対して大地を母とする宗教は自然の再生と生殖の力が強調されるという。[4] 大地を母とする思惟は、インドにも共通する。サンスクリットで大地を意味するプリティヴィー pṛtivī は女性名詞でもある。中国でも、父の徳を天に譬えるのに比して母の徳を持つという意味で「母地」という言葉がある。

今日のインド文化形成の主流を占めるインドアーリヤ人たちはもともと男性を中心とした家父長社会を形成していた。一方、土着の民族たちは母系社会である。仏教は母系社会の影響をうけつつ登場している。ヴェーダの宗教（Brahmanism）もやがて土着の人々の信仰や文化を吸収しヒンドゥー教（Hinduism）となって展開した。古代インドの法典（*dharma-śāstra*）の中で最も重要な位置を占める『マヌ法典（*Mānava-dharmaśāstra*）』[5] にも、女性に対しては冷やかな分析を投げかけている。月経を不浄視するのも男子家長社会の特徴である（４、208.5.85）。ある時には男性を堕落せしめるのは女性であるともいい、賢者は女性に心を許してはならないという（2、213−214）。またある時には、女性は、幼いときにはその父に、若き時にはその夫に、夫の亡きあとはその息子に従うべし（5、148.9.3）という。仏典にも「女人之礼（体）幼則従父母　少則従夫　老則従子」（『大智度論』99巻、大正25巻613a）と同様のことが述べられている。一方、再生族（カーストの上位３階級）の男性たちは、大地の象徴（2、226）としてのかれらの母に対しては父同様の時にはそれ以上の尊敬と信頼をもってしている（2、133.145）。紀元前200年〜後200年頃とされるその法典の成立を考えれば、母系社会の影響をすでに十分に受けていることは容易に推察できる。家長としては、母や父（この順）、そして師を尊ぶことによってダルマ（義務）が充足される（2、233−234）ともいう。伝統的な男子家長社会に於いても母性に対する思いは同じである。

現代アメリカでも著名なジャーナリストたちが「母への愛」を手記の形で寄せ合っている。子供には男女がいるはずであるが、それらの大方は男性からの手記であることが面白い。女子がやがて実際の母性を実現できる可能性を有するのに対して、男子にとっては母性や母への愛は普遍的な命題なのであろうか。勿論、女性側からの母への愛情も当然深い。[6]

Ⅱ．慈愛と人間―ジェンダーの止揚とパラ・ヒタ（利他）

今年の１月、筆者に親しくしてくださっていたサンスクリット文学者でもあった方が亡くなった。インドの叙事詩『マハーバーラタ（*Mahābhārata*）』の邦訳に取り組んでおられた上村勝彦博士（当時、東京大学東洋文化研究所教授）である。告別式は同月30日、東京浅草の浅草寺伝法院で執り行われた。筆者の著書にお褒めのことばをいただいた数少ない方のお一人である。式が厳修される前に、広間の座敷には故人と親しい方々が集っていた。隣席していた方はインド哲学研究室でのシニアーでもあり、上村博士同様に筆者の尊敬する津田真一博士であった。しばらく雑談をしていた。その際に、筆者が描くマターナル・アフェクションについて話をした。すると、「三友君、母性は怖いよ。子供さえ食ってしまうからね」。密教研究の権威でもある津田博士は、そう語った。津田博士のこのことばに女性への偏見をまったく感じなかった。この助言に、ヒンドゥー教のカリー女神の信仰や仏教のハーリティー（鬼子母神）の説話を思い起こした。ハーリティーが食べてしまった子供は他人の子供である。[7] それだけではない、法隆寺「玉虫厨子」のモチーフになっている「飼虎捨身」の物語にあるヴィヤーギリィー（牝虎）が喰おうとしたのはわが子である。[8] そうした情景さえ脳裏に浮かんだ。津田博士の言葉は隠約的な表現ながら、そこに意味するものは深い。

津田博士の助言によって、筆者の視界が広がった。それはマターナル・アフェクションを取り扱う際に多角的な視点をもつことの大切さである。「衆盲摸象（andha-gaja-nyāya）」の比喩にあるように、一面のみを見て絶対視してはならないことに改めて気づかされた。父性に関しても同様なことが言えるであろう。しかしながら強度のマイナス面と見なされるものが、逆にプラスになってひとに作用する場合もあるだろう。反面教師のようなことも往々にして起こりうる。筆者はこのアフェクションを両極端を離れるという意味での「中道」という調和のとれた状態でとらえたい。[9] そして調和がとれていながら、なお父母両性の特質を失わず、それぞれの個性や特性が輝けるものとして捉えてみたいと思う。なお父母両性の特質を失わず、それぞれの個性や特性が輝けるものとして捉えてみたいと思う。こうした視点から共同研究者としての筆者は、大乗仏教の大ボサツ信仰も取り上げねばならないだろう。大ボサツは、男女を問わず、その人に最も相応しい如何様な姿でも現じて人々を救済する理想の法身のボサツである。[10] ボサツは智慧をもって衆生を救済する。『般若経』が般若波羅蜜（prajñā-pāramitā 智慧の完成）を「仏の母」と表現するに対して『維摩経』ではそれを「ボサツの母」と呼んでいる。

「愛」という言葉を、仏典をとおして見ると仏教語としての用例には執着の意味を含むものが多い。一方、そうした愛欲（kāma）や渇愛（tanhā, tṛṣṇā）といった自己中心の愛ではなく、慈悲から出た利他愛を含む用例が「愛語（priya-vādita）」である。愛語はやさしく思いやりのあることばをいう。愛語は人々を導き救済するための4種の手段（四摂法、四摂事）の一つである。鎌倉時代の道元禅師は「愛語よく廻向の力あることを学すべきなり」（『正法眼蔵』菩提薩埵四摂法）と言った。やさしく思いやりのある言葉と、きびしい言葉とには、人々を導き救済するという動機の点に於いて同じであるならば相違はない。いずれもことば（アビラーパ）は教化手段である。ことば（言語表現）を絶対視してはならないことを大乗経典は説く。相手にとってもっとも相応しい言葉が、ある時にはやさしい言葉であり、またある時にはきびしい言葉であったりする。

「云何がこれ人のこころなるや。謂く利他を思念す」〔『大日経』大正18巻2b〕。他者のためをはかることのできるのが人間であると後期大乗経典には言う。利他（para-hita 他者の福祉の意）をはかった行為でも結果的にそうならなくなるということも往々に起こりえる。しかし仏教は、結果論ではなく動機論の立場にたっていることも付け加えなければならない。溺れるわが子を救おうとした母親が子供を抱えて共に命を落としてしまった。大乗の『涅槃経』に伝えられるこの悲しい物語（大正12巻613c）は、ブッダの慈悲に等しい崇高な母性の行為として中世日本の仏教者からも讃えられている。結果的には母子は亡くなってしまう。死を賛美するのではなく、その動機に他者の命をいとおしむ心があるからである。「自殺」の語は、『大智度論』ではシュイサイドの意ではなく、利他のために自らの命を投げうつという意味に用いられている。伝統的な仏教の戒律では自殺の幇助も禁じている。

釈尊ゴータマ仏陀は、亡き母のために母の住む忉利天に昇って法を説いたという伝説がある。[(11)] ブッダが彼女によせる気持ちは世俗の愛情とは異なるのだろうが、これも子から母への一つの愛情物語と捉えてもよい。一方、比較的、初期仏教資料には、ジャータカ（本生話）を含めて主としてマターナル・アフェクションのみを伝えるエピソードはさほど多くはないように思える。ブッダの過去世物語の主人公として登場するボサツは必ず男性身として扱われている。ボサツは男性身であるという伝統的な教理理解がそこにもある。一般世人の情として、子を亡くしたキサー・ゴータミーと芥子のエピソードは強く心を打つ。彼女の名でもあるキサーには「痩せた」という意がある。その名から想像される母の姿は痛々しい。[(12)]

子の蘇生を信じて助けを求める母親の悲痛な叫びは、医療技術の発達した現代でも何ら変わることはない。恐らく彼女は半狂乱の状態になっていたのだろう。その女性に、ゴータマ仏陀は、どこにでもある芥子の実（アブラナの実）をもらって来るように告げた。子供の蘇生を信じて彼女は、家々を訪ね歩いた。何処にでも芥子の実はある。しかし、ブッダ釈尊が蘇生させるために提案した、たった1つの条件は実現できなかった。それは、未だ死別の悲しみを体験していない家庭から芥子を手に入れることであった。

彼女は村中を歩き回った。そしてどの家庭にもやるせない死別というかなしみを体験していない者がないことに気づいた。かなしみは決して自分一人だけのことではなかった。仏教カウンセリングの特徴が、このエピソードにはっきりと打ち出されている。それは、悩みを抱える自分自身が自ら身体を動かして、自分で解答を見つけ出すということである。キサー・ゴータミーはやがて仏教教団に於いて尼僧となったことを伝える。

子と母とが協力して、邪見（誤った思想や宗教）にとりつかれた父親を目覚めさせる物語が大乗経典に述べられている。『法華経』「妙荘厳王本事品」に述べられる浄蔵・浄眼の２王子とその母が、協力して父王を教化した物語がそれである。頑迷な父王は、王子たちが神秘的な力（神通力）を現じる姿を見て、邪見から離れる決意をした。現代的(合理的)に見れば、今日のマジックである。教化手段としてそうした神秘的な力を使うことは初期仏教以来認められていた。但し、尊敬や利得を得るために現ずることは厳しく諌められている。南伝の『パーリ律』や漢訳『毘尼母経』では、利得のためのそうした行為はわずかな金銭を得るために人に自分の身体を露わにするようなものであると非難する。この物語で注目したいのは、父親と、対する子供（男子）と母との協力関係である。

母が独り子を身命をとしても護るように、生きとし生けるものどもに無量のいつくしみのこころを起こせと、原始仏典は述べている（*Sn*. 149）。子を慈愛する母の姿には普遍的な母性が認められる。

ゴータマ仏陀の時代には男性の修行僧はブッダの息子（putta）、女性のそれはブッダの娘（dātā）と呼ばれていた。修道女をキリストの花嫁とする理解とは異なり、仏教ではかれら修行者たちにとっての父性が象徴的に表わされている。父性の愛を伝える資料は仏典に登場する。大乗経典の『法華経』「信解品」には長者窮子の譬喩、「如来寿量品」には良医の譬喩などがそれである。父が子供を慈愍する姿に国王と民との理想の関係を捉えたのはアショーカ王である。[13]『別岩石法勅』第２章には「すべての人々は私の子（パジャー、Pajā＝prajā は民の意でもある）である」という。法勅には、王がかれらが現世と来世とに於いてすべての利益と安楽を得ることを願っている。後の大乗経典にも「其の中の衆生は悉く吾が子（putra）なり」〔『法華経』譬喩品verse87〕と言う。この場合の「子（プトラ）」は息子の意であるが、男子のみを表わしていると捉える必要はない。男子家長社会の影響を考慮することによって理解できる。かつては親たちと教師の連絡会を意味したPTA（Parent-Teacher Association）が我が国では「父兄会」と称されていたのとも同じである。

アジャセ王（阿闍世王：アジャータ・シャトル）が父王ビンビサーラを幽閉して亡き者とし、王位を継ぐ話は『観無量寿経』や大乗『涅槃経』に登場する。[(14)] アジャセは、幽閉された王を助けようとする母親ヴァイデーヒーの行動を禁じた。男子家長社会に於ける父親に対する息子の側のコンプレックスの東洋的な例として扱われている。この物語には、女性が子に対しては母性を有すると同時に、夫に対しては妻としての存在を兼ねる難しさがそこに描かれているように思える。このエピソードにも、インドの宗教の特色ともされる業と業による応報の思想が後に脚色されている。月満ちて生まれおちる子が、やがて成長し父王を殺すであろうという予言に翻弄され、王は嬰児を殺そうとしたというのである。ところが、その嬰児は助けられた。インドの古典にも登場するアジャータ・シャトルの名は勇ましい王としての名で「無敵」の意をもつ。その名が「未生怨」とも解釈できることから、生まれ出ずる前に、すでに親に怨意を懐きその父にやがて殺意をもつという物語の展開である。殺意の動機は、自分の命を奪おうとしたかつての父王のこころをアジャセが知ったところにあった。それはゴータマ仏陀に敵対した提婆達多（デーヴァダッタ）がアジャセを唆したのだという。

神聖な母性が侮辱されたためにその仇をうったという物語が伝えられている。[(15)] その主人公は、ゴータマ仏陀を世におくったシャカ族を滅亡させたというコーサラ国の将軍ヴィドゥーダカである。彼の父はコーサラ国王パセーナディー（プラセーナジット）であった。シャカ族はそのコーサラ国の属国であったという。国王は聖者をいだしたシャカ族から妻を求めた。ところが、シャカ族の側では、卑しい身分の女性をクシャトリヤ（武士階級）の出であると偽って王におくった。その両親の間に生まれた子がヴィドゥーダカである。やがて、16歳の時に、彼は母の故郷を訪れた。彼の母親はシャカ族の男性と婢女との間に生まれた女性であった。多感な彼は母の素性の故に蔑まれた。母親が卑しい身分の女性であることを知った。純真な青年はかけがえのない愛する母の素性を知らされた。ひとは生まれによって貴いものとなるのではない、とゴータマ仏陀は説いた。人はその人の行いによって貴くもなれば賤しくもなると原始仏典は言う。ブッダ釈尊のその教説には普遍性がある。しかし、そうした普遍的な理解が実現されることは難しい。愛する母親の故に蔑まれたことは彼の懐く神聖な母性まで踏みにじられたことになる。その怒りは察するに余りあるものである。その怒りは、ついにシャカ族の滅亡にまで彼を駆り立てたという。この事件が、ゴータマ仏陀の在世の頃かどうかははっきりしない。このエピソードにも、業と業による応報の思想が潤色されている。

あらゆる出来事には何らかの原因がある。その原因と止滅をゴータマ仏陀は説いたという。「縁起法頌」と名付けられている法の要文に見られるように、[16] 何れの現象にも、複雑な要因が絡み合っている。それぞれの時代や社会に於ける反省や要請もそうした要因の１つとなる。今日のジェンダーを取り巻く様々な考え方にもそうした点を考慮しなければならない。同時に、現在問題となっている様々な事柄が、やがて時代や社会が変化した時に、普遍性をたもてるかどうかという点からは見れば決して絶対的とは言えない。ジェンダーの相違とマターナル・アフェクション或いはパターナル・アフェクションとは密接に関連しながら、なお母性・父性それぞれの愛情形態には普遍性があると思う。

男らしさ、女らしさという今日一部では反感をかう表現も、ある時代や社会で要請されたものである。男子や女子に対して社会的に理想とされてきた姿が背景にあってそうしたことばを生んだ。その理想の姿は異なったジェンダーからの見解もあれば、同じジェンダーからのものもあるだろう。そうした表現には、これまでの女性を取り巻く差別的な社会環境において、一方的に望まれ期待された女子像に対する批判もある。男女のらしさは単に好ましいという意味ばかりではない。例えば「女々しい」というように女性的と見なされることが男性らしくないという意味での批判的な用例がある。それでは、それが現代社会ではまったく「～らしさ」が要請されていないかというと、決してそうではない。「子供らしい」という表現は、一方的に大人からみた子供観であるかもしれない。同時に、そこには大人たちが忘れてしまった子供によせる無邪気で純真な姿が投影されている。同様の表現ではあっても、愛情をもってするものと他者を傷つけるものとがある。勿論、そのことばがはなはだ彼もしくは彼女を傷つけるとすれば、それを敢えて用いることはいけない。ことばもその時代や社会において様々に用いられた。シナ（支那）という表現は、中国の「秦」からきている。インドでは当時の中国をチーンもしくはチーナと呼んだ。それを中国人自身が「支那」と音訳した。中国（中華人民共和国）という国名は現代中国を意味し、数千年のながきにわたって独自の文化や言語を育んだ支那とは本来異なる。しかし、その語が暗い屈辱的な時代に用いられたことばとして、使われたくないという意見があれば、かれらの気持ちは察しなければならない。しかし、ことばの意味はハッキリと知ることによって、言語表現に付随した障壁を乗り越えることが出来るのではなかろうか。インド哲学で考察した智による解脱（モークシャ）とも結びつく。彼もしくは彼女に対して愛情をもって接することば、それはやさしいことばであったりきびしいことばであったりする。その言語表現のみを取り出して諍うことはいけない。むしろそうしたことばをことさら避けなければならない風潮があるとしたら、それこそ憂慮すべきことである。

いつの時代にも自由思想家が活躍したのは、反対説に対する寛容の精神が生きていたからである。[17] 普遍思想も、これと同じように、様々な見解を認め合って、その中から普遍性のあるものを議論しなければならない。言語は手段の１つである。言語表現を超えた真実性を問題とすべきであって、表現形態に捉われて諍ってはならない。鎌倉時代の栂尾の明慧上人（1173～1232）は「阿留辺幾夜宇和（あるべきやうは）」という言葉でひとのあるべき理想的な姿を重んじた。その時代には武士は武士としてのあるべき姿があった。いまそれを男子は男子としての女子は女子としての「あるべきよう」と置き換えてみてはどうだろうか。それを他者から期待された姿と捉えることもよいであろう。他者を思念することは人間の務めでもあるからである。もし、自分自身のあるべきようとした場合にはどうなるだろうか。自己の信念を貫いてあるべきようがあるとすれば、自分自身の生きかたそのものが問われなければならない。自己の深い考察（自己の探究）は諸科学がみな共通して尋ねたものであるからである。[18] らしさは世俗的（？）な男女のらしさではなく、ジェンダーを超越した自分らしさの探究であってよいと思っている。賦与された性別という相違を本人がいとおしむ場合もあるし、憎悪することもあるかもしれない。男女のらしさも一面からは決められない。

男性と女性との特徴的な相違も脳のある部位器官の発達に左右されていることがあるという。女性の多言に対して男性がことばが少ないということもその１つだと、あるテレビで解説されていた。恐らく筆者も含め、大方では頷くことがあるだろう。多言が寡黙を凌駕する場合があっても、駆逐することはない。

仏教教団での女性の出家者の進出は男性に比して遅れている。最初期の仏教資料には尼僧（比丘尼）の存在に触れていないことと、女性の出家がアーナンダ（阿難）の取りなしで実現したというエピソードがあることもその理由とされている。恐らく家の無い状態で遍歴修行する出家(プラヴラージタ)としての生活が女性には難しいと思われていたのであろう。厳しく男女間の性的行為（不浄法）を禁じている『律蔵』に、蓮華色比丘尼が青年に犯されたエピソードを伝えている。その際に、彼女が快楽を感じなかったことで戒律を破らなかった（不犯）とされた。快感も不快感も、その何れでもないものも感受するものはみな苦であるということを仏教では「一切皆苦」という法印（真理の旗印）で現す。原始仏典には、ひとは「見解によって清らかとなる」(*Sn.* 802) という。今日のジェンダーの問題も見解に基づく。但しその見解は自他ともに傷つけることなく、人間の品性の向上に繋がるものであるならば清らかなものである。秋艸道人・会津八一は「学芸をもって己が性を養うべし」〔学規〕と言った。学問や芸術は自己の品性の向上に結びつくものである。彼の言う「性」は個人の個性（特性）ばかりではなく品性や霊性も意味すると筆者は捉えている。

乳をふくませる姿には、母性の美しさと貴さとが際立っている。仏典には、乳をすう子牛が母牛を慕う姿を、男性の女性に対する欲望として捉える場合がある (*Dham.* 284)。[19] 子が母の胸にたよる姿もある時には批判的に捉えられている。しかし、母は家庭に於ける友 (*samyutta-Nikāya.* 中村博士訳 p. 82)

であり、母は庵(p. 27)であるともいう。[20] 母や父から受けた恩恵に対して子供たちがかれらを敬い、老いてはかれらを養うことが死後に理想世界へ赴くことのできる徳となると見なされていた。「世に母を敬うこと(matteyyatā)は楽しい、父を敬うこと(petteyyatā)は楽しい。」(*Dham*. 332)という。同時に、母や父を敬わないのは、子供たちに慢心や高ぶりの心があるからであるという(*Samyutta*.p. 165)。

筆者の若い甥夫婦が、叔母のいる施設を訪問してくれた。生まれたばかりの子供を抱いて、かれらは筆者の叔母に面会した。やがて授乳の時間になった。若い母親は人目も気にせずに、職員に許可を得ると、老人たちのいる所で授乳を始めた。すると、男女を問わず、施設の利用者たちが、うれしそうに眼を輝かせて、その光景を眺めていたという。かれらが帰った後に、温和な施設長がそのことを筆者に話してくれた。特別養護老人ホームが、先にも触れた如く疑似家庭の一つであるとすると、授乳は少なくとも家庭で見られたごく普通の光景である。ところが、そうした光景に触れる機会は、残念ながらこの種の施設ではほとんど起こりえないだろう。最近では、施設に子供たちが訪問し、老人たちと触れ合いを持つようなところも増えつつある。筆者は、甥たちの行動を知って、ゼミの学生たちに感銘深く語った。奉仕は特別なことではない。生活している日常の姿がそのままひとに感動を与えてくれる。

実際の親子関係に於いても言えることであるが、マターナル・アフェクションとパターナル・アフェクション、いずれもそこには相互の信頼関係と尊敬の念が必要であると思う。『法華経』には、100歳の老人が25歳の若者に対して、彼はわたしの父であると言うエピソードが登場する。インド哲学では智に於いて優れたものはたとえ若者であっても彼の父であるという。この記述は、たとえ自分よりも若くとも、かれらに尊敬の念を持つことの必要であることを同時に伝えている。福祉社会に於ける福祉従事者に望まれる母性と父性も同様である。たとえ高齢者であっても、かれらの期待する父母としての役割が必ずあるのではなかろうか。

ま と め

このレポートで、母性と父性の役割の普遍性を、プロジェクト研究に先立って思いつくままに触れてみた。母性に対する尊敬と憧憬は、母系・男子家長のいずれの社会に於いても見られる。その母性を支えまた意義あらしめるものは日蓮聖人の言う「鳥の両翼」(「日女御前御返事」) の一翼としての父性であろう。本稿の最後の注記で、筆者の２年次ゼミ生に問い掛けをした母性と父性のイメージを載せておきたい。(21) ゼミ生の一人・小久保美佳君は、母性は「やさしさの中のきびしさ」、父性は「きびしさの中でのやさしさ」と端的に表現してくれた。男女間のジェンダーの相違は、人間としての個性 (ヴィシェーシャ) である。古代インドには女性には様々な障害があると考えられていた。大乗経典には女人五障が登場する。この場合の障害の原語はスターナ(sthāna 地位)である。当時の社会で女性に許されていなかった様々な地位、それが彼女たちの障害であった。それはまぎれもなく性におけるディスクリミネーション (差別。セクスィシムス sexismus) である。今日の世界には、未だそうした意味での障害が残存している国々のあることは残念なことである。しかし、仏教では原始仏教以来、さとりを得ることに女性であることが何ら障りとならないと言い (*Samyutta*. p. 67)、男性より優れた女性のいることを説いている (p. 188)。一方、生類にはそれぞれ特徴があるが、人類には生まれに基づく特徴は無いという (*Sn*.610)。性別を超えて人間を「ひと」と捉える。社会的地位や生まれを誇った時代にゴータマ仏陀は、ひとは行為によって貴いものとなり、あるいは賤しいものともなることを説いた。行為主体としての人間、そして自己の考察として自己を守ことの大切さを教えた。そのいとおしい自己は他者の自己とも同様であることに気づくことによって、「自他の転換 (パラ・アートマ・パリヴァルター)」が可能となることを仏典は説く。

自らがしてほしいと思うようなことを他者に対して行う、筆者は自他の転換をそう捉えている。母性と父性の愛情も同様である。どこまでが母性でどこまでが父性であるのかということは厳密には限定できない。それぞれがもとめる母性的な愛と父性的な愛がある。それに対して相応しく応えてゆくところに行為主体としてのひとのあるべき姿がある。現代社会に於けるそれぞれの役割をただ分化するのではなく、母性と父性を普遍思想的に考察することによって自ずからなすべき姿が導き出されると思うのである。親子間に於いても夫婦・師弟間に於いても、相互の尊敬と信頼が不可欠である。真の愛情をもってする行為は、たとえきびしい叱責であっても、或いは体罰であっても許されることがあるだろう。ただし、どのような行為も、他者を敬いつつなされているかどうかを自問しなければならない。それによって初めて、その行為がキリスト教でいう純粋なアガペーとしての神の愛に近づくことになるのではと思っている。マザー・テレサ（1910～1997）は困窮者や孤児・障害児を収容する施設で、かれらの母の役割を果たそうとしていると語った。そしてかれらに奉仕をすることはキリストに奉仕をすることであると考えていた。[(22)]

マターナル・アフェクションをもってひとに接することも、パターナル・アフェクションをもってひとに接することも可能であると筆者は述べた。それはジェンダーを超えた純粋の愛が根底にあってのことである。筆者は、しかしながらジェンダーの相違を超えながらなおジェンダーをとおしてのみ出来る役割があると考えている。ジェンダーを有するからこそ他者に対してそのかなしみもいたみもよろこびも知り得るからである。その意味で、福祉の現場でも、教育の現場に於いても、社会のあらゆる場面で、どのようなジェンダーのバランスが相応しいかを問う必要があるであろう。他者がもとめる姿を自らの努力で現し出すジェンダーもある。何れの場合も、そこではパラ・ヒタ（他者への福祉：利他）が実現されながら、アートマ・ヒタ（自らの幸せ：自利）をも同時に実現できる「自利即他利」の相即が望まれる。

注

(1) 中村元博士の『東洋人の思惟方法』は、戦後、我が国の精神文化を海外に紹介すべく、ユネスコの国内委員会で日本文化や価値観を紹介する最も相応しい書として加藤玄智博士の書とともに英訳された。選集（決定版、春秋社刊）では第3巻（1989年）に『日本人の思惟方法（東洋人の思惟方法Ⅲ）』として増補され収められている。

(2) *Bodhicaryāvatāra* (Biblioteca Indica), edited by V. Bhattacharya, The Asiatic Society

Calcutta 1960. verse Ⅷ -102.

(3) *Suttanipāta* (PTS), new edition by Dines Anderson and Helmer Smith, London 1965.『ブッダのことば—スッタニパータ』岩波文庫、1981年(第28刷)。

(4) W.R. コムストック著・柳川啓一監訳『宗教—原始形態と理論』(東京大学出版会、1976年)、pp.192-193.

(5) 『マヌ法典 (*Mānava-dharma-śāstra*) は12章2. 684条からなっている。インドの法典の中で最も重要な資料と見なされるものである。筆者の手元にある次のテキストは9種の注釈を対照してある。*Manu-smṛti*, with nine commentaries, edited by J.H.Dave, Bharatiya Vidy Bhavan, Bonbay, 1972-1984.

テキスト並びに翻訳等に関しては、田辺繁子訳『マヌの法典』(岩波文庫)「はしがき」参照。

(6) 勿論、女性側からのものもある。女性側から母への愛を記したものとしてリーヴ・リンドバーグの *No More Words; A Journal of My Mother*, Anne Morrow Lindbergh, by Reeve Lindbergh (桃井緑美子訳『母の贈りもの』青土社、2003年) がある。著者の母アンネ・リンドバーグは、1927年に単独無着陸大西洋横断をなし遂げたチャールズ・リンドバーク夫人。来日した事もある。痴呆が始まった晩年の母を看護する著者 (娘) の母に対する愛と共に複雑な思いが去来している。

(7) A. フーシェは鬼子母神 (ハーリティー) が、天然痘のような子供の命を操る恐ろしい伝染病が神格化されたものに起源を求めるという。中村元編著『仏教行事散策』(東書選書116、東京書籍、1989年) 高橋堯英 (Ph.D) 分担「鬼子母神縁日」pp.245-250. 参照。

(8) 三友健容編著『現代に生きる仏教』(東書選書139, 1995年) 三友量順分担「ボサツの仏教」pp.206-209. 参照。

(9) 中道の [道] と訳された原語は仏教でいう「八正道」のマールガ (mārga. 現代ヒンディー語では道路の意) ではなくプラティパッド (pretipad) である。それは一歩づつ「前に歩みを進める」意がある。仏教は観念論ではなく実践を説くとされる所以である。

(10) 前掲『現代に生きる仏教』pp.211-215. 参照。

(11) ブッダが忉利天の説法を終えて地上に降下したという伝説はバールフト欄楯 (前2世紀) の柱にレリーフとして彫刻されている。拙著『ブッダの生涯』新潮社とんぼの本 (1990年) 参照。

(12) キサー・ゴータミーのエピソードは *Therīgāthā Aṭṭhakatā* (長老尼偈註) に登場する。仏教伝道協会編『和英対照仏教聖典 *The Teaching of Buddha*』1975年、pp.187-189参照。cf. 中村元訳『尼僧の告白—テーリガーター』岩波文庫、1982年、pp.49-50. note218.

(13) *Aśoka Text and Glossary* by Alfred C. Woolner, Reprint 1982, Delhi. p.21.
cf. Dhauli Sep. Edict I & Jaugad Sep. Edict I. *sarve munise pajā mama.*

⒁ アジャセ王が父王を幽閉して亡き者とし、王位を継ぐ話は漢訳『観無量寿経』大正12巻340a-341bにも登場する。『大乗仏典』6（中央公論社、新訂版、昭和56年）には浄土三部経の邦訳を収める。アジャセは母の行為を怒り彼女を殺そうとしたが、母の殺害は、「刹利（クシャトリヤ武士階級）の種を汚す」と臣下に諭され思い止まったという。『大般涅槃経』大正12巻474a-485aにはアジャセの改心と救済が述べられている。

⒂ 中村元著『ゴータマ・ブッダⅠ』選集第11巻、春秋社、1992年、pp. 763-771. には釈尊の晩年の事件として「シャカ族の虐殺」が採り上げられている。

⒃ 「縁起法頌」については拙著『玄奘』清水書院、人と思想196、1998年、pp. 37-43を参照。

⒄ 中村元著『普遍思想』選集決定版〔別巻2〕、春秋社、1999年。ソフィストやシラマナ（沙門）たちはそれまでの伝統を許否するか或いは否定的な態度をとって普遍的思想を表明した。第1編第1章「異端思想の出現の歴史的背景」参照。

⒅ 玉城康四郎博士は『東西思想の根底にあるもの』（講談社学術文庫1473、2001年）のなかで、自己意識はエックハルトのいうように「脳の生理学的な機制からはみ出たものであろう」とされ、「今の段階では非科学的な考え方になるかも知れないが、自己意識の発生は、はたして脳の働きだけに任せてよいものであろうか」と疑問を呈されている。玉城博士は「脳をふくむ体全体の有機的な機制に着眼する必要があるのでは」と述べられている。

⒆ *The Dhammapada,* new edition（PTS), 1914.『真理のことば（ダンマパダ）』岩波文庫、1978年。筆者の手元にあるテキストは*The Dhammapada*（Biblioteca Indo-Tibetica), Verses and Stories, translated bya Daw Nya Tin.

⒇ *The Samyutta-Nikāya of the Suttapiṭaka*（PTS), 1960年。『神々との対話―サンユッタ・ニカーヤⅠ、Ⅱ』岩波文庫、1986年。

(21) 2003年度三友ゼミ生16名（2年福祉ゼミ）へのアンケート調査「母性・父性に対するイメージ」では興味深い回答を得たので、以下に載せておきたい。口頭回答順、○印は女子学生、●印は男子学生。

	〔母性〕	〔父性〕
1	○ 温厚	○ 落ち着き
2	● 温もり	● 厳しさ
3	○ 一番身近な存在	○ 守ってくれる存在
4	○ 優しさ	○ 強さ
5	○ 芯が強い	○ 家庭的
6	○ ありのままの姿を受け入れてくれる	○ 見守ってくれている
7	○ 子供の目線でいてくれる	○ 家庭を大事にする

8	○	自分の考えをしっかり持っている	○	威厳がある
9	●	表にあらわれる愛情	●	隠れた愛情
10	●	味方	●	ライバル
11	●	落ち着き	●	尊敬
12	●	創造	●	補完
13	●	後押ししてくれる	●	目標
14	○	現実的	○	夢見がち
15	○	子育てに責任感	○	家庭のために責任感
16	○	温かさの中に厳しさ	○	厳しさの中に温かさ

22. 拙論「マザー・テレサ女史よりのメッセージ」*A Messege from Mother Teresa for students of the Faculty of Social Welfare*, Rissho University (『人間の福祉』第2号、1997年、pp. 143-154) に立正大学社会福祉学部に学ぶ学生諸君へマザーからメッセージが届いたことを紹介した。2003年9月にはマザーがローマ教皇から福者に列せられている。

福祉社会と感性
—仏教文化と福祉の視点から—

はじめに

感覚や知覚によって呼び起こされる心的体験の全体を感性（Sinnlichkeit）という。一般に感性は、刺激や変化に対して感覚を生ずる感受性というほどの意味で用いられてきた。感性と感覚を一纏めにする事は出来ないが、言語表現が意味する内容は時代・社会背景によっても変化する。個人もしくは集団を取り巻く差別的な社会環境に無関心であることは、我が国では、明治〜大正期にかけてそうした社会の改革を訴えた人々によって「無感覚」という言葉で表現されたこともあった。感性は単なる感受というパッシヴ（受動）の面に止まらず、あらゆる場面でアクティヴ（能動）となって発現される。感性は全人格的な成長によっても不可欠なものである。感受性豊かな人間として成長する、それは彼もしくは彼女を取り巻く環境によって大きな影響を受ける。この小稿で表題のテーマをたてたのは、哲学的な問題を論ずる事が目的ではない。遺憾ながら昨今の福祉現場では、人間としての感性（感受性）が疑われるような言動があったことが、新聞・テレビ等の社会面で大きくとりあげられていた。[(1)] 但し、こうした報道はこれが初出ではない。本学部の創設の頃、ある障害者施設で職員が利用者を嘲笑したような川柳をつくっていたことが新聞でとりあげられ問題となったこともあった。勿論、こうした報道によってすべての介護の現場を偏見で見てはならない。どの介助職員もひと知れぬ苦労の中で、誠心誠意、愛情をもって仕事に取り組んでいる。一部の心ない者たちの言動によって全体が批判されるべきではない。家族に代わってケアーをお願いせざるを得ない者たちは、介護職員たちに皆こころから感謝の気持ちを懐いていることを忘れてはならない。その一方で、保健制度への移行・サーヴィス業としての社会的位置づけにともなって、様々な現場の問題が生じていることも事実である。制度や行政の枠組みとは別に、職業として選択する側の意識や姿勢にいよいよ倫理観が求められている。

社会福祉学の領域に「感性福祉」が近年新たに加わった。わが立正大学社会福祉学研究科には、この分野の第一人者としての活躍が期待されている、梅澤啓一教授が先年赴任された。氏が研究代表者となる今後のプロジェクト研究には、是非一員として参加させてもらいたいと考えている。我々が一般に言う感性は芸術や教育面に用いられることが多い。特定の分野に止まらず、社会問題に対する問題意識も広く感性の領域に含む事ができるかもしれない。同時に宗教・哲学・或いは心理学や自然科学での領域にも、科学的に解明されつつある自己啓発と大脳生理学に於ける脳の前頭前野との関連にも感性の問題は組み込まれる。まさに感性は学際的（interdisciplinary）に考察されるべきものであろう。立正「感性福祉」とも称すべき特色ある広義の解釈や定義は今後のプロジェクト研究等によって、梅澤教授によって論じられることと思う。今、梅澤教授からの指南に先立って、仏教でこれまで論じられてきた「感受（vedanā）」という視点から、社会福祉と感性に関する所見を、筆者のこれまでの体験を踏まえて以下に述べてみたい。新しい「感性福祉」学に、周辺領域からの一考察がなにがしかの参考になればと願っている。

Ⅰ　感受（vedanā）と仏教の真理の旗印（法印）

仏教のアビダルマでは、感覚を生ずる各種の器官（六根、六入）とそれぞれの対象（六境）、そしてその認識（六識）を分類配置する。どの一つが欠けても社会生活をおくるうえで困難を生ずる。それらの器官（根 indriya）と能力が正常に具備したものが健全であるという捉え方が古来よりあった。我が国の山岳信仰などで人々が口にする「六根清浄」の成句はもともと仏教文化に基づくので、特に法華信仰の流布によって培われたものである。[2] 大乗経典には、常人としての能力を超えた超自然的な感官の力（bala）が宗教的な功徳（puṇya）によって得られるという事も強調されている。

〔六根 indriya〕		〔六境 viṣaya〕		〔六識 vijñāna〕
1眼根	→	色（rūpa・かたちあるもの）	←	眼識
2耳根	→	声（śabda）	←	耳識

3 鼻根	→	香（gandha）	←	鼻識
4 舌根	→	味（rasa）	←	舌識
5 身根	→	触（sparśa・ふれられるもの）	←	身識
6 意根	→	法（dharma・概念や直観の対象）	←	意識（こころ）

視覚・聴覚・嗅覚・味覚・感覚、そしてこころによる認識、そのいずれも正常に機能することが望まれていた。今日では感受はシノプスや神経伝達物質と脳の作用ということになるが、古代インドではそれぞれの器官による感覚とこころによる認識とを分けて考えていた。仏教語の「根」は感覚器官（感官）を意味する。器官や能力が欠けることはインドリヤ・ヴィカラター（indriya-vikalatā）といい、漢訳仏典には「諸根不具（不備）」と訳された。諸根が欠けるとどうなるのか。視覚・聴覚の障害を克服して、世界に大きな感動を与えたのがヘレン・ケラー女史（1880 ～ 1968）である。彼女が my role model（私の務めの鑑）と仰いだ、我が国の盲目の大学者・塙保己一翁（1746 ～ 1821）を紹介した『塙保己一とともに』〔はる書房〕が最近、本学部の堺正一先生によって出版されている。是非、内外に推薦したい著作である。本人の努力はもとより周囲の人々の協力が、障害を克服するために如何に大切なものであるかを知らされる。

生盲（ジャーティ・アンダ）の譬喩が仏典にはしばしば登場する。原始（初期）仏典以来述べられている「盲人と象の譬え（アンダ・ガジャ・ニャーヤ）」[(3)]ほか、盲人が医師の外科的・内科的治療によって視力を回復し、その後更に修行によって超自然的な能力を得るという物語も『法華経』「薬草喩品（Oṣadhī-parivarta）」の後半部分に登場する。[(4)]仏教の故郷インドには風土病も多い。失明した学生を周囲の友人たちが手を携えて共に勉学に励んでいた様子は、筆者はすでに1980年代初頭に留学先のデリー大学で見ている。「盲人と象の譬え」は、個人が体験し学習したものは真理のほんの一部分であって全体ではないことを教え、相互理解と寛容な精神の重要性を述べたものである。「薬草喩品」の譬喩は、視力を回復しただけで自分より優れた人間はいないと慢心を懐いた男をいさめ、より優れた能力の開発に気づかせるのがテーマである。視力を失った人々の譬喩は、それほど身近で説得力に富む題材であった。生盲ではないが、アショーカ王の王子クマーラが、淫奔な継母の讒言によって失明させられて国を追われ、放浪の末に父王にめぐり合うという物語を7世紀の玄奘三蔵が伝えている。王はやがて真実を知って嘆き、徳の高い僧の指示に従って、人々の涙を集め、その涙で王子の眼を浄めたところ、不思議にも王子クマーラの美しい眼は元通りになったというものである。[(5)]

仏教のアビダルマでは我々を構成するものは5種の集まり（蘊スカンダ）であるという。色・愛・想・行・識というこの五蘊では、肉体（物質）とこころ（精神）を分類する際に、初めの「色（rūpa）」が肉体（物質）的な要素すべてを指し、あとは受（vedanā 感受）を含めて皆心的作用の細かな分類である。原始仏教以来考察されてきたこころの考察は、やがて心性本浄・仏性、或いは如来蔵・唯識説へと展開し、アーラヤ識（ālaya-vijñāna、蔵識とも訳される。アーラヤはヒマーラヤ山のアーラヤと同じで、ヒマは雪をアーラヤはそれを蔵している意味）を立てるに至った。大乗の論書『大乗起信論』にはアーラヤ識は真妄和合識とされた。[(6)]

〔五蘊 pañca-skandha〕

色（rūpa）	→	いろ・かたち
受（vedanā）	→	感受作用
想（saṃjñā）	→	表象作用
行（saṃskāra）	→	能動的なこころの働き
識（vijñāna）	→	判断・認識する働き

先の六根の分類では最後の「意根」を除いたすべてが肉体の各部分と関連している。そこには感覚作用と肉体の各部分とを結び付けた観察が活かされている。自らの「眼」を求められるがままに施してしまうというジャータカの物語が「シヴィ王本生」〔499話〕である。内容は今日の角膜移植やアイバンクを想起させる。神秘的な救済が強調された大乗仏教に比して、初期仏教に属するジャータカ文献では、インドの宗教に顕著な業（カルマ）と業による応報の思想を踏まえつつも、現実的な対応がなされていることが判る。例えば、求めに応じて眼を施してしまったシヴィ王は、やがて眼を復活するが、それは「超人的な眼（アマーヌサ・チャックク）」であると述べられている。王が回復したとする眼は実際の肉眼ではなかった。肉体の一部でも損じた場合には、それが元通りに還復することは無いことを初期仏教のジャータカ（釈

尊の過去世物語）では知っていたのである。[7]

何らかの原因で失明する事がある。筆者は身近に２例を知っている。１つは単車の事故で頭部を強打して失明し、そのために当時自失してしまっていた青年である。もう１例は小学校の低学年の頃に罹った熱病のために視力を失った女性である。彼女はその後指圧の技能を修得し、社会の荒波に翻弄されながらも一人子供を生み育てあげた。失明した青年の母が、息子の視力の回復を信じて様々な信仰に救いを求めていた姿が記憶に残っている。その青年も現在はどうにか自立の道を見つけ出したと聞いている。幼い時に視力を失った女性には、筆者は幾度か指圧をお願いしたことがある。子供の頃に見た、季節の変化とともに移り変わる自然の光景を、彼女はありありと細部にわたって記憶していた。視力を失ったことにより、彼女は、むしろそれまでの体験を誰よりもはっきりと記憶にとどめていた。視力を持たない彼女の感性が非常に研ぎ澄まされていることを、僅かな会話からもうかがえることが出来た。それまで白杖を持って歩いていた彼女は、最近は盲導犬を連れた姿へと変わっている。独りで盲導犬と暮らす彼女は、これまでは近くに暮らす息子家族らと旅行を楽しむこともあったが、盲導犬を置いては家を空けることが出来ないことも漏らしていた。ペットや動物たちと暮らす誰もが体験することである。

聴覚障害のある方々が、手話をもちいて巧みに会話をしている姿を見かける。かれらが働くことが出来る環境として、接客は一般には困難に思えるかも知れない。しかし、ネパールの首都カトゥマンドゥには、かれらを積極的に雇用している明るく規模の大きな喫茶店がある。店内には、かれらのために動作や手話で話しかけてもらいたいという表示がスマイルマークとともに貼られていた。[8] 難聴のために最後まで徴兵されずに済んだと、筆者が指導を受けた研究科のある教授が語っていたことがある。難聴はともかく、まったく音を聴くことが出来ない沈黙の世界は健常者には計り知れないことであろう。

嗅覚に障害があると何が最も不自由なのだろうか。筆者は、初めてそのことを教えられた。一人の老人からである。過日、東京での隣家の老主人とたまたま近くの駅迄の道のりで出会った。身体の不自由な夫人の身の回りの世話を独りで行っている彼は、現在90歳になったと語ってくれた。まったく健康そうに見える彼が、たった1つ不自由なことがあると言う。それは嗅覚障害であった。戦後復員した彼は、故郷を離れて東京に移り住んだ。南方戦線で数年間を過ごした彼は、その時マラリヤに罹った。その際に受けた手当ての後遺症で嗅覚を失ってしまったと話してくれた。それ以来「腐敗臭にまったく気づかない」ことが最も不便なことであると言う。冷蔵庫を利用していても、いたみに気づかずにしばしば食中毒を起こしてしまうことがあるらしい。床に伏している夫人がいつも心配しているのは、その事だと語った。戦後すでに61年を超える歳月が経過した。戦争の傷跡がまだ、こうした市井の片隅にあることを知らされるのである。

味覚には甘・塩・苦・酸・辛・渋の6種（六味）が仏教では伝統的に分けられている。和語にはそれ以上に味覚を表現することばがあることは、感性の比較の上からも興味深い。食べ物は命の糧である。古代インド哲学でも食は重視された。純粋思考（チッタ）は食物から順次導かれるという。[9] 我が国では食べ物にも敬語を付けることがある。鎌倉時代の道元禅師は「お粥」「お斎」というように敬語を付した。最近のある新聞のコラムに「お」付けことばがとりあげられていた。コラムニストの論点に欠けていたのは先人たちの伝えてきた食べ物を敬うという精神である。すべてに「お（御）」を付けてよいかどうかではなく、敬い感謝するというこころが伝えられていたことは忘れてはならないだろう。和語の「たべる」は賜るからきているという。自然の素材のもつ色や味わいを楽しんできた日本人が、最近は海外に行って昔の懐かしい味わいのある野菜に出会うことがある。農薬や化学肥料を与えない自然農法への回帰が地方でも注目されている。しかし作物を育成させる苦労は並大抵のものではない。著者はインド滞在の折りに、町角の露店からときおり野菜を買って簡単な調理をした。1980年代初頭である。すでに新聞紙面にはその頃、フィティライザー（農薬）を利用して生産をあげようというスローガンが片隅に掲げられていた。だが当時は、買い求めたオクラやナスを切ると、どの小片にも蝶の幼虫がちゃんと鎮座していた。農薬を使用していない証であることをインド人の友人が誇らしげに語っていたが、幼虫をかれらの快適な住まいから追い出すことに気が引けてそのまま野原に返してやったことも幾度かあった。

触角は、先のヘレン・ケラー女史がことばを習得した際の体験を思い起こさせる。他の感覚に頼ることの出来ない時には触角は大切な認識手段となる。視力や聴力ばかりではない。手足の痺れや麻痺はやがて老年となると多くの者が経験する。残念ながらいずれの感覚も鋭敏な時には、その有り難さに気づくことが少ない。五感の直接感覚によってばかりではなく、感官に何らかの障害を持っていても体験できる感覚がある。愛らしい嬰児を抱くと誰もが頬ずりをしたくなる。身体の一部であっても直に触れていることは子供のみならず大人でも安らぎを感ずる。チベットでは舌を出して、両手の掌を相手に示すことが正式の挨拶であった。ひとを危めるような人間は舌が黒いと信じられていた。これは握手のように直接相手に触れる挨拶ではないが、感受という面から考えれば、我が国の低頭同様に視覚にうったえるものである。本学部との語学研修での提携校 SIT（Southern Institure of Technology）のあるニュージーランドの原住民たちには、鼻と鼻をすりあわせる独特の挨拶法がある。

知覚は感官の刺激によって生ずる意識を言うが、仏教ではマナス（意）を独立したものとしてたてる。その意の対象である法（ダルマ）には普遍的真理、義務、宗教ほか広範囲な意味を有する。その他に仏教独自の用法としてあらゆる事物（もの）をいう場合もある。意識はマノーヴィジュニャーナ（manovijñāna）という。第６意識のことである。俗に直観を第六感というのは五感を超えた感覚のことを指すが、それは第６識以上の意識全体を意味している。唯識説では第７・第８に無意識な識（末那識、アーラヤ識）を立てる。知によるモークシャ（解脱）は古代インド哲学以来のもので、仏教では智慧（般若 paññā、prajñā）として重視された。因みに、サンスクリット語では、知るという語根√ jña から派生する understanding を意味する vijñāna（ヴィジュニャーナ）と、knowledge を意味する jñāna（ジュニャーナ）、そして wisdom を意味する prajñā（プラジュニャー、現代ヒンディー語ではプラギャーと発音）を区別する。単なる理解や知識、或いは方法・技術の習得ではなく、これからの社会福祉に必要なものはそれを正しく社会にいかす wisdom（智慧）である。

仏教が真理の旗印（法印）としてあげるものが、諸行無常・諸法無我・涅槃寂静に「一切皆苦」を加えた四法印である。我々が感受するものはすべて苦（ドゥカ）であるというのが一切皆苦の意味である。当然、感受（ヴェーダナー）には、快感（楽受）も不快感（苦受）もその何れでもないもの（不苦不楽受）も含まれる。しかしそのすべては苦であるというのが「一切皆苦」という真理の旗印として掲げられている。五感によって得られる感覚に喜びを見出してはいけないことは大乗経典にも説かれている。[10] 苦は楽（スカ）に対する。仏教文化での楽はこよなきやすらぎをいい、初期仏典にはそれはさとりと同義であった。原始（初期）仏典を見ると、しばしば人生の苦が強調され大乗経典に於いても我々の住む世界は「火宅」に譬えられた。それらを見る限りに於いては厭世観が強く前面に出ているように感ずる。但しそれは出家修行僧たちに、世俗的な欲望や執着を離れて仏道に専念させるためのものであることが判る。もともとインドの叙事詩には悲劇が無いことが指摘されている。ヴェーダ聖典の宗教以来、人々はむしろ楽観的であり人生を楽しむ傾向が強かった。それは仏教にも影響を与えている。釈尊ゴータマ・ブッダが他の何れの宗教の創始者よりもユーモアを解したことは、インドの知識人自身が指摘するところである。[11]

否定的・消極的表現の中に肯定的・積極的なとりくみの必要性を見出すことは可能である。もともとインドの宗教の１つでもある仏教にも宗教的・超俗的な生きかたを賛美するあまり、否定的・消極的な表現が多く見られる。ところがインド的なそうした表現が、漢訳経典になるとしばしば肯定的・積極的な表現に改められていることが判る。受動が能動へと変化している事も、インド的なものが中国的に受容された一例である。それは漢字文化圏に広く見られるものである。我が国の第55代総理大臣であり、かつ本学の第16代学長でもあった石橋湛山先生のしたためた墨跡に「常不軽」の扁額がある（写真Ａ）。石橋先生はこのことばを好んだ。それは『法華経』「常不軽菩薩品」

写真Ａ

に登場する固有名詞としてのボサツ名であると同時にその精神を表わすものである。この常不軽菩薩の原名はSadā-paribhūtaという。ひとから軽蔑されても、人々を敬いかれらに仏性のあることを決して疑わなかったかのボサツこそが、釈尊の過去世の姿であるという内容がこの章（品）に述べられている。大乗のジャータカとも言うべき物語の１つである。このボサツ名は古典サンスクリット文法通りの解釈では「常に軽蔑された（過去受動分詞）」となる。最古の漢訳法華経（竺法護 Dharmarakṣa 訳『正法華経』３世紀末）では「常被軽慢（常に軽慢された）」と語義通りに訳出されている。ところが羅什訳『妙法蓮華経』（５世紀初頭）には「常不軽（常に軽んじない）」と訳された。明らかに受動から能動へと変化しているのである。いつも他者に対して敬意を懐き決してひとを軽んずることのないボサツは、現代にも理想の人格と言うことが出来るであろう。この「常不軽」ということばは、本学の社会福祉学部のアイデンティティーを表現するキーワードともなるものである。他のどの福祉教育・養成機関にもない人間尊重のこのことばは、学部創設10周年を過ぎた今、特色ある立正福祉をあらためて考える上で、その精神を表わす最も象徴的なものであるからである。

Ⅱ　福祉行為主体としての自己

アタラクシア（ataraxia 泰然自若）やアパティア（apatheia 無感動）が理想の状態であるという理解は、古代ギリシャのみならず、古代インドの宗教・哲学にも共通していた。理想の宗教者を表現するものにインドには牟尼 muni ということばがある。釈尊ゴータマ・ブッダを尊称して釈迦牟尼世尊という時の牟尼がそれである。牟尼は「沈黙の誓願をたてた聖者」を意味する。仏教の教団（僧伽サンガ）内でも、ひたすら瞑想・修行に精励する出家僧たちは、最初期には一般の人々に対して特に法を説くということをしなかったようである。『律蔵』には定期的集会（布薩ウポーサタ）が催されることになった経緯と、その頃の様子が伝えられている。[12] 当時、仏教以外の諸宗教では定期的に集会を開いていた。マガダ国王ビンビサーラは、釈尊に、仏教側もそうした集会を開いてはどうかと提言した。そこで、僧伽でも同様に布薩を行うことになった。ところが、集まった人々に対して仏教僧たちは何一つ法を説くことはなかった。かれらはそれを王に伝えた。ビンビサーラの提言を再び受けて、釈尊は人々に法を説くことを許し、それによって僧伽の僧たちが法を説くようになったと言うのである。

それでは出家僧たちは無感動であったかというと決してそうではない。真理を愛する（dharma-prema）ためにある時にはかれらは涙することもあった。仏教の根本精神とされる「慈悲」は、無感動・無活動であっては実現されないからである。概して、初期仏典は理知的でかつ冷静な態度が顕著である。その理由は、伝えられてきたものは殆んどが出家者もしくは出家を志す者たちに対する教説であったからである。その中でも唯一の例外が、釈尊の侍者であったアーナンダ（阿難）に関する伝説である。彼は、女性の出家を釈尊にとりなしをし、ブッダの涅槃の際には仏弟子の中で一人悲しみにくれている様子が仏典に伝えられている。心情をすなおに表わし、女性をあたたかく励ました仏弟子、それがアーナンダであった。更に、彼が説いたとされる初期仏典に於ける教説は、他の誰のものに比しても判りやすいことが指摘されている。後の大乗仏教が従前の部派仏教（大乗から「小乗（hīna-yana）」と貶称された）に対してそなえた特色、すなわち教説が判りやすく、心情に強く訴えるというその特徴が既にアーナンダにそなわっていたことは注目すべきであろう。但し、伝統的な部派仏教では、そのために彼は幾つもの咎があり、なかなかさとりを得られなかったという伝説まで生まれることになった。

仏教の法印の１つには「無我」説がある。先に、否定的・消極的なものから肯定的・積極的なものへということを述べた。現在、社会福祉学研究科に籍を置く筆者がテーマとしているのは、福祉社会の実現という視点から仏教思想の現代的・合理的理解と解釈を試みることである。仏教の無我説に関しても、これまでの解釈に対してより現代的な試みが必要となる。それは「我（アートマン）」を積極的に肯定してみようという捉え方である。仏教に於いて否定されたのは煩悩（クレーシャ）の基体としての自己（自我）であって、道徳的・倫理的行為主体としての理想的な自己（アートマン）を否定するものではない。依頼を受けて集中講義をしているさる教育機関で、受講生たちに仏教の無我について質問したことがある。すると、「自分一人で存在できるものではない、それが無我である。」という応えがかえってきた。すべてはよりて起こるという仏教の「縁起」説から無我を捉えたものであるが、型通りの応答を予期していた筆者には、大変、新鮮に感じられた。「空(シューニャ)」を縁起(pratītya-samutpāda よりて起こる)とみるのは龍樹(Nāgārjuna)以来の伝統的な捉え方である。無我を縁起と捉えることも当然可能である。

筆者は、この無我説を現代的に把握するために次のような自己把握と自己実現の展開を考えている。誰でも自分自身が最もいとおしい。初期仏典にも「自己より可愛いものは存在しない」〔サンユッタ・ニカーヤⅠ、3．2〕と言う。先ず、そこから出発する必要があるだろう。自らの痛さを知ることである。その痛さのなかで自己以外のすべての価値は否定される時がある。理想的な自己実現はそこから見出せると思う。自らの痛さを知らない者は他者の痛みに気づくことはない。自分自身を本当に大事にする者は、他者を傷つけることはできない。他者にもいとおしい彼自身の自己が存在しているからである。自分自身を本当に愛する、それは仏教の無我説と別ではない。なぜなら、自分にとってしてもらいたいことこそが、他者が望むことであり、同様に、自分にそうしてもらいたくないものは、他者にもそうすることは避けなければならないからである。[13] ７世紀の大乗の学僧シャーンティ・デーヴァの言う「自他の転換(para-ātma-parivarta)」がこうして可能になる。[14] 行為主体としての自己が、自分自身をいとおしむことがなければ、転換は必要でないのである。数値化されたものを評価対象とする時に、そこに潜む不確実性・危険性が社会のあらゆる場面に現れてきた。作為的操作がしばしば大きな社会問題となっているのもその一例である。それは得点を重視してきた教育の現場にも言えることである。本来の教育であるべき理想の人間性の実現が、受験戦争という商業強食主義に翻弄され、勝者・敗者ということばに象徴されるような格差のある社会が当然であるかのような発言が持て囃されて今日に至っている。努力する者を蔑むような風潮は勿論いけない。しかし努力なら何でもよいわけではない。そこに仏教文化に説くサムヤック(三藐 samyak- 正しい)が必ず付されなければならない。努力は常に「正しい努力(samyak-vīrya 正精進)」でなければならないのである。仏教で説く「八正道」〔正見・正思・正語・正業(正しい行為)・正命(正しい生活)・正精進・正念(正しい想念)・正定(正しい瞑想)〕にはすべてサムヤックが付せられる理由がそこにある。ただ努力することだけを奨励しても、それが人類社会の福祉に結びつくものであるのかどうか、教育者はその点を教え伝えるべきであると思うのである。真の愛国心が何かが問われることなく、～戦争・～戦略ということばに与されるような教育の中でどのような愛国心が育てられるのだろうか。或いは自分を無にして愛国心を培うと言うのであれば、これまでの歴史がその危険性を充分に証明してくれているはずである。自分自身を大切にすることなく〔それは他者を思いやるという意味も含めて〕愛国心が培われることは無い。「君子愛財　取之有道（君子は財を愛する、〔しかし〕それを取るに道あり）」（この典拠に関しては『東方』第5号、1989年に中村元博士の論文が載る）、こうした経済倫理は東洋人すべてが求めてきた。理想現実のためには手段を選ばないということであってはならないはずである。手段がそれでよいのかどうかを問わねばならないのである。今日の、手段を選ばすに富を求め、勝ち組（？）を宣言するかれらの殆んどが他者の痛みを知ることがない。かれらが真に自分自身を愛していたとは思えない。かれらの主張する自己こそが、仏教の無我説で否定された欲望の基体となる自分本位の自己に他ならないのである。

自然界の生物は種の保存のために、ある時は擬化し、ある時には自らの存在を誇示する。小動物も感覚を総動員して危険を察知していた。人間も、すべての感覚をもって自然を感受すべきことを宮澤賢治が『農民芸術概論』「農民芸術の製作」のなかで述べている。宗教的反省を踏まえれば、たとえ快感と雖も感受するものはすべて永遠ではなく刹那滅であり、それ故に永遠を求めるものにとっては苦しみであるという仏教の法印は説得力を持っている。しかし永遠ではないからこそ限りある命をいとおしむことも出来るのである。そして命をいとおしむならば働きある全ての感覚を総動員することが必要であろう。古代インド哲学で論じられていた、死の神ヤマからナチケータス青年が教えられたように、(15) 生も死も生成発展の異なった局面（生死一如）であるならば、苦楽も一如と受け取ることが現代的な解釈となるのである。

介護の現場で黙々と世話をするかれらに、筆者は称賛と感謝の念しか生じない。職業だからという理由だけではない。なぜそこまでして介助をしなければならないのかという思いは、周囲からも或いは当事者からもよぎると思う。しかし放置出来ないという思いは、介護に携わる誰にもある。福祉は慈善や善意、或いは単なる幸福ではないと言われて久しい。福祉を社会事業の一貫として捉え、組織的・継続的に社会に実現されなければならないと言う。たとえ社会科学的にはそうであっても、善意・よきこころを放棄してはならないだろう。それが人類社会に於ける普遍的な義（ひととしてなすべき事・ダルマ）と見なすことが出来るからである。中村元博士は大著『普遍思想』〔選集別巻２〕（1999）に、「全人類に普遍的真理は、善意、良きこころ、にほかならなかった」（p.552）と述べられた。どの職業に於いても普遍的な倫理と呼べるものである。同時に筆者は、福祉の現場にはユーモアが必要であると考えている。深刻すぎてもいけない。感受性の豊かな者はユーモアにも敏感である。自他ともにこころ楽しくなる。ユーモアはそういうものでなければならない。但し、初めにあげた福祉現場での一部の言動は、もし当事者がユーモアであると言うのならば、それはブラック・ユーモアでしかない。自分も相手もともにそのこころない言動によって傷つけることになるからである。

一人の女性がいる。商売とはまったく無縁な環境で育った彼女は望まれて結婚した。嫁ぎ先の義父母たちも程なく他界し、続いて夫も早く亡くした彼女は、女手一つで家業を支えどうにか二人の子供たちを育て上げた。バブル期を過ぎての３代に渡る家業は傍目からもその苦労がしのばれる。加えて、夫の両親の死後は彼の姉妹たちが生前の親族立ち会いの上で取り決めた約束を無視して法的財産分与を主張し、その結果、家業を維持するために莫大な借財のみが残された。その利息の返済だけでも経営が難しいことは歴然である。ある時、筆者は尋ねたことがある。何故、そうまでして仕事を続けるのかと。すると彼女は、筆者が期待していたとおり、それでも「楽しいから仕事をしている」と応えた。どんなに辛くても「楽しい」と言える感性を讃えずにはいられない。

知的障害をもつ利用者たちの施設を、筆者はある年の新入生たちと訪問した。すると、その施設長が本校からのボランティア学生たちの事を嬉しそうに話してくれた。彼女たちは、１日体験ボランティアで以前にその施設を訪問した。その時の印象がとても楽しくて、再びすすんで応募をしてくれたと言う。社会福祉学部の一教員としてとても誇らしい思いであった。普通なら顔をそむけたくなるようなこともあるだろう。失礼だが、逃げ出したくなることもあるかも知れない。しかし、それでも「楽しい」と言えるかれらにこの上ない豊かな感性を感じるのである。楽しいことなら続けられる。まさに苦楽一如と言うべきものである。

文学・芸術、或いは音楽、ひとはさまざまな領域で感性を啓発される。同時に自然科学や社会科学も感性と無縁ではない。普遍的な真理を人々が探し求めてきた歴史には、あらゆる科学が含まれていたからである。あらゆるものに意義を認めるのは、仏教では「一乗（エーカ・ヤーナ）」の語で表現される。寛容と融和の精神を代表することばでもある。(16) すべてが究極の理想に通じるものと見るからである。知的障害のある児童や利用者たちの創作が、原初のかたちとも呼べる芸術性豊かな作品となって表現されていることに驚嘆することがある。我々が忘れかけている原初の美しさを、かれらは無造作に造り上げている。ひとはすべての感性をもって対象に向かう際に、明らかな意図〔それは作為的と言う意味で〕は必要ではないのかも知れない。六根が対象に向かう時に、如何なる刺激も彼の感官を破壊することのないことが『法華経』「法師功徳品」に述べられている。それは宗教的なメリット（功徳puṇya）によってのことであると言うが、感受する側の受け取り次第によって、すべての感官が美しくよきもののみを感受することがあると合理的に理解してもよいであろう。楽しさを感じることが出来さえすればたとえ不浄や苦しみの充満したところでも理想世界（浄土）に他ならない。そうさとることが仏教文化の捉え方であった。理想的な福祉社会の実現のためには、常に福祉従事者は自身の感性を問い直す必要があるであろう。そして、仕事が楽しいのか、ほこり（宗教的に言えば使命観）を持っているのかも。

まとめに

一般に「感性」という時にそれは感受性と同義に用いられてきた。感受性は他者を思いやるこころの基としても重要である。感受性豊かな人間に育む、それは単に感覚器官（感官）による受動的な能力を開発するという意味ではない。感受が更にパラ・ヒタ（他者の幸せ）のために能動的に展開するという意味を含めての現代的な「感性」の捉え方も必要である。仏教のアビダルマでは感覚器官（能力）として、六根（眼・耳・鼻・舌・身・意）の中に「意（マナス）」を加えた。我々は様々な感覚器官を総動員して対象をこころに留めている。中世の我が国の仏教者は、耳で聴くのではなく目によっても聞かねばならないと説いた〔道元『正法眼蔵』別輯〕。[17] 単なる聴覚ではなく、全身で傾聴しなければこころに深く刻み込むことが出来ない。道元禅師（1200～1253）はさとりは心でなく身体で得べきであるとも言う〔『随聞記』第２.26〕。日蓮聖人（1222～1282）は体現的読書（色読）を主張した。知識（knowlede）や技能（skill）を習得することも大切である。しかし、社会に正しく知識や技能を実現するために必要なものが智慧（wisdom）である。仏教文化に伝えられてきた智慧は他者を思いやるこころに他ならない。まさに「善意・よきこころ」である。日蓮聖人は「仏の御心はよき心なり」〔『随時意御書』〕という。釈尊ゴータマ・仏陀は「善を求めて（クサラ・アヌエーシ）」〔アングッタラ・ニカーヤ〕出家をされたのである。昨今、福祉現場に於ける一部の職員のこころない言動が社会問題となった。職業倫理とともに改めてひとととしての感性が問われている。それは他者の痛みを知るという意味に於いて改めて考える必要がある。仏教の秘奥は「自他の転換（パラ・アートマ・パリヴァルタ、他者と自己との置き換え）」であると７世紀の大乗の学僧シャーンテイ・テーヴァは述べている。他者の痛みはわが痛みである。他者はわが父母であり、わが兄弟姉妹であり、わが妻子である。そう受け取ることが大切である。「一切の有情はみなもて世々生々の父母兄弟なり」〔『歎異抄』〕と親鸞聖人（1173～1262）は述べた。[18] そして何よりも、「常に（ひとを）軽んじない＝常不軽」という人間礼拝の精神こそが、福祉には不可欠である。ひとが物として扱われてきたイデオロギーの線上に福祉が置かれるべきではない。福祉教育のみならず、愛国心を育てる教育に重要なものは、決してひとを物として扱わないというこの一点に尽きると言ってよい。「我深敬汝等　不敢軽慢（われ深く汝等を敬う、敢えて軽慢せず）」、そう発したのは釈尊が過去世にボサツであった時のサダー・パリブータ（常不軽菩薩）である。「常不軽（じょうふぎょう）」のことばは、わが立正大学の建学の精神の礎となる『法華経』の教えである。そして立正大学第16代学長・石橋湛山先生が好んで墨跡にしたためられた言葉でもある。

自己を愛することは他者の自己をもいつくしむことである。エゴイズム（利己主義）やエゴセントリズム（自己中心主義）によっては、自己を真にいとおしむことは出来ない。それに対してインディヴィジュアリズム（個人主義）は、他者にかなしみや痛みに、そして他者の喜びにも敏感であることによって実現される。他者のかなしみや痛みを六根のすべてをもって感受する、それをインドのことばではアヌカンパー（anukampā）と言う。原意は他者のかなしみや痛みにふれて（anu-）自分の身体が震える（√ kamp）ことを意味する。仏教語でいう「慈悲」を現代的に理解できることばである。同情や共感を意味するこの言葉は感性教育（福祉）を考察する上でのキーワードの１つとなるであろう。

注

⑴　『読売新聞』平成18年８月上旬の社会面などに、ある特別養護老人ホームの施設で利用者に対する職員による性的暴言のあったことが報道された。民放テレビ局でこの問題をとりあげたところ、退職をしたある施設の元職員が匿名で、そうしたことが彼女の周囲にもあったことを語っていた。同時に、家族からはただ預かってもらうだけで感謝をしているという内容のファックスが幾通も届いていたことを紹介していた。実際に家族の介助に携わった者たちの殆んどは感謝の気持ちを懐いている。だからと言って一部の介護職のこころない言動が許されてよいと言うわけではない。多くの介護の現場で職業に誇りをもって働く方々にとっては、全く心外な出来事である。しかし、この問題は現場の多くの職員のみならず、これから福祉の現場で働こうとする若い人々に注意を喚起させたという意味でのポジティヴ・シンキングに受け取るべきであろう。初期仏典には「人は生まれた時には、実に口の中に斧が生じている」〔サンユッタ・ニカーヤ１, 20.　７・中村元博士訳『ブッダ神々との対話』（1986）p.24〕と言う。言葉による行為（口業）を常に慎まなければならない。

⑵　六根清浄のうち、身根の清浄は仏典では「完全に清浄な身体（pariśuddha-ātma=bhāva）を意味する〔*Saddharma-puṇḍarīka*,chap. XIIIV〕。眼根では paśyati（見る）、耳根では sṛṇoti（聞く）、鼻根では ghrāyate（嗅ぐ）、舌根では味（rasa）を āsvādayati（味わう）ことと、深遠な声（gambhīra-ghoṣa）で語る（prabhāṣate）。そして身根では完全に清らかな身体（ātmabhāva）となって、それは瑠璃（vaiḍūrya）から出来ているように清らかであるという。最後の意根は種々に識別する（vividhān prajānati）ことが出来るという。こころの認識作用全体を指している。*Saddharmapuṇḍarīka*, ed by H. Kern and Bunyu Nanjio,Osnabruck 1970（Bibliotheca Buddhica.X), pp. 354-370.

(3)　衆盲摸象喩（andha-gaja-nyāya）は原始仏典（*Udāna*,VI, 4. *Paṭhamānanātitthīya-sutta*）や大乗経典（『大乗涅槃経』「師子吼菩薩品」）のみならずジャイナ経典にも登場する。

(4)　「薬草喩品」の後半部分は、羅什訳『妙法蓮華経』には訳出されていない。初訳の『正法華経』も羅什訳に続く『添品妙法蓮華経』、現存のサンスクリットMSS、或いはチベット語訳法華経にもこの部分は存在している。空思想の顕著なこの部分を殊更羅什は翻訳しなかったのでは、という見解もある。拙論「添品妙法蓮華経、薬草喩品後半部分書き下し」（1997）『大倉山文化会議研究年報』第８号。

(5)　拙著『玄奘』（1998）清水書院、pp. 98-100参照。寝ている王の歯形を付けて封じた偽りの命令書のために、王子は両眼を抉られてしまった。阿羅漢ゴーシャの説法を聞いて感涙した人々の涙を集め、王子の眼を洗浄したところ、王子の美しい眼はもとの美しさを取り戻したという。

(6)　『大乗起信論』の詳細な解説は平川彰博士による『仏典講座22・大乗起信論』（1989）大蔵出版がある。自己の心が自性清浄心であることに目覚めることが「起信」の意味である事を平川博士は述べておられる。

(7)　釈尊の過去世物語ジャータカには最も信頼のおける邦訳として、中村元博士監修・補註の『ジャータカ全集』全10巻〔春秋社〕がある。『ジャータカ・マーラー』の第２話にもシヴィ王の物語を収録している。失われた眼の復活に関する記述を比較することも興味深い（cf. P. L. Vaidya ed.; *Jātaka-Mālā* by Ārya Śūra,The Mithila Institute 1959.）。この邦訳には杉浦義郎氏による労作『ジャータカ・マーラー、仏陀の前世物語』〔富山・桂書房、1990年５月〕があることを紹介しておきたい。

インドの奇談とも称されている『屍鬼二十五話』（1979）〔上村勝彦訳、平凡社、東洋文庫323〕の第16話には、ボサツであった王子の物語を挿入する。仏教以外にはインドではボサツの語は用いられなかったが、ボサツをテーマとした仏教のジャータカ物語がインド文学にも大きな影響を与えた一例である。物語では、ガルダ（金翅鳥）に自らの肉体を施した王子の姿は元通り還復している。成立的にもインドに於ける大乗仏教の最後期の時代（11世紀）となるが、そこにも神秘的な救済が色濃く描かれている。

(8)　拙論「ネパールの古都パタン滞在報告」（1999）『人間の福祉』第５号、p. 296写真参照。

(9)　*Chāndogya-Up*., には認識（vijñāna）や瞑想（dhyāna）・純粋思考（citta）・決意（saṃkalpa 意欲）もすべて食物（anna）から順次に展開すると考えられている。中村元博士著『ウパニシャッドの思想』（1990）春秋社、pp. 321-325参照。

(10)　『法華経』「譬喩品第三」には五欲（五感の対象の享受・悦楽。総じて世俗の欲望をいう）の対象に喜びを見出してはいけないと説く。岩波文庫本『法華経』p. 175.

松濤誠廉教授他訳『法華経Ｉ』（1975）〔大乗仏典４、中央公論社〕pp. 74-75参照。

(11)　中村元博士著『普遍思想』（1999）春秋社、p. 202参照。S. Rhādakrishnan（1950）

The Dhammapada, Oxford University Press, p. 71.

⑿ 『南伝大蔵経・律部三』（1938）大品・布薩犍度、pp. 180-182.

⒀ 第22回・庭野平和賞（22d Niwano Peace Prize）の受賞者は万国宗教者会議（Parliament of the World's Religions,Chicago 1993）において地球倫理宣言（Declaration Toward a Global Ethic）を提案し採択されたHans Küng博士である。博士は、授賞式のCommemorative Address（2005, 5, 11. 東京プレスセンターホール）でこの仏典（Samyutta-nikāya）の言葉を引用して地球倫理確立の必要性を受賞の挨拶で述べた。立正大学社会福祉学部研究所『年報』（2006）第8号、pp. 138-139参照。

⒁ *Bodhicaryāvatāra*（Bibliotheca Indica）, V. Battacharya (ed.), The Asiatic Society Calcutta, 1960, VIII-120.

⒂ カータカ・ウパニシャッドに述べられるこの物語は、仏教の生死観とも関連する。成立的には大乗の興起時代にも重なるこのUp.に仏教からの影響も指摘されている。前掲『ウパニシャッドの思想』pp. 535-538参照。

⒃ 『宗教と寛容―異宗教・異文化間の対話に向けて―』（1993）宝積比較宗教・文化研究所、大明堂、I. 1, II ,4参照。

⒄ 「をほよそほとけの声をきくには、みみにしてきき、まなこしてきき、乃至ねぶれるなかれ。さむるあいだ、六根いづれも仏音声をきこへざるなし。」〔『正法眼蔵別輯下巻』「仏向上事」〕。「耳目」は単なる「聞くことと見ること、みきき」という意味だけではなくひとを指導する能力のある者も意味した〔『聖徳太子伝暦』〕中にも見出せる。

⒅ 親鸞『歎異抄』5、親鸞聖人が「父母の孝養のために一辺の念仏も申したことはない」と言う、その理由としてこのことばを述べている。岩波文庫732、p. 42参照。

付記

記憶や意思を主につかさどる脳の前頭前野の鏡（ミラー）細胞の刺激が幾度も重なることによってやがて彼の確かな記憶や意思となっていくという〔平成18年9月15日、am 6：45、NHKラジオ第1放送〕。ミラー細胞に恒常的なよき刺激を与えると、よい性向や強い意思となって記憶が確立されるということになる。ポジィティヴ・シンキングの効用も、福祉におけるユーモアの必要性も科学的に説明できることになる。こころ静まる音楽、良書の読書、芸術鑑賞などの刺激を多く受けることが理想的な自己実現に密接に結びつくとすれば、現今の学級崩壊や家庭崩壊の要因の1つが自ずから明白となろう。

仏教文化と感性
―「かなしみ」と「よろこび」への共感―

Sensibility and Empathy in Meeting Social Welfare Needs, from the Aspect of Buddhist Culture and Welfare Practices

はじめに

本稿の筆者は、先に「福祉社会と感性―仏教文化の視点から―」〔『人間の福祉』第21号、2007年〕を論じ、真のインディヴィジュアリズム（個人主義）が、他者のかなしみや痛み、そしてよろこびに共感（Einfühlung[1]感情移入・こころを汲み取ること）することによって実現されることを「まとめ」として述べた。共感は、それを促す内的・外的な環境とも関連する。そこで環境を整えることによって、情緒の領域に於いても共感を促進することができるという見方も可能となるだろう。連日のように報道されている様々な凶悪事件、こうした中でいのちの尊さに気付かせるための積極的な能動因となるものは何なのだろうか。戦後の公教育における宗教（的情操）教育の欠如も、人格形勢に問題を生ぜしめたことが指摘されてから久しい。こころの様々な問題も、仏教的にみれば、彼を取り巻く外的な要因（環境）と関係しあっている。静慮することなく加速されてきた情報化社会が、今後、人間の感性にどのような影響を及ぼすものかも未知数である。自然環境のみならず社会環境も有るべき姿、すなわち人類社会の福祉を実現せしめる環境を取り戻すためには、その再生と正しい発展を真剣に考えなければならない。本稿では普遍性を有する感性の問題として、「共感」のメカニズムを仏教文化の側面から以下に考えてみたい。本稿のキーワーズは「自己実現」と「共感〔共によろこび（アヌモーダナー）共にかなしむ（アヌカンパー）〕、そして感性の「成熟（パーカ）」である。

I　仏典に見られる「かなしみ」と「よろこび」

仏教語の「慈悲」に相当する、インド一般に用いられてきたことばにはアヌカンパー（anukampā[f]）の語がある。他者のかなしみや痛みを、見たり触れたりすることによって身体が震える意味がある。他者の痛みを我がものにする、そこには「自他の転換（para-ātma-parivarta）」が必要となる。それは仏教の「空（śūnya）」思想にもよっても説明される。アヌカンパーは現代的に「共にかなしむ」と訳すことができるだろう。

「共によろこぶ」ことも福祉社会には不可欠である。仏教語としてはアヌモーダナー（anumodanā[f], -na[nt]）という語がある。漢訳経典にはしばしば「随喜」と訳された。感動を同じくする、と現代的に理解することもできる。感性や見解、それぞれが人類社会の福祉に寄与できるためには仏教文化に言うサムヤク（samyak, -g）、即ち「正しい」という接頭語が付せられなければならない。仏教文化に言う正しさとは自らも他者も傷つけることがない。利他自利が相即したものである。普遍性のある福祉社会の実現には、仏教文化の果たすべき役割は大きいと思う。仏教思想の特色でもある縁起観〔共生(2)・相互補完〕・中道〔宥和〕、自他不二〔平等〕・個性（ヴィシェーシャ）の尊重は、普遍的福祉観を構築する重要な要素となる。特定の共同体意識やイデオロギーを超え、真の平和と平等の実現に向かう普遍的思惟を仏教は根本的に有した。何れの思想も哲学も、普遍的思惟に基づく見地から、真理に合すると言う意味での合理的・現代的理解がなされなければ人類社会の福祉に寄与することはできないだろう。

仏教には「対機説法」という成句があるように、教説が誰に対してどの様な状況のもとで述べられたものであるかという事を把握する必要がある。同時に、仏教では教説や法門（dharma-paryāya 真理の説示）を教化のための巧みな手段（upāya-kauśalya、方便）と捉え、絶対視してはならない事も忘れてはならない。仏典に於ける感性や情緒の問題を採り上げる際にも、対告衆（教説の対象）が問題となる。出家者としてのビク（bhikṣu, bhikkhu）やビクニ（bhikṣuṇī, bhikkhuṇī）に対する教説と、在家の家庭・社会生活を営むかれらに対するものとは求める方向性もさることながら、当然ながらその内容やテーマが異なる場合がある。

死後の問題にその１例を見る事ができる。感性は人間の「死生観」(3)にも深く関わる。理想の境地に到達した者たちにとっての死後の世界の存在に関しては、釈尊ゴータマ・ブッダは何ら言及をしない。ところが、世俗の者たちに対しては、それまでのインド一般に於ける宗教的な死後の世界観を踏襲し、倫理的・道徳的な行いの如何によって、それぞれに相応しい転生・再生があることを述べている。後代の仏教思想では、第一義諦（真諦）と俗諦を区分して、教説にみられる矛盾を説明する。諦は真理（satya）の意味である。仏教的に見れば、真理はそれのみで意義があるのではなく、それによって自らの歩むべき人生を正しく生きるためのものであるということになるだろう。出家に対する教説にのみ真理があるのではない。在俗の人々に対して説かれた教説にも同様に真理があるのである。

死は最もやるせない出来事である。今、原始仏典を見ると、死を嘆き悲しむことの無意味さが強調されている〔以下、初期仏典からの引用は中村元博士による邦訳『ブッダのことば』『神々との対話―サンユッタ・ニカーヤⅠ―』（岩波文庫本）などから〕。

> 「泣き悲しむことによって心の平安は得られない。もしも泣き悲しんでなんらかの利を得ることがあるならば、賢者もそうするがよかろう。」〔*Sn*. 584〕
>
> 「みずから自己を害いながら、身は痩せて醜くなる。そうしたからとて、死んだ人々はどうにもならない。泣き悲しむのは無益である。」〔*Sn*. 585〕

真理は深遠（ガンビーラ）であり「賢者（パンディタ）」のみがよくそれを知ることが出来るという主張は、『法華経』などの初期大乗経典に踏襲されている〔*SP*. II, pp. 28-32〕。(4) ここに述べられている原始仏典の教説は、愛する我が子を無くしたキサー・ゴータミーが、必死に子の蘇生の術を尋ね回るというかなしい物語を想起される。総じて、初期仏典は、理知的で醒めた眼をもって語られている。輪廻・再生の生存から開放されることが初期仏教でのモークシャ（mokkha, mokṣa 解脱）であった。輪廻の世界は、ある時には恐ろしい波濤にも譬えられた。出家者はひたすらそのために修行に精励した。理想の状態に到達しようとする出家者にとっては生も死も関心事であってはならない。そのことが、死後の問いに対する「無記（avyākṛta）」の応えとなった。無記（無記答）は無用な形而上学的問題に対しての、ブッダ釈尊の採った態度でもある。「この世についてもかの世についても、いかなる世界についても、移りかわる生存への妄執の存在しない人々」〔*Sn.* 496〕こそが宗教家の理想の姿であり、かれらが人々から供物を受けることが許された。生産に直接たずさわることのなかったこの時代の出家者の生活を支えた人々は在家である。そこで、在家者に対する教説では、財を蓄えることも、商売を行うことも禁じてはいない。正しい行いをするかれらの死後の世界は、人間界の苦しみを超えた神々の世界であることも述べている。

「法（に従って得た）財を以て母と父とを養え。正しい商売を行え。つとめ励んでこのように暮らしている在家者は、（死後に）『自ら光を放つ』という名の神々のもとに生まれる。」〔*Sn.* 404〕

在俗の人々に対しては、煩悩の汚れを滅した出家者に食物などをささげる布施功徳が強調された。

「完き人である大仙人、煩悩の汚れをほろぼし尽くし悪い行いを消滅した人に対しては、他の飲食をささげよ。けだしそれは功徳を望む者の（福）田であるからである。」〔*Sn.* 82〕

ここでの「他の飲食」とは、その前偈（*Sn.* 81）に述べられているヴェーダの宗教の詩句を唱えて得た食物以外のものを指している。古代インドのヴェーダの宗教では、祭祀の際にまず神や祖霊などに食物を備えてから、その残ったものを人々が食した〔*Bha, g.*, 3. 13〕。(5) 正しい宗教家は、在家者の功徳（puṇya）を産みだす田畑（kṣetra）と考えられていた。初期仏教の特にブッダ在世の時代には、仏弟子は出家に限らなかった。在家の者たちでもブッダ釈尊のおしえを実行する者はサーヴァカ（sāvaka, śrāvaka）と呼ばれた。それは「声を聞くもの（声聞）」の意である。出家も在家も共にブッダ釈尊の声を聞くという意味では仏弟子として何ら変わりがなかった〔*Sn.* 393〕。在家の人々に対しては出家者よりも緩やかな「八斎戒」が説かれた。

従前のヴェーダの宗教でも仏教でも、また同時代の他の宗教でも不殺生（アヒンサー、無傷害）を説いた。仏教では、なぜ他者を傷つけたり殺したりしてはいけないかを、自分自身に引き比べ、当てはめることにより説明をする。

誰もいのちを奪われたくはない。

> 「かれらもわたくしと同様であり、わたくしもかれらと同様であると思って、わが身に引き比べて、生きものを殺してはならぬ。また他人をして殺させてはならぬ。」〔*Sn*. 705〕。

わが身に引き比べるというこの理解を、7世紀の大乗の学僧シャーンティ・デーヴァは仏教の最高の秘奥と捉え、それを「他者と自己との置き換え（para-ātma-parivarta、自他の転換）」〔*Bodhi*, VIII-120〕と表現した。自らに引き比べることにより、他者の悲しみを我がものとする。ここにアヌカンパーが実現されるのである。すべてが相互依存関係の上に成立していることを仏教では「縁起（縁って起こる）」とし、大乗の論師・龍樹はそれを「空（シューニャ）」と捉えた。現代的に表現すれば縁起は「共生」であり「相互補完」でもある。ここでの相互補完は、それぞれが理法（ダルマ）に生かされいのちを全うするという意味での補完をいう。仏教の無我説は、わがもの、われありという我執を離れるべきことを教えた。但し、自己が最も愛しいものであることを否定しない。自己（アートマン）が最も愛しいものであることは、ウパニシャド哲学に述べられ〔*Bṛhad*, *Upa*., II, 4; IV, 5〕、初期仏典にも継承されている〔*Sn*. I, III, 4. 4〕。そこで自己を愛する者はひととしてたもつべき理法（dhamma, dharma）を尊重しなければならないと言う。

> 「どの方向に心で探しもとめてみても、自分より愛しいのをどこにも見出さなかった。そのように、他の人々にとっても、それぞれの自己が愛しいのである。その故に、自己を愛する人は、他人を害してはならない」〔*AN*. I, III, 8. 8〕

仏教の無我説は、他者の「自己」を否定するものではない。煩悩を起こす基体としての自己、我執を起こす自己を仏教では否定した。しかしそれらは、倫理・道徳的な行為主体としての自己と本来、別ものではないはずである。煩悩を滅すると言うときの、「滅」と一般に漢訳されたもとの原語ニローダ（nirodha）には「抑制する・閉じ込める」意がある。煩悩（kleśa）を完全に断じることは、感性を有する人間には不可能であろう。しかし断ずるのではなく、制御しようとする努力ならば可能である。「われ」という独立の存在としての「自己」を主張するならば、我以外のものも認めなければならない。

客体無しには、主体の存在はあり得ない。ここに、自他不二成立の根拠が生ずる。現代西洋哲学でも、個人（インディヴィジュアル）としての自己を重んずる。それは他者の自己を認めたうえでのわが自己でなければならない。

真実の自己実現のためには、修行僧たちは、ことばにも細心の注意をはらった。ブッダの説いた、安らぎに達するためのおだやかなことばは真実と見なされた。真実のことばは自分を苦しめず、他人を害しないことばでもあった。それは他者にとって好ましいものでなければならない〔*Sn.* 451 − 454〕。仏教的な真実（サティヤ）は、常に他者のためをはかる中で実現されるものであった。「泣き悲しむのは無益である」と言う初期仏典のことばは、それによって悲しみをのりこえられる者に対しての教説であると考えなければならないのである。

一方、大乗経典では原始仏典に見られた理知的側面が、むしろ情感・情緒を重視したものへと変わっている。大乗仏教の出現は世界史的に見れば、ユダヤ教からキリスト教へと展開する時代に呼応する。律法は神のためにあるのではなく、ひとの幸せのためにこそあるという普遍的な解釈を採り入れたイエスの主張とも大乗の思想は通じる。初期大乗経典の『法華経』如来寿量品（Tathāgata-āyuṣ-pramāṇa-parivarta）では、嘆き悲しむことによってかれらの眼が開けたことが述べられている〔*SP*, XV, p274〕。「常に悲感を懐き、心ついに醒悟す（常懐悲感　心遂醒悟）」〔*Tz.* 9, 43b〕と漢訳『妙法華経』に訳出された同品の偈頌のこの箇所は、古来から法華七喩の１つ「良医治子の喩え」として親しまれた。誤って毒薬を飲んで、本心を失った子供たちを救うために、父は「死んだ」と告げることによって、子供たちを覚醒させた。覚醒した子供たちは、父が処方し言い残しておいた解毒剤を服すことができた。覚醒させる手段は、「死」を現ずることによって悲しみのこころを生ぜしめることであった。死を現ずることも生きとし生けるものへの福祉（hita ヒタ）の目的のために他ならないのである。(6)

大乗仏教は、出家・在家を一貫している。大乗仏教の行為主体はいずれもボサツ（bodhisattva 菩薩）と称された。生活形態の相違から大乗のボサツには出家と在家のボサツとに区分されたが、出家のボサツは従前の伝統的・保守的な教団（サンガ）の出家の比丘たちとは異なっていた。かれら伝統的なビクたちは、感覚の制御統一に専念し、世俗の者たちに見られる感情的なこころの動きをことさら退けるように努めた。一方、大乗では人々の感情を重視した教説が説かれた。法華経同品に述べられている父はブッダ世尊である。史上の釈尊の入滅に対して、後代の大乗の人々がブッダ釈尊によせた生命観がそこに述べられている。心の顚倒した子供（衆生）たちには、「常に此に住して法を説く（常住此説法）」〔*Tz.* 9. 43b〕ブッダの姿を見ることがないと言う。

「依法不依人（法に依り人に依らず）」〔『大智度論』*Tz.* 25, 125a〕とされるように、仏教では理法の権威を重んじる。心の顚倒した衆生たちと言うのは、史上のブッダを絶対視し、ブッダとしての権威が理法に先立つと考えていた者たちと捉える事も出来るだろう。理法が述べられている経本（pustaka）が安置されている場所は何処であっても、そこで諸仏がさとりを開き、説法を行い、涅槃に入った場所であるということが『法華経』如来神力品（Tathāgata-ṛddhi-abhisaṃskāra-parivarta）の主要なテーマであった。経本には普遍的な理法が説かれているからである。(7)

『法華経』如来寿量品での父の死は、「方便力をもっての故に、滅不滅ありと現ずる（以方便力故　現有滅不滅）」〔*Tz.* 9, 43b〕ものであった。仮に死んだと言って、子供たちを覚醒したのである。一方、永遠の理法としてのダルマをまさに説いているブッダを見ることの出来る者は、「質直にしてこころ柔軟（質直意柔軟）」な者たちであることが述べられている。質直は誠実を意味し、意柔軟はこころが穏やかで柔らかなことをいう。仏教文化に言う正しい感性は、理想の人間像の中に具体化されているのである。

仏教の中道は、八正道（正見、正思、正語、正業、正命、正精進、正念、正定）の実践のなかで実現されるとする。正見の「見」は見解（dṛṣṭi）をいう。哲学説をも広く含む。語根の dṛś には「見る、観察する」意がある。初期仏典にはゴータマ仏陀の時代には様々な哲学的見解を奉ずる者たちがいた事を伝える。正見（samyag-dṛṣṭi）は「正しい見解」のことである。仏教では「この上ない正しいさとり（anuttrā-samyak-sambodhi, 阿耨多羅三藐三菩提）」とも表現されるように、さとりにも努力（vīrya 精進）にもサムヤク（samyak 三藐、正しい）を付す。この場合のサムヤクは善（kuśala）と同義と見るべきであろう。人格を伴う学識（knowledge with character）と同様に、そこに「よきこころ」があるかどうかが問われるのである。

Ⅱ　自己実現とほほえみ

近代唯物論以来、最も繊細な物質であるとする脳の働きを偏重し、こころをその中（物質）におさめてしまった。その結果、根本的な善悪の知覚が問われずに来ている。仏教での感覚器官は五根に加えて第6に「意根」が含まれている。五感によって直接体験できたものだけが存在の全てではない。可視的なものを信頼するという傾向が、物の豊かさを追求した。ひとの幸せの絶対条件はものだけではない。仏教文化は儒教的な「知足」の条件に「少欲」があることを教え、仏典に至って「少欲知足」の成句がしばしば表われるのである。強欲は足る事を知らない。「知足」は、分配の道徳にも結びつくのである。その反省や体験を踏まえて、欲望の制御はあらゆる方面に活用されるようになる。こうした自己制御も感性と密接な関係があるだろう。生物学的な発生と人間学的な展開を踏まえて感性を考える必要がある。母性や父性を種の保存の面からのみではなく、人間としての理想の愛の姿に昇華したところに普遍宗教の道があったのである。

進化論的に見れば、生類が外界に適応することの出来る姿となることも、繰り返し刺激を受けることによる。有史以前から人類が体験してきた様々な刺激が記憶となって脳に刻まれる。人間の直観や動物に見られるある種の予知能力もそうした体験に基づいたものであろう。簡単な図式を据えることもできる。

A外界の環境からの刺激→B蓄積され脳に刻まれる→C行動を誘発する
stimulation　　brain-memory　　activity
↓
種の保存のために進化論的な適応した形状（formation）

これに対して情緒的な共感・共鳴は、習学とその体験が基本となるだろう。脳に記憶として刻まれ、それがアクティブな行動となって理想的人格に向かって現れるためには相手を思いやる心が育まれなければならない。残忍で暴力的な場面の多いバーチャル・リアリティーのようなゲームが強化因子であれば、その刺激を反復的にうけた児童たちがどのような行動を起こすかという現実的問題とも関連する。外界の環境に適応するという意味での生物学的な進化論では善悪を判断するこころを論じる必要はない。ヤスパース(Karl Thedor Jaspers, 1883 〜 1969) の言う「軸の時代 (Achsenzeit)」に、生類の犠牲を廃する普遍思想が登場したとされる。[8] 仏教は軸の時代のインドのサマナを代表する宗教であった。それまでのブラフマニズムに於ける供犠を廃した。この時代の宗教家たちを養いえる社会は、豊かで流通経済の伸展した都市の出現と対応することも指摘されている。社会に一定以上の豊かさがなければ、生きとし生けるものを別け隔てなく憐れむという普遍的な思惟を促すことはない。ものの豊かさが人間としての感性の発達を促したとも言えよう。まさに中国春秋時代の管子のいう「衣食たりて礼節を知る」ということになる。

しかし孔子と同時代の墨子は、こうした態度を厳しく批判した。[9] 衣食の足りない状態にあっても守るべきひととしての道があることを鋭くついた。仏教ではたとえ貧しくてもその中から他者に分け与えることが讃えられた〔*AN*. I, I, 4. 2. 7〕。人間を取り巻く自然環境も感性の発達を促す重要な因子となる。ひとに優しい自然環境は、寛容な宗教の発生を促す。そこでは、民族や宗教という特定の共同体の枠を超えた宥和と寛容の思想が育まれる。

哲学も文学も、そして宗教も、人間の生きるべき姿勢を探究してきた。人間のみが有する特徴を、大乗経典は「利他を思念する」〔大正18巻2c〕ことにあるとする。近代にも、アウシュヴィッツ収容所で無作為にえらばれ、死刑を宣告された家族のいる男性に代わって進んで餓死刑をうけたコルベ神父(M. Kolbe, 1894 〜 1941) がいた。宗教を超えて、他者を救うために命を進んで差し出した宗教者の姿は、崇高な人間の姿そのものである。崇高な感性が、いかなるこころの働きから生じたものであろうか。こうした崇高なこころの働きを信仰に裏打ちされた使命感とみる事も可能である。人間としての品性を、より高めようとする信仰とこころの問題の解明なくして、人間の深層の心理を窺うばかりではいけないだろう。

人間のみならず、あらゆる生きとし生けるもの (プラーニン prāṇin) にはすべてこころがある。こうした仏教文化に基づく理解が、我が国に至って「草木国土悉皆成仏」という成句を生み出した。[10] 生まれによる社会的な差別を否定する仏教でも〔*Sn*. 136〕、人間には賤しい者のいる事は否定しない。それは「生きものに対するあわれみのない人」〔*Sn.* 117〕だという。その思想は大乗仏教にも継承された。『大智度論』には「慈悲は是れ仏道の根本なり」〔大正25巻256c〕と言う。アヒンサー（ahiṃsā 不殺生）の思想は、普遍性のある宗教が有する教説の特徴でもある。仏教も普遍的思想を表明した。生きものに対するあわれみのこころが、ようやく熟されるのである。但し、こうした普遍的思想が現れても、それまでの伝統的な習俗のなかに繰り返されてきたものが排除され無くなる事はなかった。求法の旅を続ける７世紀の玄奘三蔵が、あやうく当時のヒンドゥー教徒が崇める女神の生贄にされかけたこともある。[(11)] 同情やあわれみのこころは、彼を取り巻く社会が物質的に豊かであることに限らず、一定以上の情緒的成熟がなければならない。その発達を阻害するような環境〔イデオロギー教育などもその１例〕に育った人々にそれを求めることは難しい。

「以和為貴（和を以て貴しとす）」と聖徳太子によって宣言された十七条憲法の第１章に述べられた「和」は、共同和合の貴さを示したものである。健全な社会が共同和合した共和制を採ることは、初期仏典にも述べられている〔*MPS*, I, 3－4〕。[(12)] しかし単なる「共和」を名乗っていても、実体の無いものでは健全な社会とは言えない。第２次大戦後、自由・平等、そして自己主張・権利の主張の背景に置き去りにされてしまったものが、他者の自己の尊重と義務感の喪失である。政治的意味あいの liberty と精神的な自由を意味する freedom とが混同されている傾きがある。

軍国主義の危険性は、極端な愛国と忠誠心の強要、それに個人のいのちを考慮しない集団体制にある。男女の価値について、文学者・三島由紀夫は、男性の流す血は昔は１銭５厘（１枚の葉書の値段・招集礼状）ほどでしかないと述べる。[(13)] 尊いはずの個人のいのちが閉鎖的・高圧的な国家や集団のなかでかき消されてしまうのである。

情緒的成熟〔ここでは他者をあわれむと言う意味で〕を、初期仏教では真実の自己実現の道のりの中で捉えている。自己の確立は自己を愛することに他ならない。肉体的にも精神的にも自分自身を傷つけないことである。自己を護る者は他者の自己を護るものであった。仏教では自殺もその幇助も禁じている。自殺は、まだ熟していない果実を落とすような行為と見なされた。

東山魁夷氏（1931～1999）は、自らの幼年時代を回顧している。多感で内向的、そして母親に対する独占欲も人一倍強かったと思われる。[14] 芸術的な感性は、精緻な観察力が基礎にあることを多くの名高い芸術家たちの作品が教えてくれている。様々な分野に於いて、芸術的感性の豊かな者が、仏教で説く理想的な自己実現とどう関わっているかということも興味深いことである。慢性的・日常的なものからの脱却には、芸術作品の与える役割は大きい。非日常的なものへの希求は、恐らく誰にもあるだろう。創造的環境が作品の制作を促す。それを支える側が必要となることは、初期仏教に於ける出家と在家の関係にも呼応するかもしれない。混沌とした人間の内奥を抉りだす作品もある。一方、品性を高める宗教芸術も存在する。芸術作品の評価は本稿でのテーマではない。但し、理想的な自己実現から見たときに、規範的・道徳的な人格形勢が、一般に言う芸術的な感性のレベルと必ずしも一致するものではない。むしろそうした既成の枠からはみ出したフリーダム（精神的自由）が、より芸術的評価の高い場合がある。それらは個性（ヴィシェーシャ）として特殊なものである。一方、理想的な自己実現は特殊なものではない。一般社会の生活の中で実現されるものでなければ普遍的な意味を有することはない。感性の発達には、個々人の個性・能力を開発させる方向に向けてのものと、激情のコントロールといった抑制・制御へ向けてのものとが必要である。繊細な感性がいずれにも必要であることは言うまでもない。

Ⅲ　ほほえみと感性の「成熟」

幼児が、もっとも身近な母親との人間関係のなかで、ほほえみに含まれる様々なニュアンスを感じとっていくという。[15] ほほえみには無償の愛以外にも、制御・抑制という自己コントロールの大切さを伝えることのできるニュアンスが含まれる。そのことを体験をつうじて学び取っていく。成長段階に於けるふれあいは、その後の心身の発達に多大な影響を及ぼすことになる。自己を傷つけないということも愛されるという体験が必要となるだろう。但し、愛されるという体験は対人関係のみならず自然環境からも学びえる。自然から発信されている「微笑」を受信することもその方法の一つである。古代インド人は、開花と微笑を結びつけていた。花（プシュパ）が咲くことは「ほほえむ」意味でもあった。[16] 花がほほえんでいる、そうした体験を筆者は入学後のゼミ生たちに観察をつうじて体験してもらっている。かれら全員が、「花がほほえんでいた」と翌週のゼミの時間には応えてくれる。筆者が期待しているものは、更にそのほほえみからいのちあるものの「かなしみ」や「痛み」を感じとることであるが、それはかれらには伝えていない。自得してもらいたいからである。いのちあるもののかなしみは時として背後に漂う。ロートレック（1864 ～ 1901）の小作品がある。背を向けた象の姿は作者が見た現象世界の虚像とかなしみを漂わせている。

仏像のほほえみ、それは鑑賞するがわによっては一様ではない。ほほえみのニュアンスは受け取るがわのこころの状態によって異なる。厳しい表情を感じとる者もおり、こよなき安らぎを感じる者もいる。或いはかなしい眼差しを感じ取るときもある。芸術作品に対峙する場合にも、それは言えるだろう。受けとるがわの心理状態によっては発信されたメッセージがそのままには伝わらないことがある。感受という受動（パッシヴ）はその時の受けとるがわのこころの状態に左右されてしまう。正しい見方（受けとり方）も、こころが動揺していては実現しがたいことになる。こころの統御を説く初期仏典のおしえやその修養法がいよいよ今日的な意義をもってくるのである。『華厳経』には、「三界唯心」を説く。あらゆる現象はただ一心から現れだされたものだという。我々のこころが勝手に描きだした現象世界と実体とは同一ではない。

古代のインド人たちは「知る」ことすなわち「知識」を重んじた。それは仏教文化でのちゑ（智慧）と結びついている。宗教的解脱（モークシャ）は知識によって得られると考えられた。そうした知識も、understanding（理解 vijñāna）・knowledge（知識 jñāna）・wisdom（智慧 prajña）と発展的に分類される。単なる理解や知識が人類社会の福祉に結びつくことはない。ちゑによってそれが正しく活かされるところに知識の本来の意義があるはずである。ちゑも正しい観察（正見、サムヤクドウリシュティ）から出発されるのである。

学校教育での「性」の指導も、本来は性倫理の指導でなければならない。倫理・道徳の指導なしに、単なる「知識」だけの性を指導してはならない。知識や情報の偏重は教育の場だけではない。現代社会での種々雑多な情報を、そのまま瞬時に教育の場を借りずに隔離された空間で児童たちが摂取してしまう。その結果、仮想と現実との混乱をきたしてしまう、情報化社会の生みだす脅威が現実化してきた。六種の感官器官（六根＝眼・鼻・耳・舌・身・意）によって人間は対象を感知するとすれば、感官器官への過度の刺激は正常な感性の発達を妨げることになる。刺激は更なる強度の刺激を求めることになるからである。

日本をはじめそれぞれの民族には人々の叡知が育んだものがある。露わにせずに「秘する」ところにある感性や美意識を、単にものを隠すという批判的な捉えかたで測ってはならないだろう。愛する者をまもるためには真実を明かさないこともある。相手の男性の名前を秘することが、宗教のおきてを超えて人間としての大切な義務であるとしたのがホーソーン（Nathaniel Hawthon, 1804 ～ 1864）の『スカーレット・レター（緋文字）』のテーマであった。秘することが神の権威を超えて、愛する「ひとのためをはかる」ものであったからである。これは難病の告知とも関連する。手塚治虫氏の闘病と作品への情熱を紹介した小品がある。内容は、筆者がかつて外科手術を受けた同じ病院で、当時の同じ院長と手塚氏とのやり取りを伝えていることから興味深く読んだ。自らが医学をおさめ、符号する病気への知識を人一倍有していた手塚氏は、自らの真の病名を知らずに死の直前まで作品の製作にも没頭できた。それは半蔵門病院の医師が、幾度も疑いをもってたずねる手塚氏の詰問にも、動揺することなく平静に病名を騙ったからである。そのことが手塚氏にもっとも相応しい闘病への対応であることを、家族や本人をつうじて医師は感じ取っていた。恐らく文中に述べているように、手塚氏はすでに真実を知っていたのかもしれない。しかし、医師のことばに従い自ら難病であることを打ち消すことによって生をまっとうできたのである。(17)

もし、彼が本当の病名を告知されていたら、という仮説もありえるだろう。しかしその仮定は、「告知されなかった」という事実の前には何ら説得力はない。事実は仮定を排除する重々しさがある。それ以外にはありえない、それがひとの生涯（生死）である。これでよかった、と自（＝医師）他（＝家族）ともに共感できる判断が、東洋的な真実（satya）である。事実を告げることが真実ではない。たとえインフォームド・コンセントがあったとしても、彼にとって告知されることがよいかどうかの判断は別である。他者のためをはかる、そこに真実が輝くのである。ひとは自らの生涯を確かなものとしておくる。

繊細な感性は、ある時には自己存在を否定してしまうことがある。1945(昭和20) 年以降の我が国の自殺者をあつかったサイトがある。それは報道されたものに限られているが、時代や社会背景がそのまま投影されている感がする。1980年代のものである。その中で筆者が考えさせられた1例があった。成績も上位の一人の男子中学生 (14歳) が、「他人を蹴落としてまで進学したくない」という遺書を残して〔1980年5月20日〕自らの命を絶ったという記事である。それだけが主原因ではないとしても、彼が精神的に弱かったと一言で片づけることはできない。

今日の社会では、「受験戦争」「就職戦線」「〜戦略」などなど、すべてが戦いとして位置づけられている。それらが自己との戦いであるという意味で比喩的に用いられているとしても、戦争は相手を打ち負かし、勝利を得る (生き残る) ことが目的である。筆者は、こうした表現に無批判でいることにも、現代社会の病巣をより深くしている原因の1つがあると思っている。戦争に反対しながら、何故、戦争・戦略などの語を多用するのか。戦争も争いも、戦う相手を想定している。我が国の文化に仏教の受容と同時に育まれた「和」の精神には、抗争対立から寛容と宥和な社会へという願いがあった。ことに我が国は、加・被害ともに戦争によって無辜の人々が傷つき亡くなったことへの深い悲しみを共有してきたはずである。ところが、実態は他者を押し退け打ち負かして勝利を得ることを目的としている。いわゆる敗者への配慮を欠く今日の社会構造や経済活動が、こうした線上に君臨するかのような力による正義を振り回してきた。こうした現代社会に対する幼い抵抗として、先の中学生の遺書を改めて読み返す必要はないだろうか。

彼の両親に対して筆者は、深い哀悼の気持ちを感ぜずにはおられない。そして、純粋な感性をもつ子に育て上げたことであろうかれらに敬意を表したい。宮澤賢治の純粋な感性は、彼を生み出した岩手の風土と家族の愛に支えられていた。感性の発達は、その成熟へと向かわなければならない。純粋な感性のみでは現実の社会を生きていけないと捉えることを、筆者は感性の成熟とは見ていない。大人の感性が成熟しているのではなく、自他ともに傷つけることのない普遍的な感性を、筆者は「成熟 (paka パーカ)」と見ている。理想的感性であるが故に、それに向かう努力をしなければならないのである。

自己の無力さ非力さを実感することも普遍的な感性の発達にとって大切なことである。自分がたとえ無力であり非力であっても、誰かのために何かのために生きる、そのことに気づかされるのが普遍的感性であると筆者は捉えている。普遍的感性の実現が、本稿で言う感性の「成熟」に他ならない。仏教文化に説くダーナ（布施 dāna）には、「無財の七施」の中に「和顔悦色施（わげんえつじきせ）」を加える。どのような状況下にあっても、ほえみをうかべる、そのことによって救われる人がいるからである。

よろこび（喜・悦）・かなしみ（悲・哀・愛）が共感となるためには、他者のかなしみを見ることから始まると思う。それによってあらゆるものにかなしみのあることを知ることになる。仏教に説く「八正道」の第一に「正見（しょうけん）」が置かれることとも繫がる。共にかなしむ（anukampā）ことがそれによって実現される。共によろこぶ（anumodanā）ことは、他者にかなしみのあることを知ることによって実現されるだろう。かなしみの昇華は、共によろこぶ（他者のよろこびを我がものとしてよろこぶ）ことよってなし遂げられるからである。

まとめに

真のインディヴィジュアリズム（個人主義）が実現される社会には、感性の「成熟」が不可欠である。自他ともに傷つけることのない普遍的感性を、本稿では成熟した感性と称した。H・ヘッセは、ひとは成熟するにしたがっていよいよ若くなると言う。[18] まったき成熟に向かってひとは歩まねばならない。この意味からは、加齢も老年も退行ではなくむしろ前進である。パッシヴの感性が普遍生を有するアクティヴの感性として発現されるためには、他者の痛みやかなしみに敏感である必要がある。[19] 同時に、他者のよろこびにも共感できる感性が育まれなければならない。

共感は訓練によっても身につく感情であることが指摘されている〔『仏教社会福祉辞典』同項目参照〕。共感できる普遍性のある感性は真実の自己実現を経なければならないだろう。そのために自己を愛し、他者を愛し（ゆるし）、自己を傷つけず、他者も傷つけない人間（マヌシュヤ）としての道のりを歩まねばならない。[20] ここで言う他者には自然環境も含まれる。真実の自己実現に向かうための手段として、瞑想法や座法とともに感官の制御・統一の重要性が古代インド以来伝えられてきた。ヨーガの終局の状態をサマーディ（三昧 samādhi）と称する。それらは現代社会に相応しく、静座や黙想として生活に採り入れることは可能である。

同時に、福祉社会に於ける共生を促す要素には、「共にかなしみ」「共によろこぶ」ことと、「共にたべる」ことも加える必要があるだろう。たべるは「たまわる（賜る）」意味があるという〔『日本語源大辞典』小学館、2005年〕。共に生きる、そのためには共にたべることによっての生の共同が実感できる。感謝と満足のきもちは、共に食事をすることによって確認しあうことができるからである。尊敬と謙遜も「共生」の重要な要素である。普遍的な成熟した感性が「共生」を支え福祉社会を実現させるものと言えるであろう。成熟した感性は他者に求めるのではない。自らが実現しなければならない。そこに真のインディヴィジュアリズムがあるといえよう。福祉社会発展の実現には、かつてブータン国王が提唱した社会に於ける「国民総幸福量（Gross National Happiness）」を世界が真剣に考えなくてはならないだろう。[21]

略号：

Bṛhad. Upa. Bṛhadāraṇyaka Upaniṣad　テキスト及び関連文献は、『ウパニシャッドの思想』中村元選集〔決定版〕、第9巻、pp. 803 − 885参照。

Bha, g. Bhagavad-gītā インド2大叙事詩の1つ Mahābhārata の1節。参考文献及び研究については中村元『インド思想史』岩波書店、1956年、pp. 98 − 103。J. ゴンダ『インド思想史』1981年、pp. 175 − 176参照。

Bodhi, Bodhicaryā-avatāra（Bodhicaryāvatāra, Bibliotheca Buddhica 本、1960）

MPS　*Mahāparinibbāna-suttanta, The Dīgha Nikāya*, vol. II, London, PTS, 1947.

Sn　*Suttanipāta*（*The Sutta-nipāta*, London, PTS, 1948）

SN　*Samyutta-nikāya*（*The Samyutta-Nikāya* of *Suttapitaka*, Part I. PTS, 1960）

SP　*Saddharma-puṇḍarīka*（*Saddharma-puṇḍarīka-sutram*, Romanized and Eevised Text, WT 本、1958）

大正　『大正新脩大蔵経』

注

(1)「共感」と和訳される英語 empathy は、もともと美学でリップス（Theodor Lipps, 1851～1914）が用いたドイツ語の Einfühlung の訳として使われだした。アインフュールングは対象のなかに入って感じ、こころを汲み取ることをいう。共感は哀れみの心を伴う同情 (sympathy) 面だけではなく、他者の喜びを我がものとする共感のあることを仏教文化の側から特に強調しておきたい。

『共感の社会心理学 (*Empathy*, A Social Psychological Approach)』マーク H. デイヴィス著・菊地章夫訳、川島書店、1993年3月;『共感と道徳性の発達心理学―思いやりと正義のかかわりで (*Empathy and Moral Development*, Implications for Caring and Justis)』M. L. ホフマン著・菊池幸夫、二宮克美訳、川島書店、2001年10月参照。

(2) 「共生」は後に増上寺82世になられた椎尾弁匡師 (1876 ~ 1971) が、浄土教での「共に安楽国に往生せん」という善導の言葉から「ともいき (共生運動)」として現代的に解釈したことに始まる。井上順孝編『近代日本の宗教家101』新書館、2007年4月、『仏教社会福祉辞典』法蔵館、2006年3月参照。

(3) 拙論「生死観か死生観か」本学社会福祉学部紀要『人間の福祉』23号 (2009年春) に仏教思想に基づく「生死」と儒教的な「死生」との相違に触れた。我が国ではデス・スタディーを「死生学」とするが、台湾の学会ではそれを「生死学」と称している。

(4) 拙論「仏伝〔梵天勧請〕の大乗的展開」『知の邂逅―仏教と科学―塚本啓祥教授還暦記念論文集』佼成出版社、1993年3月、pp. 567 - 682.

(5) バガヴァット・ギーターの解説には判りやすい上村勝彦博士による『バガヴァッド・ギーターの世界―ヒンドゥー教の救済―』ちくま学芸文庫、2007年7月を推奨したい。

(6) 拙論「法華経における hita の語―仏教福祉の視点から―」『多賀龍彦博士古稀記念論文集』山喜房仏書林、2001年3月、pp. 291 - 314.

(7) 拙論 (英文) The Description of four Holly places and Caiya-worship in the Sad dharma-puṇḍarīka、『立正大学大学部紀要』(68) 34-2、1986年3月、pp. 152 - 159.

(8) 中村元博士『普遍思想』〔選集 (決定版) 別巻2〕、春秋社、1999年2月、p. 545.

(9) 『墨子』第12章「非儒下篇」、浅野裕一教授による講談社学術文庫 (1998年3月) pp. 208 - 209参照。

(10) 能の「芭蕉」に登場する「草木国土悉皆成仏」の句は、法華経「薬草喩品」が典拠とされるが、悉有仏性・諸法実相などの仏教用語をもとに我が国で独自に展開された言葉。『能楽大辞典』吉川弘文館、1908年11月、『仏教文化事典』佼正出版社、1989年12月、pp. 807 - 808参照。

(11) 拙著『玄奘』(人と思想106)、清水書院、1998年4月、pp. 108 - 110参照。

(12) 『大パリニッバーナ経 (*Mahāparinibbāna-suttanta*)』には、釈尊がその問題に関してヴァッジ族が共和制を採る限りに於いて繁栄のある事をアーナンダ (阿難) に語っている。中村元博士訳『ブッダ最後の旅―大パリニッバーナ経』岩波文庫、pp. 10 - 15

(13) これについては、斎藤茂太監修『極上の名言1300』日本文芸社、2004年9月、p. 69から。「男の流す血は、むかしなら一銭五厘の葉書で買えたんだし、伝統的に、女の一夜の体より安く出来てるんだ」(三島由紀夫「鏡子の家」)。但し、三島氏はそれを批判的に述べるのではなく、むしろ日本の男子（武士）の死生感に見る美学と見ていたのであろう。

(14) 『芸術新潮』 5、May 2008、東山魁夷・生誕100年記念特集号に幼年時代を回顧した氏自身の著述が載る。

(15) 滝沢武久著『子どもの思考力』岩波新書270、1984年7月、pp. 95 − 98.

(16) 拙論「和顔悦色施〕『游星』俳文化誌33、2005年6月、pp. 65 − 68. に開花とほほえみをサンスクリット語 puṣpa（花）と、-yati（動詞）を付した意味を紹介した。

(17) 荒巻宏監修『知識人99人の死に方』角川文庫、2004年5月、pp. 14 − 27.

(18) H・ヘッセ『人は成熟するにつれて若くなる』（HERMANN HESSE, *MIT DER REIFE WIRD MAN IMMER JUNGER*）草思社、1997年12月、pp. 64 − 65.

ヘッセは加齢によってその固有の価値・固有の魅力・固有の知恵・固有の悲しみをもつことを述べる。そして若者には情熱が似合い、年配の人々にはユーモアが、微笑みが、深刻に考えないことが、世界をひとつの絵に変えることが、ものごとをはかないたわむれであるかのように眺めることが、はるかに相応しいと言う。ヘッセ自身は少年時代の生活感情をもち続けていた。

(19) 共感をあわれみの感情とするのは近代にいたるまで欧米の心理学者たちの一貫した捉え方である。かなしみを見ることは、ストットランド（Stotland, E）やバトソン（Batsonss, C. D）も主張する〔注記1参考文献参照〕。本稿の筆者は、そこから更に「共に喜ぶ（anumodanā）」共感が育まれるところに仏教的な共感があると考えている。

(20) 人間を意味するサンスクリット語 manuṣya の語根 man には「考える、尊敬する、信ずる」などの意味がある。これに仏教文化的なサムヤック（正しい）を付し、「正しく考え、正しく尊敬し、正しく信ずる」ところに人間とは何かという答えを見いだすことができると考えている。

(21) 昭和天皇の大喪の礼に、民族衣装とともに参列したワンチュク国王の姿は日本人に深く印象づけられた。我が国の九州とほぼ同じ面積の国土を有する仏教王国ブータンでは前国王（第3代）が、国家の発展を GNP ではなく GNH（国民総幸福）を重んじるとの宣言以来、独自の国家発展の道のりを歩んでいる。その原則となる4つは、

1．公正な社会経済発展（Equitable Socio-Economic Development）

2．環境保全（Environmental Conservation）

3．文化保存（Cultural Preservation）

4．よい統治（Good Governance）

憲法にはその達成のために、仏教観に根ざした持続的発展・所得格差の抑制・地域社会での協働・無償義務教育・無償プライマリー・ヘルスケアー・働く権利の保障・最低60パーセントの森林保全などを定めていると言う。草郷孝好「地域社会と GNH（国民総幸福）―ブータンと水俣から学ぶ社会創造―」庭野平和財団設立30周年記念シンポジウム〔2008年11月21日〕配付資料を参照。

『福祉』ということば
―仏教福祉からのアプローチ―

The philosophical analysis of the term ‘welfare’

For the results of researches on Social Welfare to be made the most of in the wel=fare society, interdisciplinary approaches to study from the Art and the Natural Scie=nces and cooperation from such sides will certainly become necessary. Even in the domains of present author’s academic specialization, i. e., Indian Philosophy and Buddhist Studies, much importance has been placed on the idea of welfare. The co=ncept of Buddhist Welfare, in which the idea of welfare has been academically sys=tematized according to Buddhist thoughts, we believe, can contribute to the upliftme=nt of the universal spirit of welfare, which in turn provides the foundation to the prac=tical aspects of the Buddhist fath.

Some have pointed out that we cannot grasp the exact nature of the word ‘wel=fare’, It all depends upon how we define the word ‘welfare’. What is ‘welfare’ ? How far can we consider certain phenomena as ‘welfare’ ? If we can systematically or ad=ministratively define the word as reality, we don’t come across such a problem. In this sense, the concept of welfare is an important problem in philosophy.

Well before the idea of ‘welfare’ was given the nature as a system in modern so=ciety, the idea had close connection with religion. In a way, the idea of ‘welfare’ had been the deeds based on the human quality to be able to be compassionate with others.

When we discuss the idea of ‘welfare’, we have to examine the historical develop=ment of the concept of ‘welfare’. And when we discuss the historical aspects, we cannot ignore the welfare activities based on religious ideology. In recent years, in the prevalent materialistic value-system and world view, people tend to view lightly the problems of our ‘mind’ and ‘spirituality’. Having such ideas in the background, in this paper, we would like to examine the nature of the concept of ‘welfare’. By grasping the conceptual significance of a certain term, we can clarify the ideological and philosophical background that produced such conceptual significance.

はじめに

社会福祉に対する学問的成果が、今後の福祉型社会に積極的に活かされるためには、社会科学のみならず人文・自然科学からも総合的・学際的なアプローチと協力が必要となる。本稿の筆者の専門領域は、インド学・仏教学〔仏教文化〕であるが、こうした視点に立って、この小論では、「福祉」ということばを検めて考察してみたい。概念としてのことばを、正しく把握することは、そこに由来する思想背景が明らかとなるからである。

福祉は、近代社会に於ける制度としての位置づけがなされる以前から、その思想が宗教と深く結びついていた。相互扶助にせよ慈善にせよ、福祉はいわば「他者をおもいやる」ことが出来る人間性に基づく行為であった。西洋社会に於ける自然科学の発達が、それまでの宗教的な教義による固定的な世界観からの脱却に基づくものであったとしても、いつの時代にも人間性の回復は、宗教と密接な関係を有してきた。

インド学・仏教学に於いても、福祉の思想は重要な意味を有している。仏教福祉は、仏教思想に基づいて、福祉を学問的に大系化することにより、実践面のうらづけとなる、普遍的な福祉の精神の高揚に貢献できえるものである。筆者は、「福祉」の精神と宗教とを深く関連づけている。この場合の「宗教」は特定の教義や信仰を意味するものではない。根本のことわりとしての「宗教」であり、ひととしてのあるべき姿を気づかせるという意味の宗教である。(1)

上代以来、我が国にも福祉思想は存在した。特に仏教や儒教の受容は、我が国の福祉事業に多大な影響をあたえてきた。(2) また明治期からのキリスト教も、我が国近代の福祉事業をリードしてきた。(3) そこには他者に対する慈悲〔愛〕という共通の精神があった。その他者が、隣人であったり同胞あるいは国民であっても常に、他者を思いやる精神が基本となっていた。

福祉は、その実体がはっきりしないという指摘もある。それは福祉という概念規定にもかかわってくる。何が福祉で、どこまでが福祉なのか。もし制度や行政論に於いて福祉が具体的に実体として把捉できるものであれば、そうした疑問は生じないであろう。その意味では福祉は哲学に於ける重要な課題でもある。福祉を学問的に論ずる時には福祉史を論じなければならない。福祉史を論ずる時には宗教福祉を除外することはできない。

筆者は、従前の価値観が見直されつつある今日、イデオロギー的立場を越えて、福祉の精神を、あらためて問い直す必要があるのと考えるのである。[4] 精神なき福祉は、人間として尊厳までも損なってしまう恐れがあるからである。但し、ここで論ずるものは、決して「仏教」を最上と見なす立場からのものではない。福祉と宗教とを見直す、その一助として、インド学・仏教学からのアプローチを試みることを、初めにことわっておきたい。

Ⅰ　福祉ということば

〔1〕欧米の言語に於ける福祉

福祉ということばが、我が国に於ける法律上の用語となったのは、第二次世界大戦後のことである。当時の『GHQ覚え書』〔昭和20年12月14日〕は、日本政府に対して、包括的救済政策の樹立を求めた。これを受けて、政府は「救済福祉計画」の実施体制を決定〔昭和21年4月〕するのである。この意味から、我が国の近代的社会福祉（社会福祉事業）の登場は、占領政策の貢献であると見なす声もある。[5]

「福祉」の語は中国古典に登場するが、[6] 戦後我が国で法律上の用語として用いられる以前は、「福利」ということばが一般的に用いられていた。漢字文化圏の、いわゆる東アジアの文化に影響を与えた仏教語は多い。「福祉」ということばは、筆者の調べた限りでは仏典には登場しないが、「福利」と訳された原語はインド学・仏教学に於いても重要なことばの一つである。それがどのように用いられ、その意味するものは何かということは後述することにして、はじめに、欧米の原語に於ける一般的な福祉ということばを見てみたい。

社会福祉は英語のSocial welfareもくしはSocial wellbeingに相当する。英語としては古い言い方であるが、How are you faring?（いかがお過ごしですか）という表現がある。ウェブスターの辞典にはfareは動詞ではto visit, journey, get alongなどの意味があることを載せている。[7] To get alongは「暮らす・過ごす」という意味である。そこでwel（= well）fareは、健康や生活を含めた「よい暮らし」と訳すことができる。wellbeingは、beingがbe（ある、存在する）の動名詞の形であるからwell-beingは「よい状態であること」の意となり、welfareと同じように「幸福・福祉」などを表す語とされている。

これは他のヨーロッパの諸言語でもほぼ同様である。フランス語では福祉はbien-êtreとなる。これは英語のwell-beingに相当する。公共福祉をbien-être publicという。仏英辞典ではbien-êtreを英語のwell-being, confort, ease, welfare等にあてている。但し、公共事業などという時には政府や公共機関が援助するという意味を含むassistance publiqueとなる。

スエーデン語ではvälfärdが一般に福祉と訳される。välは英語のwellに相当する。färdは本来「旅行・遠征」の意で、ドイツ語のFahrt（drive, journey, tour）と同様のことばで、英語のfareに相当する。

ドイツ語でも福祉を表す語が幾つかある。一般的にはWohlfahrtが英語のwelfareに相当する。Fahrtは前述のように「旅行」などの意味がある。その他wohlのみでも英語のwelfare, wellbeing, prosperityなどの意がある。他にも社会福祉と訳されるSozial fürsorgeや社会福祉事業Fürsorge arbeit（= social work）等のFürsorgeは英語のcare, solicitudeに相当する。

かつての『東ドイツ（ドイツ民主共和国）憲法』第4条では'Alle Macht dient dem Whole des Volkes'「すべての権力は、人民の福祉に奉仕する。」と明記されていた。東西両ドイツは統合されたが『西ドイツ（ドイツ連邦共和国）基本法』には、「基本権」として、「人間の尊厳（Würde）の不可侵（unantastbar）と、その尊重（achten）と保護（schützen）が、すべての国家権力の義務（Verpflichtung）である」とし、「世界に於けるあらゆる人間の共同社会（Gemeinschaft）と平和、及び正義（Gerechtigkeit）の基礎として、不可侵にして、譲渡しえない人権を認める」〔第1章第1条〕と定めている。[8]

興味深いことに、かつての東ドイツ『憲法』で謳われていた「人民の福祉」

は、西ドイツ『基本法』では「福祉（Wohl）」ということばを特別用いず、代わりに、『基本法』前文（Präambel）には「ドイツ国民は、神と人間に対する責任を自覚し、……世界平和に奉仕（dienen）しようとする意味」に鼓舞されるべきであることを述べている。神と人間に対する責任であるとする捉えかたの中に広義の福祉も含まれる。ここに、欧米の自由主義国に於ける宗教と福祉との関連が顕著に示されていると言えるであろう。

〔2〕東洋の言語に於ける福祉

アジアでは、福祉に相当することばにどのようなものがあるのであろうか。現代語として用いられている言語は、国によってもまた民族によっても異なるが、反面、同一のことばが同じ概念を表わすことがある。そこに共通する思想背景が認められるのである。

この小論の作成資料として幾つかのアジア諸国の大使館に問い合わせたところ、ブータン王国大使館からは早速回答を得た。[9] それによると、福祉を意味するゾンガ語に phen-de という語があるという。phen-de はかれらの使用するチベット文字のローマ字表記では phan-bde となるが意味は同じで、「幸福（happiness）・幸運（blessing）」の意がある。チベット語では動詞形の phan-pa は「役立つ」という意味をもつ。ブータンの政府高官からの回答には「phen-Benefit others, de-through ; making happiness through benefiting others」と記されており、かれらの用いる福祉を表わす語が「他者に利益を与えて幸せにする」という意味に理解されていることが判る。

チベット語の phan-bde はサンスクリット語の hita に相当する。hita は「ためになること・利益」の意で、仏典では「利行・哀念」とも訳される。hita はブータンからの回答と全く同じ意味を有する。hita は今日のヒンディー語でもその語が welfare の意味で用いられている。因みに、ヒンディー語で社会福祉は Jana-sevaye（ひとへの奉仕）となり、サンスクリットの語彙を多く残している現在ベンガル語では Samajer hitārthe（社会の幸福のため〔の行為〕）という。

中国の古典に登場した福祉の語は、または祉福ともいわれる。福祉という漢字は、その解字をみると「福」の偏の「示」は祭壇を表し、旁の「畐」はとっくりに酒を豊かに満たしたさまを表わしているという。そこで「福」は、「神の恵みが豊かなこと」の意から「幸せ」という意味となる。「祉」も同様に、偏は「示」で、「神がそこに足を止めて福を与えること」の意から「福」と同様の意味をもつ。[10] 福祉の「福」も「祉」も、本来宗教的な意味を有している。

漢訳仏典に「福利」と訳されたサンスクリット語の原語がpuṇyaである。puṇyaはしばしば「功徳・福徳」と訳されるが、もとの意味は「徳（virtue）・善行（good work）」を表す。この語は称賛に値する（meritorious）行為、即ち「道徳的（moral）或いは宗教的功績（religious merit）」を意味する。我が国の聖徳太子の福祉事業に於ける２福田〔敬田・悲田〕の「福田」はpuṇya-kṣetre（功徳を生ずる田畑）の訳である。

業（karma＝行為）と業による応報の思想がインドの宗教の特徴とされるものであるが、古来、インドでは善行によって福利（puṇya）が得られ、善（kuśala）は徳に結びつくと考えられていた。この善kuśalaは「有益で、正しく、健全（健康）な」ものと見なされた。そこでサンスクリット語では、善kuśalaと異なる（itara）もの（kuśaletara）というのが「病気」や「不幸」の意味となる。

もともと中国的な思惟には、インド的な業と応報という観念は明確ではない。しかし、応報にも通じる思想がある。「積善の家には余慶あり、不善を積む家には余殃あり」〔『易経』〕というように、善は思いがけぬよろこびをもたらし、わざわいは善を行わないことによると考えられていた。仏教が中国に伝わった際に、hita（他者のためになること）やpuṇya（善行）という語が宗教的な意味をもつことばとして把握されていたことが、その訳語から理解されるのである。

福祉（福利）の語は、今日の東アジアのいわゆる漢字文化圏の国々では一般に用いられている。中国の古典、或いは仏教語に由来するこの語が、近代社会の制度や保障としての意味を有して用いられるようになったのは、我が国に於ける欧米の言語からの翻訳語に関連がある。明治以降、西洋の文化や技術が導入された際に、我が国の知識人たちは、あるときにはreligionに対する「宗教」の如く、それまでの仏教語を西洋の言語の翻訳語としてあて、或いはphilosophyに対する「哲学」の如く新たな造語によって対応をした。そうした翻訳語が、今日の漢字の文化圏に共通理解されているのである。その意味では、Social welfare（Social wellbeing）を「社会福祉」と訳したことの意義を大いに評価すべきであろう。

〔3〕「福祉」の意味を有するサンスクリット語 hita

福祉（福利）の語が、漢字の解字的には宗教と密接な関係をもっていた。福祉を「神から与えられた恩恵＝幸福」として宗教的に捉える考え方は、仏教語としての「福利」の原語 puṇya や hita の語にも共通する。hita は動詞 dhā の過去分詞形で、ルートには「与える・授ける」の意がある。そこで hita は「与えられた」という意味から「ためになること」という意味となる。Passive の意味が、積極的な active の意味に用いられ、hita-kāma（ためになることを欲する）というコンパウンドは「（他者）の福祉を欲する・慈善心のある」ということばとなる。また hita-vacana は「有益な助言」を意味する。hita は単なる「利益」ではなく、常に他者を益するという関係の上から理解されているのである。

この hita の語は、仏典ではしばしば為格（Dative）の形の hitāya として表現されている。それを現代語訳すれば「福祉の為に」ということになる。但し、仏典に登場する hitāya の対象は「ひと」に限定されない。すなわちすべての「生きとし生けるもの（prāṇin）の」ということである。「すべての生きとし生けるものの福祉の為に」という思想が、仏教を貫いている。あらゆる生類に対する哀念のこころは「動物愛護」にも及ぶ。一切の生類を憐れむという、この精神はインドではマウリヤ王朝のアショーカ王〔在位・前268～232〕の政治理念のなかにも表明された。[11]

hita の語は、パーリ文の仏伝『マハーヴァッガ』に、ゴータマ・ブッタ（＝釈迦）が、出家修行僧（比丘）たちに伝道をすすめる有名なことばとして次のように登場する。

caratha bhikkhave cārikam bahujana-hitāya bahujana-sukhāya lokānukampāya atthāya hitāya sukhāya devamanusānaṃ/〔*Mahāvagga*, 1-11-1〕[12]

「比丘たちよ、遊行しなさい。多くの生類（jana）の福祉のために（hitāya）、多くの生類の安楽のために、世間を慈しみ、神々（deve）や人間（manusa）などの利益（attha ＝ artha）、福祉（hita）、安楽（sukha）のために。」

ここで、「生類」と訳した原語 jana は、普通 man, person とも訳されるが、語根（jan）は「生まれる」の意で、それから派生した男性名詞の jana は英語の living being が本来の意味である。このブッダの伝道宣言に登場する「多くの生類」に対する artha（利益）・hita（福祉）・sukha（安楽）の為に立ち上がることが、その後の大乗仏教に於いてはボサツ（菩薩 bodhisattva）の実践規範として見なされている。(13)

hita は既述したので、次に artha（利益）と sukha（安楽）の語についても述べておきたい。インド人は、古来から人生の目標の一つとして artha（利得・富）を求めた。西紀後の初期大乗仏教の時代にも、すでに利子をとって貸す仕事（prayoga プラヨーガ）が行われていた。そこで artha（富・財）のためのプラヨーガ（artha-prayoga）は高利貸を意味した。この artha は「目的」も意味する。その目的は、自己の利得に止まらない。そこで arthāya という Dative（為格）になると「〜の為に」という意味となる。artha-caryā は「目的の為の行為」という意味であるが、それは自身の利得ではなく「他者の為に尽くすこと」の意となる。それは、インド的思惟に基づいて、他者のために有益な行為は、自らがその応報としての果を享受することになると考えられていたためであろう。漢訳仏典には、この artha はしばしば「義」と訳され、artha-caryā は「利行・利他」と訳されている。Sukha は形容詞では「快い・楽しい」という意味であるが、中性名詞では「安楽・幸福」等の意味となる。インド・アリーリヤ人の最古の聖典 Ṛg-veda では、この語は「（車が）爽快に走る」という意味で用いられた。楽 sukha は苦 duḥkha に対するものとされる。sukha は「安らかさ」も意味する。眠り svāpa を意味する語を付して sukha-svāpa となると「安眠」の意味となる。信仰の核心を得て「こころ安らかに生きること（sukha-vihāra）」(14)が、大乗仏教でもボサツの理想の生き方とされた。

sukha は苦に対する語であるが、仏教では、我々が感受するものは快感であれ〔楽受〕不快感〔苦受〕であれ、そのいずれでもないもの〔不苦不楽受〕であれすべて苦であるとみる。それは感受するものはすべて永続性がなく刹那滅であるからである。永遠に変わることのない安楽 sukha は人々の理想であった。その理想である安楽が満ちた世界が、大乗仏教に登場する Sukhāvatī である。Sukhāvatī は漢訳仏典では「極楽・安養国」等と訳された。

浄土経典の説く、この理想世界は、阿弥陀仏への信仰によって誘われる遥か西方の彼方にあると信じられた。台湾の烏莱には「老人安養院」と名付けられた老人福祉施設がある。この安養院の安養も、中国仏教に大きな影響を与えた浄土信仰に由来した名である。

Ⅱ　宗教と福祉

〔1〕福祉の同義語

日本国憲法第25条②には「国は、すべての生活部面について、社会福祉、社会保障及び公衆衛生の向上及び増進に務めなければならない。」と定められている。「よい暮らしむき」としての福祉はいずれの国民も求めている。世界の憲法の多くが、国民の福祉と繁栄（the prosperity and welfare of a nation）を目指している。しかし、ここで問題としているのは、制度・行政、或いは社会保障としての福祉ではなく、福祉の精神である。

前節で見たように、欧米の言語に於ける福祉は、東洋的な「福祉」の意味を充分に表現するものではない。仏教の根本精神「慈悲」に対応して、西洋では宗教的な意味を含む福祉に相当する語として cherity（慈善）が挙げられよう。cherity は優しく同情的な行為（Kindly sympathetic deeds）の基にある、宗教的・道徳的な響きをともなう soul（魂・精神）と深く関係しているという。本質的にそれは社会的で無私（social and unselfish）の行為とされる。[15]

社会事業成立の前史としての慈善事業は、主として宗教的な慈善に基づいて行われた。その活動の動機は、キリスト教では隣人愛であり、仏教では、菩薩の慈悲行であった。聖徳太子の人道主義的活動は、我が国に於ける社会救済事業の最初の試みとして名高い。[16] そうした行為を、上から下への行為、恩恵に浴せしめるという意志行為であるとする受け取り方もあろう。しかし、近代の社会的基盤を鮮明にした組織活動としての合理的な福祉を考える上でも、その前史の中で果たした宗教的精神を見失ってはならない。

仏教の「慈悲」は、もともと「慈」maitrī と「非」karuṇā とは別の語である。「慈」は「好意・友情」を、「悲」は「同情・哀憐」を意味する。伝統的に仏教では、「慈」は「与楽」に、「悲」は「抜苦」にあてられる。[17] インド一般には、慈悲を表現するサンスクリット語には anukampā (f) という語がある。それは

「(他者の苦しみを見て身体が) 震える」という意味である。仏教の慈悲は、愛憎の対立を超えた「純粋の愛」であり、仏典にはしばしば、慈悲は子に対する親の愛情に譬えられている。大乗経典にはすべての衆生は「悉く、是れわが子なり〔悉是吾子〕」〔『法華経』方便品〕といい、かれらに対しては「愛するに偏党なし〔愛無偏党〕」〔同・譬喩品〕と述べている。

仏教語ではクサイと発音されるが、「救済」と漢訳されたサンスクリット語は uttāraṇa である。もとの語根は「(苦しみから) 救う・渡す」という意味がある。「奉仕 (service)」や「救済 (relief)」も福祉と関係する。もともと奉仕 service は「(ひとに) 使えること」の意であるが、civil servant や public servant（公務員）というときの servant（奉仕者）も同じ語源である。cherity 同様に、奉仕も本質的には社会的で無私の行為である。救済 relief は「(不安や苦痛の) 除去」が本来の意である。奉仕や救済が、単に宗教家や富者の自己満足ではなく、そうした行為主体がつねに深い内省をもちつつ実践していかねばならないことは、『イミタチオネ・クリスティ』や『ボーディチャルヤーアヴァターラ (さとりへの道)』などの東西の宗教書に共通して述べられるところでもある。[18]

キリスト教思想家トマス・ア・ケンピス (Thomas A Kempis, 1380? ～1471) は、謙遜と忍耐とをもってキリストの行為に倣うべく、愛の行為を実践すべきことを勧めた。彼は、こう述べている。

Multum facit, qui multum diligit. Multum facit, qui rim bene facit. Bene facit, qui communitati magis quam suae voluntati servit. 〔*Imitatione Christi*., I. 15-2〕

「崇高な〔愛の〕実践は崇高な仕事を為したことになる。よく為すことは崇高に為することである。社会の幸福のために行動し、自利のためではいけない。それ故、よく為すというのである。」

愛の行為はキリスト教では社会への奉仕へと深く結びついてる。

キリスト教精神に基づいて、多年インドで福祉活動に従事した、マザー・テレサ女史は、苦しみ悩んでいるひとに奉仕をすることは、神に仕えることと同じであると言う。[19] マザー・テレサの奉仕観の中では、社会的救済と宗教的行為とが無私の行為として一体となっている。

インド哲学では、義務や美徳、或いは正義や秩序を表す語としてダルマ

(dharma) の語が用いられる。ダルマは仏教では「法」と訳された。もとの語根 (dhṛ) は「たもつ」という意味で、男性名詞のダルマは「ひとをひととしてたもつもの」「ひととしてたもつべきもの」という意味に仏教では捉えている。ダルマは、今日のヒンディー語ではダルムと発音されるが、ダルムは「宗教 (religion)」を意味する語としても用いられている。ヒンドゥー教はHindu-dharma、仏教はBauddha-dharma、キリスト教はKhrist-dharma、イスラーム教はYavana-dharmaという。世界のどの宗教も。ひととしてたもつべきものを説いているという点では同じであるという理解が、南アジアの人々の宗教観にあるからである。

業による応報と輪廻 (saṃsāra) の思想は、仏教・ジャイナ教を含めたインドの代表的な宗教や哲学を特色づけるものであるが、インド哲学の内、サーンキャ学派は、神々の世界へおもむくための「功徳」をダルマ (dhama) の語で表わす。[20] ダルマに否定のa-を付したアダルマ (adharma) は「罪過」の意味となり、アダルマは、獣などの生存領域におもむくとする。他者のためをはかり、他者を思いやることを、ひととしての「義務」と捉えれば、ダルマも福祉の精神と深く結びつくものである。

福祉を「他者をおもいやること」「他者の為をはかること」という意味で捉えれば、その精神や行為を表わすことばは他にも数多く挙げられよう。それらも同様に福祉の同義語と見なされるのである。

〔2〕ひとのためをはかるもの—福祉と真実—

インド政府の公文書には、国章とされているアショーカ王の石柱法勅の獅子の頭部の下に、デーヴァ・ナーガリー文字でsatyam eva jayateと記されている。サティヤ (satya) は「真実」の意で、それは「真実のみが制する」という意味となる。このことばは、ウパニシャッドの哲学以来、インド人の精神を貫いてきた。[21] 古来よりインドでは、真実は不可侵であり、真実のことば (satya-vacana) には神秘的な力があると考えられていた。

仏教的な「真実」は、覆いを除くことによって示されると考える西洋的な真実とは異なる。たとえ真実であっても、相手のためにならなければ語らないことがあるとするのが仏教の真実観である。これは仏教と同時代のジャイナ教でも同様である。ジャイナ教では、身体の不自由なひとに向かって、そのことを指摘することは真実を語ったことにならないという。[22] 真実は、他者のためをはかるものであると考えられていたのである。今日の医学界に於ける難病の告知という問題も、この点から考える必要があるのではなかろうか。

他者のためには秘される真実も、自らに対してはそれを明かすことを臆してはならない。そのことを、ウパニシャッド文献では、サティヤ・カーマ（Satya-kāma）という青年の物語に伝えている。[23] 彼は、入門に際して、自らの出生を隠すことなくバラモン（brāhmaṇa）の師に告げた。バラモンとしての修行を行え得るのは、限られた階級のものだけであった。恥ずべき出生も隠さずに告げた青年に、師は、彼こそが真のバラモンであるとして、入門を許したという。ここで言う「真のバラモン」は、真の人間・真の宗教家ともいうべきものである。ゴータマ・ブッタ（釈迦）も、「（真の）バラモンたるの道を明かす」ことを、その教えの基本としている。[24] ここでいうバラモンも、ヴェーダの宗教（Brahmanism）に基づくバラモン階級の人々を指しているのではない。

真実のことば（satya-vacana）は、インドの文学作品や大乗仏教に於いても、重要な意味を有している。サティヤは、漢訳仏典には「真実・至誠」「誠・諦」等と訳された。神道の重要な概念とされる「まこと（真事）」ということばは幾つかの漢字にあてられるが、「誠」も「諦」も「まこと」と訓じられる。その内、「誠」は「うそのないこころ・ごまかしのない言行」をいい、「諦」は「真相を明らかにする」ことをいう。

宗教も福祉も、ひとのためをはかり、「まこと」がなければならない。真実もまことも、宗教的に言えば、愛（agape）や慈悲の精神に裏付けられるものである。ひとのためをはかる、その「ひと」は、宗教に於いては宗教共同体や民族といった枠を越えるところに世界宗教・普遍宗教への道がある。福祉に於いては、「特定の社会ないし国民全体の幸福」という社会福祉から、人類・環境世界全体へと展開するところに世界福祉・普遍福祉への道がある。そのためにはこれまでのさまざまなイデオロギーが、人類や我々を取り巻く環境世界にどのような影響を与えてきたのかを正しく批評する必要があるであろう。

まとめ

福祉マインド・福祉のこころ、こうしたことばを最近はたびたび耳にするようになった。今後の福祉型社会に向かって、制度や行政面だけでまかないえない現状があるからであろう。確かに、福祉のこころというようなソフトな表現や精神論では、積極的で具体的な社会改革に結びつかなかった時代があった。社会福祉関係の先学の方々の、恐らくそれは大方の思いでもあろう。しかし、精神やこころをソフトであるとするならば、これまではハードの部分に傾きすぎてはいなかっただろうか。我々は、今こころの時代の到来をあらためて考えさせられるのである。

福祉は、「他者を思いやる」こころに支えられる。ひとのためをはかる純粋なこころは、無私無欲であり、そうしたこころは宗教によって支えられてきた。その宗教は、初めに述べた意味の宗教であり、根本のことわりとしての宗教である。クロポトキン（Kropotkin, 1842 ～ 1921）は、動物の世界にも相互扶助が行われているとした。彼は、人間の道徳的感情を必然的に支えるのは自然の力であり、それはいかなる宗教や立法者の命令よりも強いという。[(25)] 自然のなかに於ける相互扶助は、種が生き残るためにも必要なことである。しかし、人間社会に於ける相互扶助は、世界や環境全体の福祉を目指すことができる。

福祉ということばの有する意味を吟味してゆくと、宗教と密接なつながりをもっていることが判る。その福祉は近代社会に於けるこれまでの獲得すべき福祉から、我々が相互に平等の人間として「他者を思いやる福祉」へと展開してゆくところに、これからの福祉の目指す道標があろう。この意味での福祉は、すでに宗教的行為としても、或いは社会の慣習として伝えられてきたものの中にも見出せた。人間が贖いえないものを必然であると考えるところに、西洋の運命論や仏教の「応報思想」があった。しかし、そうした運命も、人類の「利他愛」によって変えられえると、キリスト教思想家P・A・ソローキン教授は力説する。[(26)] 「利他愛」は仏教の「慈悲」の精神とも同様である。

こころや精神の向上によって社会の福祉はよりよいものとなる。古代のインド人たちは、人間が他の動物と異なる所以を、「(正しく)考える・(正しく)信ずる・(正しく)尊敬する」ことが出来るからであると考えた。ひと(manusya)を表わすサンスクリット語の語根manには、そうした意味があるのである。21世紀には、福祉が、地域社会から更には国家を越えて世界の福祉へと目が向けられることであろう。福祉の精神なくしては、世界の抗争・対立は無くならない。この場合の「福祉」は、根本のことわり・ひとのためをはかるという意味の「宗教」に置き換えることができよう。

福祉の精神は、真の宗教の目指すところであり、仏教の根本精神でもある。7～8世紀の大乗の学僧シャーンティ・デーヴァは「他者と自己と〔の立場〕を置き換えてみる(parātmaparivartana)」[27] ことこそが、仏教の最高の教えであるとした。先進諸国では、すでに歳出抑制のために、既得の権益にも行革のメスを入れる方向に動いているということが報道されている。やがて我が国の福祉政策も、そうした方向を取らざるをえないかもしれない。社会に於いて保障される福祉を支えるのは、我々の義務である。行革によって保障が見直されたとしても、福祉を支えるという義務感が、「利他愛」や「慈悲」のこころに裏付けられれば、制度・行政でまかないえない今後の社会福祉を支えることができると考えるのである。

注

(1) 「宗教」ということばの意味については、中村元博士の論文が『学士院紀要』第46巻第2号〔平成4年2月〕に「宗教という訳語」として寄せられている。もともと仏教語に由来するこのことばは、根本のことわりとしての「宗」と手段としての「教」とに分けられる。仏教では「教」を手段〔方便〕と捉えた。手段を絶対視することなく、「教」はその時代に相応しいものとならなければならないとする。

(2) 吉田久一教授は、日本の福祉思想が社会的認識というより、実践の中で育成された点を指摘している。それが「社会的歴史的」実践とは隔たりがあったとしても、欧米型の社会福祉を導入し定着させる際の土壌を提供してきたことを特徴として挙げている。『日本社会福祉思想史』〔吉田久一著作集(1)、川島書店、1989年9月〕序章参照。

(3) 主要な研究書として矢島浩・現立正大学教授の『明治期キリスト教社会事業施設史研究』〔雄山閣、1982年〕がある。他に概説的なものとしては村田保夫「キリスト教の社会福祉事業」〔『日本「キリスト教」総覧』〔別冊歴史読本・事典シリーズ26、新人物往来社、1995年12月〕があり、関連資料を注記している。

(4) 「私たちは、現実の状況や出来事を説明するよりも、むしろイデオロギー的立場に基づいたモデルを構成する立場を乗り越え、用語のうえでは単純に明記されているかのようにみえるが、しかし実際には高度の価値付加がなされているようなモデルの構成に進んでいかなければならない。」R・ピンカー『社会福祉の三つのモデル（*The Idea of Welfare*）』「第1章　利己主義と利他主義」〔黎明書房、昭和56年2月〕20頁。

(5) 本稿を作成するにあたり、村田松男・前立正大学短期大学部教授からは氏の講義ノートの披見ほか懇切なご教示を受けた。戦後の福祉事業につながる当時の世相については村田松男『老残革命よもやまばなし』〔創栄出版、平成7年1月〕、長尾章象（前立正大学短期大学部教授）「占領下の社会情勢」〔『厚生省二十年史』昭和35年〕に詳しい。

(6) 諸橋轍次『大漢和辞典』（大修館書店）巻８には、「福祉歸二乎王公一」〔韓詩外伝、三〕「賜二我福祉一壽算無レ極」〔易林、大有〕を挙げる。『日本国語大辞典』（小学館、昭和51年9月）には、福祉を「みちたりた生活環境・さいわい」等とし『易林』ほか、『西国立志編』「人生の福祉を増し有用の事業を成ずには」を典拠として挙げている。

(7) *Webster's Third New International Dictionary* of the English Language Unabridged, G. & C. Merrian Company, Springfield, Massachusetts, U. S. A. p. 824参照。

(8) 須郷登世治『ドイツ憲法の解説 Grundgesetz und Verfassung für Deutschaland』〔中央大学出版会、1991年9月〕第2編「ドイツ民主共和国（東ドイツ）憲法」・第3編「ドイツ連邦共和国（西ドイツ）基本法」参照。

(9) ブータンはヒマヤラ東部の人口60数万の小さな王国。ワンチェク国王が昭和天皇の大喪に「ゴ」と呼ばれる民族衣装で参列したことで知られる。「国家にとって大切なことはGNP（国民総生産）ではなく、GNH（国民総幸福）である。」と言う。読売新聞「編集手帳」〔平成8年10月5日付け〕には、こうしたことや、この王国と島根県三隅町との国際協力が始まって10年になることが紹介されている。

(10) 藤堂明保編『漢和大辞典』〔学習研究社、第26刷、1989年〕には、「福」は「神から恵まれた豊かさ。転じて、しあわせ。」とする。藤堂氏の辞典による「解字」を参照。

(11) アショーカ王の政策は「法（dhamma, dharma）」による統治を目指した。王は「すべての人（savamunise）はわたくしの（me）子供（pajā）である。」〔Jaugad Sep. EDICT I ; Dhauli Sep. EDICT I. ref : *ASOKA TEXT AND GLOSSARY* by A. C. Woolner, first published 1924, first reprinted 1982, pp. 21-23.〕とした。動物の去勢や無益の殺生を禁じ、当時の諸宗教を保護するのみならず、植樹、井泉の掘削、休憩所の設営、人々や家畜のために水のみ場などを設置している。すべての人のhita-sukha (welfare and happiness) を願ったことが、諸種の碑文に刻まれている。

(12) The *Vinaya Pitakam*, ed. By H. Oldenberg, vol. 1. *The Mahāvagga*, London, Reprint, 1969. 拙

論「仏伝（梵天勧請）の大乗的展開」〔『知の邂逅―仏教と科学』佼成出版社、平成5年3月〕567～582頁参照。

(13)『法華経』第10章「法師品（Dharmabhāṇaka-parivarta）」にはボサツたちが世間（loka）の「福祉（hita）」と慈しむもの（anukampaka）」としての誓願（praṇidhāna）の故に、この世界へ生まれたとする。大乗仏教の「願生」の思想が、この章には明確に位置づけられている。衆生たち（sattvānām）の「福祉のために（hitārtha）」ということが原始仏教以来一貫した思想である。大乗経典の『法華経』はその思想とボサツの実践を結びつけた。*Saddharmapuṇḍarīka-sūtra*, romanized and revised text by Wogihara and Tsuchida, Tokyo 1958, pp. 197, *l.* 22-198, *l.* 3.

(14)『法華経』「安楽行品（Sukhavihāra-parivarta）」には、仏滅後のボサツは安楽な境地に住して（sukha-sthita）法を説くべきことを述べている。op. cit, p. 241. *ll.* 7-20.

(15) *Encyclopeadia of Religion and Ethics*. ed. by. J. Hastings, New York, 1910.

(16) 聖徳太子の四箇院建立の縁起は次のように伝えられている。「また四箇院を建立する意趣、何を以てか識らんや。施薬院は、これ一切の芝草・薬物の類を殖え、方に順じて合薬して、各々楽うところに随いて、普くもって施し与えよ。療病院は、これ一切の男女無縁の病者を寄宿せしめ、日々に養育して、師長は父母のごとくせよ。病比丘におきては、相い順いて療治すべし。禁物の蒜肉は願楽するところに任せて、服して差愈しめよ。ただし日の期を限って三宝に祈り乞え。無病に至らば、戒律に違うことなく努力めよ。悲田院は、これ貧窮・孤独・単己無頼を寄住せしめ、日々に眷顧して、飢渇をいたせしむるなかれ。もし勇壮・強力を得ん時は、四箇院の雑事に役仕せしむるべし。その養料物は摂津の国、河内の国、国毎に官稲各々三千束。これをもって供用せんのみ。三箇院は国家の大なる基、教法の最要なり。敬田院は、一切衆生の帰依渇仰する、断悪修善、速證無上大菩提の處なり。」〔吉田英哲・奥田清明監修『書き下し『聖徳太子伝暦』』世界聖典刊行会協会、平成7年11月、48～49頁〕。

(17) 中村元『慈悲』〔サーラ叢書1、平楽寺書店、1964年〕参照。

(18) 拙論「『ボーディチャルヤーヴァターラ』と『イミタチオネ・クリスティ』―東西の宗教書にみられる共通点」〔『大倉山文化会議研究年報』第1号、1989年、53～70頁〕に、原文と邦訳を載せて幾つかの共通点を挙げてみた。

(19)「私の願いは神さまを愛し　お仕えすること　あなたの　苦しむ子ども一人ひとりの中におられる神さま　あなたにお仕えすることです」〔『マザーテレサ　愛は傷つく（A Living Love Hurts）』ドン・ボスコ社（新宿四谷）〕。本書にはダンパウロスによる美しい切り絵とともにマザーテレサのことばが詩情ゆたかに邦訳されている。

オーソライズド・バイオグラフィーが1996年に出版されている。*Mother Teresa*, The Authorized Biography, Navin Chawla, published in the USA in 1996 by Element Books, Inc.

(20)『ヨーガとサーンキャの思想』〔中村元選集決定版・第24巻、春秋社、1996年9月〕

464頁参照。

(21) 『マーンドゥーキヤ・ウパニシャッド(*Māṇḍūkyopaniṣad*)』Ⅲ, 1, 6にこの文句が登場する。『ウパニシャッドの思想』〔中村元選集決定版・第9巻、春秋社、1990年7月〕第11章（713～722頁）には「真実」に関して詳しく述べられている。

インドの故J・ネール首相は、この文句を好んで人に書いて与えた。東方学院〔東京・神田〕の理事長室にはその書がかけられている。

(22) 『思想の自由とジャイナ教』〔中村元選集決定版・第10巻、春秋社、1991年3月〕292頁参照。

(23) Satyakāmaの物語は『チャーンドーギャ・ウパニシャッド(*Chāndogya upaniṣad*)』4, 4に登場する。『ウパニシャッドの思想』〔前掲書〕160～168頁参照。

(24) *Suttanipāta* 第3章9節ほか、Dhammapada 第26章には、真のバラモンとは何かが説かれている。『ブッタのことば（スッタニパータ）』『真理のことば（ダンマパダ）』〔中村元訳・岩波文庫〕当該箇所参照。

(25) P・A・ソローキン『利他愛―善き隣人と聖者の研究―』〔広池学園事業部、昭和52年〕参照。

(26) 「人間の道徳的感情は、最初の類人的動物がこの地上に出現するずっと以前に、動物社会のうちに発達した相互扶助本能の一層の進化にすぎない。」『世界の名著』「アナーキズムの起源」中央公論社、昭和46年2月〕462頁参照。クロポトキンには「相互扶助」を論じたものがある。cf. Mutual Aid, a Factor of Evolution. (1902)

「ディユルケームやクロポトキンは、非公式的でかつ自発的な相互扶助の実践に信頼をおき、その実践のなかに、利他的であろうとする人間的性向の必然的かつ自覚的な証明があると見なすのである。」R・ピンカー『前掲書』25頁。

(27) シャーンティ・デーヴァは「自他の転換(parātmaparivartana)」を「最高の秘奥(paramaṃguhyaṃ)」であるとしている。*Bodhicaryāvatara*（Bibliotheca Indica）edited by V. Bhattacharya, The Asiatic Society Calcutta 1960, VIII-102.

仏教福祉と病人看護
—日遠『千代見草』を通して—

はじめに

仏典には、『律蔵』をはじめとして、大乗経論にも看護に関する記述が見られる。それらは概ね病人看護（看病）ともいうべきものであるが、その範囲だけにとどまらない。仏教の説く「四苦」の一つとしての「病苦」は、生を受けた者たちが避けることのできない「老苦」や「死苦」とすべて密接に関連するからである。

仏教の故郷ともいうべきインドでは、医学は、中国の漢方と並び称されるほどの発達を遂げてきた。特にインド医学（アーユル・ヴェーダ[(1)]：「生命の知識」の意）では、優れた薬剤の利用法や施術なども古代からあった。釈尊ゴータマ・ブッダの時代には、耆婆（Jīvaka）のような名医の存在も知られていた。内科医チャラカ（2世紀頃）に帰せられている『チャラカ本集（*Caraka-saṃhitā*）』には医師の倫理の問題も言及されている。[(2)]自然科学の分野の未成熟に比して、古代に於ける医学の発達は、かれらの民族性を考慮すると、奇異の感を懐かれるかもしれない。しかし、それがかれらの「慈悲」と「温情」の精神に基づいたものであることを知れば、誰しもが医学の分野の発達と哲学・宗教との密接な関連を首肯することであろう。

仏教の看護も、慈悲と温情の精神に基づいている。この精神は現代の福祉（医療）業務に携わるものも、これから福祉を学ぼうとするものも忘れてならないものである。江戸時代の仏教僧・日遠（1572～1642）は大乗仏教の慈悲の精神に基づき、看護に於ける誠実で思い遣りのある心を「まめやかな心」と呼んでいる。一口に八万四千とも言われるほどのすべての仏典を網羅して、仏教の看護を論ずることはたやすくない。ところが本学の建学の精神の寄るべとなる、鎌倉時代の仏教僧・日蓮（1222～1282）の法脈をひく門下に、病人看護を論じた優れた著作がある。それが日遠の『千代見草』[(3)]である。

彼の著作に引用された経論には、これから仏教福祉を学ぶ者が基本資料とすべきものが多く含まれる。これらを踏まえて、本稿では、『千代見草』に述べられた仏教看護を紹介するために、はじめに仏陀の教説（仏説）の現代的受容を、次に『千代見草』を通して病人看護の心得を考察してみたい。

〔Ⅰ〕 仏陀の教説（仏説）の現代的受容

日本文化は、諸方面にわたり、それがもともと仏教に基づくものであることさえも気づかれないほど仏教に大きく依っている。但し、インドの宗教の一つである仏教は､そのままの形が日本に今日継承されているわけではない。仏教は、日本の風土や日本人の思惟傾向、習俗･信仰、かれらの価値観によって変容を受けつつ今日に至っている。それは仏教の伝播した国々でも同じことである。仏教はそれらの国々の歴史や文化、価値観を否定することなく広まっていった。仏教には真の寛容と宥和の精神が存していたからである。

仏教が伝播した国々では、かれらの価値観に基づく仏教受容のために、たとえば中国では「孝」の道徳や死者に対する「追善供養」の徳目を、仏説にかりて補う必要があった。中国で漢訳されたと伝えられている仏典の中には、『父母恩重経』『盂蘭盆経』などのように中国で作成された経典も含まれているのである。[4] 今日の原典批判の立場からすれば、それらは「偽経」とされるものである。しかし､それは「ひとがある目的をもって作為した（＝偽）経典」であって、「うそ・いつわり」という意味の「偽」ではない。

仏滅後数百年を経て、新たに起こった仏教精神復興運動の中から、大乗経典が陸続と出現し、それらを人々は仏説として信奉した。原始仏教以来、一貫した慈悲・温情の精神、そして一切の「空」の立場が大乗の経典に継承されていたからである。こうして登場した多くの大乗経典は、当然ながら実際の釈迦のことばだけが伝えられ記されているわけではない。しかし、釈尊の精神を継承し、その時代に即応させて社会に活かし、欠けているものを補うためには、釈迦のことばにかりて説く必要があった。そしてそれらはみな仏説と見なされた。[5] この意味からは、中国で作成された経典も、こうした判断に基づいて扱わねばならないのである。

我が国に伝わった仏教も、漢訳仏典に基づく仏教である。日本の仏教者たちは、かれらの生きた時代・社会背景の中から、それらの仏典を通して、やがて独自の日本仏教を築きあげた。信仰上の面に於いても、殆んどの仏教僧にとっては、特定の所依の経典にとどまらず、様々な漢訳仏典に依拠した総合的な仏教理解の上に立っていた。『法華経』以外の余経に対する不受の姿勢と他宗批判で名高い日蓮の場合も、彼の仏教理解や信仰の世界は、所依とした『法華経』にのみとどまっていない。彼の数多くの著作や遺文を通覧して驚くように、およそ仏教内外のあらゆる典籍に依拠して構築されたものである。

仏典を、すべて史上の釈尊の金言と見なす据え方は、すでに江戸時代の思想家・富永仲基（1715～1746『出定後語』。現代語訳は『日本の名著』18、中央公論社、昭和47年5月に載る）によって鋭くその難点が突かれている。彼の仏典批判は、近代の仏教研究の成果によっても、その指摘が是とされるものが含まれている。そうした批判にも係わらず、仏教が日本の精神文化に果たしてきた意義は非常に大きい。それは、識者にとっての無尽の宝庫としてのみならず、数多くの経論のなかに、人々が釈尊以来の一貫した普遍精神をつかみ得ていたからであると言えよう。この普遍的な精神を、仏教ではダルマ（dharma 法・理法）と呼んだ。その意味は、「ひとがひととしてたもつべきもの」の意である。和語となっている「お互いさま」のことばにもあるように、互いに助けあう、社会に於ける相互扶助もこの精神に基づいていた。〔因みに、「相互（anyonya）」という語は仏教語としてあり、サンスクリット語には相互扶助に相当する「相互奉仕（anyonya-kṛtya）」という語句がある。〕

仏教の教説は、インドの宗教の特色とも言うべき「業（karma）」と業による「応報」の思想に基づいている。業による応報は「輪廻（saṃsāra）」の思想とも結びつく。確かに『般若経』に代表される「空」の立場を強調する経論では、善業による応報としてのよき果報を求めようとする、即ち功徳果報を目的とした行為は厳しく戒められてはいる。(6) それは人々に善業をなすことを勧めていくなかで、無所得「空」の教説に省みた純粋な宗教的反省から生じたものである。しかし、アザー・ワールド（other world）が唯一の救いとなる時代では、世俗の人々の専らの関心事は「後世（来世）」であった。かれらにとって「死」が身近なものであったからである。釈尊も、その時代の人々が、よき来世を望む、そうした希求や願望をけっして否定していない。[7]

大乗の重要な論書である龍樹（Nāgārjuna150 ～ 250頃）の『大智度論』〔大正25巻1–756頁〕では「慈悲はこれ仏道の根本なり（慈悲是仏道之根本）〔256 c〕と述べている。「慈悲」は仏教の根本精神ともいうべきものである。自らもひとも、常に病や死に迫られている状態にありながら、他者の心の平安を願い、手をさし伸べることは、大乗の慈悲の実践者であるボサツ（菩薩）の「誓願（praṇidhāna）」でもある。病む者、死にゆく者は、生類の存在する限り尽きることはない。かれらに温情の手をさし伸べるという行為も、彼の生きる時代や社会によって形に違いは生ずる。しかし、その精神は、民族や宗教共同体、或いは時代を超えて不変なものである。

古代以来、宗教家が民衆のよきカウンセラーであり、心身の病を癒す良医であることが求められていたのは東西の宗教に共通している。やがて医学の進歩にともない、病は専ら医師や薬剤師に委ねられるようになった。しかし、宗教家、特に仏教者としての対応が、病を医師や薬剤師に委ねることによってすべ放棄されたわけではない。我が国では議論が尽くされたかの如く見なされている「死」の判断は、欧米でも、それが宗教や哲学の領域に委ねられるべきであるとする意見が根強い。

仏典の記述のなかには、今日の自然科学の知識からすれば、明らかに修正されなければならないものがある。それでもなお仏教の所説は、医療や科学技術の発達した現代に於いて充分な意義をもっている。「合理主義」ということばを、人間に関する道理に合することをめざすものとして捉えれば、仏教の応報思想も、現代社会に於いて、まさに「理に合する」という本来の意味での「合理」的思惟である。[8]

ひとは何故に非法を為すのかという問に対して、『大智度論』では「貧窮の因縁の故に、（ひとは）十種の不善道を行ずる」と捉えた。貧しさの故にひとは罪を犯すことがある。物の乏しさが、時に心の貧しさを生ぜしめることもあるからである。もしひとに僅かでも財があり、足れることを知っていれば、罪を犯すことはないと『大智度論』は考えたのである。それでは何故、貧窮となるのか。これに対して、「衆生は布施せざるが故に、後世貧窮なり」と捉えた。困窮者に対する物心の援助（＝布施）はひととしてたもつべきもの、ひととして為すべきもの（＝ダルマ）である。この場合の「ひと」を社会や国家に置き換えれば、広義に於ける今日の社会福祉となる。そこで、「若し布施を行ずれば、生まれて財物あり。財物あるが故に非法を為さず。」〔150c〕と言うのである。物心の援助（布施）を、相互扶助と捉えてもよいであろう。物の豊かさと幸福、貧困と犯罪、一見、宗教の教説とあい反するように思われるものが、ここではまさに合理的に思惟されている。

応報思想に基づけば、病も彼の業による応報となる。しかし、すべてを応報と捉えても、真の仏教者はかれらの苦しみを等閑視することはない。衆生の苦しみを除き、かれらを平安な境地にいざなうことが、仏教の慈悲の実践者・ボサツとしての生き方に他ならないからである。

〔Ⅱ〕「看病の心得」と日遠の『千代見草』

『律蔵』に述べられる病人看護は、主としてかれらの属す教団・サンガ（僧伽）内に於いて病をえた修行僧たちに対する心得である。『四分律』巻41「衣犍度之三」〔大正22巻862a〕には、釈尊が、病を得た比丘を扶け起こし、自ら身体の不浄を拭って衣を洗いきよめ、住処を掃除して彼を安臥せしめたことを伝えている。釈尊自らが行った病人看護は、後に『律蔵』のなかで、出家の比丘たちが行ずべき戒めとなった。大乗では、それを更に敷衍して一切衆生に対する慈悲・温情による看護と捉えた。その担い手は、大乗のボサツであり、その精神は、我が国では仏教者による福祉事業となって展開し今日に至っている。江戸時代の仏教僧・日遠の看病の心得も、仏説としての経論に依拠している。具体的な実際の看護に活かされるものとしても見直されるべき彼の主張は、仏教の根本精神に基づいたものである。

日遠の説く、病者や死にゆくものに対する「心得」は、特定の宗派意識を離れた仏教の「一切経（大蔵経）」を踏まえたものであることは注目に値する。他者を「思い遣る」、その精神は看護に於いても具体的な形となって発現されなければならない。誠実で思い遣りのある心（まめやかな心）、それが病人看護の実際にどのように受け取られるべきかを、『千代見草』下の巻頭部分で次のように述べている。〔引用は『国文東方仏教叢書』法語部下巻による。以下引用文中の（　）〔　〕内は筆者が補う〕

「まめやかの心にて、ひたすら後世を思はん人は、病人をかんびやう（看病）すべし。修行の道ぞさまざまあれど、かほどのくどく（功徳）はあらじとぞ思ふ。又、大なるつみ（罪）になるもかんびやう（看病）也。やまひ（病）のはやくなを（直）りぬるも、なをる病のなをらぬもかんびやう（看病）人の心にあり。死ぬる人の仏になるも、思（悪？）道におつるも、あつかふ人のはたらきによれば、一大事に心をとめてかんびやう（看病）せば、これにま（増）したる善根こそ世に又あらじとおも（思）はるれ。」〔608頁〕

どのような修行も看病に勝るほどの功徳のあるものはないと日遠は捉えた。彼はその典拠として以下のように、部派仏教の律蔵である『四分律』『摩訶僧祇律』、それに『梵網経』などを挙げて、看病は如来供養と同等の功徳があり、八福田[9]の一つに数えられていることを述べている。

「四分律に云、[10]釈迦如来ののたまは（曰）く、もしわれに供養をせんとおもふ人は、病人をかんびやう（看病）すべし。かんびやう（看病）すべき人を捨て、かんびやう（看病）せずは、大なるつみ（罪）也。諸仏は大慈悲を体とし給ふ。我ことばに随て、かんびやふ（看病）をよくする人は、即是仏心也。」〔610頁〕

「僧祇律に云、[11]出家は修行学問のひま（暇）をおしみ、在家はいとなみ（営み）のひま（暇）をおしみて、かんびやう（看病）すべき人を捨て、かんびやう（看病）せずば大罪也。」〔611頁〕

「梵網経に云、[12]仏の弟子は、一切の病人を見て、かんびやう（看病）する事、仏を供養するごとくに、ねんごろにかんびやう（看病）すべし。かんびやう（看病）は八福田の中の第一也。もし父母師匠弟子のやむ（病む）時、うらみ（怨み）など有とて、かんびやう（看病）せずば大罪也とゝき（説き）給ふ。」〔611頁〕

特にこの中では『梵網経』を引用した、一切の病人を「仏を供養するごとくに、ねんごろにかんびやう（看病）すべし」ということばに、マザー・テレサ（1910～1997）の神への奉仕の精神と共通したものがあることを記さねばなさない。[13]部派仏教以来、仏教の修行者は「看病人」にたとえられるのである。

日遠は、「殊に後生をねがう人は、出家にても、在家にても、他人にても、親類にても、病とならばまめやかに心をとめ、慈悲心にてかんびやう（看病）すべし」〔610頁〕と言う。ここに出家・在家を一貫した大乗仏教の基本精神が認められる。部派仏教では、出家は後生（来世）を願うことはない。大乗の出家（出家ボサツ）は、願生によって悪趣（durgati）にさえ赴くと考えられたのである。

日遠は、『弥勒所問本願経』〔『大宝積経』巻111〕を引用して、病人を癒すために、彼の求めに応じて、太子が自らの身体の骨の髄をとりだして与えたという釈尊の過去世物語（ジャータカ）を紹介している。そして「かんびやう（看病）のために、〔太子は〕身の骨髄だにも施し給ふ。金銀衣食などはおし（惜し）まじき事なり。」〔611頁〕と述べる。仏典に於ける「骨髄移植」の典拠ともなる過去世物語[(14)]である。

病人看護には相応の経費を要する。財のもてるものばかりが常に看護にあたるわけではない。そこで、日遠は『善生経』[(15)]を引用して、「かんびやう（看病）人のもちたる財物、つかふ（使う）をいとふ（厭う）べからず。財物尽てなく（無く）ば、人にもらひ（貰ひ）てかんびやう（看病）すべし。求ても人くれずば、三宝物をかり（借り）て用うべし。」〔612頁〕と言う。

看病のためならば、三宝物さえも借りて為すべきであるとするのである。「三宝物」は仏・法・僧の三宝に属するものをいい、伝統的部派仏教では、それぞれ所有を別にし、盗用や互用を認めない。しかし、三宝が本来衆生済度のためのものであるなら、それらを用いることは何ら問題はないはずである。ここにも、大乗の慈悲の精神が、従来の保守的な仏教教団（＝小乗仏教）の規律を超えていることが判る。

看病が却って彼の功徳にならずむしろ「大罪」となることのあることを、日遠は『増壱阿含経』[(16)]に云く、として六種挙げる。

「一つには、薬の相応不相応もかんがえず用る事。

二つには、病にはやく退屈して、物ごと成次第とおもひぶせなる事。

三つには、かりそめにも、はらをたててよくいねふる（居眠る）。

四つには、きる物食物金銀をむさぼ（貪）らんために、かんびやう（看病）する事。

五には、食物にきんもつ（禁物）、好物、すゝむる時、すゝめぬ時、あんばい（塩梅）のぎんみ（吟味）もなく用る事。

六には、病人とあいさつ（挨拶）あしく（悪く）して、物がたりもせずなぐさめ（慰め）ざる事。」〔612−613頁〕

日遠は、これら6種のものも「まめやかの心にて、慈悲にてかんびやう（看病）すれば、此とが（咎）はなき事也。」とし、更に、「貪欲ゆえにかんびやう（看病）するゆえに、此のとが（咎）のがれ（逃れ）がたきなり。」と言う。

「貪欲ゆえに看病する」、昨今に於いても時折、そうしたことが事件となって報道されていることは、周知の通りである。大罪となる六種に対して、「大功徳」を得る5種の方法があることを、日遠は『四分律』(17)に云く、として次のように述べる。

「一には、病人の食物に、禁物好物、すき（好き）ぶすき、くち（口）に応ずる味、応ぜざる味、すゝむ（勧む）る時、すゝめ（勧め）ぬ時をよくかんがゆる（考える）事。

二には、病人の大小便、膿血、痰つばをむさく思ひ、いやし（卑し）むべからざる事。

三には、慈悲心にてかんびやう（看病）し、きる（着る）物、くい（食い）物などを得るためにせざる事。

四には、薬の相応不相応をよくかんがへ（考え）、用ゆる時、用ひざる時、せんじ（煎じ）やう、うす（薄す）からずこ（濃）からぬように、念を入れる事。

五には、病人の心をそろりそろり善心にうつす（移す）やうに、たよりにちなんですゝむ（勧む）べし。かりにも執着すべき事、かたる（語る）べからず。病人かた（語）らば聞終りて、何事もゆめ（夢）の世の、さめ（醒め）ゆくうちの事なれば、みないたづら事也とすゝむ（勧む）べし。もし死にのぞむ（臨む）までに、貪着の妄念にて終らせば、かんびやう（看病）人のつみ（罪）也。」〔614−615頁〕

ひとが、やがて死に至ることが誰の目にも明らかな時には、それ以上の投薬や治療行為を為すべきかどうかが問題となる。この点に関して、日遠は次のように述べている。

「誰が目にも死病と見たならば、薬を用る事なかれ。薬は病をなをす功能あり、病は死病にてなか（を？）らねば、病と薬とたゝかふ（戦う）てかならずくるしみ（苦しみ）もだえ（悶え）、正念[18]みだるゝ物也。薬を用ひざればさかふ（逆う）事なきゆえに、自然におとろへ（衰え）て、心しづかにおわる（終わる）物也。」〔620頁〕

日遠は自然な死を理想とした。過度の医療行為には批判的であった。[19]「死病」であることが判れば、「寺にても在家にても、しづかなる所へうつし（移し）、かんびやう（看病）すべし。」〔615頁〕と言う。それは死にゆく者の心が無常をわきまえ、菩提心（bodhi-citta さとりに向けての心）を起こし、正念となるからであるとする。

仏教の「五戒」には不飲酒戒がある。飲酒が厳しく禁じられたのは多分にインドのような暑熱の風土的な環境にもよると考えられている。一方、酒が薬として与えられることは、日遠もそれを是とした。彼は『分別功徳論』〔大正25巻〕[20]を引用し、仏陀が、「わが制する飲酒戒は、病人にあらず。薬にならば与べし」と述べたことを典拠として、「酒をこのむ（好む）病人にはゆるして（許して）少しづゝ用ゆべき也」〔621頁〕と言っている。

但し、日遠は、魚や鳥獣の肉を食べることは、たとえ「くすりぐい（薬食い）」として小乗経典には許していても、[21]大乗のボサツは命を失ってもすべきことではないとした。一般には、部派の伝統的仏教の方が、戒律にかんしては大乗よりも厳しいと受け取られている。しかし、肉食にかんする持戒は、むしろ大乗の出家修行者（出家ボサツ）の方がより厳しかったことが、玄奘（602～664）の伝記[22]の記述によっても知られる。

日遠は、大乗仏教の思想に基づいて「肉をくふ人は、たとひいかやうの修行したりとも、此の人は大羅刹（rākṣasa 悪鬼）也」と捉え、更に、「肉をくふ人は大慈悲心をうしなふ。六道界の衆生はたがひに父母六親属なり。その肉をくふ人、いかにしてか生死の苦海をはなるべき。」と述べている。「つよき肉」は、身の養いにはならずにむしろ「病のこやし」になるとし、臨終まぢかな時には、彼の横たわる家の内にも肉類を持ち込んではならないと厳しく戒めている〔622−623頁〕。[23]

一方、死期がまぢかに迫った病人には、たとえ禁物であっても、彼の望む飲み物や食物をあたえるべきであり、その念を残して亡くならせてはならない、と日遠はこまやかな配慮を見せている〔623頁〕。同様に、仏制によって禁じられているものは、それを厳守すべきであるが、長い病床のつれづれにおいては、彼のなぐさめとなるような謡曲や浄瑠璃も、それらが愛欲や妄念などの執着をおこすことのない範囲で許すべきであるとしている。

日遠は『毘尼母論（経）』〔大正24巻〕を挙げ、風熱の患いに薬として「ひともじ（＝葱）」を用いることを許しているとした。葱[24]は「五辛」の一つであり、仏教では五辛は「婬欲をおこし、生にて食えば瞋恚を増す」〔日遠はその典拠として『首楞厳経（首楞厳三昧経）』〔大正15巻629-645頁〕を挙げる〕と退けられてきた。またその臭きにおいは悪鬼が好み、諸ボサツや諸天は穢として嫌うとされている。日遠は、先の『毘尼母論』の所説に基づき、「風熱をさますには、ひともじの白根を入れてせんじ（煎じ）用ゆる事あり。」〔622頁〕とした。ここにも仏説に準拠しつつ、実際の看護に適切に対応してゆこうとする日遠の姿勢が伺える。

『千代見草』には、臨終や「四苦」のうちの「死苦」にも言及されている。看病人は、病人の善心を促すために、彼の善事・功徳を誉めるべきであるという〔625頁〕。そして彼がまだ堅固なうちから、「臨終のつとめ」を一座ずつ、毎日勤めるようにさせるべきことも述べる。更には、死後の遺骸のあつかいにも言及している。この部分の『千代見草』の記述は、日遠の属する宗旨の信仰や儀礼にそったものである。しかし、当時の日蓮法華宗門に属する仏教者（及び信徒）たちの習俗信仰を知るうえにも興味深いものなので挙げておきたい。

> 「病人いまだけんご（堅固）慥（たしか）なる時より、臨終のつとめ（勤行）を一座づつ、毎日つとむべき也。かねてよりつとめつけぬれば、諸人いまいましくもおも（思）はず。まさしきりんじう（臨終）の時、あはてず（慌てず）してなれ（慣れ）てよき也。本尊〔日蓮によって信仰対象の世界として描かれた曼荼羅（maṇḍala）を東むき[25]にかけ、机に御経〔＝法華経〕をすへ、香花燈明を供養し、病人をいだき（抱き）かゝえおこし、手水をつかはせ、物によりかゝらせ、本尊にむかはせて合掌させ、かんびやう（看病）人りん（鈴）をしばしなら（鳴ら）し、正念にしづめてから御経

をよみはじむ（始め）べし。御経は十如是・自我偈にても、寿量品・神力品にても陀羅尼品など、しづかによみて、だいもく（題目）を病人のたいくつ（退屈）せざるほど、つれだち（連れ立ち）となふ（唱ふ）べし。病人くたびれおきふし（起き伏し）なりがたくば、北枕に本尊にむかふやうに西むきにねさす（寝さす）べし。釈尊の涅槃の儀式也。東は発心のかた（方）、南は修行のかた（方）なれば、行足をおき、西はぼだい（菩提）のかた（方）ゆへ（故に）にむかはせ（向かわせ）、北は涅槃のかた（方）、涅槃は空の理をあらはせば、頭は天をかたどりて空也。空理に相応のゆえに、北枕にさする也。病人左のわき（脇）にむししやく（虫癪）などあれば、右を下につけ、西むきにふす（伏す）事ならぬ物也。是は一往の表事なれば、だいもく（題目）さへとなふれば、いづかたにてもくるしからず。本来無東無西むかふかた（向かう方）寂光也。〕〔626−627頁〕

北枕は、釈尊の最後の旅路を伝える『大パリニッバーナ経』[26]に伝えられている。但し、日遠は、それは一応の表事であって、題目さえ唱えれば、方位はいづれの方でもよいと言う。ここにも大乗の「空」思想に基づく自由無碍な、因習に捉われない日遠の解釈が見られる。この『千代見草』に述べられている臨終の儀式は、今日の日蓮宗門に於いては臨終の際の読誦経典にも受け継がれているものである。

日遠は、更に『大集経（大方等大集経）』〔大正13巻1−409頁〕に「死の苦を受くる時、専心に繋けて仏・法・僧宝を念じ、身命を惜しまざれ」とあることを引用しながら、「正しきりんじう（臨終）には、三宝も詮なしたゞ南無妙法蓮花経のみとなふ（唱ふ）べし。」〔627−628頁〕と、唱題による臨終正念を勧めている。『法華経』には小功徳成仏（少善成仏）、即ち僅かな宗教的行為によってもさとりに達するという教説が説かれている。[27] 易行としての唱題を日蓮宗門では「正行」と捉えた。この唱題は、浄土門の専修念仏に相当するものである。〔念仏 buddha-anusmṛti buddha-manasikāra〕は、「ほとけを念ずる」意が本来のものであるが、浄土門では阿弥陀仏の各号を称えること（＝称名念仏）をいう。現代中国語でも「念仏」は阿弥陀仏の名を称える称名念仏を意味する。因みに唱題は経名（題目）を唱えることをいい、念仏と同様に功徳があるとされる。その典拠は筆者の知りえるところでは『金光明経』

[28]に登場する。〕

死をむかえようとする者が、大小便などの不浄によって穢れた時に「臨終の勤め」はどのように為すべきかについて、日遠は、応答形式の文体によって次のように答えている。

「とふ（問ふ）て云、臨終のつとめあれば、聖衆三宝来臨ならば、病人、大小便にてけがれ（穢れ）なば、りんじう（臨終）のつとめ（勤め）をやむ（止む）べきや。こたえ（答え）て云、病人、大小便にてけがれ（穢れ）ても、少しもくるしからざる也。たゞおこた（怠）らずつとむ（勤む）べき也。もとより穢悪充満の国土にて、清浄なる物ひとつもなきゆへ、仏はさして大小便はにくみ（憎み）給はず。仏のきらひ給へるは、人の心のけがれ（穢れ）なり。まめやかに心のけがれ（穢れ）をすまし（澄まし）ぬれば、水に月のうつるがごとく、そのまゝ来り給ふ也。今をかぎりのくるしみにかへて、一念に信ずる人を、大小便のけがれ（穢れ）などにて、いかでか見すて給ふべき。さればとて大小便のけがれ（穢れ）をさるに、病人くるしむ事もなきに、けがしておくは、かんびやう（看病）人のとが（咎）也。三宝までをけがしぬる大罪也。」〔628頁〕

女性の月水を不浄視し、穢や障りであるとした鎌倉時代に、それらが決して忌むべきものではないとして、女性たちにあたたかく信仰上の助言をし、その著述や消息（手紙）が伝えられている仏教僧が法然（1133 ～ 1212『和語燈録』百四十五箇条問答、現代語訳は『日本の名著』 5、昭和46年12月に載る）や日蓮（『月水御書』昭和定本第1巻、286‒293頁）である。日遠の『千代見草』に見られる大小便を穢とせず、ひとの心の穢こそ、諸仏の嫌うところであるとするこの記述も、宗祖・日蓮の思想に基づくものと言えよう。

看病や病気見舞いのために室内に入る時にも注意が必要となる。日遠は、その時には「まづ戸のそと（外）にて、しばし気をしづめて入、病人のそば（傍）へよりても、又気をしづめ、病人のよはき（弱き）気に、我気をとくとうつして（移して）から物をいふ（言う）べし。そとの気にてすぐに物をいへば、病人に相応せずしてあしき（悪しき）てあしき也。見まう（見舞う）人をのこらず室内へ入るへからず。」〔630頁〕と、病人を見舞う際の具体的な方法にも言及している。

経典には、「断末魔（marma-ccheda）」の苦しみが説かれている。断末魔は、急所（marman 末魔）を刺し通す（cheda 断）ことをいう。ひとはこれによって死ぬと考えられていた。日遠は、仏典に基づいて天竺（インド）のこのことばを解釈して、「此の国にては風刀という事也。臨終に身のうちにつるぎ（剣）のごとくなる風が出来て、ほねぼね肉を吸うがち、引きはなしぬるくるしみ也。」〔631頁〕としている。『正法念経』〔大正17巻1−379頁〕を挙げて、その堪え難さを「千筋の鎚をもちて、一度に身をつく（突く）くるしみはたへがたけれども、断末魔の苦しみを十六分にわり（割り）て、その一分にもおよばざる也。」〔631頁〕と述べている。それは、心筋梗塞の激痛や苦しみを想起させる。そこで、常に善業に勤める人は断末魔の苦しみが少ないとして、日遠は善業に励むべきことを勧めるのである。

断末魔は「臨終の大なるさはり（障り）」の一つに日遠は数えている。この臨終の大なる障りには3種あるという。一つが「断末魔の苦しみ」。二つが「魔の障り」、三つが「妻子の嘆く声」であるとする〔623頁〕。魔（悪魔）は、サンスクリット語のマーラ（māra 魔羅：「ペストなどの疫病」「障害」の意）の音訳語として、中国人が造語したものである。「魔の障り」を避けるためには、看病人は「陀羅尼神呪」を繰り返し読誦し、「魔を降伏する慈悲勇猛の僧」を両人頼むべきであると彼は言う。一人の僧は臨終正念の祈念を、もう一人の僧は題目を唱えさせるというものである。こうした臨終の際の対応は当時実際に行われていた習俗信仰を伺わせるものである。

そして臨終の刻には「魚・鳥・五辛をくひ、酒をのみたる人を室内に入べからず」〔633頁〕と制する。それは彼に便りを得て悪鬼が室内に入って障りをなすからであると言う。或いは怨恨をもって死んだ者の霊によって臨終正念を乱されることがあると言う。そこで、もし思い当たることがあれば、それらの死霊に先に弔う約束をしてから祈念すれば、死に逝く彼はたちまちに正念となることも述べている。魔の障り（魔障）があることを判れば、「室内に女人をおくべからず」〔633頁〕と言う。「女人あれば、何ほどいのり（祈り）てもしるし（験）なき物也。」と日遠は述べる。これは当時の一般的な通俗的信仰理解に基づいたものである。

「妻子の嘆く声」が何故「臨終の大なる障り」となるかといえば、かれらの嘆く声が病人の耳に聞こえると「心がうつりて正念みだ（乱れ）る」からであると言う。人の情としての悲しみも、あまりに激しければ、去り逝く者のこころを乱すことになるからである。

『千代見草』には臨終の近いことを知る方法と、死人の未来の善悪を知る方法が述べられている。それらは実際の臨床での観察に基づくものと仏典に依拠したものとがある。いずれも今日の医学知識からみて頷かれるものと、当然ながら断定しがたいものがある。但し、日遠は仏説としての経論理解のうえから、典拠に基づく解釈に疑いを懐いていない。それらを単なる非科学的な俗信的解釈としてしまうのではなく、当時の人々がこうした観察によって死に逝くものの未来を感じとっていた、その記録としてみれば民族学的な資料を提供している。

「心しづかに正念なる病人をば、さいさい（再々）心をつけ、病人のいきあひ（息合い）と、自身の息と合てかんがふ（考ふ）べし。いきあひ（息合ひ）にちがひ（違い）あらば、りんじう（臨終）ちかしと知るべし。」〔623頁〕

「〔死人の未来の善悪を知るには〕かほのいろ（顔の色）白きは善所、くろきは悪道也。」〔637頁〕

玄奘が、その原典を求めて入竺したという『瑜伽師地論（*Yogācara-bhūmi*）』〔玄奘訳、大正30巻279-883頁〕には、人間は善人ならば足から次第に心臓へと冷えてゆくことを伝えている。(29) 心臓（hṛdaya-deśa）は、古来よりインドではアートマン（ātman 純粋精神）の棲む神聖な場所と見なされていた。こうした教説に基づいて日遠は、六道〔地獄（nāraka 奈落）・餓鬼（preta 精霊）・畜生（tiryak 動物）・修羅（asura 阿修羅）・人間（manuṣya）・天上（deva）〕のうち、修羅を除いた、世界への輪廻・再生を次のように捉えている。

「つねに善事をせし人、足よりそろりそろりひへて（冷えて）のぼり、臍よりうへ（上）あたゝか（温か）にて息たへ（絶え）ぬる人は、人間に生るゝ也。足よりひへて（冷えて）かほ（顔）にいたり、頂あたたか（温か）にて息たへ（絶え）たる人は天上に生るゝ也。つねに悪業せし人、かしら（頭）よりそろそろひへ（冷え）、腰に熱ある時、息たゆる（絶える）人は、餓鬼に生るゝ也。かしら（頭）よりひへ（冷え）て腰から膝までに熱ある時、息たゆる（絶える）人は、畜生に生るゝ也。かしら（頭）よりひへ（冷え）て、ひざ（膝）よりあし（足）のうら（裏）までに熱ある時、息たゆる（絶える）人は、地獄に入也。仏になる人はむね（胸）いたゞき（頂き）皆あたゝか（温か）也と。」〔637頁〕

『千代見草』の巻末には、葬送の方法に水葬・火葬・土葬・林葬の「四葬」があることを紹介している。インドの葬法には「火葬・水葬・野葬」の「三葬」のあることを『大唐西域記』〔大正51巻877c〕に伝えている。一般に「四葬」は「水葬・火葬・土葬・風葬」をいう。このうち風葬は、今日のチベット高原にみられる「鳥葬（チャトル）」などもそれに属する。『釈氏要覧』（宋代1019年）下〔大正54巻308c〕では風葬に代わって「林葬」をならべている。[30]日遠の「四葬」理解はそれに基づいたものである。日遠は「四葬」のなかで、「水葬」と「林葬」とが、魚・鳥獣の飢えを養うゆえに功徳が広大であるとした。そこで、特に出家は遺骸を林葬にするよう遺言すべきであると主張する。日遠は、当時の形骸化しつつあった葬送習俗に対しても、次のように厳しく批判する。

「あさましや人ことに（毎に）、死骸にまで貪愛をのこし（残し）、やせ（痩せ）狼のうへ（飢え）をすく（救）はで、あたらかばね（屍）に薪をついや（費や）し、くさ（臭）き煙をはゞから（憚ら）でやき（焼き）たがりぬる也。過去の業因つたなく（拙く）て、かつ（餓）へ死したる乞食を川へながし（流し）、野山にすて（捨て）、おしげ（惜しげ）もなくうを（魚）鳥けだもの（獣）に活計させて、思ひのほかのくどく（功徳）を得る身のはて（果て）ばかりはうらやまし（羨まし）。」

火葬〔荼毘は jhāpeti（火葬にする）というパーリ語からの音写〕は仏教の受容とともに、我が国に広まっていった。その一方で、日遠の生きた時代にも、身寄りのない者たちの遺骸は川や山野にそのままうち捨てられていた。しかし日遠は、むしろその方が羨ましいではないかと言う。生類の活計のために功徳となるからである。仏教の無執着・空の立場、大乗の慈悲・温情の精神からすれば、屍に執着することはない。他の生類を生かすために施すべきであると、彼は捉えたのである。

彼の主張する林葬は、今日の都市型社会では環境衛生上からも行いえるものではない。しかし彼の言わんとするものは、自然破壊を防ぐためのエコロジーとしてばかりではなく、他者を生かすという意味でも現代的に解釈されなければならないものであろう。現代医療に於ける骨骸や臓器の移植、角膜の提供などにも関連するからである。(31)

結　語

『千代月草』の著者と伝えられる日遠（心性院）は、今日の日蓮宗総本山・身延山久遠寺の歴代山主の一人として名をとどめている。しかし後年、宗門史上に於ける重大な事件を切っ掛けとして、彼は自ら身延を下りて隠栖することとなった。彼の生きた時代は、特に日蓮宗門史上に於いては多難の時代であった。高潔な仏教僧としての日遠に深く傾倒し、信仰上の助言を得ていたのが、家康の側室・養珠院（1577 ～ 1653　お万の方）である。紀伊（頼宣）と水戸（頼房）の両徳川家の生母として、彼女は家康の篤い信頼と寵愛をうけていた。日蓮宗門への弾圧として名高い「慶長法難」に於いて、日遠のいのちを救ったのは他ならぬ養珠院であった。筆者は、このことによっても、日本仏教の法灯が女人の支えによって継承されてきた感を強く懐くのである。

宗祖・日蓮以来の、『法華経』に基づく理法（ダルマ）の顕揚のためとはいえ、法難を受けた多くの宗門の学僧たちに対しては深い哀れみの念を禁じえない。しかし、そうした私情を拒む程の深い学殖と、大乗の出家ボサツとしての毅然とした姿を『千代見草』は感じさせる。

『千代見草』を日遠の著作であるとすることに文献学的な問題が残るかもしれない。本書は、ほぼ同時代の浄土門の「臨終行儀」等ともあわせて比較考察すべきものである。しかし、本書が、当時の宗門を代表する日遠の著作として伝えられてきたことは確かである。その意味では、彼に帰せられる仏教理解に基づいたものと言えるのである。釈尊ゴータマ・ブッダのことばに借りて出現した大乗経典は、仏教の根本精神を継承し、それ故に仏説と見なされた。本稿の筆者は、こうした点からも『千代見草』を日遠の著作と見なすことに抵抗はない。特に、本稿でとりあげた「病人看護」を論ずる下巻は、当時の各宗派に共通したグラウンドがあったかもしれない。

『千代見草』に日遠はしばしば宗祖の遺文を引用している。彼が、特に臨終にこころをとどめたのは、日蓮の『妙法尼御前御返事』〔『昭和定本・日蓮聖人遺文』1535頁〕に記された次のことばによるものであった。

「夫れおもんみれば日蓮幼少の時より、仏法を学び候しが、念願すらく、人の寿命は無常なり。出る息は入る息をまつことなし。風の前の露なを譬にあらず。かしこきもはかなきも、老たるもわかきも、定めなき習い也。されば先ず臨終の事を習ふて後に他の事を習ふべし」

『千代見草』上巻の冒頭〔575頁〕に、日蓮のこのことばがそのまま引用されている。彼にとっては宗祖の教え通り、生きることも含めすべての事柄は「死を受け入れる」ことから始まっていたのである。日遠が宗門の霊場である身延山を下りて身を引いた事も、それに基づいていたと考えることは自然であろう。仏教福祉に基づく「看護（看病）の心得」もまた、死を避けるべきものとして捉えるのではなく、「死を受け入れる」ことからも見直されねばならない。今日の仏教者によるターミナル・ケアーとしてのヴィハーラ（vihāra：「僧院・精舎」の意、「静室」と漢訳されることもある。インドのBihar州のビハールももとは同じ意味）の活動も、まさにそこに基づいている。自らの死も他者の死も同等に受け入れる（臨終のことをならふ）ことによって、ひとはより慈悲・温情の精神をもって生きることが出来る。そして、「死を受け入れる」ことは、どのようにして生きるべきかという、ひととして生まれた「生」の価値を見直してくれるのである。

注

(1)　インドの伝統医学に関しては、かつてインド大使館に於いて行われたV・ゴーカレー博士の記念講演〔昭和46年12月〕が『東方』第11号（1995年）に紹介されている。ギリシャやペルシャ、或いはチベット・中国の漢方との関連にも言及されている。
　また『東方』第10号（1994年）には、1994年8月に国立教育会館で開催された第4回国際アジア伝統医学大会（ICTAM IV）に於ける主だった発表が載せられている。

(2)　中村元「インド医学の思想的背景」〔『東方』第10号（1994年）、5-37頁〕参照。

(3)　『千代見草』上下2巻の著者は心性院日遠（1572～1642）とされている。但し、日遠の活躍時代から年代が下った庶民信仰が本書に見られることから、日遠の名に託したものとする見解もある。本稿で採り上げる病人看護は下巻に延べられるものである。引用仏典のうち『律蔵』からの引用はこの下巻に限られている。上巻に比して、諸経論を通しての宗派を超えた総合的アプローチがなされているところに特色がある。

或いは『千代見草』がこれまでに指摘されている如く、日遠の系統を継ぐ門下の手による著作かもしれない。何れにしても、本書が日遠に帰せられているということは、『千代見草』が当時の日蓮宗門を代表する彼の教理理解に基づくものであることが承認されていたのである。そこで、本稿では『千代見草』を日遠著として扱うこととする。

なお、本書は同時代の浄土門の「臨終行儀」等とも合わせて比較考察されるべきものであろう。この点に関しては、白山（旧姓・斉藤）良子文学修士（仏教学専攻）が立正大学に提出した論文（平成９年度）で論じている。「臨終行儀」に関しては、長谷川匡俊「江戸時代の「臨終行儀」史料の紹介と若干の考察」〔『淑徳大学大学院紀要』創刊号、1992年〕参照。

本稿に於ける引用は『国文東方仏教叢書』第２輯第２巻・法語部下〔名著普及会、復刻版第２刷、平成３年10月〕に基づいたが、その他にも『日本思想体系57』〔岩波書店、1973年〕、『日遠上人集第１巻』〔日遠上人集刊行会、1980年〕に収められている。冠賢一「近世初頭における日蓮宗出版史の一考察―心性院日遠を中心として―」〔『印仏研究』第13巻第２号、1965年〕、北村聡「近世法華信仰の一具体像―『千代見草』を素材に―」〔『日蓮教学研究』第３号、1976年〕。『日蓮宗事典』〔日蓮宗宗務院、昭和56年10月〕当該項目（275-276頁）等参照。

(4)　三友健容編著『現代に生きる仏教（仏教文化の視点）』〔東書選書139、東京書籍、1995年５月〕第２章「漢訳仏典の定着」47-79頁参照。

(5)　『大智度論』〔大正25巻394b、『国訳一切経（釈経論部３）』1149-1150頁〕には大乗経典には「仏説」「化仏の説」「大菩薩の説」「声聞の説」「得道の天（神）の説」があるとする。これらはそれぞれの大乗経典に登場する説者の別によって分類されたものであるが、仏教の教説としてみればすべて「仏説」の中に含まれることになる。

(6)　*The Kāśyapaparivarta*『迦葉品』, by Baron A von Staël-Holstein, Shanghai 1928, PP. 187-188. evam eva kāśyapa bahuśrutasya lābhasatkāra-uccarapatanam draṣṭavya（このように迦葉よ、多聞なるものであっても利養を求めるものは糞便に堕ちたものと見なされるべきである。）

(7)　解脱（mokṣa）が、再びこの世に生まれ変わらないという意味で用いられているのは、インド古来の宗教観に基づいている。原始仏教・部派仏教でも、それは同じである。但し、ブッダが死後の存在（来世）に関して、それを無記（avyākṛta）としたのは、出家修行者たちにとっての関心事であってはならない、という意味からであった。原始仏典のなかで、最も古く重要な経典の一つである *Sutta-nipāta*（*The Sutta-nipāta*, Pali Text Society 本. New edition by D. Andersen and H. Smith, reprinted 1965）にも、在家の人々の来世・死後の世界のあることが触れられている〔引用邦訳は中村元訳『ブッダのことば（スッタニパータ）』岩波文庫による〕。

「信仰あり在家（ghara=Stk. gṛha）の生活を営む人に、誠実、真理、堅固、施与というこれらの四種の徳があれば、彼は来世に至って憂えることがない。」〔*Sutta.*, 188〕「法（に従って得た）財を以て母と父とを養え。正しい商売を行え。つとめ励んでこのように暮らしている在家者は、（死後に）『自ら光りを放つ』という名の神々のもとに生まれる。」〔*Sutta.*, 404〕

(8) 「合理主義というと、世人は、感覚的な所与以外の何ものも認めないところの感覚論的知識論、或いは物質を人間の基本的原理と認めるところの唯物論のことを連想しやすい。しかし、このような哲学的見解は、人間の精神の内奥に対する対象論理の不当拡大適用であり、人間の生活全体に関するもろもろの理法の構造的関連を無視したものである。合理主義という語を、ここで、人間のあるべき真実の理法の実現をめざす思惟態度と解する限り、感覚論や唯物論を直ちに真の意味に於ける合理主義と呼ぶことはできない。」中村元著『合理主義』（東と西のロジック）』〔青土社、1993年３月〕132-133頁。

(9) 『四分律』〔巻41、衣犍度之三、大正22巻862a：『国訳一切経』律部３、944頁〕には「若し我を供養せんと欲するあらば、当に病人を供養すべし」とある。

(10) 「八福田」は①仏②聖人③和尚④阿闍梨（師匠）⑤僧⑥父⑦母⑧病人。①～③を「敬田」、④～⑦を「恩田」、⑧を「悲田」を三福田に配する。他にも三福田のうちの敬田を「三宝」、恩田を「父母」、悲田を「貧苦者」に配される。

二福田から八福田に関しては、森永松信著『社会福祉と仏教』〔第３章第２節、誠信書房、昭和50年９月〕326－335頁参照。

(11) 『僧祇律（摩訶僧祇律）』〔巻28、大正22巻458c〕には「病自看使人患者　若弟子病応自看使人看不得使人看　已自不経営　一日応三往看　語看病人　汝莫疲厭　展転相看仏所讃歎　岩共住弟子　依止弟子病　師不看者　越毘尼罪」とある。日遠はこの箇所に基づいて論じていると思われる。「越毘尼罪」は「毘尼（＝vinaya 律）に違反した罪の意。

(12) 『梵網経』は５世紀頃の中国撰述。「若仏子見一切疾病人　常応供養如仏無異　八福田中看病福田第一福田　若父母師僧弟子疾病　諸根不具百種病苦悩　皆養令差　而菩薩以悪心瞋恨　不至僧房中城邑曠野山林道路中　見病不救者犯軽垢罪〔大正24巻、律部3、1005 c〕

(13) 拙論「マザー・テレサ女史よりのメッセージ（A message from Mother Teresa for students of the faculty of Social welfare, Rissho University）」（立正大学社会福祉学部紀要）第２号、143－153頁参照。

(14) 『大宝積経』巻111〔大正11巻631a〕に登場する釈尊の過去世物語は次のようなものである。「その昔、妙花という太子がいた。端正な姿は見る者を歓喜させるほどであった。たまたま遊園の際に一人の痩せ細った病人が苦しんでいるのを見かけた。

悲愍の心をおこした太子は彼に、その病を治療するにはどうしたらよいかを尋ねた。すると彼は、良医がどのような薬をもってしても病を治すことができないことを告げた。太子はすべての人々のためになるのなら身体も財物もすべて施与する用意のあることを病人に語った。その病人は、太子に、若し人間の身体の髄を取り出して我が身に塗ることができれば病が消除するであろうと言った。それを聞いた太子は、即座にみずからの身体を砕き、骨髄を取り出してかの病人に与えた。太子のこころにはその間にも一念の悔恨の心も生ずることはなかった。その時の妙花太子こそが今の釈尊である」と述べる。

(15) 『善生経』〔中阿含、大正1巻638c－642a〕、『善生子経』〔同252c－255a〕、『善生経』〔長阿含巻11、同70a－72c〕にも、この箇所の引用は不詳。『日本思想体系57』（藤井学校注）の同箇所の注（429頁）にも、この引用は「未検」とする。

(16) 『増壱阿含経』巻24〔680c〕には、比丘が病人を瞻る際に「五法」を成就すべきことを述べる。その五法は原文の漢文からは明確な区分をし難いが、いま仮に分けると次のようになる。「良医を分別し」「懈怠せずして、先に起きて後で臥し」「恒に喜ぶ言を談じて、睡眠を少なくし」「法を以て供養し、飲食を貪らず」「病人と説法するを堪任す」。日遠の解釈はこうした記述に基づくものであろう。

(17) 『四分律』巻第41〔大正22巻861c, 998a〕参照。日遠のこの箇所の解釈は看病人の「五法易看・五事易看」〔861c〕との関連から、独自の展開をしているものと思われる。

(18) ひとが臨終の際に念じている状態に帰入するという思想は、『バガバット・ギーター（*Bhagavad-gīta*）』Ⅷ, 6にも述べられている。「臨終時に人がいかなる状態を憶念しつつ、肉体を棄つるとも、彼は必ずそれに達すべし。」〔辻直四郎訳・インド古典叢書『バガバット・ギーター』講談社、昭和59年7月、136頁〕

古ウパニシャッドのなかにも、同様の思想が見られる。「人は実に意向より為る。人がこの世に於いていかなる意向をもちたりとも、この世を去った後には、彼はそのとおり意向に叶う。〔それ故に〕人は意向を〔正しい方向に〕定めるべきである。」〔*Chānd*, Up, Ⅲ, 14, 1〕。中村元著『ウパニシャッドの思想』〔中村元選集（決定版）第9巻、第10章「死後の問題」、春秋社、1990年7月、671－705頁参照〕。

(19) 部派の律蔵には、病比丘に対して死を讃じたり、自殺せしめたりしてはいけない（断人命戒）ことを説く。平川彰著『二百五十戒の研究』Ⅰ〔平川彰著作集、第14巻、春秋社、1993年2月〕259－264頁参照。

(20) 『分別功徳論』は後漢代（2～3世紀）の失訳。「世尊曰　我所制法　除病者　優波離即還索酒与病即癒（世尊の曰く、我が制する所の法は病者を除く。優婆離（ウパーリ）即ち還って酒を索ねて与うれば病即ち癒ゆ）」（大正25巻46c）。この箇所では「比丘病須酒為薬（比丘の病に酒を薬となすべし）」かどうかの不審に対して釈尊が弟子のウパーリに答えたものとされる。

(21) もともと、初期の仏教教団では、托鉢（乞食）の際に得たものは見・聞・疑の3種の不浄肉以外は食することが認められていた。肉食はその意味では厳しく禁じられていなかった。原始仏典（*Sutta.*, 239-248）にも、「なまぐさ（āma-gandha）」とは肉食（māṃsabhojana）を言うのではないことを述べている。「（生けるものども）に対して貪りを求め、背き違うて不当の行いをし、常に（悪事を）をなすことにつとめる」（*Sutta.*, 248）ことこそが「なまぐさ」であるという。

(22) 玄奘は西域求法の旅の途上、中央アジアの「屈支国（亀茲国・クッチャ）」の王からのもてなしに対して、大乗のボサツは見・聞・疑のない3種の浄肉でも受けることが出来ないことを告げている。拙著『玄奘』〔人と思想106、清水書院〕83－84頁参照。

(23) 近世に於ける儒仏不二論をとなえた森尚謙（1653～1721）は『護法資治論』〔補遺〕巻之七に「獣肉不可食」の一項を挙げている。獣肉には三失（1．羶腥（なまぐさい匂い）、心智を汚濁す。2．食穢、神廟に近づくことを得ず。3．肉食は相火を動ず。）のあることを述べている。拙論「近世における儒仏不二論―森尚謙『護法資治論』〔補遺〕概要(1)〔『立正大学短期大学部紀要』第31号、平成4年12月〕10頁。

(24) 大乗仏教では葱（palāṇḍu, gṛñjana（Skt）ねぎ）・葱蒜（jīraka（Pāli）たまねぎ）の類は食することを禁じた。『律蔵』〔『善見律毘婆沙』大正24巻788a：『根本説一切有部毘奈耶雑事』巻6、230b〕にも同様の記述がある。

(25) インドでは、東に向かって座すのが普通である。原始仏典にも、釈尊が説法の際に西を背にして東に向いて座したことが述べられている。サンスクリット語では東（pūrva）は「前方」を、西（paścima）は「後方」を、そして南（dakṣiṇa）は「右」、北（uttara）は「左」を表す。ブッダが西を背に座していれば、人々は東から西を拝することになる。仏像の「光背」や浄土教の「日想観」は太陽の沈む方角との関連からみても分かり易い。

(26) 釈尊の最後の旅路を伝える原始仏教経典が『大パリニッバーナ経（*Mahā-parinibbānasuttanta*）』である。本経はパーリ文の経典 *Dīgha-nikāya*（*The Dīgha Nikāya*, ed. by T. W Rhys Davids and J. E. Carpenter, vol. Ⅱ. London, The Pali Text Society, 1947, pp. 72-168）に収められている。漢訳には支謙訳とされている『般泥洹経』〔大正1巻167－191頁〕他があり、英訳・独訳の他、優れた邦訳〔中村元『釈尊最後の旅―大パリニッバーナ経―』岩波文庫、1980年6月（初刷）がある。これまでの諸訳や研究は、この邦訳の解題に詳しい。

釈尊は沙羅双樹（2本並んだサーラ樹）の間に頭を北に向け、右脇を下にして、足の上に足を重ねて横たわったと伝えられている〔前掲書125－126頁〕。

(27) 拙論「『大智度論』に引用された法華経」〔印仏研究（Journal of Indian and Buddhist Studies）43巻・第2号、1986年3月〕で『法華経』が少功徳成仏を説く代表経典と見なされていることを述べた。

(28) 『金光明経（*Suvarṇaprabhāsasūtra*）』功徳天品第8〔大正16巻345b、『合部金光明経』

388b〕には「亦当三称金光明経　至誠発願別以香華種種美味　供施於我　散灑諸方（亦まさに金光明経を三称し、至誠発願し別に香華種々の美味を以て、我に供施し、諸方に散灑すべし）」とある。これは経名を称するいわゆる「唱題」の典拠となるものであろう。

(29) 『瑜伽師地論』*The Yogācārabhūmi* of Ācārya Asaṅga edited by V. Battacharya, part 1, University of Calcutta, 1957, p. 18, *ll.* 16-20.

Tataś cutikāle' kuśala-karma-kāriṇāṃ tāvad ūrdhva-bhāgād vijñānam āśrayaṃ muñcati ／ ūrdhva-bhāgo vāsya sītībhavati ／ sa punas tāvan muñcati yāvad dhṛdaya-pradesáṃ ／ sukṛta-kāriṇāṃ punar adhobhāgād vijñānam āśrayaṃ muñcati ／ adhobhāgaś cāsya sītībhavati tāvad yāvad dhṛdaya-pradeśaṃ ／ hṛdaya-deśāc ca vijñānasya cyutir veditavya ／ tataḥ kṛtsna evāśrayaḥ sītībhavati ／／（それ故に死の時において、不善業を為す人の（身体の）上部から意識が所依を離れる。その上部は冷たい。彼は、そういう状態で心処（心臓）を離れる。一方、善く為された業をもつ人は下部から意識が所依を離れる。その下部は冷たく、かくして乃至、心処（心臓）を離れる。心処から意識の死は知られるべきである。それから総ての所依は冷たくなる。）

当該箇所の漢訳は大正30巻282a、117－12を参照。

(30) 『釈氏要覧』〔大正54巻308c〕には「葬法」を紹介し、「天竺有四焉　一水葬謂投之江河以飼魚鱉　二火葬謂積薪焚之　三土葬謂埋岸傍取速朽也　四林葬謂露置寒林飼諸禽獣」とする。日遠の解釈もこれに基づいたものである。

(31) 但し、「脳死」やそれに基づく「臓器移植」については、仏教者すべての賛同を得ているわけではない。臓器摘出のために、物理科学的に「ひとの死」の判定が急かされてきた感を誰しもが懐いているからである。加えて、起こるべくして起こった不法な臓器売買の問題、一般個人では賄いえないほどの施術にともなう高額な費用。あらゆる人々にその機会が与えられてはじめて平等の理念は社会に実現する。ところが今日の「臓器移植」では、平等の理念現実とは無関係に、ひとの生と死が委ねられている感を受けるのである。現実の医療行為に伴うこれらの問題は、個人や社会がどのようにひとの「死を受け入れる」のか、という根本姿勢を問うことなしには解決されないのではなかろうか。

我々は科学・医療技術の進歩に浴して生きてきた。その恩恵を充分認識した上で、筆者は、21世紀の初頭には、これまでの生体（人体）からの臓器に代わる人工臓器開発とその移植法が必ず開発されるであろうことを確信するものである。その時に、今日の医療行為に倫理的な悔恨を生ぜしめることがないためにも、その早急な実現を切望する者の一人である。

〔報告〕ネパール仏教徒の祭りと儀礼

本稿の報告者は、平成10年（1998）の7月下旬より、ほぼ1ヵ月間、ネパールの古都パタンに滞在する機会を得た。この滞在では、東方学院（中村元学院長）の外国人研究員スレンドラ・サキャ氏の協力によって、かれら仏教徒たちの祭りや通過儀礼の幾つかを観察することができた。スレンドラ氏の尊父が、ネパールを代表する仏教学者ヘムラジ・サキャ教授である。以下では、ヘムラジ教授らの協力を得て、ネパール仏教と、かれらの年中行事・通過儀礼を、かれらのライフサイクルを通して紹介してみたい。なお、現在のネパール仏教では、ボーダナートを中心としたチベット仏教も述べる必要があるが、今回の報告ではこれに触れない。

一　現在のネパール仏教〔古都パタンの滞在を通して〕

近年ネパール仏教は、サンスクリット仏典の宝庫として、或いは後期インド仏教の姿を今日に伝える重要な場所として欧米の学者たちの関心が寄せられてきた。(1) 現在のヒンドゥー教を国教とするゴルカ王朝に基づくネパールの王制は、230年ほどの歴史である。それ以前の13～18世紀にかけては、ネパールはネワール族の王たちによって統治されていた。カトゥマンドゥ盆地に都市を築いたネワール族たちはヒンドゥー教と同様に仏教を信奉しており、古都パタンやバクタプルの古い仏教寺院も、マッラ王朝時代（1482～1768）にかれらが建てたものである〔写真1〕。現在のかれらネワール族の人口は45万人ほどであるという。かれらの言語がネワール語（ネワール・バーサ。チベット・ビルマ語族）である。ネパール一般の共通語ネパール語（ネパーリ・バーサ。インド・ヨーロッパ語族）とは、本来、語族が異なっている。今日のネパール仏教徒たちは、おおむねこのネワール語を使用している。

ネパール仏教は、ヒンドゥー教の民間信仰とも融合している。ちょうど、日本の神仏習合と似た形態を今日に継承している。くわえて、マハーヤーナ

写真１

（正しくはネパール仏教はヴァジラ・ヤーナ）の僧職たちの生活は、驚くほど、現在の日本仏教に似ている。

釈尊を生んだ偉大な釈迦族がネパール人であったという説を採れば、ネパール仏教の起源は釈尊にまで遡れることになる。[(2)]釈迦族が、コーサラ国のヴィルーダカによって滅ぼされたことは、歴史的な事実とされているが、今日のネパールには、サキャ（Shakya）姓の人々がいる。かれらはネワール語を使用し、皆仏教徒である。ネパール全体では、サキャ姓は、４万８千人、およそ８千所帯であるという。

これまでは、かれらの通婚も、必ずサキャ姓か、もしくはヴァジラ・アーチャーリヤ姓（かれらが伝統的なネパール仏教徒）間に限られていた。因みに、ネパール仏教協会会長をつとめる、現パタン市長ブッディ・ラージ・ヴァジラ・アーチャーリヤ氏も仏教徒である。ヴィルーダカが釈迦族の都城カピラ・ヴァストゥ（Kapila-vastu）を攻撃した際に、かれらの多くは難を避けてカトゥマンドゥ盆地に移ったともネパール仏教徒の一部には信じられている。そして今日のネパールのサキャ姓の人々は、その末裔であるという。

パタンに於いて、歴史的に最も古いものはアショーカ王が建てたとされるストゥーパである。アショーカ王（在位・前268～232）は使節をこの地に派遣し、街の東南西北の四方と中央にストゥーパを建立させたという。その後にも、カトゥマンドゥ盆地を統治していた紀元後２世紀のリッチャヴィ族の王は、バラモン教のヴェーダの宗教の他、仏教を信奉していたことが碑文で確認されている。[(3)]

アショーカ王が建立させた仏塔のうち、その一つの西方のストゥーパは、首都カトゥマンドゥから南へ下って、バグマティ河をパタンに入ると、プルチョークの通りの右手にある。ナラヤニ・ホテルからは道路を挟んで斜向かいとなる〔写真２〕。

ストゥーバはおよそ２キロ四方に４箇所点在する。東方の１基以外は、パタンを囲むリングロードの内側に位置する。中央にもあったとされるストゥーパは現在は跡を留めない。路地に面したその場所には、木造のマンディル（寺院）が建っている。さほど離れていない、周囲が囲まれた路地の小高い一角に、4メートルほどの高さの縦に割れた形をした、石柱が建っている。アショーカ・ピラーであるという〔写真3〕。落雷のために、その石柱が壊れてしまったと伝えられている。形状は、それがかつて円柱であったことを僅かに想像させる程度である。石面はかなりくずれていてインスクリップションは見当たらない。

写真2

写真3

街の西方のストゥーパは、東に面して建つストゥーパの基部前方には、マニ車が巡らされている。ストゥーパの高さは10メートルほどであろうか。未明から、人々が参詣に訪れ、おもいおもいに鐘を鳴らしている。ストゥーパの背後に、隣接する民家の路地に奥まって祀られる祠堂（ラクシェースワァラ・マンディル）の境内でも、参詣者たちが、手に手に花や米を盛った皿を持って、米や灯火をあげてゆく。

通りに面したストゥーパの隣では、開けはなたれた小屋で、男性の信徒たちが座して経をとなえている。やがて明るくなるころには、早々と学校に登校する女生徒たちが、通りすがりにマニ車を回して参拝して行く。アショーカ王の建てたとされるその覆鉢型のストゥーパは、子供たちの恰好の遊び場ともなっている。かなりの急斜面を昇り降りして、子供たちが暗くなるまで遊んでいる。

ネパールの国の形状は、およそ、東西が1000キロ、南北が200キロの横に長い国である。その首都カトゥマンドゥは標高1300メートルほどの高地にある。カトゥマンドゥが「盆地」であることを一望できる場所がある。ハーティバン・リゾート（Haatiban Resort）と称される、カトゥマンドゥの南西の郊外にあるその高台（1852メートル）がそれである。一般車道から折れて、舗装されていない、急斜面の山道のその場所までは、市内から車で4～50分の距離である。立派な宿泊設備やレストラン等の施設があるが、まだ、外国人たちも訪れることは少ないという。

文殊ボサツが、かつて湖であったカトゥマンドゥを、水路を開いて盆地にしたという伝説がある。その開かれた水路の流れであるというバグマティ河の流れと山に囲まれた市内全体を、そのリゾートからは眼下に一望できる。カトゥマンドゥの地名は、カスタ・マンダパ（Kastha-maṇḍapa 木造のマンダパ）から来ているという。かつて、その地を往来し行商する者たちが、その地の木造のマンダパ（軒先のある建物）に雨宿りをしたり休憩をした。それが後に地名になったという。

カトゥマンドゥ全体では、仏教寺院はおよそ500。そのうちの200の寺院がパタンにある。ネパールでは、比較的規模の大きな寺院をヴィハーラ（精舎）、建物だけのものをマンディルとよんで区別している。その他、家々の中庭や路地に祀られている祠堂（チャイティヤ）までふくめると、パタンだけでも1800あるという。それら全てをパタンの仏教徒たちが、年に一度巡礼して歩く日がある。マティヤ祭（Matya-Festival）と名付けられているその巡礼は、本年は8月10日（月）であった。今回の滞在中に、報告者は、その巡礼に参加をする機会を得た。

ネパールではヴィクラマ・サンヴァト（ヴィクラマ暦・今年1998年は2055年にあたる）と新暦、それに仏教徒たちのブッダ・サンヴァト（ヴァイシャーカ月の満月が元旦、今年は2542年にあたる）、チベット暦（今年で961年目）などが現在も使われている。

マティヤ祭は、1400年ほど前に、パタンに新しい寺院が建立された際に、人々がパタンの全ての寺院を、落慶祝いのために巡礼をしたのが始まりであるという。当時は、寺院の数もそう多くはなかったであろう。その後、寺院やチャイティヤも増え、パタンの全てを巡るのには未明から夜までかかる。今日でも数千人もの仏教徒たちが、早朝の4時頃から広場に集合して、パタンの街を練り歩き、順に寺院やチャイティヤを参詣して回る。その間、敬虔な信徒たちは、飲み物以外は、一切口にしない。

巡礼の起点は、仏旗を張りめぐらしたブバール広場である。広場にある寺院（ヤソーダラー・マハー・ヴィハーラ Yaśodharā-mahā-vihāra）に安置されている、60センチほどのディーパンカラ（燃灯仏）の仏像２体が、その日だけ広場の隅に公開される〔写真４〕。古いその木彫の仏像は、着衣や姿が、かつてのネパールの人々の習俗を模してあるように見える。

写真４

巡礼者たちは、先達と僧侶を先頭に長い人の帯をつくる。僧侶を識別するものは、額に巻いた白い帯だけである。特に、若い女性たちは友人たちやグループと、着衣や髪飾りなどもお揃いのものを付け、お洒落にも気をつかっている。白装束で裸足で巡礼する若者たちもいる。巡礼の中には、日本の「なまはげ」のような恰好をした者たちも、幾人か混ざっている。丁度、祭りの行列の賑わいである。

寺院や祠堂には、おもいおもいに賽銭（硬貨）や米などの供物を投げて捧げてゆく。すべてに捧げるのには、その量も多いので、一度に持ってゆけない人々もいる。そこで、家族の内の誰かが参加をすると、あとの者たちは、彼、もしくは彼女をサポートする側にまわる。途中で、かれらに供物などを補給するのである。

巡礼に参加する男女の比率は、女性の方が多少多いように思える。巡礼は、長時間に及ぶので、小さな子供たちは参加をしない。かれら子供たちが参加をするのが別のガールーシュ・プージャーであるという。それは午後1時から3時頃までの２時間ほどの巡礼となる。報告者が参加をしたのは早朝からの短時間であったが、実際に巡礼をしてみて感じたことがある。巡礼に参加する前には、高地の盆地に住む民族たちが、かれらがかつて遠い道のりを歩いたであろう、その体験が、こうした伝統行事となっているのでは、と想像していた。それも、一つの理由として挙げられよう。しかし、未明に、先達

写真５

たちのローソクの明かりを頼りに、家々の路地や、ネパール特有の狭くて軒丈の低い家屋の中を抜ける通路を廻っていると、別な思いがよぎった。それはあたかも「胎内巡り」のような感を受けるのである〔写真５〕。

ネワール語のマティヤには「灯火」の意味がある。灯火を燈して歩く行事が本来の意味である。巡礼をする者、それを眺める者、そしてパタンの市民たちが協力する交通整理、古都パタンは終日、巡礼の道はマティヤ祭で明け、マティヤ祭で暮れる。

かれらの信仰心の篤さはヒンドゥー教徒とも共通するものがある。ガンジス（ガンガー）河支流でもあるバグマティ河は、カトゥマンドゥ盆地の南を東西に横切るように、カトゥマンドゥとパタンを分ける。その流れは遙か北嶺のヒマラヤから流れてくる。この河岸に、ネパール最大のヒンドゥー寺院、パシュパティ・ナートがある。インド亜大陸の中でも、シヴァ神を祭る寺院としては四大寺院の一つにも数えられている。この寺院には、インド側からも巡礼がやってくる。インドからの敬虔なヒンドゥー教徒たちは、小さな瓶に入れた聖水を、前後に振り分けにして長い棒に担ぎ、険しい山道を、裸足で幾日もついやして参詣する。その聖水は道中で、決して地面におくことはないという。

ネパールでは、土曜日が一般に休日となる。翌日の日曜日が、仕事の始まりである〔但し、最近では土・日を休校とする学校も増えているという〕。休日には、その日が縁日と重なるヒンドゥー教の寺院では、参詣の人々が絶えない。パタンのヒンドゥー寺院でも、今年は8月8日（日）〔ヴィクラマ暦シラーヴァナ（4月）24日・満月〕に大祭が開かれたところがある。寺院の周囲は人で埋めつくされ、参詣の順番をまつ人波の整理には、警察官ほかボーイ（ガール）スカウトの少年・少女たちが駆り出されるほどである。

もともと、現在の王制は、インドのクシャトリヤであった部族がカトゥマンドゥに侵入して建てたものである。かれらの宗教であるヒンドゥー教が、今日のネパールの国教となってはいるが、今日のネパール仏教徒たちとは、宗教的な軋轢は特にない。1991年の新憲法の発布に基づいて、王政は事実上姿を消した。しかし、現ビレンドラ国王に対する一般国民の信頼と憧憬は揺るぎないものに見える。マティヤ祭にも、参加するヒンドゥー教徒もいるし、現国王も、仏教には十分な敬意と理解を示している。ヘムラジ・シャキャ教授に対しては、「ネワール族の文化と発展に対する功績」に現国王から文化勲章が授与されている。

二　ネパール仏教徒の年中行事と儀礼

筆者の手元に、ラリトプル（Skt : Lalita-pura 美しい都）のナーガルジュナ仏教研究センター（Nāgārjuna Institute of Exact Methods, A Centre for Buddhist Studies）が出している今年のカレンダーがある。ラリトプルが古都パタンの正式の名である。おおむね、ネパール仏教徒たちは、そのカレンダーに記されているような行事を行っている。仏教に縁の記念日も含めた、その内の主だったものを月ごとに紹介することにする。

先ず、ヴィクラマ暦に基づくネパールの暦では、本年は現行の新暦の4月14日が日本の元旦にあたる。12ヶ月の暦を本年の新暦と並べると次のようになる。

〔新暦〕	4月14日～5月14日	〔ネパール暦〕	Vaiśākha	←1月
〔同〕	5月15日～6月14日	〔同〕	Jeṣṭha	←2月
〔同〕	6月15日～7月16日	〔同〕	Āṣāḍha	←3月
〔同〕	7月17日～8月16日	〔同〕	Śrāvaṇa	←4月
〔同〕	8月17日～9月16日	〔同〕	Bhādra	←5月
〔同〕	9月17日～10月17日	〔同〕	Āśvina	←6月
〔同〕	10月18日～11月16日	〔同〕	Kārtika	←7月
〔同〕	11月17日～12月15日	〔同〕	Maṃsīra	←8月
〔同〕	12月16日～1月14日	〔同〕	Pauṣa	←9月
〔同〕	1月15日～2月12日	〔同〕	Māgha	←10月
〔同〕	2月13日～3月14日	〔同〕	Phāguna	←11月
〔同〕	3月15日～4月13日	〔同〕	Caitra	←12月

カレンダーの最初が4月の中旬から始まっているのを見て、初めてネパール暦に触れた者は戸惑いを感じるかもしれない〔写真6〕。しかし、暦に記されているネパール文字（ナーガリー）や数字、それに新月と満月との記録を見ると、かれらが自国の文化を愛し、それを主導的に考えていることを感じさせる。

【仏教徒の年中行事と主な祝日】

伝統的な行事は、みな太陰暦に基づいて決定されており、ネパール暦では3～4年に1度閏月（adhika-māsa）を加えている。次の閏月はネパール暦の来年（1999）の2月（Jeṣṭha）となる。

〔ネパール暦一月〕Vaiśākha　〔新　暦〕

14日　観世音ボサツの大祭（Chariot Fesrival of Avalokiteśvara）　4月30日
パタン最大の祭。建物（5～6階建て）の高さほどの山車が、観世音ボサツを乗せてパタンの街を廻る。山車を引く10本ほどの綱を数百人の信徒たちが引き、シンバルやドラム等の楽器をかなでて1週間ほど地域を廻る。

28日　ブッダ・ジャヤンティ（Buddha's Enlightenment Day）　5月11日
〔注〕この日は満月の日。南アジアの伝承では、釈尊の誕生も成道も、涅槃もヴァイシャカー月（インド暦の第2番目の月）の満月の日とされている。ネパールの仏教暦 Buddha-saṃvat ではこの日が元旦。

〔ネパール暦3月〕Āṣāḍha

19日　初転法輪の日（Dharmachakra Pravartana Day）　7月3日
〔注〕3月の暦には現ダライ・ラマの誕生日（新暦7月6日）も記されている。ネパールのチベット人たちは、現在は世代も変わりつつあり、かつての難民というイメージはない。

〔ネパール暦4月〕Śrāvaṇa

8日　「祈りの月」グンラ・ダルマ（Gunla-dharma）が始まる。　7月24日
この日から1ヵ月は、特に経典の読誦や祈りを行うと功徳があるとされる。この期間はタバコや酒、肉食を控える人々が多い。

15日　パンチャ・ダーナ（Pañca-dāna）　7月31日

नागार्जुन बौद्ध अध्ययन संस्थान
NAGARJUNA INSTITUTE OF EXACT METHODS
(A CENTRE FOR BUDDHIST STUDIES)
P.O.Box 100, Chakupat, Lalitpur, Kathmandu,
☏: 520558, Fax: 997-1-527446
E-mail: niem@wlink.com.np
Website: http:\\www.nepalonline.net/hbef

वि. सं. २०५५ वैशाख APR-MAY 1998

न	१	14 TUE		१७	30 THU	Chariot Festival of Avalokiteshwara Starts	H
व	२	15 WED		१८	1 MAY-FRI		A
	३	16 THU		१९	2 SAT		P
व	४	17 FRI		२०	3 SUN		P
र्ष	५	18 SAT		२१	4 MON		Y
को	६	19 SUN		२२	5 TUE		N
	७	20 MON		२३	6 WED		E
हा	८	21 TUE		२४	7 THU		W
र्दि	९	22 WED		२५	8 FRI		
क	१०	23 THU		२६	9 SAT		Y
	११	24 FRI		२७	10 SUN		E
शु	१२	25 SAT		२८	11 MON	○ Buddha's Enlightenment Day Buddha Jayanti-Vaisakha Purnima	A
भ	१३	26 SUN	● New Moon	२९	12 TUE		R
का	१४	27 MON	Ratharohana of Karunamaya-Avalokiteshwara of Patan	३०	13 WED	Ordination of Arhat Nanda	2
म	१५	28 TUE		३१	14 THU		0
ना	१६	29 WED					5
							5

All tremble at force of death are all afraid.
Likening others to oneself kill not nor cause to kill.

Dhammapada

写真６

パンチャ・ダーナは5種の布施（米・塩・麦・籾・銭）とされているが、もともとは、プンニャ・ザ（puñya-za, za は米の意で、「供養の米」）からきたもので、ブッダの食したパーヤサ（乳粥）を意味していたという。仏教徒たちが、互いに布施をしあい、家には仏壇が立派に安置される。

18日　リンポチェ（パドマ・サンバヴァ）の誕生日。　8月3日

20日　バヒ寺院仏像展示（Buddhist Deities Exhibition at Bahi）　8月5日
バヒ寺院所蔵の秘仏をこの日だけ特別展示。

〔注〕カトゥマンドゥのバハ（Baha）寺院は、日本工業大学とネパール考古局とが協力して、近年、修復された。

23日　グンラ・ダルマの満月（Gunla Purnima）。　8月8日
グンラ・ダルマの特別の日。一日中、食事をとらずに祈りについやす人々が多い。

24日　仏典の第一結集・雨安居開始（First Council at Rājagriha Rainy Retreat begins）　8月9日

25日　マティヤ祭（Matya Festival at Patan）　8月10日
パタン中の寺院を、数1000人もの仏教徒たちが早朝から巡礼して回る。

〔ネパール暦5月〕Bhādra

4日　カトゥマンドゥ盆地全体のパンチャ・ダーナ（Jugachare : Panchadāna at Kantipur）　8月20日

〔注〕この日に、スヴァヤンブー寺院では、真夜中に上空に同寺院の蜃気楼が現れるという不思議な現象が起きることが、最近気づかれ話題となっている。筆者もこの時刻に寺院を訪れた。大勢の人々が、奇跡の到来を待っていたが、期待していたものはこの時は起こらなかった。

7日　グンラ・ダルマが終わる。　8月23日

21日　インドラ神の祭り（Yanya Punhi）。満月。　9月6日

24日　ヴァスダラ神への祈りの日（Vasudhara Vrata）。　9月9日
終日、何も食せずにひたすら神に祈りを捧げる。

〔ネパール暦6月〕Āśvina

15日　アショーカ王が武器を放棄した日（Emperor Aśoka Rejects the use of weapon）　10月1日

〔ネパール暦7月〕Kārtika

4日　ネパール暦（Nepal saṃvat）の元旦（1119年）。　10月21日
カトゥマンドゥ盆地のネワール人たちがもともと使っていた暦。

13日　舎利弗の涅槃日（Nirvāṇa of Śāriputra）。　10月30日

29日　目連の涅槃日（Nirvāṇa of Mahā Maudgalyāyana）。　11月15日

〔ネパール暦9月〕Pauṣa

11日　白観音の祭り（Consecration of White Karuṇāmaya）。　12月26日
カトゥマンドゥのインドラ・チョーク（ジャナ・バハール）にある白観音の身体に人々がミルクを注ぐ。

18日　ブッダが王舎城に入った日（Buddha's Entry to Rājagriha）。満月。　1999年1月2日

〔ネパール暦10月〕Māgha

8日　文殊師利ボサツ出現の日。　1月22日
スヴァヤンブー寺院の裏手に文殊ボサツの祠堂がある。

〔ネパール暦11月〕Phāguna

18日　成道後に、ブッダがカピラ城に戻った日（Buddha's Visit to Kapilavastu）満月。　3月2日

19日　バネパ（Banepa）にある観音にミルクを注ぐ祭り（Nala Karuṇāmaya Consecration）　3月3日

21日　バネパの観音を神輿で担ぐ祭り（Chariot Festival of Nala Karuṇāmaya）　3月5日

〔ネパール暦12月〕Caitra

18日　パタンの赤観音にミルクを注ぐ祭り。

〔注〕ミルクを注ぐのは、仏像を4海（塩・ミルク・ヨーグルト・酒）の味のうちで最も上等なヨーグルト味の海水で身体を洗う意味があるという。

【仏教徒のライフ・サイクルと儀礼】

ネパール仏教徒たちも、輪廻転生の思想を受け入れている。胎内に宿ると、その時点で仏教徒として経典の読誦や祈りを聞いているという。「命名」や「お食い初め」、77歳の祝い、それらはいずれも我が国にも馴染みのあるものである。ヘムラジ教授は自著（*Rūdravarṇa Mahāvihāra* by Hem Raj Shakya, 1994, pp. 66-67）のなかで、かれら伝統的なネパール仏教徒のライフ・サイクルと儀礼を40の段階に別けて紹介している。以下には、それぞれの段階を教授の説明に基づいて簡略に紹介することにする。(4)

① Garbhautpati ……子供を授かるための祈りの段階。
② Rajasvalākriyā ……生理が定まる段階（受胎）。
③ Ṣaṣṭhamāsakriyā ……受胎後、半月目の祈りを行う。
④ Sīmantopanayana ……誕生前の祈り。
⑤ Śiṭhārapūjā ……誕生前の供養。
⑥ Ṣaṣṭhījāgaraṇa ……誕生後6日目に行う行事。
⑦ Nāmakaraṇa ……命名の行事。
⑧ Annaprāsana ……お食い初め式（男児は半年目、女児は5ヵ月目）。
⑨ Kaṇṭhaśodhana ……喉元を浄める儀式（現在は行っていない）。
⑩ Upāsanā ……⑨を終えてからの祈りの儀式。
⑪ Vidhyārambha ……学問を始める（5歳）。
⑫ Cūḍākarma ……得度式（5歳以降、10歳までに行うことが多い）。
⑬ Vratamocana ……得度式では髪を剃り、4日後に修了式を行う。
⑭ Karṇabheda ……耳にピアスの穴を穿ける。
⑮ Ācāra ……仏教徒としての生きかたの方針を教える。
⑯ Snāna ……沐浴の作法を教える。
⑰ Bhojana ……飯を食す際の作用（仏前に備えて感謝することを教える）
⑱ Nityakarma ……毎朝の祈りの作法の伝授。

⑲ Prāyaścita ……懺悔の（誤って犯した際の）作法。
⑳ Śuciniyama ……仏教徒としての規則に従うことを教える。
㉑ Vivāhakarma ……結婚式（現在の法律では男性18歳・女性16歳から）。
㉒ Dīkṣāpradāna ……マントラや歓喜天などの金剛乗を教える（結婚をした者のみ）。
㉓ Guru Śiṣya Parīkṣā ……師と弟子とのあり方を学ぶ。
㉔ Gurumaṇḍala ……密教のグル・マンダラを作る作法・意義を学ぶ。
㉕ Puraścaraṇa ……誰にも会わずに窟内で修行に勤める（最低4日間、1日1食）。
㉖ Bīmaratha ……長寿の祝い（77歳7ヶ月7日）。子供たちや親戚が神輿（ラタ）で担ぎ寺院を廻る。
㉗ Devaratha ……82歳の祝い。㉖と同様に、5如来を描いた帽子を被り赤いコートを羽織る。
㉘ Mahāratha ……89歳の祝い。車（40センチほどの高さ）に乗せて引く。㉖㉗㉘ともに、妻女がいる場合には一緒に行う。
㉙ Mṛtyulakṣaṇa ……㉘が済むと、亡くなる心得を学ぶ。
㉚ Kālavañcana Antyesthikathana……臨終の最後の呼吸で、自分の意志で正しい身体の穴からアートマンが出るように教える。
㉛ Asthisaṃcaya ……遺骨の扱い方。
㉜ Tṛtīyāhakṛyā ……亡くなってから3週間目の行事（僧侶をよんで読経し、浮遊しているアートマンを定める）。
㉝ Pañcāhakṛyā ……5週間目の行事。㉜に同じ。
㉞ Saptāhakṛyā Daśapiṇḍavidhāna……7週間目に行うピンダ供養（10のピンダ〔米団子〕を十方に浮遊しているアートマンに捧げて安定させる）。

㉟ Gṛhaśuddhikaraṇa ……遺族の家を浄める。
㊱ Tripakṣavidhāna ……6週間（2週間を3回）の死者への供養。
㊲ Māsikapiṇḍa ……毎月、命日でのピンダ供養（1年間）。
㊳ Samānapiṇḍa ……ピンダ供養の一種。
㊴ Naimittikapiṇḍa ……毎日行うピンダ供養。
㊵ Lakṣacaityavidhāna ……死者の遺骨で5如来のチャイティヤを作り河に流す。（実際は葬儀の際に行ってしまう）。

⑫のチューダー・カルマ（得度式）については、スレンドラ氏の論文「チューダーカルマ―ネパールの得度式」が『東方』8号（1992年、298～302頁）にあり、そこで詳細が紹介されている。サキャ氏たちの一族が「得度式」を行う場所はルドラ・ヴァルナ・マハーヴィハーラ寺院である。パタンの中心部にあるマハー・ブッダ・マンディルの近くに位置する。その寺院の境内の祠堂の前部には、得度を行うところに30センチほどの平たく丸い石の壇が置かれている〔写真7〕。寺院は正面が北向きとなる。その壇のうえに東向きに立って、子供たちは剃髪をする。剃髪をすませると、壇上から下りて東に、地に置かれた低い蓮台の上を7歩あゆむ。剃髪をした髪は、バグマティ河に流すという。

写真7

これらの殆んどの儀礼には、専門の僧侶が必要となる。得度式をあげた仏教徒たち（サキャ姓とヴァジラ・アーチャーリヤ姓）は、その時点で、いわゆる僧侶となるわけであるから、そうした仏教徒たちはみな大乗（ヴァジラ・ヤーナ）の僧侶ということになる。しかし、実際は、専門の僧職となるには、その後、特別に仏教の学問や修行を修める。かれら専門の僧職も、普段は一般の人々と同じ生活をしている。僧職の時以外には、他の職業に従事している人々もいる。伝統的なインド古来からの葬法の風習を伝えるかれらは、日本のように、寺院に付属した墓地や檀家制をもたないからである。かれらネパールの僧職たちの、僧侶以外の職種としては、仏像工芸師などが多いという。

僧職たちは、みな結婚をして家庭をもち、飲食（飲酒や肉食など）に於いても特別な戒律を堅持することはない。かれらの住まいが寺院ではないということ以外は、今日の我が国の僧侶の生活と酷似していると言える。かれらは、特別な儀式以外には、服装も一般の人々と同じであり、有髪である〔写真８〕。

ネパール仏教の寺院の多くは、それぞれ、伝統的なネパール仏教徒（サキャ姓、ヴァジラ・アーチャーリヤ姓）たちのどれかのグループに属している。それらの寺院は、例えば、スレンドラ氏のサキャ姓の一族のグループは、かれらが属する寺院を輪番で、２週間ほど、寺院の境内の簡易施設等に寝泊まりして護持している。

写真８

僧侶たちの読誦する経典は、ネパールの「九部経」である。それらの大乗経典のサンスクリット仏典をかれらは読誦している。今日の世界の仏教徒の中でも、サンスクリット仏典をそのまま読誦するところは、ネパールをおいて他にはない。そうしたサンスクリット仏典や、チベット仏典を、今日では学問的な研究対象にしている専門家たちも生まれている。(5)

今日のネワール語にもサンスクリット起源の語彙が多く認められる。かれらが読誦するそのサンスクリット仏典の意味内容を、すべての僧侶たちが十分に把握できているのかというと、スレンドラ氏によれば、これも、日本の大部分の僧侶が、漢訳経典を真読のままで読誦している、その現状とさほどの違いはないらしい。

ネパールでは、大乗の僧侶はグバージュ（gubhāju）とよばれている。ヴァジラ・アーチャーリヤ（金剛師）と同じ意味である。その他に、バンテー（bhante）もしくはビッチュ（bhiccu = Skt. bhikṣu）とよばれているのが、いわゆるテーラ・ヴァーダの僧侶たちである。今日のそれは、およそ50年ほど前に、タイ国からもたらされたものであるという。かれらの数は少なく、カトゥマンドゥでは、一般の民家に止宿している者もいる。釈尊の生誕の地ルンビニーにあるネパール寺院に止住する僧侶が、ビッチュに属する。

これまでの伝統的なネパール仏教では、ここで紹介したように、僧侶は本来の意味での出家の形態をとっていない。大乗の特に密教（ヴァジラ・ヤーナ、金剛乗）の僧侶たちは、その生活に於いても、一般の人々のそれと変わらないのだという。

後期大乗の密教が、ヒンドゥー教の影響を大きくうけたものであったとしても、現実の社会に人々と共に生きる宗教家は、一般民衆の生活とかけ離れてはありえない。自らの家庭を維持するためには、かれらの多くは仕事に従事し、なおかつ、僧侶として求められる職務をはたしている、それがネパール仏教の僧侶の姿である。そして寺院は、仏教徒たちのグループが、それぞれ属するところを責任をもって維持管理している。その意味では、ネパール仏教は、大乗仏教としてもっとも進んだ形態を示していると言えるかもしれない。パタンにあるアクシェースワラ・マハー・ヴィハーラ（Akṣeśvara-mahā-vihāra）寺院は、パタン仏教協会の本部のあるところである。1400年もの歴史を有するという、この寺院の建物は近年（1979年）再興されたものであるが、そこでは、インターナショナル・ゲスト・ハウスの他、地域の人々への健康センター、図書館や瞑想ホールも完備している。寺院内部では、各種の文化活動のために青年たちに施設を開放している。[6]

注

(1) ネパール仏教に関するこれまでの主な欧文論文のビブリオグラフィーは『ブッディスト・ヒマラヤ』（第８号）*Buddhist Himalaya*, Journal of Nāgārjuna Institute of Exact Methods, vol. VIII, No. 1&2, 1997, Lalitapur, Nepal に Oxford Univ. の David Gellner 博士の論文 "Hodgson's Blind Alley? On the so called schools of Nepalese Buddhism"（21-23頁）に載る。

(2) 釈迦族がネパール人であったと推測されるものの一つとして、「現在のインド人には釈尊の父王の名であった浄飯（シュッドーダナもしくはスッドーダナ。シュッダ・オダナ「白米の飯」の意）という名前がない」、ということを述べたことがある。今日のネパールには、多くはないがその人名が用いられている。但し、ネワール語では白米の飯はザ（za）という。他には、マヤ（マーヤー摩耶）やラーフラ（羅睺羅）の名前は、ネパールでは普通にあるという。ヤショーダラー（耶輸陀羅）も寺院名ほ

か人名としあり、小学校名にもなっているという。〕

(3) カトゥマンドゥ盆地を統治していた紀元後２世紀のリッチャヴィ族の王ヴリシャ・デーヴァ（Vṛṣa-deva）はバラモン教のヴェーダの宗教他、仏教を奉じていたことが、カトゥマンドゥのチャルマティー・ヴィハーラ（Charmatī Vihāra）にある彼自身が刻ませた碑文で確認できる。チャルマティー・ヴィハーラ寺院は、アショーカ王の使節リーダーであった第２王女チャルマティーが、ネパール王子デーヴァ・パーラ（Deva-pāla）と結婚をして建てたものだという。

リッチャヴィ族たちの残した碑文に関しては、トリブヴァン大学のネパール・アジア研究から出版された“Licchvikālakā Avilekha by Dhanavajra Vajracārya, Published by Nepal and Asian study, Tribhuvan University” 1973に原文とネパール語訳が載る。

ヴリシャ・デーヴァのものとされるチャルマティー・ヴィハーラの裏手にある石面に刻まれた碑文には、ブッダ釈尊の過去世物語り（キンナリ・ジャータカ Kinnarijātaka）を刻んで、様々な絵で荘厳したチャイティヤを造ったことと、多くの収穫のある土地を寺院とサンガに供養のために与えたこと等が記されている。

(4) ネパール仏教徒のライフサイクルに関しては、Todd T. Lewis 氏の論“A Modern Guide for Mahāyāna Buddhist Life-cycle Rites : The Nepāl Jana Jīvan Kriyā Paddhati”（Indo-Iranian Journal 37 : pp. 1-46, 1994）がすでにある。そこには、かれらのライフサイクルを解説する Jana Jīvan Kriyā Paddhati by Badrī Ratna Bajrācārya and Ratnakāji Bajrācārya, Kathumandu”（Annapurna Press, 1962）に載る41種のライフサイクルの翻訳を載せている。本稿で紹介するかれらのライフサイクルと同様なものと異なるものとがあるので、以下にはそれらの名称のみを挙げておく。

1 （誕生）
2 Cutting the Umbilical Cord
3 Release from Birth Pollution
4 Name Giving
5 Showing the Sun
6 First Rice Feeding
7 In-House Protection
8 Opening the Throat
9 First Hair Cutting
10 Initiation as Adult Male Householder
11 First Monastic Initiation
12 Initiation as Vajrācārya
13 Marriage
14 Gift of a Virgin Girl
15 The Nikṣāḥbhu
16 Dressing theHair
17 （Girl's） Confinement
18 Bhīmaratha Jaṃko（1）
19 Devarayha Jaṃko（2）
20 Mahāratha Jaṃko（3）
21 The Ripening of Karma
22 First Death Rites
23 After-Death Observances
24 Coming to the Depository for Impure Things
25 Smoke Fumigation
26 Removal from the House and Making the Litter

27 Death Procession
28 Observances at the Dïpa
29 Disposal of the Ashes
30 The Durgati Pariśodhana Maṇḍala (and other) Customs
31 Seventh Day［Rite］
32 Setting out Cooked Rice［Beneath the Eaves］
33 Release from Death Pollution
34 The Betal Nut Rite and House Repurificattion
35 Ten 'Piṇḍa' Ritual
36 Eleventh Day 'Piṇḍa Pūjā'
37［Other］'Piṇḍa' Rules
38 The 'Lina Piṇḍa'
39 Regarding the Priest
40 Śrāddha
41 The Place for Discarding 'Piṇḍa'

(5)　今日では、インターネットを利用して国際的に活躍する仏教研究者もネパールにいる。

「ナーガルジュナ研究所（Nāgārjuna Institute of Exact Methods）」の所長でもある Min Bahadur Shakya 博士がそうである。ナーガルジュナ研究所ではジャーナル『ブッディスト・ヒマラヤ（*Buddhist Himalaya*）』（1997年、２号合併で通算８号）やニューズ・レター『ダルマ・ダートゥ（*Dharma-dhātu*）』を発行している（1998年8月号で通算９号）。研究所の所在地ならびにアクセス等は次の通り。Nāgārjuna Institute of Exact Methods（A Center for Buddhist Stadies), P. O. Box 100 Chakupat, Lalitpur 44701, Kathumandu, Nepal. Tel:（977-1）520558, Fax:（9771-1）527446. E-mail: niem@wlink.com.np / website: www.nepalonline.net/hbef

(6)　アクシェースワラ・マハーヴハーラに関する研究書をヘムラジ教授が近年出版している。*Akṣeśvara Mahāvihāra*, by Hem Raj Shakya, 1991.

また、本年（1998）、同寺院の美しいカラー写真の入った紹介小冊子が出た。*Akṣeśsvara Mahā Bihār Buddhist Monastery*, by Prof. Asha Ram Shakya, Pulchowk, Lalipur, 1998.

ネパール仏教に関して、これまで報告者が発表した論文等を以下に挙げておきたい。

- 「ネパールにおける『法華経』の出版・ネワール語訳法華経について」〔勝呂信静教授古稀記念論文集『法華経の受容と展開』1993年、平楽寺書店、501-518頁所載〕
- 「ネパールの古都パタンのマハー・ブッダ・マンディル」〔『東方』第13号、1997年、168—175頁所載〕
- 「ネパールの古都パタン滞在報告」〔『立正大学社会福祉学部紀要（人間の福祉）』第５号、1999年2月、279-298頁所載〕

ネパールの古都パタン滞在報告

はじめに

本稿の報告者は、本年（平成10年度）、立正大学の在外研修員として、7月下旬からのほぼ1ヵ月間、ネパールの古都パタンに滞在する機会をえた。東方学院〔中村元学院長〕の外国人研究員スレンドラ・サキャ氏の好意によって、郊外にあるかれの所有する住宅が滞在先となった。彼の尊父は、ネパールを代表する仏教学者ヘムラジ・サキャ教授である。スレンドラ氏自身は、研究者としての他に青年実業家としての顔をもつ。日本の企業ともインターネットを利用して、建築や部品設計の発注をうけている。勿論、ネパールではそうした活躍をしているのは限られた人々である。

報告者にとって、今回の訪問は、短期滞在を含めると計5回目となる。かつてインドに長期にわたって滞在をした経験のある報告者は、現地に暮らしていると、母国の姿が正しく伝えられていないことを感じることがある。それは、スレンドラ氏も同様であるという。彼は、日本に滞在の折りにも、母国ネパールの姿が、一面だけで、本当に正しくは紹介されていないことに不満を感じていたという。こうしたことを踏まえて、筆者は、これまであまり気付かれていない別のネパールを取り上げたいと思っている。在外研修の目的でもある学術的な調査報告は、別に改めて述べる用意があるので、現地滞在レポートとして、あまり形式ばらずに読んでもらうように心掛けた。

Ⅰ　豊かな国ネパール

ネパールは、東西がおよそ1,000キロ、南北が約200キロの横に長い形状をした国である。世界の尾根ともいわれるヒマラヤ山脈が横たわる北部ではチベットと接し、南部のタラーイ平原では暑熱のインドとも国境を接している。寒帯から熱帯までの風土を有する国、それがネパールである。登山やトレッキングの他、近年ではチトワン国立公園のジャングル・サファリ体験などにも、諸外国の旅行者たちの関心が寄せられている。

稲作を行う、ネパールののどかな田園風景、山の斜面に拓かれた段々畑、木造建築、そして瓦屋根や藁葺き屋根、そこには、かつての日本ではどこにでもあった静かな農村風景がある。自然の景観豊かなこのネパールは、しばしば、世界でも最も貧しい国の一つとして紹介されることがある。確かに識字率からみれば、ネパール全体では成人でも40%（女子25%）にしかならないという。山岳部や奥地には、食料の自給もままならない貧村はあるが、しかしそれはネパールだけに限ったことではない。筆者は、ネパールもそしてインドも、実際に触れてみて貧しい国という印象をうけたことがない。

教育の普及率がその国の文化の尺度とはされても、貧しさ・豊かさは、一方的にははかれないからである。郊外で、燃料とするための牛糞を乾かす老婆の手伝いをする幼い少女の姿には、むしろ、そうした環境を生きる人々の豊かさを感じるのである〔写真1〕。寺院の門前などには、物乞いをする人々も見かける。しかし、かれらには決して惨めさはない。これはインドとも共通している。むしろ、日常生活の中に施与の道徳が生きているのである。

ネパールは、観光の他は特別な産業もないこともあるが、我々が満足する程度の設備の洋式ホテルでは、宿泊代は1泊100ドル前後がおよその相場である。これは、他の南アジア諸国、たとえばタイでもインドでもほぼ共通している。自動車の所得税は、これもインドと同じく車両価格の250%である。

旧年式の日本製小型車が、ブランド・ニューの外車に混じってカトゥマンドゥの街を数多く走っている。日本では、とうに減価償却されて、廃車となるような車である。しかし、その車両が日本円で100万円ちかくもするということを知る外国人は少ない。まだそれほどの価値がそうした旧式の車にあるわけである。というより、まだまだ利用できるということの方が正しいかもしれない。一方、現在では、中古車の場合では5年以上たったものは国外から輸入できないという規制がある。排気ガス等からの環境保護のためであるという。

ネパールの一般公務員の月収が日本円で約1万円から1万5千円（5,000～7,000ルピー）である。日本での物価の優等生である卵の値段は、日本と変わらない（1コ約Rs.5＝¥10)。それほど卵は貴重なものとなる。ネパールの国際線のパイロットとなった青年がいる。彼は小さな頃に、母親に「卵を毎日食べたい」、と言った。すると母親は、「毎日食べたいのなら飛行機のパイロットになる他はないわね」、と応えたという。彼は成人して本当にパイロットになったということを、スレンドラ氏が話してくれた。これも、今は富める国（？）の者たちが忘れてしまった、子供への励ましのことばである。

写真1

自らが置かれた環境と、めぐりくる月日の生活のリズムの中で、神々の祭日とともに、慎ましくそして逞しく生きるかれらは、決して我々と比して貧しくはない。

スレンドラ氏が、日本での長期滞在をおえて帰国をした。するとカトゥマンドゥ空港から市内へと続く自動車道路が、あまりにも真っ暗でガッカリしたという。ところが、しばらく経って、やはりそれが、母国ネパールでは必要かつ十分なものである、ということが判ったという。彼は、ネパールを決して「貧しい国」とは言わない。盆地をとりまく高台の丘から、眼下の街灯かりを眺めると、地上に夜空にも「星が瞬いている」と、彼は言う。電圧が一定しない街の灯火は、たしかに瞬いて見えるのである。それを、星の瞬きと感じるかれらのこころは、やはり豊かである。くわえて、ネパールでは、わたくしたちが忘れてしまったものがある。野菜の味である。小さなトマトにもどの野菜にも、一つ一つに、かつての日本にはあった懐かしい野菜そのものの味がするのである。

ネパールを紹介するガイド・ブックには、登山（6,000メートル以上の山）やトレッキング（6,000メートル以下の山々を歩く）を興味深く載せている。しかし、そうした種類のガイド・ブックにも、登山ばかりではなく、トレッキング中の事故や災難も多いことを記している。単独行動のすえ、強盗団に襲われて負傷したり亡くなるケースも毎年あるという。その他、トレッキング中のトラブルとして女性が襲われたりするケースもままあるという。何年も前に行方不明となった女性の家族が、娘の消息を確かめるためにネパールへやって来ているという心痛むものさえある。

そうした記事だけを読むと、ネパールは何という怖い国であろうか、という印象をもつ。しかし、インドとも比較して、筆者の滞在体験をとおして言えば、ネパールほど安全で喧嘩や争いのない国はない。一般のネパール人は、民族的にも、たいへん穏やかな人々である。筆者は、そうした理由の一つに、仏教の受容があるのではと考えている。チベットも、かつてはかれらは中国の唐の軍隊と戦うほどの勇敢で好戦的な民族であった。ところが、かれらは仏教を受容するや、穏やかな、戦いを放棄した民族と変わってしまったのである。

ネパールにも、かつてイギリスの傭兵として勇名を馳せたグルカ兵たちがいる。ネパールは、現在はヒンドゥー教を国教とする王制のもとにある。仏教徒を含むネワール人たちは少数派である。或いは、強盗団を組織するような者たちは人種や信条が別なのであろうかという思いもいだく。外国人たちが、純粋なかれらのこころを傷つけるような様子や振る舞いをしてはいないだろうか。

もともと高山は宗教的な聖域であった。その山を登る者たちは、禁忌を侵して入山するという気持ちがなければならない。安易な気持ちが事故や災難を招くことになる。登山家たちの一部が、かつて最高峰を「征服」するということばを使用していたことにも筆者は、そういう感を強く懐くのである。大自然の中では、人間は小さな存在である。自然に対しては謙虚でなければならない。ネパールの人々は自然に対して謙虚である。そうした謙虚さはかれらの信仰心にもつうじる。これはネパールを訪れた誰しもが感じることである。ネパールを「豊かな国」であるとしたのは、日本をはじめとした先進諸国が、ネパールに対して何ら援助等をしなくてよいということではない。先進国と自ら認める国々におごりがなかったかを問い直してもらいたいのである。

Ⅱ　ネパールの古都パタン

宗教、特に仏教の面からみると、ネパールはブッタ釈迦牟尼世尊を生んだ故郷でもある。釈尊生誕の地ルンビニーもネパールにある。釈迦族の都城カピラ・ヴァストゥ跡も、近年の立正大学による発掘調査の結果、ネパール側のティラウラコットが有力視されている〔写真2〕。そして釈尊の生母マーヤー（摩耶）夫人の故郷も、ネパール側のデーヴァ・ダハにある。筆者は、「釈尊（ブッタ）の故郷」ネパールと、「仏教の故郷」インドというように区別して用いるようにしている。釈尊を生んだ偉大な種族・釈迦族はネパール人であったとも言われている。もし、かれらがネパール人であったとすると、インド文化の主導的な役割を果たしてきたインド・アーリヤ人とは人種が異なることになる。

写真2

今日のヒンドゥー教を国教とするネパールの王制は、230年ほどの歴史である。それ以前の13～18世紀にかけては、ネパールは、カトゥマンドゥ盆地を中心にして、ネワール族の王たちが統治していた。ネワール族たちは仏教をヒンドゥー教と同様に信奉しており、古都パタンやバクタプルの古い仏教寺院も〔写真3〕、マッラ王朝時代にかれらが建てたものである。現在のかれらの人口は45万人ほどであるという。ネワール族たちの言語がネワール語（ネワール・バーサ）である。ネパール一般の共通語ネパール語（ネパーリ・

写真3

バーサ）とは、本来、語族が異なっている。今日のネパール仏教徒たちは、おおむねこのネワール語を使用している。

ネパール全体の人口からみると、インド・ヨーロッパ語系の言語に属するネパール語を話すヒンドゥー教徒たちが最も多い。現在の王制は、18世紀に、インドのクシャトリヤ（武士階級）の一部族が、カトゥマンドゥに侵入して樹立したものである。1991年の新憲法の発布によって、それまでの王政は事実上姿を消すことになるが、現ビレンドラ国王に対するネパール一般国民の尊崇と支持は根強い。

ネパールという国名は、カトゥマンドゥ盆地に文化を築いてきた人々が、その盆地を指してよんだことばである。かれらがネワールとよばれているのも、そこに由来している。ネパールの首都がカトゥマンドゥである。このカトゥマンドゥの地名は、カスタ・マンダパ（Kastha-maṇḍapa 木造のマンダパ）から来ているという。かつて、その地を往来し行商する者たちが、その地の木造のマンダパ（軒先のある建物）に雨宿りをしたり休憩をした。それが後に地名となったという。このカトゥマンドゥ盆地の南が、古都パタンとなる。パタンは古くはラリトプル（サンスクリット語のLarita-pura 美しい都）とよばれていた。ネパール美術の枠を集めたマッラ王朝時代の建造物などは、訪れる人々を魅了している。

カトゥマンドゥは標高1,300メートルほどの高地にある。カトゥマンドゥが確かに「盆地」であることを一望できる場所がある。ハーティバン・リゾート（Haatiban Resort）と称される、カトゥマンドゥの南西の郊外にある高台（1,852メートル）がそれである。一般車道から折れて、舗装されていない、急斜面の山道のその場所までは、市内から車で4～50分の距離である。現在は、立派な宿泊施設があるが、まだ、外国人たちも訪れることは少ないという。

文殊ボサツが、かつて湖であったカトゥマンドゥを、水路を開いて盆地にしたという伝説がある。その開かれた水路の流れであるというバグマティ河の流れと山に囲まれた盆地全体を、そのリゾートからは眼下に一望できる〔写真4〕。飛行機が、眼下のカトゥマンドゥ空港に離発着する光景が見られるのも、ここならではのことである。

写真4

写真5

釈尊を世にいだした釈迦（Śākya）族が、コーサラ国のヴィルーダカによって滅ぼされたことは歴史的な事実とされているが、今日のネパールには釈迦族と同じサキャ姓の人々がいる。釈迦族の都城カピラ・ヴァストゥがヴィルーダカに攻撃された際に、多くの人々が難を避けてカトゥマンドゥ盆地に移ったというのである。今日のネパールのサキャ姓（the Śakyas）の人々は、その末裔であると信じられている。かれらはネワール語を使用し、みな仏教徒である。ネパール全体では、サキャ姓は、48,000人、およそ8,000所帯であるという。これまでは、かれらの通婚も、必ずサキャ姓か、もしくはヴァジラ・アーチャーリヤ姓（かれらが伝統的なネパール仏教徒）間に限られていた。パタン仏教協会会長をつとめる、現パタン市長ブッディ・ラージ・ヴァジラ・アーチャーリヤ氏も仏教徒である。

現在のネパール仏教は、ヒンドゥー教の民間信仰とも融合している。パタン仏教協会のあるアクシェースワラ、マハー・ヴィハーラ寺院の建物の柱にも、ヒンドゥーの神ガネーシャが彫られている〔写真5〕。ちょうど、日本の神仏習合と似た形態を今日に継承している。くわえて、マハーヤーナ（大乗のことであるが、正しくはネパール仏教はヴァジラ・ヤーナ、金剛乗）の僧職たちの生活は、驚くほど現在の日本仏教に似ている。かれらはみな有髪であり、結婚して家庭をもち、飲食（飲酒・肉食）に関しても特別な戒律をもたない。日本仏教に於けるような寺院と付属墓地・檀家制という関係のないかれらは、僧職のほかに、様々な職業に従事する者もいる。その職種の中では仏像工芸師が多いという。

現在のネパールには、仏教徒とヒンドゥー教徒間の宗教的な軋轢はない。ヒンドゥー教を奉ずる現ビレンドラ国王も、仏教やネワール文化に対しては敬意と深い理解をしめしている。そのよい例として、ネパールを代表する仏教学者ヘムラジ・サキャ教授に対して、政府と国王は、「ネワール族の文化と発展に対する功績」を讃えて、文化勲章を授与している。なお、ヘムラジ教授は、今の皇太子を含めると、4代にわたるネパール国王から文化勲章を受けていることになる。

Ⅲ　パタンのアショーカ王塔と仏教徒のマティヤ祭

釈尊を生んだ偉大な釈迦族がネパール人であったという説を採れば、ネパール仏教の起源は釈尊にまで遡れることになる。パタンにはアショーカ王（在位・前268～232年）のストゥーパ（仏塔）がある。アショーカ王がこの地に使節を送り、街の東西南北の四方と中央にストゥーパを建立させたとネパール仏教徒たちには伝えられている。それらの四方の覆鉢型のストゥーパは現在もある。その一つの西方のストゥーパは、首都カトゥマンドゥから南へ下って、バグマテイ河を越えてパタンに入ると、プルチョークの通りの右手にある。ナラヤニ・ホテルからは道路を挟んで斜向かいとなる。そこからパタンの旧市街へ東へと続く大通りには新しい市の庁舎が建っている。

ストゥーパはおよそ2キロ四方に4箇所点在する。東方の一基以外は、パタンを囲むリングロードの内側に位置する。中央にもあったとされるストゥーパは現在は跡を留めず、交差する路地に面したその場所には木造のマンディル（寺院）が建っている。そこからさほど離れていない、周囲がわずかに囲まれた路地の小高い一角に、4メートルほどの高さの石柱が建っている。アショーカ・ピラーであるという〔写真6〕。落雷のために、その石柱が壊れてしまったと伝えられている。縦に割れたピラーの形状は、僅かにそれがかつて円柱であったことを想像させる程度である。石面はかなりくずれていてインスクリプションは見当たらない。

街の西方にあるストゥーパは、今回、報告者と共にネパールを短期訪問した三友健容教授〔立正大学・仏教学部長〕の宿泊先から、終日、観察できた。

写真6

写真7

車の往来する大通りに面して、東に向かって建つストゥーパの基部前方にはマニ車が巡らされている〔写真7〕。ストゥーパの高さは10メートルほどであろうか。未明から人々が参詣に訪れ、おもいおもいに鐘を鳴らしている。ストゥーパの背後に、隣接する民家の路地に奥まって祀られる祠堂（ラクシェースワラ・マンディル）の境内でも、参詣者たちが手に手に花や米を盛った皿を持って、米や灯火をあげてゆく。

祠堂近くの開けはなたれた家屋の一角では、数人の男性たちが、シンバルや横長のドラムを鳴らして、マヤ（摩耶）デーヴィー〔デーヴィーは女神。釈尊の生母摩耶夫人が神格化された〕を讃えている。ちょうど、神前の奉納するお神楽の音楽のような趣である。〔これは、タイ国のアユタヤ遺跡（かつてのシャム国の首都）での仏教寺院でも同様なものを感じた。タイでは、境内に設けられた舞台で音楽とともに舞踊が奉納される〕。さすがに日中は参詣の人も少ないが、夕刻には、年配のチベット仏教徒たちがマントラを唱えながら、ストゥーパの周囲を幾度も右遶（右巡り）しながら巡拝している。

通りに面したストゥーパの隣では、開けはなたれた軒先のある小屋で、早朝、男性の信徒たちがおもいおもいに座して経をとなえている。やがて明るくなるころには、早々と通学する女生徒たちが、通りすがりにマニ車を回して参拝して行く。アショーカ王が建てさせたとされるその覆鉢型の土饅頭のようなストゥーパは、子供たちの恰好の遊び場ともなっている。かなりの急斜面を昇り降りして、子供たちが暗くなるまで遊んでいる。

カトゥマンドゥ全体では、仏教寺院はおよそ500。そのうちの200の寺院がパタンにある。ネパールでは、比較的規模の大きな寺院をヴィハーラ（精舎）、建物だけのものをマンディルとよんで区別している。その他、家々の中庭や路地に祀られている祠堂（チャイティヤ）までふくめると、パタンだけでも1,800あるという。それら全てをパタンの仏教徒たちが、年に1度巡礼して歩く日がある。マティヤ祭（Matya-Festival）と名付けられているその巡礼は、本年は8月10日（月）であった。今回の滞在中に、報告者はその巡礼に参加をする機会をえた。

ネパールではヴィクラマ・サンヴァト（ヴィクラマ暦・今年1998年は2055年にあたる）と新暦（西暦）、それに仏教徒たちのブッダ・サンヴァト（ヴァイシャーカ月の満月が元旦。今年は2543年）、チベット暦（11世紀にインドからチベットへSoma-nāthaがKalackra-tantraを伝えた年から始まる）などが現在も使われている。ヴィクラマ暦に基づくネパールの暦では、本年は新暦の4月14日が日本の元旦にあたる。伝統行事は、すべて太陰暦に基づいている。ネパール暦では、3～4年に一度、閏月（adhika-māsa）が入る。次の閏月はネパール暦で来年の2月となる。

マティヤ祭の歴史は古い。今から1,400年ほど前に、パタンに観世音ボサツを祀る新しい寺院（Jeṣṭha Mahā Vihāra Mandir）が建立された際に、人々がパタンの全ての寺院を、落慶祝いのために巡礼をしたのが始まりであるという。当時は寺院の数もそう多くはなかったであろう。その後、寺院やチャイティヤも増え、現在ではパタンの全てを巡るのには未明から夜までかかる。今日でも、数千人もの仏教徒たちが、早朝の4時頃から広場に集合してパタンの街を練り歩き、順に寺院やチャイティヤを参詣して廻る〔写真8〕。その間、敬虔な信徒たちは飲み物以外は一切口にしない。

巡礼の起点は仏旗を張りめぐらしたブバール広場である。すでに午前4時には大勢の人々が巡礼の列をつくって、開始の合図をまっている。巡礼をする者、それを見学する市民たちで、広場周辺はすでに昼間のような賑わいである。パタン市長のヴァジラ・アーチャーリヤ氏も広場で人々と挨拶を交わしている。広場にある寺院〔ヤショーダラ・マハー・ヴィハーラ Yaśodharā-mahā-vihāra, ヤショーダラーは太子時代の釈尊の夫人の名である〕

写真8

写真9

に安置されている、60センチほどのディーパンカラ（Dīpaṃkara 燃灯仏）の仏像2体が、その日だけ広場の隅に公開される。古いその木彫の仏像は、着衣や姿に、かつてのネパールの人々の習俗がうかがえる〔写真9〕。仏像の前にも人々の供物を受ける平たい籠が置かれている。その1年間に亡くなった家族の写真を写した紙を、供物と一緒に供える人々もいる〔写真10〕。

写真10

巡礼者たちは先達と僧侶を先頭に長い人の帯をつくる。僧侶と一般市民とを識別するものは、僧侶の額に巻かれた白い帯だけである。巡礼の列はすでに広場を溢れて外にまで続いている。若い女性たちは友人たちでめいめいがグループを作り、着衣や髪飾りなどもお揃いのものを付け、お洒落にも気をつかっている。昔からの伝統的な白装束の姿で裸足で巡礼する若者たちもいる。巡礼の中には、日本の「なまはげ」のような恰好をした若者たちも幾人か混ざって行列を盛り上げている。丁度、祭りの行列の賑わいである。

寺院や祠堂には、かれらが身につけて持ち歩いている袋やバックから、おもいおもいに賽銭（硬貨）や米などの供物を取り出して投げて捧げてゆく。

すべてに捧げるには、その量も多いので、一度に持ってゆけない人々もいる。そこで、家族の内の誰かが参加をすると、あとの者たちは、彼、もしくは彼女をサポートする側にまわるという。途中で、かれらに供物などを補給するのである。

巡礼に参加する男女の比率は、女性の方が多少多いように思える。年代順では、10代～20代が特に多いのには感心させられる。30代～40代がそれに続き、あまり高齢者は見当たらない。巡礼は長時間に及ぶので、体力のない老人や小さな子供たちは無理なのであろう。子供たちも参加をするが別のガーネーシュ・プージャー（ヒンドゥー教のGaṇeśa神の祭り・本年は新暦の8月13日）である。それは午後からの4時間ほどの巡礼であるという。

報告者が参加をしたのは早朝からの数時間であったが、実際に巡礼をしてみると、かれらの信仰心の篤さと健脚には驚嘆するほかはない。滞在中の宿舎で報告者の食事の世話をしてくれた婦人（30代後半の家庭夫人）も、彼女の女友達と参加をした。女性の歩調としても、早朝4時からの巡礼に、家を出たのが午前2時で、巡礼を終えて家に戻ったのは午後9時だったという。彼女たちには夫も子供もおり、かれらには仕事や学校がある。家族がみな一致協力して、マティヤ祭に参加をする者を支えているのである。

巡礼に参加する前には、高地の盆地に住む民族たちが、かれらがかつて遠い道のりを歩いたであろう、その体験が、こうした伝統行事となっているのでは、と想像していた。それも一つの理由として挙げられよう。しかし、未明に、先達たちのローソクの明かりを頼りに、家々の路地やネパール特有の狭くて軒丈の低い家屋の中の細い通路を、体を屈めて廻っていると、別な思いがよぎった。それはあたかも「胎内巡り」のような感を受けたのである。ネワール語ではmatyaに「灯火」の意味がある。灯火を燈して供養をすることが原意である。

巡礼をする者、それを眺める者、そしてパタンの市民たちが協力する交通整理、古都パタンは終日、巡礼の道はマティヤ祭で明けマティヤ祭で暮れる。パタンの仏教教会のあるアクシェースワラ・マハー・ヴィハーラ寺院所有の、日本製の救急車も早朝から待機していた。その祭の間には、特に事故者や急病人も出なかったようである。翌日のネパール英字新聞〔*The Rising Nepal*,

Aug. 11（Śravaṇa 26, 2055）Tuesday, pages 8, Rs. 4〕には、1面にマティヤ祭の様子が写真で紹介されていた。

写真 11

マティヤ祭には仏教徒ばかりではなくヒンドゥー教徒たちも参加をする。かれらヒンドゥー教徒たちは、これが仏教で、これがヒンドゥー教である、というような特別な区別はしない。同様に、仏教徒であってもヒンドゥーの神々の祭りに参加している〔写真11〕。これは、インドのヒンドゥー教とも共通している。ブッダは、ヒンドゥーの神の化身であるという信仰をかれらは懐いているからである。但し今日のインドでは、伝統的な仏教徒はカルカッタを中心としたベンガル仏教徒たちだけである。

かれらネパール仏教徒たちの信仰心の篤さは、同じくネパールやインドのヒンドゥー教徒とも共通するものがある。ガンジス（ガンガー）河の支流でもあるバグマティ河は、カトゥマンドゥ盆地の南を東西に横切るようにカトゥマンドゥとパタンを分ける。その流れは遙か北嶺のヒマラヤから流れてくる。その河岸に、ネパール最大のヒンドゥー寺院パシュパティー・ナートがある。インド亜大陸の中でも、シヴァ神を祭る寺院としては4大寺院の1つにも数えられている。この寺院にはインド側からも巡礼がやってくる。

報告者は滞在中、カトゥマンドゥからトゥリスリ河沿いに車で南下してティラウラコットに向かう際に、かれら巡礼の一団をみた。インドからの敬虔なヒンドゥー教徒たちは、小さな瓶に入れた聖水を前後に振り分けにして長い棒に担ぎ、険しい山道を裸足で幾日もついやして参詣する。その聖水は道中で、決して地面におくことはないという。

パシュパティー・ナート寺院での外国人の立ち入り禁止の制限は、インド一般のヒンドゥー寺院より厳しいように思える。門前に立ち並ぶ出店で供養の花々などを買い、礼儀にのっとって、身体に付けた皮革製品は靴もベルトもはずしてその店にあずけ、さあ入寺しようとした時に、門の入り口に立つ警察官に呼び止められた。日本人であることを答えると、その場で立ち去るように命じられてしまった。献花は、門前まで同行してくれたタクシーの運転手氏が代わりに行ってくれた。

ネパールでは土曜日が一般に休日となる。翌日の日曜日が仕事の始まりである〔但し、最近では土・日を休校とする学校も増えてきているという〕。休日には、その日が縁日と重なるヒンドゥー教の寺院では参詣の人々が絶えない。パタンのヒンドゥー寺院でも、今年は8月8日(日)〔ヴィクラマ暦シラーヴァナ（4月）24日・満月〕に大祭が開かれるところがある。寺院の周囲は人で埋めつくされ、参詣の順番をまつ人波の整理には、警察官ほかボーイ(ガール)スカウトの少年・少女たちが駆り出されるほどである。

ネパールもインド同様、神々と祭りの国である。1ヵ月間の滞在中に幾度も大きな祭りに出会った。早朝、パタンのダンバール広場を散歩に出てみると、インドの叙事詩『マハーバーラタ』の神に因む寺院では、すでに100メートル以上も参詣者の行列ができていた。手に手に供養の品を盛った皿をもち、参詣の順番を待っている。その日（8月16日）が、そのヒンドゥー寺院の年に一度の大祭であるという、夕方から夜にかけては1万人以上の人々が参詣に集まり広場を埋めつくすということを、近くで露店の準備をしていた男性が話してくれた。

Ⅳ　ネパール仏教とパタンの町での光景

現在のネパール仏教には、カトゥマンドゥのボーダ・ナート寺院を中心としたチベット仏教が含まれる。報告者の滞在したジャワラケールの近くに、チベット難民キャンプがある。現在のチベット人たちは、世代も代わりつつあり、かつて難民としてのイメージはすでにない。ネパール人の社会に溶け込んで、むしろ一般のネパール人に比して豊かな暮らしをしている人々が多いという。伝統的なネパール仏教徒たちの暦にも、ネパール暦3月（Aṣāḍhā）22日〔＝新暦7月22日〕がダライ・ラマの誕生日であることが記されている。報告者がチベット人キャンプを訪れた際にも、通りにダライ・ラマの誕生日を祝う横幕が張られていた〔写真12〕。

本稿を読まれている方々に、わが立正大学は大学としては日本で初めて、ダライ・ラマ、チベット仏教法王に名誉博士号を授与（1996年5月）したことと、法王の実兄のチクメイ・ノルブ氏が、同じく立正大学の客員教授であることを改めて記しておきたい。

写真 12

写真 13

カトゥマンドゥを中心としたネパール仏教が、釈迦族の人々の移住によって、更にその後のアショー王の使節によってもたらされたものであるとすると、現在までの仏教の歴史はどうなのであろうか。カトゥマンドゥ盆地を統治していた、紀元後2世紀のリッチャヴィ族の王ヴリシヤ・デーヴァ（Vṛṣa-deva）はバラモン教のヴェーダの宗教の他、仏教を奉じていたことが、カトゥマンドゥのチャルマティ・ヴィハーラ（Charumati Vihāra）にある彼自身が刻ませた碑文で確認できる〔写真13〕。チャルマティ・ヴィハーラ寺院は、アショーカ王使節のリーダーであった、第2王女チャルマティーが、ネパール王子デーヴァ・パーラ（Deva-pāla）と結婚をして建てたものだという。

パタンのアクシェースワラ・マハー・ヴィハーラはもともと7世紀まではテーラ・ヴァーダの僧院であった。その後、ジャヤスティティ・マッラ（Jayasthiti Malla. 15世紀）の時代に、マッラ王たちの庇護のもとにヒンドゥー教は次第に勢力を増してきた。この時に、仏教の僧侶たちの中には還俗するものも出てきたという。

伝統的なネパール仏教では、大乗の僧侶はグバージュ（gubhāju）とよばれている。あるいはヴァジラ・アーチャーリヤ（vajrācārya 金剛師）とも称されてい

写真 14

る。その他に、バンテー(bhante)もしくはビッチュ(bhiccu=Skt. Bhikṣu)とよばれているのが、いわゆるテーラ・ヴァーダ(Thera-vāda)の僧侶たちである〔ちなみに、今日のかれらを「小乗 Hīna-yanā」と呼ぶべきではない。小乗という場合の「小(hīna)」には「下劣な」という意味があるからである。〕。今日のそれは、およそ50年ほど前に、タイ国からもたらされたものであるという。かれらの数はネパール全体でも少なく、カトゥマンドゥでは、一般の民家に止宿している者もいる。釈尊の生誕の地ルンビニーにあるネパール寺院に止住している僧侶がビッチュに属する。

伝統的なネパール仏教徒たち(サキャ姓・ヴァジラ・アーチャーリヤ姓)は、男子は5才〜10才の間に得度式(Cūḍā-Karma)をあげる。得度式をあげたかれらは、その時点でいわゆる僧侶となるわけであるから、伝統的なネパール仏教徒たちはみな大乗(ヴァジラ・ヤーナ)の僧侶ということになる。しかし実際は、専門の僧職となるには、その後、特別に仏教の学問や修行を修めることになる。かれらのライフサイクルに基づく通過儀礼には、日本と同じように「お食い初め」や「77才の祝い」などがある。「葬儀」を含めた、そうした通過儀礼には必ず専門の僧職がよばれる。かれら専門の僧職も、普段は一般の人々と同じ生活をしている。かれらの住まいが寺院ではないということ以外は、今日の我が国の僧侶の生活と酷似していると言える。かれらは家族と同居し、特別な儀式以外には服装も一般の人々と同じである〔写真14〕。

ネパール仏教の寺院は、それぞれ仏教徒たちのどれかのグループに属している。それらの寺院は、例えばスレンドラ氏のサキャ姓の一族のグループは、かれらが属する寺院を輪番で、2週間ほど寺院の境内の簡易施設等に寝泊まりして護持している。ネパールの大乗仏教の僧侶たちの読誦する経典は、ネ

写真15

パールの「九部経」である。それらの大乗経典のサンスクリット仏典をかれらは日常読誦している。今日の世界の仏教徒の中でも、サンスクリット仏典をそのまま読誦するところは、ネパールをおいて他にはない。そうしたサンスクリット仏典やチベット仏典を、今日では学問的な研究対象にして、国際的にも活躍している専門家たちが生まれている。

先に紹介したパタンの西にあるアショーカ王塔の裏手の高台に、パタン仏教協会でもあるアクシェースワラ・マハー・ヴィハーラ（Akṣeśvara-mahā-vihāra）寺院がある。寺院の建物は近年（1979年）再建されたものであるが、ネパールの風土は建造物をより古くみせる。この仏教協会では国際仏教徒ゲスト・ハウスや図書館、瞑想ホール、健康センターなども備えている。文化活動の一貫としては仏教美術の講座も開講している。筆者の訪れた土曜日（休日）には、朝から境内で人物のデッサンや仏像の模写などを行う青年たちがいた〔写真15〕。

報告者の滞在したジャワラケール付近は、各国の公使たちの住まいがある閑静な住宅地である。日本大使館の職員住宅も近くにある。道を挟んだその前には、ブリティッシュ・ネパールのグルカ兵たちの関連施設がある。近くの通りには、「我々ブリティッシュ・グルカ兵が、英帝国のために、我々の血と汗を捧げ、その代償として得たものは、惨めさと・苦しみである（We British Gurukhas gave our blood and sweat for the British Empire in return we got misery and pain.）。」と記された横幕が張られてあった。これがかれらネパールの人々の偽らざる気持ちである。

静かな住宅地には早朝4時半頃から、信徒たちが寺院や祠堂の鐘を打ち鳴らす音が響く。やがて朝食をおえる頃になると、登校する児童たちが近くの小道を通りすぎてゆく。ネパールというと山間僻地の青空教室がしばしば紹介され

写真16

るが、カトゥマンドゥでは日本とほとんど変わらない。アダルサ・ヴィディヤー・マンディル・ハイスクール（Adarśa Vidyā Mandir Hightschool, 1966年創立）は、小学校から高校までの一貫教育の私立学校である。児童・生徒たちはお揃いのネクタイ姿である。登下校時には遠方からの生徒を、新古を含めた幾台かの大型スクール・バスで送迎する。ネパールでは、小学校から高等学校までの就学年数は10年間である。小学校は1～5年。中学は6・7年。高等学校（高等中学校）は8～10年となる。小学校の入学は、満4歳以上となっているが、仮に6歳で小学校に入ると高校卒業は16歳ということになる。報告者の友人の姪にあたる女生徒が、16歳で高校3年生と聞いて初めはオヤと思った。

他にも、近くにはキリスト教系の聖ザビエル・スクール（私立）がある〔写真16〕。国立大学はカトゥマンドゥ郊外にあるトリブヴァン大学1校（医学部も含む総合大学）である。広大なキャンパスの中に、寮生活をおくる学生や通学する学生たち、そしてのんびり草を食む牛たちが行き過ぎる。最近は文化系のほかマネージメントに学生たちの関心があるという。外国人たちのためのネパール語の講座も開講されている。

写真17　入場券

ジャワラケールのロータリー近くには動物園がある。敷地の中央に池があるが、規模はさほど大きくはない。入園料は、ネパール人・外国人とも成人は均一料金（Rs. 60）である〔写真17・入場券〕。虎や豹、犀などのほかネパール在留種の珍しい動物たちがいる。アショーカ王柱頭部の像でも名高い獅子（Simha ライオン）はスリランカから

写真 18-1

写真 18-2

の寄贈であった。園内を大きな象が1頭、観光客を数人のせてはゆっくりゆきすぎる。チトワン自然公園近くの森では、今でも人が虎に襲われることがあるという。

今回の滞在で、カトゥマンドゥには障害者(聴覚)を雇用しているレストランがあるのに気付いた。レストラン内部の壁には、スタッフたちに手話で話しかけてくれるようにというポスターがかかっている〔写真2葉・18〕。それらのレストランは、報告者の気付いたところでは、パタンのジャワラケールのロータリーの近くにある The Bakery's Café と、カトゥマンドゥ市のエヴェレスト・ホテル近くの同系列のレストランとである。これらのレストランでは純ネパール料理ではなく西洋風の食事を給している。かれらはお揃いのユニフォームを着け調理係り他ウエイターとしても従事している。報告者は寡聞にして、積極的に聴覚障害者たちを雇用しているレストランが日本にもあるかどうかは知らない。

報告の最後となったが、ネパール考古局には初の女性局長が誕生した〔写真19〕。考古局には公文書館が含まれる。そこでは『法華経』をはじめ、貴重なサンスクリット仏典の写本を数多く所蔵している〔写真20〕。ティラウラコットの発掘調査以来、本学の中村瑞隆名誉教授や坂詰秀一現学長とも面識のある Mrs. Riddhi Baba Pradhan 局長は、大変、立正大学に好意的である。今回の筆者の調査にもこころよく協力してくれたことを付け加えたい。

写真 19

写真 20

本稿での報告は以上であるが、最後に、この種のレポートを楽しく読みおえてもらうために、2つほど以下に見聞したことを紹介したい。南アジアに行くと、牛が特に神聖視されている。インドでもネパールでも、大通りの車が往来する路上で牛どもが寝そべっている。排気ガスも多く、「あんな場所でわざわざ」という気持ちを我々は懐く。ところが、それは牛なり（？）の理由があるというのである。S・スレンドラ氏が教えてくれた。牛たちは車の排気ガスがことのほか好きなのだというのである。カトゥマンドゥのバス・ターミナルでも、牛たちがバスの後ろでのんびり座って「ウットリ」しているという。筆者はいたずら心を出して彼にたずねた。「シャキャさん、牛がそう言っていた？」。すると彼は、流暢な日本語で、「それは聞かなくても、牛の顔を見れば判ります。」と真面目な顔で答えた。まだ車の数も少なかった頃に、日本でも、わざわざ好んでバスの排気ガスの匂いを嗅ぎにゆく少年がいたことを思い出す。

但し市内では、牛も年々、見かけることが少なくなっているように感じる。カトゥマンドゥは盆地のために空気が淀んでしまう。増えつつある車の排気ガスも例外ではない。この数年は特にカトゥマンドゥ市内の空気が悪いことを、ネパール在住の日本人が嘆いていた。ウシたちも排気ガスにはモウ閉口していることであろう。

写真21

パタンの旧王宮のあるダルバール広場には、マッラ王朝時代のすばらしい建造物が建っている。木造のそれらの建造物の中には、何と仏教寺院の柱や梁の一部に男女が交接している彫刻がほどこされているものがある。それらをミトナ像とよぶ。インドのデカン高原にあるカジュラホのヒンドゥー寺院の彫刻は特に名高い。仏教寺院のそうした彫刻もヒンドゥー教からの影響である。究極のさとりの境地は男女の合一と同じであるという理解があった。ネパールではそうした彫刻は、一つには雷避けの目的があるという。雷はネパールでは「女性神」とされている。そこで、落ちようとした寺院の梁に女性ならば誰でも顔を赤らめるような彫刻があるので、恥ずかしくて、そこを避けると言うのである。神々と祭りの国ではどの彫刻も健康的で明るい。

この写真は〔写真21〕、市内にある民間の「デイー・ベビー・ケアー・センター」である。看板にある英語表示の下には、ナーガリー文字で、Bāla Sevā Kuñja（幼児の世話の園）と書かれている。日本語の「セワ（世話）」は、一説には「せわしい」からきたものとされるがその語源はハッキリしない。しかしサンスクリット語にはセワ（sevā セーヴァー）と発音される語があり、それはまさに「世話・ケアー」の意味がある。今日のネパールでもこの語はケアーの意味で用いられている。

注

学術文献等の注記は省略するが、ネパール仏教に関する、これまで報告者が著した研究・報告等を以下に挙げておく。それらにも、本稿で触れた事柄に関連したものをとりあげている。

・「ネパールにおける『法華経』の出版・ネワール語訳法華経について」〔勝呂信静教授古稀記念論集『法華経の受容と展開』501-518頁所載、平楽寺書店、1993年〕。

・「ネパールの古都パタンのマハー・ブッダ・マンディル」〔『東方』第13号、168-175頁所載、1997年〕。
・「ネパール仏教徒の通過儀礼」〔『大倉山文化会議研究年報』第10号、1999年〕。
・「釈尊の故郷ネパールから」〔『日蓮宗新聞』平成10年11月20日付け〕

なお、ネパール仏教徒たちの「得度式(Cūḍā-Karma)」に関しては、S・スレンドラ氏の論文が、『東方』第10号〔298-302頁「チューダーカルマ―ネパールの得度式―」1994年〕にある。

中国、天台山・普陀山への訪問

はじめに

現代に生きる仏教を考える時に、人々のこころの支えとして息づいている素朴な信仰形態を、社会との関わりのなかで客観的に観察し、そして、それを正しく批評（評価）することは、仏教が文化として、今後の社会に果たすべき役割とその進むべき道を明らかにすることになる。

報告者は、本年（1999）６月、５泊６日の旅程で、日本仏教の故郷ともいうべき中国・天台山と舟山群島の普陀山を訪問する機会をえた。周知のごとく、中国は、沿岸部の大都市を中心に急速な近代化政策が進んできた。そして現在、その成長の鈍化とともに、若者たちの将来に対する不安なども交錯しているという。

文化革命（文革）後の中国では、1980年に至って居士林の活動をはじめ、宗教活動が公に認められるようになった。しかしこの頃の中国の、いわゆるエリート公務員たちにとって、仏教の僧侶に対する一般的なイメージは「人生の落伍者」でしかなかったという。[(1)]

著者は、1980年の初頭以来、調査や国際学会で、中国を幾度も訪問する機会があった。ただし、それは上海は別として、概ね北京や西安、東北地方、或いは中央部や敦煌などをはじめとする内陸部が主なものであった。一方、上海以南の沿岸部に関しては、文革の時代をへて、仏教信仰が熱く息づいていることも友人たちのリポートを通して知っていた。今回、実際に、天台山ほかを訪問して、新しい感慨を懐いた。それはこれからの中国に於いても考えるべき大切な問題であると同時に、仏教文化の意義を伝えるべき我々にとっても反省すべき事柄が含んでいると考えるのである。以下には、筆者が、現地を訪問して感じたままを報告のかたちで述べてみたい。

Ⅰ．天台山への訪問

天台山は、中国浙江省の寧波（ニンポー）から、南南西におよそ道なりで150キロ余の天台県中に位置する。寧波までは上海国際空港から国内線で、空路20分ほどのフライト距離である。昔から中国では南船北馬といわれているように、揚子江（長江）以南は多くの水路が巡り、船の行き来も重要な交通手段であった。寧波は、かつて我が国の遣唐使たちも上陸した港である。往昔の港は、現在は街中の水路沿いに設けられた公園緑地となっている。

我々一行は、上海到着後、ただちに、北京の旅行公司で働く章氏（20代の青年）が出迎える空港から、現地ガイドの案内で、近代的な発展をとげた都市景観を観察した〔写真1〕。市内を走る高架高速道路の左右に点在する、戦前の外国人居留地にわずかに残るかつての上海の風情も、徐々に消え失せつつある。

写真１

運河沿いの公園遊歩道には、土曜日の午後のためもあろうか、家族連れや恋人たちが散歩を楽しんでいる。中国の一人っ子政策も、都市部では定着している〔郊外では晩婚を奨励する看板もしばしば目にはいる〕。遊歩道では、可愛らしい幼い少女を、モデルのように着飾らせた夫婦（30代後半であろうか）がその子供を誇らしく写真におさめている。20年近く前には、北京や上海のような大都会でも、女性たちの明るい色調の服装を見かけることはごくまれであった。

北京大学の当時の南亜研究所の所長ほか数名の学者が、日本を訪問した際に、筆者が、かれらにネクタイをプレゼントしたことがある。それは、荷物にならずにすむ手頃な贈り物であろう、と考えたからである。すると、その時の団長でもあった筆者の尊敬する北京大学の副学長は、こう語った。「どうぞ、こうした心遣いをなさらないでください。それと、私たちは中国では、ネクタイをする機会はありませんから。」。その季羨林博士は、戦前ドイツで博士号を取得している。博士は、現代中国を代表する文化人であり、同時に名高いインド哲学者でもある。季博士は、日本滞在の折りでも常に人民服を着用していた。確かに、当時、学者たちは、海外に出る時もほとんど皆、人民服を着用していた。今日の上海の人々の姿を観て、その時の思い出が懐かしく思い起こされた。

中国では、私たちがよく知っている外国商品にも、しばしばナルホドと思わせるような漢字があてられている。「可口可楽（コカコーラ）」もその一つであるが、「百事可楽（ペプシコーラ）」も、原音に近い。音写語といえども意味がある。因みに、周知のように「美国」はアメリカのことであるが、「美」は漢字の解字からは、「羊が大きい」というほどの意味である。中国的な理解がそこにある。「美」に関する理解も、もともと中国では具象的なものなのである。アメリカとの関係が悪くなった時に「美国」では困るだろうと考えるのは、こちら側の推量にしか過ぎないかもしれない。

翌日、上海を発って空路、寧波に向かった。上海から浙江省の天台県にいたる高速道路建設も、現在進行中である。寧波では、また現地のガイド氏が我々一行のバスに同乗することになった。現地でその都度そうしたガイドを依頼するのには理由がある。広大な中国では標準語としての北京語だけでは、とても手に負えないからである。因みに、北京の章氏は、今回の旅行を企画してもらったのが初めてではない。筆者の知己でもあり、中国や台湾に通じている丸山克己氏が、彼に昨年の五台山の視察旅行も企画してもらっていた。

国際線も国内線も、この視察旅行では中国東方航空（MU）を利用することになった。現在の国際線を有する中国の航空会社は、整備・管理面やサーヴィスの点、機内の清潔さもほぼ世界のトップ・レヴェルに仲間入りをした印象を受ける。それほど快適な空の旅をすることができるといった方がよい。

上海発、午前7時35分のMU5503便は、寧波空港に8時5分に到着した。すでに、外気温は30度を超していた。筆者は、以前、古ぼけた車を大切に乗っていた。その愛車と同じメーカーの車が上海で、現地生産されている。すでにその車も最新型が現地工場で造られている〔車の価格は、日本とほとんど変わらない。外資系の企業に働く者たちは別として、かれら一般公務員の月収（1,000 ～ 600圓（元）／1圓＝14￥、今日の中国通貨の「元」は圓の簡略字）

から考えると、自家用車を持つことはまだまだ容易ではない。車１台の価格よりも、都会のマンションの１室を購入する方が安いからである。しかし、それだけ、車社会の生み出す様々な問題に直面せずにすむ、ということかもしれない〕。

空港のタクシー乗り場では、比較的年式の古い車が、乗客をまって長い列をつくつている。そのフロントガラスに、直射日光の暑熱を避けるためにうすべりのような日除けを被せている。車の列が前方に少しづつ移動する際に、運転手は、車外に出ると、外から窓に手をかけてエンジンをかけずに車を押している〔写真２〕。外から車を押すことが安全かどうかは別として、日本でも最近奨励されている、アイドリング・ストップを励行しているようにも受け取れる。

写真２

日本製の小型マイクロバスは、我々一行を乗せて、一路天台県に向かった。３時間強の道のりではあるが、よく舗装された道路をバスは快適にそして順調に進んだ。現在の天台県の人口は約50万人ほどである。天台山は、1985年に浙江省の人民政府によって「第１批風景区」に指定されている。文革後、日本や韓国の天台宗をはじめとする、仏教界各宗との交流も盛んに行われるようになった。中国天台宗の本山・國清講寺（國清寺）を囲むように流れる清流沿いの路を少し行くと、すぐに天台賓館に到着した。その賓館は背後の斜面を有効に利用した比較的最近の建物である（新館は２年ほど前に建てられた）。そこでまた、現地ガイド女史が、我々一行を出迎えてくれた。

写真３

昼食をそのホテルで済ますと、早速、隋代古刹・國清寺に向かった〔徒歩で賓館から３～４分ほどの場所〕〔写真３〕。文革後の現在、僧侶たちの修行・勉学の重要な道場として復活したその境内では、静かな佇まいのなかに、熱い信仰の息吹が伝わるようであった。門前には、境内へ立ち入り出来る参観時間が記されている。

國清寺は、古来より「天下四絶〔齊州（齊南）の霊岩・潤州（鎮江）の棲霞・荊州（湖北）の玉泉・國清講寺〕」の一つに数えられるほどの、山紫水明（水秀山青）の勝景を誇っている。[2] 周囲の景観はまさに、そのおもむきを今日に伝えている。國清寺は隋の開皇18年（598）の創建になる古刹である。境内には、諸堂や方丈、鐘楼や鼓楼を備えている。中国天台宗の本山として、我が国からは、伝教大師最澄（767 ～ 822）や、圓仁（794 ～ 864）、栄西（1141 ～ 1215）なども求法のために訪れている。現在この國清寺には150名ほどの僧侶がいるという〔写真４〕。圓仁の『入唐求法順礼行記』第１には、その当時も國清寺には「常に一百五十僧ありて久住せり」と伝えている。

写真４

中国の各種方言にも通じている丸山氏夫人をとおして、たまたま境内の参観中に出会った、一人の僧侶に質問をしてみた。恐らく筆者ほどの年齢であろうか。文革の混乱期を過ぎてからの出家であることには間違いない。尋ねたいことは、彼が出家をする以前の職業のことであった。そして、本当にかれらが「人生の落伍者」なのかどうかを確かめたいためでもあった。すると、彼は、「出家の身ですので、在俗の時のことはお話しいたしません。」と静かに断った。当然のことである。しかし、彼は筆者の態度から、尋ねたい意図を察してくれたのであろう。丸山氏夫人に、後で、ソッと語ってくれたそうである。彼は、以前は大学の教員であったという〔写真５〕。

このことを章氏に、途中での雑談で話してみた。すると、「大学の教員が

写真5

僧侶になるなんて、とても信じられない」という顔をしてみせた。章氏は、北京では、若手旅行通訳のなかでもエリートというところであろうか。こと宗教や信仰的な話題になると、それまでの社交的な（？）笑顔が消え失せてしまうことも、興味深く観察できた。我々一行の中には年配者もいる。特に仏教の篤信ということではないが、皆、思い思いに合掌をし、賽銭や線香を諸堂にあげていく。章氏は、それを傍らから眺めているだけであった。この章氏に、後で180度の変化が生じたのである。

國清寺の堂宇には、趙樸初居士の書になる新しい「天台智者大師讃仰頌」が石版に彫り込まれていた。趙樸初居士は、中国仏教協会の現会長であり、現代中国を代表する書家でもある。その居士が、子筆で書いた書が、幾ら大きく引き延ばしても、雄大で力強い筆跡となることは、筆者の住む三島にある扁額でよく知っている。文革後に再建・復興された、由緒寺院の扁額などは、ほとんど居士の筆によるものである。(3)

講堂には元代の18羅漢や、最近造られた500羅漢像などがある。文革で、中国の各地の寺院の堂宇に安置されていた尊像や仏像は、大部分が破壊されてしまった。そうした激動をへて、新たに安置された羅漢像もまた、文化遺産として位置づけられなければならない。その新しい500羅漢像のなかには、猫を手にするものもある。文化は歴史をとおして培われ、その時代の証を、彫像のなかにも遺産として留めるのである〔写真6〕〔後に紹介する方廣寺には、老人を背負った羅漢像もあった。それもごく最近造られたものである。儒教的な「孝」の道徳との対比の上で興味深い〕。

写真6

天台山の最高峰は華頂（1,138m）である。10世紀にその峰に華頂

写真７

写真８

講寺が建てられた。現在は、そこに新しい堂宇（仏殿）が建てられている。山門とも重なる客堂は、文革の時に、資材置き場に使用されたという。まだ、訪れる人々もわずかで、客堂もその後利用された形跡はなく、周囲には廃材が山積みにされたままである〔写真７〕〔かつての文革時の混乱の様子を筆者に想起させた〕。

今回の訪問で、特に気づいたことがあった。それは新しく建てられた寺院（仏殿等）の瓦屋根の中央部分に、太陽の光輝をシンボライズしたような大瓦が乗せられていることである〔写真８〕。本来は、仏教のシンボルでもある法輪や、「佛」という字が描かれていたりするはずの処である〔写真９〕。法輪（ダルマ・チャクラ）は、太陽の光輝の形とは全く別ものである。これまで、あまり注意をしたことがないので、或いはそうした造形も元代以降あったものかもしれないが、文革後の新しい建造物ということで、特に気になったので記しておきたい。天台山には、新しく再建された堂宇が幾つかある。

写真９

写真１０

そうした再建や復興には、日本や韓国の仏教界からの支援助成が大きく寄与している。我々一行と同じ時に、韓国天台宗からの参拝団が来ていた。

智者塔院は智顗（天台智者大師：538～597）の肉身舎利をおさめた塔院である。もとは眞覺寺と称されていた〔写真10〕。塔院近くの山道には天台歴代（章安・荊渓）の供養碑が建っている。初めて智顗が道場を開いたという場所でもある「修禅道場」にあった「唐碑」も、現在は移されてこの塔院脇の堂内におさめられている。現在、「修禅道場」は、智者塔院にいたる上りの山道から遠景に見下ろせる。塔寺というよりも、まだ現在のところ、一般の民家のような佇まいである。近々、それも再建されるという。日本をはじめとする仏教界の協力で、こうした堂宇が新しく再建されつつある。國清寺内にも、そしてこの塔院内にも、文革後の、諸堂の復興に対して浄財を寄進した者たちの名が記されていた。かれらの多くはアメリカ（美国）・台湾・香港などに在住する仏教信徒たちである。それに中国本土では、福建省や浙江省などからの人々の名が多く見られる。上海以南の中国の沿岸地域が多い〔浙江省とは海を挟んで台湾がある〕。

写真１１

写真１２

天台山を囲む自然環境には、天下の奇観とも称される石梁飛瀑（Shiliang Falls）がある〔写真11〕。天台智者大師のかつての修行地ともいわれる方廣寺もこの飛瀑に隣接した急斜面に建っている。現在でも、この瀑布見学に訪れる人々は多い。そして、もう一つの天台山の名刹が高明（講）寺である〔写真12〕。そこへは、車から下車して急な斜面を２～30分程、徒歩で下ることになる〔写真13〕。中国仏教では、地蔵ボサツが篤い信仰

写真１３

を得てきた。現在、高明寺の「地蔵殿」には浙江省最大の梵鐘が安置されている〔ただし、その梵鐘も1983年の銘が入った最近のものである〕。

國清（講）寺は、中国天台宗の本山であるが、寺院の開創は、智顗（智者大師）の入寂後になる。天台第２祖章安大師（灌頂：561～632）の創建である。高明（講）寺は、智者大師の創建と伝えられており、唐代には称名寺と称されていた。その後、天佑年間（904～907）になって高明（講）寺と改名された。幽渓の地の修行道場であり、同時に、講寺（学問講説をする寺）としての伝統も継承されていた。それは、我が国のサンスクリット研究では、『法華経（*saddharma-puṇḍarīka*）』〔Ed.by H. Kern and B. Nanjio, St-Pétersbuourg 1908-1912.〕のテキスト出版で、オランダのケルンと共に、重要な業績を残した、南条文雄博士（1849～1927）が、1887年に、インドからの帰路、この高明寺に至り、所蔵されていた法華経の貝葉本を校訂のために利用しているのである。

筆者は、このことを今回、訪問した高明寺で、筆者たち一行に釋了文師から贈られた、『高明寺志』（當代中國出版社、1995年12月）を通して知ることができた。これまでは、インドから将来された仏典のテキストは、中国では全く消失してしまった、というのが定説である。廃仏によることの他、かれら中国人たちが、翻訳された経典を重んじ、もとの原本を顧みなかったというのも、その一つの理由とされている。しかし、19世紀末には、この高明寺には法華経のサンスクリット貝葉本があったのである。

更に、筆者は、本山の國清寺内の展観物のなかに、貝葉本の一葉が展示されていることに驚きの念を懐いた。〔唐代の會昌の破仏やその後の火災などで諸堂や所蔵の経本等が焼失したが、そうした中で、智顗の所題の『法華経』や西域の貝葉経１巻などが災いを免れたとも伝えられている。望月『仏教大辞典』「國清寺」の項参照〕。かつてラーフラ・サーンクリトヤーヤナによるチベットの古寺調査によって収集されたサンスクリット仏典写本は、現在、北京の民族文化宮に貴重図書として保管されている。そのことを、文命後、初めて外国人としてその閲覧を許可された筆者は、『日本経済新聞』の「文化欄」に報告をしたことがある。國清寺内に展観されていたその一葉も、もともと同寺に所蔵されていたものかどうかは明らかでない。或いはそうでなくとも、南条博士が、高明寺所蔵の法華経のサンスクリット写本を参照したということは、中国には、近代にいたるまで、たとえ一部ではあっても仏典の貝葉本が大切に保管されていたのである〔國清寺で展観されていたその貝葉はおよそ30cm × 5 cm ほどのものであろうか。書体から見ても、法華経の現存最古の写本（5～6世紀）と考えられているギルギット本よりは大分時代的に下る〕。筆者は、天台山滞在の折り、我々一行を案内してくれたガイド女史に、その貝葉の確認をお願いしたが、残念ながら、現在までのところ、まだ回答が届いていない。

天台山を語るときに、忘れてはならないものがある。それは「雲霧茶」である。我が国に伝わった茶も、この天台山がルーツである。智者塔院や華頂にいたる山道からも、段々になって栽培されている茶畑を観ることができる。雲と霧、それは良質の茶を産する条件であるという。わずか1,100m ほどの天台山の自然は、まさに恰好の茶畑となる。一般に、中国茶といえば紅茶と同じ製法のウーロン茶と思われているが、緑茶もまた中国人が大変好む。天台雲霧茶も緑茶の類に属する。喫すると、幽渓の自然の香りが楽しい。

天台県の街の夜も、中国特有ともいうべき、昼間とはまた別の賑わいがある。老人がひとり商う露店で買い求めた臭豆腐（ソートウフ）を食し、夜のウインドゥー・ショッピングを楽しみながら、筆者は商品の価格を興味深く眺めていた。

中国東北部や内陸部に比べて、長江以南の自然の豊かさは別の国の感をあたえる。農作物もよく育つ。華頂寺の境内には、樹齢800年ほどの杉の大樹が立っていた。文革の時に、理性を失った一部の人々たちによって自然破壊が引き起こされるのを恐れた、時の周恩来首相が、わざわざ電話で大樹の無事を確認をし安堵した、ということも現地のガイド女史から聞いた。レボリューションは、何時の時代も、その国の文化や伝統だけではなく自然環境までも傷つけてしまう。智者塔院の境内にも、樹齢300年の金木犀がそのまま残されていて筆者はホッとした。多くの宗教施設や仏像は破壊されたが、天台の山中では、自然が無言で暴力に抗議をし、歴史を見守ってきたように感じた。

観音の霊場・普陀山に息づく仏教信仰

寧波（ニンポー）の街に着いたのは午前10時40分をまわっていた。天台県からまた3時間強のバスの旅である。一行は、途中の町で小休止をとりながら寧波に到着した（その郊外の小さな町でも、少女たちは、日本でよく見かける、底が分厚いサンダル様の履物をはいていた。普及したテレビの影響であろう。その履物をどう表現してよいか判らなかったが、後日、ニュージーランド研修に引率する学生たちのガイダンスの際に、畏友の柏戸伝教授（経営学部）が、うまい表現をしていた。学生たちに、「花魁（おいらん）のポックリのような履物ではいけないよ」と注意をしていたのである。）。寧波の高級デパートでは、衣料品や化粧品、電化製品ほか、色とりどりの商品がところ狭しと置かれている。男性用のポロシャツ（輸入品）が1着1,000圓（元）もすることに驚き、またそれを商品として扱う現代中国のマーケティングの様子を感じさせた〔輸入品に比して国産品は比較的安い。例えば、外国との提携商品であることを記した背広1着がおよそ450～850圓である。日本でも、かつてはごく普通の背広が1ヶ月分の給与と同じ値段であった〕。

その後、街の中央部のビル内にある、亜細亜大酒店で昼食をとった。寧波料理（海鮮が主）は中国5大料理の一つであるという。味付けも、上海や台湾とも異なり、北京ほどの薄味でもない。辛さも適度で、我々の舌に丁度いい。日本人の国民的嗜好ともいうべきラーメンは、その味付けも日本独自で発展した感をうけるが、この寧波では麺類が大変美味しい。〔因みに、現代中国語ではインスタント・ラーメンを「方便麵」という。仏教語の方便（upāya-kauśalya）は「巧みな手段」のことを意味するが、現代中国語で方便は「便利な」というほどの意味となる〕。今回の天台山訪問では、石梁の、最近出来た山間のレストランで、昼食に蛙・兎などの料理が登場した。その時のメニューに、他にも、「猪・鹿・野鳥」などがあったが、この亜細亜大酒店の入り口には、兜蟹やら蛇やら、他にも、様々な魚介類が生け簀に入れてある。

食後、一行はバスで寧波の港に向かった。寧波の東方40kmほどのところには、天童山があると現地ガイド氏が語った。道元禅師（1200～53）が師・如浄のもとで修行参禅をした場所である。天台山と天童山から、中国の茶が我が国に将来されたと、彼が説明を加えた。街の中央部からニンポーの港までおよそ車で1時間の距離である。そこから快速フェリーで、一行は舟山群島の普陀山に向かった。それも約1時間の船旅である。

寧波は「やすらかな波」の意である。かつての遣唐使たちは、この群島のおだやかな入り江まで来て、やっと安堵したことであろう。普陀山の船着場には、大型客船が着いていた。それは福建省からの観音信仰のグループを乗せた船であった。大勢の参拝団は、普陀山参拝の旗を掲げた先達の指示に従って行動をしている〔写真14〕。普陀山もまた国家風景名勝区である。一行は、まず法雨禅寺（法雨寺）を訪問し、続いて仏頂山にロープウェーで登った。

天台山の諸寺院が修行の場であるとすると、こちらは観光寺院とでもいうべき所であろうか。中国の寺院は、概ね、講寺と禅寺に分けられる。講寺は、講説や学問が中心となる。禅寺は修行参禅が中心となる。天台山の寺院は、みな講寺である。そして普陀山の寺院は禅寺となっていた。普陀山は、正しくは普陀落山となる。観音ボサツの霊場を、インドではポータラカ（Potalaka）と称する。その音を写したものが普陀落である。チベットのポタラ宮も、同じくその地を観音の霊場とする信仰から生まれたものである。普陀山は10世紀以降、観音の霊場として栄えた。普済禅寺は、普陀山でも、特に参詣の人々が多い。ホテルなどの宿泊施設もあり、門前町も賑わいを呈している。

写真14

法雨寺の「法雨」は、「天華法雨」からきたもので、『法華経』薬草喩品などの記述に基づいているのであろう。大きな放生池を備えた立派な堂塔が、境内をうめている。もともと、放生池は、水棲の生類を放つことのほかに、火災などが起きた際に消火のために資するためのものであった。[(4)] 仏塔ほかの石像の建造物も、やはり文革後に建てられたものが殆んどである。そうした仏塔にも、新しい彫刻が施されている。普陀山の寺院の境内にある巨木も、天台山同様、その樹齢を幾百年と重ねて今日に至っている。法雨寺にある一本の古木は、大きな幹はすでに空洞となり、先端の枝が僅かに緑の葉を広げていた。それは、中国仏教が、文革という怒濤の時代にも、微かに、そして確かに息づいていた姿を感じさせるものであった〔写真15〕。

写真１５

法雨寺の境内では、若い僧侶たちが、午後３時頃、自由時間を気儘にすごしている。そのうちの３～４名が、大堂前にある背丈の低い石柱の５如来塔の基部に片足をかけ、通りすぎる若い観光客に目を遣っていた。我が国でも、修行僧をかかえる大寺院で、同じような光景を見ることがある。筆者には、微笑ましくも写るが、はたして、一般の参詣者たちはどう感じるであろうか。

普陀山の中でも、もっとも高い場所（200m ほど）に建つ仏頂山へはロープウェーで行くことができる。３ヶ月前に完成したというその６人乗りのロープウェーはオーストリア製のものである。慧済禅寺（慧済寺）はその山頂にある。因みに仏頂面ということばは、十一面観音などの頭部にあるボサツ（仏頂尊）の中には怖い顔をしている面もあるので、それに因んで、ブスッとした怖い顔を俗にそう称する。福建省からの参拝団たちは、徒歩で山頂に来ていた。

慧済寺の講堂の両脇の柱には、「内秘菩薩心行　以天王身作如来使」「外現聲聞色相　示布袋形鎮圓道場」ということばが掲げられている。それは「内に菩薩の心行を秘し、天王身を以て如来使となる」「外には声聞（出家僧）の色相を現じて、〔内には〕布袋の形を示す鎮圓道場なり」と読める。親しまれている大乗経典などから採ったものである。中国仏教では、布袋信仰が未来仏・弥勒信仰と結びついている。仏教寺院にふくよかな布袋が安置されているのはそのためである。

ロープウェーの窓から、人民解放軍の教練風景が眺められる。普陀山は、これまで軍の重要な拠点であった（1978年までは外国人の立ち入りが禁止されていた）。かれらが、軍服の姿で、我々が滞在した賓館のロビーで接客を務めているのに驚きを感じた。しかし、それもまた現代中国の進むべき新しい方向を示唆するものかもしれない。

筆者は、普陀山のガイドをつとめてくれた現地の舟山群島の旅行公司にはたらく陳氏に、大変親しみを感じていた。それは、我々一行と同じように、寺院の諸堂で合掌礼拝をし、何と賽銭を入れているのである。彼は、一行に、正式な中国仏教の礼拝法（頭面接足礼）を、自ら行って見せてくれた〔写真16〕。その彼にも、現代中国の人々が懐く仏教僧に対するイメージを尋ねてみた。勿論、國清寺で出会った一人の僧侶や、普陀山では自由時間に、境内の片隅の長椅子で、将棋のようなものに興じていた僧たちがいたことにも触れた。すると、彼はこう応えてくれた。「勿論、すべての僧侶たちが立派な人々ではないかも知れません。でも、わたしくたちは僧侶に対して尊敬の念を懐いています。この普陀山では、島民（5,000人ほど）の殆んどが熱心な仏教信徒です」。普陀山では、島民の１割が僧侶であるという。そして、尼僧も数10人いるという。中国仏教の生きた姿を今に伝えている台湾は別として、ようやく、現代に生きる仏教を、中国に於いて肌で感じることができた気がした。

写真１６

今回の訪問団のメンバーの１人・浜林政行氏は、朗らかな柄沢文雄氏と共に、旅行中、周囲をいつも楽しい笑いの渦に巻き込んでくれた。浜林氏は、常に小額紙幣を換金しながら携帯し、旅行中は、諸堂の賽銭箱に必ずそれを入れていた。[5] 天台山では、訪問した寺院の堂宇の復興のために、一行は、丸山氏の提案で、喜捨（donation）も行った。一行のそうした行為や、普陀山での陳氏の態度が、章氏のこころを動かしたのであろうか。彼も、普陀山では、共に、仏像や観音ボサツ像に礼拝をし、賽銭を入れはじめたのである。筆者は、黙って彼の心境の変化を見ていた。章氏はまだ24才である。一方の陳氏は28才、ともに独身である。(6)かれらはともに日本語に習熟している。旅行中、バスの中で、筆者は、たびたびメンバーからの仏教にかんする質問に応えていた。その種の話題は章氏にとって、初めて耳にするものであり、新鮮な感慨であったということを後で彼から聞いた。

普陀山での宿舎となったホテルに近く、普済禅寺がある。翌日の、上海での一泊を残すのみとなった一行は、夕食後、門前の路地に賑やかに広がる夜市の散策を楽しんだ。翌朝早く、滞在した「息来小庄」ホテルでは、兵士が従業員のように国旗をボールに掲げていた。再び寧波にもどるまでの午前中の数時間を、普済禅寺の観光に時を過ごした。ちょうど、水陸会の供養が始まる初日であった。水棲のもの陸上に住むもの、そのすべての精霊への供養の法会である。日本での施餓鬼会に相当する。1週間の間、僧侶たちはひたすら、読経供養に明け暮れるという。諸堂ではそれぞれ、幾人かの僧侶たちが、すでに読経していた〔写真17〕。『法華経』化城喩品を、僧侶たちが読誦している堂宇もあった。普済寺の境内は、読経の声と参詣者の熱気に溢れ、中国の観音信仰の霊場の息吹が伝わる。

写真17

通訳の陳氏と別れた我々は、船着場から、フェリーで寧波に戻った。船着場の干潟では、飛びハゼのような魚や小さな蟹をたくさん見ることができる。バスで再び空港に向かった。午後の上海行きの我々の乗るフライトは14時25分発のMU523便（エアバス）である。訪問最後の夜となる上海では、現地の旅行公司の勧めで雑技団を見学することになっていた。搭乗手続きを済ませ機内の座席に着くと、我々一行を乗せた飛行機は、やがて離陸体制に入った。ところが素人ながら、離陸のために出力を上げる加給が不十分な気がする。そうこうするうちに飛行機は離陸することなく、引き返してしまった。機内のアナウンスでは､飛行機の燃料系統でトラブルが発生したらしい。乗客には、出発ロビーの待合室でしばらく待機してもらいたいというものであった。

この種のトラブルは旅行にはつきものである。筆者は、かつて日航を利用しての北京からの帰国に際して、やはりトラブルが発生した。その時はとうとう、空港内のホテルで一泊を余儀なくされたことがある。やがて時刻は、午後５時を回ってしまった。一行は、上海の雑技団見学を諦めだしてきた。すると再びアナウンスがあった。乗客に、今度は、空港内のホテルに部屋を用意したので、そこで待ってもらいたいという。アナウンスは、まず初めに現地のことば、次に標準語である北京語、つづいて英語の順である。丸山氏や氏の夫人は、有り難いことに、筆者が英語の放送を聞いて理解する前に、状況を判断できる。一行は、一足早く航空会社の用意したホテルに向かい、用意された夕食をとって、待機することなった。

章氏は、上海や現地旅行公司と連絡をとりつつ、キャンセル待ちで最終便に乗れる可能性を調べ、さらに車で戻る場合なども考えながら、文字通り、汗を流してホテルと空港ロビー間を奔走していた。ようやく寧波発20時05分のMU便に、どうにか乗れるというところまでこぎつけたのは、19時40分のことである。一行は、彼の奔走のお蔭で、何とかその日のうちに上海に帰れることになったのである。再び、搭乗手続きを終えて、ホッとしたのも束の間、章氏の搭乗券だが、係員の不手際から、見当たらなくなってしまった。そのために、章氏だけが下ろされそうになってしまったのである。今度は、その説明に、章氏は苦闘しなければならない。

ようやく、それが空港係員の手続きの不手際であったことが理解されたのは、本当に、離陸直前のことである。その日の遅く、上海賓館にどうにか一行は到着した。上海空港からのバスの中で、しみじみ章氏が述懐した。それは、寧波の空港で､「何故、自分が責任をもたされた旅行で、皆に迷惑をかけるような目にあわねばならないのだろう｣、という自責の念に駆られたのだそうである。そこで、彼は、空港から、親しい友人に電話でそのことを話したという。すると、友人は､「章さん、よかったんだよ。考えてごらんなさい。もしあの飛行機が離陸していたら、皆、生きてはいないはずだよ。それこそ、観音さまのお蔭だと思うよ」、そう、語ってくれたというのである。

彼は、付け加えた。これまで習った授業や講義では、仏教は歴史の中の１コマとしてサッと通りすぎただけであった。勿論それ以上の説明はなく、ましてや、仏教（宗教）関係の問題が試験に出ることは決してなかった。今、我々一行と旅をして、仏教に大変関心を懐くことができた。これからは、もっと仏教を学んでみたいと言うのである。章氏の真剣な顔つきから、本当に、仏教に関心をもってくれたことを察することができた。翌日の帰国までの僅かな時間であったが、章氏の顔の微笑みは、決して営業上のものではなく、彼が心根の優しい、そしてハンサムな好青年であることを告げてくれていた。今回の天台山・普陀山の訪問で得た、最も大きな収穫であった。

かつて、文化革命後の、荒廃した北京郊外の仏教寺院を、中国商業部のはからいで訪問したことがある。その時にうけた衝撃は、ことばを超えたものがあった。唯物論的な価値観が支配していたとはいえ、それほどまでに、仏教が一般の人々のこころから離れてしまったのか、という慙愧の念も仏教者としての偽らざるものであった。その後、居士林の活動の復活やキリスト教会の活動なども、中国訪問の折りに目にすることができた。

その一方で、「人生の落伍者」が出家僧である、という批評が今日の中国のエリート公務員たちの一部にあることも確かである。勿論、そうした批評は、決して現代中国だけのものではないかもしれない。しかし、今日の台湾の仏教界に於ける、僧尼たちの、積極的で真摯な諸方面にわたる活躍を実際に見て、やはり、社会に於ける主義・価値観の相違を改めて感ぜずにはいられない。

中国に於けるかつての、三武一宗（北魏の太武帝［5C］・北周の武帝［6C］・唐の武帝［9C］・後周の世宗［10C］）による仏教弾圧は、純国家経済的な理由から生じている。しかし、文革は、イデオロギーが宗教攻撃を煽った。宗教を否定する、それも一つのダルシャナ（darśana、見解。インドでは「哲学」もそう呼ぶ）である。いかなる者も見解の相違は相違として認めなければならない。しかし、宗教を否定することによって、ひととしてたもつべき、大切なものを置き忘れてしまう恐れはないのだろうか[(7)]。宗教をすべて無意義・無用なもの、出家は人生の落伍者と決めつけてはならないと思う。普遍思想として仏教を捉える時に、民族や国家、或いは共同体という枠を越えた、ひととしての正しい生きかたが仏教によって必ず誘われるはずである[8]。それは、章氏があらためて気づいた、感謝と敬いの気持ちでもある。

感謝や尊敬の念は、真の神秘主義（mysticism）とも結びつく。迷信や呪術とは別である。釈尊ゴータマ・ブッダは、迷信や呪術などの当時の宗教の呪縛から人々を開放した。ひとのためをはかるもの、それを仏教やジャイナ教ではサティヤ（真実）と呼んだ。イエス・キリストも、律法は神のためではなくひとのためにあることを説いたのである。現代社会に於ける律法も同じことである。普遍的律法は国家や民族、或いは宗教共同体を超えて、ひとのために〔ひとの幸せのために〕存在しなければならない。

『読売新聞』1999年8月10日付け朝刊第1面に、「50歳の中国」と題して、高度成長に陰りがさしてきた現代中国の、明日の見えない若者たちの現状がとりあげられている。成長神話が崩壊し、かれら若者たちは、目標を失っていると言う。戦後数十年をかけて築き上げられた日本の経済成長と今日のバブルの崩壊、そして若者たちの「見えない未来」、これらを中国は、良くも悪くもこの20年足らずのうちに追いついてしまうように感じる。現在の我が国が、真剣に取り組むべき様々な問題は、同時に中国に於ける重要な問題でもあるのである。

近代の社会は、ものの豊かさを追求し、先進国ではほぼそれが達成されたようにも見える。しかし、ものの豊かさは、ひとが感受しえる幸福の要因の1つとはなりえても、そのすべてではない。それ故、もの（物質）に影響されないこころ（精神）の豊かさを、古来から人々は尊び、その向上につとめてきたのである。ひとが感謝と知足（満足）という精神的な豊かさにこころをいたすのは、そのためである。

釈尊ゴータマ・ブッダの原始仏典に於ける次のことばをレポートの最後に紹介したい。仏教は、いつの時代の社会においても、人倫の道を正しく、そして優しく人々に教えてくれている。

「尊敬と謙遜と感謝と満足、それに時折、教えを聴くこと、これがこよなき幸せ（マハー・マンガラ）である。」〔『ブッダのことば（スッタニパータ）』中村元博士訳・岩波文庫〕

注

⑴　『現代に生きる仏教（仏教文化の視点から）』〔三友健容編著、東京書籍、1995年〕藤井教公・現北海道大学教授が担当した第２章「漢訳仏典の定着」の項57頁に、そのことが興味深く触れられている。

⑵　浙江省天台懸・人民政府が1986年５月に『天台書冊』（カラー写真を含む65頁）を香港の廣告制作公司から出版している。中国語と英語の紹介を付している。

⑶　かつて、第１回日中学術交流代表団の一員として中国を訪問した際に、趙僕初氏が、団長でもある中村元東方学院長に贈った漢詩は銅板に型どりをしたものが、三島市・妙行寺祖師堂の壁面に張ってある。漢詩には次の句が詠われている。

臨海東西是一家　〔海を隔てて、東西これ一家なり〕
弟兄雙御白牛車　〔弟兄ともに白牛車を御す〕
相逢一笑前縁認　〔相い逢うて一笑し前縁を認む〕
同在霊山聴法華　〔同く霊山に在って法華を聴く〕

⑷　仏教の慈悲の精神に基づいた「放生」の語は、『金光明経』にも登場する。中国では智顗が始めたと伝えられており、アジアの仏教文化圏に広く伝わった。この放生は仏教国タイでは実際に体験できる。バンコック郊外の大寺院の近くでは、早朝、水棲類（ドジョウ・亀など）や小鳥籠を置き、幾らかの金銭を渡すとその場で放生をさせてくれる。寺院側が行っていることではないが、放生がこのような形で現代に残っている。

⑸　中国の仏教寺院では、我が国でいう賽銭箱には、普通、「廣種福田」と書かれている。それは「広く福田に種える」という意味である。福田（puṇya-kṣetra）は功徳の生ずる田地という意味で、仏・法・僧の「三宝」をいう。他には「香金」と書かれているものもある。それは三宝に香華を供えるための「香資」というほどの意味である。因みに、仏事で僧侶にわたす金銭を「香銭」と称することもある。

⑹　通訳試験は省ごとに年１回行われる。普通は７科目試験で、受験者（大学卒）のおよそ２～３割程度の合格という。浙江省では毎年2,000人ほどが受験する。

現代中国では、晩婚が奨励されている。男子は27才、女子は25才が今日の一般的な結婚年齢であるという（但し、農村部になると男子が25、女子が22才が一般的であるという。）

⑺　無宗教を理想とする社会に生ずる最大の問題がまさにここにあるのではなかろうか。ただし、そうした社会であっても自身の信念を貫く方々は大勢いる。趙樸初居士は、篤信の仏教信徒であるし、季羨林博士も、まさに「信義」を重んずる「尊敬と謙遜」の方である。〔信義を重んずる、という場合の「信」は漢字の解字には、「人が１度口にだしたこと（言ったこと）は貫く」という意味がある。「義」は「すじ道」をいう。東洋的な理解がそこにある。約束をしておきながら履行しない、すじ道がとおらない、こうしたことは個人の宗教や信条とは無関係かもしれない。しかし、特に、

宗教に対して批判的（それが、かつてのナチズムやマルキシズムなどと同一の価値観から現れていることは西洋の哲学者自身が指摘している）な人々にそれを特に感じるのは筆者だけであろうか〕。

(8)　拙論「仏教福祉研究の現代的アプローチ」〔『社会福祉学部研究所年報』第１号、1999年３月、17-33頁〕の中で、普遍思想としての仏教福祉について触れておいた。仏教の現代的・合理的受容の必要性を述べた。

敦煌・ウルムチ・カシュガルへ
(仏教文化の旅から)

はじめに

筆者はかつて、1980年の夏に初めて『日中学術交流代表団』の一員として敦煌を訪問した。その時は、酒泉・柳園を経由した鉄道と小型バスを利用しての長時間の旅であった。この時の訪問でも、一行は当時の北京大学副学長・季羨林博士の周到なご手配をいただいた。その旅に同行された方々のうち、団長の中村元博士(前東方学院々長)は昨年10月10日に、団員の一人野村耀昌博士(立正大学名誉教授)はすでに先立って故人となられている。そして、代表団一行に親しく漢詩を寄せられた、[1]中国仏教協会の会長でもあった趙樸初居士も、本年(2000年)5月にお亡くなりになった。

今回の「仏教文化の旅」は、筆者には、数年ぶりに北京で季羨林博士にお目に掛かれることが、もっとも大きな目的であった。現代中国を代表する文化人でありかつ世界的なインド学者でもある季羨林博士と、初めてお会いできたのは1980年の初春のことであった。混乱後の、中国の斯学の学者との公式の接触が実現できた。文化革命後、日本と中国とのインド学・仏教学領域の研究者たちとが、具体的な交流を始める端緒が開けたのである。

季博士は、当時、北京大学副学長、南亜研究所長の要職にあった。中国商業部のはからいで、初めて、北京大学構内の未名湖(Unnamed Lake)畔の竹林にたたずむ応接室で、季博士が、報告者とその時に同行してくれた義妹・高橋法子の2名に面会してくださった。その季博士が、欧米の研究者による学術報告などを通して知る名高いJì Xiàn Lín博士であることが後で判った。その後、季博士とは岳父・室伏佑厚家族ともども親しくご交誼を賜ってきた。

1988年に、北京大学の建校90周年記念が催された。その記念写真集に載る「東方語原系教師が外国の学者を接待し学術検討を行っている」と記された一葉の写真には、季博士たちと親しく談笑する筆者の横顔が写っていた。

後に、李玉潔女史（季博士秘書）から、その写真をわざわざ、記念写真集におさめるように配慮してくださったということを聞いた。中国には、「水を飲む時には、井戸を穿った人の苦労を忘れてはならない」という諺があるという。季博士との出会いは僥倖である。それを促し助成してくれた岳父・室伏の、故・石橋湛山首相秘書いらいの中国との交流にかける熱い思いを筆者は、決して忘れることはない。

以下は、北京での季博士との面会と、敦煌・ウルムチ・カシュガルへの『仏教文化の旅』の報告である。この種のスポット・リポートは、既刊の案内書とは異なりまさに息付いた報告でなければならない。現地のガイド諸氏やそこに住む人々から得た情報には、或いは報告書の聞き違いやかれらの思い違いもあるかもしれない。しかし、そうした点を差し引いても、報告の意義は大きいと考えている。報告者が立正大学ほかで担当する『仏教文化（論）』の講義は、広義の「社会福祉」に属するものである。「仏教文化の旅」は、これまでの仏教福祉のみちのりを訪ねる旅であり、これからの社会福祉を考える旅でもあると思っている。

Ⅰ　北京大学での、季羨林博士との面会

今回の旅は、『人間の福祉』第7号（2000年3月）に寄稿した「中国、天台山・普陀山への訪問」でも紹介した、報告者の知己・丸山勝己氏が団長となって実施されたものである。丸山氏が企画した過去12回の中国訪問のうち、報告者は、昨年の天台山の旅に続いて２度目の参加となる。この訪問では、報告者が亡き師父（嘉海院日理上人）いらい厚誼をいただいている西川裕子氏（新宿・常円寺〔住職：及川周介師〕信徒）、古橋花子氏（義弟は身延の正慶寺住職・市川英昭氏）などの参加があった。

中国国際航空（CA）926便は、出発日の8月3日の北京の天候が悪く、成田への到着が遅れ、そのために出発も1時間ほど遅れた。中国と日本との時差は（－）1時間である。広大な中国ではどこでも、北京時間を標準時間としている〔但し、後に述べるように、ウルムチやカシャガルではかれらは北京時間の他に現地時間を使い分けている〕。北京空港に到着したのは現地時

間で午後6時40分であった。

昨年11月にオープンしたという新しい空港ロビーの建物内部は広く、外観とは別の趣があった。空港から市内までの約18キロの高速道路脇には「110キロ」の制限速度が標示されている。環状線に入っても市の中央部までは信号がない。立体交叉である。車に関心のある報告者には、昨年の上海訪問とは別の光景が目に入った〔因みに、上海ではドイツのスポーツカー・ポルシェが高速道路を走っていて、中国の大都会の変貌に驚いた〕。

北京空港周辺では、フランスのシトロエン、プジョー、ドイツのアウディ、ワーゲン等が目についた。もちろん、それらは中国との合弁で現地生産されたものが殆んどである。日本車は一部の車種やメーカーを除いて以前よりは少なく感じた。そして、かつては政府の高官が乗っていた「紅旗」がタクシーとして使われている。現在の紅旗は恐らく「アウディ100」がベースとなっているのであろう、かつての重厚なおもむきのあった純粋な国産車ではない。加えて、北京市内には新しいホテルや高層ビルが陸続と建設されている。建築関係にくわしい、今回参加した君嶋廣幸氏（東京土建大田支部委員長）が「2008年のオリンピックの誘致に関係があるのだと思いますよ」と教えてくれた。

一行が、宿泊先の「友誼賓館」に着いたのは午後8時を回っていた。あらかじめ現地の旅行社が李玉潔女史と連絡をとっていてくれて、予定では季博士と李女史とを囲んで、会食をホテルでするはずであった。ただし、くれぐれも失礼のないようにと、旅行社には重ねてお願いをしてあった。

高齢の季博士は、わざわざ7時には、我々一行を出迎えるためにホテルに来てくれていた。しかし、飛行機の到着が遅れたのと、フロントとの連絡が不十分であったため、メッセージを残して、お帰りになったということを知らされた。季博士に対する申し訳なさの気持ちと共に、落胆は大きかった。この会食以外には、今回の旅行で季博士にお目に掛かれる時間が組み込まれていなかったのである。

翌日は、敦煌への出発前に、午前中、天壇公園ほかの観光が用意されていた。その日程を変えることは出来ない。報告者は、勝手な行動ではあったが、昼食には一行と王府井で合流することにして、１人で季博士のお住まいを訪問することにした。以前に１度、北京大学での国際シンポジウム開催のおり、季博士のお住まいに招かれたことがある。季博士のお住まいは北京大学の構内にある。広大な構内では学生寮だけではなく教職員の宿舎もある。構内の蓮池（北京大学の人々がその蓮を「季蓮」と呼んでいるという）を臨んで季博士の住居がある。

季博士は、現在89歳である。報告者は、季博士のご家族の訃報を耳にしている。90歳近くになった今も外国からの研究者たちの訪問が多いと聞いている。報告者の話を聞いて、丸山氏夫人・芳子さんが同行してくれることになった。中国の各種方言にも通じている彼女が、すすんで道案内を申し出てくれた。丸山氏が、今回、どうしても季博士に面会したいという報告者の気持ちを察してくれたのであろう。そのお蔭で、善良なタクシー運転手にも出会い、彼は北京大学の構内でも、しばしば車から降りて、季博士の住まいを訪ねてくれた。

「季蓮」池に近く、季博士の姿があった。数人の訪問者たちを屋外で見送っているところであった。李女史も側にいる。タクシーから下りた報告者は、嬉しさと懐かしさに心が踊り、博士の手をシッカリと握った。李女史にいざなわれるまま、博士の書斎に我々は通された。書架を埋めつくす書庫の部屋に隣接して書斎がある。壁には、専門家が撮ったものであろう、博士の写真が一面に置かれていた。

報告者は、昨年の中村元博士の訃報をあらためて伝えた。季博士にお会いして、直接、お伝えしたいと考えていた。すると季博士は、静かにうなずいた。季博士は、戦前にドイツで、高名なインド学者のもとで研究を続け博士号を得ている。ドイツ語も英語も堪能である。中村元博士とお会いになると、必ず、お二人はドイツ語で談笑されていた。

写真１

報告者の近刊２冊に、手土産の博士の好物を添えて語った。「中村元博士も、R. C. パンディーヤ博士も他界されたいま、私には恩師とお呼びすることの出来る先生は、季博士以外にはいなくなりました。」それは報告者の本心である。「ジーヴァトゥ・シャラダーム・シャタム（どうぞ、百歳以上も、お元気でありますように）」、サンスクリット語に堪能な博士に、そう申し上げた。季博士は、「そう言ってもらって有り難う。」と静かに微笑んで応えてくれた。

季博士の『著作集』が最近北京で刊行された。インドの叙事詩『ラーマーヤナ』を初めて原典から中国語に翻訳したのも博士である。博士の指導を受けた内外の学者たちが、現在では各方面で活躍している。報告者は、博士の校注した『大唐西域記校注』〔中華書局、1985年、北京〕を出版のその年の7月に直接戴いている。拙著『玄奘』〔清水書院、1994年、第1版〕では有り難く利用させていただいた。

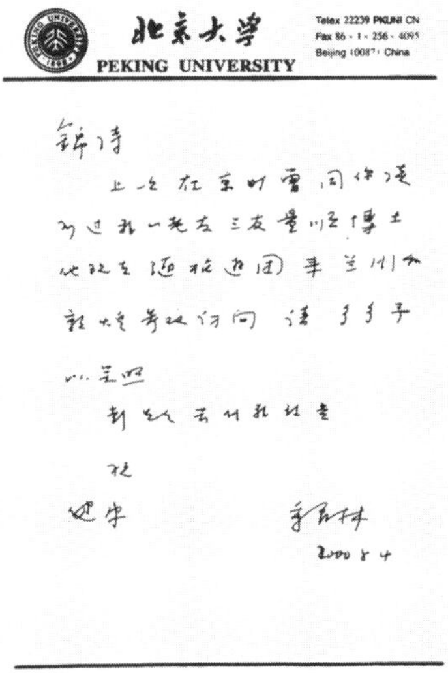
北京大学
PEKING UNIVERSITY
Telex 22239 PKUNI CN
Fax 86-1-256-4095
Beijing 100871 China

錦詩

季羡林
2000 8 4

写真２

博士が、ペルシャ猫を大切に飼っていることを知る人は少ない。以前、訪問の際に、博士が、猫に爪で引っ掻かれた手の傷を笑って見せてくれた。いまも、4匹のペルシャ猫がいるという。博士の許しを得て、写真をとらせてもらい、季博士の健康を案じて、我々は再会を約束して博士の家をあとにした。〔一期一会のことばがあるように、報告者は、この面会が或いは最後のものとなるのではと考えていた。〕季博士は、敦煌の文物院の院長・樊錦詩女史に、我々一行のために便宜をはかってくれるよう手紙を託してくれた。〔その紹介状は樊院長の許可を得て、報告者がもらってきた。季博士の人柄を偲ばせる紹介状をここに載せておきたい。〕

Ⅱ　敦煌への訪問

8月4日（金）、北京発18時35分のWH2156便に搭乗した一行は、銀川経由で敦煌に向かった。小型ジェット機のために、途中の銀川では、燃料補給

写真３

のため、空港ロビーでの待ち合わせが40分ほどある。20時30分に銀川空港に到着した一行は、完成後まもない立派な空港ロビーまで強風の中を歩いた。風のためか外気温もだいぶ低い。砂漠地帯の昼夜の寒暖の差を思ったが、後に敦煌やウルムチでは昼夜の差はさほど感じなかった。

敦煌の空港には22時50分に到着した。それまでの近代的な北京や銀川の空港ロビーとは異なり、古めかしい小さな空港が砂漠のオアシスの町を感じさせる。

市内のホテル「太陽大酒店」までは車で約30分強の距離である。この近代的なホテルと町の様子は、報告者に、これまでの年月の経過を感じさせた。初めて敦煌を訪問した時には、まだ今日のようなホテルと呼べるようなものはなかった。前年の洪水のためもあってか、我々一行は、土間にそのまま木製のベットを置いただけの簡易宿泊所で、朝、洗面器１杯の水を給され、それで洗顔などすべてをまかなった。

今回滞在した太陽大酒店は、最近、それまでの３ツ星から４ツ星ホテルに格上げになった。現在は敦煌の街には120もの大小のホテル（旅館）がある。そして人口も15万人になったという。現地の様子はなかなか旅行案内書では正確なことが判らない。特に、中国では尚更である。こうした観光地や都会では近年、早い速度で人口も増加し町の様子も変わっている。数年の内に、大きく変貌を遂げているのである。

敦煌は海抜1,100メートルの砂漠の中のオアシスと表現してもよい。東西の文化が行き交う通商路としてのザイデン・シュトラーセン（Silk Road、絲綢之路）の重要な拠点であった。現在の甘粛省酒泉区敦煌県には名高い『莫高窟』の千仏洞がある。莫高窟の開窟は、4世紀の中頃から始まったと伝えられている。

19世紀末の1899年、ハンガリーのロクチ（R. D. Loczy）が敦煌を訪れ、その報告から20世紀初頭には、イギリスのスタイン（A. Stein）やフランスのペリオ（P. Pelliot）、つづく日本の大谷探検隊やアメリカのワーナー（L. Warner）などによる調査によって、敦煌が世界的に脚光を浴びることになった。敦煌の莫高窟第17洞の内部から数多くの貴重な古文書資料が偶然発見されたのである。これらは敦煌文書として世界の学会の注目を得、敦煌学としての学問分野を確立して今日に至っている。(2)

『漢書』に載る敦煌郡は西紀前88年に、酒泉の地を分かって置かれた。黄河の中流域に展開した漢民族の文化圏に属する、河西の西端にこの地がある。莫高窟17洞から発見された敦煌文書には、漢文のほかチベット語の文書、サンスクリット語、ソクド語、ホータン語、クチャ語、西夏語などの文書が含まれている。その資料も仏典のみならず道教や儒教の典籍、唐代の文学・地誌など多方面に及ぶ。

晋末から南北朝の興るまでの5胡16国の時代に、敦煌の仏教は最も栄えた。敦煌は、漢民族のみならず異民族にとっても重要な西域の拠点であった。異民族のかれらが仏教を受容した理由の１つは、仏教のもつ他の世界宗教には見られない特色にあった。仏教は、特定の民族意識や宗教共同体といった枠を超えて普遍性を有していたからである。

敦煌は唐代（7世紀）には河西5州（涼州・甘州・粛州・瓜州・沙州）の重要な拠点であった。元代（13世紀後半）になると敦煌は「沙州」と称された。マルコポーロが敦煌に立ち寄る（1274年）のもこの頃である。

我々一行は、翌朝（5日）、8時30分にホテルを発って専用バスで玉門関に向かった。敦煌の人口が近年とみに増えたのは観光地であるからばかりではない。町から８キロほどのところに青海省石油会社の社宅が列なり、約２万人ほどの従業員が住んでいる。

漢代に設けられた玉門関までは、現在は道路も舗装され快適なみちのりであった。敦煌の町から玉門関までは98キロ、車では１時間半ほどかかる。その玉門関の跡も、近代になって木簡が発見されてわかったものである。ただし、その跡は、玄奘三蔵当時の唐代

写真４

のものではない。唐代の玉門関はそれよりも東に位置し、現在はダムとなっているという。

今日の敦煌の主な産物は、小麦・とうもろこし・葡萄・綿などである。米は採れないという。産業は、農業・観光・工業の順である。敦煌の町の郊外には、ビニールハウスがあった。蒲鉾型で背面の半分が土壁のようになっている。こうしたビニールハウスは15年ほど前から見掛けるようになったという。ナス・瓜・胡瓜・ピーマンなどが主に栽培されていた。

写真５

玉門関にいたる道筋には、元代の大きな狼煙台が遠景に見える。漢代のものでは、高さが9.7メートルのものがあるという。敦煌から長安まではおよそ1,700キロの距離である。隊商は到着までに約２ケ月間を要した。それが狼煙では２～３日で届いたと現地の通訳氏が説明をしてくれた。道路の左右はゴビが果てし無く広がる。ゴビはモンゴル語で「草木の生えない土地」という意味があるという。敦煌に来て初めて大地の広さを知る、という中国の古い言い伝えは、我々を頷かせる。

玉門関からの帰路、一行を乗せたバスは陽関に向かった。陽関は敦煌からは75キロの距離である。「西のかた陽関をいずれば故人（知人）なからん」と唐代の王維が感慨をこめて詠んだ場所である。現在、この陽関には、近年になって観光客のために建造物が建てられている。近くの村からは駱駝や馬が連れてこられ、観光客を乗せて楽しませてくれる。この日の昼食は、陽関に近い「農家園」であった。周囲は葡萄畑に囲まれ小川も引かれている。たわわに実った葡萄をテーブルで賞味しつつ、一行は暑熱のなかの少時の休息を楽しんだ。

郊外に設けられた、映画『敦煌』の舞台となった敦煌撮影城は、大部分が撮影後取り壊されることなく保存されている。造り物とはいえ、往時の城内の佇まいが窺えて興味深い。鳴沙山・月牙泉へはその日の夕刻の観光となった。そこにも、多くの駱駝が観光客を待っていた。鳴沙山までは町から７キロ程の距離である。報告者は、陽関でも、この鳴砂山でも駱駝に乗ってみた〔30元。日本円は×14〕。乗り心地が良いとは言えないが、砂漠を行く隊商の気持ちがわずかながらでも伝わった。

写真６

小高い砂丘の鳴沙山に囲まれるかのように、月牙泉がある。砂漠の小さなオアシスの趣がある。文字通り、三日月型の泉である。そこにも近年造られた建物が建っている。鳴沙山には、現在400段ほどの簡易的な階段が設けられている。沙山を直接降りて楽しんでいる人々もいる。古橋さん君嶋さん、柄澤文雄さん、そして若い河村幸雄さんたちが、元気にその山を登り、声を弾ませていた。

莫高窟へは、翌8月6日（日）の訪問となった。莫高窟は町からおよそ25キロ場所にある。このあたりの平均海抜は1,400メートルである。この日の気温は最高が28度、最低気温は18度であった。一行が敦煌に滞在中、小雨が幾度か降った。降雨は今年になって７度目であるという。しかし、乾燥した風土のために多量の雨が一度に降ると直ちに洪水を引き起こしてしまう。１カ月ほど前の洪水で壊された橋梁の修理のために、一行を乗せたバスは迂回して橋を渡らずに水の流れの少ない川を越すことになった。

写真７

「莫高窟」としたためられた大きな扁額は、近代中国の文学者・郭沫若氏の書である。報告者の岳父と郭氏の次男家族とは遠戚になり、現在も交誼が続いている。莫高窟の17洞発見から今年は丁度100年目にあたる。今年の7月19日から8月1日まで、記念シンポジウムが開催され、内外の研究者たちが集ったということを現地ガイドの閻氏が語ってくれた。

莫高窟には500近い窟院（洞）がある。そのうち公開されているものは60余である。窟院のうち、唐代のものが圧倒的に多い。続いて隋代のものである。全窟洞には2,415体の塑像が確認されている。その最大のものが35.5メートル、最少のものは数センチの仏像まであるという。洞や仏像の説明は、解説や紹介書によっても相違がある。最近の調査に基づくものは、それまでのものと変わっている。例えば、第130洞の最大の仏像は、解説書によっては約33メートルとある。ところが最近になって、その足下を掘り下げて行くと、唐代の層にまで達したのである。そこで、現在ではその仏像が35.5メートルの高さがあることがわかった。

写真８

莫高窟の見学に先立って、報告者は、敦煌文物院の院長・樊錦詩女史に面会し、季博士からの紹介状を手渡した。報告者が1980年に、初めて訪問した時の院長もこの樊女史であった。彼女は、季博士の教え子でもある。樊院長は、報告者のことを覚えてくれていた。一般に公開されている洞とは別に、特別のはからいで、報告者が関心を懐いていた第285洞ほかの見学を許された。〔第285洞の中央部分の台座には現在は何も置かれていない。恐らく周囲の配置からみて、この洞はチャイティヤ窟ではなったかと思う。内部には禅窟のような形の洞が幾つか掘られている。開窟当時には、瞑想のために利用されたものであろうか。その後、禅窟の前面に仏像が安置されたものであろう。〕第057洞の、壁画に描かれた美しい観世音ボサツ像も、写真とは異なって見る人を圧する力が漲っていた。第428洞や特別に拝観できた第285洞には、壁面に「飼虎捨身」の物語が描かれている。法隆寺の「玉虫厨子」にも描かれているこの薩埵太子の捨身物語は、漢訳『金光明経』の流布とともに、東アジアの人々にも広く親しまれた。第172洞には向かって右壁に『観無量寿経』の浄土変が描かれている。「変」は変相の意味で、経典の内容や説話を図絵にしたものをいう。こうした変相を観ると、当時の人々の理想世界によせる理解が窺えて興味深い。

ガイドの閻氏（男性27歳）に、幾つか訊ねてみた。莫高窟へ行く途中、広々とした道路の左右に住民の墳墓がいくつも点在している。大きな石版の墓碑が建っているので、それと判る。敦煌の人々は、年に２度、清明節（4月上旬）と旧暦7月15日に先祖の墓参を行うという。その時には、家族が饅頭・果実・地酒・紙銭などを墓前に供える。但し、線香は持っていかない。旧暦７月15日は仏教の盂蘭盆会とも関係があるのであろう。敦煌の人々は、性格的にも比較的おっとりとしていると彼は言う。

敦煌には「雷音寺」という仏教寺院がある。そこには敦煌仏教協会が置かれている。寺院は最近建てられたものである。現在、約10名ほどの僧侶がいると聞いた。殆んどが年配の僧侶である。閻氏に、かれらが出家して僧侶となるのはどういう目的からなのだと思うかを訊ねた。一般の人々の僧侶に対するイメージがそれで判るからである。すると、彼は「善を積むために出家したのだと考えている」、と答えた。積善の家には余慶、不積善の家には余殃がある、という『論語』のことばが思いおこされた。

仏教や宗教に対して、若い閻氏は特別、否定的な気持ちを懐いていない。敦煌という環境がそうした気持ちを育んでいるのかも知れない。しかし、彼は、「わたくしも早く中国共産党の党員になりたいんです。」と言っていた。それは「早くエリートとして認められ活躍したい」というようにも聞こえた。

Ⅲ　ウルムチへの旅

ウルムチ（Urumqi）訪問は、莫高窟の見学を終えた同日６日の午後19時発の XO9220便が予定されていた。それまでの自由時間にはホテル近くにある繁華街を散策して楽しんだ。夜市のにぎわいもさることながら、敦煌の昼間の街も活気を呈していた。日本でも、近々、新幹線車両内の飲料水が廃止され、車内では水が有料となるらしい。それは衛生上の理由からであるという。テレビで報じていた。日本を離れると、水の有り難さを身にしみて感じる。

敦煌ではビールが５元(元は圓の簡略字。日本円で70円)、ミネラル・ウォーターやジュース他の冷たい飲料もだいたい同じ値段である。それならビールとばかり、いつも陽気な柄澤氏が、その勢いで通りに面した理髪店で調髪をしてもらった。その調髪料が10元であったと言う。出来上がりも決して見劣りはしない。

敦煌空港の出発ロビーにも、有名な夜光杯をはじめとする土地物が幾つも並んでいた。それらがほとんど、現地旅行社が案内した町の土産物店で、一行のうちの勇気ある人たち（？）がトコトン値引きさせて買ったものと同じ値段であったのには、皆、苦笑してしまった。こうしたことに詳しい丸山氏は、よく「半値の8掛け」と言って笑わせていたが、それもあながちこうした観光地では冗談ではなさそうである。同様のことはインドでも感じたことがある。

我々一行を乗せた中国西北航空（XO）9220便は定刻に離陸し、ウルムチ空港には20時50分に到着した。空路1時間50分の旅である。飛行機が西に向かっているので、いつまでも明るい。眼下には、はてしなく砂漠が波のように続く。空港から滞在する新疆ホリディイン・ホテルまでは車で約40分ほどの距離である。近代的なホテルのロビーからは専用テレホン・カード（50元）で国際電話をかけられる。

ウルムチは新疆省となる。新疆全体の人口は1,600万人、ウルムチには現在160万人がいる。ウルムチの人口も50年代には7万人、80年代の解放以降になって急激に増えたという。ウルムチは東西に横たわる天山山脈の北側を走る天山北路に添っている。山脈の南側が天山南路である。この天山山脈の南側にはタクラマカン砂漠が広がる。タクラマカンは「入ったら出られない」という意味がある。その広大な砂漠を南北に挟んで、天山南路の「北道」と「南道」が伸びる。「北海」は東のローランからクチャ、トゥムシュク、カシュガルへと続く。そして「南道」はローランからニャ、ホークン、ヤルカンドへと続いている。

ウルムチでは立正大学・法華経文化研究所客員研究員のアルズグリさん（新疆大学講師）が一行の到着を待っていた。彼女の夫もウイグル人である。夫が石油会社の研究所勤務とはいえ、子供2人をおいての日本留学は、スカラーシップなしには難しい〔一般の平均月収が7～800元である〕。ウルムチでは人々が、北京時間とは別に現地時間〔北京時間（－）2時間〕を使い分けている。この方が、実際の時間感覚に近い。現地のガイド氏によると新疆には13の民族がいて、そのうちの11民族はムスリム（イスラーム教徒）であるという。ウイグル人も98パーセントはムスリムであると聞いた。イスラーム教徒は、『クルアーン（コーラン）』の教えを固く守っている。

報告者は、かつてパキスタン側からインダス河添いのカラコルム・ハイウエーを北上して、クンジェラブ峠まで行ったことがある。そこは中国との国境である。その時に、イスラーム教徒たちが禁酒を固く守っていることを実際に知った。今回、ウルムチのガイド氏にたずねると、パキスタンでもウルムチのムスリムでも多少のお酒は飲みますよ、と気さくに話してくれた。寛容なイスラーム教徒と言うべきであろうか。

ウルムチの主な産業は、紡績、石油、農業（綿）、製鉄などであるという。ビジネスマンの中には、個人のモスクを持っている人もいるらしい。イスラーム寺院（モスク）であるかどうかは、ここではドーム型の屋根の上の尖塔に三日月が付いているかどうかで判別できる。中国ではイスラーム寺院を「清真寺」という。「清真」はかれらの食事を意味することがある。「清真餐庁」ならば、イスラーム教徒の食事を給することのできるレストランのことである。

翌8月7日（月）は、朝食後、紅山公園を観光した。公園は小高い丘になっており、眼下に臨む現在の高速道路はかつてのウルムチ河である。地元の年配者たちが幾人か、思い思いに気功体操をしている。急激な人口増加に比例して、ウルムチの環境汚染も深刻なようである。大通りに環境保護をうったえる看板があるのが目に入った。紅山公園には大仏寺という仏教寺院があるが、それは80年代に入って再建されたものである。解放軍によって多くの宗教的建造物が破壊されたという。ただし、イスラームのモスクは破壊を免れた。軍隊の中に現地のムスリムたちが大勢いたからである。

写真９

ウイグル族自治区博物館（新彊博物館）には商・周時代（新石器）から春秋戦国、秦・漢時代、晋から唐代、そして宋・元から明・清代にいたる様々な出土品が展観されている。なかでも、ブラーフミー文字に属する書体で書かれた経典の写本や断簡が幾つか展示されていて驚きを感じた。まだ、そうし

写真 10

た資料は未整理らしい。サンスクリット写本を扱ってきた報告者にとって非常に興味深いものである。アルズグリさんによると、古ウイグル語で書かれた仏教関係の資料も数多く発見されているという。これからは学者として、帰国後の彼女へ寄せる期待は大変大きい。

ウルムチの中心街には、「天山百貨大楼」がある。そのデパートは10時30分から21時30分までが営業時間である。報告者は、記念に中国製の懐中時計を手に入れた。クオーツ全盛の時代に、手巻時計である。我々には安くともかれらの月収の約半分の値段である。街の大きな市場には、ラグビーボールのような形の大きなハミ瓜が売られている。この季節にもっとも美味しい果物である。体格のよい茨田一男さん（東京土建大田支部・前委員長）がハミ瓜と並んでも、その大きさがわかる。一行は、たまたま１人で買い物をしていた優しそうなアルズグリさんのご主人と市場で出会った。後で、彼女に聞くと、「いつも彼が買い物をしてくれるんです。」と微笑んでいた。

ウルムチにはカシュガルからの帰路、再び立ち寄って１泊することになっている。７日の19時10分発のXO9901便は、20時40分にカシュガルに到着の予定であった。ところが、旅行シーズンのために、大幅にフライト・スケジュールが変更されていた。ウルムチを発ったのは22時30分のことである。そしてカシュガルの色満賓館ホテルに着いたのが、24時30分であった。シルクロードを旅した往時の人々の苦労には比すべくもないが、さすがに、連日の旅の疲れが出た。

Ⅳ　カシュガルの訪問

我々が滞在した色満賓館（Seman Hotel）は、ロシア領事館のあった場所にある。かつての領事館も、現在そのまま保存されている。カシュガル（Kashgar 喀什）はウイグル語による地名である。中国ではカシ（伽師）と呼ばれている。カシにはトルコ語で「玉」の意味があるという。新疆では玉を多く産する。

カシュガルでのガイドはヤリクン氏であった。ウイグル語で「火山」の意味があるという。30代の2児の父である。

写真11

カシュガルは古くは「疏勒国」の名でも知られていた。玄奘の記録には「佉沙国」と音写されている。玄奘は、天竺の旅の帰路、ここから天山南路の「南道」を選び、東に進んで敦煌に戻っている。玄奘は、この国の当時の興味深い風習を伝えている。それは、子供が生まれるとその子の頭頂を押さえつけて、偏平にしてしまうというものである。これと同じ習俗が、屈支(クツチャ)にもあるということを玄奘は伝えている。[3] もちろん、現在はそうした風習は聞かない。

写真12

8月8日(火)、滞在した色満賓館には、早朝から多くの旅行者が、思い思いにシルクロードへ旅発つ準備をしていた。友人との数人の旅もあり、団体の旅もある。日本製の4輪駆動車をチャーターして砂漠の旅をしているというアメリカ人もいた。報告者にとって、カシュガルは特別の地である。それは、ロシアの総領事ペトロフスキーによって蒐集された『法華経』の写本〔カシュガル写本と呼ばれている〕と関係の深い地であるからである。彼の赴任当時の領事館は自由に立ち入りが許されていた。内部には、ロシア風の大きな壁画がかかっている。室内の趣も当時のままである。ペトロフスキーは、カシュガル赴任中、地元の人々から貴重な資料を蒐めた。その中に、『法華経』の写本が含まれていた。このカシュガル写本には、羅什訳『妙法蓮華経』に訳出されている語句がしばしば見出される。法華経研究者にとっては貴重な資料である。[4]

1日だけの滞在ではあったが、朝食後、専用バスで香妃廟や市内で最も大きなモスク(Idkah Mosque)、民族幼稚園などを参観した。市内には道路脇に

写真13

ポプラ並木が続いている。カシュガルではモスクの建材もこのポプラの樹を用いている。イスラーム教を中国で「回教」というのは、ウイグル人（回鶻）や回族（イラン系の民族）のかれらが信奉している宗教ということで、そう呼ぶ。香妃廟は一族が葬られている大きな廟である。モスクや廟には青や緑の色彩が多くほどこされている。オアシスの緑や水の色が表現されていると、現地のガイド、ヤリクン氏が説明を加えた。

廟に隣接するモスクには、礼拝所の脇にタハトルワン（霊柩駕）が置かれていた。亡くなった人を運ぶ駕籠である。亡くなると老人は黒、若い男性は青、女性は赤い布で遺骸が包まれるという。香妃廟の外柱や壁にはめこまれている大きな青色のタイルはヤルカンドで焼いたもので、350年前のものだという。地震のことを聞いたところ、ヤリクン氏は、15年ほど前にオーパル（Opar）で震度7の大地震があったと説明した。最近では2～3年前にカシュガルから75キロほど離れたペイズオト（Payzwat）で震度5の地震がおきたという。ただし、それ以前には彼には地震の記憶がないと話してくれた。仏典にはしばしば大地が震動する譬えが登場する。それは奇瑞の前兆として述べられている。

写真14

民族幼稚園では、園児たちが民族衣装を着てかわいらしい舞踊で遠来の訪問者たちを迎えてくれた。さすがにカシュガルでは漢民族の風貌をもつ人々は少ない。因みにウルムチでは約50パーセントの漢族に比して、カシュガルでは10パーセントほどではないかということを聞いた。

ガイドのヤリクン氏の案内で、カシュガル最大のモスク『清真寺』を参観

写真 15

した。かれらの礼拝は、北京時間の7時30分、3 (4) 時30分、5時30分、8時30分、10時30分の日に5度である。その礼拝は、それぞれ4、10、8、6、12回行われるという。我々が訪問した時にも、1群の人々が礼拝を行っていた。礼拝堂に敷かれた大きな絨毯は、1人ずつが礼拝できるスペースを確保できるように模様で区切られている。イランのホメイニ師もこれまで4度来訪しているという。このモスクでは毎週金曜になると1万人もの教徒たちが礼拝にやってくる。かれらの祈りのことばが「アッラー・ホ・アクバール (アッラーは偉大なり)」である。アッラーを「真主」と中国のイスラーム教徒たちは訳している。

イスラーム教徒は豚を食べないということは知られている。実際にイスラーム教徒のかれらに聞いてみると、「羊や馬や牛」は草食だからと答える。かれらの浄・不浄の観念には、長い歴史にはぐくまれた食文化がある。

ウルムチで、面白いことをガイド氏から聞いた。それは朱と猪 (豚) が同音であるためにおきた。14世紀の頃、イスラーム教を信奉するかれらのうち「朱」姓をもつ人々が、「猪」と音でことばが一致してしまうために、猪 (豚) を嫌うかれらは姓を朱から「黒」に変えたというのである。ウルムチでは猪肉を「大肉」と称しているという。

イスラーム教徒も割礼をする。ヤリクン氏によると、男子は7歳の時に割礼を行うという。男子と異なり、女子は耳に孔を開ける。手術は、現代医学を修めた医師よりも、その施術にたけている人に信頼が寄せられているという。何でも気さくに話してくれる彼にカシュガルでの一般的な収入を聞いてみた。先ず、銀行員が筆頭で月収は約2,000元、彼のようなガイド職で1,100元、ほかはウルムチと同様7～800元とのことである。ウルムチでもガイド氏が、「何処に行っても、銀行の建物が一番高く立派でしょう」、と話していたのが印象的であった。

モスクの周囲は、日本の門前町のような賑わいである。土産物や衣類・日用雑貨のなかには、パキスタンからの品物が沢山商われている。そのどれもが安い。わざわざここまで来てパキスタン製のものを多量に仕入れて行く人々もいるという。まさに流通には国境はないという感じである。報告者はムスリムが頭頂に被るお碗型の小さな白い帽子を買った。10元で各種４つの帽子が渡されて驚いた。

スケジュールでは、8日の21時40分発のXO9902便で、カシュガルからウルムチに戻ることになっていた。ところがこの便も大幅に遅れ、なんと出発は24時30分発になるという。それまではバザールや職人街を散策し、夕食は空港に近い果樹園の屋外レストランでとることになった。カシュガルでは葡萄のほか、柘榴や無花果が名高いという。果樹園屋外レストランでは、幾組みかのグループが、子供連れで、広い庭に設けられた台座や椅子にすわって食事を楽しんでいる。漢族の家族は、１人っ子なのですぐ判る。

今回の旅では北京から中国の西の端まで旅行したが、カシュガルでも現代中国に於ける食文化圏の広大な範囲を感じた。果樹園レストランには、仮設ステージが設けられていた。歌にあわせて居合わせた客たちがダンスを思い思いに踊っている。報告者には、懐かしいインドでも観た踊りの身振りが感じられた。歌われていた調べにも、異国の音色があった。一行が囲んだテーブルに近く､円形の噴水池があった。噴水口の中央まで通じている細い路で、子供たちが飛沫を浴びて遊んでいる。かれらの親たちは、宴で歓談し、子供も眼に入らない様子である。我々も、戯れている子供たちの様子が多少危なげで気になったが、そこで23時近くまで時間をつぶさなければならない。

屋外レストランに明かりが燈されたのは22時になってからであった。午後10時まで外は明るいのである。明かりが灯される２時間ほど前に、噴水口の細い路から子供（女児）が滑って池に落ちた。一緒にいた年長の男児の身体がぶつかったらしい。男児は手を差し伸べたがどうにもならない。離れた席にいる親たちはこの異変に気付いていない。周囲の大人たちも、突然のことで､ただ驚くばかりである。すると君嶋氏が疾風の如く池に駆け寄った。大きな身体を伏して手を差し出し、溺れている子供の襟をつかんで無事に救い出した。周囲から歓声がおこった。やがて、しばらくして、この女児の父親が友人ともども、葡萄酒を持ってお礼にやってきた。女児は漢族の彼の１

人子であったようである。席に戻ってからも、友人たちからその父親は気の毒なほど叱責されていた。

空路カシュガルからウルムチに戻り、旅行社が手配した新疆ホリディイン・ホテルの立派なスイート・ルーム（あまり時間が大幅に遅れたのですまないと思ったのであろう）で、一行がおのおの仮眠についたのが9日の午前4時であった。その3時間後の午前7時には起床、北京に戻るためにウルムチ空港へは8時半に着かねばならない。9日の10時15分発 XO9109便で、一行が北京に戻ったのは13時30分であった。

北京航空には、今回の旅行団が到着した際にもお世話になった現地ガイドの金女史が出迎えてくれていた。その日は市内から少し離れた近代的なホテル「京瑠大厦」ホテルが一行の宿舎となった。ホテルへの道すがら、ガイドの金さんが、「皆さん、シルク・ロードの旅は如何でしたか？　中国ではシルク・ロードはクルシ（苦し）・ロードとも言われているんですよ。」と流暢な日本語で言われて、一行は呵々大笑してしまった。その日の夕方には、北京雑技団サーカスの見学が組み込まれていた。大人の足技で、子供が空中を毬のようにクルクル回っている。新疆の博物館でも古代の遺物のなかに同様な人形があったことを思い起こしながら、遠景でウトウト眺めていると北京最後の夜は更けていった。

〔この報告書は、現地の印象が薄れないためにと、帰国後すぐに纏めたものである。後で聞くと、一行のうち、ほとんどが帰国後に体調を壊したらしい。最終日北京での氷か水が原因のようである。これまでのインドや南アジア旅行で身体に抗体ができていたものか、報告者は大丈夫であった。この方面の旅行には細心（注意）が要る。それと、今回の旅行では初めて贋札が出回っていることを知った。一行の１人が、カシュガルのホテルでの買い物の際に払った紙幣のうち１枚の「50元紙幣」が贋札であった。換金はその都度ホテルでしているので、どうも、旅の途中、町で受け取った釣り銭の中に紛れ込んでいたらしい。その贋札は指で強く擦ると印刷が薄れるような粗悪なものであるという。中国各地でこうした贋札が出回っていて、被害者には外国人も多いようである。〕

注

⑴　趙樸初居士が寄せられた漢詩については、『人間の福祉』第７号（February 2000）「中国、天台山・普陀山への訪問」〔注〕３（186頁）に触れておいた。参照：拙著『玄奘』（人と思想106、清水書院）50–51頁。

⑵　敦煌学に関する我が国の一人者たちによる纏まった研究では、『講座・敦煌』全９巻（1980–92年、大東出版社）がある。敦煌の文学に関しては第９巻『敦煌の文学文献』が有益。その他、第６巻『敦煌胡語文献』には、ウイグル語、コータン語、チベット語仏教文献の解説を含んでいる。

⑶　前掲拙著『玄奘』166–167頁にも、このことを紹介してある。

⑷　『法華経』のサンスクリット写本に関しては、『法華経』上（『岩波文庫』）解題「二・原典の伝本と出版、近代語訳ならびに研究」411–421頁に概説が載せられている。

カシュガル本とも称されているその写本はペトロフスキー（N. F. Petrowski）が1903年に入手したもので、コータン近郊からの出土と言われている。

カシュガル本法華経に関しては、近年、徳島大学・戸田宏文教授による研究成果が発表されている。

雲南省、麗江・大理訪問レポート
(仏教文化の視点から)

はじめに

現代中国全土の形状を、かれら中国人たちは鶏の姿に譬えることがある。確かに、顔を東に向けた右側面からの鶏の姿とみるとそれに近い。では雲南省は、どの部分にあたるかというと、鶏の胸下部から脚つけ根部にかけての辺りになるだろうか。ミャンマーやベトナムとも国境を接し、少数民族が多く暮らす中国の南部高原がそこにある。おもしろいことに形状の上からも、最も豊かな部分が､実際にも長江(揚子江)以南の肥沃な土壌にあたっている。雲南省と我が国の文化的な繋がりは「茶」や「米」だけではなく、最近で少数民族のかれらの文化との関連も注目されだしている。本レポートは、これまでにも紀要に載せてきた一連の仏教文化の旅の報告である。「中国アジア文化研究会」〔会長・丸山克己〕の主催する雲南省、昆明・麗江・大理の調査の旅には、今年、富士和子教授も加わった。報告者の4年次専門ゼミに属する小山慈子君も初めての海外旅行に我々の調査の旅に同行することを選んだ。以下は、報告者がじかに触れた雲南省の文化や風土を仏教文化の視点から報告するものである。今回、麗江では古寺の天井に描かれていた方位を表す八卦の指標で興味深い発見があった。そのキーワードは「鏡」である。このキーワードは謎解きに首を傾げていた報告者の耳に聞こえた、ゼミ生の小山君の何気ない呟きからであった。1つのキーワードが文化連鎖の謎を解きあかすことがある。いつも通り、本紀要掲載のレポートも楽しく読んでいただけるものと確信している。

Ⅰ　広州から雲南省昆明へ

6月12日(水)、我々一行を乗せたJD-827便が成田を出発したのは午前10

時47分である。参加者はおおむね毎年同じメンバーであるので、初めて参加した新しい顔ぶれとも和やかに打ち解けあい、楽しい旅の出発となった。国際空港のある広東省の首府広州には現地時間の14時06分に到着した。「食在広州」の言葉とともに香港やマカオとも隣接する広州は日本人に親しまれ知られている。広州から最も近くの海岸線まではおよそ80キロの距離であるという。緯度からみても台湾の中部ほどに位置する広州はこの時期湿度が高く、6月の雨期とも重なって汗とも霧雨ともつかないほどに身体が湿ってくる。それでも最高気温が30度、最低気温は25度であると現地ガイドの梁氏が話していた。6～8月の雨期の季節には近年では39度ほどにも気温が上がることがあるという。

中国の３大都市（北京・上海・広州）の１つしては、また４大港（大連・天津・上海・広州）の１つとして知られる華南最大の都市広州は、珠江デルタの北部に位置し、揚子江デルタの商業都市・上海に次いで経済では２番目に活気を呈している。紀元前2世紀にはすでに海外貿易の重要な拠点としての役割をはたし､近代の辛亥革命では孫文(1866～1925)を送り出した広州は、海外で活躍する広東華僑たちの故郷でもある。ガイドブック（『地球の歩き方―中国』2001-2002版）などには人口は約400万とされているが、現地での説明では現在はそれを大幅に越えている。外来人口も増加し、そのうち２万人は外国人、日本人も３千人はいると広州生まれの穏やかな梁氏が語った。

一行は初め成田から昆明までの直行便を予定していたが、旅行会社の手配の都合で広州から国内便に乗り換えて向かうことになった。現代中国を知るには、その土地土地のガイド氏から得た情報が、貴重な証言となる。勿論、かれらが日本語に堪能であるといっても、思い違いやこちら側の聞き違いがあることも差し引かなければならない。しかし、それでもスポット・リポートとしての価値は十分にあると思っている。その意味では、トランジットではあってもそこで見聞しえた事も記しておく必要があるかもしれない。まず、報告者の関心を引いたのは、広州国際空港を下りて眼に入ったいかにも現代中国の経済を象徴するかのような大きな広告の看板である。それは「中国電信（China Telecom）」と証券会社のものであった。中心部に続く街中には住宅を建てる空き地は少なく、現在の街並みも14～15年前まではほとんどが田畑であったという。住宅マンションも中心部では3LDKで日本円で８～９百万円するという。農民たちは70年契約の土地の地上権を売ったり、賃貸家屋や株の投資、そのほか自分たちの仕事に従事するものもいて、かれらの年収はおよそ300万円（日本円）にもなるとのことである。街中を走る車も80年代には３万台、現在は60万台を超えているという。交通機関も整備されつつあり地下鉄２号線も来年には完成の予定であるという。また北京～広州間の新幹線も明年には着工され、50年前に建設された現在の空港も2006年には新空港が完成予定である。因みに香港までの飛行時間は約20分であるが、高速バスでは３時間とのことであった。日本との合弁では広州のホンダ（アコード）、松下（クーラー）、日立（エレヴェーター）などが名高い。昆明への出発までの間、市内観光では1931年に完成した、当時の著名な建築家・呂彦直の設計になる「中山（孫文）記念堂」が印象深かった。東洋と西洋とがうまく折り混ざった建築手法を感じた。[1] その園内敷地には龍眼の樹木がたわわに実をつけていた。

広州エアーポートホテルでの夕食をすませ、18時20分発のCJ-68便に搭乗した一行が、雲南省・昆明に着いたのは21時30分である。日本ではもう珍しくなった国内線機内での軽食と飲み物のサーヴィスも、健啖家ぞろいの一行は難なくたいらげた。機内での英語のアナウンスより実際の飛行時間はだいぶ長い。こちらの聞き違いだろうか。夜分にもかかわらず到着出口の待合所には驚くほどの人々がいる。昆明では馬氏が現地ガイドである。広州からお世話いただいた梁氏が添乗員として全行程を同行し、広い中国ではその都度現地の旅行公司のガイドが分業のように担当する。

昆明は1,900メートル程の標高にある。湿度も関連するのだろう、それまでの広州とは比べものにならないほど涼しい。ガイドブックによると6月の平均気温も20度を下回っている。ただし、我々が到着した時には24度ほどであるとのことであった。国際線も有する昆明の空港は中国で４番目の大きさであるという。ガイドの馬氏は33才。回族の青年である。92％が山地となる昆明には人口約400万、92％の漢族と残り８％が少数民族であるとのことである。幼児期における身体的特徴としても知られている蒙古斑は、馬氏の説明によると中国では内モンゴルと雲南省だけだという。そう言われてみると、より親近感がわいてくる。この日宿泊する金龍飯店まではバスで10分ほどである。少数民族出身の従業員はこのホテルでも多い。受付の金氏は26才、ミョー族であるという。その他にもホテルの60%が少数民族であると彼は答えた。その金氏は祖先がミョー族ではあるが、かれらの言葉は話せないという。中央政府の標準語教育の結果、そうした人々も次第に多くなっている。かれら少数民族の人々は以前は結婚が20才頃であったが、今では25〜30才であるとのことである。

翌13日（木）は6時半のモーニングコール、ビュッフェスタイルの朝食をすませると、出発は8時である。ガイドの馬氏は日本語の確かな、そして歯切れのいい（真面目さと愉快さを併せ持つ）能弁な青年である。彼がムスリム（回族）であることは先に述べたが、彼によると雲南省の「馬」「楊」姓の多くは祖先はChinggis Khanによってアラビア半島から連れてこられたという。さすがに、イスラームの信仰を懐くかれらは宗教に対しても思い入れが深い。これまで幾度となく中国を訪問したが、彼ほど熱く宗教の必要性を語った人はいなかった。走行中のバスの車内で、何と10分近く熱弁を振るうのである。恐らく報告者がその刺激を与えたのであろう。彼にアルカーイダのテロのことも聞いてみた。すると、「テロ行為には断固として反対する。但し、その背後にあった要因を我々は無視することはできません。」アフガニスタンの人々の苦悩の歴史に、彼は同じ信仰をもつムスリムの一人として哀れみの心を傾け、-ismの名のもとで覇権を競い合ってきた大国の独善的な姿勢には厳しい批判を下していた。

彼はこと宗教に関しては見識をもっていた。宗教は民族の歴史・習俗そのものであるとも語った。中国全土には、彼によるとイスラーム教徒が2,000万人、仏教徒が800万人、そしてクリスチャンが300万人いるという。雲南省だけでもイスラーム教徒が60万、モスクも７つほどあると教えてくれた。かつての文化革命の時に、ウルムチなどでもイスラームのモスクは殆んど破壊の被害から免れたということを聞いている〔敦煌・ウルムチ・カシュガルへ〕『紀要』第９号2001年2月参照〕。現代中国で、最も強大な宗教勢力がイスラームかと思っていたら、実は、そうではない。しばしば我が国の新聞にも片隅に報道されている「法輪功」のメンバーが、彼の話では、何と推定で５〜

６千万人もいるという。その数にはこちららの聞き違いかしらと耳を疑うほどであるが、昆明でも郊外で彼らの集会をしばしば目にするとのことである。共産党を掲げる中央政府が躍起になっているのもうなずける。

馬氏の飾らない率直な（？）話しには思わず吹き出してしまうことがあった。彼自信は共産党員ではないが、父親はムスリムでありながら優秀な党員であったという。その理由は、「出世のため」であったと平然と語ってくれた。その彼は、「私は意志が弱いのでイスラーム教徒としての勤めでもある毎日の礼拝をすることができません。でも金曜日には集団で礼拝をおこなっています。」と話してくれた。自信に満ちた彼の話しぶりからは、彼は決して意志が弱いのではなく、現代的・合理的な立派なムスリムであるというような様子さえ感じ取れた。「でも、郷にいれば郷にしたがえといいますから」。これは馬氏の口から出たものである。彼は中国の少子政策に対して、ムスリムとしての本音をチラッと覗かせた。イスラーム教徒たちの宗教的な掟では４人までの妻女を娶ることができる。実際は、ほとんどのイスラーム圏でもそうしたことはすでに現実的ではなくなってきている。「私も子供は沢山ほしいし、出来れば妻も多いほうがいいです」。(2)

彼は結婚して間もないという。漢族の彼の妻については、「これから入信するでしょう」とだけ付け加えた。我々の訪問の旅は、帰路、再び昆明を経由することになっていた。彼の妻との結婚にいたるエピソードは後に聞いたものであるが、率直な馬氏の人柄がうかがえるので、楽しくも感じられる話として紹介しておきたい。彼の奥さんは漢族の女性である。恋愛から二人は結婚を決意した。馬氏のそれまでの職業は、合弁による建築用の木材関係の輸出に関連する仕事であった。ところが90年代になって政府によって木材の伐採が禁止されると、彼の仕事も危うくなった。そこで、習い覚えた日本語を忘れないためにはどうしたらよいかを思案した。やがて、好きな仕事（旅行）をして同時に日本語を使えるのならということで旅行業に従事することになったというのである。それまでの高給から途端に収入は激減した。しかし、以前の仕事で蓄えた貯金もそこそこの額になっていた。そうした頃にはお見合いの話は幾つもあったという。さて、結婚当日までは、妻側の両親もそれこそ将来有望な婿どのを大切にあつかってくれていた。ところが、翌日からかれら両親の態度が一変してしまった。その理由は皆目見当がつかない。妻も話してくれない。ようやく妻の叔母にあたる人が、こう話してくれた。「もしかすると、まだご両親に結納金をおさめていないのでは？」。馬氏は、そうした習慣には無頓着であった。翌日馬氏は、妻の両親がたまげるほどの金額を結納金として持参したという。すると、それまでとは打って変わって、娘の連れ合いをそれまで以上に親しげに大事にしてくれるようになったと苦笑しながら話してくれた。その彼が、こう言った。「中国人はおもいっきり見栄を張るんです」。今の若い世代のカップルは、結婚式をする時にはおもいっきり背伸びをして、キャディラックやトヨタやホンダ（彼はこの順に列挙した）などの高級車を幾台も満艦飾に飾りたて、立派なホテルで結婚式を行うのだという。そして「その翌日には自転車で通勤です」と、彼自身のことを振り返って笑っていた。結婚披露に招かれれば、それだけ出費もかさむ。そこで、「たいそうな会場での披露宴の招待状が届くと、受け取った側は身体が震えるんです。この１月間、どのようにして生活したらいいかを本当に真剣に悩むんですよ。」と真顔で話してくれた。招かれる側も当然、祝儀に見栄を張るということになるのだろう。今の日本ではどうだろうか。

昆明には雲南省仏教協会の置かれている円通禅寺がある。唐代に創設された1,200年もの歴史を有する古刹である。かつては補陀羅寺とも称されていた。補陀羅は観音ボサツの霊場としての伝説上のインドのポータラカからきている。寺院のたたずまいは、取り囲むような高台を背後に控え、山門から下るようにして進んで行くと最後の一番低い場所に境内池と本殿がある。寺院の立地としては大変珍しい環境の中にある。1985年に国務院から全国重点仏教寺廟の１つに批准されている。[3] 先年亡くなった趙樸初居士による「荘厳国土　利楽有情」の額がかけられてあった。ほとんど全土の仏教寺廟で趙樸初居士の書を見かけるが、そのどれも仏教に精通していた居士の学識が偲ばれる。中国の仏教寺院ではふくよかで大笑している布袋が弥勒としての信仰を得ている。その布袋座像の両脇に、「問他因何笑　看你為啥忙（そんなに笑っているのは何か理由があるのですかと問われれば、あなたがあまりに忙しくしているからですと答えましょう）」と書かれていた。

馬氏によると雲南省は36省のなかで中央の北京に払う課金は上位３番目

であると語った。一方、かれらの一般の生活レヴェルはどうかというと下位３～４番目であるとも話してくれた。遠岫をのぞむ雲南省を旅すると山腹にあらわになっている赤土をしばしば見かける。〔かつて中国ではチベットを赤面国とも称していた。かれらが赤土で顔を赤く塗っていたからである。そうしたかつての風土に暮らす人々に思いをいたした〕。赤土には鉄分が多い。それが茶やタバコを多く産することにもつながるという。雲南省が中央政府に支払っている課税の多くは、実は茶ではなくほとんどがタバコであると話してくれた。茶はそれほど高価な取引はできないという。「中国13億のうち、もし３分の１か４分の１が喫煙していると考えてみてください。」。そんなに喫煙する人がいるかどうかは判らないが、なるほどとうなずける。また最近の中国野菜の進出のことでは、「中国産の野菜が日本の脅威だといってもたかだか輸出は３億ドルです。日本は中国に対しては700億ドルですよ！」とも話した。雲南省は電力が豊富で、広州にも余剰電力を売っているという。そして、街中での歩行の際には、道路を横断する時には安全のために「ゆっくり」わたって下さいと言って、我々を笑わせた。「早くわたろうとすると、自動車も負けずにスピードを上げてきますから」。北京や上海などの大都市ではすでに通用しそうもないが、その時代に生きた現地の生活の智慧として、やがて車社会の到来とともにかれら自身がその頃を懐かしく思うこともあるだろう。

Ⅱ　麗江から大理へ

昆明から麗江（Lijiāng）までは「中国雲南航空公司（China Yunnan Airlines）」FM451便を利用した。予定時間の離陸が大分遅れ、麗江空港には午後２時の到着となった。この搭乗の際に、メンバーのうちの丸山夫人芳子さんの手続きが難航し、とうとう夫人と梁氏の２名は同機に乗ることが出来ない事態となってしまった。芳子夫人は台湾の高雄生まれである。日本時代の教育を受けたご両親やその家族ともども、大変、信仰に篤く親日家である。丸山氏と結婚して現在は日本国籍を取得している。一方、高雄での自らの資産管理の理由で台湾籍も併せもっている。海外への渡航には台湾のパスポートを利用している。台湾も中国もパスポートの姓名のローマ字表記は標準語（北京語）で記されている。ところが日本の中（台湾）日交流会で更新したパスポートが、本来 Wu であるべきものが Hu と誤って記載処理されてしまっていた。それでも特に問題も生ぜず、彼女はその後これまで幾度となく中国を訪問している。台湾の方々は我々と違って短期の観光の際にも中国大使館から発行される入国ビザが必要となる。そのビザではパスポートの表記通りに Hu となっていた。今回も、彼女のパスポートやビザに記載されているローマ字表記どおりに現地で搭乗手続きの入力をしてあれば何ら問題は生じなかった。ところが、現地の窓口が、漢字の氏名からローマ字表記をしてしまった。そこで、わずかにローマ字の１字が違う（Wu と Hu の違い）ということで、搭乗手続きを拒否されてしまった。台湾パスポート所持者に対する窓口側のある種の感情があったのではと邪推（？）することは止めても、現地の中国側の担当者のミスに起因するものであることは明らかである。梁氏がいくら抗議してもパスポートを見せても採り上げない。報告者も、先に手続きを終えて上司とも思える女性にわけを話したが、とうとう善処されることはなかった。次の便にあらためて手続きをし直して（何と新たにチケットを再購入したということであった！）彼らが麗江に到着したのは、我々がその日の観光調査を終えてホテルに戻る頃であった。さすがの穏やかな梁氏も呆れていた。ただし、これを苛め（？）ととるか、あるいはセキュリティーの問題とするかは受け取り方次第である。確かに、アメリカでのテロ事件発生以降、国際・国内便ともにチェックは非常に厳しく行われている。センサーを通過する身体の検査でも、靴は先に脱いで手荷物と一緒にチェックを受けるようになった。

麗江空港で我々を待ち受けてくれていた現地ガイドは崔紅梅さん（22才）である。空港から市内まではバスでおよそ30分の距離である。高地の麗江でも５～10月頃までは雨期と重なって雨が多いという。黒龍江省で日本語を学んだという彼女はナシ（納西）族の民族衣装を着ている。1996年に麗江で震度７もの大きな地震があった。その時に復興に協力した同胞のうち香港の人々が63％にも及んだという。かれらの協力を記念する碑が雲杉坪（ウンナンペイ）に向かう新しい50m 道路の脇に建っている。２泊滞在した麗江の Grand Lijiang Hotel からは江沢民氏によって「世界文化遺産　麗江古城　一九九九年五月二日于木府」と記された大きな壁面の墨書が、道路を隔てた近くに眺められる。「木府」とは麗江を治めた明代のナシ族の木氏の姓からきている。(4)

崔さんの着ている若い女性の民族衣装は白・黄・青・赤の4つの色彩に分けられている。それぞれ白は雪山、黄色は金沙江、青は空、赤は赤土を意味しているという。背面の腰の部分の7つの飾りは北斗7星であると話してくれた。麗江の風土そのものが民族衣装に凝縮されているのである。彼女によると、ナシ族の「ナシ」は黒い民族の意味があるという。それは賢く偉いという意味も含まれているらしい。ナシ族の女性たちは働き者で、顔は日焼けして黒く、太っている方が勤勉な女性の証であるとのことである。畑を耕し家事をこなすのはすべて女性で、一方、男性の方はというと「知識人です」と健康的に日焼けした彼女は笑って答えた。農耕母系民族の女性たちは男性を立てることも忘れない。

麗江古城の整備された一角周辺は、清流の流れる昔ながらの落ち着きを感じさせる街並みである。観光用に造られた大きな水車が水量の豊かさを示している。小川沿いには旅人たちのために軽食を商う店が幾つかある。その食材を見てギョッとした。鰻や鯰、鯉などの淡水魚に混じってヤゴまでいる。トンボの幼虫である。それらを料理して食べさせている。麗江にある世界文化遺産はこの「麗江古城」だけではなく、白沙村なども含まれるという。滞在した麗江のホテルは、全体の雰囲気が以前にレポートでも触れた舟山群島のうちの普陀山にあったホテルとも似ている〔「中国、天台山・普陀山への訪問」『紀要』第7号、2000年〕。建物の形状だけではなく、水や緑の多い環境のせいかもしれない。ホテルの部屋にはローソクが置いてある。ということは電力の豊富な昆明と違って停電があるということなのだろうが、滞在中はそうした不便はまったく無かった。窓からの光景には、独特の反り返ったような屋根をもつ建物が印象的であった。

玉泉公園の「黒龍潭」には「東巴（トンパ）文化研究所」と岩面に記された任継愈氏の書になる標識がある。報告者が初めて北京大学を訪問した1980年代初め、任氏は社会科学院・世界宗教研究所の所長をなさつていた。穏やかで物静かな学識あふれるお人柄が当時印象的であった。園内にはいたるところに漢語（美麗的麗江歓迎你）と英語（Welcome to beautiful Lijiang）とに挟まれたトンパ文字の石の標識がある。生きている象形文字として近年とみに脚光を浴びている少数民族、雲南省ナシ族の文字がそれである。

玉泉公園には「万寿亭」と名付けられた。これもまた独特の反り返った屋根をもつ近年建てられた堂宇がある。見るからに古めかしいが、タイ国のさる団体の総裁が彼の80才になる母親の誕生日を記念して近年建てたものだと碑に記されていた。崔さんは「ナシ族の家屋の特徴です」と話していたが、この反り返った屋根の形状は道観（道教寺院）に見られるものと共通している。園内で見かける「請勿吸烟（NO SMOKING）の立て看板にもトンパ文字が記されている。喫煙している人の姿は、水タバコを吸烟しているそれである。雲南・四川・西蔵の交界に住むナシ族は30万人ほどと説明されている。池ではトウモロコシの魚の餌が「魚食」と書かれて一杯1元で売られていた。東巴博物館ではチベット仏教のマニ車も展示されている。それには英語でTibetan Buddhism Magical Instrument-Bellと説明されており、趣意を得た訳である。元・明代の石碑には『般若心経』が刻まれており、そこには「火葬梵文碑」と説明がほどこされている。玄奘訳のその経典にはサンスクリット（梵語）の咒が音訳されていることから「梵文碑」としているものであろうか。園内の建物にはトンパ文字の古文書などもじかに展観されている〔写真a〕。いつも陽気な柄沢氏が知らぬ振りをしてそれを開いてみたが、傍らの管理人は別に咎める様子もなかった。ナシ族の人々のおおらかさを感じた。もとは福国寺の大殿でもあった法雲閣が1974年に園内に搬入されたのが現在の五鳳楼（1601年建立）である。その天井には中国の堂宇でしばしば見かける易の八卦による方位が描かれている。これによって堂宇の正面が西向きであることが判る。園内にある店では茶も売られている。その中には茶を固めて20×30cmほどの四角い碑のようにし、1958、1963と西暦の年号を浮き彫りのようにした「普洱（プーアル）茶磚」が置いてある〔写真b〕。それ以降の年代を記すものは置いて無い。茶の固まりに記されたこの西暦は見過ごされがちであるが、現代中国の歴史の1コマを如実に物語る貴重な資料である。中国ではプロ文革とも称されたプロレタリア文化大革命の嵐が全土に吹き荒れたのは1965年以降である。すなわち1963年はこのプロ文革の嵐がおこる直前の文化遺産なのである。この嵐では紅衛兵や文革左派のいわゆる4人組たちによって旧文化が徹底的に破壊された。

日本のテレビでも丁度、前後して放映されていたということを聞いたが、

写真 a

写真 b

素朴であたたかみを感ずるトンパ文字が注目されている。象形文字は具象的・可視的なものを文字としたものである。報告者も82才と紹介された長老のトンパ老師（先生）に書をしたためてもらった。ナシ族では長老は智慧を有しているということで尊敬されている。かれらの象形文字には、夫婦神・人（男・女）・虎・水牛・牛・象・蛇・蛙・山羊・鹿ほか、鶏・鷹・鶴・馬・鼠・猪・魚・燕・茶・密林・花・田畑（米）、そして山や川、太陽や月などがまさに具象として描かれている。それらがかれらをとりまく自然環境であったと考えると興味深い。一方、抽象的なものを表す際に、象形文字でどのように表現しているかを知ることは、抽象的概念を具体化する時に有益であり、示唆的である。報告者に書いてくれたトンパ老師の書の中に、「健康」という文字があった。それは器（に盛られた食べ物）と口（に食べ物が入りパクパク食べている）という象形である。現代人が忘れかけている本来の「健康」はまさにこのことであろう。細かなことは注記に回すべきであるが、レポートの性格上ここに気づいた幾つかを簡単に紹介しておきたい。

崔さんに依頼して、文字に習熟しているある老師（ラオス「先生」の意味。女史でも先生を老師という。よく現地で日本人に対して使われる「先生センション」は「～さん」というほどの意味）に「社会福祉」「人間福祉」というトンパ文字を書いてもらった。本人に直接確かめたものではないので、入手した書物[5]などから判断すると、「福利（福祉）」は「大地からの恵みである穀物（ご飯）を口にできること」というように理解できる〔写真 c〕。善（良）は三脚の台のような形、悪は黒く塗りつぶした三角形。その他

人間福利

写真 c

にも善（良）は「卍」によっても描かれている。病（sickness）と疾（misfortune）を払い去るという意味で風が吹く様子が描かれている。文字には雲や牛などの「象形字組」、良田や日の出などの「合体字組」、咬むや村のような「形声字組」の別がある。すでに1993年6月には『国際東巴文化研究論集（集粋）』が雲南人民出版社から出ている。すべて華文ではあるが、山田勝美氏による「納西文と甲骨文との比較研究」ほか、君島久子氏（国立民族学博物館名誉教授）の「納西族の伝説とその資料」なども収録されているので、紹介しておく。(6)なお、富山和子教授は君島久子氏とも多年にわたる親交のあることを付け加えておきたい。

Ⅲ　白沙村の古寺天井画と感動

翌14日（金）は、ホテルを9時に出発。外国人旅行者が多いためかホテルでの朝食も洗練されていた。最近はどこもビュッフェ式の食事である。宿泊では殆んどが2人1部屋の我々のメンバーたちも、前夜はホテルで指圧を頼む者が多かった。報告者、同室の岡山賢一氏と指圧を頼んでおいた。ところが日本人も含めて観光客が多いせいか、いくら待ってもやって来ない。2人とも諦めて寝ようとしたところに、ナシ族の女性指圧師が2人来てくれた。現地担当者が融通をきかせたらしい。なるほど彼女たちは働き者との噂どおり男性にまさるほど力が強く、僅かな指圧料では申しわけないほど、時間一杯、献身的に指圧をしてくれた。ホテル内のみやげ物屋や古城の通りでは印材を選んで印刻を注文できる。報告者も、西川裕子氏や古橋花子氏たちと混じってトンパ文字の印鑑を頼んでみた。夕刻頼むと翌日にはもう仕上がってきた。漢字とトンパ文字を並べて彫ってもらった印鑑は期待以上の出来である。このレポートをお読みいただいている方で、もし麗江に訪問することがあれば、是非作られてみるとよいであろう。ちなみに、古城の通りには真新しい「中国農業銀行」の24時間利用できる自動支払いコーナー（自助銀行 Self-service Bank）が設けられていた。

雲杉坪（ウンナンペー）にはバスでホテルから50分ほどかかる。途中、地震の復興から整備された50m幅の道路がしばらく続く。麗江の年間降雨量は5～10月の間で全体の85%ほどにもなるという。山頂（3,205m）へは1994

年に設けられたアメリカ製(CTEC GARAVEN TA inc)のロープウェイがある。日本ではスキー場でみかける２人乗りのものである。観光客も多い。中にはシンガポールからの中国系のグループもいた。皆一様に陽気で屈託がない。我々が訪問した時にもロープウェイは30分待ちの状態であった。旧暦正月・5月・10月には３時間近く待たされることもあるという。周辺の高山植物は法律で保護されている。採ったりすると50 ～ 500元の罰金とのことである。小雨混じりの霧の中を頂上に向かう。さすがに山頂は肌寒い。空気が希薄なために頂上に行くのに大きな空気枕のようなゴム袋に詰めた酸素を借りる者もいる。日本の尾瀬のような遊歩道沿いには20m近くはある倒木の巨木があちらこちら横たわっている。巨木が樹立しているなどということは、我が国の3,000m級の山では考えられないことだが、緯度と湿潤な環境が、こうした高地でも巨木を繁茂させている。レッサー・パンダの帽子をかぶせイー族の民族衣装を着せて観光写真を撮ったり〔写真 d〕、遊歩道沿いにも茶店や生薬などを売る店がある。ウズラの姿焼きやポテトなどの軽食も挑戦してみたが、香辛料が強い。霧雨のなかでは遥に眺められることを期待していた玉龍雪山もロープウェイの待合室での写真で思いをいたす他はない。現地のガイド氏から、この辺りでは標高によっても少数民族の分布が判るということを聞いた。それは2,500mの高地にはほぼナシ族、3,000mになるとイー族、それ以上ではチベット族が多いという。

写真 d

雲杉坪から戻り、再びバスに乗って玉峰寺へ向かった。このチベット仏教寺院は清代の康熙年間（1,700年）に創建されている。文革以前には、３つの主殿、６院の僧房を有し、40人の僧侶がいた。現在は主殿１、僧房２院の小規模な佇まいとなっている。７～８世紀には吐蕃（チベット）王朝が麗江一帯を支配していた。今日の仏教寺院は概ねチベット仏教の影響を受けている。噶挙派の宗教は俗に「白教」とも称されている。10世紀頃には教派として存在していた。本殿には釈迦像を中心に向かって左右にそれぞれ観世音ボサツ・蓮華生（パドマ・

サンバヴァ）が脇侍となっている。堂内には２人のチベット仏教僧がいた。チベット語で挨拶をしてみると大変喜んでくれた。仏像の下部には高僧の写真とともに子供の僧侶の写真が飾られている。北インドのダルムサーラに亡命しているチベット仏教の指導者、第14世ダライ・ラマに対して近年、中国側でもう一方の指導的存在として阿弥陀仏の化身とされているパンチェンを公に認めた。そのパンチェン・ラマの写真である。僧侶にたずねると現在彼は13才であるという。チベットでは活仏の信仰がある。高僧は転生して生まれかわるという。ダライ・ラマは観世音ボサツの化身としてチベットの民衆から崇められ慕われてきた。中国のチベット政策の一端をかいま見る思いであった。

ナシ族たちの宗教ではアニミズムと仏教・道教が融合している。白沙村にはナシ族最古の壁画がある。400年ほど前の明代のものだという。それはチベット仏教風の寺院内部にある。中央に大きく描かれた釈迦牟尼仏の姿を、上段から次第に取り囲むようにチベット仏教（密教）・道教・仏教・トンパの神々が配置されていると説明を受けた〔但し、その配置は解釈によっても多少異なるだろう〕。台湾にも台北に仏教・儒教・道教が同一の境内に配置され熱い信仰を得ている寺廟がある。自然環境が人にやさしく作物の豊かに育つ風土には融和な思想・宗教が発達する。奥の屋根のある堂宇のその天井にはしばしば見かける易の八卦によって方位を示す図が描かれていた。内部の撮影が禁じられていたので、それを紹介することができないが、その堂宇は東向きに建っている。インドでは伝統的に東を正面とする。東を表らわすサンスクリット語のプールヴァには「前方」の意味があり、西を表わすパスチマには「後方」の意味がある。因みに南（ダクシナ）は「右」、北（ウッタラ）は「左」を表わす。中国で仏教寺院（廟）が東に向いて建っていれば、それはインド的であるといえるし、南向きは中国的ということになる。少なくともチベット仏教は本来インド的なものであった。

その方位を示す八卦は配置がどう考えても奇怪しい。今、それを例示してみると普通のものとの相違が明らかになるだろう。

寺院の正面が確かに東に向いていることは現地のガイド氏からも確かめた。ということは東西の２元方位が合っていて南北の左右が逆なのである。近くに待たせてあるバスの出発に合わせて一行は皆戻っていった。しばらく

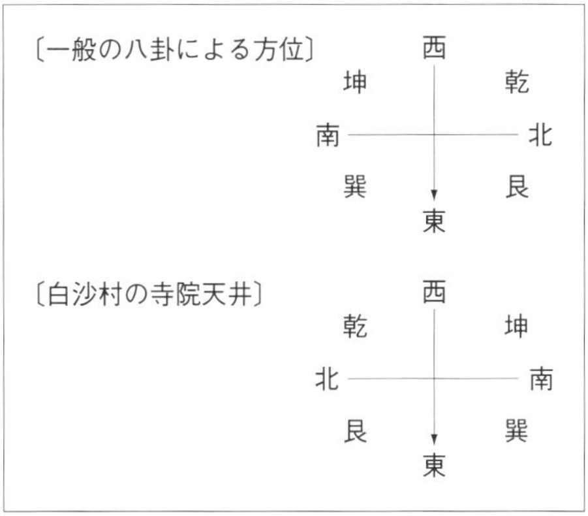

その場所にとどまって、報告者は一緒にいた小山君にそのことを話してみた。すると、少し首を傾げて「鏡で見たらどうなのかしら？」と彼女が呟いた。その通りである！　疑問が解けた。地面に置いた鏡に天井の八卦を映すことによって南北の左右が逆になり、それがそのまま地上の方位となるではないか。報告者は寡聞にして、これまでこのような方位の示され方があるのを知らない。或いは気づかなかっただけかもしれないが、それをどのように考えたらよいであろうか。天上を仰ぐのではなく鏡に写った大地を拝することによって正しい方位が示されている。いま仮に、そこから次のようなことを考えることが出来るのではなかろうか。

1．「鏡」のもつ神秘性がかれらの文化に大きなウェイトを占めていた。
2．大地を母とする農耕母系社会との文化的繫がりが認められる。
3．天上の方位（other world）と地上の方位（this world）との違いを感じ取っていた。
4．伝統的な漢族の文化に対する何らかの抵抗がある。

以上４点に纏めてみたが、これらは何れも推測である。特に第４点は多くの事例を調べた上でなければ論じられないが、「指南」「君主南面」というように南を主とする中国の伝統的な文化と、東を正面とするインド（仏教）の文化が、中国では寺廟の建造物にも混在していることは確かである。さらに付言すれば、仏教には大地に伏せる五体投地はあっても、もともと天空（天なる父）を仰ぐという信仰は無い。

この「鏡」というキーワードが、報告者にはそれからの旅の関心事となった。そこからナシ族の伝統的な家屋が建ち並ぶ「四方街」まではバスでさほど遠くない。家屋の特徴も２階建てになっていて、その２階には穀類などを貯蔵しているという。かつては中心部であった「四方街」へ続く路地を小雨のなかを散策した。家屋の瓦屋根の上には可愛らしい獅子の置物が鎮座している。獅子はサンスクリット語のシンハから来ている。因みに東南アジアのシンガポールもシンハ・プラ（ライオンの都）の訛ったものである。沖縄のシーサーも獅子の音から来ているものであることは間違いない。その可愛らしい魔除けの獅子は現地では中国語発音に近いスーズと呼んでいる。藍染もナシ族の人々の伝統工芸である。大きな木の樽の藍液に織物が漬けられている。色止めには「塩」が用いられるという。その通りの一角にあった一軒のみやげ物店が報告者の眼をひいた。そこには幾つもの古い鏡が置いてある。店の主人・覃文さんにここでは鏡が古くから大切にされているのかを尋ねた。すると彼は、「その通りです」と答え、彼自身の家に伝わる200年前のものという四方形の鏡を持ってきて見せてくれた。「鏡（八咫鏡）」は日本では天孫降臨の神話以来、皇位継承のしるしとされた三種の神器の１つに数えられている。その鏡のもつ意味を文化的に理解するには、白沙村の古寺の天井図の八卦図が貴重な示唆を与えてくれるのではなかろうか。崔さんから教わったナシ族のことばで「アラレ（今日は）」「チューベイセ（有り難う）」「レイトト（さようなら。涙が多いという意味）」と口ずさみながら再びホテルに戻った。

夕食はホテルで麗江名物という「火鍋料理」である。魚・豚、牛肉・ビーフン・野菜を水炊き風にして辛味をつけて食べる。そのあとでご飯に鍋のスープをかけて日本の雑炊のようにいただく。その夜は古城の通りに新しく設けられた劇場で、「東巴楽舞（Dongba Dance and Music）」を鑑賞した。舞台の正面にはかれらのアニミズムの宗教を物語るかのような蛙のような精霊神格が描かれている。シンバル・鈴・横笛・竪笛・琴の他、デンデン太鼓や口弦などを用いた音楽はどこかしら懐かしい音色である。弓箭舞や年長の導師が腰に瓢箪トックリを結び付けたユーモア溢れる踊り、日本の民謡のように皆が手拍子を打つものもある。日本語のプログラムが用意されていることはそれだけ日本人の観光客が訪れるようになったのだろう。舞台では即興にトンパ文字で老師が書を書いて見せる一幕もある。現地でトンパ先生（老師）と呼ばれている長老は12人ほどいるという。かれらの教典には伝説や歴史、習俗や文化などが記されているという。トンパ教では寺や僧侶はないとのことである。かれらが崇拝している三朶（タ）は玉龍雪山を神格化したものであろうか。納西語（トンパ語）を解する老師に聞いたところ、花の開花も微笑みもナシ語では「ボッボッボ」ということである。サンスクリット語では「微笑む」ことをやはり花（プシュパ）の開くことにたとえることがある。[7]

Ⅳ　大理の白（ペー）族の村へ

6月15日（土）、今回の調査旅行の最後の訪問地・大理に出発である。白（ペー）族は中国全体で約160万人、その内の80％が大理にいるという〔前掲のガイドブックでは大理の人口は約45万、その内ペー族は65％と紹介されている。現地で得た情報と異なるが、そのまま聞いたとおりに載せておきたい〕。かれらは独自の言語文化を有しているがナシ族のような文字はないらしい。麗江から大理までは約200キロ、バスではおよそ３時間強の距離である。平地の平均海抜は2,000mほどになり、中心部の東経では100度20分、北緯25度49分にあたる。東の浙江省から西にかけて中国は３段階に高地になっているという。第１段階の浙江省、第２段階の雲南省、第３段階がチベット自治区の順だという。広い中国では生類の分布も幅広い。雲南省は石油・亜鉛・石炭を多く産する。面積も雲南省は新疆・チベット・内モンゴル・四川省に次いでいる。広州からのガイド梁氏は大理に到着するまで車中で様々な話をしてくれた。

車窓からは棚田が見わたせる。梁氏が、水田が「水をたたえると鏡のようです」と語った。今回の旅のキーワード「鏡」が以外なところで結びついた。この辺りでは平地の民族は主食は米、山岳部になると小麦やトウモロコシ・イモなどを食しているという。平地の人々は、トウモロコシは殆んど家畜の餌か酒造用に用いるとのことである。それだけ雲南省では米の生産が豊富なのであろう。途中の道路は整備されている。彼によるとそれでも交通手段がここでは一番立ち遅れているという。現在、麗江から広州までは北回りの鉄道で48時間もかかると語った。成都から昆明まで続く成昆鉄道はおよそ1,800キロ、その内の３分の１近くが橋とトンネルだと聞くと驚きという他はない。昆明からベトナムまでは100年ほど前にフランスによって鉄道が敷かれているという。それでも火車（列車）は車より遅く、SLのスピードも30キロほどで700キロの距離を２日間かけて走ると説明してくれた。

それまで気づかなかったが白族の居住区に近づくとタバコ畑が道路脇に眼に入るようになる。現在、大理はペー族の特別自治州となっており、農業が主であるが、洱海（周囲60キロ、250平方キロ）で漁業を営む人々もいる。洱海は古代には叶榆水（河）、叶榆澤などとも呼ばれていた。名前の由来には形が人の耳に似ている（形若人耳）という説と、月が珥を抱いているようだ（如月抱珥）からという説とがある。[8] 白（ペー）族の人々はそのことば通り白色を愛好する。家屋の白壁や白を基調とした衣服なども印象的である。大理では現地ガイドの楊氏（34才、本人は漢族、婦人がペー族で子供は１人）が案内を担当した。昼食のレストランでは麗江と同じく鍋料理（魚・鶏肉・野菜）が出てきた。丁度その日（6月16日）が旧暦の5月5日、端午の節句にあたっていたこともあって笹の葉に巻いた小さな粽も出てきた。春秋戦国時代の楚国の屈原の故事に因むチマキは笹で巻いたもち米をふかすのではなく煮て作る。一行が麗江から乗ったバスはこの大理からやってきていたもので、韓国製ヒュンダイ自動車のものである。運転手の周氏はペー族、子供は２人であると話した。

昼食をすませた一行は胡蝶泉へ向かった。山門風の石造の入り口に「胡蝶泉」と記された書は郭沫若によるものである[9]〔写真e〕。「国家等級旅游区（点）National Tourist Attraction AAA」と記された旅游局の額が掲げられている。園内の竹林を進むと泉がある。もともとの泉は小さく、６年前に大きな人造湖がその前方に造られた。泉に投身したと伝えられている男女の悲恋物語は映画にもなっているという。胡蝶泉の上に被さるように垂れるネムの木の枝に、その花の蜜を求めてかつては蝶々が連なり湖面にまで届いたというが、現在はその風情はない。その代わり園内の博物館に展観されている種々の蝶々を観察できる。柄沢氏が博物館に飾るために蝶を採りすぎたのでは、とガイド氏をからかってみたが、最近の農薬などによる水質とも関連があるらしい。湖の背後にある小高い丘の斜面には墓地が点在している。

写真e

麗江の標高はおよそ2,400m、大理は約2,000mほどであるという。

その大理の最高峰は蒼山（4,122m）である。大理では平均気温は15度、平地では降雪もなく最低気温でも２度ほどであるとの説明を受けた。胡蝶泉の近くでも民芸の藍染の工場がある。その見学のあいだ、運転手の周さんに尋ねてみた。それは、バスのフロントガラスの部分に観音ボサツの写真が置いてあったからである。それは台湾からの観光客が彼にくれたものだという。因みに大理では90％ほどが仏教徒であるという。この時に通訳をしてくれた添乗員の楊氏も、自分が仏教徒であると語ってくれた。大理のペー族も子供が７才になって学校に上がるまでは標準語（中国語）ではなくペー族のことばだけを話しているという。

楊氏の話では雲南は長寿者が多いという。78才が平均寿命であるらしい。その理由として彼は、雲南の「野菜食・仕事・空気がいいんです」と答えた。尾籠な話となるが、報告者は麗江からズゥっと気づいていたことがある。それは水洗便器中に見る便が濃い緑色をしていることである。同室の岡山氏にも訊ねてみた。すると彼も同様であるという。野菜の色が濃く、そのために便が葉緑素様の色になっているのである！　大理石の産地としても知られる大理のペー族の男性は女性同様によく働くという。かれらのもっぱらの仕事は採石や漁業である。農業は主として女性がたずさわり、現地のガイド氏によると家庭での実権も女性が握っているらしい。かれらの結婚適齢期は漢族で男性が22才、女性が20才、ペー族では男性が20才、女性が19才であるという。女性がかぶる帽子には紐が付けられている。長い紐は未婚、中ぐらいのものは恋人がいる、短いものは既婚だと説明してくれた。特に女性を表すのに「金花・銀花・銅花」などと花に譬えて呼ぶことがあるという。それに対して男性は「阿呆」とも言うということを聞いて少々驚いた。江南地方の方言に由来する阿呆ということばがこんな処に生きている。

白族の堂屋では伝統的な二階建ての「三方一照壁」を見学した。建物は東に面してコの字型に建っており、コの字のあいた面に壁が建てられている。建物の上階は白沙村のナシ族の家屋同様に普通農産物などの倉庫だという。最近建てられた立派なその建物はおそらく相当な資産家の家屋を模したものだろうが、金持ちの家屋は四合五天井（四方の２階と１つの庭）であると説明を受けた。彼ら白族の人々が客人をもてなすお茶に「三道茶」がある。新しく設けられた室内舞台上の、民族衣装を着た男女の歌と踊りを鑑賞するあいだに、観光客のためにその茶を実際に振る舞ってくれる。舞台の両脇に掲げられていたことばに白族の客人をもてなす文化を感じた。向かって左側には「四方客客　四方方方　和暁名鎮美」、右側には「三道茶茶　三道道道　回味善海香」と書かれている。三道茶は「緑茶」「生姜糖茶」「蜂蜜薬草茶」というように分類されているらしい。それぞれ「苦い」「甘い」「じっくり味わう」といった人生哲学があるという。舞台上での男女の踊りには結婚式の様子を演じた出し物もある。新妻を結婚を祝う友人たちがつねるという仕種も素朴で面白い。その新妻を演じている女性はサングラスをかけ何と胸に手鏡をさげている。魔除けの目的もあるのだろうか。ここでもキーワードの「鏡」が登場した。

洱海を見下ろす高台に崇聖（経）寺の三塔がある。大理（古城）の西北にあたる。伽藍の建造物は現在は無く、３基の仏塔だけが残っている。中央部の仏塔（千尋塔）は方形16層、高さは69.13mある。9世紀中頃のものである。寺院伽藍の配置は東向きであっただろう。南北の両塔は８角形高さが42.19m、10層となっている。10～13世紀頃の大理国の時代のものである。見過ごされがちであるが、境内の片隅には小規模な「崇聖寺・三塔出土文物展室」がある。展観品はさほど多くはないが、その時代の仏教の形態を窺わせて興味深い。金剛杵などの展示品によってすでに密教の時代のものであることが判る。10cmほどの地蔵ボサツ像や「銅鏡」も展観されている。その銅鏡は円形のものと方形のものとである。その他に小さな鍍金の模塔が眼を引いた。三塔のその模塔はすべて方形７層である。建立当時の往昔を伝える姿を推測せしめるものだろうか。梵経（真言？）が刻された焼き煉瓦（説明にはBrick Used in Pagodaとある）は報告者は中国で初めて見た〔写真f〕。呪術的な意味合いがあるのだろう。座仏の小像の頭部はほとんど一様に大きい。顔つきにも往時の人々の姿が投影されている。出土文物に気をとられて時間一杯に集合場所に戻ると、小山君がわざわざ心配してくれて報告者を探しに行ってくれていた。

大理市には大理古城と新しく開発された下関との二つの街がある。下関には特産の大理石をふんだんに使った立派な近代的な建物が並ぶ。その近代的な建物に比して街に住む人々の活気がまだ（？）見当たらない。なにがしかの経済効果を先取りしたような内陸部に開発した新しい街空間が、はたして今後どのようになるのだろう。下関で夕食をすませた一行は国内線雲南航空に搭乗して再び馬氏の出迎える昆明に向かった。翌17日（日）の午後は昆明からの国際線で帰国となる。出発に先立って午前中は「龍門石窟」を観光した。「北極玄天（北極星）」などを祭祀する道教や仏教などが融合した信仰形態を伝える18世紀末にできた霊刹である。狭く急な参道をのぼると、頂付近にある「達天閣」には「天臨海鏡」と記された扁額があった。眼下に広がる湖が「海鏡」に譬えられているのである。参道には道教の神々が祀られている小さな堂宇がいくつもある。下山の途中、１つの堂宇の神像の胸の中央部には鏡が輝いていたことに気づいた。旅の最後にもやはり「鏡」が登場した。今回の調査の旅での報告者のキーワードとなったのは「鏡」。それを文化論的に繙くには十分な時間と詳細な調査が必要となる。本レポートの最後になるが、同様な関心を懐いておられる方々に参考になればと思うので、報告をした順に注記の最後に簡単に整理しておきたい。(10)

写真ｆ

注

(1)　我が国では先立って明治45年(1912)に伊東忠太によって設計された本願寺伝道院(京都市有形文化財）に同様な発想があった。伝道院は明治28年（1895）に設立された真宗信徒生命保険株式会社の社屋として設計された。彼は明治41年（1908）に「建築進化論」を提唱した。それは、西欧化でも和洋折衷でもなく木造の伝統を進化させることによって生み出されるという。安易な折衷ではなく、西欧文明の技法と東洋の伝統文化をうまく採り入れ伝統をさらに進化させるという発想は今日改めて注目すべきものがある。

(2)　イスラーム教徒が４人迄の妻を娶ることが許されているのは当時のアラビア半島周辺の社会事情があったからであるが、『クルアーン（Al-Qur'ān)』には次のように述べられている。「もし汝ら自分だけでは孤児に公平にしてやれそうもないと思ったら、誰か気に入った女を娶るがよい、二人なり、三人なり、四人なり。だがもし妻が多くては公平にできないようならば一人だけにしておくか、さまなくばお前たちの右手が所有しているもの（女奴隷）だけで我慢しておけ。」〔井筒俊彦訳『コーラン』上・岩波文庫〕108−109頁。

(3) 雷宏安編著『雲南宝刹圓通禅寺』〔雲南人民出版社、1998年4月〕参照。

(4) 明と木氏については楊世光著『麗江史話』〔雲南人民出版社、2001年5月〕第6章「明與木氏」82−87頁に紹介されている。

(5) 『納西族東巴経典名句欣賞（Appreciation of Ciassic Naxi Dongba sayings）』〔雲南民族出版社、2000年1月〕には英語と日本語の翻訳が併記されている。ナシ族の諺について手頃なものでは『納西族諺語—科空（Proberbs of the Naxi Nationality）』〔雲南民族出版社、1999年9月第2刷〕がある。

その他、東巴の宗教や文化に関するものとして陳烈著『東巴祭天文化』〔雲南人民出版社、2000年12月〕がある。

(6) 白庚勝・楊福泉編訳『国際東巴文化研究集粋』〔雲南人民出版社、1998年6月第2刷〕参照。

(7) 「微笑む（smita）」「沈黙（tūṣṇī）」は仏典では承諾を意味する。古代インドの都市パータリプトラ（現パトナ）はかつて「花の都（プシュパ・プラ）とも呼ばれた。花（puṣpa）からの名詞起源動詞 puṣpayati には花が咲くという意味と微笑むという意味がある。

(8) 呉暁亮著『大理史話』〔雲南人民出版社、2001年10月〕7頁参照。

(9) 1928年（昭和3年）に郭沫若（1892 ～ 1978）は当時上海から日本に亡命している。彼は一高の特別予科から九州帝大の医学部を卒業（1914）し、後に上海を離れて1926年には広州に移って広東大学（中山大学）の文学部長となった。1983年12月8日に早稲田大学で記念講演を行っている。中国人がマルクスやエンゲルスを知ったのは日本語の書籍から中国語に翻訳されたものを通じてであったという。「中日両国の長い友好の歴史のなかに、たしかに短い不愉快な思い出はあるが、これらの不愉快な思い出を過去のものとし、同時に、愉快な思い出を永遠に残していこう。」と述べている。劉徳有著『郭沫若・日本の旅』〔サイマル出版会、1992年〕98−99頁及び年譜参照。

(10) 麗江納西（ナシ）族の古寺に描かれている天井画の八卦（400年前？）〔大地に置いた「鏡」に映すことによって実際の方位〕⇨〔キーワード「鏡」〕⇦白沙村の銅鏡（円形、方形のものは200年？前）・雲南省の棚田（水をたたえると鏡のようになる）・大理白族の女性の結婚衣装の胸手鏡・崇聖寺の銅鏡（円形、方形、1,200 ～ 800年前）・昆明「龍門石窟」での扁額「海鏡（＝湖）」、道教の神像の胸鏡。

このうち、鏡との連想に結びつく自然の具象は「棚田」「海鏡（＝湖）」でいずれも水との関連が認められる。棚田は水田農耕文化を象徴するものである。「鏡」は漢字の解字からは、もともと銅を磨いて明暗の境目（竟）をうつしだすものをいう。「監」「鑑」は「顔を伏せて見る水かがみ」を意味する。和語のかがみは「鏡」でも「監（みずかがみ）」でもある。中国の古典には「鏡考（過去のことがらを手本に考えること）」ということばもある。我が国では「増鏡」「大鏡」などという時の「鏡」が歴史物語の総称として扱われている。

〔ベトナム文化調査〕

大乗仏教文化圏としてのベトナム

（仏教文化の視点から）

はじめに

本稿の報告者は、本年（2004）6月、旧年来の企画でもあったベトナムを訪問し、仏教文化の視点から現代ベトナムを視察する機会を得た。周知のように、ベトナムは1976年に南北が統一され、共産党政権下の今日の社会主義共和国となった。イデオロギーによって分断されていた国が一国に於いて合併され、社会主義を基本路線とする国家となって統一されたベトナムの宗教事情には関心が寄せられている。

現在のベトナムではドイモイ（開放）政策が進められている。その一方、ボートピープルとして当時の混乱期に国外に脱出した人々や、家族と離ればなれになって本国で暮らす、かつての南ベトナムの人々の現政府に対する思いは複雑である。歴史も一面からでは語れない。かつてのベトナム戦争という表現が、ベトナムではアメリカン・ウォー（アメリカの侵略による戦争の意）と表記されている。これも、片方からのみの理解が歴史のすべてを語っていないことを知らされる。

ベトナムは大乗仏教の文化圏に含まれる。統一後の現在、南北いずれの寺院にも大乗仏教の大ボサツ信仰が観られる。かつてのサイゴン政府下の時代に、１人のベトナム僧が為政者による仏教弾圧に対する抗議行動として、自らの身体に火を放って自殺を行った。

「燃身」は大乗経典『法華経』に伝えられる薬王ボサツの過去世の捨身行為である。[1] 自殺の語も仏典に登場する。しかし仏教ではいわゆるシュイサイドの意味の「自殺」は禁じている。但し、他者のいのちを救うために我が身を投ずるという意味の「自殺」は別である。大乗の論書『大智度論』にもその意味の「自殺(じせつ)」が出ている。ベトナムの一僧侶が「燃身」を敢えて行ったその場所を訪問することも、今回の訪問目的の一つであった。

もう30年ほど前になろうか。ベトナムからの留学僧が立正大学に在籍していたことがある。かれらレミンタム師、レバンバ師とは親しく話す機会はなかったが、当時のベトナムでは大乗と伝統的な部派仏教とが兼修されていた寺院があることも側聞していた。仏領時代に教育を受け日本に留学していたかれらが時折フランス語をまじえて話していることに、同じアジアの同胞として複雑な感じを懐いたことを覚えている。いつものように、本稿も、楽しく読んでもらいながら、仏教文化の意義を考えてもらうことを趣旨としている。

Ⅰ　ベトナムの風土と文化〔ハノイ市をめぐって〕

ベトナムは、インドシナ半島の東の海岸に沿って、北部のトンキン湾から南シナ海に囲まれた南部のメコン川流域に及ぶ、およそ3,260キロの海岸線を有する縦長の国である。その国の形状を旅のガイドブックはローマ字のＳ字形と表現する。しかし筆者にはその形がシーホース(龍の落し子)に思えた。すると、ベトナム北部の首都ハノイのみやげ物売り場には漢方（？）薬酒が陳列され、その瓶中にはくだんのシーホースが蛇やら得体の知れない生き物に混じって鎮座していた。和名の「龍の落とし子」はその形状から来ている。愛らしいその姿は水族館でも人気者である。ベトナムは北部で国境を接する中国文化の影響を強く受けてきた。龍は中国では古来から皇帝のシンボルとされている。とは言っても、けっしてベトナムを「龍（中国）の落とし子」と言うのではない。漢代の中国の支配時代を過ぎ、仏領インドシナ時代、さらにはベトナム側からの所謂アメリカン・ウォーや中越紛争を経て現在のベトナムがある。言語文化に於いても、15世紀の韓国のハングル同様に、ベトナム文字（クオック・グー）にも、その国の歴史と個性（ヴィシェーシャ）とが現代に息づいている。

今回のベトナム訪問も、これまで本紀要に載せてきた「仏教文化の視点から」みた一連の報告シリーズの一つである。この視察旅行も筆者の知己であり信頼のあつい丸山勝巳氏（中国アジア研究会主幹）が主催してくれた。そして、本学部の３年生・加藤明日美君も一行に加わった。余談ではあるが、明日美君の母親は、筆者が東京中野にある大学で非常勤講師をしていた時代に、たよりない小生の講義を受講してくれたことがある。明日美君から「親子２代お世話になります！」と挨拶され、嬉しいような懐かしいような気持ちであった。アジアには西欧にはない親しみと懐かしさがある。素朴な人々との邂逅だけではなく、その土地土地の風土や文化に触れることも忘れえぬ思い出である。

6月17日（木）午前11時50分、搭乗をすませ離陸を待つばかりの成田発ベトナム航空VN955便内には、何らかのtechnical troubleのために出発が30分遅れるという機内アナウンスがあった。国際線ではそうしたトラブルは少なくない。今回は特に不安を感じなかった。有り難いことにほぼ予告どおりの時間に我々をのせた飛行機は離陸することになった。７割弱の乗客をのせた後部には空席が目立つ。80年代にインドをたびたび往復していた頃の様子を思い起こした。機内には日本からの女子学生たちのグループが多い。先年来のサーズ（SARS）や鳥インフルエンザの影響で、旅行者が減っているのだろう。最近はまたベトナムへの関心が高まりつつある。

ベトナムと東京との時差は（－）２時間である。ハノイまでは５時間ほどのフライトとなる。着陸体制に入った機内からは、ハノイ郊外の水田耕作地帯が一望できる。河川が蛇行しデルタ地帯の様子をうかがわせる下界には数10戸ほどの家屋が所々に点在している。現地時間の午後３時30分に我々一行はハノイ空港に着いた。気温は32度、東京での暑さもあってか、さほど暑熱は感じられない。空港周辺で目につく広告には、その国の経済や日本からの進出企業の様子がうかがえる。空港内での三菱ペンシル（ユニ）の広告は、日本では鉛筆離れの今日むしろ懐かしい響きさえある。ハノイ空港は2001年に完成された。

ハノイでの通訳はビン氏、後で聞いたところ漢字では「平」と表記できるそうである。ハノイという言葉には中国雲南省に端を発する1,200キロにおよぶホン河（紅河）の内側（ノイ）の意味がある。この季節には日に２度ほどのスコールが15～20分ほどある。こうしたスコールも局地的なもので、車で通り過ぎるとカラッとした晴れ間に入る。いつも通り、ガイドブックに載る説明と現地の情報とでは相違があるが、混同はあってもスポット・リポートとしての価値があると思うので、今回もガイド氏を通して得た情報も含めて記しておきたい。

ベトナムの総人口は約7,600万人、最大の都市は人口700万のホーチミン市（かつてのサイゴン）である。こちらの首都ハノイは現在約300万人ほどの人口である。およそ33万平方キロの国土は日本の約90％。日本への留学経験をもつビン氏によると、北部では四季があり、南部では雨期・乾期の２期であるという。但し、彼の知識はマニュアルブック通りのものなのか体験からのものなのか判然としないが、それもこの種のレポートとして参考にしてほしい。

空港から宿舎のホライズン・ホテルまでの道すがら、田畑ではコブ牛を見かける。北インドの農村地帯とも通じる長閑な田園風景である。この時期に藁を焼く煙が、遠景にいくすじも立ちのぼっている。幹線道路沿いの家屋も多くは南アジア風の煉瓦作りのものである。インドなどと異なる点は屋上がフラットのものは少なく東アジア風の屋根をのせている。ビン氏によるとハノイでは300万の人口のうち、バイクが100万台もあるという。その多くは日本製であるが、現在は中国からのコピー製品が増えているという。ベトナムでは50cc以下の単車は免許証が必要とされていない。免許は16歳で取得でき、単車は100ccが殆んどで、国内では200cc迄の排気量が定められている。ビン氏によると単車のうちホンダが65％で、まだ台湾や韓国製は流通していないという〔ガソリン１Ｌの値段は約50円。後にも述べるが月収は1.8～２万円、公務員は１万円ほどという説明〕。

ビン氏から説明を受けた中に、発展途上国の一面を垣間見た。それは通貨の両替である。我々の訪越時には１＄が15,500ドン、外貨をドンに両替した場合、再両替は出来ないという。ベトナムでは地震がないと説明を受けた。ただ、ホン河の河口付近では毎年洪水の被害が起こるとの事である。途中の商店には携帯電話を扱う店が多く目につく。ビン氏も携帯電話で連絡を取り合っている。ビン氏によると、一般家庭では主に扇風機が利用され、エアコンは値段も高いが電気代も高いのであまり使われていないとのことである。

市内の文教地域には国立ハノイ大学や文化大学などが並ぶ。中国と違って街中では自転車よりバイクが多い。Cat Linh 通りに位置するホライズン・ホテルまでは空港から約40キロ、およそ50分を要した。市民の一般の就業時間は午前８時から午後４時30分まで。終業が幾分早い感じがするが、仕事が終えてからまたアルバイトに向かう人達も多い。ちょうど市内が渋滞となる時間帯にホテルに着いた。

ハノイには「升龍水上木偶戯院（Thang Long Water Puppet Theatre:）」と名付けられた人形劇を楽しむ劇場がある。ガイドブックなどによるとこの人形劇はおよそ1000年の歴史がある。越南民族音楽を奏でた場内では、設けられた水上舞台を、所狭しと、木偶たちが操り人形であることを忘れさせるほどに生き生きと幾幕かの舞台を演じる。筆者も観劇後に一つの人形を買ってきたが、頭部が大きく、筆者にも似た等身のバランスのとれない体型の、いかにもティピカルな民族を思わせる姿が楽しい。どの人形もユーモアあふれる顔つきをしている。

場内には西欧人が多い。演目に登場する場面には龍・水牛・田植え・蛙・アヒル農法・釣り・獅子・鳳凰・水遊び・仙女・亀などが出る。北部ベトナムの人々のかつての暮らしと文化を人形劇をとおして知ることができる。パンフレットには1995～1997年までに世界各地での国際的なフェスティヴァルで上演され高い評価を受けていることも記されていた。劇場近くでは大きな湖（ホアンキエム湖）の周囲を家族連れや若い男女が夕刻の散歩やウオーキングを楽しんでいる。

今回は仏教施設の訪問は特に組み込まれていない。一行も初めてベトナムを訪問する者ばかりであったので、丸山氏が依頼した旅行代理店が現地の旅行社と打ち合わせて、一般的な観光ルートを選んでくれた。そうなると筆者の観察も限られてくる。そこで、いつも通り時差とは無関係に４時に起床。明るくなるのを待ってホテルの周囲を散策することにした。先ず、Cat Linh 通りに面するホテルからさほど遠くない場所には消防署がある。新しいルノー製２台、ベンツ製１台の消防車、他にベンツの乗用車が１台置かれていて、これもドイモイ政策によるものなのか多少驚きであった。ただ、近くの商店には車ではなく、狭い店内に早朝のためにオートバイとスクーター計４台が、大切な家族の一員のように置かれている。早朝の道路清掃は２人組の若い女性が手際よく行っていた。

道路を挟んで反対側には Hanoi school of Public Health がある。入り口には門番が居て、中庭には多くの盆栽が置かれている。門番に笑顔で挨拶をし、中に入れてもらった。6時15分に２人の学生が早々と自転車で登校してきた。ハノイでも南部のホーチミン市でも、街中ではほとんど英語が通じないということを筆者は今回体験している。ところが、さすがと言うべきか、尋ねてみると、そこは４年制のユニヴァースィティーで学生数は150名ほどであることを１人の学生が流暢な英語で応えてくれた。日本の普通の大学生よりも会話力は上である。

早朝の構内には比較的新しい輸入乗用車が数台置かれたままである。ベトナムでは韓国製の乗用車は現在はさほど多くはないが、観光用のマイクロバスなどは殆んどが韓国製である。構内の裏手には小さな祠（バーントー）が置かれてあった。仏像や神像はないが形は道教風のものである。燃え尽きた線香が沢山あげられている。台湾の裏道などでみかけるミニチュアといった感じである。社会主義国に民間信仰が融合している様子は、今日のベトナムの宗教の一面を伝えている。

みやげ物売場や一部の場所を除いて、街で出会う人々は一様に、外国人に対してはあまり親しみを示さない。こちらの会釈や挨拶にも殆んど反応がない。かつての戦後の日本でも同じであった。場所がらもあってか、ホテル近くの街角では、中国風揚げパンなどの朝食をあきなう出店がわずかにあるだけである。仏領時代の名残でもある、フランスパンを売る出店が街角にあることがベトナムであることを感じさせる。

ベトナムは北部で中国と、西部〜南部ではラオスやカンボジアと国境を接している。ハノイでは中国南部とも気候風土が似ているために、人々の生活も中国と陸続きの印象を受けた。早速覚えたベトナム語は「シンロイ（すみませんが）」「シンチャオ（お早う・今日は）」「ヒューロイ（わかりました）」である。因みに有り難うというベトナム語は「カムオン（感恩）」、ハングルの「カムサ（感謝）」、中国の「シェーシェー（謝謝）」、台湾の「ドーシャ（多謝）」などと同じく漢語がもとになっている。

筆者の滞在したハノイのホテルの一室には少数民族〔国家が民族として認

定しているのは54民族。そのうち大多数派のキン族（ベト族）が全体の約73%〕の女性を描いた比較的新しい絵画が掛けられていた。面白いことに画家のサインは西洋風なのにその周囲に幾つもの中国風の「落款」が押されている。文化的融合がそうした所にもある。食文化から見ると、ベトナム料理は一口に「薄味中華」と評するむきもある。かつてのサイゴンではベトナム風フランス料理と呼ばれるものもあるが、どれもそのまま中華でもフランス料理でもない。やはりベトナムで楽しむ料理はベトナム料理と呼ぶほうが相応しいだろう。ホテルでのビュッフェ形式の朝食では殊にパンが種類も多く、その幾つかは一行も驚くほど美味であった。

翌18日（金）は、ハロン湾のランチ・クルーズが組み込まれていた。バスで大通りを行き過ぎると、途中で葬儀に集まる親族たちの一群と出会った。彼らが額に白い鉢巻きをしているのでビン氏に尋ねると、葬儀の際に、親戚は白、孫は黒、曾孫は黄色の鉢巻きをするのが習わしであるという。因みに、葬法も都会では火葬、郊外では土葬であるという。その際にビン氏から得た情報を説明もまじえて以下に簡単に述べておきたい。

ベトナム国民の８割が大乗仏教徒であることはベトナム関係のガイドブックなどにも紹介されている。但し北部と西部・南部とでは隣接する国々が異なる。そうした国からの文化や宗教は少なからずベトナムに影響を与えてきた。ビン氏は一口に北部は大乗仏教（僧侶の法衣は茶色）、南部は小乗仏教（法衣は黄色）と説明するが、実際は南部でも大乗仏教の信仰が定着している。

ビン氏自身も仏教徒である。但し、ホーチミン市のガイド氏との話を総合すると、仏教徒としてのアイデンティティーをかれらがハッキリ自覚しているというほどのものは感じられなかった。今日のベトナムの宗教は土着の精霊信仰や祖先崇拝など様々な信仰形態が混在している。その点では日本の宗教にも近い。特に大乗仏教は仏教文化圏において土着の信仰を否定することなく様々な信仰形態を取り込んできた。老若世代を含めて、ベトナムでは仏教徒はそれをハッキリと答える。因みにホーチミン氏も生家は仏教徒である。

ベトナムの文字（クオック・グー、国語）は16世紀の宣教師アレキサンドル・ド・ロードがベトナム語をローマ字表記で綴ったことに端を発している。19世紀の中頃から末にベトナムがフランスの保護下に入るとカトリックの布教が認められたことによってキリスト教徒も増えた。その後、仏領時代からサイゴンのジェム政権〜ティウ政権下の時代を含めて、現在は約10%のキリスト教徒がいる。他に、ヒンドゥー教徒２％、イスラーム教徒は１％、若い世代の無宗教が約６〜７％とのことである。南部のホーチミン市ではカトリック大聖堂のある中心部から多少それた（外周といった表現が相応しいかもしれない）場所に、小規模な仏教寺院や幾つかのヒンドゥー寺院、小さなモスクなどが点在している。

ベトナムの今日の学制は５（小学校）・４（中学校）・３（高等学校）制を採っている。小・中の義務教育では授業料は要らない。最近は私立学校も出来たがごく少ないという。義務教育では校舎が少ないために２部制をとり、午前7時〜11時までは小学生、午後1時〜5時までは中学生の授業を行っているとのことである。高校は有料で1ヵ月日本円で２千円ほどの授業料、大学(4.5.7年の別がある）では５千円（年間で５万円ほど）となる。大学への進学率はまだ少ない。ビン氏の説明では10人中２人とのこと。受験も難しく定員も少ないという。

ドイモイ政策による経済成長率は高い。毎年８％近くの成長率という（'03には7.8%)。失業率は５％、それは何らかのハンディキャップのために仕事が出来ない人、もしくは富裕階層のしたくない人のパーセンテージであるとビン氏は言う。市場経済を導入した今日、土地所有も認められ、能率給の採用によって月収20万円の人達もいる。経済面では名称だけの社会主義となりつつあるとビン氏は話した。70%が農業に従事しているベトナムではタイに続いて世界第２の米輸出国であるとビン氏は誇らしげに説明した。現在680万トンの米を海外に輸出しているという。日本へはこの春に初めて1万トンの米が輸出されたとのことであった。

米作は北部は二毛作で6月と10月の収穫。冬季には冬野菜を栽培している。南部では三毛作とのことである。ハノイに訪問した時期には米の刈り入れが既にすんで、次の苗が育ち水田が青々としている光景は、確かに豊かな風土を感じさせる。多毛作ではあっても秋期の収穫米がやはり美味しいという。まだ農薬(ファティライザー)はほとんど使用されていないらしい。アンティ農薬派の人々にとって嬉しい説明である。1980年代にインドに留学した筆者は、当時の新聞に農薬を用いて農産物を増やそうという大がかりなキャンペーンが展開されていたことを思い出した。

ビン氏によると、70％の農業人口に対して、工業は10％、漁業はわずか５％、サーヴィス業が３％とのことである。南北に続く縦長の海岸線に囲まれたベトナムで漁業が振るわないのは、自国で大型漁船が造船できないことにもよるらしい。都市部での一般の給与では、大卒初任給でおよそ２万円。そのうち15％は保険などで引かれ、手取りは1.7万円。生活はどうかというと一般的な40平米（３部屋）のアパートで月７千円。プラス２千円は駐車料などで必要になる。食費は１人約１万円かかるという。そこで、給与だけでは足りないので、日に２～３時間の残業手当てを加えて、夫婦共働きで全体では２人で月に７万円ほどの収入となる。但し、それは筆者が幾人かの現地の人々に聞いた限りでは大分良い方である。

結婚適齢期は現在は女性が26歳、男性が29～30歳。子供は２人が平均的であるが特に制限はない。２年間の徴兵は男性に限られる。但し、特別な事由（親の看病、勉学などの理由をビン氏は挙げた）で免除されることがあるとのことである。かつての戦争も起因して現在のベトナムの男女比は男性が少ない。男性48％に対して女性52％であるという。ハノイでは10～12月が結婚式のシーズンであると説明を受けたが、南部のホーチミン市のホテルでは我々の訪問した6月中旬の土日は連日披露宴が催されていた。

物価面では、日本の物価の優等生である卵がベトナムでは１ヶ７円。道路脇の屋台でも売っているフランスパンが30円。他には鶏肉が１キログラム600円、牛肉400円、豚肉200円ほどであるとビン氏は言う。輸入品には100％の関税がかかる。例えば15万円のホンダのバイクが現地で入手するためには30万円となる。平均寿命は男性68歳、女性73歳、現在100歳以上のお年寄りは全国で５人いるとのことである。出生率は2.2％とのこと。

鉄道は日本のODAの援助によって新幹線の計画があるらしい。地下鉄も５～７年後の完成に向けて計画中であるという〔ホーチミン市の中心部から東西２本の線を2010年に開通させる計画がある（ベトナムニュース、13、Mar、2004)〕。ハノイからホーチミン市まではおよそ1,800キロ、現在は48時間を要する。それは線路の幅が日本と比較しても115cmと狭いためにスピードは出せず、１時間に40キロほどの距離しか進まないからだとビン氏が説明を加えた。

都市周辺地域では道路に沿って新しい家屋が建っている。市内から程遠くない場所でも50平米の土地に３階建ての建物で価格がおよそ500 ～ 700万円という。現在の法律では間口の広さが５m以下は税金が免除される、そこでどの家も間口に比して奥行きが広い。日本と異なるのは、家屋にはシャワーのみで風呂が無いことであるとビン氏が言う。

ハロン湾への途中、ホンゴン Humanity Centre で小休止。そこではベトナムの手芸品などが販売されている。ベトナム戦争のために障害を持って生まれた人々が多く就労する作業所であると説明を受ける。伝統工芸や研磨などにハンディキャップをもつ人々がセンター内の作業部処で真剣に取り組んでいた。現在のベトナムでは社会保障の面でも国家による支援は僅かである。こうした障害者たちに月に１人あたり15ドルの支給があるだけだという。

ビン氏がバスの中で、ベトナム人の好む数と嫌いな数を教えてくれた。嫌いな数は３・７だという。３人で写真を撮ると真ん中の人が死ぬというような日本でもかつてあった迷信があるらしい。また団体でも７名という数を避ける。幸運な数は９。結婚式でも９の付く日が多いという。３・７という奇数は本来仏教では尊ばれるが、恐らく９という数を重んずるのは中国文化の何らかの影響があるのだろう。

中国との国境付近には3,000メートル級の山があるが、概してベトナムでは高い山はない。ほどなく目的地のハロン湾に着いた。ハロン湾は海の「桂林」とも評されベトナムで一番美しい場所であるとガイド氏は誇らしく言う。ロンは「龍」、ハは「降りる」という意味で、龍が舞い降りるようなイメージがあるのだろう。波もなく静かな入り江には大小の石灰岩の小島や奇岩が海上に点在する。

大河のデルタ地帯は豊かな土壌を育んできた。但し、紅河のデルタ地帯にそそぐ入り江の海の色は正直なところ我々にはあまり馴染めない。80 ～ 90年代に中国を幾度か訪問した際に、「百年河清を待つ」という言葉が標語のように掲げられていたことが思い出された。大河の水が浄らかになるのには100年もの年月が必要になるという意味である。100年単位で物事を考える時間的観念が伝統的な中国文化にはあることを、性急に結果を求める日本人は知っておくべきであろう。バスでの移動の際、街中でも郊外でも Bia hoi の看板が目に付く。それが生ビールのことであると後で知った。

ビン氏が移動の途中で、面白いことを話してくれた。それはベトナムではカラスが居ないという。それではカラスという言葉が無いかというとそうではない。「クゥア」という言葉がカラスを表す。サンスクリット語やチベット語の「カーカ」同様に擬音語である（ベンガル語やスリランカでも同じ）。ラオスやカンボジアでもカラスを見かけないというが、彼の経験した観察から来たものなのか。

先に、ベトナムの料理に触れたが、南アジア一般に、家庭ではおおむね冷蔵庫を持つことはない。食材もその日に必要なだけ求めて使い切ってしまう。衛生面からも生きた智慧である。かつてインド留学のおりに、貴重な体験をした。筆者は勧められるままに、リフリジレーター（冷蔵庫）をレンタルで借りた。ところが、当時はデリーの様な都会でも日に幾度もパワーサスペンション（停電）が普通であった。過信がもう少しで危ない結果を招くことになったことがある。

ホーチミン廟参観は19日（土）の午前の観光コースに組み込まれていた。この日の早朝も、ホテル周辺を散策した。今回の旅では、ガイドブックに紹介されているような名刹への訪問はない。但し、そうした寺院は殆んどその種のブックに紹介されており、僅かではあるが関連した書物も売られ手に入る。そこで市井の仏教文化を観察することも意義があると考え直した。

ホテルから徒歩５分ほどの所にだいぶ草臥れた小さな仏教寺院がある。道路に面した周囲は古びた塀で囲まれ、閉じられたままの入り口の小さな山門がなければ、そこが仏教寺院であることさえ判らないほどである。内部には参詣者はいない。さほど広くない境内には蓬莱山を模った神仙境が中央に設けられている。「羅城之西南」と銘打ったこの寺院を紹介するものと思われる古碑がある。

古い建物（礼拝堂）には観音ボサツ像他が安置されている。暗い内部には台湾仏教会が寄贈した去年（'03年）の仏教協会の暦が貼ってあった。寺院関係の人であろうか、外では丁度、中年の婦人が綺麗な生花を取り替えている最中であった。堂内には観音経（漢訳）の経文を配した観音ボサツ絵があることも印象的である。礼拝堂の諸尊配置を見ると、台湾の寺院に観られるような儒・仏・道教が融合したような印象を受ける。

大通りに面した建物の広場では、中高年の婦人たち20名ほどが、気功体操に似た運動をしている。男性は居ないが「シンチャオ」と声を掛け仲良く一緒に体操をしてきた。神秘的（？）な微笑みもよいが、やはりその国の言葉で挨拶するに限る。

ホーチミン廟は、その日が土曜のためもあってか多くの参詣者が長蛇の列となって訪れている。中国語の解説ではホーチミンが、「胡志明」と漢語に当てられている。売店で求めた、ベトナム独立の父としての彼の、詩歌を思わせる『獄中日記（Prison Diary）』の抜粋には中国語・英語・ベトナム語の対訳が載せられている。一行は多くの参詣者に混じって、外部とは別世界を感じさせる、空調の効いた近代的な廟内で、ガラスケースに安置されたホーチミン氏の遺体の周囲を巡った。その時に、たまたま１人の若い観光客がポケットに手を入れていた。すると警護官が、すぐさま見とがめて注意をした。

壮大な廟内で、遺体を生前のように安置保存するのは、近代の社会主義諸国に見られる英雄的な人物崇拝の特色とはいえ、違和感は拭えない。「諸行無常」を説く仏教の思想とは根本的に異なっている。釈尊ゴータマ仏陀も滅後、火葬にされた。我が国でも仏教の受容によって、火葬が定着していった。仏教を篤く信奉する皇族たちは広大な陵墓に埋葬されることを望まなかった。

廟から出て道なりに行くとかつてのホーチミン氏の住居が保存されている。外から内部も観ることができる。今日のベトナム憲法にも明記されている「マルクス、レーニン、ホーチミン思想」が裏付けるかのように、質素な彼の居室には机の横にマルクスとレーニンの肖像画が掛けられていた。隣接する公園は1049年に李朝の太宗が創建したという延祐寺の境内であろうか。園内には楼閣・一柱寺がある。蓮池から伸びた、中心となる一本柱の上に堂宇をのせたユニークな形からそう称されている。堂宇自体が蓮池の上の蓮華をイメージさせる。堂内には太宗が夢をみて子供を授かったという観音ボサツ像が安置されていると説明を受けた。

蓮池に浮かぶ一柱寺の背後にインド菩提樹（ピッパラー）が繁っている。ビン氏にたずねると1959年にインドのガーンディー前首相から贈られたものだという。インドの釈尊成道の聖地ブッダガヤーからのものであると彼は説明した。公園全体（？）がかつての寺院の境内であったことをうかがわせるのは、一柱寺の前方近くにポツンと残る小さな門である。その門には「圓覚門」と記された中国仏教で見かける扁額が掛けられている。その左右に「方便」「慈悲」という大乗仏教で特に強調する語句が添えられていた。1970年生まれのビン氏によると漢字文化圏に属する今日のベトナムでは65％の漢語と、35％の固有の言葉からなっているという。言語の6割強が漢語がもとになっているとすると、今日のベトナムの若い世代が漢字に対してどれほどの理解力をもっているのか興味深い。ハノイやホーチミン市の街中では、ハングルを用いる韓国以上に漢字を見かける。同じ漢字文化圏のなかにある韓国では、漢字教育が再認識されつつある事を側聞している。

市内にある文廟は1070年に創設された孔子廟である。以後、18世紀までの700年にわたり最高学府として多くの秀才を輩出してきた。19世紀の阮朝時代に建てられた奎文閣には15世紀の李朝からの300年間に及ぶ、科挙試験に合格した進士たちの名前が82の亀上の石碑に刻まれて残されている。その中には阮姓が多くみられた。文廟入り口の門には康熙御書と銘打たれた「萬世師表」の扁額がある。現在でもハノイの20ほどの大学では、ここで卒業証書を授与するとのことである。

孔子像の脇に「功徳箱」と漢字で書かれた賽銭箱があった。これまでの中国訪問では見かけなかった表現である。ビン氏は、ベトナムの教育では「愛国心」「親を敬う」「師を敬う」ことを教えているという。そして道徳教育は小さな時から行っていると熱く語ってくれた。

報告者は、以前、本紀要のレポートで、中国で新しく再建された仏教寺院の屋根瓦上の中央に炎光のようなシンボルがあることに触れたことがある。今回、この文廟を訪問して、造形的な変容があるのではと感じさせられた。文廟は11世紀の創建であるが、建造物の佇まいは中国の影響を大きく受けている。現在の中国の古刹が堂宇の形態も含めそのまま創設期まで遡れるかどうかは疑問であるが、少なくとも天台山の山頂でみた新しく再建された寺院の中央瓦の形状は立派な炎光の形をしている。ところが文廟では、門や堂宇の屋根には珠玉を挟んで2匹の龍が向き合っている。さらに細かに観察すると形状にも推移が認められ、中央の珠玉が大きく際立ったものもある。どちらが古い形体を伝えているのかは、事例を集めて詳査する必要があるが、炎光よりは龍の珠玉の方が中国的であることは間違いない。

Ⅱ　ベトナムの風土と文化〔ホーチミン市をめぐって〕

昼食を済ませたこの日の午後には空路ホーチミン市へ移動である。搭乗予定のVN225便が遅れるという情報はすでにビン氏に届いていた。市内のレストランで時間調整をした後、街中を散策した我々一行は、ビン氏を早く業務から開放（？）することにして、早々と搭乗手続きを済ませた。空港の待合室では遅れている先発の乗客が待っている。やがて我々の搭乗時間がやってきた。今回はベトナム語を解する者が一行には居ない。英語のアナウンスを聞いて準備にかかった。ところが、搭乗する場所に掲示されている時間がアナウンスで告げた時間と数時間も違う。疑問に思って係員に注意をすると、掲示が間違っていた。それも慌てる様子もなく、しばらくすると直されていた。

国内線VN235便は満席。ホーチミン空降には午後7時15分に着いた。現地の通訳は40代の男性ヒュー氏。空港からの広告も日本のものが多い。建設企業の名も目に入る。途中市内の通りには日本のファースト・フードの店もある。中心部へはおよそ6キロの距離、ほどなくレックス・ホテルに着いた。サイゴン大聖堂からも遠い距離ではない。ホテル内別館のレストランで、この晩は民族音楽や舞踊を楽しみながらベトナム宮廷料理と銘打った夕食をとった。家庭料理とは趣も異なり豪華な内容である。隣接する本館のレセプション・ホールではその日がハノイのガイド氏の言う９の付く日でもあってか華やかな結婚披露宴が催されていた。

翌20日（日）も午前4時に起床し、ホテルの周囲を散策。今回の旅行では茨田一男氏が小生と同室してくれた。茨田氏自身は、芸術表装やインテリア関係の専門家でもある。これまでの幾度かの視察旅行では同室としてお世話になったのは、いつも穏やかで博識の浄土真宗の信仰の篤い旗岡冨貴雄氏、明るく屈託のない工務店主・岡山賢一氏などである。筆者が、毎月第４日曜の午後、東京大田区の小庵で開催している講話会に必ず皆は参加してくれている。その会場に岡山氏は、肢体に障害のある青年を自分の車に載せて、２階の会場まで背負ってやって来る。彼を励ます事が出来ればと、氏は笑って言う。

ホテル前の大通りは中央が緑地になっていて、そこにホーチミン氏に子供が寄り添う大きな像が置かれている。ホーチミン氏は、「ホーおじさん（Bac Ho)」と現在のベトナムでは愛称で呼ばれている。子供が慕って寄り添う建国の父の像があまりにも巨大なことが、我々にはかえって親しみよりも社会主義国を強烈にイメージさせられる。

ガイドのヒュー氏は彼の名が漢字に当てられる姓ではないという。ベトナムでは中部までは台風の影響を受けるが、南部のホーチミン市では台風も地震もないと説明を受けた。ベト族たちが多く住む北部が、もともと中国からは南のベト（越）族たちの国の意味で「越南」と呼ばれていた。南部のかつての都市サイゴン（SAIGON）にはマンゴーや綿の意味があるという。それらを多く産したのであろう。マンゴー（菴羅果）はサンスクリット語ではアームラ、現代ヒンディー語ではアームと呼ぶ。サイゴンの言葉の意味するマンゴーがその同種のものかどうかは判らないが、南部にはマンゴーと大きさや形の似た果物〔表皮の色や種子・味も異なる〕もある。この大都市ホーチミン市はハノイ以上に単車が多く、人口700万に対して400万台もあるという。

ベトナムでは定年が男性60歳、女性55歳。通訳のヒュー氏によると、60歳以上の人々はあまり外には出ないという。因みに今日のベトナムでは40

歳は「オバアサン」だと彼は語った。日本でも45年以上も前には新聞で同様の表現を筆者は見た記憶がある。メコンデルタ地帯へはホテルから2時間、75キロの旅となる。市内には通りに小粋なベーカリー店も点在する。路沿いの広告には日本、韓国などの企業の名が目につく。途中、中華街を思わせる街並みがある。そこはホーチミン市の経済の中心地であるとのことである。

ヒュー氏によると北部と南部とでは同じベト族でも人々の性格が異なるという。北部はあまり豊かではないので勤勉で、南部は三毛作にみられるように豊かで、勤勉とは言えないが比較的貧しい人々でもテレビを持っているという。彼の北部・南部評価には偏見はない。南部の人々は「正直」であるがお金を使いすぎ、将来を考えていないという。反対に北部の人々は「口がうまい」が質素・倹約であるという。

郊外をメコン・デルタ地帯へと向かう道筋には新しい市街計画がうかがえる。近年の都市部の人口増加にともない幾つかの新市街が建設中であるという。途中、バスの車窓からは街の生鮮市場の様子も観察できる。貝類や蟹なども売られている。所々に仙境・蓬莱山を模した小さな庭園があるのも中国文化の影響である。池で釣りをしている長閑な光景も遠景に眺められる。アルミニウム・プラントの合弁工場も建てられている。道端の出店には小粒のベトナム林檎が売られていた。

ヒュー氏はもともとサイゴンで生まれた。彼の姉は1979年にボートピープルとして祖国を離れ、現在は母親や兄たちとともにカリフォルニアに住んでいる。彼自身も、自宅を既に売却して移住のヴィザがおりるのを待っていると語った。この数年来の観光客の激減から、かつての10分の1ほどの現在の収入では、子供の教育（私立の学習塾に通わせているという）さえも賄いえないという。但し、移住を決意したのは子供の教育のためばかりではないことも率直に語った。

中国でも、筆者が初めて訪問した80年代初頭では、通訳はみな公安を兼ねていたと聞く。ベトナムでも10年ほど前までは通訳はみな警察官でもあったという。厳しく管理された国々で通訳やガイドという職種の方々から本音を聞くことは難しい。開放政策を採る現在でも、内部からの批判は決して国家にとって好ましいことではないだろう。しかし、祖国から離れて海外で暮らす家族の近況は、かれらをそうした社会に誘う十分な説得力となっていることは確かである。

メコン・デルタでは島民6,000人ほどの島へ小型船で渡った。ベトナムでの最高気温はハノイでは7月、南部では4月頃に出るという。我々がハノイを発つ日の気温は35度、ここでは31度である。かつて中部に住んでいたチャンパーの民は現在は南下してメコン・デルタ付近に住んでいるという。その小島の入り江付近の水路を、小舟でクルーズするのも観光コースに組み込まれている。熱帯の植物が生い茂る細い水路を若い女性とその弟が舵をとって漕ぐ小舟に乗り、短い時間を堪能した。今回のベトナム訪問では、どこよりも印象深い体験であった。

この遊覧の帰路、かねてから興味を懐いていたエレファント・フィッシュの料理を食す機会があった。一行のうち、浜林政行氏ご夫妻や小野真也氏ご夫妻と、「象（エレファント）というのだから、特徴は鼻だろうか、或いは耳だろうか」と、その形に勝手に空想を巡らしていた。登場した40cmほどの姿揚げ風の魚は、鼻も長くはない。たずねてみると、背びれや尾ひれが象の耳に似て大きいという。確かにひれが大きい。周囲のテーブルでは身の部分だけ食べて、それは残されている。しかし、パリパリに揚がったその背びれが一番、筆者には美味であった。その魚が象耳魚と称されていることを後で知った。

短期間のホーチミン市滞在では、旅程のみならず食事のメニューも詰まっている。夕食は市内のベトナム風フランス料理。店員のマナーも良いしワインの種類も多い。料理そのものの評価は様々であろうが、やはりパンが美味しかった。滞在先のホテルではその日の晩も、ホールでは盛大な結婚披露宴が催されていた。

21日（月）、早朝の薄明の時間を待ってホテルから外出してみた。ホテル前の緑地では5時15分頃から45分頃まで、女性20名（若い人はいない）ほどに男性（65～70歳）2名が混じって気功体操をしている。台湾でもよく見かける早朝の光景である。筆者も一緒に楽しんできた。ガイドブックには、現地での注意が載せられている。その1つはシクロ（三輪車）の利用である。法外な要求があったというものが多い。筆者は、ベトナムを知るためにも、敢えてそれを利用することにした。

通りで、若く健康そうな青年が、シクロをあやつって来た。ホテル近くで乗った、三輪車の前部に利用者が乗り、背後から運転者が押しこぐ形のシクロは爽快に早朝の町中を走った。シクロの青年に、手振りをまじえてThik Quang Duc師の記念碑のある場所に案内をしてもらった。距離的にはその場所はホテルからさほど遠くない。旧大統領官邸の北方にあたる。前日、バスの車窓からその場所を確認している。ところが、その希望がなかなか伝わらない。

いずれにせよ筆者が宗教施設に興味があると判断した彼は、始めに街中の小規模な仏教寺院に連れて行った。その寺院は、ハノイで観た堂宇よりはだいぶ開放的な感じを受ける。一般家屋の入り口ほどの山門の裏面には「法輪常轉（常に真理を説き示す）」の文字が記されている。暗い内部では幾人かの男性が、生花や菓子などを供えていた。中央には観音ボサツ像、その前方の焼香台にはホーチミン氏の写真が置かれている。内部には『千手千眼無礙大悲心陀羅尼』の経絵がかけられていた。寺院には若干のこころ付けを残して、またシクロに乗った。

途中、ヒンドゥー教の寺院前では、青年の勧めるままに線香をあげた。やがて幾人かの通りすがりの英語を解せるであろうと思われる人々に路をたずねながら、ようやくティク・クワン・ドゥクと名付けられた通りの、十字路の片隅に建つ記念碑のある場所に着いた。記念のストゥーパには「1963, 6, 11」の日付が刻まれている。当時のジャム政権下、サイゴンの大統領はクリスチャンであった。仏教徒弾圧に対する抗議行動として燃身を敢えて行った仏教僧の面影は、ストゥーパの側面に刻まれている。この記念碑も台湾の仏教団体の協力で造られたものだと聞く。その大統領はクーデターによって失脚した。僧侶の燃身があってから数ヵ月後のことである。次の大統領も同じくクリスチャンであるが、彼は宗教的には宥和政策を施行し、政権も短命ではなかった。

今回、筆者がもっとも関心を懐いていたその場所は、現在のベトナムの人々にどれほどの記憶として残っているのだろうか。塔の周囲を静かに清掃している１人の男性の姿が、その問いに対する僅かな答えを示しているように思

えた。ヒュー氏の説明では、かの仏教僧は、乗用車でやって来ると、道路中央で、もってきたガソリンを身体に浴びて火を放ったという。筆者も当時、報道された、炎に包まれた僧侶の写真を見て強い衝撃を受けた。

無事、シクロでの散策を終えて、ホテルに向かった。運転手の青年には当初からこころ付けを渡すつもりでいた。さて料金をたずねると、こちらの推測とはだいぶ違う。筆者はその時に、米ドルしか持っていなかった。これはまったくこちらの手落ちであった。彼らは額面の違うドルを貰っても実感がない（？）のかも知れない。必ずいつも数ドル分の現地通貨ドンを用意しておくということを改めて教えられた。

ガイドのヒュー氏の説明によると、ホーチミン市には火葬場が市内に１箇所あるという。人々の宗教も大部分（80％）は祖先崇拝であるという。ベトナム全体の仏教徒の数と等しい。彼にたずねると、一般には、女性では年に２～３回、男性になると１回ほどしか寺院に参拝しないと答えた。恐らく彼の周囲を基準としているのだろうが、これに比してクリスチャンは熱心に教会に行っていると付け加えた。

この日は帰国の前日で、旅程の最終日となる。午前８時にホテルを発った一行は、Cu Chi（古芝）に向かった。ホテルからは西北方にあたるおよそ65キロの距離に、このクチ区がある。現在は観光ルートとして多くの外国人が訪れる。地下に張りめぐらされたベトナムの抗争の歴史の１コマを物語るトンネルはベン・ディエン（Ben Dinh）トンネルと名付けられている。

市内の朝のトラフィック・ジャム（渋滞）は過ぎた頃だろうか。彼にたずねると、就業時間は役所では午前7時30分から午後4時まで。一般の会社では午前8時から午後4時30分もしくは5時までであるという。途中にはHISAMITSU SALONPASUの看板が目に入る。市内の何処にでも見かける社会主義国ベトナムのマークは、中央の星のマークを取り囲んで稲穂と機械の歯車が配置されている。それは国の進むべき主要産業の農業と工業を表わしている。因みに、ベトナム航空のシンボルマークは蓮華（パドマ）である。蓮華は仏教のシンボルでもある。

コープ・マートの大型店舗も路沿いにある。乗用車の青色ナンバーは高級官僚の党員たちのものらしい。この52号線をさらに西北に進むとカンボジアに至る。市内中心部を離れると、郊外には大小様々な仏教寺院が点在する。ベトナムが仏教国であることを改めて気づかせる。市内から30～40分ほどで周囲の田畑の様子が異なる。トウモロコシ畑が多い。郊外では水が少なく米も一毛作であるという。近年、韓国や台湾の企業が工場を進出していると彼は説明する。墓地も点在して見える。中国や台湾の郊外で見かけるものよりも立派な墓所が多い。石材店も市内に幾つもあった。蓬莱山を模った奇岩や仏像なども売られている。

クチに近づくにつれてゴム林が連なる。ゴムの樹液を受ける容器が陶製のようにみえる。地下に掘られたクチのトンネルは３層の部分もあるという。地表から３・６・８～10ｍの層であると現地での短時間のビデオ鑑賞をまじえて説明を受けた。地質は粘土質である。観光客のために開放してあるコースには仏領時代からアメリカとの抗争時代までにわたるトンネルが掘りめぐらされいる。内部も一部は体験できる。中腰でやっと通れるような狭く低いトンネル内の貴重な体験が出来た。

周流コースでは1970年に破壊されたアメリカ軍の小型M41戦車が放置されている。コース内では小銃だけではなく機関銃も実弾の射撃を体験できる場所がある。かつてはこの場所で同じ小銃の銃口が人間に向けられていたことを思うと胸が痛む。コートの途中で、兵士たちがかれらの常食でもあったふかし芋を振る舞ってくれた。それが殊の外美味しかった。過酷な戦時下でも、かれらを励ましたであろうその食べ物が印象に残った。

市内への帰路、ナンキー・カイアー通りには寺院やモスク、そして教会が点在している。勿論、仏教寺院に比してモスクや教会の数は数えるほどである。昼食はホテル近くの大きな中華料理店。南部では全体に料理の甘味が強い。午後観光予定であった旧大統領官邸や中央郵便局などはこれまで市内を移動する際に車中から説明を受けているので、キャンセル。婦人たちの希望もあってホテルにも近い、大型市場近くで自由時間を持つことになった。その場所はガイド・ブックにも紹介されているらしい。

市場内には時計を商う店舗が幾つもある。その内の１店舗の店員が英語を巧みに操るので、話してみた。もともとかれらはベトナム人ではないという。冗談をまじえて雑談していると、背後に１人の男性が近づいて話に耳を傾けてくる。店員の態度から彼が公安（警官）であることがわかった。

ベトナムの最後の晩は、市内のベトナム高級料理店。ここでは魚介類の鮮度がよい。小野氏から、何故ベトナムでは蛸を食べないのか店員に聞いてほしいと言われた。ガイドブックにもそれは載っている。ハノイのビン氏も、日本で初めて蛸を食べて、その美味しさに驚いたと語っていた。そこで、英語を多少解する店員を呼んでもらってたずねてみた。筆者の拙い絵もまじえて octopus を説明するのだが、ハッキリしない。長い海岸線を有するベトナムでは、蛸がいないのではなく流通していないためにかれらの食生活の中に登場しないのだろうか。因みに、インターネットでの「ベトナムニュース（VIETNAM NEWS）」21, Jun, 2004には、Binh Thuan 省で毒のある蛸が売られて２人が死亡、83人が病院で手当てを受けているとニュースが載せられている。沿岸の魚介類資源の乱獲も現在のベトナムでは問題となっている。資源保護や養殖などにも力を入れるようである。

最後に

今回のベトナム訪問では、社会主義を標榜する国に於ける仏教文化を限られた範囲内で観察した。1993年にベトナム初の世界遺産となった、ベトナム最後の王朝・阮朝（1802 ～ 1945）の都のあった中部フエは今回の旅程にはなく、訪問する機会がなかった。焼身を遂げたベトナム僧がいたティエンムー寺（Chua Thien Mu）もフエにある。次回のベトナム訪問の目的地として残された。

英字のベトナム経済誌『ザ・ガイド（THE GUIDE）』2004年6月号の社会面には、現代ベトナムのかかえる貧困と女性を取り巻く環境とを取り上げた短い記事が紹介されていた。それは、両親の離婚や貧困から、親戚にあずけられたメコン・デルタ地帯に住む14歳の少女がカンボジアに売られ、その後エイズ（HIV/AIDS）となって哀れな最後を向かえようとしているという記事である。

その地方の予防医療センターの報告では、エイズにかかっている女性たちの年齢は18～35歳ほどであることも報告されている。親や兄弟たちが彼女の得た収入で、単車やレンガ造りの新築の家を得たことを感謝していたということも記されていた。女性には教育が不必要であると考えている親たちも多いという。カンボジアでプロスティチューションをさせるために13歳と15歳の姉妹を売った実の母親が逮捕されたという最近の記事も含まれている。

『ザ・ガイド』はベトナム観光局との協力で発行されている英字雑誌である。少女の記事は、性とエイズに対する啓蒙の目的もあるのだろう〔ベトナムニュース17, Jun, 2004ではベトナムには8万人以上の感染者がおり、発病して死亡したひとは7千人以上に及ぶと言う〕。同時に、今日のベトナム社会における貧しい女性たちの地位を問題意識として内外に発信する姿勢には、新しいベトナムの姿を感じさせる。

インターネットで検索することのできるベトナムの宗教の動向・2003年上半期〔東京外語大学・今井昭夫氏〕には、カトリック、プロテスタント、仏教、民間信仰、一般宗教を含む動向が載せられている。最近のベトナムの宗教事情を知る上に貴重な資料を提供してくれている。氏に謝意を表しつつ、その幾つかを引用して挙げておきたい。

ホーチミン市の仏教会が「貧しい人のために」1億ドンの基金を寄付したという記事（『大団結』2月28日）。フォン寺（Chua Huong）の祭礼では32万もの参詣者が訪れることを予想するものもある（『ニャンザン』3月13日）。ビエンチャン（ラオス）で開催された「平和のためのアジア仏教組織（ABCP）」第10回大会ではベトナム仏教教会の僧侶が副首席の1人に選出されたことなどを紹介している（『ニャンザン』2月22日）。その反面、非合法組織「統一ベトナム仏教教会」の高僧がハノイから退去を強いられたという記事も挙げている（Free Vietnam Alliance, 31, March 2003）。

仏教僧で、同時に共産戦士であったというティエン・チエウ（Thien Chieu, 1898～1974）の生誕105年を記念する学術シンポジウムが、ベトナムの国家人文社会科学センターの宗教研究所が開催したという記事も紹介されている

(『大団結』5月13日)。革命活動に積極的に参加した彼は、国家への奉仕を漢訳仏典に説く「四重恩」と結び付けた。

知恩の精神は、ベトナム仏教でも重視されている。漢字文化圏に於ける漢訳仏典『心地観経』の影響でもある。ティック・クワン・ドゥク師の行為を偲ぶ40周年の記念行事が昨年、ベトナム仏教協会・治事評議会とホーチミン市の仏教会によって催されている(『ニャンザン』5月21日)という。「和尚を記念し、恩を知るために」仏教の僧俗は愛国の伝統を発展させなければならないとする。大乗仏教のボサツの奉仕の精神が、ベトナムでは国家に対する報恩と位置づけられている。

既にベトナム共産党第9回大会で、ベトナム人にとって「信仰・宗教は一部の人民の精神的需要である」ことも表明されている(『ニャンザン』5月30日)。ドイモイ期に入り、特に1990年からはベトナムの宗教は活発化している。仏教協会は社会(慈善)活動にも積極的に参加している。仏教系の診療所が126箇所、孤児や身体障害者約2万人のための特別学級が950、情義の家(nha tinh nghia)が748施設、ホーチミン市仏教会だけで2001年には350億ドンもの寄付を行っているという報告もある。

仏教側から、社会主義体制への宥和的な接近は、ホーチミン市の寺院でも見られた。その寺院では、ホーチミン氏の写真を仏前に安置していた。そのことを話すと、ガイドのヒュー氏は信じられないという顔を見せた。それも、現在のベトナム人たちの宗教と国家との関係に対する認識の一面である。現代ベトナムの宗教事情を伝える情報には、無論、体制側からのものも多い。殊更、反体制派の情報を採り上げることは本稿の意図ではない。仏教は、伝播された国々で固有の文化・宗教とも融合し、その国の制度や体制を破壊することなく宥和裏に弘まっていった。「国の俗法に従い」つつ、それを絶対視することもない、それが仏教の姿勢である。

我々と同じ大乗仏教国としての文化圏にある、今後のベトナムの進む方向は、宗教(仏教)と社会主義を歴史的に評価するためにも、関心を持ちつづけたいと思う。

注

日刊英字新聞『ベトナム・ニュース（Viet Nam News）』June,19,2004. の国内欄に仏教の尼僧たちが、孤児たちの世話をしている様子を伝えている。ランドンの中部高原Tay Nguyen 州の Thien Lam 僧院の尼僧たちが、これまで13年間に58人もの孤児を育てて来た。「２年前にも、真夜中に僧院のドアーの鈴が鳴るので開けてみると、小さな赤ちゃんが置き去りにされていた」と尼僧長が語る。その子供に Cu Thi Thien Duyen という名前を付けた。孤児たちには仏教徒としての Cu（空）の姓を与えているという。生まれてまもない子供を、全く育児の経験のない尼僧たちが交代で面倒をみてきた。現在そのパゴダ（僧院）には32人の子供たちがいて、そのうち６人は高等学校、11人は中学校、他は小学校に通っているという。「決して強いるのではなく、仏教の教えに従って彼らが社会に戻れるよう励ましているのです。子供たちの人生のこの段階だけが私たちの手助けできるものなのですから」。子供たちの養育のために尼僧たちは、果樹を植えたりケーキを焼いたりして収入を得ているという。

⑴　この点に関しては、焼身と燃身との相違を含めて拙論「薬王菩薩と燃身」『勝呂信静博士古希記念論文集』山喜房仏書林、平成８年２月、pp. 391-406に論じてあるので参考のほどを。

〔ベトナム文化調査〕

ベトナム、フエ訪問レポート
（仏教文化の視点から）

はじめに

この報告は、前回のベトナム、ハノイ・ホーチミン市の訪問調査〔『人間の福祉』第17号、2005年3月参照〕に続いて、世界文化遺産にも登録されている歴史を残すフエ及びホイアン等の訪問レポートである。

漢字文化の影響を受けた国々ではおおむね大乗仏教の信仰形態を伝えてきた。すでに指摘してきたように、東アジアのみならず東南アジアのなかでもベトナムは我が国と同じく大乗仏教文化圏に含まれる。一方、ベトナムを除く東南〜南アジアの諸国、タイ、ミャンマー、カンボジア、ラオス、インド（ベンガル仏教徒）・バングラディシュ、スリランカなどには伝統的な上座仏教が行われている。ベトナムは中国文化との関係も深く、中部フエを都とする阮朝（1802 〜 1945）では近代まで公文書に漢字を用いていた。このフエやダナンには大乗と上座仏教が共存し、それぞれの寺院がある。かつて中央アジアからインドに及ぶ広範囲な仏教文化圏のなかで、玄奘三蔵（602 〜 664）は「大小兼学（大乗仏教と小乗仏教を兼ねて修学）」の寺院が至る所にあることを伝えた。[1] その実態がどういうものかは明らかでないが、今日、１国に於いて大乗仏教と伝統的なテーラ・ヴァーダ（上座仏教）が共存し、現代にその息吹を伝えているのがベトナムである。本稿では、大乗仏教文化圏に息づくテーラ・ヴァーダの姿を仏教文化の側面から、筆者の観察の範囲内で紹介したいと考えている。

今日のベトナムの上座仏教には、かつて、大乗から「小乗（ヒーナ・ヤーナ、もともとは下劣乗の意）と非難されたようなものはない。むしろ、大乗の僧侶に比して出家としてのかれらの姿には、日本の僧侶も仏教の伝統を見直し、かれらに見習わなければならない点が多々あるように思える。

今回の出発に先立って、筆者は成田から搭乗した機内での新聞〔日経新聞8/18社会14版〕に眼を通して暗い気持ちになった。紙面には、世田谷の国立成育医療センターに入院していた脳性マヒの9歳の女児が、誰かが飲ませたものであろう画鋲が気道と胃から見つかったという記事。埼玉では同居する義理の娘（9歳）を折檻のために、自宅庭の穴に首まで埋めた44歳の男が逮捕、長野では長女（1歳）を殴って死なせた43歳の女性。わずか1日の朝刊に報道されただけでもこれだけの記事。何とも救いのない思いのままに向かったフエでは、ベトナムの原風景ともいえる景色がこよなき安らぎとなった。フエでは、家族と水上生活を営む、就学の機会もないかもしれない6～7歳の少女が、生活の場である小型遊覧船のなかで、小さな弟をあやし父母の手助けをけなげにしていた。その姿は、我が国の「(物の) 豊かさの中の（こころの）貧しさ」を痛感させた〔写真1〕。

写真1

文化は精神的所産である。物質的所産の偏向は、どの国に於いてもそれぞれの国が伝えてきた伝統や文化をかえりみることがない。筆者が、一貫して「仏教文化と福祉」をテーマとしているのはまさにそこに基づいている。こころの豊かさのなかにこれからの福祉があるからである。いつものように、本稿も楽しく読んでもらうことを趣旨としている。

Ⅰ　南部ホーチミン市から古都フエへ

今回の、ベトナム仏教文化調査は、前回のメンバーではなく、畏兄・三友健容博士との気が置けない二人旅であった。かつて立正大学に留学していたレ・バンバ、レ・ミンタム両氏の故郷で、テーラ・ヴァーダの仏教を実際に見てみたいというかねてからの希望が我々にあった。かれらはその後、ベトナムの混乱期に一人はフランスに亡命し仏教活動をしているということを側聞している。

8月18日（木）、午前10時30分発のベトナム航空成田発ボーイング777-

200機は、まだ夏期休暇中もあってかほぼ満席。老若を問わず、日本人のアジアへの関心は高い。機内アナウンスでは成田からホーチミン市までは5時間53分のフライトとのこと。現地時間は日本とはマイナス2時間であるから、予定では14時30分ぐらいに着くことになる。我々を乗せた飛行機はアナウンス通りにきっかり14時23分にホーチミン国際空港に着陸した。前回も、今回の国内線も含めて、飛行予定時間が機内アナウンス通りなのと、離発着にもまったく不安を感じさせないのは、社会主義国におけるパイロットの質の高さを感じさせる。

目的地フエには国内線を利用することになる。そこで、今回は、ベトナムを初めて訪問する健容博士と共に、メコンデルタの観光クルーズを再び体験することにしてホーチミン（かつてのサイゴン）市に降り立つことにした。着陸態勢に入った機内からは眼下の沿岸部にそって赤茶けた平原のような山肌が続く。巨大な綿菓子のような積乱雲を上から眺めていると突然乱気流のために機体が数秒降下し、機内には悲鳴があがった。これまでの海外旅行では両名ともっと怖い（？）体験をしたことがある。とくに不安も感ぜずに窓の外の雷雲のような大きな雲を眺めていた。

やがて森林耕作地帯の景色に混じって遠景にはデルタ運河の風景が広がる。さらに降下していくと、水田の畦の区切りが午後の日を浴びてステンドグラスのモザイクのように美しく見えてくる。空港に近づくにつれてプラント工場などが見える。デルタ付近の河の近くには採砂場であろうか大きな穴がいくつもある。発展しようとする国々では何処にもみられる光景であるが、やがてベトナムも人工的に自然と人間の共生をはからなければならない時代になるのだろうか。

ベトナム航空のシンボル・マークはGolden Lotusである。今回、その蓮華のマークを見て気付いたことがある。それは中国・敦煌の壁画にもある飛天の姿を彷彿させるのである。もっと判りやすく言えば北の「海の天使」とも親しまれているクリオネが衣をひるがえしている姿と考えるとよい。ホーチミン空港に降り立つと外気温は摂氏31度。湿度も加わってか蒸し暑い。現地で出迎えてくれた若いゼン氏の案内で、駐車場に待つニッサン・シヴィリアンのマイクロバスに6人（我々を含む2組と単独の男女各1名、男性は20

代～30代、女性は50代）が乗る。手配旅行として依頼した旅行社が同じなのであろう。ウエテイミンカ通りをそれぞれの宿泊するホテルへと向かう。通りにはテレコムの近代的なビル、かなり大きな建物の幼稚園、交差点にはバイクや自転車などのための露天の空気入れ屋（コンプレッサーが置かれているのでそれと判る）などが目に入る。仏教寺院や儒教廟、道観（道教の寺院）であることを示す漢字で書かれた文字も時折目に入り、ここが同じ東洋の文化圏であることを感じさせる。インドの都会でも見かける街中のロータリー状の大きな交差点は、仏典にも登場する「八つの交道」を思いおこさせる。

空港から30分ほどで我々が宿泊するフンセンホテルに到着。ゼン氏の携帯電話の着信メロディーがベトナム音楽であることにかれらの自国を愛する気持ちが伝わってくる。ホテルまでの道筋の看板には日本企業の名も多い。昨年よりは普通の白ナンバーで走るドイツ製の高級車も目につく。先にアメリカ大統領が宿泊したというNew World Hotelを過ぎてシェラトン・ホテルの並びが我々が泊まるところとなる。ホーチミン市には2泊の予定である。そこで、時間を有効に使うべく、夕刻からのスコールの中をタクシーで街を廻ってみた。新しく建てられたデパートには日本のスーパー・マーケットのようなフロアーがあり、品物も殆んど同じようなものが揃っている。機内持ち込みが出来ない果物ナイフをそこで買った。日本の100円ショップ以下の値段である。

健容博士とはこれまでにも幾度となく国内外に旅行をしている。筆者たちには妹が一人いるが、みな仲がよい。還暦近くになって兄弟で仲良く旅行ができるのも両親の訓育のお蔭と感謝している。1980年代に、季羨林博士から北京大学の当時の南アジア研究所に揃って招聘された時も、小振りの梨やリンゴを買い込んでゲストハウスの室内で食したことがある。この時も、兄が梨の皮を剥くそばから愚弟がパクパク食べた。筆者は残念ながら果物の皮をその時はまだナイフで剥けなかった〔その後インド留学の独り暮らしの成果もあってか、なんとか剥けるようになったが〕。弟思いの畏兄は、べつに腹を立てる（？）こともなく、筆者が嬉しそうに食べているそばから次々と（それほど小さい）皮を剥いてくれる。今回も、それを楽しみにしていると、健容博士が早朝露天で果物を幾つか買い込んだ。そしていつものように黙々と皮を剥き、筆者にすすめてくれた。

ベトナムは台湾などと違って都会の街中で手軽に食事をとれるところが少ない。翌日は筆者が推薦するところで民族音楽や舞踊を楽しみながら夕食をとることになっていたので、この日の夕食はホテル近くの小ぎれいなベトナム料理レストランを利用することにした。ウエイターも皆英語を解し、料理の質も高くマナーもよい。在住邦人家族たちの姿もあった。

8月19日（金）、現地時間2時30分に起床。時差を入れると日本では午前4時半。大体いつも4時頃には起きているので老人性早起き症（そういう症状があるかどうか知らないが、仏教のアビダルマでは老年は40歳からである）を自認する筆者は、いつものように室内で読経や気功体操をおえて4時頃に外に出てみた。健容博士は順応性が高い。アメリカでもどこでも着くとすぐに現地時間に体内時計が切り替わるらしい。

ホテル近くを流れる河川には対岸に渡るフェリーがすでに運行を始めている。道路に沿って設けられている入構路では歩行者や二輪・三輪自転車などが料金を払って乗り込んでいる。リヴァーサイドの公園には三々五々男性が散歩をしている。やがて4時45分ほどになると女性たち（男女とも中年以上の年齢）もウオーキングにやって来る。路上では豆乳売りの屋台が出ていて、ビールの中ジョッキほどの大きさのグラスの豆乳を初老の男性たちが緑地の段差に腰掛けて飲んでいる。ホテルからの通りには、カードで利用できる自動バンク（階段上には男性の警備員が昼夜常駐）、カード式の公衆電話などが目につく。

明るくなってきた街の通りにはサイゴン時代からの風格のあるホテルもある。その玄関脇に「登龍」の彫刻がほどこされていた。中国の登龍は大魚が龍門（黄河の上流の急流）を登り切ると龍になるという伝説である。急流のなかに頭を下に向けたその彫刻は頭部が龍で下身部が大魚の姿をしていた。ベトナムで中国の伝説に触れて感銘深かった。因みにインドにはマカラ（摩伽羅）という怪魚（獣）の伝説がある。それは鰐とも鮫とも、あるいはイルカとも見なされている。

予定されていたメコンクルーズへは8時10分にバスで出発。中国、ラオス、ミャンマー、タイ、カンボジア、そしてベトナムへと流れる4200キロの大河メコンの河岸まではホテルから70キロの距離。メコン河最大の幅は約3キロあるという。本日の通訳はダック氏。漢字では「得」と表記できるそうである。彼はその名を「売り切れ」という意味があると微笑んで教えた。今回は、昨年と異なり、通訳のレヴェルの点で多少不安を残した。若いダック氏もそうであるが、日本語はまあまあというところであろうが、通訳としての経験が少ない事と、担当区域が限られているので（ほとんどハノイやフエには行っていない）、ベトナム全体の情報とするには多少問題がある。それらを考慮されてスポット・リポートして受け取ってもらいたい。

我々が乗ったのは韓国製Daewooの大型バス。運転手氏にたずねるとガソリンの高騰で、燃料費は昨年比の約2倍近くにも跳ね上がっているとのことである（1Lあたり1万ドン＝約70円とのこと。たしか昨年は50円ほどであった）。市内や郊外を走るバイクの女性はほとんどが口部にマスクかスカーフ状のものを巻いている。ベトナムにも日本と同じように「夜目遠目傘の内」というようなことわざがあるのと、マスクをすると美人かどうか判らないので男性から言い寄られることもないからだとドック氏は現代的な若者の見方で説明する。但し、同様のことをフエでたずねたところ、そこでの通訳氏は「ホコリよけ」のためと「日に焼けないようにしている」からだと真面目に答えた。1時間半ほどで渡し船のある河岸に着いた。

郊外の幹線道路付近には高級マンションが幾つも建設中である。新しいインターナショナル・スクールも建てられている。近代的なヴィラはマンションより更に高額で6万USドルほどだという。路沿いには小さな市場がある。養魚池も点在し、湿地にはパドマ（紅蓮華）が身体を伸ばしている。道中、バスのなかで、ダック氏と雑談をしてみた。世界第2を誇るベトナムの米の輸出は前回も触れたが、ベトナム料理のフォー、生春巻きなどすべて米から出来ている。彼もまたベトナムの米の輸出を誇らしげに語った。日本と同じ俗信があるらしい。それは葬式の時に猫が死者を納めた棺をわたると死者が生き返るというようなものである。そこで葬式の時には死者の枕下には刃を置いて、猫を縛っておくこともあるという。魔をさえぎる手段としての民間信仰には道教などからの共通の土壌があるのだろう。フクロウが鳴くと不幸があるという諺もあるらしい。1歳年上の女性との結婚は良縁というのも日本に似ている。

郊外では犬をよく見かける。ここベトナムでは気づかないが、中国や韓国では犬肉をだすレストランがある。筆者が体験したのは北京市内の有名なレストランであった。当時の北京副市長が招待宴を開いてくれた際に、そこが利用された。すべての料理が犬肉（中国では香肉と呼ぶらしい）というわけではないが、筆者ははっきりそれと説明を受けたものを食することはなかった。ドック氏は今日まだベトナムのコリアン・レストランでは扱っていると話してくれた。ちなみにドック氏の現在の収入をたずねると月に500ＵＳドルほどだという。一般事務職の２倍半ほどになる。ただし、我々の言う給与としての月収ではなく、その他に給与以外のアルバイトなどを含めた全収入を意味する。

市内から郊外に続く道路は30キロ、50キロ、60キロ（中央分離帯のある道路）の速度制限がある。警察官によるスピード・ガンの測定がところどころで行われている。対向車同志がライトのパッシングで知らせあっている。罰金も重く１月分の運転手の収入に相当することもあるらしい。幾度も重なると免許を失効し、職を失うことになるという。これだとむやみに速度を上げて走れない。「でも、法定速度だと、今の倍近くの時間がかかります」と彼がポツリと漏らした。対向車のパッシングライトも相互扶助といったところか。

道路沿いの店に1.5～２リットルほどのポリ容器が幾つも並べられている。色も透き通ったものと焦げ茶色をしたものとがある。ダック氏によると、米から造った焼酎で､色のあるものはバナナから造ったものだという｡後で渡った小さな島でも、観光客のために同様な酒類が売られていた。焦げ茶色の酒は米と薬草でできたものであると記されている35度ほどの強い酒であった。ダック氏はベトナム人は一度に１リットルも飲んでしまうと語った。皆がそうではないだろうが酒豪もいるらしい。

今回早速習いおぼえたベトナム語は「コンコチ（KHONG CO CHI）」。どういたしましてという意味である。ベトナムではボンサイ（BONSAI）という語が本の表題になっている。それが「盆栽」のことであると後で知った。日本語に似た、と言うより漢字発音に共通する言葉としてダック氏が、「ヒンディ（兄弟）」「ケッコン（結婚）」「ボンサイ（盆栽）」などを挙げた。仏教や民間信仰を奉ずるベトナム人の多くは僧侶を尊敬している。日常の生活面に於いても例えば、正月（旧暦）の初めの10日間は悪口を言わないように気を付けるという。まさに「一年の計は元旦にあり」という日本の諺にも結びつく。彼は神秘的な体験に関心があるらしい。ホーチミン市からさほど遠くない町にアオザイを着た長髪のノッペラボウの女性のお化けが出るのだと真顔で話してくれた（地面から浮いて立っていると付け加えた）。廃墟となったその家にまつわる因縁譚を語ってくれた。余談となるが、インド人もお化け（ゴースト）の話を怖がる。ドック氏は父親がラオス人で母親がベトナムのキン族だという。彼自身はキン族であると答えた。大多数派のキン族のかれらが少数民族に対して懐く感情は、丁度、漢族の中国人が少数民族に対するものに似ている。

小島クルーズでの昼食には前回の訪問でお馴染みエレファント・フィッシュ（魚耳魚）の姿揚げ。ホーチミン市内の「臨済寺」にも帰路立ち寄ってみた。仏暦、般若心経、観音ボサツ像など気付いたものだけでも、寺院が大乗仏教の信仰を掲げていることが判る。信徒たちの参詣の姿も見られ仏教信仰の熱いことを伝えている。その日の夕食時の音楽や舞踏鑑賞も含めて、昨年、同じコースを回って得たほどの感動は筆者には残念ながら無かった。しかし、ホテルの朝食の際のヨーグルト、コーヒー・ショップでのチーズケーキなどが今回初めて食して印象に残った。フランス式の深く煎ったベトナムコーヒーは好みの別れるところであろう。

Ⅱ　阮朝の都フエと仏教寺院

8月20日（土）、昨日と同じ時間に起床。本日は早朝5時にホテルから空港へ向かう。ホテルのフロントで、サンドウィッチ・バナナ・茹で卵の朝食用弁当を準備してくれていた。エアバス A-320機でホーチミン空港から国内線でフエに発つ。眼下には低い山並みや森が続き、畑は整然と畦が区切られている。サイゴン（ホーチミン市）とは異なり自然豊かな印象を受ける。フランス人も機内には多い。母と娘２人の３人旅の家族は英語で会話をしていたが、10代後半の妹の髪形は素朴なポニーテールで可愛らしい。日本の若者たちが、化粧に明け暮れている（？）奇怪しな時代に、こうした姉妹の姿を見てホッとする。丁度、離陸に先立って機内アナウンスで聞いた1時間5分の所要時間その通りにピッタリ8時10分に着陸。フエでのガイド氏は阮統一氏。1975年生まれの彼の名（統一）はベトナムが社会主義共和国として統一された年（実際は翌1976年）に因んでいるという。フエ市内には仏教寺院がおよそ100ほどあるという。グエン（阮）氏は漢字も多少解せる。但し、日本語の勉強で漢字をおぼえたという。一般には、漢字の読み書きは学者か僧侶でなければ今日はほとんど理解出来ないと彼は語った。

グエン氏はフエの師範大学の英文科を卒業している。師範大学(教育大学)は、文学・歴史・地理・数学・化学・物理・植物・哲学のほか、小学校教育部門（教育学）、英文・仏文・中文などの学部があるという。それとは別に日越文化協会が日本語のクラスを必要に応じて開設し（1クラス20名ほど）、ボランティアが協力をしていると説明してくれた。古都フエの人々について、グエン氏はかれらの性格がいたって「のんき」で、経済発展もおなじようにのんきですと語って笑わせた。空港から市内までは車で30分ほど。マツダの小型乗用車で出迎えてくれた。フエはその昔は順化府といった。現在市内にはフエの人口の半数近くが暮らす。市場・学校・サッカー場（フランス時代からのもの）、軍事上の滑走路もある。我々が滞在したリヴァーサイド・ホテルは新市内側のフン（香）河の岸辺に建っている。庭園からのぞむ対岸に続く景色は夜になると橋にイルミネーションが施されて大変美しい。建物は別にして立地面で四つ星ホテルとして風格を保っている。今回、我々が訪問した時節が、旧暦の盂蘭盆会にかさなっていた。フエでは旧暦の7月14日～15日には仏教寺院でお盆の行事が行われるという。彼自身は無宗教であるが、母親は毎日寺院へ参拝に行っていると話してくれた。14・15の両日はほとんどの家庭で菜食をとるという。中国仏教ではお盆の時に水陸会（水棲や陸上に住む生類に施をする法会）を営むので、そういったことからかれらが魚や肉を食さないのだろう。

ホテルに荷物を置くと早速、グエン氏の案内で仏教寺院を訪問することにした。先ずティエンムー(天姥)寺に案内された。前回の紀要で触れたティック（釈)・カン・ドゥク師が乗っていた往年の車オースチンが境内の一角に展

写真２

観されている所である。1844年に創建された高くそびえ立つ八角形の「福縁塔」の前方には17世紀初頭の旧寺院跡が残る〔写真２〕。河岸の高台に建つこの寺院は昔から景勝の地だったのだろう。阮朝第３代の紹治6（1846）年に建立された碑銘には「神京第十四景」の句がある。グェン氏によるとドック師はサイゴンの近くの寺院にいて、オースチンはもともとこのティエンムー寺のものであったという。車が展観されている屋舎では、師が路上で炎上している写真ほか、側面の壁には滅後取り出されて蓮台器上に安置された師の心臓の写真もある。古代インド哲学では、「心臓（フリダヤ）」には純粋精神としてのアートマンが宿ると考えられていた。そしてその形状はプンダリーカ（白蓮華）の如くであるとウパニシャッド文献（*Chand, Up.*）には伝える。[(2)] 開頭手術ほか外科手術も古代インドではすでに施されていたことが仏教資料によって判かる。恐らく実際の人体の心臓の形状を確認していたのだろう。但し、臓器の一部もしくは身体を保存して人々が尊ぶという思想は仏教には本来無い。師の心臓がその後どうなったのかを聞くと、グエン氏からは「もうとくっに処分したでしょう」という返事がかえってきた。

「福縁塔」の４層部分には左右にそれぞれ「般若経文極楽天」「恒河沙福南無仏」の句が示されているようにこの寺院は大乗の信仰を継承している。塔の背後の仏殿（と言うより仏殿の前方に塔があるというべきだろう）内部には阿弥陀・釈迦・移楽（ディーラック、弥勒）の３仏像が安置されている。境内にある学習舎（図書室を兼ねている）には内外の仏教資料が置かれている。Peter Owen の *Zen Dictionary* ほか、大乗（ダイトゥア DAI THUA）・小乗（ティエウトゥア TIEU THUA）とベトナム語で記された仏教資料、『大宝積経』『法華経』ほかの漢訳大乗経典、その他にもサンスクリット本のテキスト、『西遊記』ほか一般書も並べられている。他にもわが国で馴染み深い「仏教伝道協会」の『和英対照仏教聖典』〔本学のユニデンス・ゲストルームにも備えつけられている〕もある。但し、日常読誦する経典以外にはかれらが、こうした資料を学習のために利用するかどうかは明らかでない。境内で見かけた沙弥尼たちは２人とも15歳であると答えてくれた。10歳ほどの小沙弥（見習僧）たちは頭髪の一部を残して剃髪する、昔の中国の子供たちのような髪形をしている。

本堂裏の出入口近くで面会した僧侶は漢字で自分の名前を記してくれた。40歳になる彼が、この寺院の要務をこなしているらしい。彼によると、居士も境内近くの別の所に住んでいるという。居士は在家の篤信をいう。中国仏教は居士林仏教とも称せられるほど居士が仏教護持にかかわってきた。その彼に日常読誦する経典他をたずねてみたが、漢字を使って書く時に、しばしばそれを思い出しながらというほどで、仏教僧であっても次第に漢字から遠ざかりつつあるベトナムの今日の姿をかいま見たような気がした。寺院の生活は３時半の起床、午後10時の就寝という。グエン氏によると国の史跡でもあるこうした寺院でも、僧侶は公務員ではないという。寺院を去る時に、再び7層の「福縁塔」を観ると、正面の初層右側部分には「法雨弘施　草木昆蟲霑利益」の句が記されていた。かつてはこの寺院は臨済宗であったが現在は浄土宗であると説明を受けた。伝統的に中国仏教では、日本と異なりその時の寺院の住持によって所属の宗派は変わる。

次に訪問した寺院が、我々が期待していたテーラ・ヴァーダ（上座）仏教の寺院である。滞在したホテルからは先の郊外の寺院よりも短い道のりであろうか、その寺院には「アビシュンニャーター・アーラーマ（Abhisuññātārāma）と記された扁額が掛けられている〔写真３〕。シュンニャーター（suññātā）は「空」の意味、アーラーマ（ārāma）は「園林」としばしば漢訳される言葉である。そこで「玄空寺」と漢字でも記されている。もとは他の場所にあったが、ここに1978年に移されたということである。寺院の建物は新しいが、先の大乗寺院と異なって、参詣者も観光客も全く無い。まさに修行研鑽の浄らかな道場の感がした。堂宇の壁に「水陸会」のものと思われる式次第が記されて

写真３

いた。もともと盂蘭盆の行事は漢訳『盂蘭盆経』に基づいてい行われる仏教行事である。その経典の成立はインドではなく中国でのものと見なされている。[3] しかし、今日の大乗仏教文化圏ではどの国でも行う宗教行事となっている。今、その式次第をグエン氏の訳に従って記しておきたい。〔　〕内は筆者の加筆・註記。

〔水陸会〕式次第

14日	19時	集合
	19時30分	放生・流灯
15日	7時30分	仏教徒集合
	8時00分	高僧来寺
	8時30分	供養法会
	9時00分	Vu-Lan-Bao hieu〔盂蘭盆会〕 1．出迎え　2．開辞　3．予定発表 4．三帰五戒を授ける　5．親（亡者）のために読経 6．生きている人々のために読経　7．放生〔主に魚。鳥も時に放生する。タイ仏教徒たちは亀も放生するがグエン氏は亀はしないという。〕
	10時15分	説法・功徳回向

以上が差定であるが、たまたま近くにいた若い僧侶にたずねたところ、この寺院には僧侶が21人、最年長は49歳、年少は12歳とのこと。タイ仏教と同じくパーリ語の三帰依文を唱える。日常生活は4時起床、10時就寝と語ってくれた。托鉢も行うが、信徒からの施物はフエでは果物が多いとグエン氏が話してくれた。この寺院では学林を備えており、その規則が講堂の外に掲げられている。これも現在のベトナムの上座仏教の姿を知るために以下に参考までに挙げておきたい。

学林規則　1．時間厳守　2．袈裟を正しく着る　3．きちんと勉強をする　4．タバコを吸わない　5．学級の仲間たちと和する〔四摂事をいうようである〕　6．清掃　7．音楽の禁止。ラジオ、カセット等を外国語の勉強の際に用いる時にはヘッドホンを付けること　8．水道・電気の節約　9．金銭は自ら持たずに預け、必要な時に願いでる　10. 夕方学んでいない者は夕勤（読経）に出席、4時には起床して昇堂すること　11. 日中の外出は許可が必要。大切な事は師の許可がいる。12. 夕方以降は出掛けない　13. 勉学以外にはどのような間柄でも僧尼は一緒にいてはならない。　14. 郵便を受け取る際にはチェックされる

2004／7

この中で7．の音楽の禁止は伝統的な上座仏教の特色である。「歌音」や「高音」での経典読誦も『律蔵』では禁止されている。(4) 因みに、日本では馴染み深い『ビルマの竪琴』の映画撮影を現地で行った際に、日本側にクレームがついた。それは伝統的な仏教では出家僧は楽器には触れないという理由からである。それはフィクション（小説）の中でのことであると説明して納得してもらったということを筆者は聞いている。この規則に伝統的なヴィナヤ（律）では触れられていない喫煙について述べていることは、注目してよい。かつてパキスタンでの国際会議に、バングラディッシュから在家の侍者を伴った高僧が参加した。伝統的な律蔵（ヴィナヤ・ピタカ）の中には喫煙には当然ながら触れられていない。その高僧は、会議に先立って催されたバスでの周遊の際に、欧米の研究者たちの迷惑そうな顔を尻目に車中でタバコを平然とふかしていた。彼が喫煙するのはヴィナヤに触れられていないものは禁じられていないという理解からであろう。隣人たちが迷惑を感ずるならば、宗教家としてそれを控えるのは当然のことである。本来、仏教の教えは時代に対した解釈が必要である。現代のベトナム上座仏教の学規ではあるが、その事を思い出させた。ちなみに、ベトナムの上座仏教の僧侶たちは右肩をはだぬぐ（偏袒右肩）伝統的な袈裟を纏っている。

やがて11時近くになって、若い僧侶たちが食堂（ジキドウ）に集まりだした。その寺院のテーラ（上座、訓育主任のような存在）がやがて着席した。一同はおよそ7分もの間、食前の偈を唱える。そしてテーラの合図で食事に入る。勿論、精進料理である。箸とスプーンを用いることが中国文化圏であ

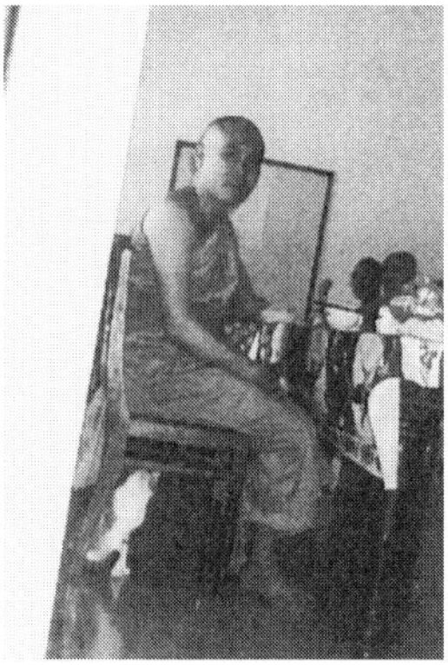

写真４

ることを示している。我々が興味深そうに堂内を眺めていても、別段、テーラは気に掛ける様子もない。テーラの足元では1匹の綺麗に毛繕いされた猫がおこぼれを待っている〔写真４〕。そうした光景が微笑ましい。若い修行僧たちは、やはり気になるらしく、こちらを時折眺めながら食事をしている。食事を終えてそのテーラは我々の訪問をこころよく歓迎してくれた。「法空」と名乗る寡黙なその僧侶は1957年生まれだというが、出家としての威儀が自然に具足された清々しい人格が、多くを語らずして我々のこころを打った。その雰囲気の中で、筆者たちは質問をしようとするその気持ちさえ無意味に思えるほど充実したひとときを過ごせた。失礼ではあるが、先の大乗寺院の僧侶とは別格である。と同時に、我が国も同じく大乗仏教国であることを振り返り、本来の仏教の伝統を伝える上座仏教を小乗（ヒーナヤーナ、下劣乗の意味）と貶称で呼んできた東アジアの特に日本の仏教界は、自らの反省を踏まえて再認識すべきであることを痛感した。仏十大弟子でもある舎利弗と目連の出家も、かれらをいざなった出来事は、托鉢をする１人の仏弟子のアッサジの姿であった。多くを語らずして、その仏弟子はかれらに真理を観ることの出来る浄らかな眼を得せしめたのである。猫をベトナムでは「ミャオ」という。漢字の日本語発音である「ビョウ」よりも猫らしい。寺院の境内にはおそらく飼犬であろう、１匹の中型犬がいた。猫も犬も僧侶たちと一緒の生活の中で幸せそうに見えた。

昼食が11時からというのは早すぎはしないかと訝しがるむきもあると思うので、一言付け加えておきたい。伝統的な上座仏教では食事は午前に済ませ、午後からは飲み物は別にして食べ物は一切とらない。そのために食事を早くとるのである。帰路、村の小川に架かる橋を渡った際に、グエン氏がその橋は上座仏教の寺院側で造ったものであるという説明を受けた。こうした寺院も現在はベトナムのそれぞれの仏教界に所属していて運営にも支援があるとのことである。市内には６箇所テーラ・ヴァーダの寺院があるという。

しかし、グエン氏にとっては、上座仏教寺院は、これまでの案内ルートには無いようである。玄空寺もようやくその日に情報を得たと話すほど、上座仏教寺院に関しては所在も含めてハッキリした情報を持っていなかった。「大変勉強になりました」と彼は語ってくれた。

かつて1980年代に中国を訪問した時に、当時の中国では午睡の習慣があることを教えられたことがある。そこで、筆者はグエン氏にたずねたところ、やはり11時から午後1時までは昼食を兼ねた昼休みを一般にとっているという。筆者たちも、かれらの慣習を妨げないようにその間に、紹介されたホテル近くの食堂で昼食をとることにした。現代に中国仏教の熱い息吹を伝える台湾には「素食」と呼ばれるベジタリアンの食事がある。僧侶も含めて台湾の仏教徒たちは必ず素食をとる。有りがたいことに、フエにもホテル近くに菜食食堂があった。ベトナムでは北部のハノイは薄味、南部のホーチミン市は甘味が強く、ここフエでは塩味と辛さが特徴であると説明を受けたが、筆者には、フエの味付けが一番口に合った。面白いことにこの菜食レストランには日本の狐うどん風の「油揚げ」の入ったスープ麺がある。野菜や茸類も充分に入った「野菜狐うどん」と表現したらよいだろう。味付けも薄味で、素材が生かされ本当に美味しい。ちなみに日本円で70円ほどである。大乗の僧侶も時折、信徒の招待を受けてそこで食事をしている。

その日の午後も再び寺院巡りをした。旧市内からもさほど離れていない場所に「妙諦寺」がある。ここも同じく紹治6年の石碑（句碑）が建つ。寺院の額には「妙諦國寺」とある。1840年代の創建というが、風土も加味されてか歴史を感じさせる。堂内では30名ほどの在家信徒（殆んどは女性と子供）が、直立して木魚と鐘丸を打つ男性の導師の先導で、読経と礼拝を繰り返している〔写真5〕。礼拝は1度ずつ起立して仏名を称えながら次には身体を屈して額を床につけて行う頭面接足礼である。堂内の背面は位牌堂となっている。日本でも馴染み深い「〜之霊」といった法号が付いている。寺院の正

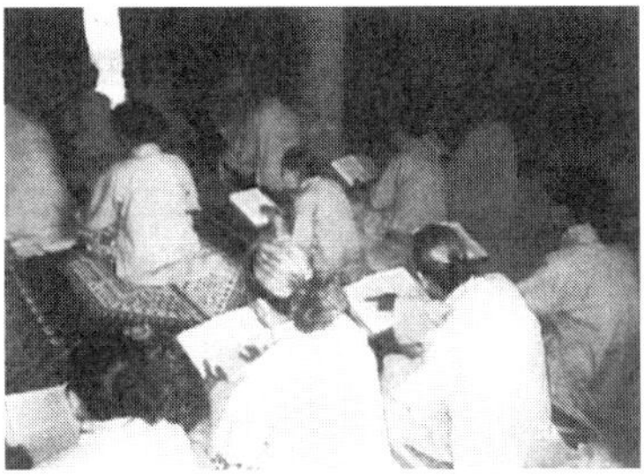

写真5

面右側にある梵鐘には普通見られる方位を示す易の八卦〔離（☲）の面が南になる〕ではなく、「百八焼声（百八の煩悩を焼き尽くす鐘の音の意）」の文字が刻まれていた。寺院の後ろに隣接する平屋には1年前までは漢方薬院(薬局)があったと説明を受けた。わが国の聖徳太子(574～622)の四天王寺・四ヶ院のうちの「施薬院」に相当する施設がベトナムの仏教寺院の境内に最近まであったのである。

今回の視察旅行では、ホーチミン市でスコールに会ったが、フエでは傘の必要がなかった。グエン氏によると、南北に国土が長いベトナムでは雨期も異なるという。フエの雨期は9～3月、ホーチミン市は6～11月とのことである。となるとまだフエでは8月は雨期ではない。阮朝（1802～1945）には先に触れたが、かれらも皆キン族で、その子孫たちは現在も居て「阮福（グエン・フック）を姓名に入れているという。

フエで最も古いという17世紀（1674年）の創建の寺院が「CHUA BAO QUOC（報国寺）」である。境内には「中級仏教学校」が設置されている。ベトナムの高校レヴェルの学校らしい。本堂には正面に「荘厳浄土成就衆生」の句も掲げられている。他にも「慈悲喜捨」の四無量心や「悉曇」の扁額もあった。境内にある案内掲示板には、「1674年創建、小さな寺院が次第に現在のような姿になった、全体が「口」の形をしている、本殿には釈迦仏、先師を裏に祀る。1747年阮〔広南阮氏？〕の王が寺名を付けた。1948年仏教学校創設、1957年修復」等のことが記されている。寺院境内の最前部に残る崩れかけている旧門が往時の姿を伝えるものであろう。正面の文字はかすれて判読できないが、裏面にはかつての寺院名である「呑龍天寿寺」とかすかに読める。グエン氏にたずねると「呑」は口の意味であるという（但しもともとの漢字の解字は「夭＋口」でぐっと飲み込む意）。先の解説に口の形というのはそこから来たものかもしれない。「呑舟（大きなものを呑み込む意）」という言葉はあっても、「呑龍」の語は中国の古典では筆者は寡聞にして知らない。前回にも触れたが、龍は中国では皇帝のシンボルとされている。仏教は世俗の階位を超越しているとはいっても、皇帝のシンボルを「呑む」では如何にも阮朝が依った伝統的な中国的理解では具合が悪い。寺名が変わったのもそうしたところかも知れない。ところが我が国には江戸時代の浄土宗には同名の高僧がいた。彼「呑龍（1556～1623）は埼玉県岩槻の出身である。当時一部には、折角生まれてくる子供の命を摘んでしまう風潮があった。それを嘆いた呑龍上人はそうした赤子を育て、人々から「子育て呑龍」と敬われた。

現在この報国寺には33人の僧侶がいることを、境内でみかけた幼い少女のようにも見える13歳の見習い僧（小沙弥）が話してくれた。彼の頭も前髪を残し、昔の中国の子供のように可愛らしかった。何故ここに入ったのかを聞くと、別に両親が強制したわけではなく、自分の意思で入ったと語ってくれた。ベトナムでは現在も一子出家すれば九族が救われるというような考えが有る。寺院の裏手には「涅槃苑」と銘打たれた先師の遺骨を安置する供養塔がある。我が国の仏教寺院の「納骨堂」もこうした表現の方がふさわしいと感じた。そこに刻まれていた一部を記しておきたい。「歳百年生死　帰一路涅槃」「曹洞宗源流開山　呑龍天壽寺　覚峯祖師寳塔　佛暦二千五百零五年」。建立された仏暦二千五百零五年は西暦では1962年となる。そこには「呑龍天壽寺」とハッキリ記されていた。中国からの色々の意味におけるインディペンダント（独立）の気持ちがそこにうかがえる。ここで一言付け加えたい事は、寺院の屋根瓦の中央部の印である。この寺院では中央部の龍面上に「卍」が記されていた。午前中に訪問した寺院では悉曇の「阿字」も見受けられた。

Ⅲ　ダナンからホイアン（会安）へ

8月21日（日）、早起きに三文の徳と俗に言うが、早朝3時から朝食までの時間に健容博士と、筆者が手掛けている『毘尼母経』の出版に関して意見交換をし、有益な示唆を得た。この日は8時にホテルを立ち、南下してダナンからホイアン（会安）に向かうことになっている。我々のような旅行をする場合には、現地旅行社の取り決めもあるらしく、通訳はそれぞれの場所に手配されている。箱根新道のようなS字カーブのハイヴァン（海雲）峠を登ると6キロにも及ぶ直線トンネルになる。有料道路である。トンネル内の排気システムが関越道路のそれによく似ている。それは今年の6月に開通した日本からの援助によるものであるとの説明を受けた。ベトナム中部から南下する道路では時折、左手には海岸、右手の山中には湖も眺める事が出来て、日本の伊豆や箱根の風景を彷彿させる。運転手氏はおぼつかない英語で道中説明を交える。制限速度は50キロであるが、交通量もまだ少なく、運転手は70～80キロのスピードで、日本製の小型車を走らせる。やがてダナン近くになると海岸線に下る。車はホーチミン市へと続く鉄道道路を横切り、海岸に沿って走る道路は新しい。ダナンの街で、待機していた現地通訳ファン（黄）氏と合流した。

ファン氏は現在33歳。28歳の妻と生後5ヶ月の子供は夫人の実家のあるホーチミン市に里帰り中だという。実家で出産をするのも日本に似ている。真面目で勉強家の印象を受けるファン氏から、ダナンは新しい町で、今日ではホーチミン、ハノイに次ぐ中部商業都市として発展し、現在は80万人の人口があると聞いた。フエからダナンまでは鉄道で4時間半を要する。市内には我々が関心を懐いているテーラ・ヴァーダの新しい寺院「三寶寺」がある。堂宇内にはパーリ語の三蔵ほかビルマ文字の仏教資料が置かれている。2階建ての中国風寺院であるが、そこが上座仏教の寺院である事が堂内のたたずまいでわかる。正面の釈迦座像、マハーテーラと記された、創建者であろうか故人の年号（1921～1984）が記された写真も置かれている。

寺内にいた婦人にたずねると、この寺院に現在3人の僧がいるが、丁度、篤信の家に昼食の招待も兼ねて病気平癒の祈願（上座部系の律書『毘尼母経』には「呪願」の語が出る。大乗の時代になると伝統的な上座仏教でも行われていた）に行っているとのことであった。堂内の壁面には「結集（サンギーティ）」と仏教では称する仏典編纂（確認）会議の6つの時代と場所が記されていた。第1～第3結集以外は我が国では馴染みが薄いので、南アジアの伝承としてそれも挙げておきたい。

1．涅槃後　3ヶ月　ラージャ・グリハ（王舎城）
2．涅槃後　100年　ヴェーサーリー（毘舎離）
3．仏滅　218年　パータリプトラ（現在のインドのパトナ）
4．仏滅　518年　マレイ
5．仏滅　2411年　マンダレー（ミャンマー）
6．仏滅　2500年　ラングーン（ミャンマー）

この他にも「八相成道」と呼ばれている釈尊の生涯にちなむ伝説も紹介されていた。ここでの上座仏教の僧たちには出会えなかったが､先の婦人から、かれらが托鉢を行い、その鉢中には菓子、果実、米・魚・肉などの食べ物を受け、金銭の布施は賽銭箱に入れるという事を聞いた。魚や肉を出家僧が受け取ると聞くと､釈尊の時代はどうだったのかということになる。当時は「三種浄肉」と称し、「見たり・聞いたり・疑わしい」いわゆる見聞疑以外は食することが認められていたのである。托鉢の際に受ける物を選べなかったという事もあるし、そうした食べ物が当時も一般的ではなく特別な場合に施与されたからである。今日でもチベット仏教の僧たちは魚は食べないが、大きな法会がもよおされると、用意されたヤギ肉料理を食することがある。これも特別な場合だけである。勿論、全くそうしたものを食さない僧侶は大乗にも上座仏教にもいる。むしろ、大乗の出家ボサツたちは厳格に肉食を退けた。ここでは、信徒たちは僧侶を「DAI DOC（大徳）」と称している。

ダナンはもともとチャンパ語で「大きな河」の意味があると説明を受けた。この街から更にホイアンへと車で向かう。ホイアン（会安）も同じく世界文化遺産に登録されている古い街が残されている。その途中にはチャム博物館がかつての米軍の軍事基地跡近くの大通り沿いにある。大理石を産する小高い山の路沿いには石像などの彫刻品を製造販売する店もある。ホイアンの史跡街内には車の乗り入れが禁止されている。史跡の外の路沿いに1959年に新しく創建された大乗寺院「観世音寺」がある。寺院の扁額には「法輪常轉　佛日増輝（法輪は常に転じ、仏日は輝きを増す）」と記されていた。寺院内には御神籤も置かれている。

ファン氏が、外国によるベトナム支配について、「中国は千年、フランスは百年、アメリカは十年」と言って笑わせた。現在でもフランス語を話すベトナム人はおり、同時に今日では再びフランス語や英語を学ぶ人達も増えつつあるという｡ホイアンの街で一行は先に昼食をとることにした｡「会安酒家」での食事ではカオ・ラォウ（CAO LAU）という汁の殆んどないうどんを食した｡ファン氏はそれを「伊勢うどん」ですと言っていた｡本稿をお読みの方に､「ラルー・ビール（Birere La Rue）」と称するフランス時代からの瓶詰め地ビールがここホイアンだけにあることを付け加えておきたい（ラベルには1909年の年号。一押しである！）ホイアンには「越南仏教会」の置かれている「徳寶寺」がある。門柱左右にはそれぞれ「唯只一乗而解脱（ただ一乗にして解脱す）」「法門方便権有三（法門は方便にしてかりに三有り）」と記されている。仏典に親しんでいる方は、これが大乗経典の『法華経』からの思想であることが理解できよう。境内の注意書きには英文が添えられているので幾つかを紹介しておきたい。「仏像から３メートル離れて立つこと。本堂（サンクチュアリー）中央部には立たない。タバコを吸わない。靴や帽子を脱ぐ。喜捨（布施）をお願いしたい」。靴を脱ぐという注意書きに、インドのヒンドゥー寺院を思い起こした。

ホイアンは16～17世紀には阮朝の貿易の中心地であった。この時代には中国や日本ほか、ポルトガル、オランダ、イギリス、フランスなどとも交易が行われていた。ファン氏はそれらの国々に加えてアラブやブラジルなどとも貿易が行われていたと解説してくれた。ホイアンは18世紀半ばになって河口付近一体が浅くなり、やがて船の交易が出来なくなってしまったと説明を受けた。17世紀（1633）は我が国では鎖国が始まった時代である。その頃、日本人は1000人以上が暮らしていたという。ホイアンの街中には1593年（秀吉の朝鮮出兵・文禄の役の翌年）に作られたというさほど大きくはないが中国風の屋根で覆われた橋がある。現地ガイド氏は「日本橋」と称したが、橋の中央部の祠堂には「来遠橋」という橋名がかけられている。橋の欄干基部にはこちら側に「猿」、もう一方の対岸側には「犬」が彫られている。ファン氏の説明では「猿」の歳に始まって「犬」の歳までの３ヶ年間かかったからだという。ただし、申となると「丙申」は1596年であり、先の1593年に造られたというガイド氏の説明とは合わなくなる。もともとこの橋は、設計が日本人、資金は中国人、建設はベトナム人が受け持ったとのことである。今日でも広東ゆかりの華僑たちの「廣肇会館（Assembly Hall of the Cantonese Chinese Congregation）」や祖先を祀る祠堂（黄祠堂・黄先祠など）がかつての中国人街の側にある。今も昔も日本と中国は決して犬猿の仲ではないだろうが、橋の欄干に彫られた「犬」と「猿」がこれからの日本と中国の関係を暗示するようでおかしかった。

ホイアンの街からさほど離れていない郊外の、広々とした田んぼの中に、ポツンと１つの墓所がある。畦道の用水路では、20センチほどのトカゲが立位の姿勢で後ろ足で水面を蹴って渡って行った。その墓所が日本人の「TANI YAJIROBEI（谷弥次郎兵衛）」の墓所であるという〔写真６〕。昭和3(1928) 年、黒板勝美教授の提唱で、この墓所が修築された。この地に商人として住んでいた谷弥次郎兵衛が江戸幕府の外国貿易禁止令にしたがって帰国を余儀なくされたが、ホイアンの恋人に会いたい一心で、そこに向かう途中で倒れたという。墓は母国日本の方角、北東10度を向いて建っているとのことである。望郷の思いと同時に人を愛するこころの強さが伝わる。日蓮聖人の六老僧の一人、鎌倉時代の日興上人(1246～1333)は、富士北山の本門寺で示寂するが、その墓碑は師の日蓮聖人の墓所のある身延の方角に向けて建てられている。

写真６

ホイアンからの帰路、チャム博物館に寄る。20世紀の中頃にフランス人の学者が始めたこの博物館にはまだ、館内では蒐集された展示品の荷ほどきが行われている。ベトナムには現在もチャンパの民チャム族の人々がいる(他の資料では10万ほどであるともいうが、ファン氏の説明ではその数倍の人口である)。かれらの多くはホーチミン南東のニントン省・ビントン省に住んでいるとのことである。チャム族はベト族とは異なったマレイ系の民族である。中国の資料には「占城」「林邑」などと記録されている。館内に展観されている彫像群のなかで、「Avalokiteśvara IXth」と表示されていた立像が目に止まった。観世音ボサツと銘打たれたこの３眼の像は、顔つきはチャム族の風貌を表し胸部はまさに女性のそれである〔写真７〕。はたして観音ボサツかどうかは疑問の残るところであるが、9世紀はインド仏教でも密教の最盛期である。３眼はチャム族の人々が信奉していたヒンドゥー教のシヴァ神との形像上の関連も認められる。

写真７

帰路は、途中でファン氏をダナンの街中で降ろしてフエに向かった。ホイアンからダナンまでが35キロ、ダナンからフエまでが120キロの距離であるとのことである。

8月22日（月）、ホテルのビュッフェ形式の朝食の準備が完了する前に、早々と食堂で食事を済ませる。昨晩はホテルの中庭で、香河に架かる橋のイルミネーションを見ながら夕食をとった。その時に給仕をしてくれた女性に多少心付けを渡したためか、同じウエイトレスが今朝は終始ニコニコして食事を運んでくれた。9時からかつての王宮内へ車で観光に向かった。通訳は同じグエン氏である。フエの師範学校を卒業したグエン氏の通訳は、日本語の正確さの点でも心強い。北京の紫禁城を模した王宮は外周壁10キロに及ぶ。王宮内では高殿に昇ってフエの街を望める。気になっていた夜景に光る尖塔がテレビ塔であることもここからは確認できる。Flag Tower（旗塔）は52メートルの高さを誇る。王宮の建設は第2代から第3代にかけて1805～1833年のおよそ30年間を要したという。現在はまだ文化遺産の訪問者への入場料もベトナムで暮らすかれらには安くない。ここではベトナム人は外国人の約半額の2万5千ドンである。中国でも見られる鼓楼と鐘楼がそれぞれ内2階の建物内部の正面に向かって左右に配置されている。阮朝の最盛期は第2代の明命（ミンマン）王の時代である。鐘には「明命三年（1822）四月初六日吉時鋳」と鋳られている。

阮朝最後の王はバアライ Bao Dai である。グエン氏はそれを「保大」と漢字で記してくれた。13代のバアライ王は夫人の1人がフランス人で、動乱期にフランスに亡命して、そこで亡くなっている。最盛期の明命王には子供が142人、夫人も100人以上いたとグエン氏が説明してくれた。その子孫たちは現在もいて、かれらの姓は御製の歌の漢詩の順で定められたという。グエン氏によるとベトナムではまだ義務教育は完全には実施されておらず、フエの水上生活者の子供たちの大部分は小学校にもいっていないという。1947年のインドシナ戦争、続くベトナム戦争によって宮城内の建物の多くは破壊された。太和殿はもともと第2代の時のものであったがそれも新しく復元された建物である。窓には「喜」の字を囲むようにコウモリが配されている。コウモリ（蝙蝠）は「福」と音が通じるために中国文化圏では好まれた。展示室には当時の高官などが用いる名札(「勅使」「宣化公」「欲使大臣」など)が展示されている。ほかにも皇太后の拝仏堂の仏像や釈迦三尊などが、仏教信仰の篤かったことをうかがわせる。復元された劇場「閲是堂」の右側には「音樂並陳和其心　以養其志」の句が掲げられていた。初代皇帝の両親の位牌を安置する「興祖廟」には左右前方の位牌に「〜神位」とある。祖先が神の位にまで高められるというのは我が国の神道にも見られるものである。

宮城内には1830年代の創建というフエで初めての3階建ての木造殿がある。その近くの大きな香炉に描かれている風景には、近代の情景に混じって近くを流れる香江や蓮華などもある。虎も描かれていたのでたずねると、フエ省近くの山中には、少なくとも足跡から3頭の虎がいることが確認されているという。また、中部高原では、象が人を踏みつぶしたというニュースがあったとの事である。

図書館「太平楼」の回りを囲む壁面には細かな陶片やビール瓶の破片がモザイク状に埋め込まれている。そのビール瓶は日本からのものもあるという。郊外の山中にある12代のカイディン(啓定)廟には同じような壁面があって、その中にはカタカナやローマ字で「ビール」「Tokyo」と読めるものがあるとグエン氏は説明してくれた。我々が訪問した時には、早稲田大学建築学の若手研究者たちが現地の青年と一緒に、建物を復元するために、破壊されて礎石のみになっている場所の測量を行っていた。

我々のフエでの滞在は翌1日を残すだけとなった。前回、今回とベトナムを訪問して、仏教文化の視点から見聞し気づいたことを記してみた。かつてのベトナム混乱期の時代に「行動する仏教」の指導者として難民や被災者の救済に全霊を傾けたベトナム僧がいた。ベトナム政府から帰国を拒否され、パリを拠点として活動を行ってきた仏教者であり、かつ詩人でもあったティク・ナット・ハン(THICH NHAT HANH、釈一行)師である。彼は大乗の出家僧である。彼もまたベトナム中部に生まれた。ナット・ハン師はキング牧師からノーベル平和賞の候補者に推されたこともある。今日のベトナム仏教界はそうした時期を経て新しい時代へと向かっている。依然として宗教界のみならず現体制に批判的な一部の人々もいるであろう。しかし自国を愛するかれらの思いは皆同じであると思う。わずかな見聞だけではあるが、ベトナムの人々の国を愛する気持ちも、歴史や文化を重んじる心もハッキリと伝わってきた。

帰国前日の夕食は、外国人観光客が多く訪れる素朴な感じのベトナム料理レストランであった。そこで、日本からのゼミの学生と複数の教職員とおぼしき20数名ほどの一行に出会った。恐らく我々と同じように、帰国を間近に控えての事であろう。幾度も注文を繰り返してビールを飲みながら明るく歓談する、何の不自由もないように見える日本の若者たちの姿があった。その情景は、終戦前後に生まれた我々には、自らの学生時代を振り返り、羨望に近いものを感じさせた。そのレストランの路を挟んで、細々と夫妻が営む手彫り彫刻品の小さな出店があった。薄暗い光をたよりに、夜遅くまで黙々と作品作りに勤しむ夫の仕事の傍らで、微笑みながら嬰児をあやす若い妻の姿があった。子供と母親の笑顔がその家族の幸せを表しているかのようであった。健容博士は、幾つかの作品の中で、作者からも最も自信作であると告げられた観世音ボサツ像を購入した。製作者家族全員の姿を、彼らの幸せを祈るかのように写真におさめながら。異国の空の下での小さな光景、先の学生たちも、その幸せそうな家族の存在に気付いてくれただろうか。

ベトナムが伝説の文郎国の時代から、やがて漢〜唐代までの中国王朝の支配、10世紀以降の諸王朝、そして李朝・陳朝の大越国の時代、その後の分裂期に於ける諸政権を経て19世紀初頭にフエを都とするグエン（阮）朝の時代をむかえた。やがて第2次大戦後の南北分裂を経て今日のベトナム社会主義共和国がある。そうした変遷を経て、ベトナムは今日、独自のアイデンティティーを確立しつつある。自由主義、社会主義を超えて、国家として宗教とどう向き合っていくのかが、これからの世界の重要な課題である。

最後にティク・ナット・ハン師の『ビーイング・ピース（Being Peace）』（1987）の一部を紹介して、ベトナム、特に中部の自然と文化遺産が、これからも訪れる人々を魅了して止まないことを願って本稿の報告を閉じたい。日常生活における微笑みが、最も基本的な平和の仕事であると彼は述べる。

子供が微笑するかどうか、おとなが微笑するかどうかは、とても重要なことです。日常生活において、微笑することができ、平和で、幸せであることができたら、私たちばかりでなく、皆がそれからよい影響を受けます。これが、もっとも基本的な平和の仕事なのです

〔棚橋一晃訳〕(5)

注

(1) 拙著『玄奘』センチュリーブックス〔人と思想106〕、清水書院、1994年10月。

(2) 「さて、ブラフマンの城塞の中に、小さな白蓮華（ブリダリーカ）であるところの宮殿（＝心臓）がある。その中に、小さな虚空（＝心臓内の空処）がある。その中にあるもの（＝アートマン）が求められるべきであり、知らんと欲せられるべきである。」〔Chān. Up., 8・1.1〕

中村元博士著『ウパニシャッドの思想』〔撰集・決定版・第9巻、春秋社、1990年7月〕には、古ウパニシャッドから新しいウパニシャッドまでの様々な哲学説が詳しく論じられている。

(3) 三友健容編著『現代に生きる仏教』〔東書選集139、〕藤井教公、現北海道大学教授分担「第2章・漢訳仏教の定着」参照、東京書籍、1995年。

(4) 三友量順校注『毘尼母経』〔新国訳大蔵経、律部10〕大蔵出版、2005年11月、120頁参照。

(5) ティック・ナット・ハン著『ビーイング・ピース（Being Peace）』棚橋一晃訳、壮神社、1993年。

THE PROBLEM OF ENTRUSTING THE DHARMA IN THE *SADDHARMAPUṆḌARĪKASŪTRA*

The Stūpasaṃdarśana-parivarta (chap. XI) of the *Saddharmapuṇḍarīkasūtra* describes a scene where a stūpa of the Tathāgata Prabhūtaratna gushes out of the earth, rises into the sky and remains suspended in the space before an assembly being held by the Śākyamuni. This description not only provides an important clue to understand the relation of the *SP* with the legends of Mahākāśyapa the disciple of Buddha and of Kāśyapa Buddha transmitted down the Buddhist religious order, but also acts as a bridge leading to Bodhisattvapṛthivīvivarasamudgama-p. (chap. XIV) which handles one of the most fundamental questions of Mahāyāna Buddhism: who will inherit and transmit the dharmaparyāya after Buddha's extinction (nirvāṇa). It is generally agreed that the *SP* was not formed at one go in a particular period. Ever since Fuse's studies[1] on the chronological order of the chapters of the *SP*, scholors have painstakingly tried to identify the sections that have retained the original archaic form. Some of these studies have thrown extremely valuable light on this question, although they occasionally lack sound logical basis.[2] It goes without saying that the oldest and the most important chapter that expounds the central theme of the *SP* is the Upāya-kauśalya-p. (chap. II). It can be said that the characterestic philosophical ideas of the *SP* like ekayāna-thought, prediction, faith (śraddhā) and purification (viśuddhi) have been described in this chapter. Moreover, it will probably not be an exaggeration to say that the other chapters of the *SP* are by and large devoted to elucidate these very ideas often through parables. *Sa-tan-fen-tuo-li-jing* (薩曇分陀利経)[3] a partial translation of the *SP* comprises a description of the rising of the stūpa from the earth and praising the Śākyamuni Buddha, and the chapter of Devadatta. However this translation does not contain even the faintest allusion to the fact that the stūpa arose in response to the Tathāgata's vow (praṇidhāna) and that the tathāgata's vigrahas assembled here. Rather it says that the Da-bao (Prabhūtaratna?) Tathāgata came expressly to hold a service for Śākyamuni commemorating his vīrya and dāna and for saving the living beings. The scene of the stūpa of Prabhûtaratna appearing in the sky and Śā=kyamuni sitting on the throne together with Prabhūtaratna Tathāgata described in Stū=pasaṃdarśana-p. can be understood as a metaphorical allusion to the movements of the heavenly bodies, as has been pointed out by H. Kern.(4) For instance, the verse 22 of Upāyakauśalya-p. calls Buddha the Sun among the men,(5) and Stūpasaṃdarśa=na-p. says that when Lord Śākyamuni opened the stūpa, he pushed open two large he=mispherical doors.(6) The hemispherical shape alluded to here seems to be an abstrac=tion of the sky. It has been pointed out that this story of the stūpa of Prabhūtaratna is a mix up of the legend of Kāśyapa Buddha, who is believed to be one of the past Buddhas, and Mahākāśyapa who is a disciple of Śākyamuni Buddha.(7) Therefore I would like to take up the central theme of Stūpasaṃdarśana-p., and try to put forwa=rd my views on the problems immanent in the theme. First I will discuss the philoso=phical significance of the appearance of the stūpa of Prabhūtaratna, following which I will take up the problem of entrusting the dharma, focusing on its relation with the various chapters of the *SP*.

I

Stūpasaṃdarśana-p. has adopted the story of a stūpa five hundred yojanas in hei=ght which issues out of the earth, soars high up into the sky and remains suspend=ed there, and a voice issues from it testifying that the Dharmaparyāya of *Saddhar=mapuṇḍarīka*, which Lord Śākyamuni has been expounding, embodies the absolute truth. The person who asked the Lord to explain this curious occurrence is Bodhi=sattva Mahāpratibhāna. This Bodhisattva has already replaced the Śrāvaka as the main listener in previous chapter, viz, Dharmabhāṇaka-p. (chap. X). The Lord answers Mahāpratibhāna as follows:

> This stūpa that has arisen from the earth belongs to a Tathāgata named Prabhū=taratna. When following the course of Bodhisattva, he achieved perfect enlight=enment only after he heard the Dharmaparyāya of the *SP*. After his complete extinction, the Bhikṣus (monks) erected one large stūpa consisting of jewels dedicated to his proper body, and also a large number of other stūpas. Wherever a discourse on this Dharmaparyāya is held in any Buddha-field in the ten directions of space, this stūpa of his proper body will be there, the stūpa will stand in the

> sky above the assembly where this Dharmaparyāya is being preached by some Buddha and a voice will issue from the stūpa paying homage to the Buddha preaching the Dharmaparyāya.(8)

Thereupon Mahāpratibhāna wanted to see the figure of the Tathāgata Prabhūtaratna through the devine power of Lord Śākyamuni. The Lord opened the stūpa and show=ed Prabhūtaratna to the four classes of assembly, after the Tathāgata-vigrahas of the Tathāgatas of all quarters of the different Buddha-fields, and the vigrahas of Lord Śākyamuni assembled as desired by Prabhūtaratna. Leaving a word for their Bodhi=sattvas that they were going to the Sahā-world to meet Śākyamuni and pay homage to the stūpa of Prabhūtaratna, these Tathāgatas of all quarters of the different Buddha-fields departed with one or two upasthāyaka (attendant). It may be mention=ed here that Kumārajīva has translated the word upasthāyaka as bodhisattva.(9)

These Tathāgatas of all the quarters who themselves were created by Lord Śākya=muni assembled in the Sahā-world, and deputed their attendants to the presence of Śākyamuni to communicate their approval to open the stūpa. Then Śākyamuni rose from his seat, stood in the sky, and opened the stūpa, by unlocking it in the middle with the fore-finger of his right hand. It is said that the Lord Prabhūtaratna was seen sitting cross-legged on his throne with emaciated limbs (pariśuṣka-gātra) but with his body in perfect state as if absorbed in abstract meditation.(10) Prabhūtaratna offered half of the seat of his throme to Lord Śākyamuni, who sat there besides Prabhūtaratna. This account of the two Tathāgatas sitting down together is apparently based on the following legend of Mahākāśyapa. A look at the legend will clearly reveal its relation with the stūpa of Prabhūtaratna.

> Once Mahākāśyapa visited Śākyamuni in worn out clothes. The bhikṣus present there looked at him with contempt because of his tattered dress. On seeing this, Śākyamuni called Mahākāśyapa and offered half of his seat to him.(11)

It goes without saying that instead of sitting on half of the seat thus offered, he went and sat down near Śākyamuni. *Zeng-yi-a-han-jing*（増壱阿含経）(12) also says that instead of entering complete extinction after Śākyamuni's parinirvāṇa Mahākā=śyapa will remain in the mountains of Magadha until he hands over the saṃghātī to Maitraya. Similar description can be seen in *Da-tang-xi-yu-ji*（大唐西域記）(13) of Xuan Zang. It says that the Tathāgata Śākyamuni entrusted Dharma-piṭakas(?) to Mahākāśyapa and told him to keep the robe which Prajāpatī had given to Śākyamuni and hand it over to Maitreya. Apart from these legends connected with Mahākāśyapa, *Avadāna* has a narration about Kāśyapa Buddha of the past which seems to have some relation with the story of Prabhūtaratna. It says that if one pays homage to a place where the relics of Kāśyapa Buddha is buried, in effect he pays homage to two Buddhas including Śākyamuni himself who is also there.[(14)]

The legend of Kāśyapa Buddha of the past and the legend of Mahākāśyapa who has inherited the dharma piṭaka and has entered samādhi till the appearance of the Maitreya have been projected on the symbolic figure of Prabhūtaratna Tathāgata in order to emphasize the need for transmitting the dharma from the past to the present and from present to the future. The figure of Prabhūtaratna, sitting on his throne with emaciated limbs but with complete body, described in the chapter, has been interpreted in a number of ways. However, this emergence of the stūpa that approves of the *SP* and applauds Śākyamuni, tends to suggest that the Buddha-view of the Stūpa-worshipping cult is symbolically expressed by Prabhūtaratna Tathāgata. Again at the same time it reveals the great importance the compilers of the *SP* attached to the stūpa itself. It is rather difficult to agree with the view[(15)] that Prabhūtaratna symbolizes a bitter criticism of the people paying homage to the stūpa. Rather I think that the scene of the two Buddhas sitting together suggests a union between stūpa (śarīra)-worship and dharma (pustaka)-worship. The magnificent drama of the stūpa arising from the earth and standing in the sky may be a metaphorical expression of the movement of heavenly bodies, although its main theme here is the appearance of the stūpa in the sky.

Again, Prabhūtaratna says that the other stūpas should be made for him.[(16)] Altho=ugh the *SP* has slowly developed the caitya-worship in the latter chapters by shifting emphasis to pustaka from śarīra, yet it has nowhere repudiated stūpa-worship. If the stūpa itself symbolizes the figure of the Tathāgata,[(17)] then how did the compilers of the *SP* think of unifying the stūpa (including śarīra) with the Dharma? The verse 35 of Stūpasaṃdarśana-p. says that the *SP* should be considered as supreme among all the sūtras; and he who keeps in his memory this sūtra, acquires the body (vigraha) of the Jina.[(18)] The word vigraha has also been used to mean the vigrahas of Tathāgata who gathered from all the quarters at the time of the opening of the Stūpa of Prabh=

ūtaratna. Judging from these, we can say that the *SP* itself is a vigraha of the Tathāgata. The word vigraha has a meaning of division or separation, and when suffixed with -vat becomes an adjective: vigrahavat meaning realized. Prof. K. Kino, presuming the existence of Bodhisattva group (gaṇa), a characteristic Mahāyāna group, refers to the gathering of the Tathāgata-vigrahas of this chapter as follows:[19]

> The gathering of the vigrahas of the Tathāgatas takes place here with a view to obtaining the approval of all the Bodhisattva groups (gaṇas) who have their own views of Bodhisattva and act as Bodhisattva. A gathering of the vigrahas of Śākyamuni shows a collection of the various views on Buddha held by the diff= erent sects of the legitimate bhikṣus' saṃghas.

His assumption suggests many interesting points. However as mentioned above, if we accept that the word vigraha contains the meaning of sūtra also, then we can pre= sume that the *SP* which expounds the world of ekayāna tried to integrate the various teachings into the sūtra through the expression: gathering of Tathāgata-vigrahas. Again, if we see it from the angle of dharma-kāya, i.e, universal dharma, I think the *SP* indeed alludes to dharma-kāya metaphorically, although it does not highlight the concept of dharma-kāya.[20] I think the vigrahas of Śākyamuni mentioned here are nothing but the bone relice of Śākyamuni that were left over after his cremation. If we interpret that the emaciated but completely preserved form of Prabhūtaratna to be a projection of the historical Śākyamuni himself, then this allegorical allusion suggests the extreme degree of reliance the compilers of *SP* had placed on the relics Śākyamuni for the unification of the various schools of teachings.

Again issuing of voice from the stūpa reminds us of the verse section of Upāyaka= uśalya-p. where we find Brahma and other devas entreating Śākyamuni to preach the Dharma.

> When I was thus meditation on the law, the other Buddhas of all the directions of Space appeared to me in their own form (tad-ātmabhāva) and uttered: Sādhu.[21]

The word ātmabhāva has the meaning of perpetual existence of the soul, the self, and the body. It will be obvious that this word prefixed with the neuter pronoun tat- means a perpetual existence of the soul. The same word also appears in Tathāgatāyuṣpramāna-p. (chap. XV) which expounds the eternity of Buddha:

> I see how the creatures are afflicted, but I do not show them my form (tad-ātmabhāva). Let them first have an aspiration to see me, then I will reveal to them the true law.[22]

Tathāgatarddhy-abhisaṃskāra-p. (chap. XX) mentions uttering a voice with an in= visible body (adṛṣṭātmabhāva) in the sky, in contrast to uttering a voice with visible body (ātmabhāva). This chapter, so far its contents is concerned, is a follow up of Bodhisattva-pṛthivīvivarasamudgama-p. (chap. XIV), which says that the bodhisatt= vas will come up from below the earth after the Lord's extinction and shall keep and preach this Dharmaparyāya. This chapter describes the vow taken by Mañjuśrī and other Bodhisattvas, four classes of assembly, the gods and demons, human and non-human beings after the extinction of the Lord:

> Oh Lord, after your complete extinction, we will preach this Dharmapa-ryāya. Oh Śākyamuni, we will stand in the sky in invisible body and send forth voice and plant the roots of goodness.[23]

Keeping conformity with this description, this chapter goes on to state that all the lands of the Buddhas heard this voice issued from the sky. However, in Kumārajīva's translation we find that it is the Devas who issued this voice.[24] Since Śākyamuni Tathāgata has revealed the *SP*, the most profound of the scriptures for all the Bodhi= sattvas to look upon as the guiding principle in the Sahā-world, one should revere this with profound respect and pay homage to Śākyamuni and Prabhūtaratna.[25] The voice form the sky can be considered to be a symbolic representation of this. This descrip= tion reminds us of the following verse section of Upāyakauśalya-p..

> And far more wounderful is the law I proclaim. Any one who, on hearing a good exposition of it, shall joyfully accept it and recite but one word of it, will have done honour to all Buddhas.[26]

The word antarīkṣa (sky) has been used in contrust with ākāśa in the *SP*. Discussing the predictions of the Lord, Vyākaraṇa-p. (chap. VI) says about Subhūti's attaining of Buddhahood.

> The great disciple Subhūti will appear as a Tathāgata in the world by the name of Śaśiketu with the moon as his ensign in his last bodily existence after pay= ing homage to many Buddhas, and meditating under their guidance. The duration of his true law and its counterfeit is to last twenty intermediate kalpas respecti=

vely. The Lord will continuously preach the law to the monks and educate many bodhisattvas and disciples while standing in sky (antarīkṣa).[27]

In *Prajñāpāramitā-sūtra*, Subhūti appears frequently as a representative of śūnya=tā-thought. The expression Subhūti preaching the law in the sky can be assumed to describe a correlation of the sky with the śūnyatā-thought of Prajñāpāramitā, as ākā=śa is often described as śūnya, the boundless infinity. However granting that, what Subhūti preaches is the śūnyatā-philosophy of Prajñāpāramitā, I think it is not po=ssible to relate it straight away with the appearance of the stūpa in the sky found in Stūpasaṃdarśana-p. discussed earlier. If we assume that this appearance of the stū=pa is connected with the early Mahāyāna philosophy, especially the śūnyatā-philoso=phy of Prajñāpāramitā, then it will be contradictory to the section where Prabhūtaratna recommends the erection of stūpas to the bhikṣus.[28] This is because, *Prajñāpāramitā-sūtra* places more importance on dharma (pustaka)-worship than on stūpa (śarīra)-worship and does not advocate the erection of stūpa. Considering from this, the view of Prof. A. Hirakawa that the Prajñāpāramitā probably evolved from a group diffe=rent from that of the stūpa-worshippers seems to be correct.[29]

There are also some manuscripts of the *SP* in which the name of Subhūti after he attained Buddhahood has been given as Yaśasketu[30] (yaśas, renown. adj). Both Dharmarakṣa and Kumārajīva have adopted yaśasketu in their translations.[31] Consi=dering from the analogy with the moon hanging in the sky, I think that the word śaśi=ketu is more appropriate than the word yaśasketu, although, judging from the antiquity of the Chinese versions, the original yaśasketu seems to have got modified subsequently into śaśiketu, the meaning of the word playing a major role in the process. The episode of Subhūti preaching the law while standing in the sky appears only in the prose sec=tion and not in the verse section, thus leaving ample probability of its later-day inter=polation. In short, it can safely be said that this section reveals a perfect understand=ing of the authors of the relationship of Subhūti and the śūnyatā-thought of *Prajñāpāramitā-sūtra*. At any rate, the Stūpa-saṃdarśana-p. shifts the scene into the sky, and by this means the *SP* has succeeded in transcending time and space. One of the principal objects of the *SP* was to integrate the dharma into the world of ekayāna without repudiating the traditional views on Buddha based on śarīra-worship where the stūpa is regarded as the symbol of the Buddha himself. Thus in order to declare itself as the scripture embodying the universal Dharma where one can perceive the eternal life of the Buddha; the *SP* has tried to bring about a fusion between the two, viz., the traditional views and the ekayāna thought, by shifting the scene to the sky that transcends both time and space. Besides being very handy in emphasizing the eter= nity of the Buddha, it also plays a major role in relating the eternity of the Bodhisattva practice based on the SP with the question of entrusting the dharmaparyāya in Bodhi= sattva-pṛthivīvivarasamudgama-p..

II

Next I would like to discuss the way the problem of entrusting the Dharmaparyāya mentioned in Stūpasaṃdarśana-p. developed in later chapters. In the verse 10 of Stūpasaṃdarśana-p., the Lord asks the assembly if there was anybody prepared to keep the Dharmaparyāya:

> Let him how after my extinction shall keep this Dharmaparyāya quickly prono= unce his intention in the presence of the chiefs of the world.(32)

Next, the Lord says in the verse 12:

> I, myself, who is another Buddha, as well as the many chiefs who have flocked here by koṭis, will hear this resolution from the son of Jina (bodhisattva) who is to strive for expounding this law.(33)

And the verses 14 and 15 say:

> If you expound this scripture, it will mean paying homage to Śākyamuni, the Prabhūtaratna Tathāgata and the large number of protectors of the world (Tathāgatas) from the various worlds.(34)

The question of entrusting the dharmaparyāya that feature prominently in the Stūpasaṃdarśana-p. is next taken up in Utsāha-p. (chap. XII). In Utsāha-p. Bodhisa= ttva Bhaiṣajyarāja and Bodhisattva Mahāpratibhāna along with two million Bodhisa= ttvas, declare their intention to keep and expound this Paryāya to all the creatures even by sacrificing their body and life after the extinction of the Tathāgata. Following this, five hundred monks of the assembly, both learned and not, and all the eight thousand monks who had received the prediction from the Lord declare their intention to keep and expound this Dharmaparyāya in the worlds other than the Sahā-world after the complete extinction of the Lord. The reason for the eight thousands monks taking the vow to keep and expound the Dharmaparyāya in other worlds is that:

> The creatures of this Sahā-world are conceited, possessed of few roots of good=ness, always vicious in their thought, wicked, and perverse by nature.(35)

Following this Gautamī and Yaśodharā declare their intention to keep and expound this Dharmaparyāya in other worlds after getting the prediction about their future enlightenment. Next, the myriads of Bodhisattvas who are capable of moving the wheel forward, noticing that the Lord wants them to keep and expound the Dharma=paryāya declared their interntion to do so, adding that the Lord, staying in another world should protect, and defend them. Kumārajīva has translated this last sentence as follows:

> If the Lord should command us to hold this scripture, then in obedience to the Buddha's instructions, we should propagate this scripture broadly. Then they thought that the Buddha is now silent, issuing no commands. What should we now do?(36)

However, the Skt texts of this section state that since the Lord wanted these Bodhi=sattvas to expound the Dharmaparyāya, they felt agitated and said to one another that the Lord wanted them to expound this Dharmaparyāya in the future worlds. What should they do to do it? Although this seems to suggest that the Lord strongly want=ed to entrust the Dharmaparyāya to them, yet in Utsāha-p. we find the Lord remain=ing silent to these offers of keeping and expounding the Dharmaparyāya by the Bo=dhisattvas and Śrāvakas. The theme of responding to the offers of expounding the Paryāya after the complete extinction of the Lord has been taken up again in Bodhi=sattva-pṛthivīvivarasamudgama-p.. It says that the Bodhisattvas numbering eight-times the number of sands in the river Ganges who have flocked from other world also declared their intention to expound the Dharmaparyāya in this Sahā-world.(37) However the Lord spurned their offer. There is no mention of these Bodhisattvas in Stūpasaṃdarśana-p.. The Utsāha-p. says that myriads of Bodhisattvas made offers to expound the Dharmaparyāya in all directions. Rejecting this offer of the Bodhisattvas, the Lord, in the beginning of Bodhisattva-pṛthivīvivarasamudgama-p. says:

> Here in this very Sahā-world there are Bodhisattvas whose number equals to the number of sands in sixty thousand Ganges, and each one of these Bodhisatt=vas has equal number of followers who are themselves Bodhisattvas. These latt=

er Bodhisattvas again have an equal number of followers. These are the Bodhi=sattvas who shall keep, read and expound this Dharmaparyāya in ages to come, after my complete extinction.[40]

As soon as the Lord uttered these words, the Sahā-world burst open everywhere and myriads of Bodhisattvas appeared from under the ground. Like the Tathāgata, they had gold-coloured bodies and the thirty-two characteristic signs. The leading among these Bodhisattva were Bodhisattva Viśiṣṭacāritra, Bodhisattva Anantacāritra, Bodhisattva Viśuddhacāritra, and Bodhisattva Supratiṣṭhitacāritra. Witnessing this mysterious happening question arose in the minds of Bodhisattva Maitreya and other Bodhisattvas. According to the Skt text, the Bodhisattvas who had the question in their minds are the myriads of Bodhisattvas numbering eight-times number of sands in the Ganges.[41] The number of these Bodhisattvas seems to agree with that of the Bodhisattvas in Bodhisattva-pṛthivīvivarasamudgama-p. who offered to expound this Dharmaparyāya but were rejected by the Lord. The number of the Bodhisattvas assembled at Gṛdhrakūṭa mountain in Nidāna-p. (chap. I) is eight thousands.[42] This is also the number appearing in Dharmabhāṇaka-p. (chap. X).[43] Mahāpratibhāna figures among the Bodhisattvas mentioned in Nidāna-p. although, both the Chinese versions of Nidāna-p. do not mention him. However he figures prominently in Stūpasaṃdarśana-p. and Utsāha-p. This is a question that needs proper solusion.

In Utsāha-p. we find that Bodhisattva Bhaiṣajyarāja and Bodhisattva Mahāprati=bhāna also offered, along with their twenty lakh retinues, to expound the Dharmapa=ryāya after the extinction of the Buddha in response to the Lord's call, but it says nothing about the place where they intended to expound it.[44] Next, the Śrāvakas offer to expound the Dharmaparyāya in the worlds other than the Sahā-world, and eighty lakh koṭis of Bodhisattvas also offer to go to the worlds in all directions in future and expound it. In both these cases the offer is no for the Sahā-world. It was the Bodhi=sattvas numbering eight times the number of sands in the Ganges who gathered from other worlds and offered to expound the Dharmaparyāya in this Sahā-world. Their offer however was turned down by the Lord. In case Bodhisattva Maitreya is included among the Bodhisattvas who came from the other world and whose offer was turned down, then it is not possible to entrust the Dharmaparyāya of the *SP* to Maitreya. The Maitreya is believed to be Buddha of the future in the traditionl Buddhist faith. It is predicted that he will appear in the Sahā-world after five hundred seventy six koṭi years. The latter part of Bodhisattva-pṛthivīvivarasamudgama-p. records Śākyamuni's prediction that Maitreya is destined to attain perfect enlightenment after him.[45] Viewed from the traditional understanding, he should have been the foremost candi= date to be entrusted with the Dharmaparyāya. The solution to this question can be fo= und in Bodhisattva-pṛthivīvivarasamudgama-p. and Tathāgatāyuṣpramāṇa-p. where the Lord explains the eternal life of the Tathāgata to Maitreya. Namely, the Lord Śākyamuni, who has the eternal life is no bound by the restrictions of time and space. Accordingly, it is not necessary for him to wait for the appearance of the future Buddha.

Śākyamuni, the embodiment of the universal Dharma and the possesser of eternal life, praised the Tathāgata Dīpaṃkara and the other Tathāgatas and said about their complete extinction just with the sole purpose of skillfully preaching the law.[46] The belief in the past and the future Buddhas probably arose out of the adoration people had for the historical Śākyamuni. Viewed from this angle, Śākyamuni, the preacher of Dharmaparyāya naturally became the Buddha living eternally in the historical present transcending the concept of time for the compilers and the believers of the *SP* who tried to identify Śākyamuni with eternal life. In this sense, the following narration on previous life of Maitreya the future Buddha appearing in Nidāna-p. is not just a criticism of Maitreya, rather it shifts the focus of the problem to the faith of future Buddha in order to throw light on the eternal life of Śākyamuni.

> There is a Bodhisattva among the eight hundred disciple of Varaprabha who is too sensitive to reputation and strives hard for fame. He is Ajita (Maitreya) who was called Yaśaskāma, the lazy one in that life.[47]

Next, a study of the composition of the *SP* reveals the following points. The Lord Śākyamuni, in Stūpasaṃdarśana-p. addressed the four classes who were established in the sky by magical power of the Lord:

> Oh Monks, who among you will endeavour to expound the Dharmaparyāya of the *SP* in this Sahā-world?[48]

The verse 36 which corresponds to this prose section replaces the word monks with young men of good family.[49] This suggests that Śākyamuni probably wanted to entrust the Dharmaparyāya to the Bodhisattvas who lived like bhikṣus. Since the entrustment was meant for the Sahā-world, the bodhisattvas who had gathered from the other worlds were not entrusted with the duty. Thereupon the Śrāvaks offered to expound this Dharmaparyāya in the other worlds. In this way the entrusting of the universal Dharma has been emphasized all the more by not specifying the person who will really keep the Dharma in this world after the extinction of the Lord.

The rising of Bodhisattvas from within the clefts may show us a symbolic abstraction of the heavenly bodies. These Bodhisattvas are the young men of good families, who have been instructed and guided to perfect enlightenment by Śākyamuni, live in the domain of ākāśadhatu (ether-element) below this Sahā-world, have no liking for social gatherings nor for bustling crowds, do not dwell in the immediate vicinity of gods and men, and earnestly seek Buddha-knowledge.[(50)] In this way, these cleft-born Bodhisattvas who have been entrusted with the Dharmaprayāya to become the inheritors of the sūtra, live in the domain of ākāśadhātu below this world. Buddhism interprets this ākāśa as the asaṃskṛta-dharma of undisturbable existence that includes every known phenomenon. The Stūpasaṃdarśana-p. has set the scene of *SP* in the antarīkṣa (sky) in order to establish the world of universal dharma that transcends time and space. The Bodhisattva-pṛthivīvivarasamudgama-p. also similarly tries to express the entrusting of the dharma, or in other words, the eternal character of Bodhisattva-practice after the extinction of the Lord in the word ākāśa-dhātu. The life-style of the cleftborn Bodhisattvas is that of the bhikṣus who have renounced the world. In this sense the cleft-born Bodhisattvas can be equated with the bhikṣus. Since Śākyamuni's call for inheriting the Dharmaparyāya has been addressed to the bhikṣus, it is natural that the Bodhisattvas appearing from the cleft to inherit the Dharmaparyāya should lead the life of the bhikṣus. The next chapter, Tathāgatāyuṣpramāṇa-p. discussed the eternal life of Śākyamuni which is closely related to his instructing the myriads of Bodhisattvas. The Bodhisattva Maitreya, in Stūpasaṃdarśana-p., could not transcend the time and space to inherit the Dharmaparyāya of the *SP*. This inability is not limited to Maitreya alone, rather Maitreya symbolizes all the believers who place absolute importance on the historical Buddha.

There is a conventional view in the traditional Buddhist faith that the Dharmaparyāya of the Śākyamuni has been inherited by Mahākāśyapa for onward transmission to Maitreya, and that the cave in which he is meditating will be opened at the time of the appearance of Maitreya. As against this, in *SP*, we find Śākyamuni opening the stūpa of Prabhūtaratna which can be equated with the cave of Mahākāśyapa. If we assume that the past Buddha (Prabhūtaratna) is a projected shadow of Śākyamuni, then it will mean that Śākyamuni himself has revealed his own figure, and again, if we assume that the future Buddha Maitreya is also a projected image of Śākyanumi, then it will mean that the future world of five hundred seventy six koṭi years hence appears in this world in the instant the stūpa of Prabhūtaratna is opened. The world that transcends space and time has been shown in the description in which the stūpa of Prabhūtaratna arises wherever the Dharmaparyāya of the *SP* is propounded in any Buddha-field in the ten directions of space, and gives a shout of applause. It is in this way that the eternal presence of Śākyamuni the preacher of *SP* encompassing past, present, and future has been shown and the compilers of the *SP* has linked the point the time when the *SP* is expounded with that of the complete extinction of the Lord.(51) The leading Bodhisattvas arising from the clefts of earth have the word -cāritra suffi= xed to their name. This gives a fair indication of the importance placed on entrusting the Bodhisattva practice based on Dharmaparyāya. The term extinction does not mean simple death, rather as stated in Tathāgatāyuṣpramāṇa-p., it has the connotation of educating the creatures as well.(52) Upāyakauśalya-p. says that the Buddha-knowledge is too profound and difficult to understand, and it has been pointed out that the Buddha-knowledge is nothing but the law of ekayāna. The prediction made to the Śrāvakas that they would attain Buddhahood also highlights this world of ekayāna all the more clearly. Now, when the question of entrusting the Dharmapa= ryāya after the complete extinction of the Lord is taken up in Stūpasaṃdarśana-p. the concrete question of making the Dharmaparyāya into a pustaka (book) by actually copying it come into the focus. The verse 23 of Stūpasaṃdarśana-p. says:

> To copy a sūtra like this in the period after my extinction, is indeed very di= fficult.(53)

Chronologically this part seems to precede pustaka-worship described in Dharma= bhāṇaka-p. (chap. X, verse 14). Dharmabhāṇaka-p. is known to be related closely to Puṇyaparyāya-p. (chap. XVI), and Stūpasaṃdarśana-p. can be treaded as the bridge spanning Puṇyaparyāya-p. and Tathāgatard-dhyabhisaṃskāra-p. (chap. XX) in which the erection of caitya has been encouraged.

A careful study of the description of cetiya-cārika to four holy places appearing in

Mahāparinibbāna-suttanta[54] and that of caitya-worship appearing in Tathāgatarddhya=bhisaṃskāra-p. of the *SP* suggests that the theme of caitya-worship appeared initially in Tathāgatarddhyabhisaṃskāra-p. which was taken over in Puṇyaparyāya-p., and then developed further in Dharmabhāṇaka-p., although the order of these three chap=ters is reversed in the *SP*. This is because the Tathāgatarddhyabhisaṃskāra-p. does not touch upon the worshipping of pustaka itself. Whereas Puṇyaparyāya-p. describes the merits produced by worshipping pustaka with flowers, incense, etc, and also says that young man or young woman of good family who accepts and reads this Dharma=paryāya will acquire merit equal to that obtained by worshipping the relics of Śākya=muni and erecting stūpa of seven jewels.[55] This description of Puṇyaparyāya-p. seems to have been developed further in Dharmabhāṇaka-p. It says:

> A young man or a young woman of good family who keeps even just a single stanza of this Dharmaparyāya must be considered to be a Tathāgata, and far more respect should be bestowed on him who worships the pustaka with flowers, incense etc.[56]

In this way the caitya-worship evolved slowly centering around the pustaka. Puṇya=paryāya-p. says that a caitya dedicated to the Tathāgata should be erected where a young man or a young woman of good family, stands, sits, or walks, and the world including the gods should say: this is a stūpa of the Tathāgata.[57] Dharmabhāṇaka-p. regards the relics of Tathāgata in the same light as the pustaka. It clearly states:

> It is not necessary to deposit the relics of Tathāgata in the caitya. This is because the body of the Tathāgata in its perfect form is deposited there.[58]

The pustaka-worship got highlighted when emphasis got shifted to the copying *SP* for circulating the Dharmaparyāya mentioned in Stūpasaṃdarśana-p.. Once this happened, the caitya worship surfaced as a parallel to the stūpa-worship.

As examined above, the narration of the stūpa of Prabhūtaratna seen in Stūpasaṃ=darśana-p. (chap. XI) not only means an endorsement of the Dharmaparyāya of the *SP*, but also throws important light on the problem of entrusting the Dharma. The legend of Kāśyapa has been inducted in order to develop the hypothesis that the Dharmaparyāya of the *SP* is eternal, transcending the concept of time. The union bet=ween the traditional stūpa-worship which is based on the faith in the relics of

Tathāgata and the worship of pustaka which is a copy of the *SP*, the embodiment of the Dharma, has been attempted by shifting the scene to antarīkṣa (sky), that transcends time and space, where two Tathāgatas have been symbolically shown to remain seated together on the same throne. The assembly of the Tathāgatas of every direction of space also symbolizes the unity of the Dharma in the *SP*, the exponent of the ideal world of ekayāna. The attitude of the compilers of the *SP* towards division of the bone relics and erecting stūpas over them was a manifestation of their desire to unify the various trends that appeared in the course of time expressed symbolically through the assembly of the Tathāgata vigrahas. The expression of negative attitude toward śarīra-worship which we can find in *Prajñāpāramitā-sūtra*, is no more than the negation of the actual śarīra which is rather limited from the standpoint of philosophy in which the infinite dharma is emphasized. The *SP*, in the prosess of developing the positive world of ekayāna, sublates the conventional stūpa-worship, with a view to bringing about its union with the universal dharma. The *SP*, in this way, infused the element of eternal life into the conventional Buddha-view based on śarīra-worship, rather than negating this Buddha-view totally. The entrusting of this Dharmaparyāya was done without waiting for the appearance of Maitreya Buddha. The names of the Bo= dhisattvas who arose from the domain of ākāśa also clearly indicated that this entrusting was nothing but carrying out Bodhisattva practice in this world. The description that these cleft-born Bodhisattva can, more or less, be equated with the bhikṣus, seems to be closely related to the process of formation of the *SP*. The eternal life of Tathāgata propounded in response to the question of Bodhisattva Maitreya and the other Bodh= isattvas was also addressed to all the people who had a belief in future Buddha based on the traditional view of Buddha. Tathāgatāyuṣpramāṇa-p. (chap. XV) states that the eternity of Buddha should be expressed in the Bodhisattva practice which is synonymous with practicing Dharma:

> Oh young men of good families, I have not accomplished my ancient Bodhisattva-caryā, and the measure of my life time is not full.[59]

As the question of entrusting the Dharmaparyāya gets linked up with its actual circulation, the emphasis naturally gets shifted to its holding and reading and giving it the shape of pustaka by copying it. It is at this point that the pustaka based caitya comes to the fore pushing the śarīra-based stūpa to the background. Keeping pace with this new trend, the compilers of the *SP* also shifted their emphasis from their initial śarīra-worship to the newly arisen caitya-worship. However the pustaka-worship did not sever its connection totally with the stūpa-worship. This is one of the vital points on which this *SP* differs from the *Prajñāpāramitā-sūtra*. Again, herein we can see the whole-hearted dedication of the compilers of the *SP* to the historical Śākyamuni whom they conceived as the Buddha preaching the Dharma earnestly through the *SP*. It is this very dedication to the historical Śākyamuni that made the compilers of the *SP* to remain ever faithful to the conventional Buddha legend.

Notes

(1) Fuse, Kōgaku: *Hokekkyō Seiritsushi* 法華経成立史 (Daitō Shuppansha, Tokyo, 1934, repr. 1967). By comparing the prose sections and verse sections of the *SP*, Dr. Fuse has concluded that the Kumārajīva's translation retains the oldest and the original form, and that there are four stages in the formation of *SP*.

(2) Mochizuki, Ryōkō: *Kōza Daijyō Bukkyō* 講座大乗仏教 4 (Shunjūsha, Tokyo, 1983). The views of Japanese scholors regarding the formation of *SP* have been discussed here.

(3) *Sa-tan-fen-tou-li-jing* 薩曇分陀利経 . *Tz*, IX, p. 197a-p. 198a.

(4) See. H. Kern: *Saddharmapuṇḍarīka, or the Lotus of the true Law* (Sacred Books of the East, XXI, Oxford, 1884; Reprint by Motiral Baranasidas, 1980), p. 227 (repr), foot-note 1, 3.

(5) *Saddharmapuṇḍarīka*, ed. by H. Kern and B. Nanjio, (Bibliotheca Buddhica X). cirasyādya narāditya īdṛśīṃ kurute katham / p. 34, *l.* 7.

(6) *ibid.* tad ythāpi nāma mahā-nagara-dvāreṣu mahā-kapāṭa-saṃpuṭāv argalavimuktau pravisāryete / p. 249, *ll.* 1-2.

(7) Prof. Ocho, Enichi has disussed the relation between the stūpa of Prabhūtaratna and Mahakaśyapa in *Tahōtō Shisō no Kigen* 多宝塔思想の起源 (*JIB* vol. II, part I, 1953). cf. *Hokke Shisō no Kenkyū* 法華思想の研究 (Heirakuji-shoten, Kyoto, 1973). pp. 57-65.

(8) *Saddharmapuṇḍarīka*, ed. by H. Kern and B. Nanjio, pp. 240, *ll.* 10-241, 15.

(9) *Miao-fa-lien-hua-jing* 妙法蓮華経 (406 A. D). *Tz.*, IX, p. 33a, *ll.* 14-15.

(10) atha khalu bhagavān Prabhūtaratnas tathagato' rhan samyak-saṃbuddhaḥ siṃhāsanopaviṣṭah paryaṅkaṃ baddhvā pariśuṣka-gātrāh saṃghaṭita-kāyo yathā samādhisamāpannas tathā saṃdṛśyate sma / *SP.*, p. 249, *ll.* 4-6.

(11) *Zeng-a-han-jing* 雑阿含経, vol. 41, *Tz*, II, p. 302a, *ll.* 1-9, Prof. Kino, Kazuyoshi has discussed the relation between the thought of Prabhūtaratna and the legend of Kāśyapa Buddha in *Hokekyo no Tankyū* 法華経の探究 (Heirakuji-shoten, Kyoto, 1963). He has pointed out the

sources of this legend in his foot-note. *op. cit*. p. 216.

(12) *Zeng-yi-a-han-jing* 増壱阿含経 , vol. 44, *Tz*., II, p. 789a, *ll*. 5-14.

(13) *Da-tang-xi-ji* 大唐西域記 , vol. 9, *Tz*., LI, p. 919b, *ll*. 28-.

(14) *Divyāvadāna*, ed. by. P.L. Vaidya, (Buddhist Sanskrit Texts-No.20) p. 303, *ll*. 13-31.

(15) *op. cit*. K. Kino, p. 207.

(16) mama khalu Bhikṣavaḥ parinirvṛtāsya tathāgatātmabhāva-vigrahasyaiko mahāratna-stūpaḥ kartavyaḥ / śaṣāḥ punaḥ stūpā mamoddiśya kartavyāḥ / *SP*., p. 241, *ll*. 6-7.

(17) When I visited Gilgit in September 1983, I found many inscriptions and drawings on huge= rocks at Chilas II located along with the Karakorum Highway. There is a series of drawings of stūpas which seems to have developed gradually into the shape of sitting Buddha. The chronological order of those drawings is not clear. If we assume that the attempt here has been to depict the figure of Buddha through the stūpa, then this may throw significant light on the development of the stature of Buddha.

(18) idaṃ tu sarva-sūtreṣu sūtram agraṃ pravucyate/ dhareti yo idaṃ sūtraṃ asa dhāre jina-vigraham //35// *SP*., p. 255, *ll*. 9-10.

Kern has translated the word vigraha here as 'the body of the Jina', and also has translated the word Tathāgata-vigrahas as Tathāgata-frames. Kumārajīva has translated vigraha as emanation（分身）.

(19) K. Kino, *op. cit*., p. 199, *ll*. 2-6.

(20) The word 'dharma-kāya' appears for the first time in the verse section of Oṣadhī-parivarta (chap. V). Prof. Tamura, Yoshirō is of the view that this word is a laterday interpolation. vide. Prof. Y. Tamura: *Kōza Daijō Bukkyō* 講座大乗仏教 4 (Shunjūsha, Tokyo, 1983), pp. 86-87.

(21) evaṃ ca me cintitu eṣa dharmo ye cānye Buddhā daśasu ddiśāsu/ darśinsu te mahya tad-ātmabhāvāṃ sādhuṃ ti ghoṣaṃ samudīrayanti //119// *SP*., p. 55, *ll*. 11-12.

(22) paśyāmy ahaṃ sattva vihanyamānāṃ na cāhu darśemi tadātmabhāvam/ spṛhentu tāvan mama darśanasya tṛṣitāna saddharma parkāśayiṣye //9// *SP*., p. 324, *ll*. 9-10.

(23) vayam api bhagavānn imaṃ dharma-paryāyaṃ saṃprakāśayiṣyāmas tathāgatasya parinirvṛtasyādṛṣṭenātmabhāvena bhagavann antarīkṣe sthitā ghoṣam saṃśrāvayiṣyāmo' navaropita-kuśalānāṃ ca sattvānāṃ kuśala-mūlāny avaropayiṣyāmaḥ/ *SP*., pp. 368, *l*. 11-387, *l*. 2.

(24) *Miao-fa-lien-hua-jing*. *Tz*, IX, p. 52a, *ll*. 2-3.

(25) *SP*., p. 389, *ll*. 5-10.

(26) ataś ca āścaryataraṃ vadāmi śrutvāna yo dharmam imaṃ subhāṣitam / anumodi ekaṃ pi bhaṇeya vācaṃ kṛta sarva-buddhāna bhaveya pūjā //138// *SP*., 58, *ll*. 5-6.

(27) ...sa ca bhagavān vaihāyasam antarīkṣe sthitvā tīkṣṇaṃ dharmaṃ / deśayiṣyati...*SP*., p. 149, *ll*. 1-2.

(28) vide. note 16).

(29) Hirakawa, Akira: *Shoki Daijō Bukkyō no Kenkyū* 初期大乗仏教の研究 (Shunjūsha, Tokyo, 1968). p. 576.

(30) yaśasketu appears in Kashgar Manuscript. vide. *Sanskrit Manuscripts of Saddharmapuṇḍarīka*, vol. V, (Rissho University, 1979). p. 59.

(31) *Tz*, IX, p. 21a, *l*. 19. 名相如来 ; p. 87a, *l*. 23. 称歎如来

(32) mayi nirvṛte yo etaṃ dharmaparyāyu dhārayet/ kṣipraṃ vyāharatāṃ vācaṃ loka-nāthāna saṃmukham //10// *SP*., p. 252, *ll*. 3-4.

(33) ahaṃ dvitīyo bahavo ime ca ye koṭiyo āgata-nāyakānām/ vyavasāya śrosyāmi jinasya putrāt yo utsahed dharmam imaṃ prakāśitum //12// *SP*., p. 252, *ll*. 7-8.

(34) *SP*., p. 252, *ll*. 11-14.

(35) asyāṃ bhagavan sahāyāṃ lokadhātāv adhimānikāḥ sattvā alpakuśala-mūlā nityaṃ vyāpanna-cittāḥ śaṭhā vaṅka-jātīyāḥ/ *SP*., p. 268, *ll*. 4-5.

(36) *Tz*, IX, p. 36b, *ll*. 11-14. vide. L. Hurvitz: *Scripture of the Lotus Blossom of the Fine Dharma* (Columbia University Press. New York, 1976), p. 204, *ll*. 15-18.

(37) *SP*., pp. 270, *l*. 11-271, *l*. 1.

(38) *SP*., p. 297, *ll*. 3-5.

(39) *SP*., p. 271, *ll*. 2-5.

(40) *SP*., p. 297, *ll*. 6-11.

(41) cāṣṭānāṃ Gaṅgā-nadī-vālukōpamānāṃ bodhisattva-koṭī-nayuta-śata-sahasrānāṃ / *SP*., p. 302, *ll*. 11-12. Kern has translated this section as 'the eight hundred thousand myriads of koṭis of Bodhisattvas *similar to the sands of the river Ganges'*. p.286, *ll*. 22-23. Burnouf renders this part as 'en nombre éqal à celui des sables de huit Ganges.' vide. Burnouf, E., *Le Lotus de la Bonne Loi,* 1 tome, Paris, 1925. p. 183.

(42) *SP*., p.2, *ll*. 10-12.

(43) *SP*., p. 224, *ll*. 1-2.

(44) *SP*., p. 267, *ll*. 2-9.

(45) eṣa Maitreyo nāma Bodhisattvo Mahāsattvo bhagavataḥ Śākyamuner anantraṃ vyākṛto' nuttarāyāṃ samyaksaṃbodhau / *SP*., p. 307, *ll*. 11-12.

(46) *SP*., p.317, *ll*. 10-13.

(47) tvam evājita sa tena kālena tena samayena Yaśaskāmo nāma Bodhisattvo 'bhūt kausīdya-prāptaḥ/ *SP*., p. 22, *ll*. 12-13.

(48) ko bhikṣavo yusmākam utsahate tasyāṃ Sahāyāṃ lokadhātāv imaṃ addharmapuṇ-ḍarīkaṃ dharmaparyāyaṃ saṃprakāśayitum / *SP*., p. 250, *ll*. 10-11.

(49) *SP*., p. 255, *ll*. 9-10.

(50) *SP*., p. 309, *ll*. 2-11.

(51) *SP*., p.21, *ll*. 5-10.

(52) ...Tathāgato 'parinirvāyann eva parinirvāṇam ārocayati sattvānāṃ vaineyavaśam upādāya / *SP.*, p.320, *ll.* 2-4.

(53) *SP.*, p. 253, *ll.* 15-16.

(54) I have discussed this problem in my paper *Hokekyo ni okeru Shisho no kijutsu to Caitya Sūhai. Tamura, Yoshirō Hakase Kanreki Kinen Ronshū,* Tokyo, Shunjūsha, 1982, pp. 171-182.

(55) *SP.*, pp. 337, *l.* 3-338, *l.* 13.

(56) *SP.*, p. 226, *ll.* 1-6.

(57) yatra cājita sa kulaputro vā kuladuhitā vā tiṣṭhed ... tatrājita tathāgatam uddiśya caityaṃ kartavyaṃ tathāgata-stūpo 'yam iti ca sa vaktavyaḥ sadevakena lokeneti/ *SP.*, p. 340, *ll.* 6-8.

(58) ...tasmin Bhaiṣajyarāja pṛthivī-pradeśe tathāgata-caityaṃ karayitavyaṃ ... na ca tasminn avaśyaṃ tathāgata-śarīrāṇi pratiṣṭhāpayitavyāni/ tat kasya hetoḥ/ ekaghanam eva tasmiṃs tathāgata-śarīram upanikṣiptaṃ bhavati/ *SP.*, p. 231, *ll.* 7-11. The word śarīra means body in modern Bengali. ex. śarīr bhalo to? Are you all right? (Lit: Is your body good?)

(59) na ca tāvan me kulaputrā adyāpi paurvikī bodhisattva-caryā pariniṣpāditāyus-pramānaṃ apy aparipūrṇam/ *SP.*, p. 319, *ll.* 2-3.

Developmental Aspect of Dharmaśarīra

The famous verse of causation of *Mahāvagga* which prompted Sāriputta and Moggallāna to join the Buddhist monastic order has been quoted extensively in the subsequent Buddhist scriptures and commentaries as a *gāthā* epitomizing the *dharmaparyāya* along with the common stanza of the seven past Buddhas. It is in the *Sūtra Fo-shuo-zao-ta-gong-de-jing* (仏説造塔功徳経), translated during Tang era by Divākara that we find the first attempt to interpret this verse from the standpoint of Mahāyāna. In this *Sūtra*, this verse appears in the form of a reply to Avalokiteśvara by Buddha who was staying in *Trāyastrimaśa*. It says that the verse has been named as the embodiment of the truth of Buddha, and advises people to copy the verse and put it in the *stūpa*. It also describes that the merit one gets by putting the twelve-kinds *sūtras* of this four-line verse in the *stūpa* is equal to that one gets by putting a piece of *Tathāgata-śarīra* like a tooth etc. in the *stūpa*.

The basic attitude of Mahāyāna which considers *pustaka*-whoship to be superior to *śarīra*-worship can also be seen in the *Prajñāpāramitā Sūtra*. This attitude has also exerted great influence on the *SP*. Buddha Ghosa[1] has interpreted the word *śarīra* as the whole physical remains. Examples of using the term *śarīra* in the sense of whole physical remains and using the term *dhātu* in the sense of ashes are to be found in the *SP*.[2] Again, the word *śarīra* also means body, and in this sense this word has survived as a living word in many modern Indian languages like Bengali. The *Prajñāpāramitā Sūtra*[3] has storongly asserted the claim that it itself constitutes the *bhūtārthikaṃ śarīra* of Tathāgata. The *Prajñāpāramitā Sūtra* has expressed a negative attitude toward *śarīra*-worship in order to emphasize the merit of *pustaka*-worship in the place of *śarīra*-worship. It was nothing but a *Śunyatā*-based negation of the limited, an attempt to transform the physically limited thing into an infinite and universal thing. The *Prajñāpāramitā Sūtra* indeed had a profound regard for the real relics of Tathāgata, and it is this regard that prompted the *sūtra* to assert that it constitutes the *bhūtārthikaṃ śarīra*. The *Upāyakauśalya-p*. (chap. II) of the *SP* has described the merit of listening or retaining in memory even a single stanza of the *Sūtra*.[4] However, the single stanza here means one *gāthā* of the *SP*. These religious behaviors have been described there to lead all the disciples to enlightenment. This assertion of the *Upāyakauśalya-p.* has been emphasized all the more in *Dharmabhāṇaka-p.* (chap. X)[5] of the *SP*. There disciples or kulaputras and kuladuhitṛs who after hearing a single stanza, joyfully accept it, have been predicted to attain Buddhahood. It has been pointed out by Prof. A. Hirakawa[6] that the concept of Buddha and oneself constituting a single entity has been evolved from the belief in *Stūpa*. The merit produced by copying the four-line verse and putting it inside the *stūpa* mentioned in the *Fo-shuo-zao-ta-gong-de-jing*, is based on the belief in *stūpa*. It has been corroborated archaeologically that the verse of causation of *Mahāvagga* has been actually copyed or impressed. Xuan-zang has personally observed this practice described in the above *sūtra* near Rājagṛha. I would like to inquire here into the process that lead to assigning a prominent position to this verse in the Mahāyāna scripture with reference to the descriptions of Xuan-zang's, Yi-jing's and certain scriptures translated during the Tang era.

I

The *Vinaya Mahāvagga* describes the episode of Sāriputta and Moggalāna's joining the *saṃgha* of Buddha. In this description the verse is shown in the form of the reply of Assaji. The epitome of this section is as follows:

> Sāriputta, impressed by the dignified appearance of Assaji who was going about as begging priest early in the morning at Rājagaha, asked him who his teacher was after waiting patiently for his begging to finish. Assaji answered that he was initiated into the order of monkhood by Bhagavat Śākyamuni who was also his teacher. Then, Sāriputta asked him about the doctrine help by his teacher. Assaji answered, he could not explain the doctrine in detail because he had just become his disciple. Even then Sāriputta enjoins Assaji to tell him the spirit of the doctrine. Then, Assaji recited the following *dhammapariyāya*.
>
> All the existences arise out of diverse causes. Tathāgata has explained these causes, and he has also explained their ceassation. The great Samaṇa is the holder of such doctrine.

(*ye dhammā hetuppabhavā tesaṃ hetuṃ tathāgato āha / tesañ ca yo nirodho evaṃvādī mahāsamaṇo* // MV., I, 23, 5)[(7)]

On hearing this *dhammapariyāya* Sāriputta obtained the pure and spotless eye of the truth, and Moggallāna, after hearing this, also obtained the same eye of the truth. Although they were assiduously practicing pure living under Sañjaya, after hearing this *dhammapariyāya*, they defected along with two hundred-fifty fellow disciples and went to the *vihāra* where Bhagavat was staying, and they joined the monastic order founded by him.

There, Sāriputta and Moggallāne were also addressed as Upatissa and Kolita by Bhagavat, and they were predicted to become the leaders of the disciples. That Sāri= putta was addressed as Upatissa can also be seen in *Rathavinīta Sutta*.[(8)] In the section where Sāriputta explains to Punna that the ultimate goal of a monk is to obtain *nibbāna*, we find him telling Punna that his name is Upatissa and that his colleagues call him Sāriputta. There is a suspicion[(9)] that the *Rathavinīta Sutta* which belongs to *Majjimanikāya* has been mentioned as '*Upatisa-pasine*' (the question of Upatissa) in the list of the seven *dhammaparyāya* appearing in the Calcutta Bhairāt inscription of Aśoka. There is also a view[(10)] that the verse of *Mahāvagga* is related to *Upatisa-pasine*, because this verse has been described as *dhammapariyāya*.

Examining this verse of *Mahāvagga* in the corresponding Chinese translations, we find that it has not been translated in the form of verse in the *Si-fen-lu*（四分律）and in the *Wu-fen-lu*（五分律）. This verse which the newly recruited disciple Assaji related to Sāriputta is thought to be the epitomized text of *dharmaparyāya* which beginners can retain easily in their memory. It is appropriate that an epitomized text like above should have the form of a verse when there is the question of reciting it. However, all the earliest *dharmaparyāyas* have not been transmitted in a form of verse, as can be seen in the seven kinds *dhammpaliyāya* appearing in the Aśoka inscription.

The *Si-fen-lu*[(11)] is the *Vinaya* handed down by *Dharmaguptika* sect, and has been translated into Chinese by Buddhayaśas of Kashmir who came to *Chang-an*（長安）in 408 A.D. According to the description of *Chu-san-cang-ji-ji*（出三蔵記集）, Budd= hayaśas translated this *Vinaya* exclusively from his memory during 401-412 A.D. Fa-xian（法顕）, who came to India during early fifth century in search of the *Vinaya* texts, has mentioned[(12)] in his account of travels that in those days, in the countries of North India *Vinaya* was handed down orally by the teacher to the disciples. The accuracy of such oral transmission is corroborated by the translation of *Si-fen-lu*. Again, the *Wu-fen-lu* which Faxian procured in Ceylon, was translated after his death by Buddhajīva and others in 422-423 A.D.

The description of Sāriputta and Moggallāna's joining the priesthood and the verse of causation can be found in the following Chinese versions:

The *Guo-qu-xian-zai-yin-guo-jing*（過去現在因果経）, tr. by Guṇabhadra. middle of 5th c., (*Tz.*, Vol. III, p. 652a-)

The *Fo-ben-hang-ji-jing*（仏本行集経）, tr. by Jñānagupta. later half of 6th c., (*Tz.*, Vol. III, p. 876a-)

The *You-bu-pi-nai-ye-chu-jia-shi*（有部毘奈耶出家事）, tr. by Yi-jing. 7th c., (*Tz.*, Vol. XXIII, p. 1027b-)

An examination of the above texts reveals that whereas two hundred disciples of Sañjaya joined the the monastic order of Buddha according to *Guo-qu*, the *Fo-ben*, where the contents have undergone considerable evolution, puts the number at five hundred families. The *Fo-ben* shows Sāriputta as a person well accomplished in letter, and says that between the two sects, viz., *Mahāsāṃghika and Kāśyapīya*, the former has preached the same text of law of causation. Again, the verse translated in the *Guo-qu* differs from that in the *Fo-ben*, and seems to be geneologically associated with the *Wu-fen-lu* which belonged to the *Dharmaguptika* sect. Judging from this, the verse regarded as having been answered by Assaji seems to have been handed down in various forms both in verse and prose besides that seen in the *Mahāvagga*. Yi-jing gives the Chinese translation of the verse in his *You-bu*. This verse can also be seen in his Records of the Buddhist Religion. According to his record,[(13)] the priests and the laity in the West (=India) made *caityas* or images with clay, or impressed the Buddha's image on silk or paper, and worshipped it with offerings wherever they went. They built *stūpas* of Buddha by making a pile and surrounding it with bricks. They sometimes formed these *stūpas* in lonely fields, and left them to fall in ruins. When people made images and *caityas* which consisted of various materials such as gold, silver, copper, iron, clay, lacquer, bricks and stone, they put in the images or *caityas* two kinds of *śarīras*. The first was the relics of the great teacher, and the second was the verse of causation. Then he describes the verse which is the same as that apperaring in the *Mahāvagga*.

All existences arise from causes.
Tathāgata has explained these cause.
He has also explained how these causes cease.
This is the doctrine of the Great Samaṇa. (*Tz.*, Vol. LIV, p. 226c)

Yi-jing says in his record that the *Sūtras* praise through parables the merits of making images or *caityas*, and that the detailed account of this matter can be found in a certain *Sūtra*. The certain Sūtra in this case seems to refer to the *Yu-fo-gong-de-jing*（浴仏功徳経）translated by Yi-jing. From this record, we can understand that in those days both the priest and the laity in India practiced this custom extensively.

II

There seems to have been a common agreement in the Buddhist bodies including the Mahāyāna around the 3rd century A.D. that this verse of causation, which had by then got inseparably associated with Sāriputta and Moggallāna's entry into the Budd=hist order, was the epitomized teaching of the *dharma*. In the *Da-zhi-du-lun*（大智度論）of Nāgārjuna,[14] this verse has been shown as the verse spoken by priest Ma-xing（馬星）to Sāriputta, and it appears next to the so-called common stanza of the seven past Buddhas. Nāgārjuna says that this verse explains the first three of the four *Satyas*. The verse of causation has been discussed in the *Da-zhi-du-lun* in reference to Sāriputta's joining the Buddhist monastic order, and it may not be wrong to infer that this verse had not been claimed as an exclusive Mahāyānic text yet around this time.

The *Record of Buddhist Religion* of Yi-jing, which was written during his four year stay at *Śrīvijaya* (Sumatra) also relates the custom of putting the verse of causation into the images or the *caityas*. This Record reflects the views of the *Sarvāstivādin* to a great extent. This custom seems to have been practiced comparatively widely during and after the Gupta age, viz., from the 6th century A.D. onward. In is reported[15] that terra-cotta seals inscribed with the verse of causation in the script of the 6-7th century A.D. have been found at Śrāvastī. Again, the *Epigraphia Indica* vol. XXXXVII[16] carries a report on trial excavations carried out in 1963 at the Rājbādīdāngā (West Bengal) where the ruins of a monastic establishment has been unearthed. Among the objects retrived, there were a large number of clay seals. Some of these seals bore the verse of causation in the script of the 6-7th century A.D. This verse of causation has also been carved on the stone-plaque of Sārnāth (Lüders 929) which is reported [17] to be in Pāli language written in Brāhmī script of the 3-4th century A.D. This stone-inscription seems to antedate any other inscription of the verse of causation. Again, the other stone-inscription in the script of the 5th century A.D. also excavated from the same place (Lüders 1444) has been estimated to antedate any other inscription of this verse in Sanskrit.[18] Besides these inscriptions, it is reported [19] that the verse of causation has also been carved on the veranda of the Caitya-cave of Kaṇharl in the 5th century calligraphic style.

Fa-xian, who entered India in early years of the 5th century has not mentioned the custom of putting the verse of causation in images or *caityas* (or *stūpas*). Although there is nothing to do but wait for archaeological findings to corroborate this lack of reference by Fa-xian, it can reasonably be inferred that despite the carving and copying of the verse of causation, the custom of regarding it as a real relics of Buddha and putting it in the *stūpas* (or *caityas*) or images was probably not prevalent in India upto the 5th century.

Xuan-zang, who returned to Chang-an in 645 A.D. has reported that there was the custom of putting the verse of causation, which he has translated as *Fa-shi-li*（法舍利）meaning the *śarīra* of *dharma* literally, inside the *stūpas* in Rājagṛha in Middle (Central) India in those days. In this connection he has referred to *Veṇuvana* near Rājagṛha and the scholar Jayasena in his *Da-tang-xi-yu-ji*（大唐西域記）vol. IX. According to his description, Jayasena a *kṣatriv*a of West India, having studied hard reached the advanced age of seventy. The *Śramaṇas, Brahmas*, other heretics, king and ministers, and rich persons received instructions from him. Biographies of Xuan-zang also say that he studied under the guidance of Jayasena, and took lessons on *Vijñaptimātratā* from him for two years. There appears a description of interest as follows:

> There is a custom in India of making *stūpa* of five or six *chun*（寸=3.03cm）height from kneaded incense, and then enshrining quotations from the Buddhist scripture in it. This is called the *śarīra* of the *dharma*. As these *stūpas* gradually increase in number, a *Mahāstūpa* is erected and the smaller *stūpas* are enshrined in this *Mahāstūpa*. Following this, memorial services are held continuously.
>
> (*Tz*., Vol. LI, p. 920a)

Jayasena, enlightened the students by preaching the fine *dharma*（妙法）orally during the day time, and worshipped and meditated at night. He made seven *koṭi stūpas* in a span of thirty years, and having erected a *Mahāstūpa* for every one *koṭi*, held a memorial service on a large scale. Xuan-zang has stated that *koṭi* means Yi（億 = ten thousand million) of the Tang age. Sanskrit *koṭi* means ten million as in Modern Hindī. It is do= ubtful whether Jayasena could make seven hundred million *stūpas* in a span of thirty years. However, there is the instance of the Chinese *Yi* standing for ten thousands in ancient time. If we take this value of *Yi*, then, Jayasena enlightened students in the daytime, and made 64 *stūpas* a day, which seems to be not very impossible. Although Xuan-zang has said nothing about the text of the *śarīra* of the *dharma*, judging from the inscriptions of the period excavated so far, it is very likely that the clay seals insc= ribed with the verse of causation were called the *śarīra* of the *dharma*. Again, he has described that Jayasena was on *Upāsaka*.

Considering from the distribution of the Mahāyāna and Hīnayāna sects on the ba= sis of the *Da-tang-xi-yu-ji*, it seems that both Mahāyāna and Hīnayāna were practiced in Magadha in those days. Especially the names of *Sarvāstivādin* and *Mahāyāna-theravāda* have been mentioned there as the Hīnayāna sects. The classified table prepared by Prof. A. Hirakawa shows[20] that there were about ten and several thousand monks in the Mahāyāna school including several thousands of Nālanda. Against this, there were six thousand and several hundred monks in Hīnayāna including one thou= sand monks of the *Mahāyāna-theravāda* school.[21] The information given in the *Da-tang-xi-yu-ji* on the centres of learning reveals that about sixty percent of these were the centres of Hīnayānic learning, about twenty-four percent were the centres of Mahāyānic learning and the remaining fifteen percent were the centres teaching both Mahāyāna and Hīnayāna. If we assume the last category to be the Mahāyānic centres for studying *Abhidharma* Buddhism, then the Mahāyāna-Hīnayāna ratio of the centres of learning turns out to be forty-sixty. Against this, in Magadha the ratio of priests of Mahāyāna and Hīnayāna was two to one. Judging from this, Mahāyāna maintained a superior position at least in numerical strength in Magadha.

Jayasena, in spite of being an *Upāsaka*, gained high esteem of the people for carring out Buddhist practices assiduously. It is said that he invited a large number of monks to the religious service for the *stūpa* of the *śarīra* of the *dharma*. Biographies of Xuan-zang describe Jayasena as *Ju-shi* (居士 = Skt., *gṛhapati*).[22] According to the record of Yi-jing and excavated inscriptions, the custom of the *śarīra* of the *dharma* (the verse of causation) in those days does not seem to have not been confined to the *Upāsaka* alone. Supposing that Jayasena had been making these *stūpas* for thirty years, it can be said that the custom of the *śarīra* of the *dharma* was in vogue at the end of the 6th century. This period seems to agree quite well with the period when the verse of causation was copied or impressed on the clay seals.

The following description of the *Da-zhi-du-lun* of Nāgārjuna gives an interesting hint on the process involved in copying of the *sūtra* in the 3rd century A.D.

> If there is a person who having heard the meaning of *Prajñāpāramitā* from a teacher, does not know the script in spite of having been deeply impressed. He can not recite the *sūtra* because he lives far apart from the teacher. So no matter what is the cost, he engages a person to copy the *sūtra* for him. After that, he holds vari= ous religious services sincerely for that (*pustaka*). Because he does all these with a very sincere mind, he acquires merit equal to that of a reciter.
>
> (*Tz.*, Vol, XXV, p.464 b)

The copying described here means the copying of the *Prajñāpāramitā Sūtra* of Mahāyāna. These people who were so wealthy that they could ask someone to write down the teachings of the *Prajñāpāramitā Sūtra*, might not have been the laity alone. In those days the people who could not recite the *sūtra* since they did not know the letters, asked experts to copy the *sūtra* by paying precious things, and obtained merits by holding various types of religious service. This gives us a glimpse of *pustaka* worship of those days. For example, there is the manuscript of the *SP* found in Kashgar[23] in which we can find the names of various *dānapatis* at the end of certain chapters. Again, there exists a palm leaf manuscript[24] in the National Archives of Nepal where the errors have been corrected by somebody other than the author because this *MS* has sometimes omitted or added several lines by error. It is unlikely that this *MS* had ever been recited because of its being in wrong order. Although it is not very clear whether this MS was written by an expert or not, this is a good example of a Buddhist scripture which after having been written, was cherished as a *pustaka* instead of being used for recitation.

I have already stated earlier that the custom of copying or impressing the verse of causation on the clay seals was very popular around the end of the 6th century. The verse of causation in Sanskrit was copied almost in the same form as that of the *Mahāvagga* of Pāli. Among the inscriptions excavated, there is a plate in which passage from the *Mahāparinibbāna Suttanta* has been inscribed next to the verse of causation.(25) In Xuan-zang's days, the *śarīra* of the *dharma* was installed in the *stūpa* as a real relics of Buddha. He has mentioned that these *stūpas* were five or six *chun* high. It seems that he has given the correct size of the *stūpas* as there are references of *stūpas* of the size of mango in the *sūtras*. It was very likely that the verse of causation was popularly called as the *śarīra* of the *dharma* in those days. I suppose this was the reason why Xuan-zang did not referred to the *sūtra* connected with the *śarīra* of the *dharma* while mentioning this custom.

In 676 A.D. about thirty years after Xuan-zang's return to China, the *Fo-shuo-zao-ta-gong-de-jung* (*Tz*., Vol. XVI, p. 801ab) was translated into Chinese by Divākara who came to China from Central India. This Sūtra occupies less than two-third of a page of the *Taishō Shinshū Daizō-kyō*（大正新脩大蔵経), and according to its preface Divākara was assisted by five Śramaṇas at *Hong-fu-dao-chang*（弘福道場). The epitome of the *Sūtra* is as follows:

> Once Buddha stayed in *Trāyastriṃśa* with great Bhikṣus, Bodhisattvas, and numerous Devapatis. Then Mahābrahmans and others, coming over there, and wanted to hear the way of erecting the *stūpa*. Avalokiteśvara who was also there, came to know their wish and implored Tathāgata to explain it so that they could derive benefit. Accordingly, Bhagavat explained that the *Devas* of the present and the *Sattvas* of the future should erect *stūpa* in the places where there are no *stūpas*. Even if the shape of the *stūpa* is larger than the *tri-loka*, or is as small as that of a mango, they should put *Tathāgata-śarīra*, hair, teeth, moustache, nails, or a piece of these, or twelve-kinds *Sūtras*, or four-line verse in the *stūpa*. If they do this, the merit they gain will be equal to that of Brahman, and after their death they will be born in the world of Brahman, and also in *Śuddhavāsa*. And then, Avalokiteśvara again implored Bhagavat to explain the meaning of the four-line verse, because he had already installed the *śarīra* or *sūtra* although he had not known the meaning of the four-line verse. Thereupon, Bhagavat explained the verse.

All existences are born of causes.
I have explained these causes.
With the ceassation of cause comes destruction.
This is my teaching. (*Tz.*, Vol. XVI, 801b)

Bhagavat named the above verse as the body of the *dharma* of Buddha, and advi= sed them to copy the verse and put it in the *stūpa*. Every cause and phenomena arisen from those causes was named the body of the *dharma*, because of its tran= quility. And if one understands this meaning, then it will amount to his seeing the Buddha.

Like this, the *Fo-shuo-zao-ta-gong-de-jing* has tried to give the verse of causation a new Mahāyānic interpretation by introducing a new dimension, viz., that the meaning of this four-line verse has been explained to Avalokiteśvara. In short, by adopting a new explanation that this verse has been related to Bodhisattva by Śākyamuni and keeping complete silence over the episodes of Sāriputta's joining the monastic order, the author has tried to make it an exclusively Mahāyānic verse.

At this stage it is necessary to study the relation the *Fo-shuo-zao-ta-gong-de-jing* bears with the *Yu-fo-gong-de-jing* (*Tz.*, XVI, 799c-800c) translated by Yi-jing, and the *Yu-xiang-gong-de-jing* (*Tz.*, XVI, 798c-799b) translated by Bao-si-wei（宝思惟）. As for the contents, the *Yu-fo-gong-de-jing* is very close to the *Yu-xiang*, although the former includes the verse of causation not found in the latter. In addition to it, the *Yu-fo-gong-de-jing* mentions two kinds of *śarīra*. One the relics of *śarīra*, and the other verse of *śarīra*, by which the verse of causation is meant. Yi-jing has described these two types of *śarīras* in his Record as well. Chronologically Bao-si-wei's translation is dated 705 A.D. and that of Yi-jing's 710 A.D. The *Yu-xiang*, however, authenticates the custom of putting the verse of causation in the images or *stūpas* described in the Record of Yi-jing. Against this, the *Fo-shuo* has concentrated just on one point, viz., giving a Mahāyānic grab to the verse of causation.

The Sanskrit text of the *Fo-shuo-zao-ta-gong-de-jing* has not been discovered yet, but from its preface it is very clear that the word *Ta*（塔）stands for *sūtra* and not *caitya*.[26] I think I must point out some contradiction found in Yi-jing here. In his Record, he has mentioned the enshrining of the verse of causation in the *caitya*, whrereas in *Yu-fo* he has mentioned *stūpa* as the place of enshrinement. Both the *Prajñāpāramitā Sūtra* and the *SP* have made a clear cut distinction between *stūpa* and *caitya*, associating the former with *śarīra* and the latter with *pustaka*. It seems that the *Fo-shuo* and *Yu-fo* have been formed with the object of equating the verse of causation with the real *śarīra*. Because of this, both have adopted the word *stūpa* since it enshrines śarīra. However, I suppose that in the days of Yi-jing they applied the term *caitya* loosely to the thing that enshrined the verse of causation by assuming this verse to be a quotation from the scripture as can be seen in his Record.

As mentioned above, it seems that the stanza (or the verse of causation) connected with the story of Sāriputta and Moggallāna's joining the monastic order came in a number of forms initially till it was standardized in the form that we see in *Mahāvagga*. Some of the forms mentioned above were not in verse, but in prose.

This verse started appearing in the inscriptions from around 3-4th century A.D. Pri= or to this, this verse seems to have been accepted as the epitome of Buddha's teach= ings together with the verse of the past seven Buddhas by the various Mahāyānic grou= ps.[27] The *pustaka*-worship advocated in the *Prajñāpāramitā Sūtra* and the *SP* has introdu= ced the custom of installing the verse of causation in *stūpa* as a real relics of Tathā= gata. The basis for this was the advocacy in the *Prajñāpāramitā Sūtra*, that the real relics of Tathāgata was the *pustaka*. It can be deduced from the archaeological evidences and the description of Xuan-zang that the custom became gradually popular from the end of the 6th century A.D. Some *Sūtras* translated during this period also emphasize the superiority of the merit of holding and practicing *Aṣṭāṅga-samanvāgatopavāsa* over the merit of erecting *śarīra-stūpa*[28] and the superiority of the merit of adopting the three *ratnas* over that of erecting the *stūpa*.[29] Even then the practice of depositing the verse of causation in the *stūpa* and regarding it as real *śarīra* continued unabated, be= cause of the popular belief that one can acquire merit by depositing *śarīra* in *stūpa*. Si= multaneously with this the merit acquired by making images was also emphasized, and the custom of depositing the verse of causation inside images also became very popular as can be seen in the record of Yi-jing. This can be considered as the backgro= und in which the *Fo-shuo-zao-ta-gong-de-jing* tried to give a Mahāyānic interpretation to this verse of causation.

Again, it is very likely that the *Fo-shou-zao-ta-gong-de-jing* was not a very popular scripture in central India at the time when Xuan-zang visited India. According to the biography of Xuan-zang, the *Xuan-zang-fa-shi-hang-zhuang* (*Tz.*, L, 220b), of the Sanskrit scriptures brought back by Xuan-zang, there were five hundred and eighty-two which had been left untranslated by him. However, it is unlikely that Xuan-zang, in spite of having mentioned about the custom while discussing Jayasena's building of *stūpa*, would have left the *Sūtra* related with this practice untranslated. Accordingly, I think that this *Sūtra* became very popular in central India during the thirty year period that elapsed between Xuan-zang's home-coming and Divākara's arrival in China. It see ms that Yi-jing's *Yu-fo-gong-de-jing* was formed during the same period or at a slightly later date.

In any case it can be said that the practice of depositing the verse of causation also called as the verse of *śarīra* or the *śarīra* of *dharma*[(30)] in images or *stūpas* was very popular in this age. It is in such a situation that the *Fo-shuo-zao-ta-gong-de-jing* and *Yu-fo-gong-de-jing* appeared. Following this, the concept of merit acquired by erecting *stūpa* was adopted by the esoteric Buddhists, which is reflected in the esoteric Budd= hist scriptures like the *Fo-shuo-zau-ta-yan-ming-gong-de-jing*（仏説造塔延命功徳経）(*Tz.*, XIX, 726a-727c) translated by Prajñā.

The verse on causation was carved on the bronze statues during the Pāla who became powerful in the later half of the 8th century.[(31)] Again, there are reports of the verse of causation carved on a Śiva-liṅga and on the back of Jina Ṛṣabha.[(32)] The verse of causation also appears at the end of certain Sanskrit Mahāyānic texts like the *SP*[(33)] or the *Suvikrāntavikrāmi Paripṛcchā Prajñāpāramitā Sūtra*.[(34)] It is likely that great impor= tance was attached to this verse in the later ages being regarded as the epitomized form of the Buddhist scriptures and comsequently got appended at the end of the *Sūtras* mentioned above.

This paper is a translation of *"Engi-hōju to Zōtōkudoku-kyō"* which has been originally printed in Japanese in essays of the felicitation to Prof. A. Hirakawa (1985).

notes

(1) *Sumaṅgala-vilāsinī*, D XVI, 6, 23.
śarīrān' eva avasissiṃsū ti pubbe ekasaṇghāte ṭhitattā śarīraṃ nāma ahose.

(2) na ca śarīraṃ dhātu-bhedena bhetsyate / ekaghanaṃ casya śarīraṃ bhaviṣyati saptaratna-

stūpaṃ praviṣṭam / (*Kern and Nanjio's edition of Saddharmapuṇṇḍarīka*, p.259, 14-15) ; *Tz.*, Vol. IX, p. 35a.

(3) vide. *Aṣṭasāhasrikā Prajñāpāramitā*, Buddhist Sanskrit Texts No. 4, p.48, 1 ; *Abhisamayālaṃkā=rālokā Prajñāpāramitāvyākyā*, ed. by U. Wogihara, Tōyō Bunko, Tokyo 1973, p. 268.
etad dhi tathāgatānāṃ bhūtārthikaṃ śarīraṃ ; *Tz.*, Vol. VIII, p. 435c.

(4) Kn., p.46, 10 ; *Tz.*, Vol. IX, p. 8a ; The merit of keeping in memory even a single stanza has also been described in the *Vajracchedikā Prajñāpāramitā*. vide. *Vajracchedikā Prajñāpāramitā*, ed. and tr. by E. Conze, Roma 1957, p. 33.

(5) Kn., p.224, 5-7 ; *Tz.*, Vol. IX, p. 30c.

(6) A. Hirakawa, *Kōza Daijō Bukkyō*, Tokyo 1982, p. 20.

(7) Makoto Nagai has arranged the words appearing in the verse of causation grammatically in his book : *Dokushū Pāli-go Bunpō*, Tokyo 1959, p. 100 ; Prof. H. Nakamura has discussed this verse in his paper : *Engi-setsu no Gen-kei*, JIBS. Vol. V, 1(1957). He also touched upon this verse in his comparative study on the *Mahāvagga* and the *Catuṣpariṣat Sūtra* in his book : *Gotama Buddha* (selection vol. II). Again, he has also mentioned some Chinese translations of this verse in the above book. vide. *op. cit.*, p. 348, note. 2.

(8) *Rathavinīta Sutta*, Majjhima Nikāya Vol. I, (*PTS*) ed. by V. Trenckner, London 1888, p. 150.

(9) Prof. E. Maeda has discussed certain views on the seven *dhamma-paliyāyas* of Aśoka inscription in his book : *Genshi Bukkyō Seiten no Seiritsushi teki Kenkyū*, Sankibō Busshorin, Tokyo 1964, pp. 604 ff ; vide. A. Hirakawa : *Aśoka-ō no Shichi-shu no Kyō-mei yori mita Genshi-kyōten no Seiritsu-shi*, JIBS. Vol. VII, 2.

(10) Prof. E. Maeda has a negative view on this opinion in the light of the Chinese version. vide. *op. cit.*, p. 536.

(11) vide. A. Hirakawa : *Ritsuzō no Kenkyū*, Sankibō Busshorin, Tokyo 1960, chap. I, 3.

(12) *Tz.*, Vol. LI, p. 864b.

(13) The following English translation of this work is also available : *A Record of the Buddhist Religion as Practised in India and the Malay Archipelago* (A.D. 671-695) *by I-tsing*, London 1896 (Second Indian Edition, Munshiram Manoharlal Budlishers, 1982), pp. 147-152.

(14) Nāgārjuna is believed to have lived around 150-250 A.D. by Japanese scholars. É. Lamotte, judging from the quoted texts, has suggested the beginning of 4th century A.D. as the uppermost limit of the period of the whole formation of the *Da-zhi-du-lun* in the introduction of his book: *Le Traité de la Grande Vertu de Sagasse*, Tome III (1970). Louvain.

(15) Prof. Masao Shizutani has mentioned this report (based on IHQ, Vol. XXXII, p. 156) in his book : *Indo Bukkyō Himei Mokuroku*, Heirakuji Shoten (Sh. M), Kyoto 1979, p.188. No. 170.

(16) *Epigraphia Indica*, Vol. XXXVII, pt. 1 (1967), p. 28 ; Sh. M., p. 231, G-204.

(17) S. Konow and J.H. Marshall : *Excavations at Sārnāth*. 1908, ASIAR (Annual Reports), 1908,

p.74, no.2 ; Sh. M., p.127, No.1699.

(18) vide. Sh. M., p.185, No.139 ; Many inscriptions bearing the verse of causation have been discovered from Sārnāth. ; Burnouf has referred to this verse and quoted the English translation by Csoma de Cörös in the note of his French translation of the *SP*. vide. *Le Lotus de la Bonne Loi*, Appendice, pp. 521-524.

(19) Sh. M., p. 172, No. 74.

(20) vide. A. Hirakawa : *Shoki Daijyō Bukkyō no Kenyū*, Tokyo 1960, chap. VIII-4,1.

(21) vide. Ji-xian-lin(季羡林) : *Guanyu Da-cheng-shang-zuo-bu de Wen-ti*(关于大乘上座部的問題), Zhongguo She-hui-ke-xue（中国社会科学), 1981, (5) ; Kyōgo Sasaki : *Daijyō Jyō-za-bu ni Tsuite*, JIBS, Vol. XII, 1.

(22) *Tz*., Vol. L, p. 452c ; *Tz*., Vol. L, p. 244a.

(23) Prof. K. Toda says that the Kashgar MS is likely to belong to the ninth or tenth century A.D. vide. *Saddharmapuṇḍarīka-sūtra ; Central Asian Manuscripts Romanized Text*, Tokushima 1981, p. 2 (Introduction) ; For example, the end of first chapter of Kashgar MS contains the following sentence : *ayaṃ deyadharmaṃ dānapati Jalapunasya*.

(24) *The Sanskrit Manuscripts of Saddharmapuṇḍarīka ; Collected from Nepal, Kashmir and Central Asia*, Rissho University, Tokyo 1977-82, refers to this Nepalese MS as N2. Although in reality, the palm-leaf MS No.4/2 corresponds to this.

(25) K. Hazra has concluded that the Theravāde Buddhism flourished in Lower Burma in the sixth century A.D. on the basis of two gold plate inscriptions found at Maunggan village, and has pointed out that the second and the third lines referring to the Buddha in the second plate can be traced to the *Mahāparinibbāna Sutta* of the Dīgha Nikāya (*DN*. II, p.93). vide, K.L. Hazra : *History of Theravāda Buddhism in South-east Asia*, Munshiram Manoharlal Publishers, Delhi 1982, pp. 60-64.

(26) Nanjio in his catalogue has put the following remark on the name of this sūtra : *Sūtra spoken by Buddha on the merit of erecting a Caitya*. However, in this case, the word *caitya* should be replaced with *stūpa*. cf. *A Catalogue of the Chinese Translation of the Buddhist tripiṭaka*, Oxford 1883, No. 523.

(27) This verse can be seen in the *Dhamma-pada*, 183 and *Udānavarga*, II-1. vide. H. Nakamura : *Shinri no Kotoba*, Iwanami Bunko, Tokyo 1978, p.105. note, 183.

(28) *Tz*., Vol. XVI, p. 785a ; *Tz*., Vol. XVI, p. 787b.

(29) *Tz*., Vol. XVI, p. 784a.

(30) The word *dharma-śarīra* can be seen in the *Abhidharma-kośa-bhāsya*. Paramārtha and Xuan-zang have translated this word as 'the body of the dharma（法身)'. The original word 'the body of *dharma* of Buddha（仏法身)' seen in the *Fo-shuo-zao-ta-gong-de-jing* seems to be *dharmaśarīra*. vide. *Abhidharmakosha-bhāsya of Vasubandhu*, ed. by Pradhan, Patna 1967, p.

264,5 ; *Tz*., Vol. XXIX, p. 248c & *Tz*., Vol. XXIX, p. 94b.

(31) vide. Sh. M., pp. 199-220. Nos. 22, 28, 29, 31, 35, 36, 38, 41, 43, 57, 63, 68, 70, 71, 74, 76 and 77.

(32) It is reported that there is a Śiva liṅga inscribed with this verse found at Soro (Balasore Dis., Orissa). The script suggests that it was carved at the end of ninth or in the beginning of tenth century. vide. S. C. De : *A Śiva Liṅga Inscribed with Buddhist Bhāraṇi from Soro*, The Orissa Historical Research journal, publ. by P. Ācharya, I, No.4, 1953, pp. 271-273 ; Sh. M., p. 215 ; It is repoted that there is a statue of Jina Ṛṣabha with the verse of causation carved on its back. vide. R. Chanda : *Exploration in Orissa*, Memoirs of the Archaeological Survey of India, No.44, Calcutta 1930, p. 9 ; Sh. M., p. 218, No.134.

(33) This verse appears in a palm-leaf MS preserved in the British Museum, vide. Kn's MS.B=Or.2204.

(34) *Suvikrāntavikrāmi Paripṛcchā Prajñāpāramitā Sūtra*, ed. by Ryūshō Hikata, Kyūshu University, 1958, p. 129.

Buddhas of All Directions

—Concept of Direction in Mahāyāna Buddhism—

Direction is usually defined as a concept that puts the world in an orderly perspective by dividing the space around an arbitrary location. Direction may manifest in a number of ways depending upon the way one looks at it. It may be two dimentional, comprising vertical and horizontal. Again, it may be expressed through the four cardinal points, east, west, north and south. Sometimes the number of such points are increased to eight by adding the four intermediate directions, viz., north-east, south-east etc. Quite often the number of directional points are rounded off to ten by adding zenith and nadir to the above eight. The arbitrary location around which such division is made is usually synonymous with the actual world we live in. The concept of direction usually serves as a bridge spanning the actual world with the utopian one, the one for which we long so much.

In short, of the various concepts of direction, the ten-directional one views the world in global perspective, and it is needless to say that the Mahāyāna Buddhism accepts the concept of worlds in ten directions together with the Buddhas preaching there. This concept of the Buddhas of ten directions along with the newly arisen concept of Bodhisattva which differ radically from the explanations put forward by the traditionl sects is usually regarded to constitute the basic characteristics of Mahāyāna Buddhism. The elements of present multiple Buddhas were already present in the doctorine of one of these traditionl Buddhist sects; and a careful study of *Mahāvastu* and *Kathāvatthu* suggest that the Mahāsaṃghika sect advocated it. When we compare this with the Buddhas of ten directions featuring in the Mahāyāna scriptures, we can see some points of similarity. I would like to discuss here the relevance between the actual world and the non-homogeneous or religious direction on the basis of *Saddharmapuṇḍarīka-sūtra*, the famous scripture of Mahāyāna.

I

We come across the famous story of Mahābhijñājñānābhibhū, a Buddha of a past world in Pūrvayoga-parivarta, the seventh chapter of *SP*. He had Jñānākara and fifteen other sons when he was still a crown prince. On coming to know that their father was a Buddha, these sixteen princes became śramaṇas and attained Buddhhood in due course of time. They preached the dharma in ten world of ten directions. However, a closer look at the directions of these Buddhas reveals that the two directions zenith and nadir are missing here. Again, the sixteen Buddhas are also not distributed evenly in the remaining eight directions. Going clockwise, there are two Buddhas each in the directions east, south-east, south and so on upto north, one in north-east, and finally Śākyamuni; the sixteenth Buddha at the centre, i.e., the Sahā-world.(1) Fig. A shows the graphical representation of this arrangement.

The early Buddhist canon defined the ten directions as the four cardinal directions, the four intermediate directions plus zenith and nadir.(2) The *SP* has used both the terms 'ten directions' and 'four directions' to express the concept 'all directions'. Now, when we see the seene in chapter VII where Brahman earnestly requests the Buddha to preach, we find the ten directions expressed in concrete terms. Indeed the two directions zenith and nadir have been mentioned here in no uncertain terms. Starting with east, the *SP* has narrated the directions in clockwise direction upto north-east, and finally rounding up with nadir and zenith. However, it must be mentioned at this point that although the *SP* has used the term ten directions in a number of places in the text, it has assigned Buddhas only to eight directions, leaving zenith and nadir devoid of any Buddha.

The present day concept of multiple Buddhas constituted an integral part in the teachings of Mahāsaṃghika sect. *Kathāvatthu*, a commentary attributed to the The=ravāda sect and preserved in Ceylon, says that the Mahāsaṃghika sect advocated the presence of Buddhas in the worlds in all directions.(3) It is noteworthy that the term 'all directions' here consists of only six directions, viz., east, west, north, south and zenith and nadir. The names of the Buddhas in the worlds in all directions advocated by the Mahāsaṃghikas have been given in *Mahāvastu*, and here we fined that five Buddhas have been assigned to the east, three to the south, and one each to the west,

Fig. A

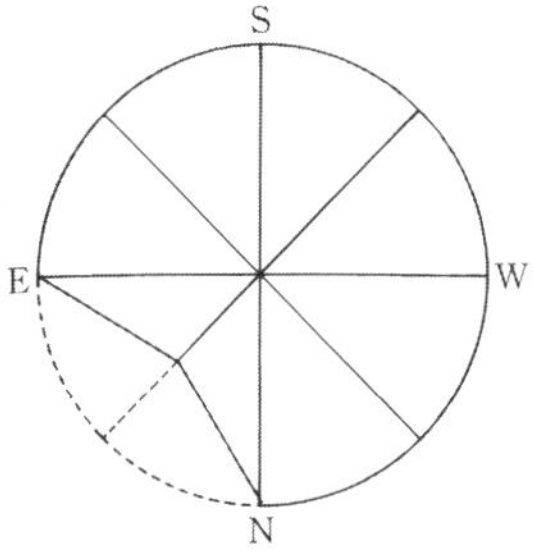

Fig. B

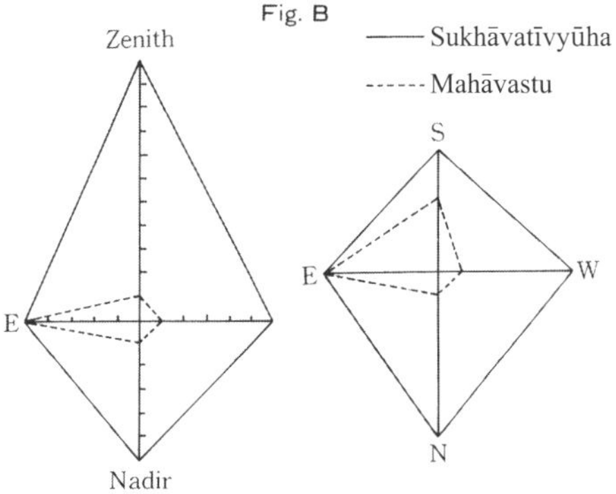

north, nadir and zenith. In other words, *Mahāvastu* also corroborates the six directions appearing in *Kathāvatthu.*[4] These scriptures clearly prove that the concept of multiple Buddhas was one of the basic tenets of the Mahāsaṃghikas. The Mahāyāna scriptures, however, have gone one step further by introducing such concepts like Buddhas of four, five six directions (as can be found in the Sukhāvatīvyūha), or Buddhas of eight and ten directions and so on. Again, in the Buddhas of ten directions we have further sub-divisions like ten Buddhas of ten directions, twelve Buddhas of ten directions and forty-two Buddhas of ten directions etc.[5]

It seems that the Indian world view had no difficulty in accommodating the concept of multiple worlds. The Sarvāstivādins thought that the sphere of a Buddha's enlight=enment activity extended over three thousand great worlds. Even though this sect accepted the possibility of existence of many other such three thousand worlds, they concluded that these were not the realms of the Buddhas. This stipulation conforms to the view advocated eversince the *Āgamas* that two Buddhas connot appear simulta=neously in one world. Such a view of the Buddhas was obviously based on the belief that Buddha's capacity of enlightenment was infinitely great.[6]

Eight of the sixteen Buddhas of the eight directions, viz., the four cardinal directions and the four intermediate directions, appearing in the *SP* features also in *Fó-shēng-dāo-lì-tiān-wéi-mŭ-shuō-fă-jīng*（仏昇忉利天為母説法経。仏昇経 for short）. However, 仏昇経 has distributed only eight Buddhas and not sixteen as in the *SP* in the eight dire=ctions. If we assume that the advent of the concept of multiple Buddhas has helped the classification of multiple Buddhas in each direction in a very orderly manner, then it must be admitted that the concept of ten Buddhas of ten directions has captured the world in global perspective. In an attempt to make a comparison with the Budd= has of ten directions appearing in the *SP*, the Buddhas of six directions appearing in *Mahāvastu* were superimposed on the same appearing in *Sukhāvatīvyūha* by allotting a Buddha to a world, when, Fig. B was obtained. This figure shows that the worlds of Buddhas featuring in *Mahāvastu* bulge out in the east and in the south when seen from the top, whereas the distance of the zenith and of the nadir are the same when seen from the side. As against this, the worlds of the Buddhas, in the *Sukhāvatīvyūha*, show slight swelling in the west and the north directions when seen from the top (the Sanskrit text puts five Buddhas in east and south respectively, six Buddhas in the west and seven Buddhas in the north). The side view here however shows large extension in the zenith direction (the Sanskrit text puts eleven and six Buddhas in the directions of zenith and nadir respectively).(7) The figure clearly shows that the *Sukhāvatīvyūha* has tried to project a vertical view in the arrangement of the Buddhas with higher emphasis on zenith, rather than a east-west two dimensional view. In case the number of Buddhas posted in any direction in a Sūtra or a commentary is taken as an indicator for its commitment to the directions, then the association of Amitābha or Amitāyus with the paradise in the west can be understood easily from relation Sukhāvatī or Pureland holds with zenith.

II

When we compare the names of the Buddhas of various directions appearing in the important early Mahāyāna scriptures like *SP*, with those appearing in the *Mahāvastu*, we hardly find names common to both. By and large the same can be said about the Mahāyāna scriptures themselves as well. Even such inseparable relation like association of Akṣobhya with east or of Amitābha or Amitāyus with west has not been standar= dized in the Mahāyāna texts. Seen in this light, the names of the Buddhas appearing in Pūrvayoga-parivarta chapter of the *SP* may be said to be arranged in a relatively more orderly manner, and it must be admitted that the subsequent scriptures have drawn heavily from this arrangement.

The *Dà-zhì-dù-lùn*（大智度論）proposes out a hypothesis for the appearance of the Buddhas in the ten directions of the three temporal worlds as follows.

> Buddhas of ten directions in the three temporal worlds have been explained in the Mahāyāna scriptures along with their causes both internal and external. What can be the reason for this? The worlds of ten directions are full of sufferings like decrepitude, disease, sexual passion, anger and dissatisfaction. This is the reason why the Buddhas appear in the world. The sūtras have already said that the Buddhas would not have appeared had the world been free from decrepitude, disease, death and suffering. (8)

Dà-zhì-dù-lùn has asserted that the Buddhas appear for delivering mankind from sufferings like decrepitude, disease and death etc. It must be admitted that this asser= tion is in conformity with the Buddha-view proposed in Mahāyāna. A very interesting points emerges when we try to see this assertion in the light of the Buddha-worlds appearing in 仏昇経. (9) The 仏昇経 says that of the worlds of eight directions where Buddhas appear, worries like anxiety and suffering etc. are confined to the world of north-east direction alone. It goes on to say on this score that sexual passion, anger and dissatisfaction are almost absent in the world of east, and land is made of gold and silver etc. in the world of south. In the world of west, they eat things as delicious as those found in the Tuṣita heaven, and the world of north is free from the worries of nāraka, preta and tiryag-yoni birth. Again, of the worlds of four intermediate directions, the world of south-east consists of land made up of precious jewels and people live there in peace. In the world of south-west, the king has never punished people with whip or rod or has put anybody to death with sword. Bodhisattvas with supernatural powers are to be found everywhere in the world of north-west. Again, there is no durgati in this world. However, the north-east world, the world of Tathāgata Xīn-niàn-mǐn-āi (心念愍哀), is the land where people are addicted to sexual passion, anger and dissatisfaction. The people here carry weapons in their land, and have very ugly face and are of debased disposition. They fall to nāraka or pretaloke or tiryag-yoni after their death.

Dà-zhì-dù-lùn mentioned above asserts that the world of ten directions where Budd= has have appeared are full of sufferings and worries, whereas 仏昇経 singles out the world of north-east alone for this. 仏昇経 also assumes the Buddhas of eight directions to be the nirmitakāya, i.e., manifestation of Śākyamuni by stating "the Buddhas of eight directions are none other than I myself." Just as in the case of *SP*, the two directions zenith and nadir are missing from the list of directions where Buddhas reside. This point is closely linked with the title of this scripture which can be translated as Preaching in Heaven, where Śākyamuni ascends to Tuṣita heaven to deliver a sermon to his mother Māyā. Both the *SP* and the 仏昇経 have one point in common, viz., both have stated that Buddhas are present in eight directions. It must be repeated here once again that *SP* has assigned no Buddhas to zenith and nadir. Again, both the scriptures have treated the north-east direction as non-homogeneous world.

The Utsāha-parivarta chapter of *SP* has advanced the following explanation over the question as to why many bhikṣus did offer to carry out missionary work in the worlds other than the Sahā-world, when the issue of preaching in other world came up after Buddha's nirvāṇa: "The people in the Sahā-world are proud, lack kuśalamūla, basically wicked, fraudulent and constitutionally perverted".(10) Judging from the description given in 仏昇経, it is very likely that the Buddha-world of north-east is the Sahā-world of *SP*.

The Buddhas of eight directions have been described in the 仏昇経 under the concept that the Buddhas would get merged into Śākyamuni. The *SP* also seems to advocate similar concept. This is because the number sixteen in the term sixteen princes here by and large denotes a single entity. The *Chāndogya Upaniṣad* describes that a man (puruṣa) is made up of sixteen section (*Chān. Up*., VI., 7.1)(11) This interpretation of *Chāndogya Upaniṣad* also suggests that the number sixteen denotes an integral entity symbolically. This conventional Indian philosophical view found its way into Buddhism, and assertion made in the *SP* that Śākyamuni is the last of the sixteen princes clearly echoes this.(12)

Now, if the sixteen princes are distributed in the eight direction uniformly, the arrangement becomes the same as that in the *Zhéng-fă-huā-jīng* (正法華経) where two Buddhas have been assigned in the direction of north-east. Judging from the contents of the verse 88 of Utsāha-parivarta chapter, it seems that the old pattern has been retained in this direction without any modification. The Gilgit MS of *SP* apparently supports this conjecture because here expression similar of 正法華経 has been used. And if Śākyamuni is assigned to this north-east direction, then for the Buddhists this direction will become non-homogenous or religious, i.e., the Sahā-world.

When we consider that in the *SP* an episode of Mahābhijñājñānābhibhū has been linked with a past story of this world, then it is certain that Śākyamuni, who has been regarded as a preacher of the *SP* must have lived in the middle world, viz., the Sahā-world. Even if an attempt is made to unify all the Buddhas of ten directions with the historical Śākyamuni on the basis of traditional Indian belief, assigning Śākyamuni to any of the eight directions will just render the middle world a loka devoid of any Buddha. Such a logical contradiction seems to have been surmounted in such texts like the 妙法華経 and the various Sanskrit MSS of the *SP* other than the Gilgit MS.(13)

The picture of six Buddhas in the *Sukhāvatīvyūha*, when seen from the side, presents a view that the Buddhas soar into the zenith. Both the Indian and Iranian religions have a common utopia that the paradise after death is located in the zenith.(14)(15) The reason for the *SP*'s omission of zenith and nadir from the ten directions in its arrange= ment of the Buddhas can probably be found in the concept advocated in the Tathāgatāyuṣpramāṇa-parivarta chapter of the *SP* that this world is the Pure Land.

Conclusion

The Pūrvayoga-p., of the *SP* has, in all probability, described the sixteen princes and the Buddhas of all directions with a motive, viz., to project the view that the Bu= ddhas of all directions should be merged solely with Śākyamuni. In India, the number sixteen has been used symbolically to represent a single entity ever since the day of Vedas, and the Indian philosophy has also accepted it. The eight directions excluding zenith and nadir have essentially been used to mean all directions, and it is in this sense that the expressions four directions, six directions and eight directions have been used in the scripture. It must be noted that despite mentioning ten directions the *SP* has especially excluded zenith and nadir while arranging the Buddhas in different directions. This exclusion seems to be related to the question of entrusting Dharma in the Sahā-world and also seems to be correlated to the concept of Pure Land in this world, the two points that figure so prominently in the teachings of *SP*. Now, if we think the zenith and the nadir to represent the future and the past or vice-versa, then it will be possible for us to assume these two directions to be the domains where Śākyamuni, the eternal one preaches. Again, the view that associates the north-east direction with impure world found in 仏昇経 can probably be linked up with the primitive view of Buddhas of all directions appearing in 正法華経, which also assigns Śākyamuni to the north-east direction. Another factor that might have played a vital role here is the view that considers the north-east to be non-homogeneous, a view that can be found in *Manu-smṛti* (Chap., VI. 31.) as well. However, this point will be taken up for discussion on some other occasion.

notes

(1) This classification is based on the Chinese translation *Miào-fǎ-lián-huá-jīng*（妙法蓮華経／妙法華経 for short）and the extant Sanskrit texts. The same classification can be found in the Tibetan translation or in Kashagar MS of the *SP*. cf. 妙法華経, *Tz.*, vol. IX, p. 25b-c; Kern-Nanjio text, pp. 184,5-185,4. vide. *Sanskrit Manuscripts of Saddharmapuṇḍarīka*, Collected from Nepal, Kashmir and Central Asia, vol. V, pp. 571-580; Toda Romanized text, p. 93. There is a revised text of Tibetan Translation by Prof. Z. Nakamura in *Hokke-bunka Kenkyū*, vol. VIII, 1982. On the other hand, *Zhèng-fǎ-huá-jīng*（正法華経）has translated this part as follows.「東北方現在二仏。号除世懼　今吾能仁於忍世界　得成如来至真等正覚　合一六尊」. *op. cit.*, 92b.

(2) disa catasso vidisā catasso uddhaṃ adho dasa disa imāyo / na tuhyaṃ adiṭṭham asutaṃ amutam, atho aviññataṃ kiñcanam atthi loke / cf. The *Sutta-nipāta*, (*PTS*), pp.217-218; *Nālanda-Devanāgarī-Pāli-Series Khuddhakanikāya*, vol. I, p.473, 1959.

(3) cf. A.C. Taylor: *Kathāvatthu*, pp. 608-609.

(4) cf. E. Senart: *Le Mahāvastu*, vol. I, pp. 121-123; J. Jones: *The Mahāvastu*, vol. L, pp. 97-98.
The *Singālovāda-suttanta* of Dīghanikāya (*PTS*. pp. 188-189;『六方礼経』*Taishō-zōkyō*, vol. I, pp. 250-252) also uses the term six directions in the sense of all directions. In this scripture we find that the parents are placed in the east, the teachers in the south, the wives and the children in the west, the friends in the north, the slaves or the servants in nadir and the Samanas or the Brahmans in zenith. Here, zenith and nadir seem to represent the social status.

(5) In Mochizuki's *Bukkyō Dai-jiten*（望月仏教大辞典）, this point has been explained in full detail in the entry: Pure Land of all directions（十方浄土）.

(6) vide. A. Hirakawa: *Shoki Daijyō-bukkyō no Kenkyu*（初期大乗仏教の研究）, chap., II, 7. p. 190.

(7) *Fó-shuō-à-mí-tuó-jīn*（仏説阿弥陀経）, translated by Kumārajīva has mentioned the Buddhas of six directions, five in the east, five in the south, seven in the west, five in the north, six in nadir and ten in zenith by name. cf. *Tz.*, vol. XII, pp. 346b-348a; *Chēng-zàn-jìng-tǔ-fó-*

shè-shòu-jīn（称賛浄土仏摂受経）, translated by Xuán-zàng, has also mentioned the Buddhas of ten directions, five in the east, five in the south, nine in the west, five in the north, nine in the nadir and five in the zenith by name. The directions west and nadir seem to have been emphasized in this scripture. cf. *op. cit.* p. 350a-c; vide. *Sukhāvatīvyūha*, ed. by Max Müller & B. Nanjio, pp. 95-98, Oxford. 1883.

(8) cf. *Dà-zhì-dù-lùn*（大智度論）, *Tz.*, vol. XXV, p. 63b.

(9) vide. 仏昇経 , *Tz.*, vol. XVI, pp. 795-798.

(10) *op. cit.* p. 268, 4-5.

(11) *Chān. Up.*, VI, 7.1. ṣoḍaśakalaḥ somya Puruṣaḥ pañcadaśahāni māśīḥ kāmam apaḥ pibāpomayaḥ prāṇo na bibato vicchetsyata iti //1// cf. The sacred Books of the Hindus, vol. III, *The Upaniṣads*-part II, p. 397.

(12) cf. Hajime Nakamura: *Buddha no Kotoba—Sutta-nipāta—*（仏陀のことば）, p. 262, note. Iwanami Shoten, 1981.

(13) ahaṃ ca bhikṣavaḥ Śākyamunir nāma tathāgato' rhan samyaksaṃbuddhaḥ ṣoḍaśamaḥ Sahāyāṃ lokadhātāv anuttarāṃ samyaksaṃbodhim abhisaṃbuddhah. cf. S. Watanabe's a Romanized text Il, p. 90, 17-19, The Reiyūkai, 1975.

(14) Prof. Gikyō Itō has argued that the Kingdom of Ahramazda has a zenity-nadir configuration rather than a east-west-north-south configuration.
vide. *Zoroaster Kenkyū*（ゾロアスター研究）, p. 372, Iwanami Shoten, 1979.

(15) Prof. Yamashita Tarō, Professor Emeritus of Shizuoka University has tried to interpret the three christian cross, viz. (a) the early christian cross ⸸ , (b) the Greek orthodox cross ✝, and (c) the Roman Catholic cross † as follows. In all the three crosses, the horizontal line represents the contemporary world. The cross (a) tried to show that the heaven was very far and one had to struggle hard to go there. The cross (b), on the other hand, was based on the conventional Greek view that the gods were very close to human beings. Finally, the Roman Catholic cross tried to tell its believers that salvation was very close and within reach through its good offices. vide. *Nippon-shinwa no Genten*（日本神話の原点）, pp. 5-7. Tenka-dō Shoten（天下堂書店）, 1982.

The Worship of the Buddha in Mahāyāna Buddhism

The character and the objective of worship of the Buddha vary from scripture to scripture and also have undergone change with the evolution of the Buddhist philosophy. When the objects and contents of worship featuring in the early Mahāyāna scriptures make their appearance in the later texts, they provide a clue to the understanding of the prosesses involved in their debt and subsequent evolution. I would like to study this problem in this paper from three points of views, viz., Buddha as an object of worship, worship of their objects regarded as Buddha, and setting one's body on fire as a sacrifice to the Buddha, which constitute important themes in the various Mahāyānic texts including *the Saddharma-puṇḍarīka-sūtra* (*SP*), the most important scripture of the Ekayāna philosophy of the Mahāyānic school.

I　The object of worship

Bodhisattva has been described in various scriptures as the torch bearer of Mahāyāna Buddhism. The most important of his vows are the ten great vows which have been described in the *Daśabhūmika-sūtra.*[1] In the classification given in the Sanskrit version of this scripture, Mahā-pūjaopasthāna (approach to great worship) of the Buddhas has been mentioned as the first of the ten vows which the Bodhisattva while residing in pramudita, should accomplish. As is expressed in the eighth vow, viz., Mahāyānāvatāranam (causing to descend in Mahāyāna), the philosophy of wor= ship of the Buddhas is mentioned repeatedly in the Bodhisattva-performance of Mahāyāna. Leaving aside the general vows of the Bodhisattva, we find that the vene= ration of the Buddhas has been explaind in the vows of Samantabhadra Bodhisattva which is expounded in the *Sí-shí-shuā-yán-jīng*（四十華厳経）.[2]

Now, when we think of the worship and the object of worship, these can be classified into a number of types. I want to study here how the Mahāyāna Buddhists understood the extinction (nirvāṇa) of Buddha and the worship of Tathāgata. As described in the

SP, move for accepting his eternal life originated among Mahāyāna Buddhists after the extinction of Śākyamuni. In the parable the physician on Tathāgatāyuṣpramāṇa (chap. XV) of *SP*, we find, 'Too often seeing Tathāgata all creatures should fail to exert themselves in order to escape the triple world. Then the Tathāgata announces his final extinction to them by a skilful preaching.'[3] And in *the Śūraṃgamasamādhi-sūtra*, [4] there is the story of a former birth of Śāriputra, where he declared himself as Pratyekabu= ddha in order to elevate the creatures. Finding that they were growing tired of wor= ship about it, he informed them that the time of his extinction has come. Although he did not enter complete extinction, they thought that he had entered extinction, burned his body to ashes, erected stūpas, and worshiped the stūpa. Thus, liking his extinction to actual worship, it has been tried to explain that extinction occured due to the creatu= res' getting tired of worship. It is here that we find the feeling of sorrow for the extinc= tion of Śākyamuni, which pervades through our Mahāyāna Buddhism, has been expre= ssed most vividly.

Viewed from the side of Bodhisattva, it is natural that they do not enter extinction without completing the Bodhisattva-practice. So *the Aṣṭasāhasrikā-prajñāpāramitā-sūtra* says that Bodhisattvas do not enter complete extinction without completing the prac= tices of Daśabala (the ten power of a Buddha), the four kinds of fearlessness, and Avenikadharma (the eighteen different characteristics of a Buddha).[5] Here is indicated one of the Prajñāpāramitās of the Bodhisattvas. Thus, no to enter complete extinction until they accomplish these characteristics, which the Buddha alone has accomplished, shows the eternal nature of the Bodhisattva-practice.

Then *the Karuṇāpuṇḍarīka-sūtra*, while discussing Bodhi-chitta of Bodhisattva, says, in the form of answers of King Aranemin to a Brāhmana, that only by becoming an object of worship, one cannot deliver the creatures from sufferings,[6] accordingly one should do Bodhisattva-practice, concentrating one's thought on enlightenment.

When Tathāgata is designated by the word dharma, it implies the materialization of Tathāgata. *The milindapañha* refers to this point as follows—One who sees the dharma, sees the Bhagavat, for the dharma is elucidated by Bhagavat.[7] And the same scripture describes that once there was a sūtra copyer named Elder Tissa.[8] In Mahāyāna scrip= tures, copying has been stressed for the sake of circulation of Pustaka. In this sense dharma means pustaka, that embodies the dharma, and dharma-worship is regarded in the same light as pustaka-worship. In *the Vimalakīrtinirdeśa-sūtra* (*VN*), Bhagavat gives Indra to understand that if the three thousand great worlds are filled with the Tathāgatas, and a good man or a good woman offers pūja for one kalpa or more, and erects stūpas in order to hold memorial service for the extinct Tathāgata, then he or she will gain immeasurable virtue. Just like this a good man or a good woman will read and recite the dharmaparyāya will obtain more virtue than above. Then the Bhagavat tells that the bodhi of all the Buddhas arises from dharma. Dharma alone and not the articles can render a religious service possible.(9)

The word dharmaparyāya (that should be worshiped) is expressed in *the Prajñāpāramitā-sūtra* by the word prajñāpāramitā that is also synonymous with the sūtra. It says that, therefore, Oh, Bhagavat, if the prajñāpāramitā is worshiped, it will mean that the Buddhas of the past, the present, and the future will be worshiped.(10) Thus a new development took place in Mahāyāna-movement, dharma becomes concentrated in the Mahāyāna scriptures, as the repository of the doctrine of Buddha. And the Pustaka-worship which Mahāyānist adopted as a slogan has been emphasized everywhere. In order to understand the shift to the worship of the objects regarded as the symbol of the Buddha, we must go to *SP* where the worship of Tathāgata has been mentioned. This worship has been discussed in *ŚS* as follow. In order to releeve creatures from suffering, in order to uphold the true law, and in order to keep alive the Buddha's way, one sets one's mind on Anuttarasamyaksaṃbodhi. This constitutes greatest worship of the Tathāgatas.(11) In Mahāyāna scriptures, the absolute belief in the Buddha is inseparable from Buddha-worship. The *VN*, divides the joy one gets in the dharma into three types the joy of absolute belief in the Buddha, the joy of listening the dharma, and the joy of holding religious service for the saṃgha.(12)

In Upâyakauśalya-parivarta (chap. II) of *SP*, we come across the following passage.(13) And who, at stūpas containing relics, have said even once "Homage be to Buddha" even though they might have said it with destracted thought, they all have attained superior enlightenment, and also chap. XVI(14) says that a man or a woman who, on hearing about my eternal life, for a single moment believes in it, will attain infinite virtue. Thus devotion to the Buddhas for a single occasion or a single moment is described to be indispensable for attaining superior enlightenment.

There is a noteworthy description in *the Kāśyapa-parivarta*, where Bodhisattva is shown as an object of worship in the place of the Buddha. It says, for example, Oh, Kāśyapa! A new moon is venerated, whereas it is no longer venerated in the same way when it grows into a full moon. Similarly people who have faith in me should believe more in Bodhisattva.(15) The metaphorical expressions like a new moon and full moon reminds us the parable of the physician in *SP*. *The Kāśyapa-p*. also says that people should entertain a respect for Dharmabhāṇaka in the same way as they have for the Tathāgata.(16) The dharmabhāṇaka is conceived as a central figure who has made great contributions to the development of the Mahāyānic philosophy. As the dharma and the various objects symbolizing the dharma replace the Buddha as the object of worship, it becomes necessary to explain clearly the difference between the worship of the historical Buddha and the worship for pustaka that slowly developed during the evolution of the Mahāyāna scriptures. In *Kāśyapa-p*., we find that, when Subhūti, who seems to represent the Hīnayāna's point of view, asked 'Have you ever attended on the Tathāgata?', the Mahāyānists answered 'service is not rendered by deed or thought alone.'(17)

Moreover it describes that even though one serves the Buddhas, innumerable like the sands of Ganges, or saṃghas for infinite kalpas, or worships the stūpas for his whole in order to serve to these Tathāgats through his deeds, words, and thought, or erects seven jewel stūpas after the extinction of the Buddhas, yet he will achieve greater virtue, if he listens to an eka-gāthā even one and adheres to it firmly.(18) In this manner, serving a Tathāgata during his lifetime, and erecting stūpas after his extinc= tion, is to be understood in the perspective of the gradual evolution of emphasis on regarding the gāthā or the pustaka as the manifestation of the Tathāgata in the Mahāyāna School.

Now, when we turn our eyes to the worship and the virtue derived out of it, it can be said that the famous axiom "denial on one side means affirmation on the other side" used in the śūnyatā school in explaining the denial of the two extremes(19) can be applied to merit as well. In the *ŚS* Bodhisattva says, Oh, Bhagavat, a good man or a good woman who wants virtue should hold religious service for the Tathāgata.(20) When this emphasis on virtue gets connected with the circulation or copying of the scripture, it will result in infitite virtue as in the case of belief and devotion. On the other hand, when emphasis on virtue leads to a great desire for possessing it , it is in the nature of things to part with the desire. On this point, *VN* says that the great mercy with an eye on obtaining virtue makes bodhisattvas develop an aversion for rebirth. But the great mercy that does not aim at obtaining virtue removes this aversion for rebirth from the mind of the Bodhisattvas.(21) The virtue arising out of mercy has been discussed here, but it also says that virtue gained through desire should be rejected.

When we consider worship in Mahāyāna, we have to see the object and the subject involved in the offering. In *VN* there is a story of dividing a necklace into two parts, which also appears in *SP* as follows. The Bodhisattva Avalokiteśvara accepting the necklace from Bodhisattva Akshayamati, divides it into two parts, one of which he presents to Śākyamuni and the other of which he presents to the stūpa of Prabhūtaratna. *VN* describes that Vimalakīrti accepts the necklace from Sudatta, divides it into two parts, one of which he presentes to poor people, and other to Tathāgata. An offering without any motive for gaining virtue has been described here. Here the donator is satisfied with an offering to the dharma, he makes no discrimination while making offering to the poor people as well as to the Tathāgata without expecting any virtue.(22)

Concerning worship and requital of kindness, Adhimkti-parivarta (chap. IV) of *SP* tells us that it would be difficult to requite the kindness of the Buddha who has accomplished so many difficult things in this mortal world.(23) One may assiduously give medicine to the sick in the honour of the Sugata, or one may give alms for as many kalpas as there are the grains of sand in the Ganges, even then one will not be able to requite the kindness of the Buddha.(24) Moreover Anuparīndanā-p. of *SP* says that rousing the unbelieving persons to accept the dharma, is to requite the kindness of the Tathāgata.(25) If we try to understand the meaning of requital from the angle of this making others accept the dharma, then it will not be possible to completely requite the kindness of the Buddhas with any amount of veneration or service.

II Pustaka-worship

Following my survey of the objects of worship above, I would like to devote this section to pustaka-worship which has been advocated strongly in various Mahāyānic texts. The Stūpa containing Śākyamuni's remains became an object of worship as a natural corollary to the post-nirvāṇa developments of division of Buddha's remains and erection of Stūpa, and śarīra-worship came into prominence. Upāyakauśarya-p.

(chap. II) of *SP* says that one can attain Buddhahood by worshiping dhātu, stūpa or bimba, and continues that even a child will attain Buddhahood if he makes a stūpa of the sand.[26] In this chapter concrete articles of memorial service have been described, and the verses 83-88. 89. 94 of this chapter dealing with worship of the image of Buddha, mention various materials used in the erection of the stūpa and the making of the statue, and say that one can attain enlightenment through the merits of these deeds.[27] According to *the Bhaiśajyagura-vaidūryaprabharāja-sūtra*, one who desires to worship Tathāgata should get an idol (pratima) of Tathāgata made, and should observe the eight rules.[28] Thus the making of idol has become an important factor here in Tathāgata veneration. Describing Buddha-śarīra, *the Karṇāpuṇḍarīka* says that after Buddha's nirvāṇa the śarīras perform the Buddha-practice instead of Tathāgata. 'I de= sire my perfectly extinguished śarīras to perform (Buddha)-practice thrice in the Bhadra kalpa.[29] Moreover, I desire that my perfectly extinguished śarīras lead the people in all possible ways, to religious awakening for the perfect enlightenment.[30] '

However a large number of Mahāyānic texts have strongly advodated pustaka-worship as a substitute for the Śākyamuni's mortal remains (śarīra), which is limited in quantity Dharmabhāṇaka-parivarta (chap. X) which is thought to belong to the second stage of the formation of *SP*, says that those young men and yound women of good families, who, after the complete extinction of the Tathāgata, shall believe, read, write, and honour this Dharmaparyāya and recite it to others, shall have their heads stroked by the hand of the Tathāgata, shall be invested with the robe of the Tathāgata, be protected and blessed by the Tathāgatas living in other worlds, and live in the vihāras of Tathāgata. On any spot of the earth where his dharmaparyāya is expounded, copied and bound in a book form, one should build a Tathāgata caitya consisting of jewels ; but it is not necessary to deposite in it the śarīra of the Tathāgata. This is because the whole body (śarīra) of the Tathāgata has been enshrined there.[31] And the spot where the dharmaparyāya is expounded or written or kept in a book form, must be honoured and worshiped as if it were a Stūpa.[32] Thus the pustaka enshrines the whole mortal remains of Tathāgata are deposed in the pustaka. This clearly accords the status of śarīra to the pustaka. Stūpasaṃdarśana-parivarta (chap. XI) inherits this view of the Dharmabhāṇaka-p., as the verse 35 says that one who keeps this sūtra, keeps the body (vigraha) of Jina.[33] Thus the sūtra becomes synonymous with the body and the figure of the Tathāgata. Puṇyaparyāya-parivarta (chap. XVI), which is also thought to belong to the second stage of the formation of *SP*, further developes the concept of the pustaka. It says that one who carried this religious teaching in the form of a book, carries Tathāgata on the shoulder,[34] and as such he need not build a stūpa or vihāra, or hold a religious service for the monks.[35] In this chapter in= stead of stūpa, the erection of Tathāgata-caitya is advocated. Furthermore it describes that on that place where those good men of good women stand, sit or walk, one should build a caitya symbolic of Tathāgata, and this should be called Tathāgata-stūpa by the people as well as the deities.[36] Dharmabhāṇaka-p. differentiates between stūpa and caitya, but it is not as clearly stated as in Puṇyaparyāya-p.. The verses of Puṇya= paryāya-p. says that one should admire a dharmabhānaka who keeps this sūtra and regard him a Tathāgata.[37] Prabhūtaratna Tathāgata has been conceived as a bridge between the various chapters during the second and third stages of formation of *SP*. The stūpa of Prabhūtaratna gushing out from the earth has termed as śarīra-stūpa in Stūpasaṃdarśana-p.. But the description of the stūpa suggests that it is a caitya of the pustaka.[38] Such description of a stūpa, of Prince Sattva can be found in the *the Suvarṇaprabhāsottama-sūtra*. Yi-jing from his understanding of the *SP* has held in his translation that the stūpa gushing from the earth is not a stūpa but a caitya.[39] In Stūpasaṃdarśana-p., the stūpa which gushes out when the *SP* is expounded to discharge the vow of Prabhūtaratna, shows the approval of the dharmaparyāya of *SP* by which Prabhūtaratna has obtained the enlightenment.

It goes without saying that in attaching too much importance to pustaka, one should not ignore Tathāgata-śarīra. On that point *the Aṣṭasāhasrikā* says that complete homage is paid to the Tathāgata-śarīra by paying homage to prajñāpāramitā.[40] This is to be understood as the attitude of *Prajñāpāramitā-sūtra* towards buddha-śarīra for encoura= ging pustaka-worship. Tathāgatarddhyabhisaṃskāra-p. (chap.XX) also advocates the erection of caitya instead of stūpa. It says that on any spot of the earth where this dharmaparyāya is expounded, preached, copied or kept in the form of book, on that spot one should build a caitya to Tathāgata. That place is a bodhimaṇḍa of all the Tathāgatas, on the place where all Tathāgatas obtained perfect enlightenment, turned the dharma-cakra, entered perfect nirvāṇa.[41] The *SP* clears up the distinction between stūpa for Tathāgata-śarīra and caitya for pustaka in the later chapters. The description of these two words, which are frequently translated into Chinese as Ta (塔), throws light on the development of the concept of this sūtra for caitya-worship.

On the relation between pustaka and caitya, *The Kāśyapa-parivarta* says that the spot where a pustaka is placed, becomes a caitya.(42) *The Śūraṃgamasamādhi-sūtra* says that there is no difference between vihāra where Tathāgata enlightens people by using eighteen divine powers and places such as vihāra or residence where this Śūraṃga=masamādhi is expounded, and copied.(43) *The Bhaṣajyaguru-vaiḍūryaprabharāja-sūtra* des=cribes the holding of religious service to pustaka with flowers and insenses, and wra=pping it up in five coloured cloth, and says that it should be kept in the clean spot.(44) Bhaiṣajyarāja-pūrvayoga-p. which belongs to the later stages of the formation of the *SP* describes the magnitude of merit (45) one gains on making offerings of flowers and insense, music or a lamplight. Similar description can also be seen in *the Aṣṭasāhasr=ikāprajñāpāramitā*, but it places emphasis on gaining more virture by performing pustaka-worship than by making offerings to the stūpa of śarīra. Thus *Prajñāpāramitā-sūtra* puts forward pustaka-worship to substitute śarīra-worship.(46)

Ⅲ Fire-sacrifice

Bhaiṣajyarājapūrvayoga-p. (chap.XXII) of *SP* states that in ancient time Bodhisattva Bhaiṣajyarāja, the Bodhisattva Sarvasattva-priyadarśana, acquired the Samādhi termed Sarvarūpasaṃdarśana, due to this dharmaparyāya of the Saddharmapuṇḍarīka. No sooner he started meditating (samādhi) in order to pay homage to the Candrasūrya=vimala-prabhāsaśrī Buddha and his dharmaparyāya, flowers rained from the sky. But he thought 'However much I pay homage to the Tathāgata through such display of supernatural power, yet it will be no match to the homage paid by sacrificing my own body.' (47) Then he drank the fragrant oils, and burnt his own body. At the time all world equal to the sands of eighty Ganges in number got illuminated by the flames, the Buddhas equal to the above number praised him, saying 'this is the real heroism that a bodhisattva should display this is the real worship of Tathāgata and of the Law.(48) No worship with flowers, incense, cloth etc equals it.' The Buddhas exclaimed, 'sacrificing one's body is the supreme and the best form of worship of the Law.' (49) After having disappeared from that place, he appeared in the house of King Vimaladatta, under the instruction of Candrasūryavimala-prabhāsaśrī Buddha. When this Buddha still lived in the world, he told Sarvasattvapriyadarśana; 'the time of my final extinction has arrived; the time of my death has arrived.'[50] He also said 'I entrust to you my relics after my complete extinction. You should worship my relics in a grand manner, and distribute them and erect several thousands of stūpas.'[51]

The Bodhisattva Sarvasattvapriyadarśana, perceiving that the Tathāgata had expired, lamented, burnt his body and collected the relics. After that he put the relics in eighty-four thousand stūpas. Then the Bodhisattva Sarvasattvapriyad-aśana took a vow 'though I have paid homage to the Tathāgatarelics of the Candrasūryavimala-prabhāsaśrī, I will pay still further homage to these relics,'[52] and burnt his own arm in presence of the Tathāgata-dhātu-stūpa. Seeing this all the assembly of Bodhisattvas and great disciples, raised voice of lamentations on which the Sarvasattvapriyadarśana said 'let this arm of mine become as it was before,'[53] and the arm was restored. Bhagavat stated that Sarvasattvapriy-adarśana has been born as Bodhisattva Bhaiṣajyarāja at present.

Arter describing the former life of the Bodhisattva Bhaiṣajyarāja, this chapter states that the young men or young women of good families who burn a great toe, a finger, a toe, or a whole limb at the Tathāgata-caitya, striving for the Bodhisattva vehicle and seeking perfect enlightenment, shall acquire more virtue.[54] Moreover it also emphasizes the pious virtues acquired by having this dharmaparyāya collected into a book and honouring and worshiping it with flowers, incense, music, lamps etc.[55] Now there is an attractive description of stūpa and caitya in this chapter, in the narration of the Bodhisattva Sarvasattvapriyadarśana paying homage to the Candrasūrya, the significance of which is not very clear. But the next section in which the Bodhisattva pays honour to the Tathāgata's relics, states that he did pay honour in presence of those Tathāgata-stūpa. However afterwards what the Bhagavat encourages to Bodhisattva is the Tathāgata-caitya. There two aspects stūpa-worship connected with Tathāgata-śarīra and caitya-worship connected with pustaka are clearly evidently indicated. The important point in the two different descriptions of the Bodhisattva Sarvasattva's setting his body on fire in this chapter is that in the first he is born once again after his body gets burnt, whereas in the second his lost limb gets restored once again. Even if the limb sacrifice took place in front of śarīra stūpa, the stūpa enshrining the relics naturally appear in the limelight when it is associated with the nirvāṇa of Buddha.

Although it goes without saying that it became gradually impossible to worship the real relics of Śākyamuni because of their scarcity, it is quite imaginable that the stūpa-worship might have been replaced by caitya-worship at the time of the formation of this chapter. Thus the description of the deprived limb getting restored once again may represent caitya-worship that attached importance to pustaka instead of Buddha-śarīra.

When the *SP* was translated into Chinese, the act of setting one's body aflame as an offering to the Buddha became an accepted practice, and it developed into a special school in Mahāyāna Buddhism as an actual form of Buddha worship.(56) If we try to understand the description of sacrifice seen in Bhaiṣajyarājapūrvayoga-p. in the light of the description given in this chapter alone, we can well understand the passionate adoration of the Mahāyāna people for the historical Śākyamuni, a fact that made it necessary to explain the restoration of the deprived limb of Sarvasattva, besides emphasizing the eternity of the Tathāgata's life to rationalize cremation and division of the bones of Śākyamuni. In this, we can see an attitude of the creators of the *SP* that the life of Tathāgata has been conceived in concrete sense rather than insisting upon the Dharma-kāya a manifestation of the eternity of Buddha.

If we view setting one's body on fire from the angle of remouncing one's life, it clearly shows superiority of such sacrifice over life. *The Milindapañha* says, 'Oh great King, the body is not dear to a monk, the body is to be protected in order to assist Brahmacaryā.'(57) Besides, in *the Bhaiṣajyaguru-vaiḍūryaprabharāja-sūtra*, there is a description of dānas, where one, not wanting kāma, prefers dāna in this life, and gives everything, limb and body.(58) In *the Karuṇāpuṇḍarīka-sūtra*, there is a description of the tenth vow by King Aranemin. 'May not people who firmly cling to their own body be there.!'(59) *The Śūraṃgamasamādhi-sūtra* states this sacrifice connected with bodhisattva-practice in the relation between bodhisattva and sattva as follows, 'Oh, Bhagavat, we never abandon people who are delighted, even if we may give our life,'(60) Discussing the sacrifice of one's body seeking true law following religious awakening and what should a real śrāmaṇa be, *the Kāśyapa-parivarta* says,' Oh, Kā=śyapa, the bhikṣu does not value his body and life, not to speak of profit, honour, and fame.'(61) Moreover the same sūtra regards sparing one's body and life to be same as clinging to profit or honour. (It describes that whoever clings to profit or honour will fall into excreta.)[62]

Again, in *the Rāṣṭapālaparipṛcchā*, there are four rules about which bodhisattva should remain unconcerned. The fourth of those rules states; 'Oh! Rāṣṭrapāla, Bodhisattva should be unconcerned about his body and life.'[63] In this sūtra, there is a description of a sacrifice by setting oneself aflame as in Bhaiṣayarājapūrvayoga-p. It says, 'Once I, as a Prince Vimalatejas, bunrt my body in front of the Jinadhātustūpa and paid homage to the possessors of the ten power (buddha.)[64] Though this is described in the verse section and not in the prose section ,the story seen in this sūtra that the Prince burnt his body in presence of dhātu-stūpa coincides with that of Bhaiṣajyarāja-pūrva=yoga-p. However in Bhaiṣajyarāja-pūrvayoga-p., after the description of his sacrifice by setting his body aflame, the virtue produced by having the dharmaparyāya made into a book has been emphasized. On the other hand the Rāṣṭrapāla, which gives a description of the bodhisattva-monk of Mahāyāna, does not emphasize the virtue of copying the pustaka. This is also shown by the use of the word stūpa and not caitya in the description.

Again, in *the Samādhirājapradīpa-sūtra*, there is a description of the Bhikṣu who, when the Tathāgata was completely extinguished, set his body on fire in front of Tathāgata-caitya, wearing a robe on his right shoulder, in order to pay honour to the Buddha.[65] This sūtra elucidates the theory of two kāya (dharmakāya, nirmitakāya), and tries to explain the meaning of sacrifice from the angle of not clinging the life.

An attempt has been made here to study the character and the object of worship in Mahāyāna Buddhism. When our eyes turn to the worship of pustaka which is symbo=lically regarded as Buddha, we can detect a relationship between stūpa for Tathāgata-śarīra and caitya for pustaka, and the pustaka-worship has substituted śarīra-worship in influencing the various Mahāyāna scriptures. In Dharmabhāṇaka-p. of *SP*, first there is a description of a series of developments from receiving to copying of the scripture, but Stūpasaṃdarśana-p. that follows unfolds a new drama, viz., the stūpa sprouts from the earth, in order to rationalize the new philosophy that appeared in *SP*. Moreover it is necessary to have a second look at setting one's body on fire as a form of sacrifice to the Buddha, as this has led to new developments in Mahāyāna philosophy. It is also necessary to pay proper attention to the two different versions of fire-sacrifice given in Bhaiṣajyarājapūrvayoga-p., as the main focus is not turning to ashes, but rather restoration of the body (limb) that has been sacrificed. Herein lies the attitude of the creators of *SP* highlighting the eternity of Buddha through the narration in Bhaiṣajyarājapūrvayoga-p.. At the same time the caitya-worship conceived around pustaka has been brought into focus in the narration of fire-sacrifice given here.

notes

(1) mahāpūjopasthāna. *Daśabhūmikasūtra*, ed. by J. Rahder, Paris 1926, p.14, DD. p.16, KK. mahāyānavatārana. *Taisho Zokyo* (*Tz*). IX, p. 545b; *Tz*. X, p. 181b; *Tz*. X, p. 539.

(2) *Tz*, X, p. 844b.

(3) *Saddharmapuṇḍarīka* (*SP*), ed. by H. Kern and Bunyiu Nanjio, Osnabrück 1970 (Bibliotheca Buddhica. X), pp. 319, 5-320, 5.

(4) *Śūraṃgamasamādhisūtra* (*ŚS*). 印影西蔵大蔵経 Vol. XXXII. *Tz*. XV.

gaṅ gi tshe na kye ma ḥo sems can ḥdi dag ni bsod sñoms kyis skye bo sñam du. (*ŚS*. 32. 91, 5-92, 1)(*Tz*, XV. 642c). Though in Tibetan version there is no meaning of 'tired', basing on the context of this section, I translated it in the light of the Chinese version.

(5) *Aṣṭasāhasrikāprajñāpāramitā* (*AP*), Buddhist Sanskrit Texts No.4, ed. by P.L. Vaidya. Darbhanga 1960. *Tz*. VIII.

na cāntarā parinirvāti aparipūrṇair daśabhis tathāgatabalaiś caturbhis tathāgatavaiśāradyair aṣṭādaśabhiś ca āvenikair buddhadharmaiḥ. (*AP*. p.5, 19. *Tz*. VIII. 426b)

(6) *Karuṇāpuṇḍarīkam* (*KP*), ed, by Sarat Chandra Das and Sarat Chandra Śāstri. Buddhist Text Society of India, Calcutta 1898. *Tz*, III. p. 245c.

katame sattvā bhagavatā vinitāḥ / yad ekasattvasyāpi duḥkhaṃ na praśāntaṃ / kṣetrabhūtaḥ kevalaṃ bhagavata aśreyaḥ / nānavarupnakuśalamūlānāṃ sattvānāṃ duḥkham ocanaṃ karoti / (*KP*. p.25, 20-22. *Tz*. III. 245c)

(7) *The Milindapañho* (*MP*), ed. by V. Trenckner (*PTS*). London 1962.

yo dhammam passati so bhagavantam passati / (*MP*. p. 71, 9)

(8) bhūtapubbam mahārāja Tissa tthero nāma lekhācariyo ahosi. (*MP*. p. 71, 6)

(9) *Vimalakīrtinirdeśa* (*VN*) Tibetan version (Peking edition) Vol. XXIV. *Tz*. XIV.

Tibetan Text of Vimalakīrtinirdeśa (Acta Indologica I). Naritasan, Japan 1962.

saṅs rgyas bcom ldan das rnams kyi byaṅ chub ni chos las byuṅ rte, de chos kyis mchod par nus kyi zaṅ ziṅ gis ni ma yin paḥi phyir ro. (*VN*. XXXIV. 100, 4. 2. *Tz*. XIV, 556a.b)

(10) tasmât tarhi bhagavan prajñāpāramitāyāṃ pūjitāyām atītānāgata-pratyutpannānāṃ buddhānāṃ bhagavatāṃ pūjā kṛta bhavati / (*AP*. p. 50, 25-26. *Tz*. VIII. 436 a. b)

(11) saṅs rgyas kyi rgyun mi chad par bya baḥi phyir bla na med pa yaṅ dag par rdogs paḥi byan

chub tu sems bskyed pa de ni de bshin gśegs pa las mchod paḥi dam pa yin no. (*ŚS*. XXXII. 73, 4. 4. *Tz*. XV. 630c)

(12) saṅs rgas la mi phyed par dad ciṅ dgaḥ ba daṅ chos ñan par ḥdod ciṅ dgaḥ ba daṅ dge ḥdun la bsñen bkur bya bar dgaḥ ba daṅ. (*VN*. XXXIV. 82, 4. 8-5. 1. *Tz*. XIV. 534a. b)

(13) namo'stu buddhāna kṛtaika-vāraṃ yehī tadā dhātu-dhareṣu teṣu / vikṣiptacittair api eka-vāraṃ te sarvi prāptā imam agra-bodhim //96// (*SP*. p. 52, 9-10. *Tz*. IX. 9a)

(14) ayuṃ ca mama yo śrutvā strī vā'pi puruṣo'pi vā / eka-kṣaṇaṃ pi śraddhāti idaṃ puṇyam anantakam //30// (*SP*. p. 336, 1-2. *Tz*. IX. 45a)

(15) *The Kāśyapaparivarta* (*Kāś*), by Baron A. von Staël-Holstein, Shanghai 1928.

tadyathāpi nāma Kāśypa navacandro namaskṛyate sā ceva pūrṇacandro na tathā namaskṛya= te / evam eva Kāśyapa ye mama śraddadhanti te balavantataraṃ bodhisattvaṃ namaskarta= vya / na tathāgataḥ tat kasya heto bodhisattvanirjātā hi tathâgataḥ (*Kāś*. p. 129, 88)

(16) tasya dharmabhāṇakasyāntike ..... (e) vaṃrūpa gauravām utpādayitavyaḥ tad yathāpi nāma Kāśyapa tathāgatasya (*Kāś*. p. 228, 160)

(17) Subyūtir āha / paricīrṇo yuṣmābhis tathāgataḥ te āhuh ..... kāyena ca cittena subhūtir āha (*Kāś*. p. 214, 148)

(18) *Kāś*., p. 226, 159.

(19) ubhayor antayor asaktavāhinī. (*Kāś*. p. 226. 154)

(20) bcom ldan ḥdas rigs kyi bu ham rigs kyi bu mo bsod nams ḥtshal bas de bshin gśegs pa la mchod par bgyi ho (*ŚS*. XXXII. 92, 5. *Tz*. XV. 643b)

(21) phan yon du lta bar ltuṅ baḥi sñiṅ rje chen pos ni skye ba rnams su byaṅ chub sems dpaḥ skyo bar (mi) hgyur ro. phan yon du lta baḥi kun nas ldaṅ ba daṅ bral baḥi sñiṅ rje chen pos ni byaṅ chub sems dpaḥ skye ba rnams su skyo bar mi ḥgyur ro. (*VN*. XXXIV. 85, 2. 8-3. 1 *Tz*. XIV. 545a. b)

If we charge the negative sentence of the first section 'mi hgyur ro' into positive 'hgyur ro' as described in Acta Indologica, p. 183, 6, this sentence will agree with the Chinese version.

(22) rnam par smin pa la mi re bas yoṅs su gtoṅ ba de ni chos kyi mchod sbyin yoṅs su rdsongs paḥo. (*VN*. XXXIV. 83, 5. 5. *Tz*. XIV. 544a)

(23) *SP*., p. 119, 4-5. *Tz*. IX. 18c.

(24) *Sp*., p. 119, 10-11. *Tz*. IX. 18c-19a.

(25) *Sp*., p. 485, 4-6. *Tz*. IX. 52c.

(26) *Sp*., p. 50, 11-12. *Tz*. IX. 8c.

(27) *Sp*., pp. 50, 13-52, 6. *Tz*. IX. 8c-9a.

(28) *Bhaiṣajyaguru-vaiḍūryaprabharājasūtra* (*Baiṣ*), Gilgit Manuscript, vol, I, ed. by Nalinaksha Dutt, Kashmir 1939. *Tz*. XIV.

tasya tathāgatasya pūjāṃ kartukāmas tena tasya tathāgatasya pratimā kārāpayitavyā saptarā=

trindivam āryāṣṭāmgamārgasamanvāgatenopavāsam upavasitavyam / (*Baiṣ*. p. 17, 4. *Tz*. XIV-406c)

(29) tathā bhadrake mahākalpe mama parinirvṛtasya śarīrās tṛkāryyaṃ kuryyuḥ / (*KP*. p. 84, 2-3. *Tz*. III. 270b)

(30) ye punaḥ parinirvṛtasya śarīraṃ vikurvaṇenāpi sattvā anuttarāyāṃ samyaksambodhau cittam utpādayeyuḥ (*KP*. p. 84, 9. *Tz*. III. 270b)

(31) na ca tasminn avaśyaṃ tathāgata-śarīrāṇi pratiṣṭhāpayitavyāni / tat kasya hetoḥ / eka-ghanam eva tasmiṃs tathāgata-śarīram upanikṣiptaṃ bhavati. (*SP*. p. 231, 9-11. *Tz*. IX. 31b)

(32) *SP*., pp. 231, 11-232, 3. *Tz*. IX. 31b. c.

(33) idaṃ tu sarvasūtreṣu sūtraṃ agram pravucyate / dhāreti yo idaṃ sūtraṃ sa dhāre jina-vigraham //35// (*SP*. p. 255, 9-10. *Tz*. IX. 34b)

(34) tatas tathāgataṃ so'ṃsena pariharati ya imaṃ dharmaparyāyaṃ pustakagataṃ kṛtvāṃsena pariharati / (*SP*. p. 338, 4-5. *Tz*. IX. 45b)

(35) *SP*., p. 338, 5-7.

(36) yatra vājita sa kulaputro vā kuladuhitā vā tiṣṭhed vā niṣīded vā caṅkramed vā tatrājita tathāgatam uddiśya caityaṃkartavyaṃ tathāgata-stūpo' yam iti ca sa vaktavyaḥ sadevakena lokeneti / (*SP.* p. 340, 6-8)

(37) yadi kaścin naraḥ paśyed īdṛśam dharmabhāṇakam / dhārayantam idam sūtraṃ kuryād vaitasya satkriyām //57// divyaiś ca puṣpais tathā okireta divyaiś ca vastrair abhicchādayeta / mūrdhena vanditva ca tasya pādau tathāgto' yaṃ janayeta samjñāṃ //58// (*SP*. p. 343, 9-12)

(38) Cf. Fuse, Kogaku: *Hokekyo Seiritsushi*, Daito shuppansha, Tokyo, 1934, repr. 1967. pp. 283-onward.

(39) Yi-jing has translated this expression 'the tower gushing out of the earth' as 制底 (caitya), and also translated the expression 'the tower enshrined the relics of Prince Sattva' as 窣堵波 (stūpa). However the present Skt text of this sūtra gives the word stūpa in these sections. Cf: *Suvarṇaprabhāsasūtra*, ed, by Hokei Idzumi, Kyoto 1931, p.186, 11. p. 213, 11. *Tz*. XVI. 451a, 454b

(40) na khalu punar me bhagavaṃs tesu tathāgtaśarīreṣv agauravam / gauravam eva me bhagavaṃs teṣu tathāgataśarīreṣu / api tu khalu punar bhagavan itaḥ prajñāpāramitāto nirjātāni tathāgataśarīrāni pūjām labhante / (*AP*. p. 48, 8. *Tz*. VIII. 435c)

(41) *SP*., p. 391, 6-13. *Tz*. IX. 52a.

(42) pustakagataṃ vā tiṣṭhet sa pṛthivīpradeśe caityabhūto. (*Kāś*, p. 227, 160)

(43) *ŚS*., 32. 88, 4. 1. *Tz*. XV. 640a.

(44) pustakagataṃ vā kṛtvā satkariṣyanti nānāpuṣpa-dhūpa-gandha-mālya-vilepana-cchatra-dhvaja-patākābhis tais tat paṃcaraṃgikavastraiḥ pariveṣṭya śucau pradeśe sthāpayitavyam (*Bais*. p. 16. 4. *Tz*. XIV. 406b)

(45) *SP*., p. 418, 1-6. *Tz*. IX. 54b.

(46) Prof. Hirakawa, Akira, has pointed out that *Prajñāpāramitāsūtra* places more importance on dharma-śarīra than on buddha-śarīra. (*Shoki Daijobukyo no Kenkyu*, pp. 573)

(47) *SP*., p. 406, 12-13. *Tz*. IX. 53b.

(48) *SP*., pp. 407, 11-408, 1. *Tz*. IX. 53b.

(49) iyaṃ punaḥ kulaputra viśiṣṭāgrā varā pravarā praṇitā dharma-pūjā yo'yam ātmabhāva-parityāgaḥ / (*SP*. p. 408, 4-5. *Tz*. IX. 53b)

(50) *SP*., pp. 410, 7-. *Tz*. IX. 53b.

(51) *SP*., p. 410, 10-411, 3. *Tz*. IX. 53b.

(52) *SP*., p. 412, 2-4. *Tz*. IX. 53c.

(53) *SP*., p. 413, 9-10. *Tz*. IX. 54a.

(54) kulaputro vā kuladuhitā vemām anuttarāṃ samyaksaṃbodhim ākāṅkṣamāṇo yaḥ pādāṅgu= ṣṭhaṃ tathāgata-caityeṣv ādipayed ekāṃ hastāṅguliṃ pādāṅguliṃ ...... buhutaraṃ puṇyābhisa= ṃskāraṃ prasavati (*SP*. pp. 414, 11-415, 1. *Tz*. IX. 54a)

(55) *SP*. p., 418, 1-6. *Tz*. IX. 54b.

(56) Cf; Ochyo, Enich, *Hokke Shiso Shi*, chap. II, pp. 509-onward.

(57) evam eva kho mahārāja appiyo pabhajitānaṃ kāyo ...... (*MP*. p. 74,9)

(58) *Bhaiṣ*, p. 9, 9. *Tz*. XIV. 405c.

(59) mā ca tatra sattvā bhaveyuḥ / parigrahavanto' ntataḥ svaśarīre' py anāgrhīt-amānasāḥ / (*KP*. p. 34, *Tz*. III. 249c)

(60) bchom ldan ḥdas bdag cag ni srog yoṅs su gton bar yaṅ spro baḥi sems can yoṅs su gtoṅ ba ni ma lags so. (*ŚS*, 32. 92, 5. 1. *Tz*. XV. 643a)

(61) *Kāś*., p. 177, 125.

(62) *Kāś*., p. 186, 130.

(63) *Rāṣṭrapālaparipṛcchā* (*RP*). publiè par L. Finot, St-Pètersbourg 1901. (Bibliotheca Buddhica) *Tz*. XI.

dharmeṣu bodhisatvenānapekṣeṇa kāya-jīvitād rāṣṭrapāla bodhisatvenānapekṣeṇa bhavitavyaṃ / (*RP*. p. 12, 16, *Tz*. XI. 459)

(64) jinadhātu-stūpa-purato me jvalita āśrayaḥ param abhaktyā / pūjā kṛtā daśabalānām āsi nṛpātmajo vimalatejāḥ // (*RP*. p.23,1. *Tz*. XI. 461c-462a)

(65) *Samādhirājapradīpasūtra*, ed. by P.L. Vaidya, Darbhanga 1961, p. 219,7. *Tz*. XV. 598b.

THE DESCRIPTION OF FOUR HOLY PLACES AND CAITYA-WORSHIP IN THE *SADDHARMAPUṆḌARĪKASŪTRA*

The description of four holy places connected with the life of Śākyamuni viz., those of Śākyamuni's a birth, supreme enlightenment, turning the Law-wheel for first time, and complete extinction can be found widely in Pāli Buddhist scriptures and the Chinese translations. In the prose section of *Tathāgatarddhyabhisaṃskāra-p.* (chap. XX) of the *SP*, we can find a description similar to that given in the *Mahāparini=bbāna Suttanta* (*MPS*). And in the same chapter, the erection of *caitya* for the worship of *pustaka* has been advocated. This seems to be related closely to the contention in *MPS* which, after describing the four holy places holds that pilgrimage to the *cetiyas* (*caityas*) of those places is a means for birth in the heaven, and that whoever makes a pilgrimage to the *cetiya*, and dies with a pure heart will be born in heaven after his death. Taking this view point as the basis, first I want to touch upon the description of the four holy places appearing in *Tathāgatarddhyabhisaṃskāra-p.*, and then discuss the *Caitya*-worship described in the *SP*.

I

The four holy places have been described in the *Mahāparinibbāna Suttanta* of the *Dīghanikāya* as follows;[1] In this place Tathāgata has born (*Idha Tathāgato jāto*). In this place Tāthāgata has arrived at supreme enlightenment (*Idha Tathāgato anuttaraṃ sam=māsambodhiṃ abhisambuddho*). In this place Tathāgata has turned the supreme Law-wheel (*Idha Tathāgato anuttaraṃ dhammacakkaṃ pavattitam*). In this place Tatāgata has reached final *nirvāṇa* without remainder (*Idha Tathāgato anupadesesāya nibbānadhātuyā parinibhuto*).

The same passage in this scripture says that the pious good men should indeed visit these palces and also that the pious four *vargas* (monks, nuns, male and female devotees) should gather here. An investigation of the corresponding section in the Chinese tran=

slations show that although the description of four places is not very clear in *Fo-ban-ni-heng-jing*,[2] these places have been clearly mentioned in *Ban-ni-heng-jing*[3] and *You-xing-jing*.[4] The *Da-ban-nie-pan-jing*,[5] which is said to have been translated by Fa-Xian in *Kai-yuan-lu*,[6] states the names of the four places as Lumbinī near Kapilavastu, Bodhimaṇḍa in Magadha, Mṛghadava in Vārāṇasī, and Hiraṇyavatī in Kuśinagara.

Ma-he-seng-gi-lu[7] which belongs to *Mahāsāṃghika* says that *caitya* should be erected at these places and memorial services by offering bouquets and other things should be held. *Gen-ben-sa-po-duo-bu-lu-she*[8] of *Sarvāstivādin* also mentioned these four places while describing the eight great *caityas*, by explaining that the first four places are the specified places and the rest are not the specified places. The *Aṣṭamāhasthānacaitya-stotra*[9] gives the number of years Śākyamuni spent in different places from the time of his entering the priesthood upto his extinction. *Das Mahāparinirvāṇa Sūtra*[10] by Prof. Waldshmidt does not contain the passages relating to these four places, and *Sumaṅgala-vilāsinī*[11] by Buddha Ghosa also does not make any special mention of them.[12]

That these four places were the objects of pilgrimage since the early times can be known from the Aśoka inscription.[13] Rock edict VIII says that Aśoka made a vist to the place of enlightenment in the tenth year of his reign, and that the practice of *dhaṃmayāttā* (pilgrimage of *dharma*) began with this visit. The Rummindei edict states that the King visited the birth place of the Buddha in the twentieth year of his reign.

The four holy places mentioned in the *MPS* have also been described in the following prose sections of *Tathāgatarddhyabhisṃaskāra-p.* in *SP*. The Sanskrit text[14] enjoins that the young men of good family should, with reverence, keep, read and worship this *dharmaparyāya* after the complete extinction of Tathāgata. And in any place where this *dharmaparyāya* is read, written, expounded, studied or compiled into a book, be it a monastery or home, wilderness or a town, the foot of a tree or a palace, a building or a cavern, a *caitya* should be erected at the spot as a memorial to the Tathāgata. Next, it states that such a place should be regarded as a *bodhimaṇḍa* (terrace of enlightenment), and that such a place should be regarded as one, where all Tathāgatas have attained the supreme perfect enlightenment (*tasmiṃś ca pṛthivī-pradeśe sarvatathāgata arhantaḥ samyaksaṃbuddhā anuttarāṃ samyaksaṃbodhim abhisaṃbuddhā*), where all Tathāgatas have turned the Law-wheel (a*smiṃś ca pṛthivī-pradeśe sarvatathāgatair* *dharma-cakraṃ pravartitaṃ*), where all Tathāgatas have gone into complete extinction (*tasmiṃś ca pṛthivī-pradeśe sarvatathāgatāḥ parinirvṛta*). There is not a much different in the Chinese and Tibetan translations of these passages.(15) Whereas the Pāli text mentions these four places as the historical places associated the life of Śākyamuni, *SP* does not mention any specific places. However, it is beyond doubt that the description in *SP* is based on the four holy places connected with the life of Śākyamuni.

Next, let us have a look at the descriptions pertaining to the four historical places in *SP*. *Upāyakauśalya-p.* (chap. II) which describes the life story of Śākyamuni states that Buddha remained full three weeks on the terrace of enlightenment (verse 113),(16) he went to Vārāṇasī where he preached the law to the five śrāvakas (verse 125, 126),(17) thus turning the Law-wheel. In *Aupamya-p.* (chap. III), we find expressions like 'leaving the house' (*abhiniṣkramaṇa*) and the 'Law-wheel' (*dharmacakra*) etc.(18) The expression 'rotating *dharmacakra* for the first time'(19) in Vārāṇasī is to be found in the same chapter. And in *Bodhisattva-pṛthivīvivarasamudgama-p.* (chap. XIV), it says that the Buddha reached enlightenment at the foot of a tree in the town of Gayā.(20) Here we find Bodhisattva Maitreya expressing doubt since Śākyamuni had reached enlightenment at Gayā in only forty years after leaving his birth place Kapilavastu the town of the Śākya.(21) In answer to the above doubt, *Tathāgatāyuṣpramāṇa-p.* (chap. XV) writes that people usually think that Śākyamuni attained perfect enlightenment in the town of Gayā after leaving the home of the Śākyas.(22) But the truth is that eternal time has passed since he attained perfect enlightenment. In *SP*, there is no reference to Buddha's birth place excepting in the form of the doubt of Maitreya.

Thus the description of the four places in the *MPS* is somewhat different from that in *Tathāgatarddhyabhisaṃskāra-p.* in as much as there is no description of the Buddha's birth place in the latter. Besides *Tathāgata* described in the former in singular to mean Śākyamuni the historical character has been described in the latter in plural *sarvatathāgatas*. Keeping in line with this the latter has changed the word *nirvāṇa* without remainder into *parinirvāṇa*, and the word *idha* which indicated the place into *pṛthivīpradeśa*. As regards expressing *Tathāgata* in plural, this word has been translated into Chinese in *Zheng-fa-hua-jing* as the Buddhas of all directions. Thus the *Tathāgata* as Śākyamuni can be contrasted with the Buddhas of all direction.

By saying that one should erect *caitya* anywhere and that such places are the terraces of enlightenment, the *SP* has freed the places from all restrictions. This is the reason why the word *Tathāgata* has been expressed in plural in *SP*.

In Japan the above section is popularly known as the '*Soku-ze Dōjyō*' (即是道場) section of *Miao-fa-lian-hua-jing*. This section is generally considered to be a characte= ristic part of the *SP* because of its chapter-like arrangement. However the omission of Buddha's birth place here can be interpreted as follows. The significance of the histo= rical birth place get reduced slowly with the gradual transformation of the historical Śākyamuni, and since the emphasis shifted to eternal life and *bodhi* as a consequence the importance of the other three places enhanced. This is probably the reason why the birth place has been dropped in the *SP*. It is also necessary at this point to have a look at the background in which the *SP* was propounded. While strongly advocative the worship of scripture, the *SP* has philosophically transformed the four historical places into a concept of abstract ubiquitous places while discussing the life of Buddha in historical perspective. This concept of abstract ubiquitous places constitutes the main theme in the *Tathāgatarddhyabhisaṃskāra-p.*.

II

The *Mahāparinibbāna Suttanta*, which describes the final journey of the Buddha, is one of the most important sources of information on the historical Śākyamuni. As mentioned above, it gives a description of the four holy places connected with the life of Śākyamuni, and says that one can ascend to heaven by making *cetiya-cārika*, i.e., pilgrimage to these places.(23) *Cetiya,* according to Buddha Ghosa,(24) is the sanctuary of the *vihāra*. Rhys Davids(25) has translated *cetiya-cārika* as 'pilgrimage (to the four places)'. Dr. Hajime Nakamura(26) has translated it as 'pilgrimage to the *cetiya* (sanctu= ary)'. Turning our eyes to the Chinese translation(27) of the relevent section, the word *cetiya* has been translated literally as *Ta-si* (塔寺) in the *You-xing-jing*. The translations of the other scriptures render the meaning of the word as pilgrimage to the four places. But the meaning of *cetiya-cārika* that follows the description of the four places in Baj-fa-zu (白法祖)'s translation is not very clear. In addition to it, this description of *cetiya-cārika* is not to be found in the fragmentary Manuscript. This raises the doubt on interpolation of the term at a late date.(28) Dr. Hakuju Ui(29) has attributed the trans= lation of *Fo-ban-ni-heng-jing* to Zhi-qian (支謙), in A. D. 3rd century, and if it is correct, then the concept of *cetiya-cārika* is a fairly old one.

MPS says that the funeral pyre (*citaka*) of Bhagavat ignited spontaneously, when the mortal remains of Śākyamuni was about to be consumed to flames.[30] The word *cetiya* (*caitya*)[31] has been derived from the word *cita* meaning funeral pyre, and is synonymous with mound and sacred tree.[32] It also means sacred place of thing as the object of worship. Many Buddhist scriptures and commentaries (*abhidharmas*) states that merit can be gained by worshipping the *catiya* just like worshipping the *stūpa* which holds Śākyamuni's remains. *Da-pi-bo-sha-lun* (the commentary of *Fa-zhi-lun*)[33] mentions that the merit gained by erecting *mahācaityas* at the four holy places is similar to that gained by making small *caityas* of pebbles anywhere. This show that the *caityas* were erected in large numbers in the Buddhist religious bodies in addition to the four holy places. *Shun-zheng-li-lun*,[34] just like *MPS*, says that going round a *caitya* will entitle one to ascend to the heaven. The *Vinaya* of *Sarvāstivādin* states[35] that all bhiksunīs should worship a *caitya* in the evening, and that they should wear their *saṃghāṭi* at the time of this worship as they do while going to the villages.[36] According to *Abhidharmakośa*,[37] the *caitya* is mentioned as one of the *dānas* like a monastery or a temple, a cushion of a garden. However it says that offering a *caitya* with the motive of some gain should be avoided as this kind of offering belongs to the people who do not suppress their desire. There are descriptions of offerings of flowers and other things made at the *caitya*,[38] and monks entering the monastery after going round the *caitya* while reciting the *gāthās*.[39]

In *SP*, the word *caitya*[40] appears in the prose section of *Dharmabhāṇaka-p*. (chap. X), *Puṇyaparyāya-p*. (chap. XVI), *Tathāgatarddhyabhisaṃkāra-p*. (chap.XX), and *Bhaiṣajya=rājapūrvayoga-p*. (chap. XXII), whereas in verse this word appears only once in *Puṇya=paryāya-p*. Considering from the historical sequence of formation of each chapter in *SP*,[41] we find that the description of erecting *caitya* in *Tathāgatarddhyabhisaṃskāra-p*. was borrowed in *Dharmabhāṇaka-p*. and *Puṇyaparyāya-p*.. As mentioned before, *Tathā=gatarddhyabhisaṃskāra-p*. says that one should erect a *caitya* in any place dedicated to the Tathāgata. However in *MPS*, the thing which Bhagavat recommends Ānanda to erect, is not a *caitya* but a *stūpa*. In *Pi-nai-ye-za-shi*[42] also we find the recommendation by Bhagavat for erection of *stūpa* after a description of the four places.[43] *Ma-he-seng-qi-lu*[44] distinguishes *stūpa* from *caitya* as follows ; That which holds *śarīra* is *stūpa*, and that which does not is *caitya*. Although this differentiation seems to have been adopted at a later date, the *caitya* finds its expression in the Mahāyāna scriptures through the assertion that *pustaka*,[(45)] the outward manifestation of *dharma*, is nothing but Tathāgata himself.

Dharmabhāṇaka-p. says, on this point, that anywhere on this earth where this *dharma=paryāya* is expounded, preached, copied, studied, or recited in chorus, one should erect a *Tathāgata-caitya*, and that it is not necessary to deposit the relics (*śarīra*) of the Tathāgata in it. This is because the body of the Tathāgata is, so to say, wholly deposited there. As has already been pointed out by prof. Akira Hirakawa,[(46)] all the inscriptions which refer to the erection of *stūpa* have used a common word '*pratiṭhavata* ($\sqrt{}$ *sthā*)' to mean 'depositing or enshrining'. As quoted above (foot-note 6) the same word appears in the prose sections of *Dharmabhāṇaka-p.* and there seems to be a negative attitude towards the veneration of *śarīra*. Concerning this point alone, *SP* may be considered to be very close to *Prajñāpāramitā Sūtra* which reveres *dharma-śarīra* than *buddha-śarīra*.[(47)] But the prose section of *Puṇyaparyāya-p.* (chap. XVI), which seems to post-date *Dharmabhāṇaka-p.* while encouraging the erection of *caitya*, con=tends that the world, including the gods, should say : this is a *stūpa* of relics of the Tathāgata.[(48)] Moreover the verse section that follows the prose section says that keeping the *śāstra* will mean my worship and erection of *stūpas* on the relics.[(49)] In this manner, the *SP* has never abandoned its stand on *śarīra*-worship despite its emphasis on *pustaka*-worship.

Again, the word *bodhi-maṇḍa* an expression denoting a place where one erects a *caitya* has been adopted in *Puṇyaparyāya-p.*.[(50)] *Tathāgatarddhyabhisaṃskāra-p.* has given it the character of a place for carrying out preaching. This very idea of *SP* has its echo in the *Suvarṇaprabhāsottama Sūtra*,[(51)] which says that the place where the scripture is recited is a *bodhi-maṇḍa*, and the place where it is preached is, so to say, a *caitya*.

The relation between *caitya*, which has often been translated as *Ta* (塔) by Kumāra=jīva, and pustaka has been discussed from various angles in Mahāyāna scriptures.[(52)] This relation has also been touched upon in *Prajñāpāramitā Sūtra*.[(53)] In *Aṣṭāsāhasrikā Prajñāpāramitā*, there is a section which says that the place where the *Prajñāpāramitā* is read or copied and bound into a book or deposited after worshipping it, becomes a *caitya* and that such *caitya* should be worshipped. For people who approach this place, it is a shelter (*trāṇa*), a place of protection (*śaraṇa*), a place of rest (*layana*), and the ultimate goal (*parāyaṇa*).[54] Designating this place as a place of rest in this scripture, raminds us the scene in *MPS* where Śākyamuni goes to the *Capāra-cetiya* with Ānanda carrying a cushion in attendance.[55]

Thus, although the *Prajñāpāramitā Sūtra* mentions that the place where a *pustaka* is deposited becomes a *caitya*, no where there is a passage advocating erection of *caitya* as can be seen in *Tathāgatarddhyabhisaṃskāra-p.* of *SP*. This doctrine of erection of *stūpa* seems to have arisen from the belief propounded in *Prajñāpāramitā* that one can obtain more merit by worshiping *pustaka* rather than by erecting a *stūpa* over *Tathā=gata-śarīra*.[56]

The passage in *Kāśyapa-parivarta*,[57] which states that the place where the *pustaka* is deposited becomes a *caitya*, also points to the close relation between *pustaka* and *caitya*. This treatment of *pustaka* as material manifestation of the *dharma* together with the view expressed in *Milindapañha* that the *dharma* and *Bhagavat* are identical[58] probably gave rise to the doctrine of *caitya*-worship woven around *pustaka* as can be seen in *SP*. *Bao-yu-jing* also states that to offer fragrant flowers at the *caitya* and to sweep, clean, and repair it are excellent forms of worshipping the Buddha.[59] This scripture also says that any place where this *dharmaparyāya* is expounded is a *bodhi-maṇṇḍa*, a place of turning the Law-wheel, and hence one should regard such a place as a great *caitya*.[60]

As I have already mentioned, there is a description of four holy places and *cetiya-carika* in *MPS*. The *cetiya* worship, mentioned in *MPS* as one of the seven rules of the Vajji tribe, probably was very popular in the contemporary period. The word *caitya* used in Mahāyāna scriptures, has the concept of shrine or sanctuary incoo=porated into it. However the concept of *caitya* was not associated with any structure, a feature common with Jainism.[61] The Pre-Gupta Buddhist inscription[62] indeed mentions erection or donation of *cetia-ghara*, but when we take into account the fact that there is no archaeological evidence of any stone or brick built *caitya* in Pre-Maurya period,[63] it can be surmised that the *caitya* in its early stages was rather modest struc=tures. The origin of the worship of Buddha *stūpa* can be traced back to the erection of *stūpa* over the remains of Śākyamuni. Similarly, the *caitya*-worship is Mahāyāna scri=

ptures especially in *SP*, can also be traced back to the description of *cetiya-cārika* to four holy places. *Tathāgatarddhyabhisaṃskāra-p.* of *SP* provides valuable data of this evolution.

notes

(1) *Dīgha nikāya*, vol. II, ed. By T. W. Rhyis Davids, J. E. Carpenter, Pāli Text Societys London 1903. repr. 1967, p. 140 ; *Nanden Daizo-kyo* Vol. XVII, pp. 124-125.

(2) *Tz.*, Vol. I p.169a. (仏般泥洹経).

(3) *Tz.*, Vol. I p.188a.b. (般泥洹経).

(4) *Tz.*, Vol. I p.26a. (遊行経).

(5) *Tz.*, Vol. I p.199c. (大般涅槃経).

(6) Kaijyō Ishikawa : *Shōjō Nehangyō no Shidai Seiritsu o Ronjite Genkei ni oyobu*. Mochizuki Kankō Kinen-ronbunshū Tokyo 1949, p. 21.

(7) *Tz.*, Vol. XXXIII p. 489b. (摩訶僧祇律).

(8) *Tz.*, Vol. XXIV p. 567a. b. (根本薩婆多部律摂).

(9) *Tz.*, Vol. XXXII p. 77a. b. (八大霊塔名号経). vide. H. Nakamura : *The Aṣṭamahāsthānacait=yastotra and the Chinese and Tibetan versions* (Indianisme et Bouddhisme 23, 1980).

(10) *Das Mahāparinirvānasūtra*, Klasse für Sprachen, Literatur und Kunst, Jahrgang 1950, Nr.2. (1951), p. 296.

(11) *Sumaṅgala-vilāsinī*, vol. II, ed. by W. Stede, *PTS*, London 1931, repr. 1971 part II p.582.

(12) A detailed study on Śākyamuni's life has been made by Dr. H. Nakamura in his book : *Gotama Buddha* (Selected Works Vol. XI). Also cf. H. Nakamura : *Buddha Saigo no Tabi*, Iwanami-bunko, Tokyo 1980.

(13) vide. H. Ui : *Indo-tetsugaku Kenkyu*, Iwanami shoten, Tokyo 1965 Vol. IV p. 278, 315.

(14) *Saddharmapuṇḍarīka*, ed. by H. Kern and Bunyiu Nanjio (*Kn*,) Osnabrück 1970 (Bibliotheca Buddhica. X), p. 391, 4-13.

(15) *Tz.*, Vol. IX p.124b. (正法華経); *Tz.* Vol. IX p.52a. (妙法蓮華経); Peking edition (Tibetan version), Vol. XXX, 68, 55-7.

(16) so' haṃ viditvā tahi bodhi-maṇḍe saptāha trīṇi paribūrṇa saṃsthitaḥ / arthaṃ hi cintemimam eva-rūpaṃ ullokayan pādapan eva tatra //113// (*Kn.*, p. 54, 13-14)

(17) tato hy ahaṃ śārisutā viditvā vārāṇasīn prasthitu tasmi kāle / tahi pañcakānāṃ pravadāmi bhikṣuṇāṃ dharmaṃ upāyena praśānta-bhūmim //125// (*Kn.*, p. 56, 9-10)

(18) *Kn.*, pp. 63-64.

(19) dharmacakraṃ pravartesi loke aprati-pudgala / vārāṇasyāṃ mahāvīra skandhānām udayaṃ vyayam //33// (*Kn.*, p. 69, 15-16)

(20) mayā ca prāpya imam agra-bodhiṃ nagare gayāyāṃ drumamūli tatra / anuttaraṃ vartiya dharma-cakram paripācitāḥ sarvi ihāgra-bodhau //42// (*Kn.*, p. 310, 9-10)

(21) yadāsi jāto kapilāhvayasmiñ śākyādhivāse abhiniṣkramitvā / prāpto' si bodhiṃ nagare gayāhvaye kālo' yam alpo' tra tu lokanātha //44// (*Kn.*, p. 312, p. 15-16)

(22) *Kn.*, p. 316, 1-5.

(23) ye hi keci Ānanda cetiya-cārikaṃ āhindantā paranna-cittā kālaṃ karissanti, sabbe te kāyassa bhedā param maraṇā sugatiṃ saggaṃ lokaṃ uppajjissantīti. (*DN.*, II, p. 141)

(24) *Sum. Vil.*, p. 582.

(25) *SBB*, edited by T. W. Rhys Davids, Vol.III, p. 154 (London 1959) ; Brewster gives an identical translation as Rhys Davids'. cf. *The Life of Gotama the Buddha*, by E.H. Brewster, Varanasī 1975, p. 209.

(26) H. Nakamura : *Buddha Saigo no Tabi*, Iwanami-bunko, Tokyo 1980, p. 131.

(27) *Tz.*, Vol. I. p.26a「礼敬諸塔寺」; *Tz.*, Vol. I, p. 188b「起意行者」; *Tz.*, Vol. I, p. 199c「往到彼礼拝」.

(28) C. Eliot has criticized these descriptions as provokingly uneven. cf. *Hinduism and Buddhism*, by Charles Eliot, London, repr. 1968.

(29) H. Ui : *Yakkyō-shi Kenkyū*, Iwanami Shoten, Tokyo 1971, pp. 517-523.

(30) *DN.* Vol. II, p. 164.

(31) cf. Takushū Sugimoto : *Caitya oyobi Stūpa Shinkō no Imi, JIBS*, Vol. XVIII, 1.

(32) vide. *Encyclopaedia of Religion and Ethics*, Vol. III, p. 335b.

(33) *Tz.*, Vol. XXVII, p. 425c.（婆沙論）.

(34) *Tz.*, Vol. XXIX, p. 589b.（順正理論）.

(35) *Tz.*, Vol. XXIII, p. 1000a.（有部苾芻尼毘奈耶）.

(36) *Tz.*, Vol. XXIX, p. 377c.（破僧事）.

(37) *Tz.*, Vol. XXIX, p. 80b.（倶舎論）.

(38) *Jin-guang-ming-jing*（金光明経）, *Tz.*, Vol. XVI, p. 440b ; *Tz.*, Vol. XXVII, p. 879c.（婆沙論）; *Tz.*, Vol. XXIII, p. 850b.（有部毘奈耶）.

(39) *Tz.*, Vol. XXIII, p. 755c.（有部毘奈耶）

(40) *Kn.*, p.231, 9 ; p. 340, 9 ; p. 414, 12.

(41) cf. K. Kino : *Hokekyō no Tankyū*, Heirakuji Shoten Kyoto 1963, p. 65 onward.

(42) *Tz.*, Vol. XXIII, pp. 399a-400b.（毘奈耶雑事）.

(43) *Dn.*, Vol. II, pp. 142-143.

(44) *Tz.*, Vol. XXII, p. 498b.（僧祇律）.

(45) tathāgataṃ sa bhaiṣajyarājāṃsena pariharati ya imaṃ dharmaparyāyaṃ likhitvā pustaka-gataṃ kṛtvāṃsena pariharati / (*Kn.*, p. 227, 8-9) − Kn., p. 338, 4-5.

(46) A. Hirakawa : *Shoki Daijō Bukkyō no Kenkyū*, p.665 ; *Kn.*, p. 231, 6-10. pragṛhitaṃ na ca

tasminn avasyaṃ tathāgata-śarīrāni pratiṣṭhāpayitavyāni.

(47) *Aṣṭasāhasrikā Prajñāpāramitā* (*AP*), Buddhist Sanskrit Texts No.4, ed., by P. L. vaidya, Darbhanga 1960. p. 46, 1-8 ; *Tz.*, Vol. VIII, p. 435c.（道行般若経）.

(48) yatra cājita sa kulaputro vā kuladuhitā vā tiṣṭhed vā niṣīded vā caṅkramed vā tatrājita tathāgatam uddiśya caityaṃ kartavyaṃ tathāgata-stūpo' yam ito ca sa vaktavyaḥ sadevakena lokeneti // (*Kn.*, p.340 6-8) ; *Tz.* Vol. IX, p.46a.

(49) pūjāś ca me kṛtās tena dhātu-stūpāś ca kāritāḥ / ratnā-nayā vicitrāś ca darśanīyāḥ suśobhanāḥ //38// (*Kn.*, p. 340, 12-13) ; *Tz.*, Vol. IX, p. 46b.

(50) *Kn.*, p.340,5-8 ; *Tz.*, Vol. IX, p. 45c.

(51) *Tz.*, Vol. XVI, p. 422b.

(52) K. Fuse : *Hokekyo Seiritsu-shi*, Tokyo 1934, repr. 1967. pp. 274-280.

(53) *Tz.*, Vol. VIII, p. 432a.（道行般若経）; *Tz.*, Vol. VIII, p. 542b.（小品般若経）.

(54) *AP.*, p. 28,27.

(55) *DN.*, p. 102.

(56) *AP.*, p. 31. 57.

(57) *Kas.*, p. 227, 160.

(58) *Milindapañho* (PTS) ed. by V. Trenkner, London 1880, repr. 1962., p. 71,9.

(59) *Tz.*, Vol. XVI, p. 287a = 323c.

(60) *Tz.*, Vol. XVI, p. 328b.

(61) *Uttarādhayayana*, IX. Secred Books of the East, Vol. XIV, ed. by Hermann Jacobi, first published by the Oxford univ. 1900, repr. 1963. p. 36, foot-note 2.

(62) *Indo Bukkyo Himei mokuroku*, Heiraknji Shoten, Kyoto 1979, p. 33, No. 465; p. 45, No.563.

(63) vide. H. Nakamura, *op.cit.,* p. 193, foot-note 4.

The *Saddharmapuṇḍarīka-sūtra* quoted in the *Da-zhi-du-lun*

Da-zhi-du-lun（大智度論・*DL*）, the famous Chinese version of the now lost Nāgār= juna's commentary on the *Mahāprajñāpāramitā-sūtra*（*MPS*）, was translated by Kumārājīva in AD 405 with a team of more than five hundred Chinese monks. The preface written by monk Seng-rui（僧叡）and the postscript of the book say that only the first chapter of commentary has been translated in full in the first thirty-four volumes of *DL*, the remaining sixty-six volumes of the book giving only a summary of the remaining eighty-nine chapters of the commentary. Tradition says that the *DL* would have been ten times more voluminous had Kumārājīva and his associated deci= ded to translate the commentary in full. Kumārājīva translated *Saddharmapuṇḍarīka-sūtra*（*SP*）in AD 406, the year following the completion of *DL*. It is needless to say that *DL* had a profound impact on the subsequent development of Buddhist doctrine not only in China, but in japan as well.

DL must be treated as an extremely important document in so far as it gives us a glimpse or the development of Buddhist theology and traditions upto the time of Nāgārjuna. It also records valuable date on the region of its origin, not to tell of those on the related academic fields. This work, because of its importance, has naturally come under grave suspicion over its Indian origin, its authorship and Kumārājīva's possible additions and alterations, just because both the Sanskrit original and the Tibetan translation are missing. The hatchet of controversy has been buried for the time being by Prof. Lamott of Belguim,[(1)] whose ambitious project of bringing out annotated French translation of *DL* initiated in 1949 is too welknown.

Earlier, Prof. Hirakawa had raised doubts over attributing the authorship of *DL* and *Daśabhūmika-vibhāṣā-śāstra*（十住毘婆沙論）to the same person. Prof. Lamott has also tried to prove in the preface of his translation that the author of *DL* is not the famous Nāgārjuna of *Madhyamaka-śāstra*（中論）. Lamott is of the view that Nāgārjuna, the author of *DL* was a native of north-west India with pronounced nationalistic outlook. He has concluded that *DL* was written sometime after the early fourth century on the basis of materials mentioned in the book. Lamott's findings as appearing in his annotated translation as well as in his preface are already known pretty well in japan. [2] The japanese themselves have also carried out extensive studies on Nāgārjuna and his works from all conceivable angles. Therefore I would like to restrict the scope of this paper to the relationship of *DL* with *SP*.

There is a pertinent question on probable additions and alterations made by Kumārājīva in the course of his translation. I, after going through *DL*, have come to the following conclusion : the oral discussions which Kumārājīva had with the learned monks associated with the translation project during the course of translation have in deed been incorporated in the work as if these constitute an integral part of the text. However, apart from such incorporations, additions of other types have been restricted to the minimum. The same can be said about the other translations of Kumārājīva as well. Kumārājīva might have taken some liberty while summarizing the texts, but I think he had very little scope for freely tempering with the texts in the course of his translation right under the nose of the learned monks of Chang-an（長安）, handpicked for the project by Emperor Yao-xing（姚興） himself, sitting around him. Considering from this, I am inclined to believe that *DL* can be treated as a faithful renderation of the original text excepting for the minimal additions mentioned above. I also think that the date of Nāgārjuna, the author of *DL*, should be brought down to the period suggested by Lamott on the basis of the materials mentioned there. We also should keep in mind that India indeed has the tradition of attributing good works of unknown authors to some welknown authority. Thus it is not possible to accept all the works traditionally ascribed to Nāgārjuna to be the works of a single author.

A number of papers have already been published on the passages of *SP* quoted in *DL*. Dr. Suguro attributes the authorship of *DL* to the famous Nāgārjuna, and goes on to say that it is based on lectures delivered by Nāgārjuna while explaining the words and expressions appearing in *MPS*.[3] Nāgārjuna has used the format of question and answer for the purpose, with a number of persons headed by he himself taking part. The questions and answers, in all probability, increased in volume during the course of subsequent editing and transmission. Earlier, Dr. Yamakawa had identified twenty-two passages of *SP* quoted in *DL*. Dr. Suguro has classified these under nine heads[4] and has found that a large number of these quotations relate to attaining Buddha= hood. This has led him to infer that *SP* was regarded as a basic text on the question of attaining Buddhahood. In *DL* he could not identify a single quotation that can be related to Ekayāna, which constitutes one of the basic doctrines of *SP*. However, few quo= tations here relate to divine favonr in the present world. (5)

Next, Dr. Tsukamoto has also discussed the question related to the writing and translation of *DL*, touching upon the views put forward by Lamott. Here he has men= tioned twenty-one passages quoted from *SP* where the authour has specifically men= tioned the source, and also has compared these with the same appearing in the two Chinese translations of *SP*, viz., *Miao-fa-lian-hua-jing*（妙法蓮華経 *MJ* in short） and *Zheng-fa-hua-jing*（正法華経 *ZJ* in short）. He has mentioned that the *SP* text used by the author of *DL* was perhaps a version close to the Sanskrit original of *MJ*, which Kumārājīva had brought with him to China. Absence of any quotation from the Davadtta-parivarta（提婆達多品）in *DL* also substantiates this view since the 提婆達多品 is absent in the original translation of *MJ*. (6) Again, Dr. Fuse has taken the stand that it will be safer to assume that the *SP* used by Nāgārjuna in writing *DL* lacked the 提婆達多品 , and that in this respect this *SP* text must have been close to or identical with the Sanskrit *SP* text used by Kumārājīva for his translation. In this paper Dr. Fuse has discussed the question of suitability of the *SP* passages in the con= text of their quotation, whether these passages have succeeded in conveying the message of *SP* or not. (7)

I would like, after this brief survey of the views of the above mentioned scholars, to make a critical study of the passages of *SP* in the order they appear in *DL*. (8)

(1) Vol. VII. *Taishō Shinshū Daizōkyō*（*Tz.*）25, p.109b, *ll*, 23-25, corresponding to the Stūpasandarśaṇa-p. of *SP*. This section describes Tathāgata Prabhūtaratna's entering into nirvāṇa since there was nobody to request him to preach dharma, and his subsequent reappearance for certifying the authenticity of *SP*. Although *SP* mentions the vow of Prabhūtaratna, it is silent over the reason for his entaring into nirvāṇa. *Sa-tan-fen-tuo-li-jing*（薩曇分陀利経）, which is believed to be related to the Stūpasandarśaṇa-p. also says nothing about this nirvāṇa of Prabhūtaratna.

(2) Vol. IX. *Tz.* 25, p.126c, *l*. 25-p.127c, *l*. 8, corresponding to the Samantabhadro=

tsāhana-p. of *SP*. This section describes two stories, one related to the recovery of a leper by praying to an idol of Budhisattva Samantabhadra,[9] and the other related to Samantabhadra's conducting religious service from the back of a white elephant for a bhikṣu who recited *SP* with great devotion. The white elephant king with six tusks appearing in *MJ* can be confirmed from the existing Sanskrit texts of *SP*. The expression 'white elephant with six tusks' (śvetaṣad-dantaṃ gajarāja) appears in three places in the Skt. text. *ZJ* gives these as 'riding on elephant and horse drawn carriage' (133 a. *l*. 15), 'visiting in a palanquin' (133 a, *l*. 18) and 'riding a vehicle with six divine powers' (133a, *ll*. 27-28), and *MJ* mentions the same as 'white ele= phant with six tusks' (61b, *l*. 29), 'white elephant king' (61b, *l*. 3), and 'white elephant with six tusks' (61b, *l*. 13) repectively. None of the extant Skt. texts of *SP* contains expressions corresponding to the above mentioned expressions appearing in the *ZJ* only in the Kashgar text do we find a slight variation, pāṇḍaraṃ (light yellow colour) for śvetam (white) and-vat for-danta (tusk).[10] Could it be possible that the concept of Bodhisattva Samantabhadra's riding on a white elephant with six tusks had not yet evolved when the text used by Dharmarakṣa for his translation of the *ZJ* had been written?

(3) Vol. X, *Tz*. 25, p.130c, *ll*. 9-19, corresponding to the Bhaiṣajyarāja-pūrvayoga-p. of *SP*. It relates to holding of religious service by Bodhisattva Bhaiṣajyarāja where he burns himself. The period of intake of incense by Bodhisattva Bhaiṣajyarāja has been given as 'one thousand years' in the *DL*, which agrees with the period given in *MJ* (53b, *l*. 7). The *ZJ* gives this period as 'twelve years' (125b, *l*. 15=Skt.). Again, *DL* says that the light emitted by his burning body illuminated the 'sands of eighty Gaṅgā rivers', which agrees with *ZJ* (125b, *l*. 18=Skt.). The *MJ*, however, gives this as 'sands of eight thousand million Gaṅgās' (536b, *l*. 10).

(4) Vol. XII, *Tz*. 25, p.150c, *ll*. 16-19, corresponding to the Bhaiṣajyarāja-pūrvayoga-p. of *SP*. Here Bodhisattva Sarvasattvapriyadarśana holds religious service for Buddha Candrasūryavimala-prabhāsaśrī by turning his body into a flaming torch. It says that holding religious service for Buddha by sacrificing own life gives one merit superior than that of Bodhisattva. Although the *DL* does not mention the name of *SP* in this passage, it is very clear that it has been quoted from Bhaiṣajyarāja-pūrva= yoga-p. of *SP*. Prof. Lamott has also mentioned this in his footnote.

(5) Vol. XXVI. *Tz.* 25, p. 249c, *ll.* 1-3, corresponding to the Tathāgatāyuṣpramāṇa-p. of *SP*. This section describes providing of two types of relief, viz., relief by appearance and relief by Nirvāṇa of a savior Buddha. The medical prescription given by the physician (Buddha) is relief by Nirvāṇa.

(6) Vol. XXX. *Tz.* 25, p.280a, *l.* 20, corresponding to the Nidāna-p. of the *SP*. The 'six circumstances of being' have been discussed here. Discussing the difference bet= ween the five circumstances and this six circumstances, it states that several inter= pretations of these have appeared during the five hundred years that have elapsed since Buddha's Nirvāṇa.

(7) Vol. XXXII, *Tz.* 25, p.299b, *l.* 17, corresponding to the Pūrvayoga-p. of *SP*. It says that the Buddhas and the Bodhisattvas alone know the number of atoms present in the three thousand great worlds. It also says that inestimable number of years have passed since the appearance of Buddha Mahābhijñājñānābhibhū. *DL* contains a line saying that 'the earth and the mountains' of the three thousand worlds are smashed to atoms. However, the Skt. texts and the two Chinese translations of the *SP* just give the word 'whole earth' in this context, mentioning 'mountains' nowhere.

(8) Vol. XXXII. *Tz.* 25, p.300b, *ll.* 12-15, corresponding to the Stūpasandarśana-p. of *SP*. This section deals with the power of Bodhisattva and describes Buddha's pacification of earth prior to calling the assembly of innumerable manifestations (nirmita-kāyas) of Buddha. The expression 'the Tathāgatas who came gathering' appearing in the Skt. texts in this context has been rendered as 'separated Buddha' in *MJ* and 'incarnated Tathāgata' of 'incarnated figure' in *ZJ*.

(9) Vol. XXXIII. *Tz.* 25, p.303b, *ll.* 26-28, corresponding to the Stūpasandarśana-p. of *SP*. Describing the difference between internal family and external family, it states that all the Bodhisattvas gushing out of earth belong to the two families. *DL* assigns internal family status to the five persons who had attended on Śākyamuni during his ascetic practice days, and external family status to the Arhats like Śāri= putra and Maudgalyāyana as well as to the Bodhisattvas like Maitreya and Mañjuśrī.

(10) Vol. XXXVII. *Tz.* 25, p.339a, *l.* 22, corresponding to the Dharmabhāṇakānuśa= ṃsā-p. of *SP*. Starting with the words 'a person says', this section goes on to state that the Bodhisattvas by virtue of their pure and extensive knowledge possess eigh= teen extremely sensitive organs. Next, it goes on to say that the six organs like

eyes etc, are exactly as explained in *SP*. *SP* states that the merit the kulaputra and the kuladuhitṛs gain by the virtue of their possessing and reciting *SP* purifies their these six organs.

(11) Vol. XXXVIII. *Tz.* 25, p.339, *ll.* 16-18, corresponding to the Aupamya-p. and Nidāna-p. of *SP*. While explaining small kalpa, it first describes the kalpa in which Śāriputra attained Buddhahood, and then goes on to say that Buddha preached *SP* over sixty small kalpas. *DL* terms the kalpas of true law and resembled law during which Śāriputra attained Buddhahood as twenty small kalpas. This appear as twenty medium kalpas appearing in *ZJ* and thirty-two small kalpas in *MJ*.

(12) Vol. L *Tz.* 25, p.420b, *ll.* 25-26, corresponding to the Nidāna-p. of *SP*. It is stated here that there is nothing supernatural in the dharma of Śrāvaka, though the talis= manic samādhi of Bodhisattva is similar to the method of his listening over sixty small kalpas, which has been described in *SP* as 'the man thinking of it from sunrise to the meal time'. These words appear in *MJ* as 'to think as if it is meal time'. How= ever, this section is missing in the Skt. text of the *SP*, as well as in *ZJ*.

(13) Vol. LVII. *Tz.* 25, p.466b, *ll.* 6-8. The name of *SP* has been mentioned here. It says that the fundamental principles of the twelve sūtras like *SP* and *Mi-ji-jing* (密迹経) etc. are similar to those of *Prajñāpāramitā-sūtra*, although such fact has not been mentioned anywhere in the sūtras explicitly.

(14) Vol. LXXIX. *Tz.* 25, p.619b, *ll.* 5-7, corresponding to the Upāyakauśalya-p. of *SP*. After stating the view of a person that one can attain Buddhahood by offering a single flower, or a little incense, or by chanting a single invocation, it goes on to pose a question whether it is necessary to practice difficult prajñā in addition to the five pāramitās.

(15) Vol. LXXXIV. *Tz.* 25, p.648c, *ll.* 3-5, corresponding to the Aupamya-p. of *SP*. After relating the *SP* parable of burning house in which the sons are rescued by the three yānas, it goes on to say that paramārtha is not violated even when dharma is explained by means of outer appearance.

(16) Vol. LXXXVIII. *Tz.* 25, p.682b, *ll.* 9-11, corresponding to the Bhaiṣajyarāja-pūrvayoga-p. of *SP*. A question is posed here whether the people who had minced the meat of Bodhisattva and had eaten it could attain Buddhahood? It explains that it is very much possible since this happens to be the original vow of Bodhisattva.

It next quotes Vimalakīrtinirdeśa and also cites the example of Bodhisattva Bhaiṣajyarāja's self-sacrifice by burning appearing in *SP*.

(17) Vol. XCIII. *Tz.* 25, p.712b, *ll.* 7-9, corresponding to the Upāyakauśalya-p. of *SP*. In answer to a question on attaining Buddhahood, it is stated here that one can do so on hearing the name of the Buddha of Pure Land. On hearing this, the inquirer asks why the Buddha of Pure Land alone has been advocated here although *SP* says that everybody, whatever his good fortune may be, whether big of small, will attain Buddhahood? This section explains the attainment of Buddhahood by various religious practices which have been enumerated in the verse 76 onward in the Upā=yakauśalya-p.

(18) XCIII. *Tz.* 25, p.713b, *ll.* 25-29, corresponding to the Upāyakauśalya-p. of *SP*. After referring to the question of certainly and uncertainly of avivartika, this section goes on to describe attaining of Buddhahood by trifling merit as has been explained in the *SP*. Passage of this type appear in the verses 87 and 96 of Upāyakauśalya-p.

(19) XCIII. *Tz.* 25, p.714a, *ll.* 1-2, probably related to the Upāyakauśalya-p. of *SP*.[(11)] It states, concerning the three bodhis, that every Bodhisattva or as such any=one who has a religious awakening for the first time is sure to attain Buddhahood as has been stated in *SP*. This section could not be located in *SP*. However, it will be proper to associate it with Upāyakauśalya-p. from its relation with the preceding section.

(20) XCIII. *Tz.* 25, p.714a, *ll.* 13-15, corresponding to the Pūrvayoga-p. of *SP*. A passage of *SP* has been quoted here regarding the role played by the Arhats in brin=ging about perfection in Buddhism. The sentence translated in the *DL* as 'if an Arhat does not hear *SP*' appears in *MJ* as 'if the disciples do not hear *SP*', and in *ZJ* as 'after becoming disciples do not venture to hear *SP*'. The meaning of these words in the Skt. text is not very clear.

(21) Vol. C. *Tz.* 25, p.754b, *ll.* 13-32, corresponding to the Anuparīnadanā-p. of *SP*.[(12)] Question has been posed in this section on entrusting sūtras like *SP* to Bodhi=sattvas, and *Prajñāpāramitā-sūtra* to Ānanda. Regarding the first part of the question, it is stated that because the profound laws like *SP* preached by Buddha were too difficult to comprehend, no Śrāvaka was around. Although five hundred Arhats were around, they did not hear the preaching. Hence Buddha had to entrust these

to Bodhisattvas. Next, Prajñāpāramitā is not esoteric in character. The various sūtras like *SP* describe the attaining of Boddhahood by Arhats, and hence Bodhisa= ttvas can have and use these. *DL* sums up with a simile : 'It is just like an eminent physician prescribing poison as medicine'.

(22) Vol. C. *Tz.* 25, p.756b, *ll.* 8-11. In this section a question is asked : Why was Prajñāpāramitā not compiled under Mahākāśyapa, instead it was entrusted to Āna= nda? The answer given here is that *SP* and the other Mahāyāna sūtras are very profound and infinite in character. Hence these sūtras have not been included in the three Hīnayāna Piṭakas.

As has been mentioned above, the passages of *SP* quoted in *DL* belong to the chapters Nidāna-p., Upāyakauśalya-p., Aupamya-p., Pūrvayoga-p., Stūpasaṃdarśana-p., Bo= dhisattva-pṛthivīvivarasamudgama-p., Tathāgatāyuṣpramāṇa-p., Dharmabhāṇakānusaṃ= sā-p., Bhaiṣajyarājapūrvayoga-p., Samantabhadra-p., and Anuparīndanā-p.(13) Especi= ally the passages 14, 17 and 21 of *SP* mentioned above have been quoted in the original question form. When we consider that *SP* constitutes the main subject matter in these questions, then we find that both 14 and 17 have been quoted from Upāyakauśalya-p., and also we connot ignore the fact that these passages deal with the question of attai= ning Buddhahood by a medicum of religious acts though lesser merits. Considering from this point of view, it may be safe to say that *DL* has regarded *SP* to be an ardent exponent of the concept of attaining Buddhahood through a medicum of religious acts. It is very clear, from *Daśabhūmika-vibhāṣa-śāstra*, that this advocacy gave rise to a heated controversy in the various Buddhist sects, and that the Sarvāstivādins openly expressed their disagreement with this view.(14)

Indeed *SP* has been quoted in the answers in this question-answer format, but it will be too rash to try to interpret the understanding *DL* had of *SP* on the basis of these quotations alone. *DL* has consistently asserted that *Prajñāpāramitā-sūtra* is the most superior and the most exalted of the various Mahāyāna sūtras (76b, *ll.* 20-21 ; 477c, *l.* 29 ; 619c, *ll.* 2-3). Although it has accorded equal status to all the Mahāyāna sūtras including the *Prajñāpāramitā-sūtra* by asserting that all the Mahāyāna sūtras including the *Prajñāpāramitā-sūtra* and *SP* are the means for attaining Bodhisattvahood (308a, *ll.* 4-7), it has nowhere abandoned the attitude of giving a special status to

Prajñāpāramitā-sūtra vis-a-vis the other Mahāyāna sūtras (84b, *ll.* 16-18). In short, even if we assume that *DL* has been formed on the basic premise that *MPS* is the most exalted, it is very difficult to emagine that a clearheaded person like Nāgārjuna with his acknowledged mastery ever theoretical philosophy had not even studied the *SP* properly, just because there is no quotations regarding Tathāgatajñāna, and also because there is no reference to Śākyamuni with everlasting life, although the parable of the good physician appearing in the Tathāgatāyuṣpramāṇa-p. has been quoted in full.[(15)] This may be compared with the attitude of Nichiren, the famous monk of the Kamakura period of Japan, who, despite quoting extensively from the Buddhist and non-Bnddhist literature, has consistently advocated the most exalted status for *SP* in both his writings and sayings. Seen from this angle, there is no doubt that the author of *DL* must have selected passages from *SP* only when these passages had some relevance to the questions put forward in the work. This question is also corre= lated with the puzzle of absence of any quotation from the 提婆達多品, i. e., the chapter of Devadatta in *DL*. The inquirer has raised the question of five hindrances of women together with the question of Buddha-view of the Hīnayāna schools in the very beginning of *DL* (125a, *ll.* 5-7). Elsewhere, *DL* says that although the sūtras discuss the five hindrances of women, nowhere has it been sated that women cannot get the prediction of attaining Buddhahood (591c, *l.* 29-592a, *l.* 1). Rather, *DL* says that despite their shallow knowledge, the women indeed can get this prediction due to the karma of past (591, *ll.* 10-11). *MPS* states that a woman can attain Buddhahood by getting transformed into man (15b, *ll.* 3-6 ; 459a, *ll.* 9-10). Again, *DL* persists with the conservative attitude towards Devadatta depicting him as a person with no faith in Buddhism and trying to harm Buddha. Emphasis in faith constitutes one of the common dinominations in the Mahāyāna scripture. *DL* has cited the case of Kokālika, the disciple of Devadatta, to emphasise the point that it is not possible to acquire knowledge in the absence of faith. It states that Kokālika went to hell because he did not believe in Buddhism. Although he relied on this own talent to acquire knowledge, yet he failed because he did not have any faith in Buddhism (63b, *l.* 18). Thus *DL* asserts that faith is essential for acquiring knowledge or prajñā. Now, the question of attaining Buddhahood by women has been treated in detail in *Prajñā=pāramitā-sūtra*, and *DL* has also maintained the traditional attitude towards Deva=

datta. When we take these factors into consideration, it is nothing strange that the author of *DL* has not quoted any passage especially from the Devadatta-p. of *SP* while interpreting *MPS*, even if we assume that the chapter of Devadatta was not missing in the *SP* text which Nāgārjuna had used and quoted while writing *DL*, unlike the *SP* text which Kumārajīva had used in his translation. As has been stated earlier, there are two expressions, viz., 'one thousand two hundred years' (3) and 'to think as if it is a time of meal' (12) that appear in *DL* and *MJ*, but missing in both the Sanskrit texts and *ZJ*. When seen just from these two expressions, it may be said that *SP* used during the compilation of *DL* was similar to the text from which *MJ* was translated. Now, the expression 'to think as if it is a time of meal' may be treated as Kumārā=jīva's characteristic way of expressing the concept 'a short period of time' in Chinese. At the same time it is very difficult to draw any conclusion when we take into conside=ration such facts like the similarity between *DL* and *ZJ* (=11, 'twenty medium kalpas'), the expression coming only in *MJ* (3, eight billion Gangās), the expression coming in *DL* alone (7), and the passages that agree with the extant Sanskrit texts.

Again, *DL* has divided the law of Buddha into two kinds, secret law and open law. *Prajñāpāramitā-sūtra* has dealt with the open law, whereas *SP* has dealt with the secret law. *SP* has been designated secret teaching because of the expression 'secret of all the Buddhas' appearing in the verse 140 of the Upāyakauśalya-p. of the Chinese translation of *SP* (10b, *l*. 8). 〔The Sanskrti texts give this expressions follows : Śāriputra! Make this your secret. You, my disciples and my exalted Bodhisattvas, keep this as a secret〕. The word 'rahasya' has been emphasized repeatedly in the text that follows the chapter Upāyakauśalya-p. This emphasis is especially found in the chapter Tathāgatarddhi-p. Prof. A. Hirakawa has treated Ekayāna as a secret view in his paper *Hokekyō ni okeru Ichijō no Imi* (「法華経における一乗の意味」The meaning of Ekayāna in the *SP*). In this paper he has stated that when Buddha-nature based on Ekayāna was advocated, it must have appeared to be a very dangeraus view difficult to comprehend.[16] As has been stated in the quotation (21) above, *DL*, while discussing the entrusting of *Prajñāpāramitā-sūtra* to Ānanda, holds that the *Prajñāpāra=mitā-sūtra* is not a secret teaching. Next it goes on to state that 'the sūtras like *SP* preach attaining of Buddhahood by Arhats, and hence these are to be held and used by Bodhi=sattvas'. Finally it concludes by saying that 'it is just like the case of a great physi=

cian who make medicine out of poison'. Here we see *DL* agreeing the view of Prof. Hirakawa.[17] At the same time, we can see here the understanding the author of *DL* had for the hypothesis on Ekayāna as well as on the attainment of Buddhahood by Arhats as put forward in *SP*. Again, *DL* has taken the stand that the three yānas consti= tute the real dharmas for acquiring sarva-jñāna, viz., Śrāvaka, Pratyekabuddha and Buddha-jñāna (119a, *ll.* 14-15). Elsewhere it has also said that Buddha appears in this world so that people can acquire the three yānas (126a, *l.* 10). Next, *Dl*, on the basis of the Śūnya philosophy of *Prajñāpāramitā-sūtra*, states that all the teaching assi= sting dharma are nothing by Prajñāpāramitā itself (394b, *l.* 25), and that every Buddha of all directions in the three temporal worlds, Bodhisattvas, Pratyekabuddha and Śrāvakas (these are known as the four great personalities in the commentaries) are born from the *Prajñāpāramitā-sūtra* (191a, *ll.* 5-7). This, in other words, means that the Mahāyāna includes the Hīnayāna as well (416b, *ll.* 10-11), and that the Mahāyāna, in turn, is included in the Prajñāpāramitā. Finally, *DL*, which lays prime emphasis on Śūnya philosophy, can be considered to sum up its attitude towards Ekayāna and the three yānas by the following words ; What to tell of the three yānas, even the Ekayāna does not have any fixed form.

notes

(1) Prof. E. Lamott has discussed this problem in the preface of his book : *le Tarite de la Grande Vertu de Sagasse de Nāgārjuna* (*Mahāprajñāpāramitāśāstra*) *avec une Nouvells Introduction*, Tome III, Louvain, 1970. Prof. Hirakawa has discussed this preface in his paper : *Daichidoron Furansu-go Yaku-chū Dai-sankan ni tsuite* (Prof. E. Lamott's French Translation of the *DL* and Its Notes), *IBS*, 19-2, pp. 435-444.

(2) K. Tsukamoto : *Daichidoron to Hokekyō—Seiritsu to Honyaku Mondai ni Kanrenshite* (*DL* and *SP*—Problems of Its Formation and Translation), *Hokekyō no Chūgokuteki Tenkai* 法華経の中国的展開 , Heirakuji-shoten, 1972, pp. 636-657.

(3) S. Suguro : *Indo ni okeru Hokekyō no Chūshakuteki Kenkyū* (A Study of the *SP* Commentaries in India), *Hokekyō no Seiritsu to Tenkai* 法華経の成立と展開, Heirakuji-shoten, 1970, pp. 365-374.

(4) Prof. Suguro has indentified this section in which the name of *SP* has not been mentioned to be a part of Vol. XXXIV (316b), though I have left it out in my list.

(5) *Mahāprajñāpāramitā-sūtra* has explained various benefits derived by the believer. It seems

that *DL* with its roots in the Śūnya philosophy expresses its view on the benefits derived in the present worlds as follows : You should not expect blessings, longitivity and tranquility in this or after world, even though you practice dāna, sīla and dhyāna (411b, *ll.* 11-12).

(6) K. Tsukamoto, *op. cit*., p. 659.

(7) K. Fuse : *Daichidoro ni okeru Hokekyō no rikai* (Interpretation of *SP* in the *DL*), *Tōyō-shisō Kenkyū* 東洋思想研究, 1960, p. 577.

(8) Prof. Lamott, in the Tome III of his translation, has made a list of Mahāyāna texts quoted in *DL* and identified twenty sections ascribed to *SP*. I have omitted the sections (308a, *l.* 5 and 394b, *l.* 18) in my list because there *SP* has been enumerated just as one of the Mahāyānic texts. Besides, two sections not included in the Prof. Lamott's list, but which I have pointed out as 4, 5 have been mentioned in his notes in Tome II, p. 752 and Tome III, p. 1647.

Especially in the section 4, the name of *SP* has not been shown, and moreover this section has not been mentioned even in the studies of Japanese scholars whom I have mentioned. Thus we see that even the Japanese scholars are liable to lose sight of this section. The value of Prof. Lamott's study where he has not lost sight of even a single letter in the Chinese translation should be assessed in this light.

Again, the sections 17 and 20 have not been mentioned in the preface of Tome III. These sections would have surely been pointed out if this French translation of *DL* had advanced up to these sections.

(9) The word Samantabhadra has been translated as Bian-ji 遍吉 in *DL*. However, both *ZJ* and *MJ* has put this word as Pu-xian 普賢. Among the quotations from *SP* in *DL*, only this word Pu-xian is common to both the *MJ* and the *ZJ*.

(10) *Sanskrit Manuscripts of Saddharmapuṇḍarīka* ; Collected form Nepal, Kashmir and Central Asia, Vol. XII, p. 387 : Toda Romanized Text (Central Asia MSS), p. 219.

(11) Prof. Suguro and Prof. Tsukamoto have inferred in their papers that this part has been taken from the Nidāna-p..

(12) Dr. Fuse added the Tathāgatarddhi-p. in addition to the Anuparīndanā-p..

(13) Besides the above list, I am enumerating below some parts which suggest the descriptions appearing in the *SP*. In Upāyakauśalya-p. : (a) On attaining Buddhahood by minor religious acts (112c); (b) On Ekāyana (194b, 308b, 311c, 342a); (c) On the description of Enlightenment (132b); (d) On the point of Buddhajñāna (126c). In Aupamya-p. : On the description of four roads and a magician (391b). In Oṣadhī-p. : On great trees and plants and small trees and plants (197c). In Pūrvayoga-p. : (a) On wilderness and steep road (525a); (b) On sinking wells (179a).

(14) Dr. Kenyō Mitomo : *Abhidharma Bukkyō ni okeru Shōmon Jōbutsu-ron to Hokekyō* (On Śrāvaka's attaining Buddhahood and the *SP* in Abhidharma Buddhism), *Hokekyō no Shisō to*

Kiban 法華経の思想と基盤, Heirakuji-shoten, 1980, p. 319. 大毘婆沙論 , *Tz*. Vol. 27, p. 886c.

(15) Dr. Fuse : *op. cit*., p. 582.

(16) A. Hirakawa : *Hokekyō ni okeru Ichijō no Imi* (The meaning of Ekayāna), *Hokekyō no Seiritsu to Tenkai*, p. 599. Emphasis on rahasya (secret) in *SP* is related to the stress on Buddhaputra. This problem will be taken up in another paper.

(17) The parables of the phisician and good medicine appear frequently in the *DL* (415a, 418a, 515c, 559a). The metaphor which takes poison as the example of dharma is seen only in this section and in p. 535c where there is a sentence : to neutralize poison by sarpis. In p. 235c, Śrāvaka is compared with a lesser physician and Bodhisattva with a greater physician.

This paper is a translation of "*Daichidoron ni inyhō sareta Hokekyō*" which has been originally printed in Japanese in Journal of Indian and Buddhist Studies, Vol. XXXIV No. 2, 1986.

AN ASPECT OF BODHISATTVA-THOUGHT

A Bodhisattva-thought significantly different from that transmitted by the establish= ed Buddhist sects is usually cited as one of the characteristic features of Mahāyana Buddhism. Mahāyana Buddhism taught ordinary people the concept that they could become Bodhisattvas, and at the same time projected the great Bodhisattvas as on of the objects of their faith.

Conservative Buddhist sects have been regarded to have kept silent about the new= ly arisen Mahāyana Buddhism initially. However, once a Bodhisattva-thought based on the belief that every small religious act was closely linked with enlightenment, appeared on the stage, it probably became a grave concern for the Sarvāstivādins.

This new Bodhisattva-thought fundamentally negated the Bodhisattva-view of the previous conservatives who placed importance on complicated stages of practices for attaining enlightenment. This Bodhisattva-thought is connected with the idea in eka(-buddha)-yāna about which the *Saddharmapuṇḍarīka-sūtra* (*SP*) says that the people advocated the two yānas, i.e., srāvaka-yāna and pratyeka-buddha-yāna, are none other than the Bodhisattvas.

On the other hand, the interpretation that everyone can become Bodhisattva and can attain Buddhahood is related to the idea of Buddhadhatu, and such an idea has potentialities to become dangerous as the case may be. I want to discuss below these points in the light of Bodhisattva-ideas developed in the Mahāyānic commentary *Da-zhi-du-lun* (*DL*).

Among the Bodhisattva-ideas featuring in Mahāyan scriptures, the great Bodhisattvas, who newly appeared as objects of faith, were conceived as provider of relief to people. The advocacy of *Kāsyapa-parivarta* that 'one should revere Bodhisattvas instead of Tathāgata'(1) shows that people at that time longed for the appearance of Bodhisattvas who, without entering nirvāna, would strive for the relief of people.

If wc assume as Dr. H. Dayar has said,(2) some of the great Bodhisattvas, were rega= rded as personifications of pecuriarities and characters attributed to Buddha, then they would have been requested to participate in the salvation of people without entered nirvāna, despite their having all the special characters of Buddha. On the other hand, the idea that everyone can become Bodhisattva by offering a prayer with a vow to provide relief to people, has originated from the popular image of Bodhisattva Śākya who was searching for enlightenment. In Mahāyāna, they were Bodhisttvas with great pranidhānas, great maitrīs and karuṇās.[(3)] The Mahāyanic commentary *DL* has pointed out that the presence of these characters differentiates Mahāyāna from two yānas, i.e., arhats and pratyekabuddhas.

A tendency toward altruism like praying for prosperity and happiness of a large number of people in which they at that time had recognized religious value, was developing in North-west India around the 1st century B.C.[(4)] There are epigraphical evidences to support this, and simultaneously we come across this new Bodhisattva-thought in Mahāyāna. Practice of Bodhisattva-acts, namely practice for achieving enlightenment can be traced to the acts of Bodhisattva Śākya who at that time was leading an ascetic life.

Various altruistic acts of Bodhisattva Śākya which have been described, in Nidānas or other scriptures, not to speak of Jātakas, have been considered as acts with religious value to attain the ultimate religious objects. In other words, imitating the acts of Bodhisattva Śākya is what has been called as Bodhisattva-acts in Mahāyāna. Imitating a saint has also been emphasized in Christianity as 'imitation Christi'.[(5)]

Granting that imitating the acts of Bodhisattva Śākya has a great significance as religious practice, the main actor of those acts was not the enlightened Bodhisattva Śākya himself. However, if one can attain the ultimate goal of enlightenment through these practices, then it is natural that individual Bodhisattvas would appear as the principal actors of these practices.

In the *DL*, we come across several kinds of Bodhisattvas like a layman and a priest, a great and a small, sakayas and dharmakāyas, or Bodhisattva with an image of Śākya. Hence, when we come across the word Bodhisattva in this commentary, we must be careful on which of the Bodhisattvas is referred to. The great Bodhisattvas described in *DL* mean great existences who have Dharmakāya with six divine powers and are believed to give relief to people by practicing the same actions of a man or of a woman. As against this, small Bodhisattvas mean, so to say, common mortals.

In Mahāyāna scriptures, devotion to the Buddhas even once or for a single moment is described to be indispensable for attaining superior enlightenment. Mahāyāna scriptures say[6] that those who have said 'Homage be to Buddha' even once, even thought they might have said only once, they all have attained superior enlightenment. The scriptures also say that those who might have believed in Buddha even for a single moment, they all have attained infinite merits. Upāyakauṣalya-parivarta of also says that by erecting stupa, by children's making a stūpa of sand in playful mood, by making images on painted wall, by offering a single flower, by offering a single ovation to Buddha, one can attain enlightenment. Like this, the Mahāyāna scri= ptures *SP* has described that every small religious act is closely tied with enlightenment. Again *Kāśyapaparivarta*, one of the important early Mahāyānic texts says[7] that one who listens to an eka-gāthā even once and adheres to it firmly, will achieve great virtue.

Emphasis of religious acts based on faith gets related to the idea of theism that everyone will be relieved of troubles through faith. As a background for the idea that people expect divine salvation against actual sufferings and the concept of ultimate relief for every mortals, we may consider the influence of Zoroastrianism of Iran in West-north India as A.L. Basham has proposed.[8] There are two concepts of Bodhisattva-thought in Mahāyāna, the former being great Bodhisattvas whom people consider to be the objects of faith, and the other being ordinary Bodhisattvas whom people themselves have conceived as the "ones who seek enlightenment". Especially, the latter has a great difference from the doctorine of the earlier Buddhist sects where enlightenment has been considered as the ideal stage very difficult to achieve.

Po-sha-lun（婆沙論）which records the doctorines of Sarvāstivādins that developed after *Fa-zhi-lun*（發智論）and regarded to have been compiled sometime between King Kanishka and Nāgārjuna, suggests that in second or third century A.D. the advocates of Sarvāstivādin condemned the people who claimed themselves to be Bodhisattvas. Stating that it aims at destroying the self-conceit of those people who despite being ordinary people have claimed themselves to be Bodhisattvas, the *Pos-sha-lun* states as follows:[9]

There are some people who giving a single meal, a piece of cloth, a dwelling, or a single toothpick as alms, adhering to a vow, reciting a stanza, but keeping their mind on impurity, have declared like this "we shall surely attain Buddhahood by doing those deeds". In order to destroy such pride (adhimāna), we advocate that no one should call himself a Bodhisattva without finishing a course of lakṣaṇakarma, even if he has practiced asceticism for three asaṃkhya kalpas, to say nothing of those most inferior people.

Considering from the traditional Bodhisattva-thought of the Sarvāstivādins who understood Bodhisattva to be one who, after practicing asceticism for three asaṃkhya kalpas from his first religious awakening, completed a cause of lakṣaṇakar=ma for hundred kalpas, and then was born in Tusita heaven, and finally entered a womb after finished his heavenly life, the people who call themselves Bodhisattva by doing small religious acts were none other than the most inferior people. It is diffi=cult to judge whether adherants of traditional conservative sects or Mahāyānists were denounced as self-conceited at that time by Sarvāstivādins. However, from the descri=ption it is very clear that the people who were denounced as self-conceited held bodhisattva-hypothesis similar to that of the Mahāyānists. Again, they advocated the view that everyone could attain enlightenment by doing small religious acts. The *SP* can be cited as typical scripture which circulated at that time advocating the merits of small religious acts. The *DL* also seems to have taken *SP* as a typical scripture advocating such merits.[(10)]

It has been pointed out that Nāgārjuna has borrowed extensively from the doctrine of Sarvāstivādins in his Mahāyānic commentary *DL* in order to systematize the Mahāyānic doctrine.[(11)] Prof. E. Lamott, the French translator and an annotator of *DL*, who passed away in 1983, has suggested[(12)] that Nāgārjuna must have been a learned monk who had been initially ordained to the priesthood of Sarvāstivādin school, and moreover must have been a nationalist of India, because of his Mahāyāni=cal application of the Sarvāsivādin doctrine as seen in *DL*. Considering from this background can it be possible that he has recorded his doubts on Bodhisattva-thought of Mahāyāna from the angle of Sarvāstivādins?

In *DL*, the dharma of Buddha has been divided into two kinds, secret law and open law. *Prajñāpāramitā-sūtra* is considered to be a scripture of open law, whereas *SP* and other sūtra are the scripture of secret law. This classification has raised a very interes=ting question in the interpretation of entrusting of parīndanā (*Tz.* vol. XXV, 754a) in the commentaries. Since *Mahāprajnāpāramitā-sūtra* has been entrusted to Ānanda, whereas another Mahāyāna scriptures have been entrusted to Bodhisattvas, the ques= tion arises if there have been any special scripture superior to Prajṇāpāramitā. *DL,* which has written in the form of questiones and answers, gives the answer to this question as follows.

Prajṇāpāramitā is not esoteric in character. The various sūtras like *SP* describe the attaining of Buddhahood by Arhats, and hence Bodhisattvas possess and use these. It is just like an eminent physician prescribing poison as medicine. (*Tz.* vol. XXV, 754b).

The parable of physician and good medicine appears frequently in the *DL*. The metaphor which takes poison as the example of medicine is seen only in this section and in p. 535c where there is a sentence : to neutralize poison by sarpis. *DL* has regar= ded *SP* to represent the secret law. How should we interpret the fact that *SP* has been likened to a poisonous drug that can be used by an eminent physician alone. A poiso= nous drug takes effect instantly. Therefore its mistaken use is followed by grave conse= quences. If we take this figure of speech to be a metaphor for vyākaraṇa or prediction of attaining Buddhahood by arhats, then we must not forget that vyākaraṇa has deve= loped from the ekayāna philosophy. Ekayāna philosophy says that every small religio us acts would be closely tied with enlightenment, a concept based on the faith that eve= ryone would become Bodhisattva.

In Tathāgatāyuṣpramāṇa-parivarta of *SP*, the great medicine which the physician father gave to his children who were suffering from a poisonous drug is the skilful method or upāyakauśalya. And Upāyakauśalya-p. advocates that the ideal world of ekayāna is brought about by such skilful method. The word ekayāna appears in many other Mahāyāna scriptures besides *SP*, but a concrete explanation of the word ekayāna is not given anywhere except in *SP*.

Prof. A. Hirakawa has treated ekayāna as a esoteric view in his paper 法華経における一乗の意味 (*The meaning of Ekayāna in the SP*).[13] In this paper he has stated citing some concrete cases that when Buddha-nature based on ekāyana was advocated for the first time, it must have appeared to be a very dangerous view difficult to compre= hend. Scriptures of Tathāgatagarbha-system have regarded this word ekayāna as im= portant. If we assume that the possibility of everyone's attaining Buddhahood advo= cated in Upayakausalya-p. of *SP*, has been expressed by the word ekayāna, then, ekayāna would have been related intimately with Buddha-nature. Prof. Hirakawa has highlighted the relation of *SP* with Tathāgatagarbha-thought, and has assumed that the concept of Buddha-nature basically possessed by everybody was already present in *SP*. If such interpretation is related with the understanding of *SP* in *DL*, it may be possible that *DL* also may have regarded ekayāna-thought as dangerous. Even though Ekayāna-idea had tried to understand the newly arisen Bodhisattva-thought in Mahāyāna from theoretical angle, it cannot be denied that to lump everyone up together and put under the heading eka-buddha-yana had the danger of losing the traditional sense of value that had developed till that time. A religious sense of value on practice sometimes requires a traditional backing. Therefore, the advocacy "you should learn about the practices of Buddhist way by following me (Śakyamuni): ma=maiva anuśikṣitavyam "described in Anuparīndanā-parivarta (the chapter of entru=sting) of *SP*, will get connected with the entrusting of the dharma to the Bodhi=sattvas of Mahāyāna.

It is a fact that *DL* regards *Prajñāpāramitā-sūtra* as the greatest. And again, it also regards Buddha, Pratyekabuddha and Arhats mentioned in the open law as puṇya-kṣetra who have not been harassed by kleśas of earthly desires (84c-85a). Also this commentary regards the three yānas as real knowledge or prajñā (191b). This is how *DL* looks at Ekayāna. *DL* says that Buddha will appear in this world in or der to make people understand the view of three yānas (126b). Next it goes on to say that Bodhisattvas should study all the teachings when they search for Buddha's way, and should understand all the wisdoms of Śrāvaka, Pratyekabuddha and Buddha (191a). In this respect also, the advocacy of *SP* as a secret law can be related with the metaphor of poisonous drug used by great physician.

According to *DL*, the small Bodhisattvas (14) excluding the great ones have not freed themselves from their earthy desires, and they will have to study all wisdoms for see=king the path. Namely, even if they can imitate some of the acts of Bodhisattva Śākya, they are not Buddhas like Śākyamuni. Judging the ubiquitous view like eternity of Bodhisattva-practices from another point, there must have been something in common with the attitude of the Sarvāstivādins who did not declare themselves as Bodhisattvas. If the people denounced as self-conceited had understood the meaning of their religious acts and of the imitation of practices of Bodhisattva Śākya (practices of altruism) in the same way, then they would have been no more than self-styled Bodhisattvas who expected their own fortune,[15] which differed essentially from the Bodhisattva-thought of Mahāyāna in which they found the significance of the practices of altruism. Emphasis of faith noticeable in Mahāyāna have features common with theismical Hinduism. Here the salvators who discharge the duties of Buddha have been regarded as great Bodhisattvas, and as against this, small Bodhisattvas are the people who practised altruism imitating the life of Bodhisattva Śākya. It was believed that the former will not to enter the world of nirvāṇa, whereas the later were not those Bodhisattvas who were regarded by the Sarvāstivādins to be destined to attain enligh= tenment.

Conclusion

If we regard the practices to become a person of noble character[16] to be the real bodhisattva-caryā or bodhisattva-acts, then it must have been the responsibility of the conservative Buddhist samgha which cling to its mythical Buddha-view to put the above mentioned Bodhisattva-idea in an ideal plane beyond one's reach. In Mahāyāna, a person who imitates the acts of Bodhisattva Śākya or the practices of altruism has been called Bodhisattva, a seeker of enlightenment. But as a subject of practice, such Bodhisattva had no significance as one ear-marked to attain enlighten= ment. As salvation to whole creatures is endless, the practice of Bodhisattva-acts is also everlasting.[17] However, if the idea of everyone to becoming a Bodhisattva gets linked up with the view of Bodhisattva who is sure to attain Buddhahood, then efforts for self-advancement becomes meaningless. Moreover, this gets related to the subject of Buddha-nature. The allusion at *SP*, the representative of secret law, seen in *DL*, which has discussed Bodhisattva-views from the standpoint of Mahāyāna, might have originated from here. At the same time, it might be necessary to consider that the criticisms leveled by the Sarvāstivādins must have made the people to have a critical approach to the Bodhisattva-thought that developed in Mahāyāna.

notes

(1) *The Kāśyapaparivarta*, by Baron A. von Stael-Holstein, Shanghai 1928. tadyathāpi nāma Kāśyapa navacandro namaskriyate sā ceva pūrṇacandro na tathā namaskryate / evam eva

Kāśyapa ye mama śraddadhanti te balavantataraṃ bodhisattvaṃ namaskartavya / na tathāgataḥ tat kāśya heto bodhisattvanirjātā hi tathāgātaḥ (*Kas*, p. 129, 88)

(2) cf. Har Dayal : *The Bodhisattva Doctrinein Buddhist Sanskrit Literature*, chap. II, pp. 30-49. Motilal Banarsidass, Reprint 1978.

(3) cf. *Da-zhi-du-lun* (*DL*) 大智度論, *Tz*., Vol. XXV, p. 196a.

(4) cf. Masao Shizutani 静谷正雄 : *Shokidaijo-bukkyo no Seiritsu-Katei* 初期大乗仏教の成立過程, p. 241, Kyoto 1974. He has also published following book : *A list of Buddhist Epitaphs of India*, Heirakuji Shoten, Kyoto 1979.

(5) cf. Thomas A Kempis : *De Imitatione Christi*, Friburgi Brisg., festo die Nat. D.N.J.Chr. 1888. Many latin texts and translations available. An English translation for example : The Imitation of Christ, translated by Ronard Knox and Michael Oakley, New York 1959.

(6) cf. *Saddharmapuṇḍarīka* (*SP*), ed by H. Kern and Bunyu Nanjio, Osnabruck 1970 (Bibliotheca Buddhica. X), p.50, verse 10.

(7) *Kas*., p. 226, 159.

(8) cf. A.L. Basham, 'The Evolution of the Concept of the Bodhisattva', Leslie S. Kawamura, ed *The Bodhisattva Doctrine in Buddhism*, 1981. The gist of his paper has been introducted by Prof. Y. Kajiyama in his book *'Satori to Eko'* Kodansha Shinsho 711, 1983, pp. 141-145.

(9) cf. *Da-pi-po-sha-lun* (*Po-sha-lun* in short 大毘婆沙論 *Abhidharma-mahāvibhasa-śāstra*), tr, by Xuan Zang in 656, *Tz*., Vol. XXVII, p. 886c.

(10) I have referred to this problem in my paper *Daichidoron ni inyo sareta Hokekyo*, IBS. 34-2, 1986. cf. *The Saddharmapuṇḍarīka-sūtra quoted in the Da-zhi-du-lun*, The Bulletin of the Junior College Rissho University, No. 24, March, 1989, pp. 13-32.

(11) cf. A. Hirakawa, *Basharon yori mitaru Daijyokyodan no arikata* [婆沙論より見たる大乗教団の在り方] Nichi-butsu-nenpo 日仏年報 23, 19. Prof. Hirakawa has referred to this problem besides the relation between Sarvāstivādins and Nāgārjuna etc. in this paper.

(12) As is generally known Prof. E. Lamotte has referred to this problem in the Introduction of his French Translation : *Le Traite de la Grande Vertu de Sagasse de Nāgārjuna (Mahāprajñāpāra=mitaśāstra)* avec une nouvelle Introduction, Tome III, Louvain 1970.

(13) vide, *Hokekyo no Seiritsu to Tenkai* (The Lotus Sutra and the Development of Buddhist Thought), Heirakuju Shoten, Kyoto 1970, pp. 595-600.

(14) The word 小菩薩 has appeared in *DL* (*Tz*., Vol. XXV, 127b).

(15) *Kashapa-p*., warns that whoever clings to profit or hornour will fall into excreta (*Kas*., p. 186, 130).

(16) In his *Bukkyogo Daijiten* 仏教語大辞典, Tokyo Shoseki, 1975, Prof. H. Nakamura has translated the word tathāgata in modern style as a person of nobel character. Tathāgata has also been called sasta deva-manusyanam (a master of gods and people). The meaning of 'a

person of noble character' does not have superior-infer or relation like that existing between God and men.

(17) Gilgit MS of Tathāgatāyuspramana-parivarta of *SP* has described this point as follows. na ca tavan me kulaputra : adyapi (117a) paurviki bodhisattvacari parinispadita ayuspramanam apy aparipurnam/

Young men of good family, even now, I have not accomplished my old-time Bodhisattva-practice, and measure of my lifetime has not been full'

cf. *Sanskrit Manucripts of the Saddharmapuṇḍarīka* : Collected from Nepal, Kashmir and Central Asia, Vol. IX, Tokyo Yayoi-insatsu, 1981; *Saddharmapuṇḍarīka Manuscripts Found in Gilgit*. ed. by S. Watanabe, part two Romanized Text, Tokyo, The Reiyukai, 1975. p. 113.

vide. Kern and Nanjio Edition, p. 319, *ll,* 2-3.

On the other hand, *Miao-fa-lian-hua-jing*（妙法蓮華経）has translated same part as following 'Even now, the measure of my lifetime accomplished by my old-time Bodhisattva-practice has not been full.'「我本行菩薩道所成寿命、今猶未尽」cf. *Tz.,* Vol. IX, 42c.

初出一覧

《研究篇》（仏教文化）

薬王菩薩と「燃身」（勝呂信静博士古稀記念論文、同刊行会編、山喜房仏書林、1996年2月）

『ボーディチャルヤーヴァターラ』と『イミタチオネ・クリスティ』―東西の宗教書に見られる共通点―（大倉山文化会議研究年報・創刊号、大倉山文化会議、1989年11月）

仏典における懺悔の形態と意義（大倉山文化会議研究年報・第2号、大倉山文化会議、1990年3月）

生死観か死生観か―普遍思想の視点から―（人間の福祉・第22号、2009年3月）

『招提（チャートゥ・ディサ）』万人への愛情〔鑑真の渡航と故郷―仏教文化の視点から〕（人間の福祉・第11号、2002年2月）

仏教文化の視点から見た民話―ジャータカと遠野物語―（人間の福祉・第22号、2008年3月）

森尚謙の宥和思想―現代的意義と四方他宗批判への解釈―（浅井圓道先生古稀記念論文集『日蓮教学の諸問題』、同刊行会編、平楽寺書店、1997年2月）

日持上人の海外伝道―宣化出土遺品とその科学的年代測定―（『大崎学報』1994年3月）

帰化僧となった高麗人―高麗日延と高麗日遙―（『東方』第11号、1995年12月）

日蓮会・江川櫻堂の宗教的芸術観（坂輪宣教博士古稀記念論文『仏教文化の諸相』、同刊行会編、同刊行会編、山喜房仏書林、2008年2月）

昭和初期における日蓮主義団体〔日蓮会―死なう団―〕（渡邊寶陽先生古稀記念論文集『日蓮教学教団史論』、同刊行会編、平楽寺書店、2003年3月）

《研究篇》（福祉）

マザー・テレサ女史よりのメッセージ（人間の福祉・第2号、1997年9月）

法華経における hita の語―仏教福祉の視点から―（田賀達彦博士古稀記念論文『仏教思想仏教史論集』、同刊行会編、山喜房仏書林、2001年3月）

仏教福祉研究への現代的アプローチ―普遍思想と仏教福祉―（立正大学社会福祉研究所年報・創刊号、1999年3月）

福祉社会における母性的愛情と父性的愛情―仏教文化と福祉の視点から―（立正大学社会福祉研究所年報・第8号、2006年3月）

マターナル・アフェクション（母性的愛）とパターナル・アフェクション（父性的愛）―社会福祉における愛情〔プロジェクト研究テーマの提案をかねて〕―（人間の福祉・第15号、2004年2月）

社会福祉と感性―仏教文化と福祉の視点から―（人間の福祉・第21号、2007年3月）

仏教文化と感性―「かなしみ」と「よろこび」への共感―（立正大学社会福祉研究所年報・第11号、2009年3月）

『福祉』ということば―仏教福祉からのアプローチ―（人間の福祉・第1号、1997年3月）

仏教福祉と病人看護―日遠『千代見草』を通して―（人間の福祉・第4号、1998年9月）

《報告篇》

［報告］ネパール仏教徒の祭りと儀礼（大倉山文化会議研究年報・第10号、大倉山文化会議、1999年3月）

ネパールの古都パタン滞在報告（人間の福祉・第5号、1999年2月）

中国、天台山・普陀山への訪問（人間の福祉・第7号、2000年2月）

敦煌・ウルムチ・カシュガルへ（仏教文化の旅から）（人間の福祉・第9号、2001年2月））

雲南省、麗江・大理訪問レポート（仏教文化の視点から）（人間の福祉・第13号、

2003年2月）
［ベトナム文化調査］大乗仏教文化圏としてのベトナム（仏教文化の視点から）（人間の福祉・第17号、2005年3月）
［ベトナム文化調査］ベトナム、フエ訪問レポート（仏教文化の視点から）（人間の福祉・第19号、2006年3月）

《英文論考》

THE PROBLEM OF ENTRUSTING THE DHARMA IN THE *SADDHARMA-PUṆḌARĪKASŪTRA*（中村瑞隆博士古稀記念論集『日蓮教学教団史論』、同記念会編、春秋社、1985年2月）

Developmental Aspect of Dharmaśarīra（『東方』第2号、1986年11月）

Buddhas of All Directions—Concept of Direction in Mahāyāna Buddhism—（『東方』第4号、1988年12月）

The Worship of the Buddha in Mahāyāna Buddhism（立正大学短期大学部紀要・第15号、1984年9月）

THE DESCRIPTION OF FOUR HOLY PLACES AND CAITYA-WORSHIP IN THE *SADDHARMAPUṆḌARĪKASŪTRA*（立正大学短期大学部紀要・第18号、1986年3月）

The *Saddhamapuṇḍarīka-sūtra* quoted in the *Da-zhi-du-lun*（立正大学短期大学部紀要・第24号、1989年3月）

AN ASPECT OF BODHISATTVA-THOUGHT（Pakistan Archaeology No.26, The Department of Archaeology & Museume, Pakistan, 1991年11月）

三友 量順（みとも・りょうじゅん）

立正大学社会福祉学部、同大学院社会福祉学研究科教授。
昭和21年12月13日東京に生まれる。
立正大学仏教学部仏教学科卒業（昭和44年）、東京大学大学院修士課程修了（印哲、昭和47年）、同大学院博士課程満期退学（昭和50年）、インド国立デリー大学Ph.D.取得（昭和61年）。

仏教文化と福祉－普遍思想の視点から－

初版印刷 — 平成23年3月10日
初版発行 — 平成23年3月25日

著者 三友量順
発行人 石原大道
印刷所 三協美術印刷株式会社
製本所 株式会社 若林製本工場
発行所 有限会社 大法輪閣
〒150-0011 東京都渋谷区東2－5－36 大泉ビル
電話（03）5466－1401（代表）
振替 00130-8-19番

ISBN978-4-8046-1317-8 C3015